金石萃編

二

（清）王昶　撰
（清）吴榮光
（清）翁方綱　等　批校

國家圖書館出版社

第二册目録

金石萃編卷三十六

賜進士出身　誥授光祿大夫刑部右侍郎加七級王昶譔

周一

王妙暉等造像記

石座方三尺五分厚九寸四面刻前二十八行左右二十六二十四行後十二行字數每行五六或八九至十二不等正書

蓋大鼒攸寂非一念无以顯其原妙理澄湛非表像何以暢其旨是故影臨雙林口蒼生離合口鏁口沙知善可崇邑子五十八等宿樹蘭柯同茲明世爰託𦈓親義存香火識十惡之徒炭體五道之親吾旣沉處娑婆實恩宏鎮命渴家資共成良福遂於長安城北渭水之陽造釋迦石像一區永光聖宅鎮周　皇帝通祚常登安樂晉國公忠孝慶笇無窮又邑子口者值佛聞法見在眷屬恒與善居將未道俗世世同循使如未福業不墜於今舁藉曰之感終羨於去在

武成二年歲次庚辰二月癸未八日辛丑

像主王妙暉

天宮主豆石客塔主曹妃

鍾主韋宜口

天宮主吳香女

邑師比丘尼口光塔主杜嬢

口主王顥女化主竇遷

像主　薩姜像主王元嬰

邑主劉女　典坐

邑主　延韮獠

邑主施英光典坐韓社資

邑主杜資客登主王舍

化主馬白女登主朿伛女

化主　春

邑謂　磨尼

邑謂呂敬

邑謂陸敬客

都唯那　資

都唯那高阿香

典坐何阿妃

行唯那趙　男

典錄曹道女

香火杜香瑛

香火竇　貴

登明主王阿舍

登明主袁　女
邑子王伏光邑子陽女
邑子王五　　　　女
唯䑣賀　勝邑子　　妃
邑子　妃邑子
典坐高
典坐王恩姬
香火孫女賜
邑子孫黃頭
邑子楊須磨

邑子藺買女
邑子高合女
邑子袁保姬
邑子李　妃
邑子王始蠻
香火張孟暉
邑子馮
邑子杜香瑛
邑子陳孃
邑子閻豬是

邑子成令闕
邑子亐阿闕
邑子張阿
香火張僧暉
香火劉榮資
登明主王康闕
登明主　闕
行唯䑣高闕
行唯䑣闕
邑謂賀闕

邑謂　闕
典錄　闕
典錄胡闕
化主宋闕
化主丁香闕
都唯䑣王洪暉
都唯䑣王妙資
典坐劉伏香
典坐秦處醜
都化主杜香瑛

都化主潘石妃
邑主陸阿休
邑主審客資
像主陳資客　主王
按記末題云武成二年歲次庚辰二月癸未八日辛丑周書明帝本紀武成二年正月癸丑朔則二月爲癸未朔無疑八日乃庚寅非辛丑是月辛丑乃在十九日也文云晉國公忠孝慶仵無窮謂宇文護也護字薩保周文帝長兄顥之子孝閔踐阼拜大司馬封晉國公是年二月晉大冢宰明帝二年爲太師四月爲雍州牧碑但稱晉國公而不敢斥其名且與周皇帝並列則護之權重而望尊可見矣碑書塗炭作徒炭辛苦作新苦僉竭家資竭作渴或由借用或由偏旁小訛耳

七級浮圖記

碑連額高八尺二寸五分廣三尺七寸共十行行十四格皆刻像無字兩側各高五尺二寸五分廣九寸五分一十二列一九列每列約十二三行或十行十四行行或四字八字五六字不等正書

維周武成三年四月□日□□□原典部邑子□□他
人等仰爲　元帝造七級浮啚　□□□□安寧□□
□□□□□□□□□□

邑師都□□比丘道□　邑師法輝
邑師□□　邑師□□
都□主優婆塞皇甫景元　化主皇甫長樂
□□□□　南面浮啚主程意
西面浮啚主　□
東面浮啚主胡元顯　□面浮啚胡僧洛
□□像主胡市遷　□□皇甫□□
□□□　□□□　闕
邑長王□□　邑長朱□□
邑長梁□　邑長□□□

治律皇□□　治律姚剸
治律郭廣平　治律皇甫□
治律梁□□　□郭□□
治□□□□　闕
維那梁□起　維那□□□
□□□□□　□錄□　□
□錄梁□□　□錄胡□□
□錄郭僧□　典錄□□西
典錄郭惟訓　典坐□□□
典坐□□□　□□□□□

闕　香火皇甫□
香火□□□　香火□□□□
香火□□□　□□□□□
邑子皇甫□□　邑子梁興国
邑子王道智　邑子□□□
邑□□　邑子郭□□
□□□□　闕
邑子□□□　邑子□神貴
邑子□智□　□□□僧□
□□□景□　邑子梁可旋

邑子梁儒□　邑子梁榮国
邑子梁顯達　邑子□□
邑子□□□　□□□□□
闕　邑子□起□
邑□□□□　邑子□□□
邑子郭□□　邑子郭□□
邑子□□□　邑子姚季□
邑子王天敬　邑子王元□
邑子梁歡儒　邑子皇甫□□
□子□□□　闕

邑子□景□　邑子梁□
□□　□　邑子梁□
邑子□□　邑子□□
邑子程国□　邑子□□□
邑子□□□　邑子梁士□
□□□□□　闕
邑子□　邑子皇甫□□
邑子　□□□
邑子□□□　邑子梁輔国
邑子梁守達　邑子□僧□

邑子梁伯□　邑子□□意
邑子王□開　邑子□□□
闕　邑子□□輝
邑子梁□□　邑子鄧□□
邑子王軋□　邑子朱當□
邑子□□□　邑子□□□
邑子梁輝□　邑子□□□
邑子□□　邑子□子□
闕　邑子
邑子□□□　邑子皇甫□

邑子皇甫□□　邑子梁子□
邑子梁□□　邑子□□□
邑子□□□　邑子杜思□
邑子梁□□　□子　□
闕　邑子
邑子皇甫　邑子□
子皇甫　闕
治律梁□□　□師皇甫世□
邑□□賢　□□
□□□□□歡　□□□□□

邑□□□□　邑□□□□
邑□□□　□□□□□
闕　邑子皇甫安世
邑子皇甫當　皇甫□
□□□□□　邑子皇甫□□
邑□□□□　□□皇甫道□
□□□□□□　邑□□□□
□□□□□　□□□□□
□□王尹雙　邑子皇甫□
邑子皇甫□剅　邑子皇甫榮緒

邑子程□　邑子皇甫□
邑子梁仲敬　邑子梁□□
邑子□□□　長史□□
長史李□　典坐梁□□
邑子□□□　邑子□玉□
邑子□□　邑□□□□
邑子□□　邑子□□□
邑子□□□　邑子□□
□子□□□　□子□玉相
邑□□□□　邑子□□

邑子□□□　典坐鄧□□
□□□□女　邑子□□□
邑子□□□　邑子□□□
邑□□□□　邑子□
邑子□□□　□子王□容
□□□□　□□
邑子　邑□
邑子　邑子趙□容
邑子□□□　邑子□□□
邑子王□□　邑子□□□

邑子□□□　邑子梁□□
邑子□□□　邑子鄧□貴
邑子姜□朱　□子
邑子□□玉　邑子□□□
邑□□□□　邑子□□□
□　邑子□
邑子□□□　邑子□□□
邑子□男□　邑子□□□
邑子王□□　邑子韋玉□
邑子□□□　邑子□千□
邑子□□□　□
邑子□□□　邑子姜□□
闕　邑子□□□

按此記刻於塔上記文僅五十字內泐者二十二字後列姓名二百三十餘人可見者四十餘人餘俱泐記首云維周武成三年四月□日周明帝以武成二年四月辛丑崩武帝卽位明年正月戊申改元保定是武成無三年也碑當是二年或泐筆似三字耳

王瓫生造像記

碑四面皆佛像高二尺一寸五分廣一尺七分兩側各廣八寸餘惟一側一面有字側九行行十九字或十八字面五行行四字俱在佛像下行書

保定四年□□□□□□□□朔十五日己□佛□子王瓫生敬□□□□□□□□爲天龍八部下爲人王帝主七世父母見在父過去母合門大小年一已上百歲已來恒願在西方供養无量壽佛復爲一切法界衆生生世世侍佛聞法

祖父王熹　祖母張香香　父王曾是　母陶凱香
母樂女香　母□□香　佛弟子王瓫生 以上一側
息男伏□　息男伏榮　息女端政　息男伏奴
息男伏敬 以上一面

按此碑首行保定四年下缺七字下云朔十五日己下缺一字以周武帝紀推之保定五年正月甲申朔逆推四年十二月小盡當是乙卯朔則十五日乃己巳也文當云保定四年甲申十二月乙卯朔十五日己巳佛弟子王瓫生云云第卽弟字瓫與瓮同後列眷屬十二人祖母一母三皆以香爲名想亦當時習俗所尚也

同琋氏造像記

座四面約各廣二尺八寸三分高一尺二寸第一面共二十七行前刻序文十四行上下剜蝕不可讀餘

三面或三十三行二十六行三十行每行字數未詳行約十四五字不等正書

闕□□□□□□□□□□□闕□□虛□要曰□

□□□□□闕□託言以□□以諸邑子□□闕□□

□□釋迦□光之□□□闕□□八音之說形□□□

飄闕大宅□停□屈□尒然者□闕□耤浮□□□□

□□□空□闕□□□致果故咸發善提俱生□闕抹石

名山造像一區雕磨既□闕□斯就□□之□□□起

福闕□□常暉法三□世囬□□闕□慕義生已居眷

及法界有闕斯慶成无上道

闕四年歲次甲申六月戊子朔九日丙申□□

□子同琋永樂 邑子来暎世

□子同琋高命 邑子同琋延□

□子□□恩 邑子同琋永欽

□子同琋□□ 邑子同琋阿和

□子同琋慶□ 邑子同琋道□

□子同琋景□ 邑子雷郎興

□子□□伏慶 邑子同琋僧□

□子同琋高顯 邑子同琋超達

□子来像保 邑子程慶歡

□□暉儁 邑子同琋相國

□□□顯慶 邑子同琋洪□

邑子朱斗□

邑子同琋□□以上一面

邑子尉□□

邑子同琋□□

□子同琋 邑子□□□

□ 錄超□ 邑子□□□□

□坐同琋超宗 邑子□□□

□□同□□勝 邑子同琋□

□□同琋士獻 邑子同琋

□□□□ 邑子同

□同琋□光 邑子同

主比丘□慶 邑子

□ 邑子

主比丘□□ 邑子

邑師比丘僧静 邑子

邑子沙□□

邑子

香同

邑子

香
邑子
邑子
師比丘道□ 邑子
□同琋顯□ 邑
邑主同琋明□ 邑
□同琋□□ 邑子
邑 □□□ 邑子
邑主□□□□ 邑子同
□化主高□□ 邑子同

□鄉同琋□宗 同
典坐同琋 邑子
邑子同琋
□□慶 邑
明□ 邑子同
□□ 邑子 以上一面
邑子徐子穆
邑子同琋暉祭
邑子同琋顯暉
邑子同琋榮暉

邑子同琋□非
邑子同琋暉略
高顯保
慰遲紬祭
邑子同琋伏興
邑子同琋伏仁
邑子同琋珍國
邑子同琋敬秩
邑子来僧奴
邑子同琋僧仁

邑子同琋遵菓
邑子同琋石樹
邑子同琋黑蓬
邑子同琋黑奴
邑子来萇命 邑子同琋慶祖
邑子同琋回熾
邑子同琋千万
邑子同琋子和
邑子同琋貴珎
邑子同琋買奴

邑子同琋□和
邑子同琋□□以上一面
儁
子同琋儁儀
子同琋長白
子同琋遵和
子同琋洪慶
□主□驊□
□□元□
子同琋□稚

子同琋景儁
□子同琋景祭
□子同琋王祭
□子同琋僧奴
□子同琋　宗　　邑子張容□
□子同琋彭仁　　邑子馬眞元
□子同琋興亮　　邑子㚇顯□
□子同琋□貴
□子同琋長□
□子同琋子開

□子同琋子由
□子同琋長賓
子同琋元吉
子同琋□奴
子同琋□祥
子同琋慶和
子同琋元和
子賓□
子同琋長高
□奴

□□□□

按碑文多缺蝕存字可讀成句者僅八音之說成發菩提採石名山造像一區生亡居眷成无上道數語而已末云四年歲次甲申六月戊子朔九日丙申而泐其年號以甲申推之乃保定四年證以周武帝本紀保定四年二月庚寅朔八月丁亥朔則六月爲戊子朔正與史合後列邑子等姓名一百六十餘人而姓同琋者八十餘人字書無琋字惟新唐書有姓同蹄者二人一名智壽一名智爽並附見孝友張琇傳云是同官人以報父仇著孝

又舊唐書附見孝友王君操傳姓作周郎其人也
同蹄見姓苑元微之詩白紵嚬歌黛同蹄墜舞釵
自注云白紵同蹄皆樂人姓名此碑作同琋或蹄
字之别體也

聖母寺四面像碑
碑高六尺七寸廣二尺五寸厚一尺二寸皆分五截書上截各兩行次截無字三截前六行後八行東側三行西两行四截前十行後廿五行東側十一行西十行五截前廿六行後廿五行東側十三行西九行每行字數四字至十四字不等正書

夫□□澄□□□□□□□□□□□□□□□無以顯其功□□□□□非積行何
能□□志衆生在火宅之□非經不宣唯像可□是以

如来託形□□流乾鹿野滅影□□經像訓世大□□
□和儁將率鄉原□□之夫勸□郑川□□大士合邑
一百五□人等識□□常體□□□內發菩提採□眞
珎石□□□之□工造四面像一區□福雜㠧上爲天
龍八部仰頌　皇帝福祚唯□万國朝宗彊□餗化公
卿將士保國安民福延万世遂及先師父母邑　眷屬
法界倉生廿五有共至菩提明見佛性
維大周保定四秊歲次甲申九月丁巳朔八日甲子
建
南面上堪像主曠野將軍殿中司馬趙廻昌

南面中堪像主黨鉗耳榮歡
檀越主甯井阿仵
大像主安定公寺大邑長昨和高儁
釋加像主比丘僧永
開明像主比丘僧昌
都邑主王暉遠
檀越主甯井明孫肆安縣令
左葙典坐郭法遵
左葙翟䂂曠野將軍殿中司馬屈男神□
左葙齋主安定公寺大邑長昨和遵

左葙邑正橫野將軍員外司馬同琋永
左葙化主上官扳洛
右葙化主屈男明虔
右葙邑正姚䘵欝
右葙齋主惠醜
右葙唯那屈男慶菓
右葙典坐張景略
北面上堪像主耷思㡢
左葙香火主雷洪儁
弥勒像主威列將軍務非道虔

大化主姜彭儁
右葙香火蒲城縣法曹府昨和暢
弥勒開明主鄉黨昨和善
都雈[illegible]党榮逵
高坐王李世貴
邑子□□□
邑子征東將軍右金紫光祿都督洛川縣開國伯上
官略
邑子輔國將軍中散金曹從事郡主薄地連敦
邑子﨑井雲慶

邑子輔國將軍中散都督李慶寶
邑子雷郎非
邑子﨑井昌歡
邑子趙遵禮
邑子雷奴意
邑子李廣炎
邑子荔非仕明
邑子杜昌
邑子昨和引安
邑子李驕蘭

邑子雷豐拔
邑子惠歸憙
邑子党榮昌
邑子屈男客仁
邑子屈男延貴
邑子鉗耳仲和
邑子屈男昭明
邑子昨和景和
邑子雷景祑
邑子﨑井顯暢

邑子雷僧明
邑子党子亮
邑子党奴奴
邑子雷子寬
邑子雷慶受
邑子荔非社奴
邑子雷洛受
邑子姚輝祭
邑子李小魯
邑子楊世雄

邑子張景業
邑子王遵暢
邑子王鍾𠁿
邑子雷漢奴
邑子郭姐榮
邑子雷𣸣奴
邑子雷伯奴
邑子雷延貴
邑子雷哩雀
邑子昨和石意

邑子屈男景祥
邑子雷万郎
邑子昨和子輝
邑子雷定祿
觀世音像主王子遷
東面邑主曠野將軍殿中司馬雷榮顯
邑子甯井景仲
邑□□□伏庯
邑子雷榮儁
邑子雷慶儁

邑子昨和顯祿
邑子昨和明歡
邑子王定國
邑子雷長命
邑子甞海保
邑子昨和景奴
邑子昨和雙郭
邑子昨和同拔
邑子甞榮貴
邑子張子明

邑子陳海貴
邑子任普大
邑子昨和榮亮
邑子趙子偘
邑子屈男馬□
邑子昨和外景
邑子雷里子
邑子昨和子祭
邑子□甞枕察
邑子郭□□

无量壽像主白水郡五官雷洪達
西面邑主輔國將軍中散別將同琋永孫
邑子昨和豊郎
邑子南井曾仁
邑子雷捡熾
邑子王道及
邑子弥姐貴慶
邑子同琋廣貴
邑子昨和榮昌
邑子雷阿歸

邑子雷道顯
邑子雷僧顏
邑子屈男牛主
邑子昨和仲達
邑子惠長通
邑子趙阿雀
邑子雷顯順
邑子雷蒲口
邑子南井僧智
邑子蒲還芻

邑子朱陽生

按記文幾二百字惜前半多泐讀不成句書體不甚別異有雜嶶二字不可識疑是雖微二字後云法界倉生以倉爲蒼通用也下云廿五有共至菩提明見佛性廿五有三字不知何義年月後列姓名祇一百二十餘人與記中所云一百五口八等不合碑書壽作毒唯作雁南作南箱與廂同儀禮公揖退于箱俟于東箱皆廂之義也其有官位者曰曠野將軍殿中司馬曰橫野將軍員外司馬曰威列將軍曰蒲城縣法曹府曰征東將軍右金紫

光祿都督洛川縣開國伯曰輔國將軍中散金曹從事郡主薄曰輔國將軍中散都督曰白水郡五官曰輔國將軍中散別將內如洛川伯位顯矣而其姓名日上官略史傳不列其人無從攷其事蹟其姓之異者曰南井曰昨和曰同琋曰屈男曰荔非曰鉗耳曰彌姐內同琋見姓苑詳前碑昨和見通志氏族略云關西有昨和氏荔非見唐書李光弼傳有裨將荔非元禮彌姐別無所攷周太祖文帝本紀有都督彌姐元進餘俱無考

金石萃編卷三十六終

賜進士出身誥授光祿大夫刑部右侍郎加七級王昶譔

周二

華嶽頌

碑連額高一丈一尺九寸廣四尺六寸二十行行五十五字隸書額題西嶽華山神廟之碑八字篆書今在華陰縣西嶽廟

易不云乎天險不可阩地險山川丘陵險之旹義大矣哉惟華山者迄書介雖謂之西嶽周官則爲豫州之鎮下枕周秦之郊上應東井之宿俯臨汾射咫尺彤梁盤紆

巘嶭剋峭崢嶸千雲漢而孤秀厲江河而峻跱巨靈跡盤亢高掌於巖端削成壁立流黃河於峴曲左分庢桂見朝夕之揚波右綴絡南眺連山之無極顯仁藏用蘊稽含靈鼓以雲雷潤以風雨信羣帝之所休貌衆神之所肹蠁芝駕自此不歸霓裳於焉屢拂豈止績羽爲衣葺荷成蓋化同毛女容類園公每挹儛人之漿旹停酒母之騎坐后口而穿陷乘白鹿以遊嬉寥宗忽恍往而不反者也至如芳季華月雰斂雲

開谷包得一河經千里脊藹崿於紫微挺高峯於天漢暫駐羲和之口能掛恒娥之驂積醴成池泓澄鬱岫聚丹爲駿驩草生焉庭饋交萃必歸伯起之學苦霧晨興非獨公超之市若迺榮類方明之壇望儛集靈之觀休牛散馬之地反璧祖龍之辭肴祈必感無請不遂保乂我金方數成我三海振素祇以綏億兆肅秋節以衛蒼生國荷其慶民賴其福前代曾創祠宇兼植柏樹歷季茲多樓棟岁穨樹亦往往殘缺

大祖文皇帝固天攸縱誕膺符命道邁三分功超九合將欲盤一區宇納之仁壽而餘寇尚梗燕趙未并洽我河上走圖廓掃每以講閱之暇口履陰晉眷言舊所良用依然以大統十季歲在旃蒙乃詔諸天子命車騎大將軍儀同三司西兗州大中正華山郡守城陽縣開國公恒農楊子昕經始締構別更列植青松二千餘根堂廟顯敞房廊肅穆芬哉薛席赫矣神居桂酒徐斟清哥緩節無復霑濡之事登肴顛沛之

容暨水德告終蒼精肇運獄訟知歸人神胥悅 皇帝負扆君臨宸居馭朽執玉帛以朝萬國叩金繩而享百靈叡智之所牢籠英威之所彈壓日月之所昭晉舟車之所被通莫不乘義駕風梯山航海重譯屈膝請吏勤王 大師大冢宰晉國公任屬阿衡親惟旦奭弼諧六樂緝熙五禮廣典聿脩羣望咸秩光贊皇猷式康帝載俾乜百之祚長扇於無疆維天和二季歲次大淵獻月旅沽洗爰 詔史臣爲之頌曰

彼彼大極巖巖削成渾元旣判載濁浮清含仁配厚蘊智爲靈功遂勿處日用無名在秋載肅居金作鎮嚴霜比威膏液等潤容而不有施而匪吝窮地之險極天之峻川澤通氣山藪藏疾靈嶽峨峨清干族族隈積冬霰峯留夏日雷霆以之風雲自出殷憂啓聖多難開基大人利見或躍侯昔衮冕赤烏三壯龍旗鼓腹行樂擊壤而熙神教以遺民化惟德洽漸以剛高明柔克文軌叶同皇猷允塞如山之壽寧我邦國

大周天和二季歲在丁亥十月戊辰朔

十日丁丑立

使持節驃騎大將軍開府儀同三司大

都督司宗治內史臨淄縣開國公万紐

于瑾造此文

車騎大將軍儀同三司縣伯大夫趙興

郡守白石縣開國男南陽趙文淵字德

本奉 勅書

右後周華嶽廟碑萬紐于瑾撰趙文淵字德本書按後周書列傳有趙文深字德本蓋唐初史官避高祖

諱故改淵爲深爾萬紐于瑾者唐瑾也周文帝時賜姓宇文後以于瑾請與同姓更爲萬紐于云 金石錄

碑文万紐于瑾造趙文淵書按瑾唐瑾賜姓史稱其著碑頌數十萬言此其一也而文詞殊無超拔其稱趙文淵云雅有鍾王之則筆勢可觀宇文泰時命文淵與黎季明等刊定六體嘗至江陵書景福寺碑梁主稱之又以題榜功增封邑除郡守後雖外任每須題榜輒復追之寶泉賦云文淵孝逸獨慕前蹤至師子敬如欲登龍有宋齊之面貌無孔薄之心胸然則文淵書在當時固自知名此碑天和二年造正其書

路寢等榜後也故官稱趙興郡守云碑字小變隸書時兼篆籀正與李仲璇孔廟碑同亦褚河南聖教歐陽蘭臺道因之所由出也江陵景福寺碑不知存否此則完好無一字磨泐固文淵之幸哉（石墨鐫華）

右周天和二年修西嶽碑趙文淵隸書當南北分爭之時即此文章字畫足以見其景象此古人所以擬金石之刻猶人之面貌也然是碑好事家罕收简翁能搜之淵泉其勿輕以示人哉（蒼潤軒帖跋）

余嘗過金天祠輒縱觀前代碑版漢碑無一存者獨後周華嶽碑如魯靈光巋然古栢下余手摩其文制

作精雅洞達若鑑爲万紐于瑾文趙文淵隸書于瑾嘗著碑頌數十萬言此文殊無可觀文淵爲周書學博士書跡雅爲當時所重宇文泰時命刊定六體至江陵書景福寺碑梁主稱之又以題榜功增封邑除郡守不可謂不遇也而碑字盡偭古法淺陋鄙野一見欲嘔而名動一時何耶（金石史）

余所見碑摭入書人列名者始此其陰爲唐刻華嶽精享昭應之碑而左右旁各有題名别見於後　万紐于瑾者唐瑾也後周書本傳時燕公于瑾勲高望重朝野所屬白文帝言瑾學行兼修願與之同姓結爲兄弟庶子孫承其餘論有益義方文帝歎異者久之賜瑾姓万紐于氏又云封姑臧縣子以平江陵功進爵爲公而不言臨淄者史闕也李昶樂運傳竝云臨淄公唐瑾　趙文深字德本少學楷隸雅有鍾王之則筆勢可觀當時碑牓唯文深及冀儁而已太祖以隸書紕繆命文深與黎景熙沈遐等依說文及字林刊定六體成一萬餘言行於世及平江陵之後王褒入關貴遊等翕然竝學褒書文深之書遂被遐棄文深慙恨形於言色後知好尚難反亦攻習褒書然竟無所成轉被譏議謂之學步邯鄲焉至於碑牓餘

人猶莫之逮王褒亦每推先之宮殿樓閣皆其迹也其書歷官與此碑悉同　又達奚武傳武之在同州也時屬天旱高祖勑武祀華嶽嶽廟舊在山下常所祈禱武謂僚屬曰吾備位三公不能燮理陰陽遂使盛農之月久絕甘雨天子勞心百姓惶懼忝寄既重憂責實深不可同於衆人在常祀之所心須登峯展誠尋其靈奥嶽既高峻千仞壁立巖路嶮絕人跡罕通武年踰六十唯將數人攀藤援枝然後得上於是稽首祈請陳百姓懇誠晩不得還即於嶽上藉草而宿夢見一白衣人來執武手曰快辛苦甚相嘉尚武

遂驚覺盖用祇肅至旦雲霧四起俄而澍雨遠近霑
洽高祖聞之璽書勞武賜雜綵百匹按武以保定三
年出爲同州刺史天和三年轉太傅則此碑正其在
州時立也後周改華州爲同州金石文字記
周制封郡縣五等爵者皆加開國授大將軍開府儀
同者並加使持節大都督其曰司宗者武帝保定四
年更禮部稱司宗也複姓古有之三字姓始于代北
魏書官氏志載有勿忸于氏紐作忸勿疑万字之譌
賜此姓者洛陽則于謹猗氏則樊深匪特唐瑾也曝書亭集

右碑万紐于瑾造趙文淵字德本書自隋以前書撰
人用官階者始于此碑然猶書在年月之後万紐于
山名也在陰山之北見于烈碑烈之遠祖居于山下
遂以爲姓魏孝文賜改于氏至周而復也太師大冢
宰晉國公者宇文護也護爲武帝之兄故曰任屬阿
衡親惟旦奭也瑾爲司宗中大夫兼內史文深爲縣
伯下大夫與此碑小異金石後錄
此碑完好無一磨泐在岳廟五鳳樓內甬道東此文
刻石之北而唐開元劉升所書精享文反刻石之南
面何也顔魯公謁岳記即刻此石之西側東側乃賈

竦并諸題咏在焉來齋金石刻考略
右後周華嶽頌金石文字記云余所見碑撰人書人
列名者始此予按漢建寧五年李翕郙閣頌已列書
撰人名矣顧以爲始于此碑者非也又碑云以大統
七年歲在旂蒙按魏大統七年卽梁大同七年是年
歲在辛酉爾雅歲在乙曰旃蒙辛曰重光酉曰作噩
此碑作于天和二年上去大統七年二十七年蓋誤
記爾雅歲陽也又書旃與旂字無異　阡卽升字易
坎卦本作升集韻阡同升六書索隱攷古尚書虞字
㓝卽荆字荆梁之荆本從㓝碑變從形易鼎九四其

形剭鄭虞並作刑漢高彪碑形不妄濫孫叔敖碑因
埋掩其刑刑形二字古蓋通用故荆亦或從形恒娥
卽姮娥淸哥卽淸歌無壃卽無疆史記晉世家出壃
乃免沈澌卽沈濟左傳文五年沈澌剛克康疑康字
㳤疑秩字　万紐于三字姓源出北魏万讀若萬金
石錄金石史遂書爲萬紐于非是金石存
周書唐瑾本傳瑾封姑臧縣子進爵臨淄伯論平江
陵功進爵爲公子志寧撰瑾碑乃言封永昌子不及
姑臧周書亦彼時所撰何兩異耶文稱太師大冢宰
晉國公者宇文護也碑中旃蒙字作旂不解其義攸

字从彳作彼暇字从目作暇是書體偏旁之謬類如此關中金石記

右華嶽頌万紐于瑾撰趙文淵字德本書文淵稱奉勑瑾不稱奉勑者碑文云爰詔史臣爲之頌則奉勑可知也文淵書字而瑾不書字其義未曉周書唐瑾傳不云加大都督趙文深改淵避唐諱爲深傳不云爲車騎大將軍皆闕也朱錫鬯謂賜姓万紐于者洛陽則于瑾猗氏則樊深非特唐瑾也按于瑾之先出自北方居万紐于山因以爲氏魏孝文時改姓于氏凡代人南遷者例稱河南洛陽人周書長孫儉長孫紹遠斛

斯徵元定元偉及于謹等皆稱河南洛陽人蓋以此也大統十五年詔諸代人太和中改姓者並令復舊故于謹仍稱万紐于氏非漢人賜姓者比而錫鬯儕之唐瑾樊深誤矣碑文云大統七年歲在旃蒙旃蒙當與旃蒙同稽之通鑑實辛酉歲爾雅歲在辛曰重光非旃蒙瑾豈别有所据耶碑引易天險不可升作阩字潛研堂金石文跋尾

按碑是趙文淵書其云万紐于瑾造此文者出自書人所題故不書其字而文淵以能書自負故并其字書之也傳稱瑾由吏部中大夫御正納言內史中大夫曾未十旬遂遷四職久之除司宗中大夫兼內史尋卒于位趙文深以題榜功除趙興郡守後以疾卒則是撰文書碑之後皆未久而卒矣恒農楊子昕官車騎大將軍儀同三司西兖州大中正華山郡守城陽縣開國公不爲不顯而北史魏書皆無傳猶賴此碑以傳其姓名爵里亦幸矣

李男香等造像記

象三面刻高九寸左右兩面各横廣二尺七寸一十行一十一行正面横廣一尺九寸四分十行行皆五字記六行行十字九字十餘字不等正書在涇陽縣

天和二年歲次丁亥合邑□人等□唯識達□□佛□

經教□□□心□□大□爲□□衆生造□象一區養□□□　天地

邑子李男香　邑子張龐妃
邑子郃女□　邑子劉香□
邑子張男續　邑子張洸女
邑子高□香　邑子王脒蠻
邑子孫和妃　比丘惠脒

以上并記爲一面

□□□女貴　邑子王□□
邑子田□□　邑子□□□

邑子孫合□　邑子孫□□
邑子□□□　□夫□保□
典坐高羅元　典籙馬□□
□□□□妃
以上一面
□長劉相妃　都唯那楊景
典籙陽當　典坐杜和女
香火胡鳳姿　邑子張和姬
邑子張□暎　邑子張洛容
邑子蔿季姜　□子馬洪好

邑子□阿姿　邑子□阿朱
以上一面

張祥造像記

記刻座上刻記處横廣八寸七分高四寸九行行四字五字不等正書

天和三年四月八日佛弟子張祥爲七世父母所生父母□緣眷屬造釋伽牟尼像一區等成正覺

裴鴻碑

碑高六尺二寸廣三尺四寸二十九行字數不計隸書額題周故開府高邑侯裴史君之碑篆書陽文

上闕之碑

上闕君諱鴻河東聞喜人也□河南脫屣志輕天下之圖趙城執上闕本州別駕逸足致遠□止於展驥父方與義陽太守良守有聞政踰於去虎上闕爲其功深丹染幼則斷織貽範志存俎豆長則垂帷遊藝遍談圖史上闕賀跋勝褰帷南服傾稱愛士聞風悅焉有同傾蓋乃奏除龍上闕襄陵丘□璜海緹帬青領竊號假名凡厥衣冠並羈縻盜上闕即墨蹈燕實有田單之武河西歸漢□無竇融之績疇庸疏爵載發王言上闕安西將軍銀青光祿大夫太祖相府初開務

殷任重登庸而納百揆負上闕斯在乃□爲大丞相府功曹參軍事加持節帥都督中軍將軍右金紫光上闕實有□幹之才非止爪牙之任勳訖之巨寔簡帝心乃賜姓宇文氏柱國燕公擁旄上闕大都督領武陽公長史時鳳翔與蜀王□等阻兵邛僰竊據方上闕奇謀星旋月□之兵上谷漁陽之□□踰百戰攻出九天殪彼攙搶並上闕賢□□之任□□□□乃除大將軍輔成公司馬遷車騎大將軍儀同三司增邑上闕

朝政謀□□□啓沃□□公佐□神甸君
又以本職帶雍上闕之譽獨□□時吐谷渾
蟻聚邊翔上闕之□上□嘉猷□□□出遷
□□□正進爵爲伯其司録贊治並上闕衆
帷屋□□　高祖武皇帝始自登庸並
達其任二年尋轉御正陰岑上闕民部□□
□□□□聿宣事詠土□之圖績兼都鄙
之數在乎匡拂上闕大都督□州刺史九曲
□乇□襄州揔管衛國公以貴介之重推
上闕周□之重□□趙□之輕比蹤往烈時
論榮之尋遷揔管府長史又拜郢州上闕名
□□□宣無癈六條之□時以江淮未一
壃場多虞命彼舟師遠臨彭漢上闕常思効
命鳴劍抵掌志在宣力淩波□鋭首啓戎
行既而師律否□雄圖弗上闕春秋五十九
以天和三年八月八日薨乎建業客館陳
人敬其誠節反上闕立誠□上遺愛在民高
風餘論方傳不朽上闕闕一行
上闕望重褒職學優才品斯著□□乃猜其
賢必象其芳不休邦守德懋驥足名上闕過

世路群飛秉節識義金城乃歸榮勳胙邑
奄有邦畿經綸運始駓馳上闕班三事職副
六卿常伯□任邦教立名陪蕃首席剋舉
專城騂綬纍印載上闕使奉賢輕□軍陣駟
馬拴犄黃埸積壞廟諱甲開泉將軍有墓上闕
闕一行

按此碑上截漫滅下截每行祇存二十餘字約四
分之一額題高邑侯裴史君文有云君諱鴻河東
聞喜人也知其爲北周裴鴻碑文敘其先世祇云
父方興義陽太守自祖以上皆闕泐裴方興魏齊
諸史皆無傳鴻則周書北史有之據周書知鴻爲
鏡民族弟也鏡民碑見後卷載祖系甚詳周書鴻
傳鴻不載其字與碑同歷官內外孝閔帝踐祚拜輔城公
碑作輔成司馬加儀同三司爲晉公護雍州治中累遷
御正中大夫進位開府儀同三司轉民部中大夫
保定末出爲中州刺史九曲城主衞公直出鎮襄
州以鴻爲襄州司馬天和初拜郢州刺史轉襄州
總管府長史賜爵高邑縣侯從直南征軍敗遂沒
尋卒于陳朝廷哀之贈豐資遂三州刺史北史傳
與此略同碑雖殘闕其存者較史爲詳如云賀拔

勝褰帷南服頗稱愛士聞風悅焉有同傾蓋据周
書勝傳乃太昌初拜勝爲都督三荆二郢南襄南
雍七州諸軍事時事又云太祖相府初開爲大丞
相府功曹參軍事据周書文帝紀乃魏帝都長安
加授大將軍雍州刺史兼尚書令進位丞相時事
又云柱國燕公擁旄下闕燕公當是于謹孝閔踐祚
進封也又云大都督領武陽公長史時鳳翔與蜀
阻兵邛僰云云武陽公當是豆盧寧魏恭帝二年
改封明帝武成初督諸軍討稽胡郝阿保劉桑德
等破之似卽其事又云襄州總管衞國公遷總管

府長史命彼舟師遠臨荆漢以天和三年八月八
日薨于建業客館卽傳所云南征軍敗遂卒于陳
之事也衞國公卽太祖子諱直周書直傳天和中
陳襄州刺史華皎舉州來附詔直督兵赴援與陳
將淳于量吳明徹等戰于沌口直軍不利云云是
鴻當卒于軍而碑乃云客館所未詳矣

王某造像記

記四面刻前後橫廣六寸側四寸五分高二寸二分前七行後六行兩側俱五行行三字四字不等正書

天和四年歲次己丑七月廿三日仏弟子王□□敬造
觀世音像一區□爲亡父託生西方現存母長命延年
益壽已身□□□□□□□三司家內大小康和生〻世
〻侍仏聞法
女□子　女妃孃　息王士□　息王士榮　息王
士寬　妻淳于妃

顏那米等造像記

記邑子名分刻三面各寬一尺二寸其西南兩面各橫廣二尺七寸五分皆二十六行東面橫廣二尺九寸五分二十五行行各十字十餘字惟南面中間十二行爲記每行十四字或十五六字不等正書在涇陽縣

天和四年歲次己丑八月戊午朔一日戊午　夫沖原
虛家妙趣理幽應□難尋悟之者南有諸邑子淸信女

優婆夷等體識非常感情內□念□□□追益遂相合
師共崇洪願□□□原其衆善□□削家珍仰爲皇帝
陛下延祚无窮復願大冢宰保国安民福延万世□石
名山召匠方外敬造石像一區彫克精麗㵎畫嚴餝藉
此福因□□□祚永隆三寶常續諸邑子等□□□師
僧父母咸蒨此願同獲斯善□□正覺
香火龐敬一心供養　邑主乍阿男
化主劉阿容　邑長馮李女
邑謂寧女朱　香火馮□好
東面像主顏那米　化主張阿香

化主張伯進　都唯那開長羅
邑師法敬一心供養　邑師法通一心供養
邑師惠晈一心供養　北面像□□妃
化主劉世起
南面像主趙舍貴
邑老趙要憧
邑主高伏英
都化主劉法朱　香火劉□男
□謂張逄容　邑謂劉阿□
□像主王朧妃　唯那趙海未

□□像主張羅資　邑子李道□
以上并記爲南面
□□趙汝勝　邑子劉妙姿
□子闞要資　邑子劉外妃
邑子杜阿媚　邑子劉阿遷
邑子劉𢓜　邑子李洪妃
□子呂南續　邑子陳一讓
邑子趙敬貴　邑子劉海拒
邑子趙銀光　邑子趙婆仁
邑子楊元資　邑子馬諾□

邑子王白緒　邑子梁婆
邑子程阿娜　邑子張□花
邑子馮阿道　邑子劉連花
邑子□舍好　邑子張大女
邑子王阿女　邑子趙洪妃
邑子王莘妃　邑子秦道妃
邑子柘拔男　邑子逄今好
邑子劉阿女　邑子王環
邑子王清氏　邑子劉要香
邑子孫貴妃　邑子萇轉好

邑子王銀姿　邑子莘阿女
邑子劉英香　邑子范妙光
邑子程要勝　邑子杜雙
邑子秦暎香　邑子慶儀妃
邑子李清容　邑子李阿女
邑子顏猥姜　邑子路阿容
□□高銀英　邑子樊英朱
以上西面
□子萇□女　邑子趙妙□
□子呂□好　邑子李荷□

邑子傳□洛　邑子馬歸□
邑子馬娟足　邑子李洪妃
邑子楊女滕　邑子劉姿□
邑子張潤香　邑子劉阿好
邑子馬阿淸　邑子秦女仫
□□孫道姬　邑子陳哈香
□子劉雙女　邑子王要滕
□子□□容　邑子孔道妃
邑子郭花容　邑子王孟妃
邑子郭容女　邑子劉□好

邑子秦阿好　邑子劉□妃
邑子孟曾朱　邑子張□□
邑子劉男香　邑子楊洽資
邑子□阿好　邑子楊□資
邑子　邑子董阿□
邑子楊吳女　邑子孔□雙
邑子張明基　邑子梁阿男
邑子張阿族　邑子陳居□
邑子龐阿娥　邑子張羅□
邑子馬□但　邑子李□□

邑子張大振　邑子張阿□
邑子馬可何　邑子楊僧□
東面像　邑子馬暉女

以上東面

宇文達造像記

石横廣二尺一寸五分高七寸七分二十行行七字正書

□恩豆□□□□□持節驃騎□□□金紫光祿□□
刺史都督烏□□開國子宇文康□天和五年歲次□
□六月癸未朔十七日己亥宇文達爲七世所□見在
父母合家大小造□□像一軀願使衆惡殄滅万善普

會及法界衆生等同此願俱成正覺
母張女畢　妻紇□咳
大妹高妃　中妹越妃
□妹阿咳　□妹□妃

按碑記宇文康宇文達造像事宇文康列銜多泐宇文達無銜攷北周書文帝十三子傳代㬎王達字度斤突武成初封代國公建德初進位柱國出爲荆州刺史三年進爲王宣帝卽位進上柱國大象元年拜大右弼此宇文達之官爵也孝閔帝一男傳紀厲王康字乾安保定初封紀國公進爵爲

王出爲利州總管此宇文康之官爵也此碑書宇文康有持節驃騎字金紫光祿字刺史都督字開國子字俱非傳中所有且康爲帝室諸王不應封開國子至宇文逵爲閔帝子亦不應鈌其封爵且所謂見在父母合家大小等語亦不似帝王家語氣則碑所載另是二人也然碑叙康官亦顯非村野比何以二人直與帝胄同名理不可解天和五年歲次下汭二字乃庚寅也衆惡殄滅當是衆惡

譙郡太守曹敉樂碑

碑廣六尺七寸四分高三尺五寸五分二十六行每行五十一字正書

大周故譙郡太守曹□□□碑

君諱□字敉樂沛國譙人也其先皇帝當高陽之世□□之子曰□是爲曹□□□□□□□□□之□又封曹□於邾漢室龍興□□爲相魏武皇帝以英桀之上才□□之睿哲□爲魏祖歷載弥長君郎其後□□□□□□□□□□霖黄初三季立爲河東□食邑六千二百戶太和六年改封東海□嘉平元年薨謚曰定□禮也子□嗣君郎□□□□□□□□□□逢兹不造□深思遠大□後變起遂令夫人達携二子長道眞□道□微行避難□稱姓□唯求万全□□□□□□

□□□民□淺魏太和三年旨復曹□□□□□□□僞姚鄉郡太守雅□淵邃慱愛文艷稟悳齊禮善脩政化□□□□□□□父□志尚清静好學經誥矯然挺立□可以非義虧其姓孝悳慈風稟大氣而自遠文流□□之藝曰事以發□□□□□□□□途致惟安神奉養不慕榮貴逢大□皇帝親摠六戎討逆□□□□□□駕幸大州下召鄉□導引前駈□□□□□□□獲已從駕西行□平凶醜隨赴北□遂充殿□□豪國有大議必徒粲焉□□□□請乞歸侍聖上加愍假安邑□□□□□□□積□稟質秀靈幼懐廉雅

之風長木獨善之榮抱□悳於奇年立成名於冠歲太和之□□□孅覆孝文皇帝威□□□□奮指麾□□□□國誌兵法優長乃勇略奮發遂提戈披□先鋒擊賊前無横陣搴旗斬馘□皇上□□郎補千人軍將授□遠將車駕還宮闕榮勳飲至殿會之初□□□逆殄□皇帝臨軒宣勑褒賚賞帛疋綵兩百餘段歌勞□之詩聽歸侍養使得盡懽膝下□其孝德□□事親忠誠□於接物穆穆閨庭之際恂恂鄉黨之間文麗雕篆學贍博通思入黌門性□天道翺翔詩書之苑遊息禮樂之場□乃□□□□主汎愛以親□□里結諧密之懽

朋故廣舊□之信輕財若水重義如山一言四馬千金
不□景明中會安邑□君□□□□禮至□□□哀
慟□中茹憂毀骨服懃□閔餘痛在心每仰凱風以長
驚□寒泉而不息三年泣血□□□也五十猶慕方□
舜焉至□昌二□□遭母憂君扣石土以窮號仰蒼天
而自訴木槃不進□四晨□泣不絕聲踰月亶過於哀
□感□心致□之至殆將滅性雖高柴泣血於□□王
脩□慕於社□無以過也□魏大統初君齒班踰□盲
授本土譙郡太守君妙□元□深入□惠□□□□□
□淨名超遙解脫之門放浪清曠之域君雖老而敬信

喻萬年將暮而脩崇無怠於是□□□□□□身□
融□教造浮圖一區□□□□於□相□寫法華涅
槃常奉讀誦恒持齋戒罔有勞倦方介□景福貽我遠
□之壽永究□□之禮□大統十年秋忽遭□疾□□
□□□□苓沇沇之影已淪滔滔之波不住春秋九
十有七終於臨民□□質旣殞□識懷悲豈□輟杵停
歌云尓而已哉君有六子長廻歡次遵歡次驃騎將軍
右光祿都督漢陽太守又任□州別駕□史□中□□
次□縣功□□賔□□□次宣威將軍隴州治中司馬
汧陽太守河北大郡主薄䓁□和五年十月卜□平

夏昌城之西□□□原之南君□□□壙□□□□烟
□闇窀穸□滌零□□臨□而灑泣悲夫痛切也□孝
□至深□刊石□存□者子孫□慕之□□□感音儀
之寂□□□之□□至德以作頌鐫崇碑以銘烈
其詞曰
悏悏譙□欝欝神區懷□□□人□□□建魏廟諱九
服康衢□□□□□稱譽宏濟六合繼響唐虞穆穆
□靈□允倚□□□□□滿州閭□誠內外□□□
□秉直□□豈獨史魚□□□□□□□□□□□□
□□□□□□陣凶首□擒罷戎歸侍□□□□□

翔書莞文灑□□□□□□□□□□□□□□□□
□□□□□□□□□□□□□□□□□□□□□
□

按碑泐其諱周書北史皆無周時曹姓列傳是以
不能考定其人文首叙曹氏先世甚詳云霖黃初
三年立爲河東□食邑六千二百戶太和六年改
封東海□嘉平元年薨謚曰定□禮也子□嗣攷
三國魏志武文世王公傳東海定王霖黃初三年
立爲河東王六年改封館陶縣太和六年改封東
海嘉平元年薨子啓嗣史不詳食邑碑不載改封

館陶餘彼此悉合又云後魏太和三年旨復曹下闕
僞姚鄉郡太守雅□淵邃博愛文艷稟惠齊禮善
修政化云云魏書馮元興傳時有譙郡曹道頗涉
經史有幹用舉孝廉太和中東宮主書門下錄事
景明中尚書都令史領主書後轉中書舍人行使
每稱旨出除東郡太守碑所載似即其人也碑叙
太守之父抱□惠於奇年立成名於冠歲太和之
□孝文皇帝□奮指麾兵法優長乃勇略奮發提
戈披□先鋒擊賊前無橫陣搴旗斬馘皇上即補
千人軍將授□遠將軍是其父以武勇起家歷仕

魏孝文宣武之世功績如是而史傳不載似係撰
文者夸大之辭非史闕也且造浮圖細事碑中不
必鋪叙事實又足見珥筆者之昧于文體也又叙
太守以景明中遭父喪三年泣血至□昌二□□
遭母憂喪過於哀昌二當是延昌二年下云魏大
統初旨授本土譙郡太守造浮圖一區大統十年
秋遭疾春秋九十有七終于臨民□和五年十月
卜葬平夏禹城之西以大統十年之後推之當是
周武帝天和五年益卒後二十七年始克葬也

費氏造像記

像四面刻前後皆高一尺三寸五分横廣三尺二寸五分前四像分置兩邊中刻文十五行行十四字十七字不等後面兩截刻每截十四像旁兩面俱高六寸五分廣二尺一寸二分像各八四面每像刻一人名惟一旁止七人正書

夫如來眞意𪇃寂道出塵表至理宏□□□□□□
虛空本無名相衆□□力□以緣合□應□至現形非
□□□□□三寶重輝万品俱□□以如來體性淸淨
摧應六道慈愍□□□□□起保紫微誕生王宫捨
□之□□世金輪之寶□讀步𪇃遠□□仍□十九出
家□□道□身百□□□□□廣全流布教化衆旣耶
□□□滅影雙樹無餘涅槃　佛弟□□□□邑子□

僚夏婆戾合邑子□□□□人等經像訓世仰承聖教
識達非常信□□□意□志□崇三寶爲天王國主枰
□□□毀容華□奇異世間否有發廣大願□□□佛
在我願中无□成就流入佛海悉皆具是
天和六年五月廿一日造像一區
邑主陽烈將軍費伯達
像主□雜宗主費子推
邑師比丘智業
□□將軍諫議長利縣南啓二縣令愼政郡丞治都
督費永進

以上一面
□子王□保　邑子費長宗
□子費榮族　邑子張貴
□子費堅　邑子程道遵
□子虎威將軍費法侯　邑子費社奴
邑子費法海　邑子費格奴
邑子費僧和　邑子費長□
邑子費法猛　邑子費宎騎
邑子費肆□　邑子費長暉
邑子費進族　邑子費始進
邑子費市宜　邑子費僧暉
邑子費□奴　邑子費黃頭
邑子費眞孫　邑子費法□
邑子費阿樹　邑子周奉
□□費眞敬　邑子費陁俱
以上一面
齋主費白奴
□大費宗兼
□律費伯孫
唯那費紹熹

典坐曠野將軍殿中司馬費雷
典錄大司馬府吏部朝官費胡
邑淸費萇生
□主費伏□
以上一面
□主費樹羅
邑淸費禹
典錄費暉和
典坐費長寬
唯那橫野將軍費遠
治律費鍾旭
香火陽烈將軍費伯進
齋主費遵禮
以上一面
按記後所列銜名惟曠野將軍橫野將軍殿中司馬見隋書百官志兩將軍皆從九品階殿中司馬督屬左右衛府凡五十人碑省督字也餘如陽烈將軍虎威將軍皆無考又□□將軍諫議長利縣南音二縣令愼政郡丞治都督一行尤不可解徧檢地志齊周之世旣無長利南音縣名亦無愼政

郡名且將軍與諫議丞治與都督官職不倫而乃牽連書之於一八果何謂也後齊之制大司馬與大將軍並尊謂之二大皆典司武事者碑于大司馬府下有吏部朝官四字又不知何謂也

金石萃編卷三十七終

金石萃編卷三十八

賜進士出身 誥授光祿大夫刑部右侍郎加七級王昶譔

隋一

殘造象記

記已失前文知非止此一石茲就所存之石計之橫廣一尺六寸五分高一尺一寸僅存十四行行十字正書

上闕無黑變成紫室所願從心咸登妙菓無不遂意又願見世後生男則狠如觀項天然而知智 慧孤秀任居上位亦世 崇明麗風相踵超然之一女則形軀端嚴行性淳潔內隆勝髣衆人聲歎有能試知無爲曉悟苦空滅巳削身共崇曰菓捨離惡業者並同斯善永無彰

导俱登正覺

開皇三年歲次癸卯五月戊戌朔十五日壬戌

邑師比丘法口

邑師比丘惠遠

王伏女等造象記

石四面刻像南北面各高三尺四寸廣一尺三寸五分分三截上截皆陽像無字中除像字各六行下無像一十六行一十四行東西面各廣一尺五分像與南北面同中層皆五行下截一十一行一十五行每行字數五六七八九不等正書

女口 口女口 闕 化主口口父口口 闕 口非常共

相□□闕□邑子六十八人□闕□□造石像一區闕道
經典上爲八王闕爲壹□父母□□闕就顛□□□□
□闕慶顛從心
開皇三年　日
東面化主王伏女
東面像主□□
東面□□□□女
香火□女□
以上東面
西面化主李舍資
比丘尼僧及七世父母
西面像主趙乱資
西面邑主李勾男
都大檀越主吳門□
邑子□□□
邑子□何妙
□□秦□氏
邑子王阿□女
邑子□□資
邑子王道先

邑子李女□
邑子李□先
邑子田毛□
邑子劉元□
邑子劉女賜
邑子高莫毛
邑子何阿□
邑子李□女
以上西面
都錄主劉要羅
都邑主王貴妃
都像主□婆女
都化主王□父
南面像主王□□
□□□□□
邑子何□□
邑子田□□
邑子郭□妃
邑子□合□
邑子田阿男

邑子李玉妃
邑子王阿女
邑子朱太妃
邑子劉□□
邑子□□女
邑子劉□□
邑子□定朱
邑子□男□
邑子□□貴
邑子□阿□

邑子□□□
以上南面
北面邑□郭令妃
北面化主□先□
北面像□
北面□□
北面□□□□□
北面檀越主何香□
邑子□□□
邑子李□僧

邑子□□□
邑子劉□□
邑子劉□□
邑子□□□
邑子□□女
己子□□女
邑子□女□
邑子□□□
邑子□□□
以上北面

楊遵義造象記

石不知高幾許銘刻象之下截廣九寸五分九行行或九字七字十一字八字不等正書

開皇三年十二月　楊遵義爲息□熾造像一區上
爲人王帝主下爲七世父母及自己身同□斯頭
息□熾
父楊道儁　息紇䄓
母形雙□　息□熾
兄楊暉業　妻王媚容
弟楊遵義　妻焦香容

王忻造象記

石横廣二尺一寸五分高一尺一寸五分廿一行行十字正書

口口孝者善繼人之志善口人之事亡人先發廟諱頭口
敬成之敢陳勝業乃作口云
口宗靡極道法何源其終口末其始無先廟諱廟諱絕學口
々忘言虛无萬古寂魄口千洪鍾應扣響振周年口口
一字耳畫三門星珠口口月桂猶口口車行空口駕飛
仙道德經首希夷口容三鳥鱗颺九井口蹤口祠曲里
廜亭濯龍全身口寫相好無窮懃心懃敬口眞慕聖奉
資　王矣口口益詠
大隋開皇六年七月十五日前上士州從事國子助
敎彭城縣開國男洞廟諱弟子王忻敬造

按隋書百官志初沿周制有上士中士下士之目入隋巳後不復詳列其諸州部郡從事從九品國子助敎從七品開國男正五品王忻所稱前上士或是仕于周時其在隋或由州從事入爲國子助敎而以從七品官封正五品爵殆當時加爵高于官一二等歟

龍藏寺碑

碑高七尺一寸廣三尺六寸五分三十行行五十字正書今在正定府

竊以空王之道離諸名相大人之法非有去來斯故將

喻師子明自在如無畏取辟金剛信畢竟而不毁口口
口口口口口口源口隔愛慾之長河開生死之大海無
舩求度旣似龜毛無翅願飛還同兎角故以五通八解
名敎攸生二諦口口法門口口口口攝細艮資汲引之
風挽滿陷深雅淂脩行之致若論乹闥之城皆妄芭蕉
之樹盡空應化詎眞權假寧實釋迦口口說口口口口
菩提豈證果之人然則習曰之指安歸求道之趣奚向
如幻如夢誰其受苦如影如響誰其得福是故維摩詰
具諸佛智口口口坐斯來舍利弗盡其神通天女之花
不去故知業行有優劣福報有輕重若至凡夫之與聖
人天堂之與地獄詳其是口口口可同日而論哉往
者四魔毁聖六師謗法扱髮翹足變爲吞麻李園之內
結其悪黨竹林之下亡其善聚護戎比丘翻同口口
口口口口等口蓮慧殿仙宮寂寥安在珠臺銀閣荒涼
無處離離綴彩寧勞周客含含奏曲詎假殷人我　大
隋乘御金輪口口口口上應帝命下順民心飛行而建
鴻名揖讓而升大寶匪結農軒之陣誰侚湯武之師稱
臣妾者遍於十方弗口口口之亂口口帛者盡於万國
口陷防風之禍斯乃天啓至聖大造區域垂衣化俗負
扆字民眛旦紫宮終朝靑殿道高義燧德盛口口口

□□衆覡□集伍茆□月搖蓙含風沉壁觀書龍負握
河之紀功成治定神奉益地之圖於是東暨西漸南徂
北邁隆禮不洽□□□□感天地而動鬼神辯尊卑而
明貴賤而尚勞已亡倦求衣靡息豈非攸攸黔首垢障
未除擾擾蒼生蓋纏仍擁所以金編寶字玉□綸言滿
封盈函雲飛雨散慈愛之旨形於翰墨哀愍之情發於
衿抱日月所照咸賴陶甄陰陽所生皆蒙鞠養故能津
濟率土救護溥天□彛愚□□導聾瞽澍茲法雨使潤
道芽燒此戒香令薰佛慧脩苐壹之果建取勝之幢摧
既滅之文匡已墜之典恩辱之鐙滿□□都微妙之臺
充於赤縣豈直道安羅什有寄宏通故亦迦葉目連聖
僧斯在龍藏寺者其地蓋近於燕南昔伯珪取其謠言
□□□□□母恤往而得寶竊代常山世祖南旋至高邑
而踐祚靈王北出登望臺而臨海靑□歛霧滌水揚波
路欵晉而適秦途通□而指衞□□之落矩步非遙平
原之樓覘行詎遠尋派避世彼亦河人幽閑博敞旨爲
福地太師上柱國大威公之世子使持節□武衛將□
□開府儀同三司恒州諸軍事恒州刺史鄂國公金城
王孝僊世業重於金張器識逾於許郭軍府号爲飛將
朝廷稱爲□□領袖諸□冠冕羣儁探賾索隱應變知

機著義尚訓御之懃立勳功事勞之績廊廟推其偉器
柱石揖其大材自馳傳莅藩建旟□□招懷□逸蠲復
逃亡遠覩廣聽賈琮之按冀部賞善戮惡徐邈之處涼
州異軌齊奔古今一致下車未幾善政斯歸瞻彼伽籃
□□草創□奉　勑勸獎州內士庶壹萬人等共廣福
田公爰啓至誠虔心從石施逾奉蓋檀等布金竭黑水
之銅罄赤岸之玉結瑠璃之寶□鎊纓絡之珎臺於是
靈刹霞舒寶坊雲構崢嶸嵺葛穹隆譎詭九重壹柱之
殿三休七寶之宮彫梁刻桷之奇圖雲畫藻之異□銀
成地有類悉覺之談黃金鏤楯非關句踐之獻其內閑
房靜室陰牖陽窻圓井垂蓮方疏度日曜明瑠於朱戶
殖芳卉於紫墀□□金沙似遊安養之國蓊隱天樹疑
入歡喜之園夜漏將竭聽鳴鍾於寺內曉相既分見承
露於雲表不□床坐來會之衆□憂□□飲食持鉢之
侶奚念粤以開皇六年歲次鶉火莊嚴粗就庶使　皇
隋寶祚與天長而地久種覺花臺將神護而鬼衞□□
詞□
多羅秘藏毗尼覺道斯文不滅憑於大造誰薰種智誰
壞煩惱猗歟我　皇實宏三寶慧燈翻照法炬還明菩
提果殖救護心□香樓並搆貝塔俱營充遍世界弥滿

國城憬彼大林當途向術於穆州后仁風遐拂金粟施
僧珠瓔奉佛結瑤萻宇搆瓊起室鳳口築日虹梁入雲
電飛窓戶雷驚榱棼綺籠金鏤縹辟椒薰綈錦乱色丹
素成文髣髴雪宮依稀月殿明室結幌幽堂啓扇口虡
未口口尨誰見帶風蕭瑟含烟蕊蒨西臨天井北拒吾
臺州谷苞巽山林育材蘊秦説反樂穀奔來邹魯媿俗
汝潁慙能惟此大城口口口踐踈鍾響度層磐露泫八
聖四禪五通七辯戒香恒馥法輪常轉
開皇六年十二月五日題寫
齊開府長兼行叅軍九門口口口口口口

碑陰
分五截三十行字數不等正書
冠軍將軍都督錄事叅軍敬楷
前員外散騎侍郎開國伯功曹叅軍崔旻
都督前滎陽縣令倉曹叅軍鄭世隆
伏波將軍戶曹叅軍楊遠
洛州主簿戶曹叅軍元德明
前城睪郡丞兵曹叅軍崔充禮
前北豫州刑獄叅軍法曹叅軍祖士廓
士曹叅軍崔宰

行叅軍長孫世
行叅軍楊矜
行叅軍梁直
行叅軍傅君長
行叅軍楊懷喆
鄴國公府長史皇甫祥
鄴國公府司馬侯鑾
翊軍將軍眞定縣令張仲
冠軍將軍師都督九門縣令李康
安化縣開國侯石邑縣令任誼

師都督義鄉縣開國男井陘縣令曹明
前內侍開府儀同三司銀青光祿大夫靈壽縣令潘士
逸
征東將軍蒲吾縣令王緒
翊軍將軍都督行唐縣令宋璨
都督滋陽縣令元靜
州都張元質
州都裴衡
前秘書侍郎平棘縣令滏陽縣開國伯州主簿賈羅侯
州主簿房道儒

州光初主簿房峻
州光初主簿許芬
州西曹書佐閻公約
大都督祭酒楊騰
前奉朝請祭酒胡士則
恒州前士曹從事省事李亮
眞定縣主簿省事趙琛
前給事眞定縣丞王賢祑
弥冠將軍眞定縣尉王亮

并州前行叅軍眞定縣尉邹擧
掃寇將軍九門縣丞蔣羅
伏波將軍九門縣尉富昶
九門縣尉呂儉
前恒州典籤錄事維那佫素
井陘縣尉賈子政
明威將軍□□□□廣陽令邑正盧延
前常山郡正維那石建業
前常山郡主簿維那石子紹
維那賈小益

維那石元空
維那張伽兒
維那石文遷
州前市令前恒山郡錄事維那劉雅
前常山六州府右葙司馬戶曹叅軍姚鸞
盪邊將軍恒州十二州帥都督劉多羅
前常山六州倉曹叅軍維那獨孤猛
前度支令史恒山郡錄事牛軌
蕩邊將軍儀同府司馬維那趙元卿
儀同府法曹叅軍維那潘善護

前常山郡功曹維那石洪林
前散騎常侍維那竹奉伯
兵曹佐維那郗瑜
恒州倉督維那郗楷
前眞定縣平正維那封孝瑜
明威將軍西水縣令都督焦貴遷
冠軍將軍前鋒大都督豪州刺史東興縣男呼延霎
前州倉曹佐監寺使張秤
前汾州統府錄事監寺使魏讓
前定州總管府學生監寺使段深

前定州總管府學生監寺使佫婁
前恒州行參軍維那石文舉
前恒郡兼主簿維那石紹軌
前六州倉曹參軍維那樂元
前六州外兵維那獨孤永和
維那石洪兒　維那檀惠顏
維那石顯應　維那賈益宗
維那王景貴　維那王遵貴
維那竹盆　維那王望兒
維那石子暉　維那閻仲遵

維那石子約　維那王市吉
維那賈榮伯　維那左輔
維那馬祀　維那白暉賓
眞定縣　維那　維那　維那　維那　維那
石邑縣　維那　維那　維那　維那　維那
那陘縣　維那　維那　維那　維那　維那
蒲吾縣　維那　維那　維那　維那　維那
零壽縣　□□□田世赵　□□□傅□　維那　維
那　維那　維那　維那
行唐縣　維那　維那　維那　維那　維那

滋陽縣　維那　維那　維那　維那　維那
九門縣　□□□靳□林　維那　維那　維那　維
那　維那

右齊開府長兼行參軍九門張公禮撰不著書人名氏字畫遒勁有歐虞之體隋開皇六年建碑云大師上柱國大威公之世子左威衛將軍上開府儀同三司使持節恒州諸軍事恒州刺史鄂國公金城王孝僊奉敕勸奬州人一萬共造此寺其述孝僊云世業重於金張器識逾於許郭然北齊周隋諸史不見其父子名氏不詳何人也　龍藏寺已廢此碑今在常

山府署之門後題張公禮猶稱齊按周武帝建德六年虜齊幼主高常齊遂滅後四年隋建開皇之號至六年齊滅葢十年矣公禮尚稱齊官何也集古錄

右隋龍藏寺碑集古錄謂在常山府署之門常山郎今之眞定予近以使事過之聞府治東二里龍典寺有古銅佛一軀崇七十二尺閣之覆者崇百有三十尺與太守同年李君往遊其閒見殿前一古碑其趺已沒土中讀之乃公禮文葢寺在隋名龍藏歐公謂寺廢與碑在常山府署葢未嘗親歷其地故誤書耳金薤林瑯

碑立于開皇六年齊已久滅而張公禮猶稱齊官書者不以爲嫌當時不以爲禁此皆尚有古道尤可紀也(庚子銷夏錄)

碑今在眞定府龍興寺大殿内其後爲天寧閣九間五層高一百三十尺中有銅觀世音像高七十二尺四十二臂各有所執之物俗謂之大佛寺也碑爲隋開皇六年恒州刺史鄂國公金城王孝僊立而其末乃云齊開府長兼行參軍九門張公禮撰齊亡入周周亡入隋而猶書齊官葢君子之能不降其志而其時之人亦不以爲非也其書踐阼爲踐祚何人爲河

人伽藍爲伽監懷爲壞五臺爲吾臺則理之不可通者疑爲後人摹刻之誤又宋歐陽公集古錄云龍藏寺已廢此碑今在常山府署之門此嘉祐八年所書而龍興寺乃乾德元年建據文忠集錄之日碑尚不在龍興此其徙置之由已不可問惟其大書齊官則必非後人之所加也余考顏之推仕歷周隋而其作家訓猶謂梁爲本朝葢同此意其時南北分疆輿亡迭代爲之臣者雖不獲一節以終而心之所主見于稱名之際者固較然不易如此　大戴禮武王踐阼禮記曲禮踐阼臨祭祀正義曰踐履也阼主人階也天子祭祀升阼階履主階行事故云踐阼也文王世子篇成王幼不能涖阼周公踐阼而治注踐履也代成王履阼階(方氏曰涖阼臨朝也阼者主人所有事之階故適之冠于阼以著代繼體之君臨朝行事謂之踐阼)史記漢文帝紀辛亥皇帝卽阼正義曰主人階也古時殿前兩階無中閒道故以阼階爲天子之位王莽傳引書逸嘉禾篇云周公奉鬯立于阼階隋書載北齊邢子才議曰君位在阼階故有武王踐阼篇啖氏春秋傳曰凡天子崩諸侯薨旣殯而嗣子爲君康王之誥是也未就阼階之位來年正月朔日乃就位南面而改元春秋所書是也公卽位者卽阼

階之位也韓文公集元和聖德詩皇帝卽阼方崧卿注謂東階也或作祚非(金石文字記)

眞定府治東龍興寺隋龍藏寺故址也寺剏于開皇六年宋太祖曾幸其地寺重建于乾德元年龍興之額所由更也然集古錄稱龍藏寺已廢遺碑在常山府署之門則嘉祐閒碑猶在寺外也今入門有殿殿北閣五層廣九楹中奉觀世音像土人目爲大佛寺碑亦具存而終南山釋道宣撰神州寺塔錄鋪敘佛像顧不及焉何哉(曝書亭集)

龍藏寺碑末行張公禮下僅有一之字之下闕爲撰

為書皆不可知而都元敬竟坐張公禮為撰文未免太鑒書法遒勁無六朝儉陋習氣蓋天將開唐室文明之治故其風氣漸歸于正歐陽公謂有虞褚之體此實通達時變之言非止書法小道已也碑中字多譌謬如以何人為河人五臺為吾臺之類不可一二數蓋當六朝荒亂之餘同文之治破滅已盡此雖已稍歸於正而其宿氣猶有存者此固事理之可推無須厚非者也　歐陽公集古錄謂碑在常山府治之門常山今之正定府也明都元敬以使事過正定嘗遊龍興寺見碑在殿前而謂歐陽公未嘗身歷其地

故至誤書今顧寧人金石文字記又謂在殿中不知寧人亦曾親至否如顧又未知何時移入殿中也虛舟題跋

碑云金城王孝儒歐陽永叔趙子函以為齊周隋諸史皆無之以予考之蓋王傑之子孝儒也周書傑金城直城人宣帝即位拜上柱國追封鄂國公謚曰威子孝儒大象末位至開府儀同大將軍碑書僊為儒蓋字體之偶異傳不云襲鄂國公則史之闕也其仕隋為恒州刺史在周書固不當載而北史亦未增入此為闕漏矣文稱勸獎州內士庶壹万人等又稱九重壹樹之殿皆以壹代一字按禮記節以壹惠鄭注壹讀為一正義云上壹是齊壹下一是數之一二也經文為大壹之字鄭恐是均同之理故讀為小一取一箇善名為謚耳讀此碑知壹之代一隋時已然故唐初撰正義者有大壹小一之語耳銘詞云鄒魯媲俗汝穎慙能與臺材來協韻蓋才能之能古讀奴來反隋時古音猶存也　龍藏寺碑陰及左右側題名字畫完好歐趙諸家俱未之知壬午歲予奉使過眞定宿龍興寺秉燭訪斯刻見碑陰兩側皆有題字乃募工搨而藏之題銜有云前城皋郡丞者隋書地理

志滎陽縣舊置滎陽郡後齊改曰成皋郡開皇初郡廢城皋即成皋也又有云恒州前士曹從事省事云眞定縣主簿省事者考百官志州縣吏無省事之名不知何職也下二列眞定石邑郱陘蒲吾零壽行唐滋陽九門諸縣維郱姓名或不具以俟續刻也書井陘為郱陘者按廣韻郱字下注郱邢地名即井陘也其書靈壽為零壽則他書所未有也潛研堂金石文跋尾

按畿輔通志載正定府隆興寺云在府治東一名龍興寺又名大佛寺隋開皇六年建初為龍藏寺創建之日天降異香恒州刺史鄂國公王孝僊有

碑記大殿內有張公禮龍藏寺碑王孝僊事卽在張公禮碑內志葢誤分爲二碑也碑稱太師上柱國大威公太師之銜史所略謚曰威不知何以碑加大字所未詳也史不詳敘孝僊官位但云大象末位至開府儀同大將軍据碑則入隋數年歷官開府儀同三司恒州刺史襲封鄂國公也恒州始置于周建德六年領常山郡隋初廢郡而州存大業初州廢復立郡此碑立于開皇六年其時州尚存故孝僊爲此州刺史也恒州今謂之正定府碑在龍藏寺今謂之龍興寺葢孝僊官刺史時所立

也碑陰列諸縣維鄁曰眞定曰石邑曰邢陘曰蒲吾曰零壽曰行唐曰滋陽曰九門皆恒州屬邑也隋書地理志石邑本舊名後齊改曰井陘開皇六年復改石邑邢陘卽井陘亦開皇六年復石邑分置蒲吾本舊縣開皇十六年廢入井陘此時縣尚存零壽卽靈壽說文霝雨零也詩曰霝雨其濛又零餘雨也是霝零同義加巫爲靈其義始別碑則借霝爲靈而又通零爲霝也九門亦開皇六年復置碑所列者半皆新置也文云龍藏寺者其地葢近於燕南世祖南旋至高邑而踐祚靈王北出登

望臺而臨海燕趙南北接壤恒州在戰國屬趙地趙之北境卽燕之南境世祖謂漢光武後漢書光武本紀建武元年光武從薊還行至鄗命有司設壇場於鄗南千秋亭五成陌卽皇帝位太平寰宇記高邑縣戰國時趙房子邑之地漢以爲鄗縣漢書地理志房子縣屬常山郡光武卽位更名高邑開皇三年改屬趙州是高邑舊屬恒州碑記其郡之故蹟也靈王登臺乃九門縣事寰宇記九門縣望風臺趙武靈王築以望齊及中山亦曰寒臺是也登以望齊故云登望臺而臨海也文中但記建

寺之宏麗而無一語及佛像則四十二臂之觀世音像非其舊矣碑書響作嚮篦作蓖悠悠作攸攸纏作纒翰作韓轇轕作醪葛譎詭作譎詭蒼作蒼皆別體也文稱勸奬州內士庶壹萬人等碑陰所刻有官位姓名者八十八自眞定縣以下各列五行只維鄁二字而無姓名惟零壽縣增多二行有田世熬字傳口字熬疑卽敖字結銜有云師都督者隋書百官志有大都督帥都督都督等官又云苑川十二馬牧每牧置大都督及尉各一人帥都督二人蓋司牧之官是帥字非師字也姓名有眾

子逯者栗姓見風俗通燕將栗復之後有佫素者佫本佫字廣韻云姓也集韻云佫或佫郗瑜之郗似卽郄字此碑在寺之殿隅歷經寺僧守護寺又聳峙大道恭遇

高宗純皇帝西巡

鑾輅所經敬謹修葺以備

臨幸

御製碑刻焜燿叢林昶曾預扈行及往來滇陝過此寺者凡十餘次每停驂周覽必摩挲拂拭故詳識如右

趙芬碑

殘碑二段皆高二尺餘廣一尺共二十四行字數不計正書今在西安府中兆村

（上闕）翼苞島嶼而納百川□必有出日之波瀾斯乃□□□□□（下闕）庶績亦何代無其人哉淮安定公繼之矣公諱芬字□□□□（下闕）□英靈不絕十一世祖融字稚長所謂荀□君□□□□（下闕）休曾祖鬱祖賓育或頻贊藩維或□腰銀艾□□□□□（下闕）□龍宿感周勃生公炳靈特挺氣禀純粹□□□□□（下闕）□□喜慍之色先聖微言味之而不倦□□□□□□（下闕）書舍人尚書兵部郎職乃應星入同拔□□□□□□□（下闕）二國竝與伊洛崤函百樓相對金星火宿芒□□□

□□□（下闕）□不進加儀同三司仍長史徵入朝歷御伯納言□□□（下闕）治夏官府司馬封□安縣開國子前後任熊□二州□□□□□（下闕）□滯如□□□□□□□□□□□□□□□□□□□□官（下闕）聖主得賢開皇五年除□州刺史加金紫光祿大夫以公年時□□故優（下闕）乞骸聽以大將軍淮安公歸第仍降璽書□賜□□□□□□□（下闕）□二月十二日寢疾薨於京師之太平里第王人□□□□□□□□（下闕）□內融虛舟元運有禮有法可大可久從□□□□□□□□□□□□（下闕）□然風塵不染清白自守脂膏莫潤故□□□□□□□□□□（下闕）□公業不亡□□有寄府佐杜寬等仰□□□□□□□□□□□□□（下闕）□□誰知夏屋之所乃勒此高碑樹之□□□□□□□□□□□□（下闕）

（上闕）歷代□□□仁不常厥土所在稱珎□美□□□□□□□□□（下闕）□□□□□□動無近對所尋百氏下上千古□□□□□□□（下闕）□□□□□□命歸火謳歌去木□□□□□□□□□□□□□□□（下闕）□□□□□身淑慎名教斯在□□□□□□□□□□□□□□（下闕）□□□□□□□城黃

口口墓石口口

碑今存前後二䰟土人砌於堡門內書銜已亡僅存一碑字其下無書撰人姓名存字三百餘 雍州金石記

右淮安定公趙芬碑碑已斷失其上半又無題額按隋書芬傳稱封淮安縣男而碑稱淮安縣開國子傳不載芬謚而碑云定公其以大將軍歸第傳亦不書皆可補史之闕漏此碑前人未有著錄者予于京師琉璃廠市中得之如獲珍珠船矣 潛研堂金石文跋尾

碑在中兆村墓在西安城南少陵原俗呼太伯塚即中兆村也 竹崦盦金石目錄

按碑云公諱芬十一世祖融字稚長曾祖炎祖賓育考魏書趙逸傳逸字思羣天水人也十世祖融漢光祿大夫而不載融字稚長逸兄温字思恭温子炎字叔起爲兗州司馬轉圓城鎮副將還京爲淮南王他府長史年八十卒遷都洛陽子應等乃還葬焉而不云其子賓育北史亦附見逸傳云應弟煦字賓育好音律以善歌聞于世位秦州刺史則是賓育是字而非名也炎爲温之子温爲逸之兄而芬爲炎之曾孫碑稱融爲芬之十一世祖則當爲逸之七世祖不知史傳何以稱融爲十世祖也芬爲周隋時人炎在北魏之世温在魏初史但稱融爲漢光祿大夫不詳何年即由魏初上推漢末不過二百餘年其爲七世似屬可據則係史誤七爲十當以碑爲正也北史趙芬傳芬字士茂天水西人也父諒周秦州刺史芬爲相府鎧曹參軍歴記室累遷開府儀同三司周武帝拜內史下大夫轉少御正李穆討齊引爲行軍長史封淮安縣男再遷東京少宗伯鎮洛陽隋文帝時遷東京左僕射進爵郡公開皇初罷東京官拜尚書右僕射兼內史令出爲蒲州刺史加金紫光祿大夫領關

東運漕後數年上表乞骸骨徵還京師賜以三驃軺車几杖被褥歸于家後數年卒隋書趙芬傳則云父演周秦州刺史與北史之言父諒者異蓋北史於逸傳不及賓育之子碑又不及芬之父不能定其諒與演之孰是矣隋書傳又稱芬由鎧曹參軍歴記室遷熊州刺史封淮安縣男復由爲浙州刺史此兩州刺史爲北史所不載餘悉與北史同以碑證之所不同者碑稱開國子史作開國男碑云以大將軍淮安公歸第而史無之餘亦大略相同傳不載謚定碑亦賴有淮安定公繼之矣一語

知其謚定否則亦無可表見也淮安縣之淮字熊
浙二州之浙字蒲州刺史之蒲字碑皆闕泐據傳
知之除蒲州刺史史不詳何年碑則云開皇五年
史但云歸第後數年卒碑於卒字泐不能辨參考
碑史則當在開皇五年以後之數年約略在十年
左右也以碑校史彼此詳略皆可以互證矣

□昭禮造像記

記刻三面前橫廣五寸五分七行行二字側二寸四行行三字皆高二寸後高六寸八分五行行七字正書今藏萊陽初太史家

開皇十一年歲次辛亥正月甲申朔十五日戊戌首民

□昭禮爲　□亡七世父母□所生父母祖□□妻夏
侯父母□□果眷妣叔阿□妻夏侯

右記凡十六行字徑五六分不等或云此是天尊造
象今所見祇拓本形如曲尺殆亦刻于坐間者山左金石志

張景略銘

碑高廣俱一尺八寸十七行行十七字隸書今在彰德府

君諱景略燕州上谷人漢司徒華之後也
帝皇布護將相蟬聯備諸圖史其可伊述
祖驃騎大將軍第一領民酋長文城公又
遷燕州諸軍事燕州刺史
考龍驤將軍諫議大夫奉車都尉行巡安
郡太守金鄉侯
君質如披錦文彩煥然器若珪璋尤輝朗
潤於是弱齡表異聲振朝野欲止不能遂
被徵辟起家為魏帝內侍左右尋遷秘書
郎優遊鳳沼去來麟閣時稱獨步寔曰無
雙又加車騎大將軍開皇十一年正月六
日寢不蠲德奄從運往春秋六十有八以
其月二十六日遷窆於相州安陽河北白

素曲未極丞相之年俄掩將軍之墓嗚呼
哀哉乃為銘曰
峇年慷慨拖紫垂青崐山漢孫玉潤珠明
何圖大運混我賢貞一辭身亡百代千齡

祥符周君伯歔持是銘贈子云其從子岐東數年前
自安陽得之銘刻完好僅闕一二字其敘云君諱景
略燕州上谷人漢司徒華之後也漢宜作晉臨文疎
莽皆自晉魏以來士人馳騖詞章雖見聞近如晉事
亦不考世代至此又云驃騎大將軍第一領民酋長
文城公又遷燕州諸軍事燕州刺史考龍驤將軍諫

議大夫奉車都尉行濟安郡太守金鄉侯書歷官詳備然皆闕其名而不書使後不可考爲可惜也張君被徵辟起家爲魏帝內侍左右遷祕書郎加車騎大將軍以開皇十一年正月六日冥書卒爲冥文亦僅見別體字煥作煥尋作尋寔作寔之在相州安陽河北白素曲授堂金石跋

按志載景略歷官起家爲魏帝內侍左右尋遷祕書郎又加車騎大將軍而誌題稱大隋車騎葢隋加是官也魏書官氏志建國二年初置左右近侍之職無常員或至百數侍直禁中傳宣詔命皆取諸部大人

及豪族良家子弟儀貌端嚴機辨才幹者應選又直內侍長四人主顧問拾遺應對是誌言內侍左右卽史所云左右近侍之職景略以開皇十一年葬相州安陽河北白素曲元和郡縣志隋開皇十年置安陽縣屬相州此誌當十一年故得仍重置安陽之名河北白素曲誌石出於今安陽橋之北逈東隋白素曲卽屬此矣金石三跋以正月六日冥云書卒爲冥考此誌冥非句絕冥與卒不通用疑誤安陽縣志

按文首云君諱景略燕州上谷人漢司徒華之後也考三國魏志有兩張華一是張恭從弟恭嘗遣攻黃華一是酒泉人據郡起兵就爲所執並附閻溫傳又北魏書張讜傳讜清河東武城人父華爲慕容超左僕射皆與碑所稱之張華不合惟晉書張華傳華字茂先范陽方城人以誅楚王瑋首謀有功拜右光祿大夫開府儀同三司侍中中書監進封壯武郡公數年代下邳王晃爲司空領著作被害後追復侍中中書監司空廣武侯是未嘗爲司徒碑之誤不獨以晉爲漢也景略卒于開皇十一年春秋六十有八計其生年在北魏孝明帝正光五年甲辰更歷東魏西魏共三十餘年其官

祕書郎當在魏朝不知加車騎大將軍在何代也推其祖父亦當在北魏之世徧考魏書北史不得其人魏書官氏志云諸方雜人來附者總謂之烏丸各以多少稱酋庶長分爲南北部碑稱祖驃騎大將軍第一領民酋長似卽此官葢北魏之初制也隋書百官志亦云流內比視官十三等第一領人酋長視從第三品領人卽領民避唐諱也隋制葢因北魏之舊景略之祖北魏初人是當從魏志碑書頗完整而文極簡略難考如此蟬聯作蟬聯是別體獨漢水之水作巛則从古文巛字中之巛

形

詔立僧尼二寺記

碑高五尺二寸五分廣三尺五分二十二行行四十四字隸書

昔夫老子位上下之經繞表清虛之妙莊
生著內外之義且論出世之高無申業報
之言豈暢因緣之旨眷言大道未為盡得
是知神理微密真趣幽(廟諱)必期之侶超惑
興障若非達聖膺運至德降靈孰能敷化
大千□□彼岸暨□通漢夢炭驗昆明法
輪西闡像教東被自亻迄今將千歲矣雖

神功妙迹迥出天人應物隨方多有□□
□□(廟諱)風遂扇繒□更繁或廢或興隨時
出沒良由此塗所隔業緣致壅故耳我大
隨膺千齡之會處亙運□□□□□□道先
天協命皇帝統(廟諱)乘元欽明御宇秉金
輪以治世懸玉鏡而照臨聲逸萬古澤被
遐外好生惡煞泣辜解網輕茲小道慕彼
大乘欲歸一諦會由三寶乃　詔州縣各
立僧尼二寺襲聖軌之將頹繼金言之墜
缺使君建安公衣冠水鏡縉紳冀皆入

朝見美出妝稱賢含柔履慎章由成則德
添興部聲播殊方念法界以歸依(廟諱)慈善
以訓物申命勲至不捨斯須縣令西河宋
景輔國將軍內散瀀州別駕治長史宜昌
竟陵二郡□□□都督允文允武所在稱
奇製錦一同弦歌千室志懷清慎恒若履
氷能官之美今古獨絕深悟非常情存釋
典聽訟之暇無忘福田丞大梁齊相尉慱
陵張服河間張擲並以明哲來贊專城清
勲自處譽宣隣邑俱申迴向之心共忻真

淨之路必意精實不行自遠遂仰依明
勑府廣宿誠乃於形勝之所崇搆尼寺縣
宦七職爰及鄉正之徒感斯福德忻然營
助寺主道辯等覺法紬上坐智寂緩稱等
咸以戒撿端嚴音儀匪忒煩惱已棄業行
聿脩相與經始不日而就亦其勢擬(廟諱)麗
地惟爽塏房廡深重長廊交暎連甍雲合
比屋霞舒寶鐸迎風雕梁照日至於莊嚴
□殿餙盡丹青相好非常光明特絕舊尼
宿德深覩律藏其不負錫來遊有懷樂去

竊惟靈應微遠無迹可尋但理□□□言
由事發故探賾索隱更顯法於將來幽贊
神明亦了達於未悟然則立德之美從斯
而見著述之義其在□□令盛業既彰大
功剋描而微猷其記非所以曉示來葉者
也是以敬勒他山式遵前學庶使無上功
德與山□□□傳其詞曰邈聽前脩曾
聞莊老可名非名可道非道逍遙爲貴齊
物爲寶緣報不由理尚未好遥哉上覺□
□神功四禪無像三界畢空□非迹應事

以感通無國達聖何以開蒙於惟我 皇
自天攸縱九有懷德八方咸統治尚無爲
民隨日用淳風既□式歌□誦功參佐命
來牧蕃惟秉茲德實是導是綏民知禮讓
俗尚謙撝過則稱己功必□□宴爲良宰
撥煩理□既經德化風移俗易仁不獨善
贊輔斯益共保令名嘉命可適爰有明
詔詰彼四方廟諱風更闡遺教重昌同□□
德上下紀經伽藍仍建迴刹高驤物愛雕
修人榮實錺畫堂皎皎華攘翼翼名德卜

居宴坐止息歸依一□□□□□□温温悟
人穆穆明后位我橋梁廟諱茲善誘育緣必
應言立不朽敬勒斯銘天長地久
大隋開皇十一年歲次辛亥六月辛□
□

按碑無額無題文云皇帝詔州縣各立僧尼二寺隋書本紀不載經籍志有云後魏時太武帝西征長安以沙門多違佛性羣聚穢亂乃詔有司盡坑殺之焚破佛像長安僧徒一時殲滅自餘征鎮豫聞詔書亡匿得免者十一二文成之世又使脩復

至周武帝時蜀郡沙門衛元嵩上書稱僧徒猥濫武帝出詔一切廢毀開皇元年高祖普詔天下任聽出家仍令計□出錢營造經像云云蓋佛法廢而復興與碑襲聖軌纘金言語合而詔立僧尼二寺亦無明文此碑是建造尼寺立石紀績惜使君建安公不著姓名縣令宋景等亦無傳可考文字完整闕者不過數字府廨疑是俯厲方與仰依對煩惱當是煩惱自天攸縱疑是攸縱華攘翼翼疑是華欀與畫堂對欀木名吳都賦云文欀楨橿是也

杜乾緒等造象銘

石高六尺八寸廣一尺六寸分作六列第一列文行十七字第二列銘行十三字皆十一行下四列各十四行書都邑主邑子姓名正書在葉縣

大隨開皇十二年歲在壬□十二月壬申朔十日亲巳
蓋欲崇高志遠者要須曠□□行是从當今佛弟子大
都邑主杜乾緒□邑主張子元大都化主董難當都化
主杜□□□邑等雖須形居俗冈志栖方外□巳□□
□龍山之南河山之西雉水之東吉祥□□□造石像
一軀層龕比刃巧盡百奇玠□□□遠而望之拔寶塔
涌現於靈山近而□□□祇崮之覩玉殿迴睛注目歸
心有在□□勝善福閭皇家□法治国又願七世先□
□生眷屬類同沾澤因茲福慶刊記斯銘　其詞曰
妙理難原而趣莫尋淩□靡測蓺第其深喆山開九□
□□霄金□既□徒泣雙林勇塔且淪祇崮居□□□
光光銅八開景睟宇暫空□□□□真曜不職像月為
図寶□□□羅妙像琢鏤巽崖相兩真□明眺高雲
光埋月眼八万未踰真容何奐耶相吮吟福景唯深王
□閇條芳澤未今恩沾四□慶不有心言傳千載不朽
清音　比丘□法敏
大都邑主杜乾緒　邑子王　氷

大都邑主張子元　邑子王承遵
大都化主董難當　邑子張領兒
大都化主杜郭生　邑子杜　盆
邑平正菀長女　邑子郝天明
邑平正高孝寬　邑子董多善
都唯那楊長孫　邑子陳伏願
邑子向□□
邑子尹那湖
邑子高孝寬
世石主杜貴賓　邑子□劉□

邑平正杜化　邑子劉仕艮
邑平正杜仕劉　邑子佐誕
邑唯那王　鍾 以上第三列　邑子郭道□ 以上第五列
邑子隻景□　邑子趙虔夙
邑子郭景　邑子杜何碩
邑子李洪賓　邑子□□□
邑子賈仕琛　邑子
邑子杜雙具　邑子
邑子呂　庆　邑子
邑子杜元和　邑子

邑子黃僧感　邑子
邑子陳子義　邑子
邑子杜默口　邑子
邑子王景隆　邑子
邑子王叔怜　邑子
邑子張口苟　邑子郭口郎
邑子司馬詳兒以上第四列　邑子孫俟文以上第六列

碑分三截上截記中截銘下截題名銘文典麗字法古雅可愛中州金石記

按銘序首云大隨開皇十二年歲在壬口考隨本春秋時國即今隨州隋文帝初受封于隨及有天下以隨从辵周齊奔走不寧故去辵作隋然見之碑刻往往通用以逮唐初諸碑書隨爲隋者不可枚舉此碑仍作大隨葢未嘗有定制也餘見後碑跋至開皇十二年歲在壬子碑壬下闕一字乃子字也十日辛巳辛作亲禮月令其日庚辛注云辛之言新也新字从辛木斤謂以斤取木也此葢借新旁之亲爲庚辛字也文云邑等雖須形居俗冈志栖方外須當是頃字冈即罔字又即網字頃者現在也謂雖現在形居塵網之中而志則栖託于方外也龍山之南河山之西雉水之東皆不可考碑在葉縣縣屬南陽家語葉公好龍牕壁圖畫龍形眞龍爲之降或其地小山因以龍名而不甚著爲舊圖經所遺也縣有滍水水經注云滍水又東房陽川水注之水出南陽雉縣西又淯水又東南流歷雉縣之衡山碑所謂雉水者或即雉縣之水非淯水即滍水所受之房陽川也屑龕比刃刃即仞字遠而望之抜寶塔涌現於靄山抜即狀字靄即靈字祇菌之覩玉殿菌是薗字亦即園字𥚃閭皇家閩即潤字銘詞云淺口靡惻惻即測字孰筭其深孰即孰字筭即筭字亦即算字勇塔且淪勇即湧字銅人閡景閡即閉字眞曜不曦曦即曦字像月爲㘣㘣即容字瑑鏤瑍崖瑍即碧字光埋月眼眼即朗字王閭櫞三字銘本四字爲句此王字上下當脫一字閭櫞即潤條言傳千載傳即傳字載即載字此下題名五十四行內高孝寬兩見一稱邑平正一稱邑子未審即一人否

金石萃編卷三十八終

賜進士出身　誥授光祿大夫刑部右侍郎加七級王昶譔

隋二

曹子建碑

碑高七尺廣四尺二寸五分二十二行行四十三字隸書今在東阿縣陳思王墓旁

于言植字子建沛國譙人也㴑源□九泉
競深崟□□□□以爰自帝興□戶□曰
興爲其于這國啟基彐日周室顯霸業於
東粵彰茅封於譙邑瓊根寶葉蒔芳蘭如
莫朽軒冕相傳襲縉紳而不絕此乃備頌

典冊聊可概槩而言矣逮承相叄徂成王
室遺勳隆重位當上宰受國平陽□□廞
後鳴鑾佩玉飛蓋交映　祖嵩漢司隸太
尉公職掌三事從容論道義著阿衡出任
不亦宜乎　父操魏太祖武皇帝資神龍
虎剖判鬱呂開基名須讖牒謠歌真人火
運告終去德承廟諱爰據圖錄亨有天下驟
改質文馳遷臣翔英雄之氣蓋有餘兵昆
丕魏高祖文皇帝紹即四海究澤五都
負扆明堂朝宗萬國允文允武庶績咸熙

臣踐昇平時稱寧晏致黃龍表瑞騶兆潭
濱玉虎禽雞恒綸宇察　丕乃黃內通理
韞淵哈英叡哲稟於自然愽懸由於天縱
佩金華以邁四氣抱玉操如忽風霜綴贍
藻於孩年攝酉什於殤歲尋聲制賦膺
詔題詩詞彩照灼子雲遥慙於吐鳳文華
理富仲舒遠愧於懷龍又能誦萬卷於三
冬觀千言於覽見才比山藪思並江湖情
辭苑苑茜藂葩之蔚巖林緑藻妍妍如河
兵之照巨海武庫太官出譽握促之器當

也但祿由德賞頻亨　皇爵建安十六年
封平原侯十九年改封臨淄侯都京以貴
任爲懷亶亶清雅自得常閑步文藉偃仰
琴書朝覽百篇夕存吐握使高據擅名之
士侍宴於西園振藻獨步之才陪遊於東
閣　黃初二年姦臣謗奏遂貶爵爲安鄉
侯三年進立爲　王　京師面陳濫謗之
罪　詔令復國自以懷臣信如見疑抱利
器而無用每懷怨慨頻啓頻奏四年改封
東□□五年以陳前四縣封復封爲陳王

呂讒言數搆姧臣內興十一季裒頻□迸
黜汲汲無歡遂發憤而薨時年卌□山卽
營墓魚山傍羊茂臺平生遊陟有終焉之
所既如丰代負遠兆瑩崩淪茂響英聲遠
而不絕至十式世孫曹永洛等去岳朝
皇建二年蒙詹尊孝照　皇帝㥦廟諱古典
敬立二王祟奉三㠁永洛等于時膺荷表
貢面奉照　皇親訓聖　詔以經竆討皆
存實錄蒙　勅報允興復靈廟饋嗣茲嘗
四時史謁使恭恭嗣牟縟展衷誠之巔梵

梵孝孫長畢昊天之慕遂雕鏤真容鐫金
寫狀庶使□□相度永劫而不泯七步文
宗傳芳猷於萬葉者也其詞曰　惟王睿
石斯固締緒攸長波連□滂枝帶扶桑分
珪作瑞建國開疆蕙樓蔚閣遠邁靈光其一
器調高奇風華梳朗談人刮舌靈鈍曜掌
東閣晨開西園夜賞枘華桂茂玉閏金響
其二聲馳天下遺冠生民丰驚曠古德重千
鈞混之不濁磨而不磷如何壹旦萎戢哲
人其三山舟易失曰車難駐寳謝人間長逞

埏路風哀松栢墳穿狐兔何世何年還成
七步其四迺考惟昆龐空洪基爵圖應廟諱運
合紫微一辭皇闕永背象也□□日轉響
遂雲飛其五
大隋開皇十三丰歲次呈巳攵下闕
東阿縣魚山陳思王墓道有隋碑書法雜用篆隸八
分甚古此碑文不極工考歐集古錄趙金石錄及近
代金薤琳琅石墨鐫華金石志俱不及載居易錄
右東阿王廟碑敘子建封爵與史多同惟本傳云黃
初二年貶爵安鄉侯其年改封鄄城侯三年立爲鄄

城王四年徙封雍邱王太和元年徙封浚儀二年復
還雍邱三年徙封東阿六年二月封爲陳王碑于黃
初三年之下云四年改封東阿王則誤以太和之四
年爲黃初之四年又中脫封鄄城浚儀雍邱諸事耳
傳薨時年四十一碑作三十一按傳建安十九年太
祖征孫權使植留守鄴戒之曰我昔爲頓邱令年二
十三思此時所行無悔于今汝年亦二十三矣通鑑
考異引此文云植今年二十三則死時當年四十
一矣本傳云三十一誤也今讀此碑則知隋以前其
本已誤故碑亦承其誤而今本乃作四十一者後人

因温公之言追正之耳碑文云父操魏太祖武皇帝
昆丕魏高祖文皇帝於父字上空一字武皇字上
空一字丕字上空一字碑又稱齊孝昭皇帝皇字上
空一字至皇建二年係年號不應空格亦空一字葢
書碑之人不學無術故有此失也文稱齊朝皇建二
年蒙前尊孝昭皇帝恢宏古典敬立二王崇奉三恪
據北齊書在皇建元年八月未知孰是碑書黄中爲
黄內避隋諱又以博愍爲博敏旣如爲旣而兆瑩爲
兆瑩王閏爲玉潤又書其詞粵以粵爲曰與太公碑
正同銘詞四章章皆八句首章多惟王二字王阮亭
居易錄載此文疑惟王之上尚有鈌文乃於其詞下
格六空又不知粵與曰通而以粵字接惟王爲句皆
謬也 潛研堂金石文跋尾

碑前敘子建封爵頻三徙都葢依魏志爲文後又稱
十一世孫曹永洛等齊朝皇建二年蒙口尊孝昭皇
帝恢宏古典敬立二王崇奉三恪永洛等於時膺符
表貢面奉昭皇親承聖詔蒙勅報允與復靈廟雕鏤
眞容其記子建廟祀所起如此北齊書孝昭紀皇建
元年詔昔武王克殷先封兩代漢魏二晉不廢兹典
及元氏統歷不率舊章朕纂奉大業思宏古典但二
王三恪舊說不同可議定是非列名條奏其禮儀體
式亦仰議之今碑所稱卽指其事但以爲皇建二年
者下詔在元年八月議定施行當爲二年各從其實
書之也曹魏系出自虞故以曹氏備三恪之一當時
先復古制史文不悉載賴此以知其槩古刻流傳何
可没哉碑云黄内通理及懷正信如見疑皆避中字
如見疑者如與而通也 授堂金石跋
右碑有額無題字似有畫象已不能辨書體兼篆隸
其中增損假借之字已載錢氏跋中尚有未及者如
茅封作芧封典冊作典圖丞相作承相宇縣作宇⿱宀縣

蘊淑含英作愠淑哈英西園作西薗讜言作謥言風
格疎朗作風革梳朗皆是也 山左金石志
按魚山在東阿縣大淸河西岸東阿縣志稱卽漢
武帝所塞決河歌瓠子者也史記武帝紀天子禱
萬里沙過祠泰山還至瓠子自臨塞決河又武帝
瓠子歌云瓠子決兮將奈何皓皓旰旰兮閭殫爲
河當卽此魚山下之大淸河也志又稱山有東阿
王墓其下有廟而不言廟中有碑葢志之疎也碑
敘植先世云祖嵩漢司隸太尉公職掌三事從容
論道美著阿衡之任不亦宜乎而不詳嵩之所自

出葢爲陳思諱也三國魏書武帝紀亦云桓帝世
曹騰爲中常侍大長秋封費亭侯養子嵩嗣官至
太尉莫能審其生出本末葢已先爲武帝諱也注
引續漢書曰嵩字巨高靈帝時代崔烈爲太尉吳
人作曹瞞傳及郭班世語並云嵩夏侯氏之子夏
侯惇之叔父太祖於惇爲從父兄弟也是嵩之本
姓爲夏侯氏矣碑叙嵩事直接丞相參略去常侍
騰其爲陳思諱者更分明也東阿王薨年實四十
一碑書作卌有壹今搨本卌字右一竪已泐微存
其蹟作卅形有字全泐壹字尚存末筆並當諦視

始辨之其詞粤之下碑只空二字居易錄云空六
格者必是當時所見裱本遂誤認以粤惟王三字
爲銘詞上有闕文因上空六格以足成二句也如
讀爲而不特既如爲既而蒔芳蘭如莫朽抱玉操
如忽風霜懷正信如見疑如字皆當讀作而也談
人刮舌疑即括囊之義以刮爲括也攝酋什於孺
歲握促之器者也酋什握促二義未詳

陳茂碑

碑四邊殘缺連額高約八尺一寸五分廣三
尺約共三十餘行行七十六字正書篆額

大隋上開府梁州使君陳公碑

□□挺奇略於□□□高文於游夏芳徽盛範□□傳
祀纂神基□六奇定策□項寧漢德□□□兼□著□
□興太守功表折衝任居分□祖□□□□遺下闕公稟
氣辰象降靈□□□五行之秀蘊六德之姿倚天照其
鋒穎絕海振其羽翮識□□故下闕大祖□文皇帝之□
□也爲大將軍陳□□譬□交之□□朝若晉室之蕃
魏國望雲斯表佳氣□□□□初下闕公以賈誼登朝之
歲終童奉使之年展采於濫觴之辰効官於尺木之始
□一心而事□□三分以成務遷振威將軍給事中□
□□□□□刑獄下闕仍爲將軍府屬治內郎功預斷

蠍勤宣汗馬□用□聞威風遠振封南皮縣男食邑二
百戸 □□爲上柱國□國公涇州□□公□府下闕有
□□之化非無利器之能轉涇州總管府司錄寧遠將
軍右□員外常侍 皇上嗣□霸圖將與帝業昕□道
□□□□□ 上□□將軍□□公公下闕府長史周武
帝薄伐東秦席卷河北聲振□坂□勢超垓下既而流
湯□□方盛引弓之下闕公衝冠之氣臨危奮發□□之
誠造次先表每以身□執銳前驅 上天縱雄傑英威
□世下闕之□□下□□□□□□上□□□□師凱
入授儀同三司 上德映在田在□業□一□□□九

命公亦追蹤□□絶□人下闕上爲定州總管公任總管
府司錄兼定州贊治 上□□州總管公除總管府司
錄 上爲上柱國公遷府長史下闕蚩尤之凶□□□東
陵之盜謀爲西楚之□肆彼逆□□郡邑刁斗相喧雲
梯交映晉陽之師將没踈勒之□□□公下闕之□心□
□□之□□□擊□之去□轟□氷泮掃地無遺□□
遠降□蒙褒賞授驃騎將軍右光祿大夫□□之下闕大
將軍 上爲大丞相隋王公除府掾治右十二府長史
上登庸伊始納麓在辰作□負圖□絶□□公下闕之
義既深推□之思斯重 大□御宇惟新建國開皇元

年授給事黄門侍郎□□日夕下闕藝府□其年除右衛
府長史進爵爲□增邑六百戸通前一千四百戸出□
上下闕師□□軍容之盛公運籌幕府□和鼎實蹇□獻
授□㝡□優二年授開府儀同三司領左下闕舉□□□
聲□□□□□道□仰雄風之扇□□□受□設□
之□周氏季下闕公化以時雍布以輕典銜策斯舉韋弦
遞用□□□其兗□比屋傳其頌聲疆埸乂安遐邇□
福□□□之下闕除給事黄門侍郎兼右衛府長史七年
授兼太僕卿黄門侍郎如故九年正除太僕卿判黄門
侍郎如故□□□□□□□居下闕授上開府儀同三

司太僕卿判黄門侍郎如故軒遊□咸□飾□□比鄧
隲□台□均□權下闕以公春秋□□宜盡頤攝禁掖便
繁或虧湯□□□舉□中□治□案部□條威惠斯□
下車爲政□化雍然□□□其明□□□□其下闕甍於
□□春秋六十有一悲切摧梁慟深罷市 兩宮軫□
百辟傷懷謚□□公禮也即以其年之□月十□日歸
葬□州猗氏縣長□□之下闕九□才□五際□□□
之道□□天然□□□之心□由早□駈馳少□宦
任燕南趙北□戰□□□□□□□□□□□
之節下闕之□漢光□委質 皇家卌餘載□闊締構綢

繆□□棠卧内之□恩□其里之□澤贊□□之運□
□□之下闕恂恂□□□□□之節儉□□黙
之不貪之□公□夫人王氏太原□□人也世襲下闕中
□□□□□□□□禮□□斯□方諸鼓鼙之□
遽□□□之□郵□無□舉案何□□□政下闕疑□□
□□之下闕以□□□聲□傳□範方使乘田且變□□
□項之□陵谷推移尚紀滕嬰之□其銘曰
□□□揆賓王觀國丞相奇謀□邱盛下闕懃妙□□□
□欝抑下□沉吟□□緣鶴□□功叅後下闕冠帶□□
□□□傳臨□□□□遐良佇□□布下闕遵□教下闕

右陳茂碑不著書撰人名氏而字畫精勁可喜隋書
列傳載茂事尤多闕繆傳云高祖爲隋國公引爲寮
佐及受禪拜給事黄門侍郎在官十餘年轉益州總
管司馬遷太府卿後數載卒而碑歷叙爲高祖寮佐
時官傳雖不書可也其自爲黄門侍郎後又爲行軍
元帥長孫覽司馬又爲蜀王府長史太僕卿判黄門
侍郎上開府儀同三司梁州刺史等官史氏皆不書
蓋其闕也又據碑茂爲蜀王長史而傳爲益州總管
司馬碑爲太僕卿而傳云太府皆史家之繆也碑云
茂字延茂史亦闕錄集古

按此碑集古錄云茂字延茂今碑拓已泐此四字
但据額題梁州使君陳公文中叙官位事蹟與隋
書陳茂傳合知其爲陳茂碑也碑云太祖文皇帝
是指周太祖又云公以賈誼登朝之歲終童奉使
之年展絲于濫觴之辰効官於尺木之始是茂從
隋高祖入仕周太祖之始年甫二十也傳稱高祖
爲隋國公引爲寮佐是指隋高祖高祖之父忠仕
周爲柱國隋國公以周武帝天和三年薨高祖乃
襲爵碑云皇上嗣□霸國將興帝業云云卽此時
也碑又云周武帝薄伐東秦席卷河北聲振□坂

勢超垓下隋高祖紀云建德中率水軍三萬破齊
師于河橋明年從帝平齊進位柱國周武帝紀云
建德四年七月詔伐齊隋國公楊堅廣寧公薛迥
舟師三萬自渭入河九月班師五年十月帝總戎
東伐隋國公楊堅爲右三軍總管十一月東伐獻
俘傳云從高祖與齊師戰于晉州賊甚盛高祖挑
戰茂固止高祖抆刀斫其額詞氣不撓高祖厚加
禮敬其後官至上士卽碑所云公銜冠之氣臨危
奮發□□之誠造次先表也周武帝紀云建德六
年二月高湝在冀州擁兵未下遣上柱國齊王憲

上柱國隋公楊堅率軍討平之隋高祖紀云從宇
文憲破齊任城王高湝於冀州除定州總管卽碑
云上爲定州總管公任總管府司錄兼定州贊治
也高祖紀云尋轉亳州總管卽碑云上□□州總
管公除總管府司錄也高祖紀云宣帝卽位以后
父徵拜上柱國大司馬周宣帝紀云宣政元年六
月卽位立妃楊氏爲皇后七月以柱國南兗州總
管楊堅爲上柱國大司馬卽碑云上爲上柱國公
遷府長史也高祖紀云靜帝幼沖未能親理政事
以高祖皇后之父衆望所歸拜高祖假黄鉞左大

丞相百官總己而聽焉周静帝紀云大象二年五月上柱國揚州總管隋國公楊堅爲假黄鉞左大丞相十二月進爵爲王以二十郡爲隋國傳云高祖爲丞相委以心膂卽碑云上爲大丞相隋王公除府掾治十二府長史也周静帝紀云大定元年二月隋王楊堅稱尊號帝遜於别宫高祖紀云開皇元年二月上自相府入宫卽皇帝位傳云高祖受禪拜給事黄門侍郎封魏城縣男每典機密在官十餘年轉益州總管司馬遷太府卿進爵爲伯後數載卒官證之以碑同異互見而攷之高祖紀

竟無一語及茂者碑又云委質皇家卌餘載盡自二十歲入仕至卒年六十一正四十餘年也碑泐其薨年月日以茂入仕之年二十薨年六十一計之碑有太祖文皇帝爲大將軍嘗□文之□□朝若晉室之藩魏國望雲斯表佳氣□□云云攷周太祖之爲大將軍在魏孝武永熙三年碑似指茂初生之時下缺四十餘字當是叙茂少年時事則茂當生於永熙三年甲寅薨於隋開皇十四年甲寅也卽以其年歸葬碑當立於是年猗氏縣隋地理志屬蒲州碑泐蒲字

王女暉等造像記

石三面刻東西兩面皆横廣二尺二寸五分各二十行西刻記行十字南面横廣三尺二寸三十行高皆九寸餘刻像主邑子等姓名正書

□皇十六年歲□□□三□□寅朔八日辛酉夫□□□寂眞體難逢法□□□□若旨龜覩木□□□□失國長避苦海是以機倫西頹大夜將至佛自侮□四□隱迹然今有諸邑子八十人等覺身危□不久多停至如水疱俄亦消滅辟若火光出石馬能□人□能人人□已崇造阿弥陁像一區仰爲塵刧諸師七世父母及自已身以□功德頭生生世世得常□身蓮華化生不

受五蔭之胎方□途□而□□常□芥城雖□我身猶在又願地獄休息餓鬼飽滿畜生觧脱人天具足法界崩□等滅已覺

□□□要香

□□王阿

□□劉花妃

邑子朱娥女

東面化主孫相妃

邑子吳黑女

邑子姚雙妃

□□□毛妃

□□王女足

邑子王蓮子

邑子馮道妃

東面像主王女暉

邑子張婆女

邑子孫迎弟

邑子李小妃　邑子慶小妃
邑子賈毛妃　□子如妙妃
□子王先妃　□□□□妃
以上東面
□□劉阿醜　邑子□□歸
邑子李男王　邑子甯玉□
□主秦女子　邑子劉阿娥
邑子劉要女　邑子□先妃
邑子蕭伏勝　邑子辛歸香
邑子孫僧妃　邑子劉□妃

邑子郤男妃　邑子杜□妃
邑子王僧暉　邑子李碎金
邑子陰田容　邑子馮歸好
邑子了普智　邑子王蓮花
南面化主牛阿妃　邑子孫要□
南面像主王娥子　邑子馮□
都像主張洪妃　典坐程母女
邑師比丘法和　香火主孔□
都化主梁蠢妃　西面像□□□
都邑主郤阿妃　西面化主劉□妃

典錄王誕廣　邑子張□□
邑子趙容暉　邑子□阿妃
邑子張香花　邑子侯花妃
邑子孫婆好　邑子劉女□
邑子張和妃　邑子王□□
邑子陰勝妃　邑子劉和□
邑子張阿妃　邑子劉洪□
邑子劉金諸　邑子辛□妃
邑子孫次男　邑子李阿容
邑子第五妾妃　邑子張僧□

邑子馮道女　邑子張□□
邑子董貴好　邑子□□□
□子李瓔珞　邑子華洪□
□□張英諮　邑子劉阿□
以上南面

附北朝造像諸碑總論　按造像立碑始於北魏迄於唐之中葉大抵所造者釋伽彌陀彌勒及觀音勢至爲多或刻山崖或刻碑石或造石窟或造佛堪（或作龕或作碪）或造浮圖其初不過刻石其後或施以金塗綵繪其形模之大小廣狹製作之精粗不

等造像或稱一區（或作堰或作軀）或稱一堪其後乃稱一
鋪造像必有記（記後或有銘頌）記後題名衹所得搨本計
自北魏至隋約百餘種則其餘之散軼寺廟塔院
者當不可勝紀也嘗推其故蓋自典午之初中原
板蕩繼分十六國沿及南北朝魏齊周隋以迨唐
初稍見平定旋經天寶安史之亂干戈擾攘民生
其間蕩析離居迄無寧宇幾有尚寐無訛不如無
生之歎而釋氏以往生西方極樂淨土上昇兜率
天宮之說誘之故愚夫愚婦相率造像以冀佛佑
百餘年來浸成風俗釋氏謂弥陁爲西方教主觀

音勢至又能率念佛人歸於淨土而釋伽先說此
經弥勒則當來次補佛處故造像率不外此綜觀
造像諸記其祈禱之詞上及國家下及父子以至
來生願望甚賒其餘鄙俚不經爲吾儒所必斥然
其幸生畏死傷離亂而想太平迫於不得已而不
暇計其妄誕者仁人君子閲此所當惻然念之不
應遽爲斥詈也攷造像之人官職姓氏地名有資
考證者悉已分疏本條其稱謂之無關典實而散
見各碑者今更彙錄於此凡造像人自稱曰佛弟
子正信佛弟子清信士清信女優婆塞優婆夷凡

出資造像者曰像主副像主東西南北四面像主
發心主都開光明主光明主天宮主南面北面上
堪中堪像主檀越主大像主釋伽像主開明像主
弥勒像主弥勒開明主觀世音像主无量壽佛主
都大檀越都像主像齋主左右葙齋主造塔者曰
塔主造鍾者曰鍾主造浮啚者曰東面西面南面
浮啚主造燈者曰登主（同燈）登明主世石主（未詳）勸化
者曰化主教化主東西南北面化主左右葙化主
都化主大都化主大化主都錄主坐主高坐主邑
中助緣者曰邑主大都邑主都邑主東西面邑主

邑子邑師邑正左右葙邑正邑老邑胃（疑同胥）邑諝
（疑同諝亦同胥）邑滑（疑同諝亦郎胥）邑政（疑同正）邑義邑日（未詳）都邑
忠正邑中正邑長鄉正邑平正鄉黨治律（並未詳）其
寺職之稱曰和上比丘比丘尼都維那維那典錄
典坐香火沙弥門師都邑維那邑維那行維那左
右葙維那左右葙香火其名目之繁如此撮其大
凡以廣異聞而造像題記之梗槩備于此矣入唐
以後不復贅論云

賀若誼碑

碑連額高一丈一尺廣三尺八寸五分二十八行行六十七字正書篆額今在興平縣文廟內

大隋使持節□國靈州總管海陵郡賀若使君之碑
觀夫宇內之廣生民之衆□□以□□朔野□□
□□□□□□者□□□□□□□□□□□□
□□□□□□□□□□□□□□□□□□□
□其爲不朽乎公諱誼字道機河南洛陽人也昔軒丘
啓祚若□□□□□□□□□□□□□□□□
□□□□及□□□龍騰□變鯤運鵬□□□代以
□□□嵩□而光宅則我洪宗盛緒佐帝從王爵爲卿
相之門□稱冠蓋之理□□□□□□□□□
□□□□□□□□□公□司□並□量恢宏□□

□□坐南宮而儀北斗叅八座而贊萬機祖伏連襲爵
安富公雲州刺史父統右衛將軍散騎常侍□□□
□□□□□□□□□以□德□規□時濟
世□□□□□勤功□鼎公郎□公之第三子
也感降則輔循台星儀表則山庭月角澄波瀾於□□
竦□幹於□□□□□□□□□□逸響之摻以
爲尋章摘句□生之常談雕蟲篆刻□子之事耳博觀
載籍撮其指歸悟聖人設教之方體君子立身之義□
□□□□□□□□□□□□□□□□□□□
□□□大督都□□散騎常侍□□□□□□□□啓

三分功成九合爪牙之任延納奇士乃命公以大都督
領親信于時□□□□□□□□□□□□□□□□
乃□公□使君於杏城□北狄□分左□交爭茹茹□
落□結河表公知機其神見可而進不暇請命馳騁赴
之彝軾綏□備加導誘羣狄□□□□□□□□□
□□馬三万餘匹太祖深相器異賞以□□□□□
□□□□傾□□□身爲輕重東隣遣使已入
虜庭朝廷深懼連和莫能□絕以公□□□□□□
□□□□□□□□□□□□犯□□□□九
攻九□之勢施於樽俎百戰百勝之□更在樞機匈奴

駭服序相禮待乃執齊使舍人□□等□公□□深□
騎□□□□□□□□□世□□陽□□□□□□
實□□□祏上□妙□時□□以□□長史周元□除
司射大夫封霸城縣開國子轉左宮□三□加開府□
□□遷□□二州□□□州□□州刺史□六條□
化萬□拔才□□□□仁風被於□民甘雨隨□軒
蓋□安之地衝要斯在三峽設險八陣成圖□□□武
兼運無以當斯鎮撫□□公□□□□□□□□
□□□□公□□□□略毎出□□□地□□威鎮殊
俗凡所招納六萬餘戶建德年治熊州刺史周武揚旌

□浦唐卷□□公□於□谷□□□□□□□□□□
□□□□□州諸軍事□州刺史封建威□□□□
□□□□紹義寘身沙瀚委質獯獫羿引寂戎每爲
得患以公聲□遠裔信著殊方乃遣□□□□□□□
□□□□□□□□□□□□□□□榮□□□□
□□大將軍　除□□總管進□□陽郡公　皇隋撫
進授□大將軍開皇二年除□□大將軍□□□□
□以□□□□□□□□□□將□除華□二州刺史
改封□□郡公轉□州刺史十二年除靈州總管靈州
刺史進位柱國公管仲之嗣亦既上騰陶侃之翅屢飛

□□□□□□□□□□□□□□□□□□□□□
□□□蕩而□心不矯□以求譽□□□月□化大行
□年迫崦嵫志□謝□上表陳遜優　詔不許春秋□
十有□以十六年春二月□□日□□於□□八月廿
二日厝於□□□□八弔祭謚曰威公禮也惟公□兹
偉器□□多能傳劒術於白猨受兵符於黃石龍韜豹
韜之法牡陣牝陣之奇獨悟□□□□□□□□□□
□□□□□□搖□□而□□馳□□□□□□□□
□□而□鷔銀鏑□而鳥落固亦妙絕一時聲高六郡
旣而宦成名□禮縟位隆居則羅□□□□則□□□

□□□□□□□□□□於二□酌損之忠□□□□
□□□□□□□□軒冤而□寄濠梁郊郭之外別廬
一所類洛西之金谷有山陽之竹□每休沐餘閒退朝
□暇□□□□□□□□□□舉□□歌聲□□□□
□□□□□□□□□□□□□有千歲人無百年西
山之景不追東嶽之期奄至郭門旣遠長別□□□□
□□一□□□□□□□□□□□□□□□□□令
陳□等□□□□□□□□□□□□越俗思范□鑄
金而寫狀況乎宿承教義親責鞭板而墳塋□表贊頌
無聞乃相□□□□□□□□□□□□□□碑□□

□而無絕其詞曰
肇自黃神分於白帝業盛千古福流萬世朔野建功□
□□帑□□□□□□□□□□□□□□□□□□
□□□□心靈人倫□□□□□□□□□□□以□
□□□□公鬱摽器望志識恢達襟神高亮學劒曲城
受書汜上見義□踐當仁□□□□□□□□□□□
□□□□□□□□虹連□□□□□□門□□□□
□□□林□□長□種落紛綸關塞擾攘□□國□
□見機而作外降五□內□□□□□□□□□□□
□□□□□□□□□□□□□□□□□□□□□

□□□□□□時□□□□高賞茂□□□□□
□□□□□□□□間□□□□□□□□□□
□□□□□□□□□□□□□□□□□□□
□□□□□□□□□□□□□萬□□□□□
□□□□□□□□□□□□□

此碑正書方整精健是唐初諸人前茅在興平縣文
廟宋人磨其陰刻夫子廟記而此文止存十三闕曾
完好一縣令若貴人之摹搨使捶去之誼事見隋史
本傳茲不贅云石墨鐫華
碑陰刻夫子廟碑原文尚存惟磨泐過半可讀者有

云公諱誼字道機河南洛陽人也云云雍州金石記
右靈州刺史海陵郡公賀若誼碑止存其上方十之
三四所載世系歷官雖不全證之隋書本傳無甚牴
牾惟誼祖伏連襲爵安富公則隋書與北史俱未之
及潛研堂金石文跋尾
賀若誼碑只存上半截其文多與隋書本傳合惟傳
于除司射大夫上有周閔帝受禪句封霸城縣開國
公傳作子又云尋加開府則小異傳又以突厥屢爲
邊患叙于爲靈州刺史時以進范陽郡公授上大將
軍叙于隋末受禪之前小有參差蛾術編

按碑云公諱誼字道機河南洛陽人也祖伏連襲
爵安富公雲州刺史父統右衛將軍散騎常侍隋
書賀若誼有專傳但云祖伏連魏雲州刺史父統
右衛將軍不載其祖襲爵北史賀若誼附見賀若
敦傳云其先居漠北世爲部落大人曾祖貸魏獻
文時入國爲都官尚書封安富縣公祖伏連任魏
位雲州刺史父統以祖蔭爲秘書郎從討邢杲功
封當亭子齊神武初起爲潁川長史拜兗州刺史
賜爵當亭縣公歷位北雍恒二州刺史卒贈司空
公謚曰哀不言其祖伏連之襲爵安富其父統之

官右衛將軍散騎常侍據碑知之據傳乃知所襲
者是伏連之父貸爵也又北史敦傳後另有弼弼
傳後附誼而於誼稱敦弟弼不言敦弟據碑稱公
爲第三子是敦弼皆誼之兄而弼亦敦之弟也敦
弼皆不得令終獨誼保全祿壽碑泐其春秋若干
北史亦畧隋書則云年七十七而碑云謚曰威公
兩史皆失書今以碑與史參校隋書誼傳官位事
蹟尚詳皆可補碑之缺泐也誼卒于開皇十六年
丙辰推其生年在北魏正光元年庚子其諸合城
誘令茹茹種落歸附官司射大夫封霸城縣子在

周閔帝受禪之初時誼年三十六其官熊洛二州
刺史俱在武帝朝年五十餘嗣是入隋歷經拜罷
則年逾六十矣此皆由參攷而得之者如此周明
帝武成只二年其三年爲武帝改元保定誼之加
開府碑有三字而泐年字明帝初即位未嘗建元
至三年八月始稱帝改元碑云三年者是明帝即
位之三年非武成三年也

安喜公李君碑

碑連額高九尺一寸廣三尺三寸二十二行行五十二字隸書額題大隋安喜公李使君碑篆書在馬嵬堡北五里

（上闕）王雄據一方保乂河右□□□□文武
（下闕）郎祖景超□□散騎侍郎並□□□□□
風神□□□□兩清人位□□□□逸使
持□□南道都□扶□□□□子（下闕）季文
御名之出（下闕）仍□寂亂乃扶城純衆（下闕）功（下闕）
狀□令□其（下闕）匡濟□□象賢□出三辰
□□宿之精四時膺玉燭之□□□恢□
□□□□百□□□十彝□上（下闕）出□□
□談長者莫不推□□□羣公咸相引□
太祖□元皇帝　在田府□□重乃

以爲□兵叅軍（下闕）爭未分□□秋□□秋
攻心□□之□大祖□□□□出制□問
西□□□之兵□□沙□之衆（下闕）戎（下闕）馬
骨□□寒水長□塞外□□□陽□氏徵
□鞠□□戰卜□計脉背城魚□□堅公
壯心□發□□德（下闕）王師□旋式加□賞
□□都督封□州斥章縣開國子邑四百
戶周大冢宰晉國公居社稷之重當□機
之政爪牙之任（下闕）信尋轉大都督進封□
州安□□開國侯邑一千二百戶又□天

官府都上士天和四年除□持節車騎大
將軍儀同三司□□□□司武□□
大夫大象二年□□司武大夫進位上□
同大將軍□隋□運□□社進□□右
開皇二年□□府車騎將軍六年□二
□除使持節邛州諸軍事□州刺史橋圍
鹽井物□富饒□□文民俗□□□
祭□□□之□莫傳文君聽琴共身之風
未絶公齊禮正德□行禁止論人□□欣
戢仁風蜀□鳩絃□□美（下闕）之□□□延

金空有□□之□十一年□疾還京十六
年八月十六日□於京第春秋六十有五
粵以十七年二月廿□日厝於□西縣交
州□□谷□宇外□□□內□□□□動
唯仁是託夜□□行未□改□容□兵□
□雨不□□其□□□□同□□之□心
地□九□之□垂□□之□□□□□呂
之□□乎若對闕下庭加以□□好古重□
輕財□車而□周人□□□□□窮士□□
軍□雅善兵□研□水□□□□□山之

□□□文之妙闕下之□□栝不□比□□
一德包□□□□□可大可久全行全名
而才□半古□不充□□山之□未□中
□之闕下於□□絕絃止□□□□士友□
府長史□□大□□□□咸□□□者□
□□風俗會稽典□之□安□先□之狀
闕下民□□於夏□之□□佳□之地乃
相與進□□城門闕下而青松□□□□□
□□□史其辭曰
□乘闕下後□□□威名王闕下文闕下行手握

靈珠心闕下物闕下末分□天闕下

奉天鄉人掘得此碑樹之上官村廟前余過觀搨二
紙隸書亦自遒逸而獨闕使君名按使君與唐同宗
官亦不卑隋史無傳遂不可攷使君祖父季父獨炎
之見魏書耳石墨鐫華

右隋李使君碑石墨鐫華云使君開皇十六年卒十
七年樹碑皆歷歷可讀而獨闕使君名今本所存益
不及此前段剝泐尤甚多不能成讀惟其後云十一
年用疾還京十六年八月十六日薨于京第春秋六
十有五以十七年二月廿五日厝於□西縣交州鄉

又云非禮不動惟仁是親而已特其字畫存者較五
季以來他碑迥異時有孔博陵曹郃陽遺意故雖殘
闕亦可賞也　羅泌路史曰隋文帝惡隨從辵改爲
隋不知隋自音妥隋者尸祭鬼神之物亦云𡍮殺裂
落肉之名卒以隋裂終王伯厚曰隨安步也吉莫大
也隋裂肉也不祥莫大焉堅妄改之不學之過也予
按隋雖音妥本亦有隨音衡方碑借禕隋作委蛇與
唐扶碑以逶隋作委蛇劉熊碑以委隨作委蛇同則
隋隨同音可知又當時雖改隨爲隋而此碑額仍作
大隨唐紀太山銘爰革隨政亦然是二字本可通用

一時從省故多書作隋非必眞有所惡而禁不得書作隨也 予跋此碑後偶檢唐碑數處皆隨隋互用無別益信前說爲不謬也褚亮碑隨開皇九載乙速孤行儼碑隨益州盧公淸德文隨金州刺史贈孔子泰師碑有隨交喪皆書隋作隨葉惠明碑情隋地深牛夫人造像碑隋所圖擬則書隨爲隋是二字通用之明驗也特自唐以後始分別用之耳 不獨隸書隨隋同用卽眞書亦然虞世南孔子廟堂碑歐陽詢九成宮醴泉銘朱子奢昭仁寺碑王知敬李衛公碑高宗李英公碑武后順陵碑王元宗華陽觀王先生

碑裴漼少林寺碑皆書隋作隨水經注潁水東南逕隋縣西書隨作隋 金石存

右安喜公李使君碑前後磨滅文字多不相屬趙氏石墨鐫華已云名字無可攷今去趙氏又百數十年宜其摧剝益甚矣中間敘述歷官先云太祖武元皇帝□□在田府望□重乃以爲外兵參軍事武元皇帝者隋文帝之父忠也李君由楊忠幕僚累立戰功位至斥章縣開國子其後晉國公宇文護執政又見信任此以文義推尋得之者也此下文字稍可讀其略云轉大都督進封□州安喜縣開國侯邑一千二百戶又除天官府都上士天和四年除使持節車騎大將軍儀同三司大象二年□司武大夫進位□儀同大將軍皇隋□運□□茅社進爵爲公開皇二年□□開府車騎將軍六年除使持節邛州諸軍事邛州刺史十一年以疾還京十六年八月□於京第春秋六十有五而前碣又有季父炎之字攷炎之卒於永熙之世其子皆隨孝武入關此君爲炎之從子亦當相從入仕于周與碑所稱大畧相應李延壽修史旣列炎之於叙傳而安喜公之名獨不及焉未免失之漏畧矣此刻點畫纖細易於磨滅中有數字似經

後人鑿改漸失其眞今略舉其可信者以資攷史之助 潛研堂金石文跋尾

按此碑文字磨滅石墨鐫華猶能辨其文云使君涼武昭王之後祖景超員外散騎侍郎父通逸使持節東南道都督狄道縣開國子季父炎之出牧荆郡今拓本涼武昭王但存王字下云雄據一方保乂河右尚可讀祖官已泐員外二字父名僅存逸字官僅存使持字南道都字狄字子字季父炎之出泐牧荆郡三字景超通逸史俱無傳賴季父炎之魏書有傳畧可得其世閥傳稱炎之字景仔

小字默鑫隴西狄道人司空昭之族弟孝莊初爲北道軍司還除征東將軍仍兼太常出爲衛將軍荆州刺史宜乎碑有出牧荆郡之語也傳又云南陽太守趙修延以炎之莊帝外戚誣炎之規奔蕭衍襲州城遂被執攷魏書本紀孝莊皇帝彭城王勰第三子母曰李妃永安二年正月尊皇考爲文穆皇帝皇妣爲文穆皇后而不列入后妃傳惟彭城王勰傳有云妃李氏司空沖之女也李沖傳云沖字思順隴西人敦煌公寶少子也沖兄弟六人四母所出子延寔等魏書外戚傳李延寔字禧隴

西人沖長子莊帝即位以元舅之尊超授侍中云云蓋延寔爲文穆皇后之親兄於莊帝外戚爲最親司空韶爲滎陽太守承之長子承爲沖之長兄而炎之爲韶之族弟于文穆皇后已爲疎屬當時猶以外戚被執則安喜公爲炎之之從子亦當爲戚屬而史傳無聞要知李氏族屬甚繁無論涼武昭王之後子姓繁衍即同李沖兄弟且六人近支子姓不知凡幾碑復殘缺無從詳攷矣公初爲楊忠幕僚當在周明帝武成年纔爲宇文護信任在周靜帝大象年其薨于開皇十六年春秋六十五

計其生在魏孝武永熙元年其季父炎之薨于永熙二年則碑雖追叙及于炎之而其實距炎之之世已久矣碑在馬嵬堡今屬陝西西安府興平縣在隋時謂之始平縣屬京兆郡碑于眉所但存西縣交三字餘俱泐不能詳也

金石萃編卷三十九終

賜進士出身　誥授光禄大夫刑部右侍郎加七級王昶譔

隋三

洺州南和縣澧水石橋碑

裴本碑之高廣行數字數俱無考隸書額題
大隋洺州南和縣澧水石橋碑十二字篆書

上闕功斯□有道存焉其義大矣至若□□
□□□□□□□□□□□□□□
□□□□□□□□□□□□□□
□□□□□□□庶□廱諱剖捨之葉寧常
勸導之音自智橋孤□寶船獨汎乂耶迷
□□□□沈溺於死河无蓋慧燈散毀百

□之室上妙甘露流布娑婆之境我皇
帝垂衣秉廱諱紐地補天二曜連暉五精合
彩輕徑緩賦仁被草木好生惡殺澤及豚
魚灑法雨以潤群生建寶幢而導黔首四
民仰化九服從風洺州南和縣者星躔胃
□地連趙魏水陸交會人物殷□鍬眺衡
彰金鳳陵波而曜色却瞻瀛竭玉馬暎雲
以騰光于斯時也使持節儀同三司刺史
辛公以明德上才褰帷此境公名懿字士
信隴西狄道人風神秀起雄圖桀出博覽

書傳搃楷藝能行成規矩言爲楷則是以
曳裾棘庭高步禮闈市朝遷革位望弥重
□建旟之部威惠俱行明開憲章深練治
體推誠化下竭心奉上姦豪悚疊黎庶來
蘇翊軍將軍司馬田威馮翊廣陽人也志
業平允操履廉白舉目持綱簿諧蕃政墅
絶帶牛之桑市息飲羊之欺又有宣威將
軍縣令馬君以美譽清風製錦斯邑君名
廱諱字士暉扶風始平人器量容深風韻清
□信義聞於州里孝第著於閭門歷官二

朝頻宰□邑明於剖斷善於綏養留心庶
獄小大以情寢盜出奔囹圄空宗故使鄉
閭敦睦風俗和平家識廉恥人知禮讓芃
芃之麥競秀兩岐洪洪之稚共擲三異縣
尉兖州龜縣孔經泗州高平縣魏君遐並
地望清華人才謹絜當官理劇煩而不擁
縣城之北有澧水焉其水也上引七里之
源旁吸百源之□控清引濁冬□夏涼□
□朝興則白日晝闇澄波夕暎則朱霞夜
朗淑水之上雖有舊橋每經汎長隋流對

壞車牛陷溺行李□辛有縣老人宋文彪
等悟鏡像之非寘知水泡之難住薰脩十
善回向一乘各竭資產糅相勸化敬造石
橋以濟行者以開皇十一年龍集於淵獻
月纏於降婁爰共經始數年乃就琇柱浮
空烟雲等色金堤枕□杞柳文陰浩浩乎
似應龍之導盟津峩峩乎若靈鼇之負方
大以此善回廣度危難仰願　皇帝陛下
尊居太一□□□唐　皇后配象陰精德
高任似　皇太子比曜前星三善光播內

外文武州縣官寮法界含生咸蒙斯福竊
以洛陽路首尚傳趨□之書城都柱上猶
題長卿之筆況復業隆遂古功濟生民不
有樹揚熟闕諱勸奬於是立碑路側以彰厥
庸樹之風聲懸諸日月其詞曰
星漢西轉川瀆東傾䟽□雲及津梁乃成
攸攸行道隱隱車聲雖言利濟詎免危城
其一大悲拯物寶珠斯現瀉水疑瓶□花似
□深闕諱利□廣開方便善斷疑網能除毒
箭其二我　皇負扆君臨萬方下調玉燭上

叶珠囊白環獻祉月□効祥藻心闕諱宋邁
披輪王其三邯鄲北走澧源南射来麻隱映
川疇平易是稱爽塏實爲滋液士女連衽
車馬疊跡其四明明州將垂恩不己憂國若
家視民如子溫其玉潤油然雲起竹馬□
□蒲鞭示耻其五穆穆良宰達於從政導之
禮樂申以法令行合韋絃清同水鏡盜賊
休止黔黎歌詠其六□國耆老閭閻僚民斷
除三□歸依四真故橋危壞□波沉淪鑠
金運石共造良因其七洪基騫產飛梁闕下

碑首題洺州南和縣後言敬造石橋以濟行者以開
皇十一年龍集于淵獻月纏于降婁爰共經始數年
乃就是橋之成又在十一年後矣元和郡縣志南和
隋開皇三年屬洺州十六年改屬邢州此碑題洺州
南和于時未改屬也造橋者縣老人宋文彪等附列
者使持節儀同三司辛公名慈字子信隴西狄道人
翊軍將軍司馬田威馮翊廣陽人宣威將軍縣令馬
君名煜字子暉扶風始平人縣尉兗州鄒縣孔經泗
州高平縣魏君遐按隋書地理志馮翊不載廣陽今
碑稱馮翊廣陽疑後避煬帝諱改併縣名史文失檢

錄耳京兆郡始平故置扶風郡開皇三年郡廢以此碑案之當時必以廢郡置始平縣其地舊爲扶風郡故仍稱爲扶風始平人也徐城梁置高平郡東魏又併梁東平陽平淸河歸義四郡爲高平縣開皇初郡廢十八年更名徐城然則造橋時自宜稱高平也儀同三司尊之曰公令尉次之曰君必也正名此爲不苟矣授堂金石跋

按南和縣澧水石橋有前後二碑此碑題洺州南和縣下碑題邢州南和縣南和之改屬邢州在開皇十六年以前正屬洺州則此碑爲十六年以前

所立矣兩碑皆稱造橋者爲縣老人宋文彪等此碑稱開皇十一年爰共經始葢紀造橋之始下碑有開皇歲次鶉字是十八年所立紀造橋之成碑有數年乃就之語可證也題稱澧水石橋南和無澧水之名太平寰宇記云南和縣有漳河在縣東三十里從平鄉縣界流入又平鄉縣有濁漳水今俗名柳河在縣南十里又有落漠水在縣西南十八里古薄洛津也據水經注漳水又歷經縣故城西水有故津謂之薄落津寰宇記語葢本此而不言南和別有澧水記又稱南和有鴛鴦水冬日常

温和水經注云南和西官治東有便水一名鴛鴦水趙記云俗謂之百泉水是也此碑稱其水也上宏七里之源南吸百泉之口控淸宏濁冬口夏凉冬下所泐必是温字語與寰宇記水經注俱合則澧水即是鴛鴦水矣碑中列刺史司馬縣令縣尉諸人惟刺史辛懿附見北齊書源彪傳云齊末又有併省尚書隴西辛懿以才幹知名入仕周隋歷通顯碑則云懿字士信隴西狄道人曳裾棘座高步禮闈是嘗舉進士也云市朝遷革位望彌重是由齊周入隋也當郎其人餘無傳可攷碑云皇太

子比曜前星三善光備是指太子勇至開皇二十年始廢勇立廣也碑書輕䌨作俓黎庶作棃渙作㴱麥作麥鼈作鼇任似作任姒竊作竊俊作儁皆別體成都作城都借用字隨流作陏流則隋隨通用之一證也此碑題洺州當列于開皇十六年之前今以碑中本無年月又不宜與下碑析而爲二因與下碑連屬系于開皇之末

邢州南和縣澧水橋後碑

碑失下截五六字現存連額高七尺四寸七分廣三尺八寸二十五行每行字數無考隸書額題大隋邢州南和縣澧水石口橋靈縣故碑十六字隸書

乃夫氣闕下嶽鎮寬泉流溢岷□□濟□□
澍長波亦□□翻闕下億兆之□萬□越闕下
既是凡□斯成鄣矣我大隋皇帝□□
□□膺□火德金輪空至朱馬虛来□出
神□□生闕下亦□群□□邢州南和縣□
□是□東海□□□□欝□南魏北□□
饒民於時闕下日槃根共□□爭□□□□
高峯闕下風遠布外慎□□□謡□寬□□
□□赤子之念□□蓋於朝野高□□諸
耳目秋闕下呈禎瑞闕下公可謂英才□□□

□□聞闕下之名出□□□林之闕下南□地
□武都□臨□□器德闕下晉□施□□
山岳□□□□□□□難者矣闕下志安民行成
□□□爲□則南和城後□□澧□洪源
□彼高峰□波現於七里百闕下毁壞但以
停輪止轍□馬□蹤□□遠途困茲行李
有縣老人宋文彰等並是邑家領闕下洞識
深□明鑒□□□脫□義此□心兼相
勸獎營斯上業遂於開皇季也歲次鶉闕下
乃求工異域採玉𤥨山龜柱通泉龍梁接

漢祭巻巧鏤□模妙樂之皆彫琢精奇狀
下闇闕下申舞□□蘭□陵□亦□□紅花
金放逕春□□□緑葉紛披値秋霜亦
更枝清風暫至闕下併寫宮商之韻長御一
度晝橋柱亦邀心瀴顯重逕盪多羅亦練
性但以補營往日功就今時顏闕下所□莫
非有爲之□念□□流並是无常之遣起
憂灾風橫□起□灟濟此既緣成畏闕下喘
息□間黑闇□□何□片時留住信知形
同石火蚉佘□□命似露□奄然消滅是

以仰囑將来闕下照空□□常樂或施財捨
賄續此寬因或助力用功詳營斯福令此
途无擁□路恒通共越生死之闕下闊乃顏
瀴燈无盡慧炬長輝庶彼蒼生濟斯含識
其辭曰
晶浮上弘重濁下沈□脩日月創造山闕下
尋重起九□凡□寬深其大海寬寬我
皇魏魏四方慕化萬國咸歸靈龜逞瑞潛
□現輝祚隆闕下㞢奉闕下爲□□早聘□□
有好□□无競愼等四知清同水鏡淇明

酮令瀌晈晈賢下闕壇□□□善達□章
秋禾選璓夏麥呈祥其四澧水橫流□泉旁
澍來□蓊鬱餞□□□千途竸臻下闕彼黎
庶其五光家孝哲□□共賢高宜積世□□
恒連□□□復益□□□□營淨□預□
良田祺下闕彫寶柱楯鏤花□車□雷動馬
下闕有為有佗□□□常□遭下闕石□長下闕

碑殘蝕文字已不可屬句予今摭其略蓋朱文彪等造橋所記其紀年僅有開皇字歲次鶉三字而額稱隋邢州南和縣澧水石橋纍文碑字獨完好元和郡縣志南和隋開皇十六年改屬邢州是此碑之立在十六年後矣明嘉靖間南和尹易宗周爲詩題諸碑陰其子圖又附識於此謂碑雖云邢州而猶稱大隋疑其當時改郡未久明人淺率不知推稽類如是也纍文者卽說文䌈字釋名所云累列其事而稱之今碑末四字韻句述造橋之美是其義矣授堂金石跋

按碑有開皇年字又有歲次鶉字而不云何年南方朱鳥七宿曰鶉首鶉火鶉尾以臆度之此當是鶉火禮月令疏午爲鶉火國語武王伐殷歲在鶉火月在天駟日在析木之津此碑正襲其句法則是立碑之歲爲午年也開皇建元於辛丑六年爲丙午十八年爲戊午寰宇記載邢州之置與南和之屬邢州在開皇十六年則此碑當立於開皇十八年戊午歲也

開皇銅佛象記

象連跗高二寸七分廣一寸文正書今在曲阜顏氏

開皇□□年□月八日顏某造像一區

同州舍利塔額

碑高三尺五寸廣二尺六寸六字分雙行隸書今在同州

諸佛舍利寶塔

長安香成院主賜紫□省施額
將仕郎守同州別駕楊繼宗　男將仕郎守河中府別駕仲元　次男著作郎通判環州事士元造
長安僧善儁　題額□安□刋

同州塔銘其文曰維大隋仁壽元年歲次辛酉十月辛亥朔十五日乙丑皇帝普爲一切法界幽顯生靈謹於同州武鄉縣大興國寺奉安舍利敬造靈塔願太祖武元皇帝元明皇后皇帝皇后皇太子諸王子孫等并內外羣官爰及于民庶六道三塗人非人等生生世世值佛聞法永離苦空同昇妙果金石文字記

今在同州府興國寺碑爲八分書數十年前因塔毁僧俗以碑與舍利爲冢葬之惟額存焉諸佛舍利寶塔六大字字徑尺許其旁有長安香城院主賜紫義省施額長安僧善傳題額按金石文字記載碑文而不載此額今碑已不可復見而額猶存故特記之庶古物不致盡泯也又按此碑文爲隋文帝建不應又有施額之事或隋以後增置此額耳 雍州金石記

青州舍利塔下銘

石横廣三尺五寸餘高三尺四寸十二行行十二字隸書額題舍利塔下之銘正書在益都縣城南廣福寺

舍利塔下銘

維大隋仁壽元年歲次辛酉十月辛亥朔十五日乙丑 皇帝普爲一切法界幽顯生靈謹於青州逢山縣勝福寺奉安舍利敬造靈塔願 太祖武元皇帝元明皇后皇帝皇后皇太子諸皇子孫等并内外群官爰及民庶六道三途人非人等生生世世值佛聞法永離苦空同升妙果

孟弼書

敕使大德僧智能　長史邢祖俊

侍者曇晉　司馬李信則

侍者善才　錄事參軍丘文安

敕使羽騎尉李德諶　司功參軍李佸

右舍利塔下銘孟弼八分書甚佳其文與金石文字記所載同州塔銘正同惟彼云同州武鄉縣大興寺此云青州逢山縣勝福寺爲異爾碑末列名者敕使大德僧智能侍者曇晉侍者善才敕使羽騎尉李德諶四人爲一行長史邢祖俊司馬李信則錄事參軍丘文安司功參軍李佸四人爲一行皆正書唐沙門道宣廣宏明集載仁壽元年六月十三日立舍利塔

詔其略云朕歸依三寶重興聖教思與四海之内一切人民俱發菩提共修福業使當今見在爰及來世永作善因同登妙果宜請沙門三十人諳解法相兼堪宣導者各將侍者二人並散官各一人薰陸香一百二十斤馬五匹分道送舍利往前件諸州起塔其塔所司造樣送往當州僧多者三百六十人其次二百四十人其次一百二十人若僧少者盡見僧爲朕皇后太子廣諸王子孫等及内外官人一切民庶幽顯生靈各七日行道并懺悔率土諸州僧尼普爲舍利設齋限十月十五日午時同下入石函總管刺史

巳下縣尉巳上自非軍機停常務七日專檢挍行道
及打刹等事務盡誠敬稱朕意焉是歲分送舍利之
州凡三十不特青州與同州也二銘文既同則諸州
胥視此矣王邵撰舍利感應記云青州于勝福寺起
塔掘基深五尺遇磐石自然成大函因而用之及舍
利將入瓶內有光乍上乍下即謂此塔也潛研堂金石文跋尾
叚赤亭益都金石記云寺在隋時名勝福內有宋殘
石幢作廣福其地在隋屬臨朐齊乘云漢置臨朐縣
屬齊郡以縣東朐山取名晉省入昌國縣隋開皇六
年改爲逢山縣大業初仍改臨朐碑銘曰逢山即臨

朐也今隸益都安邱張杞園謂此碑雖傍佛祝釐之
辭而文頗雅馴字禮勁饒古意非篆非隸眞八分也
新城王阮亭採入居易錄今驗此碑特正書稍兼隸
法耳山左金石志

鄧州舍利塔下銘

石圓徑二尺四寸四分十四行行十三字正書在河南布政司庫

大隋皇帝舍利寶塔下銘
大覺湛然昭極空有慈愍庶類救護羣生雖靈眞儀示
同滅度而遺形散體尚與教迹　皇帝歸依正法紹隆
三寶恩与率土共崇善業敬以　舍利分布諸州精誠
懇切大聖栥祐爰在宮殿興居之所　舍利應現前後
非一頂戴歡憘敬仰弥深以仁壽二年歲次壬戌四月
弌申朔八日乙卯謹於鄧州大興國寺奉安　舍利崇
建神塔以此功德願四方上下虛空法界一切含識幽
顯生靈俱免蓋纏咸登妙果

金石畧有舍利寶塔下銘云仁壽二年未詳即此碑
云謹於鄧州大興國寺奉安舍利崇建神塔則當在
鄧州不知何時移至開封也予所見仁壽元年塔銘
尚有二皆隸書一在同州一在青州府此文刻以圓
石字亦古雅有六朝人遺意尤可玩也文寫愍爲㥍

滅爲烕法爲灋懇爲懇垂爲埀戊爲戌戌爲弌纏爲
纏皆謬中州金石記

按碑書皇帝字空一格而書舍利字亦空一格與
皇帝並尊蓋敬禮之至矣同州益都兩舍利塔皆
刻敕文而此文非敕語不知是諸臣抑是寺僧所
記碑不載書記人姓名無從攷矣又攷咸淳臨安
志及靈應寺舊志有云神尼舍利塔在錢塘飛來
峯頂同州般若寺尼志仙通禪觀言人吉凶神驗
隋文帝始生于尼寺尼謂太祖曰此兒佛所祐太
祖因委尼視育及帝長尼私謂曰佛法暫廢賴汝

而興宜記之（此言亦見隋書高祖紀）屬周武廢教尼隱帝家
而卒後帝即位令天下造佛舍利塔仁壽二年遣
僧慧誕齎神尼所囑舍利于此造塔發土得石函
一因寘所賫舍利石函其中不差分寸人咸異之
據此則杭州神尼塔亦仁壽二年所立而所記舍
利原委較詳且發土得石函事與青州勝福寺磐
石自然成函相類蓋當時崇奉舍利南北傾心不
謀而語合也

大海寺唐高祖造象記

（石橫廣二尺七分高一尺三寸五分十五行行十字正書）

鄭州刺史男李世民遇染時患比聞大海寺有雙王像
治病有驗故就寺礼拜其患乃除□於此寺願造石弥
勒像一鋪其像乃□丹青之妙飾窮巧伎之鎸□相好
全眞容顏蘊妙以斯功德衛護第子惟願福山寘祐法
海長資諸佛開心三教之中並□又願觀音引導振□
價□高懸弥勒慈憂貴昌與於万代家門大小永寶長
春蠢動含生咸登正覺

大業元年□□□

唐高祖爲子祈疾疏

（石高一尺六寸五分廣一尺四寸共九行每行九字行書在鄠縣草堂寺）

鄭州刺史李淵爲男世民因患先於此寺求仏家仏恩
力其患得損今爲男敬造石碑像一鋪願此功德資益
弟子男及合家大小福德具足永無災鄣弟子李淵一
心供養

大業二年正月八日建立

隋李淵爲子世民祈疾疏此唐高祖也後署大業二
年正月八日按是時太宗才九歲耳（石墨鐫華）

按新唐書高祖于大業中歷岐州刺史滎陽樓煩二
郡太守召爲殿內少監衛尉少卿舊唐書大業初爲
滎陽樓煩二郡太守徵爲殿內監而于大業之前累
轉譙隴岐三州刺史並未嘗云爲鄭州也據疏可以
補二書之闕仏字古今字書所無鎭江甘露寺梁鐵
鑊銘佛字皆作仏（金石錄補）

此隋大業二年正月八日刻也石方廣尺許在鄠縣
草堂寺非原石乃元寺僧重刻未佳（來齋金石刻攷畧）

高祖于隋歷譙隴岐三州刺史大業中爲滎陽太守
此云鄭州刺史當即是守滎陽時所造（關中金石記）

按太平寰宇記鄭州條下云高齊天保七年廢成
皐郡入滎陽郡屬北豫州後周初改北豫州爲滎
州領郡如故隋開皇三年罷郡改滎州爲鄭州十

六年於管城縣分置管州煬帝二年廢鄭州仍改管州爲鄭州三年廢鄭州復爲滎陽郡此碑立于大業二年正月其時鄭州尚未廢高祖巳守於此州其後乃有滎陽郡之稱新舊唐書槩括其辭謂大業中歷滎陽樓煩二郡太守蓋滎陽郎鄭州總記其在後之稱曰滎陽書碑時則爲鄭州也似非史闕

郭雲銘

銘高一尺二寸五分廣六寸七分三行行或六字或五字三字不等正書

大隋大業三季遵德鄉故令郭雲銘

雷明府石像碑

碑高四尺五寸廣二尺四分十四行行三十二字正書

大隋南宮縣令奉車都尉雷明府石像之碑

君諱□郎夫 沖 宗幽德 非 經敎超遷□□久□□達是

以□□惠尉□□□□□通感脩善歸令□□□□

山鐫石像留□銘□父母爲人□□克□立□□□□

□波將軍奉車都尉恒念慈心洞曉□空禮仏誦經炳

心無二 天年 八十□ 加 □□□□□南宮縣令眞心拜

意□敬三寶□□八十七 瞑目 □ 終恒 □□□□□□

□□□□□ 祖□生□能明解任內□□□□□□

鎭將曾祖□□□□□□□□□□□□遊軍捴管內

部郡守□營碑像乃使□人□□□□□□□□□山

□□□□欝若神就觀者駭其奇異□□稱其妙矣□

□□尅木□□鑄金至其□□□□而□未□之□可

謂釋迦重應於□□大□□□□□品□□□ 當時

□□□□沾遐代窮□至妙苟言非盡藉此緻因□□

□□□□□□□□□□□□□□□□□□湼槃妙

殿法界□□□□□□□□□□

□□□□□惙□□□元□元□妙□妙門□□□□

□形三界□□□□□□□□□□□□□□□□□

□□敬□容 既 □妙□□淨途□□□□

大業五年□□□□□

按雷明府諱字里居及祖與曾祖名諱造像處所俱泐無攷惟存□波將軍奉車都尉南宮縣令等字隋地理志南宮縣屬信都郡波字上泐一字當是伏波百官志伏波輕車二將軍爲從七品又奉車都尉十二人掌進御輿馬統尚食尚藥尚衣尚舍尚乘尚輦等六局不知卽雷明府之官否也碑有鐫石像字又有尅木鑄金等字則不止於造石矣又云釋迦重應則所造者釋迦像也

陳叔毅修孔子廟碑
碑高七尺一寸廣三尺二寸三分二十一行行四十七字隸書額題修孔子廟之碑六字篆書在曲阜孔廟
若夫惟道惟德或仁或義既漸散於英華
遂崩淪於禮樂天生大聖是曰宣尼雖有
制作之才而無帝王之位膺斯命世塞厄
補空述萬代之典謨為百王之師表始於
漢魏爰逮周齊歷代追封秉圭不絕我
大隋炎靈啓運翼下降生繼大庭之高蹤
紹唐帝之遐統憲章古昔禮樂惟新偃伯

修文尊儒重學以孔子三十二世孫前太
子舍人吳郡主簿嗣悊封紹聖侯 皇上
萬機在慮兆庶照憂妙簡才能委之邑宰
於此周公餘化唯待一變之期夫子遺風
自為百王之則禮儀舊俗餘何足云用能
奉 天旨敬先師勸孔宗修靈廟即曲阜
陳明府其人也明府名叔毅字子嚴潁川
許昌人昔堯之禪舜實釐女於有虞周室
封陳亦配姬於媯滿漢右丞相建六奇之
深謀魏大司空開九品之清議明府即陳

氏高祖武帝之孫高宗孝宣帝之子至如
永嘉分國代歷五朝郭璞有言年終三百
皇朝大統天下一家為咸陽之布衣實南
國之王子於是遊情延宇削跡市朝砥礪
身心揣摩道藝策府蘭臺之秘籍雕蟲刻
鶴之文章莫不成誦在心借書於手金作
玉條之刑法桐因木吏之奸情一見仍知
片言能折所謂江珠匿曜時覩淵月之明
越劍潛光每動衝星之氣爰降 詔書匪
除曲阜縣令風威遠至禮教大行政術始

臨奸豪屏息抑強扶弱分富恤貧部內清
和民無疾苦重以德之所感霜雹無災化
之所行馬牛不繫鮑魚苞放旱韓潦釜之
篇乳雉朝馴自入鳴琴之曲遠嗤龐統不
任百里之才俯哂陶潛忽輕五斗之俸於
是官曹無事囹圄常空接士迎賓登臨遊
賞覩泮水而思歌尋靈光而想賦加以祗
虔聖道敬致明神粉壁椒塗丹楹刻桷可
謂神之所至無所不為振百代之嘉聲作
千城之稱首敬鐫金石之文永同天地之

固其詞曰
皇非常道帝實無爲時澆俗薄樸散淳離
世道交喪仁義爭馳書亡詩逸禮壞樂虧
降生大聖載修墳史積善餘德追崇不已
於穆 大隋明命 天子新開紹聖重先
闕里伊我陳君清德遠聞溫溫玉潤苾苾
蘭芬淵才亮美拔類超羣時逢 上聖
我爲令導之以德行之以政用此一心能
和百姓子還名賈兒多字鄭奸雄竄伏賦
役平均此居儉素志守清貧魚生入釜雀

瑞来臻窮窟孔頑靈祠恭弈圓淵方井綺
窻畫壁因頌成功遂歌美績共敝穹壤永
固金石
大隋大業七年辛未歲七月甲申朔二日
乙酉
滄州秀才前汝南郡主簿仲孝俊作文
孔子卅一世孫孔長名卅四世孫孔子
歎□□□

陳明府名叔毅字子嚴陳宣帝子爲曲阜令修孔子廟仲孝俊爲文樹此碑碑書亦頗有漢魏分隸法而集古錄金薤琳瑯俱不載唯金石錄有之且都元敬謂隋碑少傳自云嗜好垂三十年止得皇甫君龍藏碑姚辨志江下磚塔記四種皇甫碑唐刻以是觀之都才有三種余所錄乃四碑並常醜奴誌李淵記爲六而皇甫智永不在其中安得起元敬于九原而詩示之石墨鐫華

陳明府修孔子廟碑仲孝俊作文孝俊嘗爲晉州司法見北史隋庶人諒傳陳明府叔毅宣帝之子陳時未有封號故史不爲立傳其名僅見於四十二男之列陳時宗室官于隋者姚思廉皆載於本傳叔毅爲

曲阜令以無傳而不得書則其它之失載者尚多也隋之用法刻深諸王功臣多以法死上下相蒙媮安旦夕而國因以速亡獨平陳之後自長城公以下皆得及于寬典猶有君天下之度焉大業初諸陳子弟官守宰者徧天下史家謂由宮掖之寵故優其族屬則亦非出於大公之心矣詩溉之釜鬵說文作摡碑作灊灊字字書未載潛研堂金石文跋尾

碑完好僅三數字殘蝕今按其文云明府名叔毅字子嚴高宗孝宣皇帝之子攷陳書高宗四十二男其皇子叔獻叔忠叔宏叔毅叔訓叔武叔處叔封等八

人並未及封今碑列明府名叔毅者卽其一也叔毅旣未受封陳書亦不及其事跡而以碑推之皇朝大統天下一家爲咸陽之布衣蓋陳亡入隋與諸王皆以禎明三年入關又碑云爰降詔書除曲阜令亦在大業中是時諸王爲令者凡十人叔毅當與之同被錄用也作文爲仲孝俊題銜稱濟州秀才前汝南郡主簿膺是科者良不爲易而仲君當之宜其文有可采也此碑與魏夫人祠碑並假之少山以成予所未備故益爲珍之授堂金石跋

右碑云孔子三十二世孫前太子舍人吳郡主簿嗣

悊封紹聖侯案闕里文獻攷世系表載嗣悊隋文帝時應制登科授涇州司兵參軍遷太子通事舍人煬帝大業四年十月詔封紹聖侯不言曾爲吳郡主簿可據此以補其闕也卅一世孫長名世系表載三十一代孫名長孫當是二人耳卅四世孫子歎據宗譜嗣悊子德倫生二子長崇基襲封褒聖侯次子歎是子歎卽嗣悊次孫也碑中機作璣笑作咲窗作窻朔作朔皆別體山左金石志

按此碑篆額字徑三寸黑文凸起中界線亦黑文與他碑異文八分書筆法嚴整惜不著書人姓名

學校貢舉之法隋書無專志可攷惟見於杜愼微傳有云兄弟數人俱未弱冠並以文章才辨籍甚三河之間開皇末舉秀才據此則是隋制有秀才之科碑稱仲孝俊爲濟州秀才殆先爲汝南郡主簿而又舉濟州秀才也文云桐囚木吏桐囚見論衡李子長爲政欲知囚情以梧桐爲人象囚之形鑿池爲坎置桐囚於其中罪若正桐囚不動有怨則動此碑所本也碑書太子舍人與皇上並尊俱別起提行又爲別例

姚辯墓志銘

碑一石兩面宋時重刻本多譌字落字高三尺三寸廣一尺五寸三十二行行四十二字正書

隨故左屯衛大將軍左光祿大夫姚恭公墓志銘并序

虞軍內史侍郎虞世基撰文

太常博士歐陽詢書丹

公姓姚諱辯字思辯武威人也蕖濤源於嬀汭肇崇搆於軒丘世綠斯去五世祖泓爲晉所滅子孫播越居于武威曾祖讚撫軍左軍將軍武威太守以碩量偉才佐時匡國父寶散騎常侍鐘孕山川降神象緯旁而風韵開爽志節通亮弓彈百步之奇劍敵萬人之氣馳名遂以才官入選周保定四年起家宗侍下士天和二年伐

敵虧勝群帥見囚公頻進奇謀竟弗能用乃以丹師先
濟　朝廷倚賴統營校公撫養士卒勸課農桑莫不
家實食人知禮節保定五季從周武平定晉州摧殄高
辟十二月進屠并州既陷公獨爲後距轉戰不衰皇輿
獲安公之力也頻蒙優賞以累□□六季從定相州以
前後功授大都督封安養縣開國子邑四百戸撿挍武
候兵事又命公隨上柱國既拔梟於武陟合戰又於野
馬□□相濟寔繁有徒公建旍遥征攝弓言邁推鋒接
戰充著奇功大象□□戸開皇元年授上開府儀同三
司進爵爲公增邑爲一千戸自治所届卽事戎車公誠

勇奮發義同閭外屢出奇兵頻摧醜虜建勛天府凡厥
賞賜散之士卒三年匈奴復入涼州　詔以公爲行
軍都督前後衝擊晝夜攻圍校尉之井既枯將之泉又
竭空有思梅之鞅以亡爲存策勳命賞理在不次五年
授右武候驃騎將軍霍去病之功蔑如也六年授雲州
道亦軍揔管戈船掩渚巨艦浮川河渼肅整匪日崇墉
綦跱聳堞相望邊柝弗驚控弦遠逝其年授使持節河
中化若神明十年撿挍疊州揔管河州刺史行疊州刺
史事公才略俊敏寛宏政教安民和衆於是乎在十二
年轉授左武候將軍尋爲涼州揔管涼州牧邊烽寢候

聳愼旍斐望風歛蹟十六年使持節靈州揔管諸軍事
公頃俗易風移政成朞月十八年授原州道行軍揔管
十九年授環州道行軍揔管公屢撿戎律特精邊事每
秋風起塞胡騎揚塵折衝之任非公莫能大業二年授
左武候大將軍進爵蔡陽郡開國公食邑一千五百戸
大啓　皇丘欽明御籙睿聖纂圖特荷天眷恩遇隆
重密勿禁衛知無不爲乃與子□威等同進位大將軍
左武候大將軍如故三年以母憂去官其年有警公孝
性自天幾於毀滅僶俛王事□□杖而後起四年以官
方草創授金紫光祿大夫上光祿大夫如故車駕北巡

諸蕃朝翊以舊典糺察整肅軍容乃令公建節旌門洞
張內外肅然事嚴細柳吐谷渾大保五期昆樂周等率
衆歸附使鑾蹕西幸底定渾國乃以公爲鬱卑道將軍
旗鼓所振莫不摧殄俘獻授右光祿大夫左屯衛大將
軍如故乃獻凱廟廷禮崇倫物六軍之長車駕南巡江
都以公京師留守職居爪牙任惟心膂出處崇重朝野
榮之大業七年三月遘疾十九日薨於京兆郡春秋六
十有六惟公體量宏達倡仁興義造次弗違虛己推賢
始終同致加以稚圖恢廓奇略宏遠氣有餘勇莫之與
抗善於御撫得士卒之心長於政術致廉平之羨白入

續勞屢由摠戎所夙夜匪懈簡在帝心至於敬友穆親
惠由貫義家稟誠孝奉以周旋訓與不善遠此歸全知
與不知莫不流涕粤以其年十月癸丑朔二十一日葵
有　詔故左屯衛大將軍右光大夫姚思辯性理和
謹秉心恭慎歷仕無玷式表哀榮可贈左光祿大夫又
賞賜物八百段粟麥一千石謚曰恭公乃爲之銘銘曰
長瀾若水遠馥薰風時賢繼及世德斯隆勤王成務啓
霸垂功炳靈不已譚宮寘照落雁窮能通猨盡妙蹶張
選勇期門待詔職分七萃官聯五營入登陪衛出擁高
旌氾木兵略常山陳勢卓犖明謀沉深節制功有必取

筭無遺計累膺恩寵顯赫身名執恭履守滿持盈方陪
紀岳遽佳城遊魂不歸逝川何既春秋代遍徽猷永遠
祀掩
萬文韶刻字

右隋左屯衛大將軍姚辯墓誌銘虞世基撰歐陽詢
正書誌稱辯精於邊事屢立大功蓋老將也其官至
大將軍而死謚恭公爵亦尊矣而隋史不爲立傳向
非率更之書後世不復知有辯此古人墟墓之文所
以必託此名筆豈無意耶金薤琳琅

右左屯衛大將軍姚辯墓志此信本小楷之有名者
銘詞執恭履下脫一字方陪紀岳遽佳城遽下脫一
字而旁有祀掩兩字謂紀岳之紀當作祀而遽下脫
掩字也志文克著奇功克誤作充校尉之井既枯將
之泉又竭將字上下當有脫字右光大夫光下脫祿
字此刻文字完好而詞意間有不屬處蓋元石已亡
後人據搨本鉤摹入石而芟棄其殘缺曼患者故爾
褚登善聖教序立於永徽中刻字爲萬文韶此志刻
于隋大業中已出文韶之手一技之微擅名兩朝亦
足稱也隋時石刻書隋字多不从辵吳曾能改齋漫
錄謂古無隋字隋文受禪以魏周齊不遑寧處惡之

遂去辵單書隋字王伯厚亦謂隋文改隨爲隋然此
刻却用隨字潛研堂金石文跋尾

碑拓本爲近人重刻其文序姚辯歷官顛末皆詳備
金薤琳琅跋此碑云隋史不爲立傳向非率更之書
後世不復知有辨余以都氏所錄多無證明而此跋
尤爲失撿案辨已見煬帝本紀大業七年三月丁亥
右光祿大夫左屯衛大將軍姚辨卒今誌謂大業七
年三月遘疾十九日薨于京兆郡其事已可見如此
然則辨之名爲世所知久矣誌又言吐谷渾大保五
期尼樂周等率衆歸附隋書西域傳帝立順爲主送

出玉門合統餘衆以其大寶王尼洛周爲輔通鑑同獨此誌所記部落名號與之小異益當以此誌爲定又誌稱辨爲鬱畢道將軍旗鼓所振莫不摧殘而史亦不附見則爲辨惋惜者此也授堂金石跋

按碑云五世祖泓爲晉所滅子孫播越居于武威晉書姚弋仲傳弋仲南安赤亭羌人也萇字景茂弋仲第二十四子太元十一年僭即皇帝位于長安改元建初國號大秦載記云興字子略萇之長子太元十九年僭即帝位改元皇初泓字元子興之長子義熙十二年僭即帝位改元永和義熙十

三年晉遣劉裕率師會于石橋泓詣壘門而降宗室子弟百餘人亦降于裕裕盡殺之餘宗遷於江南此碑云子孫播越居於武威者殆是從江南播遷於西也泓爲辯之五世祖辯薨於大業七年辛未春秋六十有六推其生在西魏大統十二年上距義熙十三年姚秦之亾計一百九十三年中間更歷北朝不一其主碑缺高祖及祖但有曾祖讚父寶辯由周起家則讚寶所歷之官當在西魏北齊之世矣辯以保定四年起家時年十九官宗侍下士碑云天和二年伐敵虧勝羣帥見囚公乃以

舟師先濟周武帝紀云天和二年六月南伐九月衛國公直等與陳將淳于量吳明徹戰于沌口王師失利元定以步騎數千先度遂没江南即其事也碑云保定五年從周武帝平定晉州摧殄高壁十二月進屠并州既陷公獨爲後距轉戰不衰周武帝紀云建德五年十月帝總戎東伐至晉州屯于汾曲克晉州十一月復發京師十二月次于晉州齊主遣其丞相高阿那肱守高壁帝麾軍直進那肱望風退散此乃建德五年之事碑誤作保定五年六年入鄴平齊碑叙從定相州與史合此下

所叙多不見於史文無從攷其合否惟車駕南巡江都乃大業元年八月事而碑次於四年則其誤顯然蓋碑爲重摹本或因缺泐後人意爲改竄未可知也煬帝紀於大業七年特書三月丁亥右光祿大夫左屯衛大將軍姚辯卒前此竟無一語及者何也碑稱三月遘疾十九日薨於京兆郡不著干支史又不著月朔然据碑是年十月癸丑朔逆推至三月丁亥是朔日非十九日此又不知孰誤也銘詞用韻不齊首與風叶者三韻次與照叶者三韻次與營叶者二韻次與勢叶者三韻次與名

叶者三韻未則既遠二韻不叶恐二韻者尚有脫誤不止于不叶已也前題虞軍內史侍郎虞世基撰文太常博士歐陽詢書丹虞軍或疑是領軍隋百官志有左右領軍府之官然隋書虞世基傳世基字茂世會稽餘姚人煬帝卽位遷內史侍郎不云其爲領軍也新唐書歐陽詢傳詢字信本潭州臨湘人仕隋爲太常博士與碑合又據海寧吳騫拜經樓碑帖跋尾云隋姚恭公碑全文載在金薤琳琅世不聞有第二本余嘗收得一舊拓本第有志而無銘凡七百餘字其撰書人名悉與原碑合

所述事跡間多互異原碑稱辯之卒在大業七年三月薨於京兆郡而此碑以爲大業十三年薨於軍幕此又其顯然不同者意或是元明好事者摹集歐蹟竄改原碑雜之翻刻中以欺世未可知也云云倂識于此

李靖上西嶽王文

碑橫廣二尺九寸高二尺二寸六分十九行行十五字至十八字不等行書在西嶽廟

李靖撰

布衣李靖不揆狂簡獻書　西岳大王閤下靖聞上清下濁爰分天地之儀晝明夜昏乃著人神之道又聞聰明政直依人而行至誠感神信不虛矣伏惟　大王嵯峨擅德肅爽凝威爲靈術制百神配位名雄四岳是以應像淸廟作鎭金方遐規歷代哲王莫不順時禋祀興雲致雨天寶肯從轉孽爲祥何有不賴嗚呼靖者一丈夫尔何得進不偶用退不獲安呼吸若窮池之魚進退似失林之鳥憂傷之心不能已已社稷淩遲宇宙傾覆姧雄競逐郡縣土崩遂欲建義橫行雲飛電掃斬鯨鯢而淸海岳卷氛祲以闢山河使萬姓昭蘇庶物昌運卽應天順時之作也又大寶不可以望攄欲杖劒竭節未有飛龍在天捧忠義之心身傾濟世志吐肝膽於階下

惟　神鑒之願告進退之機得遂平生之志有賽德之時終陳擊鼓若三問不對亦何神之有靈然後卽靖斬大王頭焚其廟建縱橫之略亦未晚也惟　神裁之

右李衛公布衣日獻西嶽書今衛公廟在潞州者祟寧三年刻在滕縣者紹興丙寅重刻而嶽祠獨無之非闕典歟謹用貞石翻刻樹之

成化壬辰五月五日陝西左布政使桂陽朱英志

世傳扶餘國事類若劍俠而衛公從之似以任縱自喜然攷其行事則動以禮法自約又若老書生此書豪武自將亦既放矣或疑其僞將其暴侮神羞求合

於杳冥者乎亦當時憤激感慨豪氣未除而然耶劉餗嘗言衛公訴神且請告以官位所至詞色抗厲後有聲曰僕射好去後果如言此書殆似或眞有是邪將後人因此附益之乎餗在開元中其說似有據若可信也廣川書跋

右唐李衛公布衣時上西岳書眞跡蓋厭隋亂已極負濟世之志奮欲有爲而沓之神明之辭也士重乎立志養氣衛公此書志已先定而氣蓋宇內矣是以卒能輔明主而建功業焉其書亦佳石刻在廣西余得之劉長吾僉事云東里集

李衛公上西嶽書不見正史意者影響之談如虯髯客傳類耳其書亦似唐末五代人筆雖不見整栗而微有意衛公將畧爲唐初第一功最大故好奇之士多傳之弇州山人續稿

虯髯傳果影響之談若衛公此書則或非出傳會第有之亦不足爲衛公奇也英雄固時有此等事衛公後功業顯故傳不然亦山谷間一妄語耳孫鑛書畫跋跋

此好事者誣衛公而爲之書詞可笑而唐劉餗言之又小說載公射獵行雨事殆異人不可以常理論也書三種潞州者崇寧間刻藤縣者紹興間刻西岳廟則近刻筆亦遒逸王元美稱之當是潞州本藤縣者不及近刻又下矣石墨鐫華

按李衛公上西嶽書不署年月唐書本傳作公以貞觀二十三年薨年七十九推其生在陳宣帝大建三年辛卯北朝爲齊武平二年周天和六年後梁天保十年其仕隋至大業末爲馬邑丞其初爲殿內直長大約在仁壽大業之間計其年三十左右矣此書自稱布衣作於未仕之時則在二十餘歲也年少氣盛志在功名其家在京兆三原地近西嶽爲書告神理亦宜之但其上書之時正文帝

平陳之後亂象未形文中社稷淩遲宇宙溷覆奸雄競逐郡縣土崩之語又何所指亦非智深勇沉者所當出此故論者皆以爲妄人僞作殆不誣矣靖仕唐陪葬昭陵碑文見後

智永千字文

文凡八石皆横廣二尺四寸高八寸每石二十七行行十二字正書草書各一行額題智永千文四字篆書今在西安府學

敕員外散騎侍郎周興嗣次韻

文不錄

智永禪師王逸少之七代孫妙傳家法爲隋唐間學

書者宗匠寫眞草千文八百本散於世江東諸寺各施一本住吳興永欣寺積年臨書所退筆頭置之大竹簏受一石餘而五簏皆滿求書者如市所居戶限爲之穿穴乃用鐵葉裹之人謂之鐵門限後取筆頭瘞之號退筆冢長安崔氏所藏眞跡最爲殊絕命工刊石置之漕司南廳庶傳永久大觀己丑二月十一日樂安薛□□記

右千字文今流俗多傳此本爲浮屠智永書考其字畫時時有筆法不類者雜於其間疑其石有亡缺後人妄補足之雖識者覽之可以自擇然終汨其眞遂

去其二百六十五字其文既無所取而世復多有所佳者故輒去其僞者不以文不足爲嫌也蔡君謨今世知書者猶云未能盡去也 梁書言武帝得王羲之所書千字命周興嗣以韻次之今官法帖有漢章帝所書百餘字其言有海鹹河淡之類蓋前世學書者多爲此語不獨始於羲之也集古錄

右千字文世傳智永書非也蓋智永陳時人而此書常字民字基字皆闕之以避唐諱乃明皇以後人所書不然筆法本出智永後來臨摹入石爾其間二十八行字畫不類蓋舊本不完國初時人爲補足之云

金石錄

千字其初本得右軍遺書梁武帝嘗令殷鐵石搨一千字每字一紙雜碎無序因命周興嗣次爲韻語其成時一夕鬚鬢盡白當世甚重詔令蕭子雲寫進而後世以書名者卒作千字以謂體制盡備可以見筆力然昇書得成法者亦不能盡工楊文公謂勅當爲梁字本後人作草書筆畫轉移誤耳陳時朝廷命令未加勅字其說誠然知爲字謬也廣川書跋

梁武帝欲學書命殷鐵石于二王帖選取千文復召周興嗣次韻一夕而成須髮爲白此事最無可疑王

著於淳化中摹勒諸帖上石見帖中所書海鹹河淡等字又謂爲章草之宗遂誤指爲漢章帝所作著固不足責後付劉克莊乃宏博之士何爲承著之謬而謂千文實始於漢耶克莊因置之歐陽文忠公名世大儒其撰金石錄跋尾亦謂法帖有漢章帝所書百餘字其言有海鹹河淡之類蓋前世學書者多爲此語不獨始於羲之抑又何耶非米南宮黃長睿力詆之新學小生未必不爲其所惑余久憤於中因題智永所書千文故特表而出之智永名法極羲之七世孫字書之佳則有不待贊也潛溪集

寶慶寺瓦當二種

瓦當徑五寸五分四字分四隅一字居中並篆書

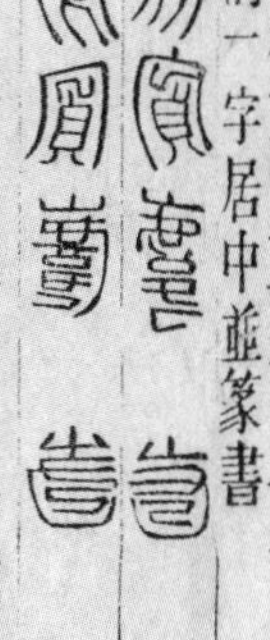

按瓦當二種皆圓徑五寸五分文皆五字曰長安寶慶寺惟一爲右書一爲左書爲異今寺在陜西西安府咸寧縣縣與長安縣同爲府治寺建於隋時陜西通志寶慶寺在咸寧縣安仁坊俗名花塔隋仁壽初建隋文帝唐中宗嘗臨幸焉文宗處蛤蜊觀音像建五色塔咸寧縣地在隋時爲大興縣

與長安縣同屬京兆郡此瓦當文字寺名冠以長安者蓋長安之名自漢已有之大興是析置之縣又或當時寺額原謂之長安寶慶皆不可知

金石萃編卷四十終

據開元十一年少林寺柏谷塢莊碑校

金石萃編卷四十一

賜進士出身 誥授光祿大夫刑部右侍郎加七級王昶譔

唐一

秦王告少林寺主教

碑上橫列十一字曰巳上七字開元神武皇帝書文印刻碑上層三十九行行八字正書隸額在少林寺

秦王告少林寺主教

太尉尚書令陜東道益州道行臺雍州牧左右武候大將軍使持節涼州揔管上柱國秦王世民告柏谷塢少林寺上座寺主以下徒衆及軍民首領士庶等比者天下喪亂万方乏主世界傾淪三乘道絕遂使閻浮蕩覆

戎馬載馳神州糜沸羣魔競起我國家膺圖受籙護持正諦馭爲飛輪光臨大寶故能德通黎首化闡緇林既沐來蘇之恩俱承彼岸之惠王世充叨竊非據敢逆天常窺覦法境肆行悖業今仁風遠扇慧炬照臨開八正之塗復九寓之跡法師等並能深悟機變早識妙因克建嘉猷同歸福地擒彼兇孽廓茲淨土奉順輪忠之効方著闕庭證果脩真之道更宏像觀聞以欣尚不可思議供養優賞理殊恆數今東都危急旦夕殄除並宜勉終茂功以垂令範各安舊業永保休祐故遣上柱國德廣郡開國公安遠往彼指宣所懷可令一二首領立功

者來此相見不復多悉
四月廿日

嘗讀唐高祖起居注一卷乃其興亾之初立國規模犁然具在三代久遠其圖王肇基不過如此英雄心事千古依依令人生嘆今觀秦王諭少林檄何其克肖也撫順獎忠開誠布惠使聽者神馳歸者志壹載在尚書謨訓誥誓何以加焉唐之統一裔夏非偶然也此雖軍中人士所書而世民二字乃秦王所押不待御極以後搜致諸名書而雄規固不同矣惜明皇七字存無幾耳　嘗讀初唐起居注不但兵以扶立爲名其義甚正即其用師附衆凡所以崇有德尊高年弛苑囿放宮人去虐政散積滯無不可以繫歸向之心興徯后之望三代之王也其施設亦不過如此宜其一朝而定大業也今觀太宗諭少林僧衆檄謙冲和易宛然父子之親朋友之信親書其名全無少年英鋭之色則其一舉而擒二天子豈恃天幸而已哉後人高三王而卑漢唐言之可聽欲收人心于未帖而挽民志于已離當如摶沙弇水必不得之數矣墨林快事

唐文皇告少林書書法不甚工而亦不俗當是幕僚筆內世民二字行草是親押耳首有開元神武皇帝書後人所妄加也碑額未知亡于何時弇州山人稾

此書即刻于裴漼所書少林寺碑上方當是勒寺碑時摹前文皇書置碑首耳謂止廟諱二字是親押良是今京署移文惟名係官自僉然則爾時已如此上横過又書云已上七字開元神武皇帝書細玩似是指上隸額書畫跋跋

碑今在寺中按舊唐書太宗紀高祖受禪拜尚書令右武候大將軍進封秦王加授雍州牧武德元年冬拜太尉陝東道行臺尚書令尋加左武候大將軍凉州總管三年加拜益州道行臺尚書令七月總率諸軍攻王世充於洛邑則此乃四年之四月廿日也其五月丙寅則世充降而河南平矣世民二字草書特大乃太宗親書　又按金石錄載唐太宗賜少林寺教書八分書武德二年與此不同或别是一教金石文字記

按武德二年太宗賜少林寺教八分書金石錄疑後人重書中州金石攷

今少林寺僧以棒法擅天下在隋之世已能助秦王抗王世充其來舊矣闖獻之亂獨不敢侵犯少林而

僧衆專以掠諸賊爲事僧法往往有列大師建牙者
來齋金石刻考略
碑立少林寺東廊鐘樓前乃太宗爲秦王時圍洛城
以少林寺僧建功遣使致書奬諭之教凡二百四十
四字碑額隸書曰太宗文皇帝御書已上七字開元
神武皇帝書乃知教爲太宗親筆額爲元宗親筆二
帝之字俱遒逸有法可寶也裴漼記稱御書碑額七
字葢指明皇書横刻開元等字後人標識之詞王司
寇以爲妄加失在未見碑額耳碑内王字鑿沒不知
何時何人所爲鑿之何意也說嵩

按金石錄以賜少林教爲八分書者指碑額而言武
德二年當爲四年字偶誤耳顧亭林疑别是一教實
不然碑額太宗文皇帝御書七字乃明皇所題後人
又題開元神武皇帝書葢指碑額七字非謂告少林
教書也今碑額既亡則開元皇帝書數字遂不可解
故弇州以爲妄加河南府志
右秦王告少林寺教云上柱國德廣郡開國公安遠
者李安遠也新舊書本傳俱作廣德郡公誤少林寺
僧以柏谷塢歸唐安遠奉秦王教往宣諭葢在征王
世充時裴漼碑稱寺西北五十里有柏谷墅居晉成
塢在齊爲郡王世充僭號署曰轘州乘其險地以立
峯戍太宗文皇帝軍次廣武僧志操惠瑒曇宗等審
靈聰之所往辨謳歌之有屬率衆以拒僞師抗表以
明大順執充姪仁則以歸本朝太宗嘉其義烈頻降
璽書宣慰既奉優教兼承寵錫賜地四十頃水碾一
具裴所稱優教者郎指此刻其述寺僧翻城顛末亦
可裨史家之闕潛研堂金石文跋尾
按新唐書高祖紀云武德四年五月秦王世民敗
竇建德于虎牢執之又云戊辰王世充降而此教
後書四月三十日則在建德將來東都未破之前

爾時寺僧已能去逆效順洵可嘉也考開元十一
年寺牒石刻云四月二十七翻城歸國其月三十
日郎蒙勅書慰勞此勅所云供養優賞理殊恒數
者是也牒又稱武德八年别勅賜地四十頃水碾
磑一具其翻城僧則曇宗志操惠陽等其委悉者
則僞轘州司馬趙孝宰僞羅川縣令劉翁重及李
昌運王少逸等當時俱授官職曇宗授大將軍合
寺爲從僧等不願官爵惟求出家其孝宰授上開
府昌運授儀同葢孝宰翁重之降寔寺衆挾以成
之但開府儀同是階非官當時必别有官職寺僧

不解故漏于開寫而此兩人無所表見于後或亦不受爵祿耶新舊兩書不載非碑其孰知之　又按太平寰宇記少林寺後魏太和十九年立西域沙門號跋陁有道業深爲高祖所敬信制於少室山立少林寺以居之公給衣食又云柏谷塢戴延之西征記云塢在川南因原爲塢高數丈塢西有二寺亦在原上入谷數百步又有二佛精巧美麗有牛春馬簸水碓之利是少林與柏谷塢之二寺自屬兩地此碑云告柏谷塢少林寺卽西征記所云塢中之二寺矣記已云寺有牛春馬簸水碓之

利而少林寺牒則云武德八年賜水碾磑一具殆西征記所云者是舊蹟寺牒所載者是唐時新賜也額舊有太宗文皇帝御書七字已亾開元神武皇帝是元宗開元元年十一月所上尊號其題此十一字不知何年且太宗墨跡在寺中因何又經元宗御書題額反覆思之是此碑卽開元十一年賜寺牒時寺僧所立也今以太宗告教實在武德四年因冠唐碑之首寺建于後魏太和十九年迨孝昌二年爲梁普通七年達摩自金陵來居之號爲初祖又籌海圖編載明嘉靖年間倭冠江浙兵備道任環召少林寺僧擊賊朱髮鬚面倭人望而敗走盖其藝勇夙著不獨闖獻二賊畏之來齋猶未得其詳也碑書化闡緇林緇當是緇字奉順輸忠之効輸忠當是輸忠

新建觀音寺碣

石横廣二尺五寸高二尺三寸十二行行十四字正書

王世充竇建德爲讐大邦我　秦王赫然斯怒罪人乃得班師凱還駐蹕廣武值夜雨作而東南雲際光焰射天燭見觀音菩薩全身畢露　王頓首拜瞻喜謂羣臣曰乃者武事告成天授神佑厥功溥哉遂　勅建

兹寺因名焉工訖乃樹碣以紀其歲月云爾旹　大唐武德五年國學助教陸德明撰

按秦王平王世充竇建德乃武德四年五月事唐書高祖紀五月壬戌秦王世民敗竇建德于虎牢執之戊辰王世充降太宗紀云三年七月討王世充敗之于北邙四年二月竇建德率兵十萬以援世充太宗敗建德于虎牢執之世充乃降六月凱旋碑云班師凱還駐蹕廣武值夜雨作云云當是五月戊辰以後凱還歸途所經之事也廣武城在滎陽漢書高祖紀漢王引兵渡河復取成臯軍廣

援趙本校 佑查

武就敖倉食此云駐蹕廣武即其地矣唐書陸元朗傳元朗字德明以字行蘇州吳人隋大業間遷國子助教越王侗署爲司業世充平秦王辟爲文學館學士此碑陸德明書銜曰國學助教以司業非朝廷所授而學士之辟當在後此時世充初平尚未受此職故仍用大業時故官也凱旋在四年而撰文在五年當由建寺工畢而後立此碑

宗聖觀記

碑高一丈二尺五分廣三尺七寸二十三行行六十字隸書額題大唐宗聖觀記六字正書在盩厔縣南

大唐宗聖觀記

給事中騎都尉歐陽詢撰序并書

侍中柱國江國公陳叔達撰銘

夫至理虛宗道非常道妙門凝邈無名可名爰自太始開圖混元立極三才莫處萬品流形莫知象帝之家未睹谷神之域希夷瑣闥溟涬封奇及夫鳥迹敎興隱書詮奧至化囙玆而吹萬廟諱教由是以開光聖聖襲明道德授受于是廟諱口之教風動天下水行地中矣宗聖觀者本名樓觀周康王大夫文始先生尹君之故宅也以結草爲樓因即爲號先生禀自然之德應廟諱運而生體性抱神口光隱曜觀星候氣物色眞人會遇仙輀北面請道二經旣演八表向化大教之興葢起於此矣玆觀中分秦甸面距終南東眺驪峰接晴嵐之浥浥西顧大白粲積雪之皚皚授經之古殿窨淸絡牛之靈木特立帀朝裹易僊迹長存物老地靈毎彰休應卿雲曰覆壽鶴時来樹無巢宿之禽野有護持之獸文始藥井韓口未墮老君輦車確然不朽至於穿窬盜竊進退自拘倡有爇維桊皆面縛昔周穆西巡秦文東獵竝枉駕回轅親承教道始皇建廟於樓南漢武立宫於觀北崇臺虛朗招徠雲水之僊閟館錯落賓友松喬之侶秦漢廟戶相繼不絕晉宋謁版于今尚存實神明之奧區列眞之

會府後魏文帝變夷風於華俗立仁口之紀綱崇信教門增置徒侶有陳先生寶熾潁川人夙有幽遐之姿幼懷林壑之趣松風入賞名岳留連玉皇之道旣廟諱銀膀之宫雲構繽有王先生延言窮名象思洞隱微念在廟諱空累非外物含神自靜儀聖作師並德音孔昭鬱爲宗範周太祖定業關內躬受五符隋文皇沐芳禮謁獲聞休證追隋德將季政教陵遲六飛失馭四維圮絕夷羊在牧飛蓬蒲野家習兵凶民墜塗炭　皇帝命世應期榮鏡區宇戡難靜亂亭毒無垠廣大配乎天地光華方諸日月數階庭之蓂莢聆鳳和鳴照景星於廟諱雲

觀麟郊藪緝禮裁樂化俗移風農夫勸於時雨隴餘滯
穗工女勤於蠶績杼軸不空九服韜戈三邊靜柝西戎
草面東夷獻舞朔南洎聲教滯北盡來王德化遐漸無
幽不暢三善克栿非假二疏一有元良萬邦貞固槩均
天縱道昇生知篤尚亹根欽茲聖躅以武德三季
詔錫嘉名改樓觀爲宗聖觀　宸扆興念纂冑所
先啓族承家皐於柱史得一以靈蹈五稱聖弱爲道用
柔爲至堅損之又損旨至於□瓜瓞綿長慶源悠寖□
初啓祚致醮靈壇自然香氣若霧霏空五色雲浮如張
羽蓋七季歲惟作噩月在黃鍾六轡齊驤百辟咸從

　親幸觀所謁琴尊儀軒后之詣空峒神農之上石
室順法行禮異代同規觀主岐平定精金格之書究玉
笈之文卯來藏往盡化窮神豫鑒天休贊亹景福法師
吕道濟監齋趙道隆玉器凝潤鶴情超遼辨坼連環辭
同炙輠對敭　天旨妙沃　帝心乃謂片言小諳
尚題紺碣剡夫　皇輿迂駕挹酌希微大道資始鑪
錘萬物不有刋勒其可已乎侍中江國公陳叔達朝宗
羽儀詞才冠秀奮茲洪筆爲製嘉銘其辭曰
眇矣靈化亹哉妙門飛彤九府練氣三元黃庭秘籙金
格微言玉京留記金竈還魂揚塵東海問道西崑物色

函關抒容清廟建標伊始層壇雲峭綺井虹伸風颸電
笑亹都巳律帝臺僊召挹髓捫壘飧霞引照谿□□象
無名至要高廂八縣清泉餘療宅心勝侶遊息衆妙絕
璧□微深流丹竅鞠草如結周原是奠聖道將亹重光
顯曜　明明我后積德累□陶埏寓縣叱咤雷
風庸稽太室禮盛酆宮時乘正位道配亹穹四維載仰
百世斯隆有截于外無思自東祥符挾遠瑞釆澄空百
神咸秩千齡是崇□亹壯觀詔躍康莊雲行輦道吹發
山梁飛文叶玉接禮神□五旌□□六轡齊驤
宸儀展敬享福無疆飄然高碣播此遺芳

武德九季二月十五日建
碑側題名
側廣一尺四分作三截書上白舜□五行下張秀華六行皆正書右行中吳芝壽四行行書左行
盟津白舜□自玉清醮罷由此窮南山之勝而西還
鳳鳴時熙寧乙卯臘月中澣□□題琳響珪珝從行
行部燕山張秀華德秀拉鄉舊張用古守道暨邑令
大獻元伯河陽李紹庭彥直終南于冊子賢仝來與
定五年中秋日題
濩澤吳芝壽夫郃陽李紹庭彥直晉安李英子才正
大閏八月中旬同来前令石抹紹先預游

此碑建于武德九年二月給事中騎都尉歐陽詢撰
序侍中江國公陳叔達撰銘觀以祀文始眞人尹喜
者神堯嘗幸其地用幣焉故其徒相與侈大之其文
辭稍雅淨而隸古亦遒婉可愛疑即詢筆也攷本傳
詢官位正合叔達以黃門侍郎判納言事而此云侍
中葢武德三年改納言仍爲侍中耳宰相表則叔達
以二年正兼納言九年十月坐事罷而傳遺之當以
此碑爲定弇州山人續稿
隸甚淳雅饒古趣猶是漢法第恨無受禪折刀頭勁
力耳後有二行小字跋謂中統時親此觀嫌其字畫

褊淺命工鏤剔此乃所謂洗碑法筆法經此十無一
二存者矣可恨可惜其風格不附峻者以是耳今存
者字畫尚細料原本必更細葢亦是石鼓勒法中統
者元世祖初嗣位未混一時年號也書畫跋跋
此與前爲一碑而刻其陽陰爲唐刻此則爲元翻刻
按碑建於武德九年爲神堯祀尹喜作也分隸書無
書者姓氏書法故自佳經翻刻失其筆意耳石墨鐫華
宗聖觀唐奉老子爲遠祖故神其說謂尹文操遊太
白山覩異象立壇而祀之老子降于壇間不經寔甚
華陽錄記云秦始皇好神仙於尹先生樓南立老子

祠此祀老子之始晉元康中重更修葺蒔木萬株連
亘七里給戶三百供洒掃按尹先生相傳爲老子之
師著尹眞人經者有紫雪樓在盩厔縣東三十里尹
先生結草爲樓望紫氣西邁處今名樓觀是也晉惠
帝時重修唐高祖武德改爲宗聖觀蘇東坡通判鳳
翔來遊詩古觀正依林麓斷居民來說水泉甘亂溪
赴渭爭趨北飛鳥迎山不復南羽客衣冠朝上象野
人香火祝春蠶女師豈解言符命山鬼如何說老聃
刻於碑側子由亦有和詩來齋金石刻考畧
史記周本紀蜚鴻滿野註鴻蛾蠓也此碑作蜚蛬爾

雅蛬即蟋蟀音讀如蛩非蛾蠓類或亦以音近借用
耳金石存
今在盩厔縣樓觀大殿前碑首正書大唐宗聖觀記
六大字題曰大唐宗聖觀記給事中騎都尉歐陽詢
撰序幷口侍中江國公陳叔達撰銘其幷字之下字
雖殘缺左方尚有筆畫可認當是書字信本楷書名
高千古其分書如房彥謙碑亦多傳於世今玩碑字
時作篆體乃唐隸之佳者微露筆意似信本楷書而
顧林亭金石文字記僅載歐陽詢撰序趙子函石墨
鐫華直云無書者姓氏豈二君於幷字均未之見耶

且歐已撰序陳已撰銘碑首又正書試思歐之并爲何事也按鄭漁仲金石略歐陽詢書有宗聖觀碑分書此眞信而可徵者又碑末小字題云中統元默閹茂之歲命工搜剔是元時以舊碑開鐫故其規模無恙趙子函以爲經翻刻失其筆意誤矣備記之以俟博雅君子雍州金石記

按碑云給事中騎都尉歐陽詢撰序并書侍中桂國江國公陳叔達撰銘新唐書歐陽詢傳詢仕隋爲太常博士高祖卽位累擢給事中不言騎都尉又陳叔達傳叔達爲陳宣帝子高祖武德初授黃

門侍郎判納言封江國公不言侍中者納言卽侍中而騎都尉則傳所略也太平寰宇記云樓觀在盩厔縣東三十二里晉惠帝時置其地舊有尹先生樓因名樓觀唐武德初改名宗聖觀碑但云晉宋謁版于今尚存而於惠帝之始置畧焉碑云武德七年歲惟作噩月在黃鍾六轡齊驪百辟咸從親幸觀所謁拜尊儀爾雅太歲在酉曰作噩史記曰作鄂武德七年爲甲申歲從爾雅則曰涒灘從史記則曰赤奮若不知碑何以云歲惟作噩也黃鍾爲十一月律唐書高祖紀七年十月丙子謁樓

觀老子祠是高祖之謁樓觀寔是七年非八年乙酉且是十月非十一月碑與史互有異同者如此是時已改崇聖觀額紀猶稱樓故至今土人有樓觀之稱也碑云觀主岐平定正字通云岐姓黃帝臣岐伯唐有岐靈岳而史傳無攷一碑而序銘兩人分撰尠見此碑碑書市朝貰易貰與屢同頻數也漢書公孫宏傳上方與功業婁舉賢良是也銘云綺井虹伸風飈電笑神異經云東荒山中有大石室東王公居焉與玉女投壺設有入不出者天爲之笑開口流光金電是也電笑葢用此事史記

周本紀云麋鹿在牧蜚鴻滿野此碑云夷羊在牧飛蟊滿野句法相類而用字不同蟊與蝥同與鴻字音義形體迥別金石存謂以音近借用理或有之然細思之上句夷羊已不用麋鹿則此句飛蟊似非仍襲用蜚鴻者頗疑蜚是蟲名有負蠜之稱爾雅郭注蝨螽名蠜陸疏今人謂蝗子爲螽子碑葢謂蜚蠜滿野猶言飛蝗滿野也飛與蜚通蟊或本是蠜字此碑經元人翻刻誤作蟊字未可知也姑備一說以俟攷

孔子廟堂碑

碑高七尺七寸廣四尺二寸三十五行行六十四字正書在西安府學

孔子廟堂之碑

太子中舍人行著作郎臣虞世南奉　勅撰并
書
司徒并州牧太子左千□牛率兼撿挍安北大都護相
王旦　書碑額
微臣屬書　東觀預聞前史若乃知幾其神惟睿作聖元
妙之境希夷不測然則三五迭興典墳斯著神□聖跡
可得言焉自肇立書契初分爻象委裘垂拱之風革夏
翦□□□□□質文殊致進讓旱同靡不拜洛觀河膺

符受命名居域中之大手握天下之圖象雷電□□威
刑法陽春而流惠澤然後化漸八方令行四海未有偃
息鄉□□□□□□□預帝王之錄遠跡冑史之儔而德
侔覆載明兼日月道藝微而復顯禮樂弛而更張窮理
盡性光前絶後垂範百王遺風於萬代猗歟偉歟若斯
之盛者也夫子膺□□□□之精踵千年之聖固天縱以
挺質稟生德而降靈載誕空桑自摽河海之狀繞勝逸
捬克秀堯禹之姿知微知章可久可大爲而不宰合天
道於無言感而遂通顯至仁於藏用祖述先聖憲章往
哲夫其道也固以孕育陶均苞含造化豈直席卷八代

并吞九丘而已哉雖亞聖鄰幾之智仰之而彌遠亡吳
霸越之辯談之而不及于時天□浸微地維將絶周室
大壞魯道日衰永歎時囏實思濡足遂乃降跡中都俯
臨司寇道超三代止乎季孟之閒善論五伯終從大夫
之後固知栖遑弗已志在於求仁危遜從時義存於拯
溺方且重反淳風一匡末運是以載贄以適諸侯懷寶
而遊列國靡覽不極應物如響辯飛龜於石函驗集隼
於金櫝觸舟既曉專車能對識罔象之在川明商羊之
興雨知來藏往一以貫之但否泰有期達人所以知命
卷舒惟道明哲所以周身牖里幽憂方顯姬文之德夏

臺羇紲弗累商王之武陳蔡爲幸斯之謂歟於是自衛
反魯刪書定樂賛易道以測精微修春秋以正褒貶故
能使紫微降光丹書表端瑞濟濟焉洋洋焉充宇宙而洽
幽明動風雲而潤江海斯皆絶乎竹素懸諸日月既而
仁獸非時鳴鳥弗至哲人云逝峻嶽已隤尚使泗水却
流波瀾不息魯堂餘響絲竹猶傳非夫體道窮神至靈
知化其孰能與於此乎自時厥後遺芳無絶法被區中
道濟天下反及金冊斯誤玉弩載驚孔教已焚秦宗亦墜
漢之元始永言前烈褒成爰建用光祀典魏之黃初式
遵故訓宗聖疏爵允緝舊章金行水德亦存斯義而晦

明匪一屯亨遍有筐筥蘋蘩與時升降靈宇虛廟隨道
廢興炎精失御蜂飛蝟起羽檄交馳經籍道息屋壁無
藏書之所階基絕函丈之容五禮六樂翦焉煨燼重宏
至教允屬　聖期　大唐運膺九五基超七百卌矣王
猷烝式景命鴻名盛烈無得稱焉　皇帝欽明睿哲叅
天兩地迺聖迺神允文允武經綸云始時惟龍戰爰整
戎衣用扶□□神謀不測妙筭無遺宏濟艱難平壹區
宇納蒼生於仁壽致君道於堯舜職兼三相位揔六戎
龗珪秉石之尊朱戶渠門之錫禮優往代事踰恒典於
是在三聽命□北□□推□克隆帝道丕承鴻業明玉鏡以

式九圍席蘿圖而御六辯寅奉上元肅恭淸廟宵衣興
食視膳之禮無方一日萬幾問安之誠弥篤孝治要道
於斯爲大故能使地平天成風淳俗厚日月所照無思
不服憬□獯戎爲患自古周道再興僅得中筭漢圖方
遠纔聞下冊徒勤六月之戰侵軼無厭空盡貳師之兵
憑淩滋甚　皇威所被犂顙厥角空山盡漠歸命闕庭
充仞蒿街塡委外廄開闢已來未之有也靈臺偃伯玉
關虛候江海無波烝燧息警非煙浮漢榮光莫河楛矢
東歸白環西入猶且兢懷馭朽典聽納隍卑宮菲食輕
徭薄賦斲琱反樸抵璧藏金草扃垂風綈衣表化歷選

列辟旁求遂古克己思治曾何等級於是玅屬　聖謩
凝心大道以爲括羽成器必在膠雍道德潤身皆資學
挍矧廼入神妙義析理微言厲以四科明其七教懿德
高風垂裦斯遠而棟宇弗脩宗祧莫嗣用紆聽覽爰發
絲綸武德九季十二月廿九日有　詔立隋故紹聖侯
孔嗣哲子德倫爲褒聖侯乃命經營惟新舊阯萬雉斯
建百堵皆興揆日占星式規大壯鳳甍騫其特起龍桷
儼以臨空霞入綺寮日暉丹檻窅窅崇邃悠悠虛白口
□寫狀妙絕人功象設已陳肅焉如在握文履度復見
儀形鳳跱龍蹲猶臨咫尺喟尓徽嘆若聽武城之絃怡

然動色似聳蕭韶之響禮禮盛服旣覩仲由侃侃禮容
仍觀衛賜不疾而速神其何遠至於仲春令序時和景
淑晈絜辟池圓流若鏡靑葱槐市揔翠成帷淸滌元酒
致敬於茲日合舞釋菜無絕於終古　皇上以幾覽餘
暇遍該羣籍乃製金鏡述一篇永垂鑒戒極聖人之用
心宏大訓之微言妙道天文煥乎畢備副君膺上嗣之
尊體元良之德降情儒術遊心經藝楚詩盛於六義沛
易明於九師多士伏膺名儒接武四海之內靡然成俗
懷經鼓篋攝齊趨奧並鏡雲披俱餐泉涌素絲旣染白
玉已彫沓覆簣以成山導涓流而爲海大矣哉然後知

達學之爲貴而宏道之由人也國子祭酒楊師道等偃
廟諱風於聖世闡至道於先師仰彼高山顛宣盛德昔者
楚國先賢尚傳風範彤州文學猶鎸哥頌況帝京赤縣
之中天街黄道之側聿興壯觀用崇明祀宣文教於六
學闡 皇風於千載安可不贊述徽猷被之雕篆乃抗
表陳奏請勒貞碑爰命庸虛式揚茂實敢陳舞詠廼作
銘云
景緯垂象川岳成形挺生 聖德寔稟英靈神凝氣秀月
角珠庭探賾索隱窮幾洞冥述作爰備丘墳咸紀表正
十倫章明四始繫績義易書因魯史懿此素王邈焉高

軌三川削弱六國從衡鴟首兵利龍文鼎輕天垂伏鼈
海躍長鯨解黻去佩書燼儒坑纂堯中葉追尊大聖乃
建褒成膺茲 顯命當塗創業亦崇師敬胙土錫圭禮
容斯盛有晉崩離維傾柱折禮亡學廢風頹雅缺戎夏
交馳星分地裂蘋藻莫奠山河已絶隨風不競龜玉淪
亡樽俎弗習干戈載揚露[illegible]闕里麦秀鄒鄉修文繼絶
期之會昌大唐撫運率繇王道赫赫元功茫茫天造奄
有神器光臨大寶比蹤連陸追風炎昊於鑠 元后膺
圖撥亂天地合德人神攸賛鱗鳳爲寶光華在旦繼聖
崇儒載修輪奐義堂宏敞經肆 紆縈重欒霧宿洞戶風

清雲開春牖日隱南榮鏗玹鐘律鐲琹齋明容範既備
德音無斁肅肅升堂兟兟讓席獄纓訪道橫經請益帝
德儒風永宣金石
推誠奉義翊戴功臣永興軍節度管內觀察處置等
使特進撿挍太師兼中書令行京兆尹上柱國瑯瑘
郡開國公食邑四千五百戶食實封一千三百戶王
彥超再建 安祚刻字
右孔子廟堂碑虞世南撰并書余爲童兒時嘗得此
碑以學書當時刻畫完好後二十餘年復得斯本則
殘缺如此因感夫物之終弊雖金石之堅不能以自

久於是始欲集錄前世之遺文而藏之殆今蓋十有
八年而得千卷可謂富哉集古錄
右唐孔子廟堂碑虞世南撰武德時建而題云相王
旦書額者蓋舊碑無額武后時增之爾至文宗朝馮
審爲祭酒請琢去周字而唐史遂以此碑爲武后時
立者誤也睿宗所書舊額云大周孔子廟堂之碑今
世藏書家得唐人所收舊本猶有存者云金石錄
頃見摹刻虞永興孔子廟碑甚不厭人意意亦疑爲
工太速今觀舊刻雖姿媚而造筆之勢甚遒固知名
下無虛士也榮咨道嘗以二十萬錢買碑即此碑舊

刻其中缺字亦略相類唯額書大周孔子廟堂之碑八字爲異耳又碑末長安三年太歲癸卯金四月壬辰水朔八日己亥木書額相王書也又云朝議郎行左豹衛長史直鳳閣鍾紹京奉相王教搨碑額雍州萬年縣光宅鐫字又卷尾昔人題云咸通七年七月七日於二十二姉處得龍兒來認今福夷無大費而甚愛之雖無前後數十字非寶藏是書之本意豫章文集

右唐孔子廟堂碑宋王彦超翻本字之缺者凡一百七十有九予家藏舊搨唐刻因參校以足其文嘗記在京師時見世南眞迹謂以此文石本進呈太宗特

賜王羲之黃銀印一顆則世南之書貴重於當時者固已如此金薤琳瑯

伯機云孔子廟堂碑京兆府本無裂乃佳葉森今收一本乃饒州錦江書院本極佳周密雲煙過眼錄

永興親受筆訣于永禪師當時進呈石本唐太宗以右軍黃玉印賜之今謝表勒在羣玉堂帖好事者合觀之可以知伯施書矣蒼潤軒帖跋

宋黃太史詩云孔廟虞書貞觀刻千兩黃金那購得指此本也第其碑旋經火厄搨本罕存清河書畫舫

舊唐書宣宗大中五年十一月國子祭酒馮審奏文

宣王廟碑始太宗立之睿宗篆額加大周二字蓋武后時書也請琢去僞號從大唐字從之此大周字削而相王之銜獨存也其末曰永興軍節度管內觀察處置等使王彦超再建則元碑已亡此重刻也此碑與皇甫誕碑並書胥爲肙廣韻胥俗作肙然考之漢人如韓勑孔廟禮器碑桐柏淮源廟碑司空宗俱碑巴郡太守張納碑竹邑侯相張壽碑戚伯著碑金廣延母徐氏碑殽阬祠碑陰楊震碑陰及魏公卿上尊號奏北齊南陽寺固已書爲肙矣漢人碑或亦作肙後周華嶽頌作肙故李善注枚乘七發以通厲骨母之塲爲胥母之誤

而胥字一傳爲胥再傳爲揖三傳爲咠四傳爲聟皆胥之變也詩有女同車釋文胥音細字林作揖戰國策韓且坐而胥亡乎王胥臣之反而行並作咠書大傳不愛人者及其胥餘作咠晉書五行志淪咠於北音義咠息魚反張駿傳有黃龍見于揖次之嘉泉呂光載記迎大豫于揖次音義揖子魚反次音恣漢書地理志武威郡有揖次縣此皆胥字之誤漢仙人唐公房碑胥字作聟晉王右軍帖有女聟字其書慕爲莫笑爲咲覆賨爲覆匱荆爲荆歌爲哥其字或通或俗而及之爲反則重刻者誤也金石文字記

永興廟堂碑唐搨自不可得見矣五代時翻刻碑亦已殘缺漫漶松壑顧先生曩自山左歸贈余一本亦佳未曾訊其所從來按王司寇居易錄一條歷城門

人趙于京豐原官城武教諭寄其邑二碑尚極完好葢世鮮知之摹搨者少故也松壑所贈當即是司寇所賞本也觀妙齋金石文攷畧

唐太宗以高祖武德九年八月即皇帝位十二月即有詔封孔子後重修聖廟當即位之初便能崇儒重道如此可謂知所務矣新舊史皆不載葢失之也碑成墨本進呈特賜世南王羲之黃銀印一顆世南表謝稱貞觀七年十月葢新廟始於武德九年至貞觀七年乃成爾然考舊史世南當太宗爲太子時遷太子中舍人及即位轉著作郎兼宏文館學士此碑但

書太子中舍人著作郎無宏文館學士葢由史誤七年轉秘書監賜爵永興縣子而謝表仍稱太子中舍人著作郎豈其轉秘書監在十月後歟碑本無額至則天時始命相王旦爲之額相王旦者睿宗也睿宗爲高宗第八子以龍朔二年生則當貞觀七年睿宗尚未生故知書額之當承則天命也按舊史帝以聖歷元年則天封爲相王仍改名旦授太子右率衛長安中并司徒右羽林衛大將軍碑稱司徒則承命書碑額當在長安中唐刻本碑末故有長安三年太歲癸卯金四月壬辰水八日己亥木書額二十一字亦

王彥超重摹本在三縣今兆熙興推舊拓本兆字推字尚可見

相王書可知承命書額之當在長安三年矣又有朝議郎行左豹衛長史直鳳閣鍾紹京奉相王教搨勒碑額雍州萬年縣光宅鐫字兩欵宋刻俱失之則知宋刻之草率多矣原額爲大周孔子廟堂之碑八字宣宗大中五年國子祭酒馮審奏請琢去僞號從大唐字今額但有孔子廟堂之碑六字無大周二字葢承宣宗時所琢去者重刻也相王旦欵仍存者以是睿宗御書故也碑不知毀自何年宋初王彥超重刻山谷云頃見摸刻虞永興孔子廟碑甚不厭人意今觀舊刻雖忞媚而造筆之勢甚遒則知此本之失眞

遠矣字之斷闕者金薤琳琅載一百六十有九字葢此碑當山谷時所見惟榮輯子雍家一本未斷闕餘張福夷蔡致君本則皆以摹本補綴則在當時全本已不可多得此本葢據已斷本上石非刻石方斷特至今年深日久更益剝食耳山東城武亦有刻刻法微弱遠出此本下而斷闕處互有不同余以兩本參按臨此一本僅闕四字信快事也　以城武本按長安本標題首一字俱闕然知其爲孔字者以額作孔子也堂上多子廟二字相王旦欵千下有牛字文字之首有微臣屬書四字衶下有功聖二字蘡下有商

之業雖復五字電下有以立二字鄉下一字彼此皆闕有栖遲洙泗不五字張下有窮字者下有也字越行之首有夫子膺三字膺下二字彼此皆闕纔下有勝逢二字言下有感而遂三字顯下有至仁二字仁下有危遜二字以下有適字懷下有寶字石下有函字之下有在字命下有卷舒二字歟下有於字貶下有故能使紫四字月下有既而二字却下有流波瀾三字區下有中道二字墜下有漢字之下有元始二字匪下一字彼此皆闕道下有興廢二字允下有屬字猷下有蒸字扶下有興業二字宇下有納字命下

有兆庶樂推四字九下有圜席二字使下有地平天成四字憬下有彼字祓下有犁額厥角四字彙下有街字懷下有馭朽與聰納五字賦下有斲琱二字必下有在膠雍道德潤六字入下有神妙二字曰下有有詔立隨故紹聖七字德下有倫爲彛三字崇下有遂悠悠虛白圖眞七字人下有功象二字侃下有侃禮容仍觀衛賜不八字疾下有而速神三字遍下有該群籍乃製金六字九下有師多士伏四字之下有爲貴而宏道之由七字街下有黃道之側聿興壯觀八字銘文景緯下有垂象川嶽成形挺生八字三下有川削弱六國從衡鶉首九字盛下有有晉崩離維傾柱折八字會下有昌字大下有唐撫運率四字儒下有載字儒下有風字凡一百八十六字以有明內庫宋本爲正挍定無譌若今關中本又不知闕食幾許矣聞康熙間 內府有眞蹟重摹本完好無一字闕 彥超重刻此碑頗亦草率碑中及金冊斯誤以及爲反垂範百王中脫於字又其草率之易見者

按元人虞堪定陶河出孔子廟堂碑序近定陶縣河走決有唐虞永興書孔子廟堂碑出其守請於朝而樹之學宮則定陶又有一碑矣不審向所謂城武

者即此碑否又序稱貞觀間刻始成僅拓數十本賜近臣廟遂火而石燬則自貞觀間石已燬廢武后時再刻至宋王彥超則三刻矣虞堪甫里人至正二十六年作此序虛舟題跋

今在西安府學文廟內碑斷爲三缺百餘字王阮亭居易錄載山東城武亦有此碑碑陰宋人鐫敎興頌篆書雍州金石記

廟堂碑見諸紀載者有四一在西安一在曲阜一在城武一在饒州之鄱江書院然皆非原本也原本燬于貞觀間不可復得夢虎道者跋

王彥超以周恭帝時加檢校太師宋初兼中書令太
平興國中封邢國公此題云檢校太師兼中書令瑯
邪郡開國公者當時宋初所刊瑯邪郡公猶是周時
爵號也關中金石記
碑文云武德九年十二月廿九日有詔立隨故紹聖
侯孔嗣悊子德倫爲褒聖侯新唐書禮樂志武德九
年封孔子之後爲褒聖侯事與碑符而詔文以隨故
紹聖孔嗣衍子德倫爲嗣闕里志引是其續封者爲嗣衍
非碑所謂嗣哲蓋宜以碑爲正隨封紹聖侯自煬帝
始改之文帝時猶爲鄒國公也今碑云紹聖侯者蓋

可相證又宋王彥超列銜推誠奉義翊戴功臣永興
軍節度管內觀察處置等使特進檢校太師兼中書
令行京兆尹上柱國瑯邪郡開國公宋史本傳已于
彥超管內觀察處置等使略而不書故并著于後以
補史佚也授堂金石跋
按前題相王旦結銜云兼檢校安北大都護檢校
之制唐百官志無明文文獻通考引岳珂愧郯錄
曰按階散勳官在前世合於一至唐則析而爲二
階勳功臣檢校在唐則析爲四而本朝則合爲一
如杜淹貞觀中檢校吏部尚書再加檢校侍中是

也其後隨事而賜亦無定名故唐之有功者或敘
階或賜勳或加以檢校或寵以名號云云据此則
檢校與階勳同爲敘功之用非官名而其緣起亦
在貞觀初矣碑云武德九年十二月廿九日有詔
立隋故紹聖侯孔嗣哲子德倫褒聖侯新唐書太
宗紀不書其事禮樂志亦但云九年封孔子之後
爲褒聖侯不及此碑之詳也碑又云國子祭酒楊
師道等偃元風于聖世闡至道于先師新唐書楊
恭仁傳恭仁隋觀王雄子師道字景猷恭仁弟高
祖授上儀同爲備身左右尚桂陽公主除吏部侍

郎累轉太常卿云累轉則國子祭酒在其中然亦
史文之畧也碑末題王彥超再建不署年月結銜
題永興軍節度据東都事畧彥超兩鎮永興一在
周顯德時一在宋太祖初年其復鎮永興後移鎮
鳳翔入爲右金吾衛上將軍俱在太祖末年則此
再建是太祖初年建隆乾德時也永興軍即京兆
府今之西安府晉天福中爲晉昌軍漢乾佑初改永興
宋因之彥超武臣而能再建此碑草率之病亦宜
諒之盧舟所訾似過當也
附攷唐宋諸碑系銜并食邑實封

唐宋諸碑標題及撰人書人篆額人官位顯者系銜多有食邑食實封之數攷系銜之例名目數端

曰功臣

宋史職官志功臣之號賜中書樞密臣僚者有十一號每號二字下倣此宰相初加六字餘官初加四字其次並加兩字舊有功臣者改賜賜皇子皇親文武臣僚外臣者有十九號初加四字次加兩字賜諸班直將士禁軍者初加二字再加亦如之其制始於唐開元間賜號開元功臣代宗時有寶應功臣德宗時有奉天定難元從功臣之號僖宗將相多加功臣美名五代寖增其制宋初因之凡宣制而授者多賜焉文獻通考云宋初加功臣號至元豐乃罷中興後加賜者韓世忠張俊劉光世三人而已岳珂愧郯録曰階勳功臣檢校在唐則析於四而本朝則合於一唐代宗以射生軍清難而有寶應之稱德宗以涇軍煽逆而有定難之號後隨事而賜亦無定名故唐之有功者或敘階或賜勳或加以檢校或寵以名號皆上之人有以寓一時之微權而初無階升必致之

道宋祖宗朝若功臣之名猶有官不當賜而特賜如開寶之於王明太平興國之於杜彥鈞陳信從郝正大中祥符之於王丞美天禧之於向漢通南渡以後高皇舉久廢之典以寵二三大將其他則不多見也每一遇郊官至某則加功臣若干字酬勳若干級進階若干等徹國若干戸並舉而予之故世但以爲一頒而不見其用是所謂唐析於四本朝則合於一既合矣而不能分此所以發神宗皇帝之獨斷一舉而盡去之也

曰檢校

宋史志檢校官自太師太尉太傅太保至水部員外郎凡一十九官文獻通考引建炎以來朝野雜記曰檢校官者自唐以來有之凡內職崇班武臣副率以上初除及該恩皆帶若文武臣則樞密宣徽節度使始帶焉自三公三司僕射尚書常侍至賓客祭酒凡十餘等元豐改官制武臣承宣使已下皆罷惟存檢校三公三師以待節度使之久次者政和後改三公爲三少若武臣累加至檢校少師則拜太尉文臣累加檢校少師則拜開府儀同三司朱子語錄曰祖宗之法除三孤三公者必須建節加檢校太子少保少師之類然後除開府儀同三司既除開府然後除三孤三公南渡以來如張韓劉岳諸武臣猶是如此外皆不帶今則不然既建節便抹過檢校徑除開府至三孤三公矣　按檢校二字其初不過點檢典校之義隋巡省風俗詔明加檢校便得存養此檢校之緣起也其用以入銜則始於唐初而兩唐書志及六典皆無專條据九成宮醴泉銘魏徵擬系銜檢校侍中唐書溫彥博傳檢校吏部侍郎遷檢校中書侍郎皆在貞觀時又唐儉傳在高祖時檢校黃門侍郎是檢校入銜始于唐初之證文獻通考神龍初有檢校官與試攝判知並列似唐之檢校不盡加之於尊官舊唐書輿服志稱員外判試檢校自則天中宗後始有之又据聖歷三年昇仙太子廟碑陰有檢校勅碑使開元廿四年裴光庭碑末有奉勅檢校摹勅使奉勅檢校樹碑使此皆中宗以後用檢校系銜不加於顯職也劉禹錫高陵令碑序云俄兼檢校水曹員外郎正此宋志所載檢校十九官之末一官也宋范成大思歸詩何時去檢校一棹水雲鄉可知檢校二字宋南渡後尚用以入銜

曰散官　曰職事官

文散官如開府儀同

三司光祿大夫金紫光祿大夫銀青光祿大夫之類攷金紫銀青之制通典云漢武帝太初元年光祿大夫銀章青綬晉受命假金章紫綬魏晉以來加金章紫綬謂之金紫光祿大夫銀章青綬謂之銀青光祿大夫武散官如驃騎大將軍鎮軍大將軍之類皆階也文職事官如三師三公之類武職事官唐則左右衛大將軍宋則殿前司都指揮使之類皆官也詳見兩唐書及宋史職官名繇不具錄

曰勳官

上柱國柱國是文勳上護軍護軍等是武勳並詳見兩唐書宋史職官志

曰封爵

通典載後魏有王開國郡公散公侯散侯伯散伯子散子男散男凡十一等北齊有王公侯伯子男六等後周有公侯伯子男五等隋有國王郡王國公郡公縣公侯伯子男凡九等唐有國王郡王國公郡公開國郡公開國縣侯伯子男凡九等宋史志有王嗣王郡王國公郡公開國公開國郡公開國縣公開國侯開國伯開國子開國男凡十二等舊唐書職官志封爵武德時惟有公侯伯子男貞觀十一年加開國之稱開國郡公正第二品開國縣公從第二品開國侯從第三品開國

伯正第四品上階開國子正第五品上階開國男從第五品上階文獻通考載官品晉後魏郡公周國公皆正一品北魏隋縣公從一品北齊唐宋縣公從二品此下通考脫一葉魏晉劉宋陳北齊諸縣侯正三品北魏北齊散伯唐宋開國侯俱從三品陳唐宋開國縣伯北魏北齊隋開國縣子俱正四品北魏北齊開國子從四品陳唐宋開國縣子北魏北齊周隋開國縣男俱正五品北魏北齊散男北齊隋宋開國縣男俱從五品陳開國縣男正六品唐六典吏部司封郎中掌邦之封爵自周列爵惟五分土惟三始有封國大小之制三國魏氏五等皆以鄉亭隋氏始立王公侯以下制度皇朝因之

曰魚袋

舊唐書輿服志貞觀四年制三品巳上服紫五品巳下服緋六品七品服綠八品九品服青上元元年八月制一品巳下帶手巾算袋佩刀子礪石文武三品巳上服紫四品服深緋五品服淺緋六品服深綠七品服淺綠八品服深青九品服淺青此上皆帶佩服色之制也其魚袋則始自武德元年九月改銀菟符爲銀魚符永徽二年五月開府儀同三司

及京官文武職事四品五品並給隨身魚咸亨三年五月五品巳上賜新魚袋並飾以銀三品巳上各賜金裝刀子礪石一具垂拱二年正月諸州都督刺史並准京官帶魚袋天授元年九月改內外所佩魚並作龜久視元年十月職事三品巳上龜袋宜用金飾四品用銀飾五品用銅飾上守下行皆從官給神龍元年二月內外官五品巳上依舊佩魚袋六月郡王嗣王特許佩金魚袋景龍三年八月令特進佩魚散職佩魚自此始也自武德巳來皆正員帶闕官始佩魚袋員外判試檢校自則天中宗後始有之皆不佩魚雖正員官得佩亦去任及致仕郎解去魚袋至開元九年張嘉貞爲中書令奏諸致仕許終身佩魚以爲榮寵以理去任亦聽佩魚袋以後恩旨賜賞緋紫例兼魚袋之章服因之佩魚袋服朱紫者衆矣新唐書車服志初高祖入長安罷隋竹使符班銀菟符其後改爲銅魚符以起軍旅易守長京都留守折衝府捉兵鎮守之所及左右金吾宮苑總監牧監皆給之畿內則左三右一畿外則左五右一左者進內右者在外用始第一周而復始宮殿門城門給交魚符巡

魚符左廂右廂給開門符閉門符亦左符進內右符監門掌之皇太子監國給雙龍符左右皆十兩京北都留守給麟符左二十右十九隨身魚符者以明貴賤應召命左二右一左者進內右者隨身皇太子以玉契召勘合乃赴親王以金庶官以銅皆題其位姓名官有貳者加左右皆盛以魚袋三品巳上飾以金五品巳上飾以銀刻姓名者去官納之不刻者傳佩相付銅魚符者給封符印發驛封符及封魚函用之有銅魚而無傳符者給封函還符封函用之高宗給五品巳上隨身魚銀袋以防召命之詐出內必合之三品巳上金飾袋中宗初員外試檢校官猶不佩魚景雲中詔衣紫者魚袋以金飾之衣緋者以銀飾之開元初駙馬都尉從五品者假紫金魚袋都督刺史品卑者假緋魚袋五品巳上檢校試判官皆佩魚又据劉遵禮墓誌開成六年賜服銀朱似郎李輔光朱孝誠等碑所謂朱紱銀章之賜也其制史志不詳銀朱二字連用亦不見他碑宋史職官志賜紫金魚袋緋魚袋凡升朝官該恩着綠二十周年賜緋魚袋着緋及二十周年賜紫金魚袋特旨者係臨時指揮未

史新編宋因唐制以金銀飾爲魚形公服則繫於帶而垂於後以別貴賤非復如唐之符契也國初其制多闕雍熙元年郊畢內出魚袋賜近臣由是內外升朝文武官皆佩魚凡服紫者飾以金服緋者飾以銀賜紫者并給之賜緋亦或有給者京朝慕職州縣官賜緋紫者亦偑魚親王武官內職將校皆不佩眞宗大中祥符六年詔伎術人未升朝賜緋紫者不得佩魚仁宗初遵伎術之禁後頗紊焉神宗著令翰林學士加佩魚蓋自蒲宗孟始也按今所錄宋金兩朝碑賜食邑者皆有紫金魚袋系衔

曰食邑食實封

唐六典云三國魏封爵五等皆以鄉亭多假空名不食本邑通典云後魏封爵十一等王食半公三分食一侯伯四分食一男伯五分食一攷東魏時中岳嵩陽寺碑文有司空公裴衍檢北史裴叔業傳附載衍孝昌初破荊州功封安陽縣開國子食邑三百戶討平相州進封臨海縣開國公增邑一千二百戶又北齊時西門豹祠堂碑有清河王岳檢北齊書本傳仕魏太昌初封清河郡公食邑二千戶此食邑之見於後魏者撮舉一二以見一斑隋大業七年

姚恭公墓誌銘載保定六年定相州功授大都督
封安養縣開國子邑四百戶開皇元年進爵爲公
增邑爲一千戶大業二年進爵蔡陽郡開國公食
邑一千五百戶此食邑之見於隋者然紀載皆不
甚詳備欲得其詳當自唐始唐六典吏部司封郎
中掌邦之封爵有九等一曰王正一品食邑一萬
戶二曰郡王從一品食邑五千戶三曰國公從一
品食邑三千戶四曰郡公正二品食邑二千戶五
曰縣公從二品食邑一千五百戶六曰縣侯從三
品食邑一千戶七曰縣伯正四品食邑七百戶八
曰縣子正五品食邑五百戶九曰縣男從五品食
邑三百戶然戶邑率多虛名其言食實封者乃得
眞戶舊制戶皆三丁已上一分入國開元中定制
以三丁爲限租賦全入封家凡有功之臣賜實封
者皆以課戶充戶數州縣與國官邑官執帳其收
其租調各準配租調遠近州縣官司收其脚直然
後付國邑官司其丁亦準此入國邑者收其庸凡
食封皆傳于子孫食封人身没以後所封物隨其
男數爲分承嫡者加與一分若子亡者卽男承父
分寡妻無男承夫分若非承嫡房至元孫卽不在

分限其封物總入承嫡房一依上法爲分其非承
嫡房每至元孫準前停其應得分房無男有女在
室者準當房分得數與半女雖多更不加雖有男
其姑姊妹在室者亦三分減男之二若公主食實
封則公主薨乃停通典職官志貞觀十一年庶邦
卿士功業特盛者封郡王自武德至天寶實封者
百餘家自至德元年至大歷三年封異姓爲王者
凡百一十二人其次封國公其次有郡縣開國公
侯伯子男之號凡食實封者二百六十五家凡食
四萬四千八百六十戶並無官土其加實封者則
食其封分食諸郡以租調給開元二十年五月勅
諸食邑實封不須一分入官其物仍令封隨庸調
送入京舊唐書職官志凡名山大川及畿內諸縣
皆不以封至郡公有餘爵聽迴授子孫其國公皆
特封宋史職官志食邑十四等一萬戶八千戶七
千戶六千戶五千戶四千戶三千戶二千戶一千
戶七百戶五百戶四百戶三百戶二百戶宰相親
王樞密使經恩加一千戶兩府使相節度使七百
戶宣徽三司使觀文殿大學士以下至直學士文
臣侍郎武臣觀察使宗室正任以上皇子上將軍

駙馬都尉加五百戶宗室大將軍以上加四百戶
知制誥待制并文臣少卿監武臣諸司副使宗室
副率以上并承制崇班軍員等初該恩加三百戶
再該恩二百戶三千戶以上雖有加例緣無定法
親王重臣特加有至萬戶者食實封七等一千戶
八百戶五百戶四百戶三百戶二百戶一百戶凡
宰臣等經恩加四百戶兩府使相至觀察使以上
加三百戶觀文殿學士等加二百戶武臣崇班等
加一百戶五百戶已上雖有加例緣無定法親王
重臣有特加至數千戶者唐制封爵食邑有差又
有食實封者戶給縑帛每賜爵遞加一級唐末及
五代始有加邑特戶而罷去實封之給又去縣公
之名封侯以郡宋初沿其制大臣少監少卿以上
武臣副率以上丙職崇班以上有封爵丞郎學士
刺史大將軍諸司使以上有實封但以增戶數爲
差不係爵級邑過其爵則并進爵焉止於郡公每
加食邑自千戶至二百戶實封自六百戶至百戶
皇屬特封郡公縣公或贈侯者無開國字侯亦在
開國郡公之上 唐制食實封者皆以課戶充戶
數舊制戶皆三丁已上一分入國開元中定制以

三丁爲限租賦全入封家國租賦者租庸調也皆
所輸而戶以三丁爲限是國邑之中每戶出三丁
之租庸調入于封國邑之家也唐六典云賦役之
制有四一曰租二曰調三曰役四曰雜徭課戶每
丁租粟二石其調隨鄉土所產綾絹絁各二丈布
加五分之一輸綾絹絁綿三兩輸布者麻二斤皆
書印爲若當戶不成四端屯綾者皆隨近合成其
調麻每年支科有餘折一斤給粟一斗凡丁歲役
三旬有閏之年加二日無事則收其庸每日三尺
布加五分之一有事而加役者旬有五日免其調
三旬則租庸俱免通正役並不得過五十日凡庸
調之物仲秋而斂之秋季發於州租則准土收穫
早晚量事而斂之仲冬起輸孟春納畢通典云唐
制成丁之歲武德七年定令男女始生爲黃四歲
爲小十六爲中二十一爲丁六十爲老天寶三載
十二月制自今以後百姓宜以十八以上爲中男
二十三以上成丁租庸調之名始于周制夫家之
稅夫稅者謂田畝之稅家稅者謂出士徒車輦給
徭役也古者人君歲役不過三日是故歷代至今
雖加至二十日數倍多古制猶以庸爲名旣免其

役日役庸絹三尺共當六丈更調二丈則每丁壯當兩疋矣夫調者猶古井田調發兵車名耳開元八年二月制曰頃者以庸調無憑好惡須准故遣作樣以頒諸州諸州送物作巧生端苟欲副於斤兩遂則加其丈尺有至五丈爲疋理甚不然闊尺八寸長四丈同文共軌其事久行宜令所司簡閱有踰於此年常例尺丈過多者奏聞天寶元年正月赦文如聞百姓之內有戶高丁多苟爲規避父毋見在乃別籍異居宜令州縣勘會一家之中有十丁以上者放兩丁征行賦役五丁以上者放一丁即令同籍共居以敦風教大歷十四年見佃青苗地額均稅夏稅六月內納畢秋稅十一月納畢其舊租庸及諸色名目一切並停按据此知青苗二字唐大歷時已有不始於宋神宗時也舊租庸及諸色名目既已並停不知此時之食實封者但收本封戶納之夏秋二稅抑亦停其實食之數耶五代以後迄於宋遼金皆有封戶系衔而實食之數史無明文其與唐制同否無從攷矣然据今所錄唐宋諸碑系衔及文內所載食邑實封頗有與史志諸書定制多不合者爰悉爲節取詳錄於後以備攷云

孔子廟堂碑 武德九年原碑宋初王彥超再建彥超爵瑯琊郡開國公食邑四千五百戶食實封一千三百戶

房彥謙碑 貞觀四年追封臨淄公食邑一千戶

皇甫誕碑 誕卒于隋仁壽四年贈宏義郡公食邑五千戶

張琮碑 武德末封南安縣開國侯食邑七百戶

段志元碑 文云高祖時封□濟縣侯食邑□千戶從上討薛舉進封武安郡公食邑并前二千戶太宗爲太子時拜左驍衛將軍賜別食封四百戶遷左驍衛大將軍進封□□□公食邑□千戶加實食封□□戶通前□□百戶

孔穎達碑 貞觀二十二年封曲阜縣開國男食邑五百戶

馬周碑 永徽二年詔贈高唐縣開國公食邑一千戶

高士廉碑 碑側題六代孫正議大夫行給事中上柱國渤海縣開國男食邑三百戶

褚亮碑 文殘闕舊唐書傳貞觀九年授員外散騎常侍封陽翟縣男十六年進爵爲侯食邑七百戶

李靖碑 太宗徵拜刑部尚書別食邑四百戶進封代國公增邑三千戶舊唐書傳云徵拜刑部尚書賜實封四百戶

尉遲恭碑 顯慶四年封吳國公食邑三千戶實封一千三百戶

平百濟國碑 平者蘇定方新唐書傳初封邢國公後以定葱嶺加食邢州鉅鹿三百戶

于志寧碑 乾封元年封黎陽縣開國子邑三百戶進爵爲伯邑五百戶進爵爲侯邑七百戶進爵爲公邑一千戶

令狐熙碑 襲爵彭陽公邑二千一百戶後以功增邑六百戶

令狐德棻碑 封彭陽縣開國男食邑二百戶進爵爲子加邑百戶

李孝同碑 高祖踐祚授柱國武鄉縣開國公邑二千戶武德五載封淄川郡王邑五千戶舊唐書李神通傳貞觀元年拜開府儀同三司賜實封五百戶

李勣碑 文云拜太子太師實封二百戶通前一千一百戶前是太宗初以南征北伐功加實封九百戶今加二百戶也

契苾明碑 先天元年年甫一歲授上柱國封澠陽縣開國公食邑一千戶稍長歷官以功改授

左驍衛大將軍襲爵涼國公食邑三千戶

王仁皎碑 文多泐中有封某公開府儀同戶三千實賦三百之語

李思訓碑 官太府員外少卿羅宗正加隴西郡開國公食邑二千戶

北岳府君碑 碑兩側題記仇文義南安縣開國公食邑三百戶辛廣祐記亦同題名系衛用食邑始此

郾國長公主碑 進封郾國公主食邑一千四百戶

代國長公主碑 封代國公主食邑六千四百戶

北岳神廟碑 碑陰載段借五代祖榮後魏時儀同三司食邑八百戶四代祖部魏尚書令增邑二千戶

龐履溫碑 曾祖□國公食實封四百戶

唐儉碑 封晉昌郡公食邑二千戶後云□□公食邑□千戶實封六百戶

郭氏家廟碑 碑陰載子儀加司徒封代國公食實封一千戶封汾陽郡王加實封五百戶又加實封三百戶

李光弼碑 封鄭國公食實封八百戶進封臨淮郡王加實封三百戶通前後凡二千戶賜鐵券始此

丁思禮暨心經碑記 碑側題夏侯□封開國公食邑

五百戸使院石幢記元和六年李愿襲岐國公食實封七百五十戸梁守謙
功德銘撰書人楊承和宏農郡開國侯食邑一千五百戸撰書人系銜用食邑始此李
晟碑封西平郡王加食實封一千五百戸開成石經碑後列銜名鄭覃滎陽郡開國
公食邑三千戸馮宿碑開成二年標題馮公長樂縣開國公食邑一千五百戸碑題系銜用
食邑始此撰文王起晉陽縣開國子食邑五百戸書篆柳公權河東縣開國男食邑三百戸苻
璘碑封義陽郡王食實封二百戸不言食邑撰人李宗閔封襄武縣開國侯食邑一千戸書人
柳公權同前璘子澈封瑯琊郡開國侯食邑一千戸襲實封一百戸李光顔碑撰人李程
彭原郡開國公食邑一千戸周公祠靈泉記崔珙狀奏封安平郡開國公食邑二
千戸高元裕碑渤海縣開國男食邑三百戸定慧禪師碑大中九年篆額
柳公權封河東郡開國公食邑二千戸施石王元宥官內謁監食邑三千戸劉遵禮墓
誌彭城縣開國子食邑五百戸魏公先廟碑撰人崔璞封博陵縣開國子食邑五
百戸書人柳公權同前吳承德墓誌濮陽郡開國侯食邑一千戸食實封壹百戸
賜錢鏐鐵券鏐封彭城郡王食邑五千戸食實封壹百戸王審知德政
碑審知封瑯琊郡王食邑四千戸食實封壹百戸重修北岳廟碑天祐十三年末
題興元節度使王處直封北平王食邑五千戸食實封五百戸重修法門寺塔廟
記天祐十九年李繼潛封隴西縣開國伯食邑七百戸羅周敬墓誌銘晉天福二
年周敬封長沙郡開國公食邑一千八百戸食實封一百戸文云莊宗封開國侯加食邑三百戸明
宗封開國公食邑三百戸溪州銅柱記天福五年五溪團練使彭口封長沙縣開國伯
食邑九百戸馬希廣封扶風縣開國侯食邑二千戸彭士口封隴西縣開國男食邑三百戸史
匡翰碑天福八年文云命之爲伯加食邑通前五百戸移文宣王廟記清泰

中馮道封秦國公食邑八千五百戸食實封一千二百戸郭進屏盜碑太原縣開國男
食邑三百戸景範碑晉陽縣開國伯食邑三百戸重修開元寺行廊
功德碑宋建隆四年王彥超瑯琊郡開國公食邑四千五百戸食實封一千三百戸夢
英篆書千字文乾德三年建碑者吳廷祚濮陽郡開國公食邑二千七百戸食實封
八百戸福州重修忠懿王廟碑開寶九年忠懿王是閩王審知封閩王食
邑一萬五千戸食實封一千戸尚是五代所加据碑云天祐元年四月封瑯琊郡王食實封一百戸
唐于兢撰德政碑云轉檢校太保瑯琊郡王食邑四千戸食實封一百戸與碑題不同鳳翔
府萬壽禪院記撰人梁鼎安定縣開國伯食邑七百戸食實封三百戸封祀
壇頌碑大中祥符二年撰文王旦太原郡開國公食邑四千七百戸食實封貳千壹百戸
社首壇頌碑撰文王欽若太原郡開國公食邑三千五百戸食實封一千四百戸封
禪朝覲壇頌碑撰文陳堯叟潁川郡開國公食邑二千三百戸食實封八伯戸天
貺殿碑撰文楊億南陽郡開國侯食邑一千一百戸無實封石保吉碑大中祥符
四年保吉駙馬都尉封西平郡開國公食邑一萬三千九百戸實封泐撰文李宗諤隴西郡開國侯
食邑一千三百戸食實封二百戸文云加檢校太師進邑千戸實食四百石保興碑西平
郡開國公食邑三千四百戸食實封貳伯戸撰文楊億南陽郡開國侯食邑一千一百戸無實封
中嶽中天崇聖帝碑大中祥符七年王曾撰文太原郡開國子食邑五百戸食
實封壹伯戸北嶽安天元聖帝碑撰文陳彭年招信縣開國子食邑六百戸
知定州劉承宗彭城郡開國侯食邑一千五百戸俱無實封杭州放生池碑天禧
五年撰文王隨太原縣開國男食邑三百戸勸慎刑文撰者晁迥南安郡開國公食邑
四千三百戸食實封陸伯戸重修昇仙太子大殿記明道二年建碑者趙

世長天水縣開國男食邑三百戶 會聖宮碑 撰文石中立樂陵郡開國侯食邑一千二
百戶食實封壹伯戶 永興軍牒 碑末列銜范雍高平郡開國公食邑三千八百戶食實封
一千二百戶周王元儼食邑二萬二千三百戶食實封壹萬戶 重修北嶽廟記 皇祐
二年撰書韓琦南陽郡開國公食邑二千戶食實封肆伯戶 范文正公神道碑
文正封汝南郡開國公食邑二千三百戶食實封陸伯戶 韓國華神道碑 嘉祐八年
韓公南陽縣開國男食邑三百戶富弼撰文河南郡開國公食邑六千八百戶食實封二千四百戶
書者王珪太原郡開國侯食邑一千八百戶實封二百戶 渾王廟牒 元豐二年立石高湊
平原縣開國伯食邑九百戶 王公儀碑銘 清源縣開國男食邑三百戶文稱三百宝
韓宗道墓誌銘 南陽郡開國侯食邑一千三百戶 大觀聖作碑 蔡京
題額魏國公食邑一萬一千三百戶食實封叁阡捌伯戶 折克行神道碑 折公封高

平郡開國公食邑渤撰人毛友西安縣開國子食邑五百戶書者字文虛中成都郡開國侯食邑一
千一百戶食實封壹伯戶 宣和重修東嶽廟碑 撰文字文粹中南陽郡開國侯
食邑一千五百戶食實封壹伯戶書篆張崇陳留縣開國男食邑三百戶 楊從義墓誌
楊公封安康郡開國侯食邑一千七百戶食實封一百戶其子封邑同 韓蘄王碑 咸安
郡王食邑一萬八千三百戶食實封柒阡貳伯戶撰文趙雄口口縣開國子食邑柒百戶書者周必
大封爵渤食邑柒百戶 涿州雲居寺四大部經記 遼清寧四年碑末蕭
惟平蕭陵縣開國公食邑三千二百戶食實封叁伯貳拾戶 行滿寺幢 追題唐三藏譯
經沙門不空食邑三千戶食實封三百戶 乾州思政堂記 金大定十一年述書鄭彥
文榮陽郡開國伯食邑七百戶上石李仲仁封郡伯食邑同 重修中嶽廟碑 大定
二十二年撰文黃久約江夏縣開國子食邑五百戶 淳化縣重修岱嶽廟記

白偉立石南陽縣開國男食邑三百戶 雲寂院鐘欵 大定二十九年末題楊定路豐
縣開國男食邑三百戶 靈巖寺記 党懷英撰書篆馮翊郡開國侯食邑一千戶食實封
壹伯戶 濟州李演碑 貞祐四年書碑趙秉文天水郡開國伯食邑七百戶 重摹
唐太宗慈德寺記 正大四年跋者李文本隴西郡開國子食邑五百戶 濟瀆
靈應記 至大五年末題蒲察黑廝彭城郡開國侯食邑一千戶食實封一百戶 以上
皆唐宋諸碑系銜食邑實封之數其總附於孔子
廟堂碑後者蓋王彥超雖宋初人而其重摹之碑
係武德九年撰文碑列於是年系銜因即以附之

附錄諸碑所載事物緣起

近世流俗所傳一名一物一言一事追溯其始皆

嘗有其緣起今祇就諸碑所載隨筆錄出不復類
次因與系銜連類而及併附于此聊以供好古者
爲談資之助云 唐高宗製碑稱人臣爲公 李勣碑凡
文中稱勣皆曰公文係高宗御製 卒日書時 古人撰文書人生卒但紀年月日卒
有書時者淨藏禪師身塔頌云天寶五載歲次丙戌十月廿六日午時此卒日書時之始 新
造別體字 開元八年劉升書華嶽精享昭應碑多別體字攷造作異文之始三國志注引
會稽典錄吳孫亮時有山陰朱育依體像類造作異字千文以上又魏書太武帝始光二年三月初
造新字千餘須之遠近以爲楷式故李仲璇修孔廟碑魏孝文弔比干文之類皆雜用篆籀隸楷以
及變體別構之字入唐以後此風久變獨開元時劉升尚嗜其體而書此碑蓋亦好奇之過也
生壙 開元十三年高延福墓誌文云謀龜筮相川原經兆域脊封隧自爲安神之所此蓋叙延

福自營生壙之事也招魂合葬此四字見張燕公集爲高力士之本生父馮君撰神
道碑云恩詔追贈潘州刺史招魂而合葬焉因攷高延福事蹟見燕公集附錄於此夫爲
妻撰文子爲母書碑開元廿二年代國長公主碑駙馬都尉鄭萬鈞撰文男聰
書按子書母碑與于志寧王仁求子書父碑同例孝也碑同上凡書碑之例葬某處禮
也此碑則云陪葬橋陵孝也家生子碑同上文有云司農小兒家生者不在此限
大王父裴光庭碑稱曾王父爲大王父舍弟臨高寺碑稱弟曰舍弟
敬寫開元廿五年進法師塔銘沙門智祥敬寫尼稱和上此邱尼惠源誌銘云
大唐濟度寺故大德比邱尼惠源和上神空誌銘又据翟顥通俗編引廣異記大歷時某寺尼令婢
買餅人問汝和尙好否曾門碑同上文稱惠源曾祖爲曾門大父碑文有
脫字旁注橋亭記文中人獲壹錢脫落人字旁注又鄉老重書老字古人書碑不拘

專房范氏夫人墓誌文云以色事某寵實專房貤贈天寶七載章仇元素碑載詔書
既贈其父又贈其祖又贈其祖母及母最後又貤其伯父伯母皆以章仇兼瓊推恩此卽貤贈之典
所緣起成公酉酉高乾式造象碑題名一家眷屬有妻名成公男名酉酉
稱祖祖父爲大人劉元尙墓誌年月日窆某處大人舊塋合祔禮也栖
葬李陽冰栖先塋記與三墳碑並傳栖塋者因舊塋不吉而栖塋也碑中間有形家言栖葬事始
此三教大歷六年三教道場文敘三教先佛次道次宣聖三教之稱始此碑
版大歷八年丁思禮暨心經碑記勑爲碑版碑版之稱始此以書丹爲下丹
文宣王廟新門記題云裴平下丹篆額又額刻畫有二龍捧珠始見此後學大歷九年
朝陽巖銘題云零邑後學田山玉書名逌化李元靖先生碑先生以大歷己酉歲逌化
道家辭世謂之逌化刱見此碑高門曾門門子段行琛碑稱高祖曰

高門曾祖曰曾門惟稱長子曰門子則本於左傳也夫人稱君內弟
姨弟殷府君夫人碑額題錢唐丞殷君夫人顏君之碑婦人不稱氏而稱君始此又姓名內有
稱內弟者有稱姨弟者公館碑同上文云卒于某尉之公館十字街碑同
上文云殷夫人居十字街西北壁第一宅又攷北史李庶傳云劉家莊七帝坊十字街東南則十字
街又始于北齊時矣附記于此稅濟瀆廟北海壇祭器碑以假貸爲稅今人出錢稅器物稅
字昉此燈盞毯子衣樑俗架字倣此床竹歷
⿸厂帶碑同上諸器物並見碑所列祭器中⿸厂帶本音帶似卽今篋簞之簞字又帚俗作箒壘子俗作碟
子並見此碑毋得擅立德政碑唐自武后聖歷二年制州縣長吏非奉有
勅旨毋得擅立碑凡以政績將立碑者具所紀之文上尙書考功有司而攷其詞貞元十四年鄭楚
相德政碑文猶可案表姪題諱並見貞元十五年徐浩碑後題表姪前河南府

叅軍張平叔題諱浩碑爲次子峴所書因令表姪題諱此卽今人自述先人行狀使他人填諱之始
又表姪之稱亦始此碑認族貞元十七年晉太原王公碑云左丞相張公說越認范陽
左丞緒越認瑯琊越認二字詳玩文義殆是越次而認他族乎則認族之說始於此矣存以備攷
雙棺同穴永貞元年張詵夫人樊氏墓誌銘云今孤子孤女等以年月日合窆雙棺
同穴葬某原禮也可知當時雙棺同穴合葬殆是稀有之事阿小解進墓誌文云嗣子
某次某次某次某次阿小蓋阿小是末一子最幼但有小名卽以入誌不更命名也嗣子是長子之
稱先父李光進碑稱其父曰先父又曰先君母史氏曰先夫人撰文人稱他人父母亦
可加先字又旬有八日有字下多書者字旁用點抹去夫人卒稱捐館吳達
墓誌云夫人萬氏捐館于前里第庄地四至重修大像寺記所載庄地果園四至
近他人者著他人姓名近本寺地則曰自至又寺中僧職有典座又有直歲卽今稱直年也

行年處士包公夫人墓誌云夫人行年六十有六又處士亦得稱公令弟周文遂墓誌云令弟二人某某皆文遂弟

不忓勅內庄宅使牒文云不忓同學忓郎干字新唐書萬壽公主傳無忓時事正與此同後人作干又碑稱同從師出家者爲同學俗家爲俗弟子

碑文旁注音切杜順和尚行記碑書擲于急流中而復見見字旁注胡甸反又孔紓墓誌銘出將旁注去聲

把筆韓昶自爲墓誌文云至六七歲未解把筆書字把筆猶言握筆今小兒初就塾師把筆二字昉此

自爲墓誌碑同上題雖云自爲墓誌文中卒葬月日皆具殆預爲文于前而卒後孤子書石時增敘也

自稱令弟霍夫人墓誌稱其父曰皇父稱其弟曰吾令弟

庚向湯華墓誌云葬某里庚向之原葬用某向是堪輿家羅經山向之始

題梁福田寺三門記云僧之佳號及上一境檀那師咸列姓氏于虹梁之上此即後世題梁之所昉

自稱愚後魏昌黎馮王新廟碑文自稱曰愚又孔紓墓誌亦自稱愚

書月建不書朔碑同上文云十一月壬子九日甲辰壬子無朔字九日甲辰則壬子非朔丁亥歲十一月是建壬子也

令嗣劉遵禮墓誌敘曾祖祖事實連及令嗣此稱遵禮之父也

神廟物色堂三間五架堂屋稱間架昉此

獨閤門屋蓋頂木帳一所似即今幔板俗謂之仰塵即後漢書雷義傳所謂承塵也

𣚄一顏字書無𣚄字今作傘一弦或三弦　侍從二人

捏塑　壁畫武安君并夫人侍從兩面音樂引隊

軍將鞍馬　南面畫土番蠻奴各一人　堂門外

捏塑軍將二人　畫捉生官健戟架弓箭器械以上並見武安君白公廟記所載物色今神廟規制頗有同者似皆昉于是時

安葬羅周敬墓誌銘以年月日安葬某縣之原安葬二字昉此

賣宅券晉天福四年廣慈禪院殘牒末載置宅券云某年月日買得某處某姓名宅壹所准作價錢若干後載北至某處東至某處南至某巷西至某處賣宅人某官某姓名年若干同賣宅人弟某姓名同賣宅人母某氏年若干保人某官姓名保人某官姓名庄宅牙人某姓名此可見五代時賣宅契券之式

該部請旨

欽此欽遵宋建隆二年慶唐宮延生觀勅有云節准該部請旨以違御筆欽此欽遵聖旨着禮部重刊榜文欽此欽遵等語頗不類宋初人語疑後人僞託若非僞託則該部欽遵等語宋初已有之矣

五百羅漢建隆四年王彥超重修開元寺行廊功德碑云增建四廊壁畫高僧四百五十尊似即五百羅漢之緣起

法眷乾德四年京兆府重修清涼建福禪院記末題同學法眷僧名法眷即今所謂師弟兄也

經首佛像摩利支天等經碑經首刻李奉珪翟守素二人畫佛像又常清淨等經碑亦有菩薩畫像今大藏每經卷首必有佛像權輿于此

清交詩匠徒弟贈夢英詩碑馬去非稱英公爲清交韓溥稱英公爲詩匠陳摶詩堪嗟繼踵無徒弟

大宋國保寧寺鐘欵末題大宋國其後大元國大明國大清國皆昉于此

頭子錢景德三年勅脩文宣王廟牒有云摧破處量破倉庫頭子錢修葺按文獻通考開寶六年詔諸倉場受納所收頭子錢一半公用止齋陳氏曰是歲令川峽人戶兩稅以上輸納錢帛每貫收七文每疋收十文絲綿一兩茶一斤稈草一束各一文頭子錢數畧見于此馬端臨曰後唐天成二年戶部奏苗子一布袋令納錢入文三文倉司契食補襯長興元年見錢每貫七文稈草每束一文盤纏蓋頭子錢乃抽取于民以充公用也

啓手足石保吉碑文稱其卒不曰薨而曰啓手足卒後與公主合葬不云禮也而云從周制也皆剙見

設僧浴澹山巖題名長沙慕容遷題記云瞻禮金僊遍遊諸洞次日設僧粥浴飯僧此皆檀越功德也設僧浴剙見

書丹書錦堂碑題蔡襄書丹書丹二字始見此碑書畫跋謂刻碑須書丹乃神若係百衲不知若何入石如用朱塡則益失眞云云可知明時上石不知用

雙鉤之法也

鳴鐘追薦 豐樂亭記文叙宋太祖平滁擒皇甫暉事攷十國春秋皇甫暉傳暉與宋太祖戰後數日創甚暉不肯治而死後滁人感暉意一日輒五時鳴鐘以資薦今人家有亡者就寺早晚鳴鐘追薦昉此

髮有巨釘 王公儀碑銘叙公儀辯寃獄有婦人死而不明視其髮得巨釘人服其神明今傳奇有傳會作包孝肅公案者

臣字旁注 碑同上書臣字俱小字旁注刱見于此

守制百日 游師雄墓志有軍將行聞父憂有旨給告百日後赴軍此即守制百日之始

竹筒引水 永泰陵採石記云春日之水乃引天井泉凡四里積大竹二百二十有四引水日二千餘缶此即駱賓王靈隱寺詩所謂刳竹取泉遙也然引水之遠無過於此

知府 崇寧四年五臺山倡和詩前有巽上允中啓云拜呈知府屯田知府是外官屯田是京職宋制諸府州縣皆以京朝幕官攝之故有某官知某府某州某縣事者或不帶京朝幕官等銜直云某府知府知州知縣者自明以來既稱知府知州知縣而文人

有意好古或反稱知某府事知州事縣事者蓋失國朝之制矣

析煙 **元娶** 范子嚴墓誌文云季孟有析煙之議析煙猶析爨也又云元娶馬氏繼娶朱氏此即後世元配所昉

穀旦 四十二章經末題武翊紹興己卯十一月旦跋不繫日而用旦字此即近世穀旦之所昉

神誕節演劇 乾道元年溧水縣正顯廟碑云神以四月十八日誕節邑人競用鐃歌鼓吹旗纛節斧僊釋威儀倡優技巧爲壽近時神廟慶誕之儀蓋昉于此

臣下泛用欽惟 漢中新修堰記云欽惟我公是宋時臣下得泛用欽惟

生作年譜 **行實** **幕客稱門下士** 揚從義墓誌文稱公預爲送終之具託門下士朱滸昆季迹其行事編爲陞除錄此即後世生作年譜行狀之所昉朱滸必是幕客而稱之爲門下士則門下士之稱不必專屬之貢舉門生矣

學長 句容縣五瑞圖碑末書人江千里充縣學長

藏經標千字文爲號 遼天慶八年涿州雲居寺石經塔記後列刻經目錄每廿卷爲一帙皆標千字文爲號與今大藏同式

僧納 **牛牛** 金正隆二年京兆府重修府學記有云進納落髮又云僧納四十六納即納字不云僧臘而云僧納謂其着納衣四十六年也末云姪男呂牛牛建牛牛是其小名

石匠塼匠 大定十九年重修漢太師公墓記後列石匠塼匠姓名

與 淳化縣重修岱嶽廟記碑書寶藏於是與焉與是與之省筆今俗書作具

粧塑三官 明昌二年三官宮存畱公據碑載助緣者曰塑三官人曰粧三官人當時褒塑分二事也

風調雨順國泰民安 承安四年圓覺禪寺鐘款有此八字近代寺觀梁柱鐘鼎率題此八字昉于此

題名稱謂之陋 碑同上題名有魚吳驢馬小官人姚大行者因學究張敎書又書卞氏者二人卞郎錢字省筆今俗書卞字昉此

書雲日 驪山詩刻末題承安屠維協洽書雲後七日蓋書雲日即冬至也

撞鐘超昇 泰和六年泰寧宮鐘款云羣迷聞至音而開覺滯鬼使餘韻以超昇

此與滁人鳴鐘追薦皇甫暉事相同蓋金時尚沿此風

買地立契 大安元年貞淸觀牒後載本觀置買地土文契契中年月後一日立契出賣地人即今之賣主也一日立契人一即今之賣主親族也一日引領人即今之中人也一日爲契人即今之代書也體例大致與廣慈禪院牒所載置宅券相同而此更與今賣地文契式尤多合

貞祐寶券 貞祐二年券有京兆府合同平涼府合同今人與人交易券約寫合同昉此

種竹老人 **賜銀二萬五千星** 重修濟瀆廟記撰文人署其號曰種竹老人而不署姓名撰人書號不見他碑文又云賜銀二萬五千星不知以兩爲星抑以銖爲星刱見也

行實 齊孟邦雄墓誌云黃億狀公行事之實今人作行實二字殆本于此

以上皆諸碑所載其有出乎諸碑之前者當更俟博攷云

金石萃編卷四十一終

據洪筠叅本校

金石萃編卷四十二

賜進士出身　誥授光祿大夫刑部右侍郎加七級王昶譔

唐二

寶室寺鐘銘

銘横廣二尺四寸高一尺八寸二十二行行十五字正書今在鄠州城南樓上

蓋如如實際性相平等念念虛假緣業萬殊是以導之以解脫禮樂未之洎誨之以究竟象繫所不言鄠州寶室寺上坐羅漢等漏茲獨善府宏六度不捨羣生服膺四攝以大唐貞觀三年攝提在歲𧙗賓御律景丁統日己巳司辰用銅三千斤鑄鍾一口法天地以長鑪假飛

廉而扇炭尅筋𢀜造化巧麗若神工感蜀山而自響擬漢厝而遠聞挺弗能發理切含宏扣而斯應義均虛受聿警四部式遵六時未假於箭漏靡資於雞鶴懺誦顧而有節精進因而無怠方諸几杖小大之用既殊辟以盤盂洪纖之理多裕輒緣斯義乃爲銘曰

眇眇三界悠悠四生愛染有著沉沒無明法輪覺夢慧炬照冥大空曰得微妙焉名無爲不住有爲不盡去彼常樂來深慈愍然頭拯救摩足汲引且戒且禪或檀或忍爰造洪鍾晨昏取則和會攸仰禮懺無忒並航欲海俱遊佛國開物成務是鐫是勒

大鍾主趙優婆夷

大鍾主上大將軍張神安　杜茂

康熙時河水泛決出於土中土暈銅花青翠可愛銘詞計三百十八字雍州金石記

文詞清綺字法工雅非唐初人不能爲之昔趙德父集錄始懷州寧照寺鐘係景龍三年此足與之較勝矣關中金石記

文云以大唐貞觀三年攝提在歲𧙗賓御律景丁統日己巳司辰攷温公通鑑目錄是歲屠維赤奮若此云攝提差校一年未審其義𧙗賓者五月之律月令

仲夏其日丙丁故有景丁統日之語己巳則鑄鐘之日也周隋設勳官有上大將軍上開府儀同三司上儀同之名唐武德七年定勳官十二等上大將軍正三品貞觀十一年改爲上護軍此刻有上大將軍張神安名其時猶未改稱也悠悠作𢟪𢟪宅碑所未有潛研堂金石文跋尾

按文云大唐貞觀三年攝提在歲𧙗賓御律景丁統日己巳司辰蓋鑄于貞觀三年己丑歲若庚寅是四年據通鑑目錄三年五月辛丑朔則己巳在二十九日四年五月乙丑朔則己巳在初五日是

據趙本校
鈔本校
洪纂本校 字旁○○者皆洪本所同

五月之己己三年四年皆有之今云三年攝提在
歲必有一誤也鄘字說文作鄘从邑庚聲甫無切
音字是鄘以庚得聲庚蒲交切雙聲諧乃得字音
攷顧氏音學五書毛西河古今通韻郃子湘古今
韻略並言韻部魚虞模與蕭肴豪古皆通爲一音
是以麃亦得字音今書去火从鹿失其音矣此碑
从麃正合古義

等慈寺塔記銘

碑高一丈四寸廣四尺六寸三十二行行六十五字正書篆額在河南汜水縣

通議大夫行秘書少監輕車都尉琅邪縣開國子□

額

□師古奉　勅□

若夫有功可大盛業光於四表有親可久厚德加於萬
類救災撥亂闡宏威以則天立愛宣慈垂至仁而濟物
其於司牧黎獻汲引羣生窮高極深道□化遠□以現
神通力摧破波旬之兵開方便門消滅㞐揵之罪斯葢
法王聖跡調御善權不可思議莫知邊際者矣自隨釁
云季政綱不綱海岳沸騰函夏圮裂繩樞競起□挺構
兵毒卉□敷妖精晝隕五山並食九嬰爲害交相吞噬
恣行刳斮仰顙蒼旻跼跡靡依俯墜塗炭息肩無所剝
極則亨否終斯泰用集明命爰啓　眞人　我大唐皇

洪纂本作毒卉賁敷

耳即五字別體趙釋作手誤

帝□發靈圖祚□寶籙撫茲歸運拯彼橫流惟神惟幾
迺文迺武聰明時乂勇智自天猗歟五材　聖質苞其
純懿大哉七德　宸鑒測其幽遠至如封胡異說力牧
奇篇釁女黃石之精微玉帳絳宮之秘要莫不裁成
睿思總制深衷超冠情靈之表得諸耳目之外爰茲草
昧□彼豨□投袂□足東征西怨克剪方命鯨鯢斯盡
荄夷□紀邦域底平攙槍於天衢匪遑寧處猰㺄狂
於地表無思不服阪泉涿鹿之師語勤已陋其工有扈
之戰固多慙色載籍所傳孰可侔其髣髴言象所寄安
足紀其希夷武德之初諸華未緝轂□□□尚阻　朝

風念彼王充偷安假息悼干戈之日用悵烽燧之多警
於是親總元戎授茲威鉞建旆東下將一車書北據崇
芒南乜伊闕雲羅既布指期滌蕩然而賊□□德往因
多難夙長亂階僞黨寔繁凶毒孔熾妄作釁圭之瑞竊
号夏王驅扇黑山之旅擅强河朔破邑屠城斬祀殺厲
矯誣上帝多歷年所又以逞其狙詐乘彼阽危□□許
之八徒收亡隨之文物遂乃憑淩濟岱荐食徐兖驟勝
愈驕負力作氣惟茲勍寇同惡相求梟此□也寔來赴
援溯流西□奄至滎陽開使□驅稽申約結將覘合勢
以抗我師首足平貫同夏屋之獸前後迭至冀餃嘗

洪篡纂本作東征
洪本作陳渠競出
洪本作爰整六軍
洪本作武觀輪

山之虵　妙算所甄□其曲折中權所禀見可而進是
以引麾北制移蹕東□　天策頻加　神鋒累□其後
酋渠相命妖孽並臻鑿齒之類爲羣窫窳之徒成列發
自板渚迄于兹地獷猤爭先□梁競出比角舉尾飲竭
洪流吞石噉沙聚蔽陽景　皇赫斯怒爰勅六軍飛廉
翊衛豐隆先路然後置天地之陣揚日月之旗震夔鼓
以申嚴鑾虬□而大号星流電擊鳳矯龍騰丘巒爲之
□跳梗林於是靡拉陷堅挫猛刮野掃地□血僵尸塡
坑滿谷禽兹元惡未及旋蹕仍執醜虜會麾子遺湲若
冰消灌同魚爛氛祲祛□風雲融□列代神璽莫不畢

收前王彝器此焉總萃既而乘轅西返舊旆右臨奮決
水之成乘破竹之勢廓淸萬里大定三川散馬華陽飲
至豐鎬豈如漢王力競屢見□於□□□□□□久連
□於□□□□□□□截宇內無虞執玉帛以臨朝垂
衣裳而班治璆符雜沓繁祉絪緼甘雨薰風時和歲稔
正簫韶之樂非止咸英定郊禋之禮豈唯俎豆践行□
息踠實排虛迹陋游原退闕沫末攫擊忘觜距之用夷
狄齊冠帶之倫外戸常開內機不作寘含靈於仁壽變
品庶於陶甄思廣舟航無隔幽顯靜言官首或握節以
殉忠□悼行間□薶輪而棄野愍疏屬之罪方滯迷塗

洪本作汜水
洪本作□盤清溽

念刑天之魂久淪長夜以爲拔除苦累必藉勝因增益
善根寔資淨土乃命克敵之處普建道場情均彼我
恩洽同異爰立此寺□号等慈境實鄭州縣稱汜水班
□既集矩矱斯備式搆寶坊樹兹靈塔飛梁虹指浮柱
星懸層閣崢嶸脩廊𩃇霽朝雲暫起華礎流津曉露微
霑□盤□溽茹藘在阪化爲𦉞蔔之林熠燿宵行翻暎
摩尼之彩傍開奈苑敷淨花而韡韡却帶蓮池積定水
而澄湛結衣萃止振錫來儀或品齊芳禪枝並茂其地
則遙瞻□□夏后之所發祥近眺襄城軒轅於是訪道
舳艫控引循金提以偪側冠蓋往來趣玉門而隱轔勢

居爽塏物稱衍沃誠原陸之膏腴信康莊之都會豈唯
致罰之野獲免汙□淫慝所懲□其京觀乃令深入緣
起永□蓋緾普賴法財同歸妙樂慫慫曠劫憑慧力而
靡偏亹亹恒沙譬福聚而無盡南山之壽既彌茂於億
年北極之尊實牢籠於萬代竊惟堅雲就日博貫多能
理極寰中道臻繫本考覈篆籀徧詳流略定儒墨之短
長棄刑名之苛繞纖微必舉幽賾□應不能遁其隱奧
無所潛其肸蠁五□變爲□□□□□象□□靈□於□
□□□物□㫒食忘勞昧旦□顯尚想巖穴傅遠菑蕘
俱幸滿堂之歎猶興納隍之慮愛踰□納仁兼扇暍降

洪本闕作閼

洪本作方鎮畢夷

洪本作風口赫燡

譚覽而游藝觀人文以化成賤口梁之短篇鄙苦寒之
危調轉規注河之論聽者開神定口垂露之書覩者眩
目飛蝯妙術抑兕神工制律吕之輕重知草木之情狀
郁哉煥乎弗可記已重明養德守口光於七啓琁口樂
善作固列於維城口儀抑抑口口走走文口蘊金錫之
姿武臣表熊羆之狀耕田鑿井雖受賜而無跡擊壤鼓
腹諒日用而不知百年然後勝殘仲尼之言斯闕三脊
之茅難致夷吾所志爲小盞夫植操恒久莫口乎金石
盛德形容聿宣於歌頌末臣庸謏預奉　鴻猷雖罄口
才未揚休烈其詞曰

肇自元極初分太清二儀定位四大居貞緬求遂古逖
聽遐聲質文遞變粹駮殊名其一季業紛詭政荒道喪逐
鹿爭驅乘龍有亢亟隮口造時逢无妄至治莫興嘉生
靡暢其二滔德既厭炎運將徂鴻飛野滿狼入朝蕪綠林
叛換青犢睢盱中外板蕩億兆侖胥其三聖帝膺期懸彼
顛覆始建天柱初安地軸方口畢夷羣凶盡戮芒芒率
土俱荷亭育其四壽華黨社用康國步陽紆鸞翾寶清王
度牧野非艱鳴條豈固勢踰撑卷俯同縈注其五魔衆既
摧勝幡斯立釋兹罪口俾伸幽執施以無畏斷其餘口
即此戎墟招提攸葺其六口口赫燡月殿玲瓏冬延愛景

夏納清風白蘋齊菓丹桂連蒙綺疏瞰迥繡栭凌空其七
金繩吐口寶鈴和響香繞梵音花飛仙掌妙相凝寂口
容煥朗開士宅心伊蒲瞻仰其八崇巖秀峙迅流長邁石
城迴矚龍池斜界左顧敖碻右通汜鄩寔惟勝境誕標
靈性其九至人口利正覺津梁偕登萬善並照十方深慈
口慱口慶遐長式光勿替永播無疆其十

河北道孟州汜水縣等慈寺在縣東七里唐師既破
建德有詔于戰所起寺立碑紀功爲太平寰宇記
等慈寺碑貞觀二年立太宗破王世充竇建德乃于
戰處建寺爲陣亡將士薦福文中稱世充爲王充因

諱去一字耳朱晨壘池編作大唐皇帝等慈寺碑者
額文也中州金石記
右等慈寺碑今在汜水縣太宗破竇建德之所其文
有云懸疏屬之罪方滯迷塗念刑夭之魂久淪長夜
按陶淵明讀山海經詩有刑夭無千歲句宋曾紘周
紫芝輩據山海經證爲刑天無干戚之譌其說固然
今碑文却作夭字疑唐以前山經本作刑夭後人轉
寫譌爲天耳形與刑古人亦通用然則淵明形夭二
字非誤矣其云亹亹恒沙卽亹亹之異文潛研堂金石文跋尾
碑完具後文題銜顏師古下缺一字或懸度之亩作

書余攷其寔不然舊唐書太宗紀貞觀三年十二月癸丑詔建義已來交兵之處爲義士勇夫殞身戎陣者各立一寺命虞世南李百藥褚亮顏師古岑文本許敬宗朱子奢等爲之碑銘以紀功業案汜水爲破竇建德之地師古奉詔爲文光昭大業見于碑詞然則此記決爲師古所撰也碑言乃命克敵之處普建道場與史所記符又唐人臨文遇言及朝廷必闕三格此獨空一格 授堂金石跋

按等慈寺太平寰宇記但云唐師旣敗建德有詔於戰所起寺立碑紀功而不著何年新唐書太宗

紀貞觀三年閏月癸丑爲死兵者立浮屠祠此則建寺之始當在三年碑亦當立於是年之後中州記謂二年者非也舊唐書太宗紀詳載詔文顏師古在撰碑之列此爲師古撰文之證然是年閏十二月詔書是閏月非十二月授堂跋脫閏字也師古衛碑題琅邪縣開國子新唐書傳太宗卽位封琅邪縣男母喪服除還官撰五禮成進爵爲子下文云帝將有事泰山太宗將東封在貞觀十五年則師古之進爵在十五年以前計自貞觀初封男至進子約略閱八九年之久則其撰文在貞觀十年間也碑又題通議大夫輕車都尉傅皆從略碑書徒作徒纏作緾尙沿北朝舊習瞻蔔卽是薝蔔金提當是金堤盼響當是盼蠁扳換當是扳渙皆借用字銘詞云左顧敖碻右通汜鄒寰宇記河陰縣三皇山亦曰敖鄗山當卽此鄒說文云周邑也

附攷碑文避諱字

古者臨文不諱漢法邦字曰國盈字曰滿恒字曰常啓字曰開徹字曰通弗字曰不詢字曰謀奭字曰盛驁字曰俊欣字曰喜衎字曰樂秀字曰茂莊字曰嚴炟字曰著肇字曰始隆字曰盛祜字曰福

保字曰守炳字曰明纘字曰繼志字曰意宏字曰大協字曰合皆臣下所避以相代也但用改字未嘗缺畫至本書見經傳者未嘗改易其見于書册者如說文遇諱字直書上諱而本字不書今漢碑中有開母廟石闕銘因避景帝諱改啓爲開漢諱之見於碑文者祇此 漢書武帝紀元封元年春正月行幸緱氏詔曰朕用事華山至于中嶽見夏后啓母石云云未嘗作開母殆經後人校定漢書直作啓母在武帝時詔或作開母也 餘碑皆不見有避諱之文魏晉而下至於北朝所錄諸碑字多別體不能勘定其何者爲避諱字如戊戌字缺筆作戊戊其體至唐宋間用之且遂

碑中如涿州石經幢記戌尙作戊當由別體流傳
後人好奇相沿用之故避諱至唐宋碑文始確有
可按唐列祖諱在諸碑中惟開成石經爲最備今
總紀于前凡經中虎字皆缺末筆作虎琥號虢饕
彪篪褫皆同避太祖諱淵字皆缺筆作渕婣字亦
作婣避高祖諱世字皆缺筆作廿泄作洩紲作緤
棄作弃勩作勚葉作枽渫揲緤諜堞偞皆改從云
民字缺筆作巳氓作甿岷作岻湣昏緍痻碈暋愍
蟁皆改從氏避太宗諱亨字皆作亨避肅宗諱豫
字皆缺筆作豫避代宗諱适字皆缺筆作适避德
宗諱誦字皆缺筆作誦避順宗諱純字皆缺筆作
紃肫作肫避憲宗諱恒字皆缺筆作恒避穆宗諱
湛字皆缺筆作湛甚作甚椹作椹避敬宗諱乃若
高宗諱治中宗諱顯睿宗諱旦元宗諱隆基文宗
諱涵皆不缺筆者天子事七廟自肅至敬七宗而
高祖太宗創業之君不祧元宗以上則祧廟也故
不諱冊府元龜寶歷元年正月元宗祧遷不諱文宗今上也生則不諱
左傳文公宣公卷內昂字不諱成城皆缺末筆作成城此爲朱梁
補刻避諱穀梁襄昭定哀四公卷及儀禮士昏禮皆然其散見于各碑
者仍以次拈出之等慈寺塔記貞觀二年文稱王世充爲王充豳

州昭仁寺碑文用世字凡五處房彥謙碑貞觀五年文用世字民字惟書
虎賁爲武賁皇甫誕碑文有世子及民部尚書字按高宗即位始改民部爲戶部此碑
貞觀初太宗未即位時也又攷杜氏通典武德九年六月太宗居春宮總萬機下令曰依禮二名不
偏諱今具官號人名及公私文籍有世及民兩字不連讀者並不須諱避姜行本碑在哈
密貞觀十四年文云慜彼蒼生與愍字義別當是避太宗諱借慜爲愍段志元碑貞觀
十六年文內王世充不避世字蓋文達碑貞觀十八年文有世子字太宗祭比
干文碑宋時翻刻文中兩殷字皆作段馬周碑碑有云治書侍御史按舊唐書職官
志後周爲司憲中大夫隋諱中改爲持書御史武德因之貞觀末避高宗名改持書御史爲中丞新
書百官志注高宗改治書侍御史爲中丞以避帝名文獻通考云漢宣帝元鳳中幸宣室齋居決事
令侍御史二人持書持書御史起于此也魏晉以下皆作持書別無治書之名即高宗避諱是避嫌
名改持書爲中丞非改治爲持也大唐紀功碑永徽四年碑書王世充俱作王充對
用賚德省建字下文又作建德省賚字贈泰師孔宣公碑乾封元年碑內兩引
生民以來俱作生人愚智齊泯泯作汦于志寧碑世武世字作卅李勣碑虎嘯
龍騰改虎爲贊顧亭林曰贊廣韻獸名出西海今倒一虎而又缺一筆以避大祖諱令人不識矣蘇
文舉開業寺碑亦用此體梁昇卿御史臺精舍碑作贊一武一虎更奇金石後錄云徐本名世勣傳
云至高宗時避太宗偏諱但名勣而此碑王世充世字特缺中一筆未之避也
刻虎圖龍虎作贊封祀壇碑万歲登封二年虎字不避葉作枽浮圖銘万歲
通天二年丙申丙寅丙俱作景昇仙太子廟碑聖歷二年武億偃師金石遺文記云
碑陰諸臣列銜凡王字皆鐫去由金海陵改定封爵置局立限毀抹王字雖墳墓碑志亦所不免而
承事者遂波及于前代石刻耳于大猷碑錢大昕潛研堂跋云此碑乃大猷之兄弊機所

立攷世系表本名知微字辨機碑于祖父皆稱名不應獨書兄字竊意辨機本知微之名明皇之世
避嫌名改以字行如劉知幾改爲子元耳文有太守范滂之聲猷自遠句唐人諱于家諱此爲大猷
立碑乃不避猷字**順陵殘碑**此武后追尊其母楊氏之碑虎字及篪號字末筆俱不全
猶未斥唐諱**漢紀信碑**引國語民無懸耜民作人**姚元之造像記**唐書
姚崇傳崇字元之始名元崇以與突厥叱利同名武后時以字行至開元世避帝號更以今名宰相
表自長安四年八月以前皆稱元崇九月以後始稱元之**開元寺經幢**開元十六年題
名一行內敬造之敬字作敬**契苾明碑**用俱作用**姚彝神道碑**葉作菜
華岳精亭照應碑用作用**吳文碑**文內神龍三年下有唐元年應是唐
隆元年避元宗諱去隆字**乙速孤行儼碑**碑稱顯慶爲明慶避中宗諱**思恒**
律師墓誌世作世用作用**麓山寺碑**但作但避睿宗諱旦**龐履溫碑**

碑云君起家補昭文生昭文館本宏文館神龍元年避孝敬皇帝名改二年改修文景雲中復爲昭
文開元七年曰宏文履溫補昭文生在長安以前神龍在長安之後豈宏文之改昭文不始于神龍
時耶孝敬皇帝之立爲皇太子在顯慶元年其薨在上元二年或先已諱之未可知也文有云素曰
難特當是難治避高宗諱作持猶治書侍御史作持書也**大智禪師碑銘**歲在丙子
不諱丙字**不空法師碑記**宋人重刻貞觀作貞觀避宋太宗諱**元宗御注**
道德經用作用玲作玲淵作渆泯作泯虎作虍民作巳昬作昏**裴安道墓誌**
開元廿九年碑云謚忠獻新唐書傳作忠憲**金仙長公主神道碑**明皇御書
文云丙午之歲不避丙字**究公頌**子淵作子泉**石臺孝經**民作巳治作治**淨**
藏禪師身塔頌碑云天寶五載歲次丙丁不避丙字又是歲丙戌誤刻丙丁**潘**
智昭墓誌銘戊字作戊丙時作景時**東方朔畫贊碑**民字一見缺末

筆世字三見宏字一見皆不缺又此記載文選集古錄云避云棄俗登仙此云棄世登仙夫因避諱
而改古人之文或有之此則改前文以犯諱何也**縉雲縣城隍廟記**吳任臣十
國春秋曰梁嘗更戊曰武朱溫父名成戊字類成故改之城隍改牆隍亦此類也**無憂王**
寺寶塔銘用作用世作世泯作泯**張敬詵墓誌銘**世作世**無垢**
淨光塔銘基作基與慈恩寺基公塔銘同**李廣業碑**碑云唐國公公五代祖也
五代即五世避諱作代賓叔向碑四世五世六世亦皆作代**蜀丞相諸葛武侯**
祠堂碑元和四年碑書棄作弃文云無治人之術治作治字銘詞易地而理又作理字**周**
府君碑元和六年碑係唐人所書故業字晉諱不避唐諱世字三見皆作世虎字二見一作
虎一改作獸基作基隊作預**李良臣碑**世作世**戴嵩高靈勝詩刻**
太和三年詩內注稱白虎通爲白武通**吳達墓誌**白虎作白武世作世**馬恒郝**

氏二夫人墓誌文稱亂世爲亂代**處士包公夫人墓誌**開成
六年文云丙申日葬不避丙字**周文遂墓誌**大中二年不諱用字世作世**高元**
裕碑大中九年不諱用字世字**定慧禪師碑**號作号**霍夫人墓誌**
世作世珉作玶**鄭遇夫人崔氏合祔墓誌**淵藪作泉藪不諱世字**湯**
華墓誌民作巳**武安君白公廟記**泯作泯珉作玶**鎮東軍牆**
王廟記梁開平二年碑書城作牆號作号戊作武金石文字記云此碑以城爲牆以戊爲武
按舊唐書哀帝紀天祐二年七月辛巳勅全忠請鑄河中晉絳諸縣印縣名內有城字並落下如密
鄜絳蒲例單名爲文九月己巳勅武成王廟宜改爲武明王十月癸丑勅改成德軍曰武順管內稾
城縣曰稾平信都曰堯都欒城曰欒氏阜城曰漢阜臨城曰房子避全忠祖父名也蓋全忠祖信父
誠十一月甲申勅改潞州潞城縣曰潞子黎城曰黎亭又勅改河南告成縣曰陽邑蔡州襄城縣曰

苞李同州韓城縣曰韓元絳州翼城縣曰滄川鄆
州鄆城縣曰萬安慈州文成縣曰屈邑澤州晉城
縣曰高都陽城縣曰濩澤安州應城縣曰應陽洪
州豐城縣曰吳高又按五代史滑州唐故曰義成
軍以避梁王父諱故曰武順又冊府元龜開平五
年五月甲午改城門郎爲門局郎曾子固跋韓公
井記襄州南楚故城有昭王井故城今謂之故牆
卽鄖也由梁太祖父名誠避之然則城者誠之嫌
名也冊府元龜言帝曾祖諱茂琳開平元年六月
癸卯司天監上言請改日辰內戊字爲武從之然
則戊者茂之嫌名也容齋續筆謂戊類成字故改之者非也贈太尉葛從周神
道碑從周濮州鄄城人今碑云鄄縣此是撰碑人避梁太祖嫌名贈太保史匡
翰碑天福八年潛研堂跋云匡翰建瑭之長子碑於建字下空文以避晉諱而建瑭父敬思獨
不避蓋當時著令止避下一字也毛詩石經殘本蜀廣政十四年行露序注世作
世後凡世仿此摽有梅箋所以養育人民也民作
民後凡民仿此江有汜箋岷山導江岷作岷維絲
伊緡緡作緡我心匪鑒傳鑒所以察形也察作䆶
避孟知祥祖諱其心塞淵淵作淵土國城漕箋或
修治漕城不避治字監本治作理不我活兮箋軍
事棄其伍約棄作弃後凡棄仿此泄泄其羽作洩
洩匏有苦葉葉作茉後凡葉仿此以上皆仍開成
本之原文而加以蜀諱其實孟蜀時唐諱可不避
也晁氏石經考異偁左傳祥字缺筆知爲蜀人書
今左傳碑未見此碑又無祥字据五代史昶父知
祥知祥祖察父道今察字缺筆而道字不避卷中
用道字者甚多十國春秋高祖本紀考道注云蜀
檮杌作巘今不諱道字或者先名道後改名巘也
又凡避諱字皆缺一畫此察字缺三畫與唐石經
儀禮朱梁補刻者避梁祖諱成皆作成同例宋避諱之見於史禮志者
建隆元年改天下郡縣犯御名廟諱者紹興二年
禮官言今定淵聖御名若姓氏之類去木爲亘其
見經傳以威武爲義者讀曰威以回旋爲義者讀

曰旋以植立爲義者讀曰植本字卽不改易紹興
末祧翼祖禮官請依禮不諱詔臣庶命名仍避祧
廟正諱此避諱之見於史者祇此攷宋一代帝諱
太宗諱匡允上四世僖祖諱朓順祖諱珽翼祖諱
敬宣祖諱宏殷太宗初名匡義改賜光義卽位二
年改諱炅眞宗諱恒仁宗諱禎英宗諱曙神宗諱
頊哲宗諱煦徽宗諱佶欽宗諱桓高宗諱構孝宗
諱眘寧宗諱擴理宗諱昀度宗諱禥以下不記諸諱之
見於宋人墨蹟宋刻書籍碑文法帖及說部雜家
敘論者惟匡允敬宏殷恒禎曙桓構眘等字最爲
顯著近世有宋蹟宋槧流傳往往以此數字有無
缺筆定其眞贗當時避諱之法不一本字缺筆或
改用他字固無論已至於偏旁嫌名無不缺畫如
因敬字連及竟境鏡等字或改用恭字宏之作弘
引殷之作殷殷或改用商字又如因禎字連及貞
楨徵因曙字連及署樹豎因構字連及勾購搆因
眘字連及愼眞或改用謹字經籍所見不一而足
然碑文所錄却無多字重修開元寺行廊功德碑
建隆四年碑書虎蔵字皆缺筆尚沿唐諱之舊新修唐太宗廟碑天地旣否否作
否未詳永興軍文宣王廟大門記大中祥符二年文云因開元之舊封

原碑校

增元聖之新號此是大中祥符元年十一月事至五年十二月改謚至聖宋史禮志謂以國諱改謚眞宗以前無諱元者或因是時加號北嶽爲安天元聖而改之也褒城縣文宣王廟記慶歷二年文云誌諸溫珉當即貞珉避仁宗嫌名宋碑之所見者惟此慈悲庵大德幢記遼壽隆五年碑書壽隆作壽昌避道宗諱靈巖寺滌公開堂疏金大定二十三年碑末題平章政事宗國公蒲察通金史本傳封任國公据百官志封號小國三十內有萊舊爲宗以避諱改据此則通初封宗國以避諱改封任國也靈巖寺記碑稱璪公之傳爲臨際奝臨際即臨濟齊乘載濟陽大定六年避金主允濟諱改曰清陽允濟遇弒復舊此碑刻于明昌七年宜遵大定制爲衛紹王諱也改建題名碑正大七年立中有閻詠中州集作閻長言字子秀云少日慕張忠定之爲人故名詠避衛紹王諱改焉按衛紹王諱永濟其即位在泰和八年閻詠登第在承安五年在即位前八年碑故仍作詠以

上皆就所藏之碑著于篇不更泛及其總附於等慈寺塔記之後者以此碑爲唐宋碑避諱之始也

幽州昭仁寺碑文

碑連額高一丈一尺八寸廣四尺五寸四十行行八十四字正書今在邠州長武縣

守諫議大夫騎都尉臣朱子奢奉　勅撰

大哉乾元寒暑違而成歲赫矣上聖禪代乖而爲道斯則淳源既往弧矢開戡翦之利天下爲公揖讓盛皇王之業是知聖無自我不背時以成務仁惟濟物乃當流而義行豈好異哉蓋因世而已矣若乃執契提象繼天理物張八極叶五緯坐諱扆遊翠爲受昭華而錫天佩觀榮河而巡溫洛補石於媧皇之世奠山於文命之初殊質文於車服改正朔於寅丑順天地而財成奄寓縣而光宅斯固神宗與氾水一致文祖將悔野同歸者也隨政悖道區夏殲潰星亡日鬬天蹙地反馭朽無秋駕之術履薄罕春冰之懼竭人力於醉飽輕神器於弈棊玉杯非藜藿之用金柱乃驕淫之靡旌蹕遍天下馳道窮華袞暴師韓濊宿兵遼碣貪石田之地忘金鏡之寶盜騄之乘鶩崦山而不息黿鼉之梁泛蒼波其無已五岳維塵三川咸震大盜負其扃鐍長鯨銜其漏網介胄不能衛其禍衣冠無以靜其亂伊尹去而夏亡辛甲奔而殷滅人怨神怒衆叛親離觸琴無漢臣之忠夢騶虞

秦宮之酷於是九畿幅裂竊名假號四方圍視蜂飛蝟結赤肩起劉樊之衆白挺奮陳吳之兵倚趙北而圖王反淮南而稱帝鉤爪鋸牙遞相吞滅茫茫禹迹溝壑無歸蒼蒼彼天何其罔極若乃祟替相襲天地恒其道靈眖所歸三五更其運是以秦人馳御豐沛膺赤帝之符夏道云衰景亳得白狼之瑞殷憂啓聖必將有主撲原靜海上元有屬我

皇帝受之皇帝兆出震之靈稟樞電之精開日月之明審正氣之貞潛德而隱凝諱姑射之側感而遂通應迹廟堂之上乘龍之夢夙符於

神道斷鼇之心早發於靈鑒蘊風雲於蔵用納宇宙於
胷懷濡足援手救焚足急於是御太一把鉤陳驅天駟
迴地軸乾行岳止雷驚麟震得兵鈐於麠元女吞戎韜於
黃石龍飛晉水鳳翥河干命蒼兕以泛流麾烏旗以長
邁以仁為本扶義而西傳檄百城轉鬭千里戰無交兵
之虜攻無湯池之固壁鳳墟而一息登灞上而迴首觀
釁而動俟天休命壺漿溢陌厥篚盈塗鬼神叶贊華夷
載佇繄秦嬰於枳道拜殷士於商郊旌臺之咮畢散於
邦國諸侯之玉不胥於服御眷言地庶企景來蘇蓋舉
往因天隙偷安隴坻藉九州之險成五嶓之暴推鋒東

嚮結壘西夏同惡如市轉相煽合帶州連郡豺虺為
無竇融之先覺有隗囂之迷謀遊魂放命豕突幽梁雖
大風之作梗青丘有當之稱亂丹浦均強比迸異代同
季豈不以道喪鶉居讓王義隱時惟龍戰爭帝理開者
乎是以軒轅三十一伐殷后廿七征翦暴壽華之澤戮
凶絕轡之野非文德之可綏乃雄略之攸震　天
子躬御武節親總元戎灑沉災而括地象正斗極而清
天步倚長劍以肅威佇中區以傍矚運投水轉規之智
蓄禮樂慈愛之兵韜百戰百勝之謀總天關天梁之術
驅駕韓白鞭撃雷霆命招搖以啟行詔谿伐以前掃响

義之士聽鼓鞞而竊誓蹈恩之衆望旌旆而張膽呼吸
則河海沸盪指麾則崑岱擠拔　永　聖上順天道好
生之德體周王掩骼之仁將欲克亂在權善師非戰兵
交使在宏其自革而茅旌不建輿櫬莫從告捨既違行
迷遂往吠堯之犬終成桀用刺由之客俱為跖徒烏喙
獸窮來犯鋒刃比角為城池之固召雨恣屈強之力非
折箠之可笞豈亭長之攸制于時攝提在歲黃鍾紀月
義勇同奮賁育爭先下神兵於九天　决戲圖於
萬里逆順斯懸轟然大潰僵尸蔽莽委甲成山擁秦涇
而不流投過澗而自滿焚巢掃窟野無遺寇正領旻於

西北紐鈌地於東南卷氛祲於辰象反光華於日月九
伐已施載櫜於武庫五兵罷用偃伯於靈臺分脩旆於
應畢誓山河於將率帝圖咸舉邦政斯澄革汙俗於惟
新正王風於舊物鼓之以道德懷之以仁義春雨以潤
之秋陽以暴之解罔深湯帝之慈焚書下漢皇之詔布
以新政刑用輕典四海之內靡然嚮風八荒之表犇走
無歎却塞蹛林之北開郡銅柱之南菀葱山而池鹽澤
踰盤木而跨熱阪鄯生環海自入提封方朔炎洲同歸
王會豈止齒鶴短口狗西鶼東鰈之貢而已哉若夫至人
忘己義期拯物黃屋非汾水之榮麠元諱珪豈具茨之貴聖

道遐而不積神功爲而莫宰雖復大横個祉長發啓祥
猶且疊璽陳謙避河爲讓道外天下情遺尊㧪而巖廊
餘事人神之望難拒符命儻來曆數之期安避仰追上
元之心俯順域中之請然後履乘石握神珠開黃玉之
圖臨紫辰之位冠百王而稱首與三代而同風巍巍乎
蕩蕩乎粤不可名也於是衢室闢扉賓門啓路延攬英
彥豎口幽仄用人不偏於世族得賢無棄於農瑣 故 非
熊非羆致光景之佐爲舟爲檝䕶營求之士等五臣之
亮采同六相之訏謨崇臺非一木之枝琢裘乃千金之
麗濟濟多士 皇家以寧重以制禮作樂移風也

勝殘去殺刑措也藏金舜嶺非膳堯宮雉裘非先王之
服寶馬豈鸞旗之用運鼉覽以照物推赤心以期下萬
方罪己轃推溝之慮百姓爲心順天從之欲若乃上嗣
重光之美元良萬國隸華瑨萼之宗本枝百世咸幼陶
慈訓言提自翁奉審愉於 宸 極得樂善於軒殿
非藉保傅之勤寧因師友之力踰啓誦而高視越郇韓
而上征既而休氣和年祥風薦祉威鳳爲寶麟趾遊郊
若煙非煙浮曉空而下映似月非月麗宵天而成象禎
不絕書靈無遁迹猗歟偉歟事高圖史至於登輿下輦
省方巡岳應感必彰形言弥著道盛金奏舞盈玉簡

叶叡思於泉涌諧神功於日用陋栢梁之詞掩汾
風之曲聖作物覩永貽千載者焉抑又聞之羲農邈邈
軒頊悠緬絕傳信於故老非取接於聞見百世可知斯
言殆息七代更立求之豈易今之視昔遥然未覩將何
以分素青於三后辯天地於九皇遂能歷選列辟詳觀
郡帝得茂實於千古驗英聲於万葉斯道何㦲將由孔
丘登岱紀金繩者七十管仲對齊陳玉檢者十二亦有
漢廓帝圖魏開王業樹豐碑於泗水譔貞石於繁昌莫
不垂鴻名騰顯号播休風於六儛歌盛德於九韶與天
壤而無窮懸貞明而可久刊勒之美不其懋歟然則事

止寰中道流方外未辯西方之聖莫知東被之法求眞
之理我則未聞雖御嶺崆峒非趨涅槃之岸乘雲谷口
寧遊波若之門莫不同陟耶山俱沉業浪生死無際昔
集相因誰照重昏之日誰翦稠林之樹比夫眞如實相
解脫妙津道王三千功弥百億何異吹劍首於雷門巢
蚊睫於鵬運者㦲是知伊蘭無實有爲終假漂溺四流
邅迴九結踐畏塗而卒歲趨捷徑其長往大夢無曉可
爲歎息粵若能仁深宏慈悲雖寂泊爲道無來無去乘
機誘發 垣璽 必追往一子地開方便門翔入正道示如
來藏飄香風於有頂灑甘露於無邊慧炬明而幽夜朗

法橋構而憑河息但爲仁由己履道自衷表立影從因
果非外今我所以仰勝緣於千号紀武功於七德眞俗
二諦兼而用之　皇上昔居因地早宏誓力應迹
忍土荷負羣生屬憂火燎原稽天方劄飆林無自靜之
木震海豈澄源之水東戡西翦南征北怨旄鉞所次酣
戰茲邦君輕散千金之賞士重酬九死之命莫不競淩
鋒鏑爭口水火雖制勝之道允歸上略而兵凶戰危時
或殞喪褰裳不顧結纓荒野忠爲令德沒有餘榷同艱
難於昏晨異歡泰於茲日有懷亮烈用切旒扆仍於戰
地爰搆神居變穢土於寶城開蓮花於火宅高烽罷照

慈燈載朗戢旌輟警勝幡斯立拔無明於棘林導焦熱
於渴井盡諸有結永除苦際雖復去順效逆同歸咎合徒
中涓頪從賓惟義重而上忍所被旖檀與利刃兼忘大
慈所覃怨賊將義夫齊指俱潤法雨同乘大轅迴向菩
提無上平等尔乃仰圖景口東井躔其分野下料物土
西河限其封域珊戈是錫尸臣啓邦之所卣館斯開公
劉建都之地梁山南枕甘泉東指面雕雲之鬱翁想玉
樹之青葱沃野千里平原超忽先王之桒梓西州之都
會於是詔司空相原隰四衢如砥八道傍通考掝極星之
曜測圭臬之晨迺祀梓於南郢徵琬琰響於西崑匠石奮

斤公輸審墨高門洞啓曾甍有允藻井馳煙霞之路赤
櫚拖虹蜺之色徘佪珠柱陸離琁題春牖前臨秋窻左
闢月殿含影金波上而相照日宮吐曜義和沉而猶朗
何止四柱成臺高多羅之樹五王立寺臨伽尸之水信
足上圖鴛御傍擬醍醐望鷲山而非遠想雞林而可即
法徒萃止應供來遊咸珠戒無鈇威儀莫犯杖錫四禪
之林攝竅三明之路有寶所焉有名僧焉至矣哉伽藍
之爲盛也雖復高天已燼大海成田我　皇基與
淨刻剗終永永而常傳其詞曰
三界雲擾六趣波揚苦流方劄憂火炎崗俱迷津濟莫

導舟航長夜無曉非徒未央於昭十号四生是感道王
大千智周上忍慧刀已裂化城斯引教有殊塗乘無異
軟甘露朝灑慈雲夕布品物以亨羣迷式悟捷逕坦道
耶山啓路不有善權誰澄惡趣炎行施德廢道毀常王
弩驚燄金宿騰芒俯震瀛壑仰紊乾綱九野鯨奮八㧞
鴟張亂離瘼矣孰濟生靈黃星表曜赤伏開禎大君應
歷歷粵御神兵乃聖乃武如雷如霆於鑠王旅除凶靜暴
關右長驅唐郊大號壞裂逍醜家離涅冥剛野屠袄空
山則[illegible]
慈被深仁莫違建斯淨域永樹歸依歸依伊何俱消五

續淨域伊何同升妙覺架漢開宇憑霞疎閣木麗瓊丹
地嚴金䕶鷲山非遠雞林可求七寶佐樹八解疏流瑞
蓮開曉天花不秋式定攸息應供來遊凡厥慈衆俱宏
上善稠林以闢愛枝爰翦九結冰泮四禪自緬彼岸可
歸法輪恒轉金剛不壞璿祚惟長慧室常湛皇基載昌
僧祇可筭恒沙易量悠哉天齡永配無疆

碑陰

陰作兩截書上截十五行行十五字下截五行行十一字正書

歐陽修撰

張淳書

唐自義起與羣雄戰處後皆建佛寺云爲戰亡士薦
福湯武之敗桀紂殺人固亦多矣而商周享國皆數
百年其荷天之祐者以其心存大公爲民除害也唐
之建寺外雖託爲戰亡之士其實自贖殺人之咎爾
其撥亂開基有足壯者及區區於此不亦陋哉碑文
朱子奢撰而不著書人名字畫甚工此予所錄也

右歐陽永叔所撰元豐五年十一月七日邑人張淳
書于碑陰自貞觀至于今三百餘年世之人寶此碑
者不獨以其字也因公一言而心跡是非乃判然則
不徇道而苟作者雖不爲當時之譏安能逃後世之

議哉

昭仁寺碑世以爲虞世南書校之廟堂記淳淡相類
而骨格老成不逮也豈世南少時所書乎河南張重
威甫題

昭聖元年七月庚戌

右昭仁寺碑在豳州唐太宗與薛舉戰處也 集古錄下文已刻入碑陰

右昭仁寺碑唐守諫議大夫騎都尉朱子奢撰歐陽
公愛其字畫甚工惜無書人名氏金石錄嘗載其目
亦不言爲何人書也惟通志金石略以爲虞永興書

永興書之傳世者有孔子廟堂碑然與此不類而金
石略乃謂出于虞公當必有所據昭仁寺在邠州西
八十里昔唐太宗與薛舉戰爭之處正德癸酉予以
使事道邠得搨其本字畫完好若初刻者眞可寶也
朱公子奢先生唐史有傳 金薤琳瑯

碑在長武縣朱子奢撰無書者姓氏鄭樵直以爲伯
施都元敬謂必有據而曹明仲曰歐陽通書通書道
因諸碑殊與此不類按舊唐書貞觀三年詔建義以
來交兵處爲隕身戎陳者各立一寺令虞世南朱子
奢等爲之碑此破薛舉處也又通本傳少孤母徐氏

敎以父書儀鳳中始知名貞觀三年至儀鳳元年四十八年道因碑書在龍朔三年去貞觀三年亦三十五年則此非通書明甚而虞與朱同事其爲虞書亡疑曹明仲又以虞恭公碑在宜祿巡檢司虞恭公溫彥博也陪葬昭陵碑正在醴泉宜祿巡檢司即今長武縣明仲盖誤以昭仁爲恭公耳且恭公碑亦是信本書非通也石墨鐫華

碑陰歐說貶太宗懼殺人之召禍以湯武爲比湯武未一敗安得殺義旅太宗敗于仁杲損亡甚衆其閉營老其師之後一鼓而勝直追而無戰遂取之未嘗

多殺彼人也其立寺追薦專在我兵而彼人附之文中自明文皇此舉眞孟氏所云不嗜殺先王不忍人之心也墨林快事

今在邠州長武縣宜祿遞運所内按舊唐書太宗本紀貞觀三年十二月癸丑詔爲義士勇夫隕身戎陣者各立一寺於是立昭仁寺于邠州破薛舉處也立昭覺寺於洛州破王世充處也立宏濟寺於汾州破劉武周處也立慈雲寺於晉州破宋金剛處也立普濟寺於呂州破霍老生處也立等慈寺於鄭州破竇建德處也立昭福寺於洛州破劉黑闥處也並官給供度精藍森列當日之顱山血海驟化爲經獅律虎之場陳眉公品外錄言之甚詳來齋金石刻考略

碑無年月金石文字記云貞觀四年十一月未詳雍州金石記

此碑不載書人宋張重字威甫謂是虞世南書今案筆蹟與李衛公神道同疑是王知敬書關中金石記

碑完好其文紀太宗遣總管龐玉破薛仁杲于淺水原唐書仁杲本傳王策賊可破遣將軍龐玉擊宗羅睺于淺水原即其事然碑謂破仁杲者仁杲主師故也元和郡縣志昭仁寺在縣西十步淺水原上王師

討平仁杲詔于此置寺碑諫議大夫朱子奢之詞也子奢傳直國子學轉諫議大夫與志合唐會要貞觀二年十一月詔破薛舉于豳州立昭仁寺朱子奢爲銘貞觀四年正月建造畢以碑證之當作仁杲授堂金石跋

按此碑與等慈寺同時所立等慈文幾三千字此碑則三千餘字各以詳贍爭勝文體之縟開於唐初矣碑雖爲義士勇夫隕身戎陣者而立然兩碑皆盛稱太宗功烈其哀卹將士之詞不及十一耳太平寰宇記於等慈寺稱其立碑紀功誠確語也

碑在今邠州長武縣漢爲淺水陰槃二縣地貞觀二年分置宜祿縣縣有高墌城寰宇記云唐武德元年薛舉寇涇州屯兵於新安縣高墌城太宗親征相守十餘日會舉死其子仁杲統其衆併羌胡十餘萬來挑戰上遣總管龐玉自淺水原南出賊之右因高而陣上率大兵自原北出其不意斬首萬餘級賊大潰仁杲懼而請降俘其精兵萬餘人男女五萬口新唐書高祖紀太宗紀並詳其事碑云薛舉遊魂放命逐突幽梁于時攝提在歲黃鍾紀月下神兵於九天決敵圖于萬里語與史合武

德元年爲戊寅歲故云攝提在歲仁杲以十一月降故云黃鍾紀月也碑文爲于奢撰題銜稱守諫議大夫騎都尉新唐書朱子奢傳云子奢蘇州吳人善文辭貞觀初自新羅還以散官直國子學累轉諫議大夫宏文館學士史所略者守字及騎都尉字碑所略者則直國子學與宏文學士也文中用世字凡五處殆當時奉勅者不避耶又書極作極禍作禍梃作挺徇作侚解作觧罔作罔帝作帝徑作徑界作畀皆别體及通借字文云坐元扈遊翠爲元扈疑即有扈氏之國禹所分封翠嬀疑

即翠嬀黃帝至翠嬀之川受錄圖唐太宗帝範序云翠嬀荐陶唐之德元圭錫大禹之功語意與此同也命蒼兕以泛流即蒼兕字史記齊世家師尚父誓師曰蒼兕蒼兕總爾衆庶與爾舟楫後至者斬云云碑語本此漢泰山都尉孔宙碑稱彼兕觥兕亦作兕遊魂放命即方命書所謂方命圮族也憂火燎原疑當作夏火高烽罷昭疑當作罷照戡旌輟警疑當作載旌周禮所謂道車載旞斿車載旌也去順效逆同歸咎徒咎疑即咎字然咎徒文義殊不可曉也又昶於乾隆甲辰四月值寧夏回

人之叛率兵防禦於長武者五閱月軍事暇即往觀之通體完好蓋因寺中斫石材丈餘方正鞏固乃立亭其上置碑於中牧童爇火牛厲角皆不能及所以全無損壞凡守土好古之君子所當仿而行之也

金石萃編卷四十二終

据阮本校

賜進士出身　誥授光祿大夫刑部右侍郎加七級王昶譔

唐三

房彥謙碑

碑高一丈一尺一寸四分廣五尺三寸三十六行行七十八字隸書額題唐故徐州都督房公碑九字篆書今在章邱縣趙山

唐故都督徐州五州諸軍事徐州刺史臨淄定公房公碑銘并序

易稱易之爲書也有天道焉有人道焉故君子居則觀其象動則觀其變習以藏往感而遂通是以進退之數

有方存亡之幾有□昔賈生董相懷王佐之才子政□
□□命世之道並屯邅於世故擯厭□當年軼風電以
長鳴絕雲霓而鍛翮而樂天知命順時守道體忠信而
夷險阻憑清靜以安侮吝雖逝川寂其浸遠而盛德久
而愈新者也玉質金相求益友於千載蘭□桂馥想同
氣於九原則有之□□懷庶幾之道詳觀出處之跡可
以追蹤勝業繼踵清塵者其惟都督臨淄定公焉公諱
彥謙字孝沖清河人也七世祖諶燕太尉掾□慕容氏
□度寓於齊土宋元嘉中以□郡之西部置東冀州東
清□□繹幕縣仍為此郡縣人至於蘭侯又於東廣川

郡別立武強縣令子孫居之丹陵誕聖祥發慶靈虞舜
受終光啓侯服導原注壑若寫河漢之流竦搆千霄如
仰嵩華之峻□司空植公之十三世祖也積德固其宗
祊純嘏貽其長世公侯之門必復繁衍之祚攸歸高祖
法壽宋大明中州主薄武賁中郎將魏郡太守立功歸
魏封莊武侯使持節龍驤將軍東冀州刺史薨贈前將
軍青州刺史謚蔺侯魏書有列傳重價香名馳聲南北
宏材秘略兼姿文武曾祖伯祖州主薄襲爵莊武侯齊
郡內史幽州長史仍行州事衣錦訓俗露冕□戎累仁
義而成基處脂膏而不潤祖翼年十六郡辟功曹州辟

主薄龔爵莊武伯朱安太守居繼母憂廬於墓次世承
冢嫡之重門始旌表之既鄉閭之敬有過知恥宗族所
尊不口而肅口伯熊年廿辟開府行叅軍仍行本州清
河廣川二郡太守事風神英邁器量沉遠寢門之內捧
檄以慰晨昏山澤之閒單車以清寇亂公稟元精之和
氣體淳粹之淑靈心運天機性與道合溫良恭儉應言
行之口神采風尚出儀形之表博極圖書兼綜遺逸正
經義訓持所留懷絕蔺研幾下帷覃思盡探隅隩畢詣
精微或致釁白之譏非止春秋之辭吉凶禮制今古異
同莫不窮竅根原詳悉指要內外親表遠近學徒負笈

擁帚質疑去惑公凝神虛受函丈無倦□□□答幽名對盈自遷宅齊土家巳重世班懿十紀旌旗之盛未多陳完八葉鳴鳳之祥斯在況復里稱冠蓋庭茂芝蘭行則結駟連騎處則撞鐘列鼎雖范蠡貨財本輕卿相陰家僕隸舊比封君不之過也公閉心閑館以風素自居淸虛味道沉冥寡欲恭敬以撙節退讓以明禮潛隱之操始擅於州閭高亮之風日聞於海內於是羣公仰德邦君致禮物□斯辯旌□盈塗郡三辟功曹州再辟主薄其後不得已而從命公明天人之際述堯舜之道其處也將委質於衆妙之門棲神不死之地其出也將贊

獎名教博利生民舟楫可期英靈有感州郡□職非其
志焉然公以周隋禪代之交紀綱弛紊亦既從政便以
治亂爲懷脊言州壤在情爾切乃整齊風俗申明獄訟
進善黜惡導德齊禮雖在鄉國若處王朝政教嚴明吏
民悅伏見危拯難臨財潔己利物之□不自爲德不貪
之寶必畏人知開皇初頻詔□揚人物秦王出□京洛
致書辟召州縣並苦相敦逼公辭以痼疾且得遂情偃
仰其後隋文帝忌憚英俊不許晦跡丘園公且權維縶
方應薦舉七年始入京省授吏部承奉郎是時齊朝貲
蔭不復稱叙鼎貴高門俱從九品釋褐朝廷以公望實

之重才藝之優故別有此授以明則哲之舉俄遷監察御史每杖節巡省糾逖姦慝以存公正□□□轉授秦州摠管錄事叅軍事漢陽重鎮京輔西門管轄一方允斯盛選尋以朝集入京與左僕射齊公揔論考課之法黜陟之方齊公對岳牧以下大相歎伏其後具以公言敷奏仍有升擢之辟□非知己之主竟不能見用左遷許州長葛縣令公鎮之以清靜文之以禮樂訟以道息災因德弭百姓感悅咸不忍欺愛之如慈親焉敬之如明神焉繦負知歸頌聲載路解代之後吏民追思惠政樹碑頌德在長葛秩未滿以考績尤異遷鄀州司馬

此州荆鄧之郊華夷踳雜□俗磽獷□情儉誠公化之以仁愛敦之以淳厚朞月之閒咸知遷革尋以州廢解任言歸夜觀星象晝察人事知天地之將閉望箕潁以載懷乃於蒙山之陰結搆巖穴非唯在乎避世固亦潛以相時然大業之初始班新令妙選賢良爲司隸刺史公首膺斯舉有詔追赴京洛公以朝綱浸以頹壞此職亦是釐濟之一方便起而就徵覽轡登車即有激清天下之志於是激濁揚清風馳草偃行能之類望景以聽升遷苛暴之徒承風而解印綬進擢者縻爵不致謝言繩糾者受刑而無怨色自非道在至公信以被物其孰

能與於此焉既而□政陵夷小八道長忠言靡用正士
無施大業十一年出爲涇陽縣令未幾而遘疾粤以其
年歲次乙亥五月壬辰朔十五日景午終於官舍春秋
六十有九降生一子光輔 帝唐叶贊璇機參調玉燭
皇上情深遺烈用佇想於夷門脅言才子便有
懷於聿煥貞觀三年十有二月迺下 詔曰紀功襃德
列代通典崇禮飾終著在方策隋故司隸刺史房彥謙
世襲簪纓珪璋特秀溫恭好古明閑治術爰在隋季時
屬卷懷未遂通塗奄從運往以忠訓子義□過庭佐命
朝端業隆功茂宜錫以連率光被九原可贈使持節都

督徐泗仁譙沂五州諸軍事徐州刺史四年十一月又
發　詔追封臨淄公食邑一千戶謚曰定公禮也粤以
五年歲次辛卯三月庚申朔越二日辛酉安措於本鄉
齊州亭山縣趙山之陽惟公風格凝整神理沉邃内懷
温潤外照光景追思儀範曖似文成之圖遐想風猷懔
若相如之氣時逢戰爭術匪從横或耻問仁用安嘉遯
收文武之將墜殊山林而忘反是故銷聲貴里隱異迷
邦哉曜高門處非絶俗優柔六藝紛綸百氏采絶代之
闕文總前脩之博物雖昔之明實沈之臬識䟽屬之神
辯鼯鼠於漢朝彰委虵於霸業無以尚也彫蟲小技曾

未□懷時有制述將荷作者致極宏遠詞窮典麗足以克諧聲律感召風雲豈唯白雪陽春郢中寡和而已永惟書契之始乃眘號跣之跡草隸之妙冠絶當時□□纫年孝友惇至未離繦褓便遭極罰裁有所識□訪家人發言號絶不自勝處年十有五出後傍宗深惟鞠養之慈將闕晨昏之禮辞違之辰感切行路及就養左右不異所生兩門喪紀並逾制度哀毀之至聲被朝野□以朞功之慼甘旨未嘗朋友之喪遠近畢赴人倫之紀禮法之隆近古以來未之有也且復留連宴賞提攜良味登山臨水必動咏言清風朗月未空樽酒賓游滿席

且得王□之孫門閥□通時許慈明之御指囷無倦鮮衷未已仁義□厚資産屢空以斯器望窮茲至道謂宜俯拾青紫增曜台階而止類太丘龐[宏]譚道下邑遽同子産空聞遺愛報施之理何其爽歟若夫死生者形骸之勞息殀壽者大化之自然固知命之不憂豈居常而爲累也然行周於物寒暑不能易其心智周於身變通不能窮其數而靈祇多忍幽明永隔散精氣於風烟委容質於泉壤可不哀哉於是四方同志之士百里懷音之客式遵盛烈共勒豐碑百藥爰以疇昔妄遊蘭芷寧謂正始之音一朝長謝師資之德百舍無從義絶賓階哀纏

宿草思效薄技覬申萬一仰惟治身之術立德之基固
繫辭可以盡言豈言之而無口也迺爲銘口
遐觀方冊歷選人倫名固難假德必有鄰顏閔遺迹曾
史芳塵同聲比義允屬通人於鑠通人纂堯膺慶司空
規矩民胥攸証地靈貽福天齊分命世祚有徵重光無
競顯允君子丕承寵光靈河擢秀日觀含章廟諱門味道
幽谷迷方陸沉通德朝隱康莊儀鳳潛靈彪龍振藻廟諱
之在人一變至道昭章口訓寂寥廟諱草文質彬彬流瀾
浩浩齊物無待隨時吐曜導俗激原訓民居要州將貽
喜邦君長嘯乃眷韜鈐還歸漁釣三巡雖阻八紘方密

碑陰據古碑誌文校過
字旁加○者據阮本

僶俛末班逶迤下秩司憲邑宰循名責實御衆以寛在
刑惟恤履斯異行乘世丕基才高位下有志無時和光
偶俗誕命膺期□揚投買唯兹在兹樹德不已頌仁無
斁遺搆有憑高門以闢眷言上壽方期永錫載佇太階
翻歸厚夕義高表墓道貴揚名　式昭文物用紀□(哀)榮
抽簪□(故)□(吏)制服□(諸)生一□(刑)□(圖)□(石)萬□飛聲
碑陰隸書
公之將薨　恩旨重疊賵贈優渥□(特)□(異)□(恒)□公及夫人
並令所司營造馬轝各給四馬從京師洛陽殯所送至
本鄉其車轄儀仗出懷洛二州給船載運絕道人力至

阮本作儀從錢□

□墓所□□錢□有闕□者　又發勑令以官物修

補又文官式令例無鼓角亦特給送至於葬所又於常

兵古碑𨻶文作三役作

令給墓夫之外別加兵千功役臨葬□復降　勑

及筆作下

使馳驛祭以少牢前後爲□葬事發　勑旨行筆

十有二條近代以來　恩榮褒贈未有若此者也中外

姻戚海内名士并故吏門生千里赴會□及州里道俗

二千餘人

碑側書隷

此碑側题孝
太子左庶子安平男李百藥撰

太子中允□□亻扌歐陽詢書

此太子率更令勃海男歐陽詢書不知此何以岐誤

此大可怪今有拓本可證也

貞觀五年三月二日樹

河南道齊州章邱縣臨淄定公墓在縣西三十里高三丈在趙山之陽公姓房隋故司隸刺史唐徐泗江淮浙五州刺史追封臨淄公謚曰定卽故司空梁文父也有碑庶子安平公文卒更令歐陽公書太平寰宇記

彥謙元齡父也有隋任司隸刺史出爲涇陽縣令卒官不大顯而隋書立傳二千餘字者蓋修史時元齡方爲宰相故也彥謙自曾祖而下三世皆封壯武侯隋唐史元齡碑所書皆同獨此碑作莊武未知孰是碑李百藥撰歐陽詢八分書在今齊州章邱縣界世

頌孚傳　房彥謙碑陰具載彥謙歸葬恩禮儀物之
盛太宗遇元齡可謂厚矣蓋厚其禮所以責其報也
太宗可謂善任人矣金石錄
房彥謙字孝沖唐初爲長葛令百姓號爲慈父立碑
頌德去官不仕而淸白守貧以子元齡功追封定國
公其墓碑乃歐陽詢眞書格古要論
房彥謙高祖法壽自宋歸魏封壯武侯子孫承襲魏
隋唐三書皆同獨碑作莊武按漢膠東國有壯武縣
文帝封宋昌爲壯武侯正義曰括地志云壯武故城
在萊州卽墨縣西六十里後漢志壯武故夷國左傳

隱元年紀人伐夷是也賈復傳封膠東侯食都秩壯武等六縣晉張華亦封壯武侯字竝作壯獨此碑與左傳杜氏注作莊字金石文字記

右房彥謙碑文云高祖法壽立功歸魏封莊武侯使持節龍驤將軍東冀州刺史薨贈青州刺史謚簡侯魏書北史法壽傳俱云謚敬侯又以東冀州爲冀州稱平遠將軍不稱龍驤將軍皆其脫誤至青州刺史本贈官而隋書彥謙傳遂云青冀二州刺史尤未核也北史法壽傳云賜爵壯武侯子伯祖襲例降爲伯而其下云子翼襲爵壯武侯當爲伯字之誤碑雖不

載例降之說而稱伯祖襲爵壯武侯翼襲爵壯武伯正與傳所謂例降者合隋書謂伯祖與翼並襲爵壯武侯則考之不詳爾舊唐書元齡傳唐書宰相世系表俱云襲壯武伯與碑合稱彥謙遷鄀州司馬尋以州廢解任考地理志鄀州之廢正在大業初而本傳云彥謙知王綱不振遂去官者史家之飾詞也果爾何以復應司隸刺史之召且爲涇陽令乎唐初史臣以元齡之故爲其父立佳傳讀其文似子姪所述行狀未必皆實錄姑以一事論之如傳稱開皇平陳之後天下一統論者咸云將致太平彥謙私謂所親曰主上性多忌尅云云而唐

書元齡傳中亦有避左右告父之語大指相同今碑亦未載斯事蓋史家因元齡之說而傳會之以是歸美其親而已碑云安措于齊州亭山縣趙山之陽按亭山縣本名衞國開皇六年改名唐元和十五年省入章邱今爲章邱西南境潛研堂金石文跋尾

右唐臨淄郡公房彥謙碑元齡父也李百藥撰不載書者姓名金石錄以爲歐陽詢書未知所據然以書法審之固當爲詢跡也金石錄云碑在齊州章邱縣界中世頗罕傳金石文字記亦云在章邱縣西南七十里趙山之陽蓋彥謙墓域在此由唐以來尚未毀

歷其遺澤可謂遠矣碑序二千餘字分書極挑拔險
峻之妙與正書正是一律蘭臺道因亦全是此種風
味也諭分書如隋工部尚書段文振碑唐昭陵六馬
圖贊司空竇抗碑之類今皆不復可見此碑雖有剝
損然十九可讀顧收藏家恒少有之又金石錄載此
碑有陰紀彥謙歸葬恩禮儀物之盛未知是何人書
法俟更訪之　乃爲銘曰作迺爲銘粤後魏武定八
年太公呂望碑其詞曰亦作粤金石文字記云古曰
字與曰同一書法故變其文爲粤欲讀者之易曉也
予謂非是粤曰雖皆語辭而用各有當惟尚書粤若

借用曰此外皆無有借粤爲曰者亦書碑者好奇之
過耳豈眞嫌其與日相混哉金石存
碑文第二行擴□□當年句脫一字未行式昭文物
句多一故字文云彦謙七世祖諶燕太尉掾隨慕容
氏南度寓於齊土宋元嘉中分齊郡之西部置東冀
州東淸河郡繹幕縣仍爲此郡縣人按宋書州郡志
文帝元嘉九年分青州立歷城割土置郡縣文帝本
紀九年六月分靑州置冀州元和郡縣志同此皆不載東冀
州考志言立歷城卽冀州治所也歷城在靑州之西
又在冀州東故云置東冀州與宋書轉相證明矣此

云東清河郡而志有南清河太守當是東字之訛也
碑云植公之十三世祖者宰相世系表植後漢司空
考後漢書桓帝紀永興元年冬十月光祿勳房植爲
司空植即其名也碑云曾祖伯祖州主簿齊郡內史
幽州長史□行州事魏書本傳歷齊郡內史平原相
轉幽州輔國長史而隋書彦謙傳載此稱齊郡平原
二郡太守據碑言行州事則攝太守耳非正官也平
原亦非幽州是傳不如碑之實也彦謙歷官所載多
與傳合惟傳稱大唐馭宇追贈徐州都督臨淄縣公
未實其歲月以碑證之貞觀三年十二月下詔贈使

持節都督徐泗仁譙沂五州諸軍事徐州刺史四年十一月又發詔追封臨淄公也趙氏金石錄云彥謙自曾祖而下三世皆封壯武侯隋唐史元齡所書皆同此碑作莊武未知孰是按壯與莊古皆通用趙氏殆未細審也碑陰記載賵贈會葬之盛皆近代所無其云文官式令例無鼓角亦特給送至於葬所考舊唐書音樂志云五品官婚葬先無鼓吹唯京官五品得借四品鼓吹彥謙在隋官終涇陽縣令又非京官得借之例故云特給也其卒在大業十一年至貞觀五年三月葬當時依唐令典如是碑側記立碑年月

并李百藥撰文歐陽詢八分書爲著錄家所未見尤可寶也山左金石志

按房彥謙卒于隋大業十一年此碑題唐故者以碑立于唐貞觀五年也碑爲李百藥撰歐陽詢書題名在碑側搨者往往失之故金石文字記但引金石錄以爲歐陽詢書實未見此題名也碑是隸書而考槃餘事格古要論皆以爲眞書則併搨本亦未之見矣李百藥題銜稱太子左庶子安平男新唐書本傳貞觀元年拜中書舍人封安平縣男明年除禮部侍郎四年授太子右庶子太子數戲

化度寺碑亦云貞觀五年乃邕禪師卒之年非立碑年也後人

媟無度作贊道賦以諷遷散騎常侍進左庶子宗正卿爵爲子是据傳則官左庶子時已進爵爲子据碑則仍爵爲男也歐陽詢題稱太子中允下闕二字下又闕二字尚存左傍彳扌似是修撰二字然本傳則但云貞觀初歷太子率更令宏文館學士封渤海男卒年八十五終其身未嘗爲太子中允及修撰之官且此碑與化度寺同爲貞觀五年所書彼稱率更令而此題中允疑不能明矣碑載高祖法壽以下歷世官位封謚與史傳參校小有詳略異同惟法壽子伯祖伯祖子翼翼子豹北齊

書房豹傳云祖法壽父翼宗尤不同也碑云公年
十有五出後傍宗卽隋書本傳所云彥謙早孤出
後叔父子貞也新唐書房元齡傳云父彥謙仕隋
歷司隸刺史不云爲涇陽令者舉其大也碑立於
貞觀五年其時元齡已爲尚書左僕射碑故云降
生一子光輔帝唐叶贊琁機參調玉燭也宰相表
貞觀十七年七月元齡以母喪罷是立碑之年其
母尚在而碑陰有公及夫人竝令所司營造馬轝
各給四馬從京師洛陽殯所送至本鄉之語殆是
營葬之時元齡仍官僕射未嘗解官夫人當就養

於京師送葬則從京師至本鄉其洛陽殯所是彦謙之殯所也彦謙贈都督徐泗仁譙沂五州諸軍事而太平寰宇記誤作徐泗江淮浙五州其云郎故司空梁文父者元齡位至司空封梁國公謚曰文昭也此碑額題唐故徐州都督房公碑九字篆書黑文凸起字徑三寸五分不詳書者姓名碑陰十五行隸法與碑文一律當卽歐書而無明文至此十五行所記亦不詳何人之語也文中不避世字民字與昭仁寺碑同惟書虎賁爲武賁避諱也隋亦作隨文云開皇初頻詔口揚人物揚字上一

條吳侍御家藏宋拓校改

此碑[illegible]前半完善後半糢糊者多故缺字皆被後人剜去句讀不甚了了然原石拓本較偽本迥異矣

今偽本皆訛伯

字當是搜字鄒縣小鐵山有北周磨崖云齊搜揚好人誾長嵩蓋是北朝偶設之官齊周隋皆沿襲之也壯武莊武壯莊亦通用字晉任城太守孫夫人碑齊莊作齊壯可證也齊乘稱此碑近聞村人以打碑之擾毀仆之今觀搨本文尚完好可知元時盛行此碑而于氏得之傳聞未嘗細審碑拓也

化度寺塔銘

褏本高廣尺寸行數字數皆無考正書

化度寺故僧邕禪師舍利塔銘

右庶子李伯藥製文

介休人三字今所見本無

全用後來偽刻石本不意攷訂之家沿謬至于如此　方綱

率更令歐陽詢書

蓋聞人靈之貴天象攸憑稟仁義之和感山川之秀察
理盡性通幽洞微研其慮者百端宗其道者三教殊源
異軌類聚群分或博而無功□□寡要文勝則史禮煩
斯黷或控鶴乘鸞有繫風之□浪霞御氣致捕影之□
□□智伏奔為鉢降蔓龍究□□之方窮死生之變大
慈□運宏濟群品拯衆妙之門為□□龗宗以立德其
唯□□□□□焉若夫性與天道□□神交貽照靈心
澄神禪觀□有化度寺僧邕禪師者名□師俗姓郭氏
太原分陰人有周氏積德累功慶流長世分星判野大

啓藩維蔡伯喈云孫卽郭也曾祖孫叔乃交□□吝郭
泰則溫文儒雅迥儻豁達胷臆開朗人倫攸屬聖賢遺
烈弈業其昌祖憲荆州刺史早擅風猷父韶博陵太守
深明典禮禪師含靈福地擢秀華宗爰自弱齡神識沉
靜率由至道冥符上德泥□變幻□悟西來旨趣摩頂
皈依暮窮東土之精微叵戲成塔發自髫年仁心救[illegible]
始於廿歲世傳儒業門多貴仕時方學中齒冑上庠始
自趍庭便觀入室精勤不倦聰敏絕倫博覽群書涉[illegible]
左馮夙有志尚高邁俗情時遊僧寺服膺釋典風鑒[illegible]
朗豁然開悟聞法□□□□□□喜瞻滿月之圖[illegible]

□心俱淨於中□錙銖軒冕糟粕丘墳□□有三達□
□□□□依山稠禪師稠□慧禪□戒行勤苦道標方
外聲溢國都□□異即授受禪法數□□□幽深嘗撫
禪師而□諸門徒中□陁蘭若□□忘疲仍中□林□
栖託中遊後中周武平齊中中深山避時削跡藏聲戢
巖之下餌中茅成中中中像□□中朮滄松嘗無□菜
之年爲群猛鷙毒螫蠆之□放祉呈祥每梵音展奇禽
異獸攢集庭宇慇敷鷲領神化龍宮□□即恭敬心疑
聽受及開皇□時有魏州信行禪師輪實命世之異人
闢韙門之輔鄉辰習當根之業知禪□□脩道立行宜以濟

巖之二字今本無 以下凡記者仿此
以下缺處字數不可考盖據本割裂不可盡據

師觀遺以下諸字今本所無
繹碑文此下當是銘詞
所真文元韻特襃本割
裂不可句讀耳

□山中所聞也宜□宏益之中□苦行禪師被勑徵□
□乃相遵奉其用廿五日奉送信行禪師□□靈塔嚴
而未□□之境□有□常卑辭屈己□璺元之敵敬人
主及遷神而已式昭景行乃述綿邈神理希□效前規
用行□夷法性自靈悟道捨俗歸眞累□禪窮巖邃連
幽谷靈應無文泡電同奔達人忘己忠士幽貞

貞觀五年十一月十六日建

歐陽率更書所謂直木曲鐵法也如介冑有不可犯
之色然未能端冕而有德威也豫章文集
河南范諤隆興初跋尾云慶歷初其高王父開府公

師之遺令也德
衆乃收其舍利
起塔於信行禪
師靈塔之左禪
師風範凝正行
業精勤十二部
經嘗甘露而俱
盡五百具戒淩
嚴霜而果彫雖
託跡禪林遊心
定水涉無爲之
境絶有待之累
口萬形巖穴高
步京華常卑
辭屈己體道藏
器未若道安之
遊樊沔對鑿齒

諱雍。舉使關右歷南山佛寺見斷石砌下視之迺此碑稱歎以爲至寶既而寺僧誤以爲石中有寶破石求之不得棄之寺後公他日再至失石所在問之僧以實對公求得之爲三斷矣乃以數十縑易之以歸置里第賜書閣下靖康之亂諸父取藏之井中兵後好事者出之椎搨數十本已乃碎其石恐流散浙右者皆是物也解縉春雨集

長沙歐陽信本書在唐爲妙品鄭漁仲金石略所載凡二十三種而行于南北者惟僧邕塔銘而已銘文多所翻刻南本失于瘦北本失于肥殊無精絶之

而自伐祢天慧
遂之在廬山
折桓元之致敬
人主反遷神淨
土妻質陁林四
部奔馳十方歸
墓豈止寢歇
輟娟捨佩捐珠
而已式昭景行
乃述銘云
綿邈神理希
夷法性自有成
空從凡入聖子
昭大士遊口口
正德潤慈雲
心懸靈鏡丨

本潛溪集

予兒時亟聞先憩菴府君稱化度寺帖妙出九成宮右而未獲見每以爲恨今太史英國張公廷勉出所藏舊帙乃駙馬李子期家物銘敘略備其空闕處率用印識若文書家所謂蓋印者帖後若趙松雪揭曼碩巎子山諸公皆有題識懷麓堂集

化度寺在朱雀街今禾黍離離無復蘭若之迹不知碑亡在何時每至其地悵然者久之石墨鐫華

此歐陽得意之筆是本乃經重刻者每行闕其半中間更有節去損壞不可摹之字遂可讀者少字亦直

家悟道捨俗
歸真累朗成
性積習為津
行識非想禪
□□□觀盡三
昧情銷六塵
結構窮巖留
連幽谷靈應
無像神行匪
速數彼岡導
去茲□□□絕
有憑群生仰
福風火□妾
泡電同奔逵
人忘己真宅斯

存其大都墨林快事

余過文氏停雲館聞有宋搨本索以觀手摹以歸亦無李百藥字是知此碑自宋已不全矣豈明誠所見又當時之善本與金石評考

率更化度楷法第一解大紳謂西安府學亦有一本不及原刻清勁又宋潛溪謂僧邕塔銘多所翻刻南本失於瘦北本失於肥則西安本外又有一本而化度有三石矣虛舟題跋

按文云師俗姓郭氏蔡伯喈云號即郭也曾祖號叔乃文□□咨郭泰則温文儒雅云云所指號叔

□樂永謝重

昏

辛未四月校

碑無曾祖字

疑即左傳所稱又號即古郭氏已見高誘戰國策注所指郭泰疑即後漢之郭林宗則碑稱曾祖者乃是始祖之謂故下云聖賢遺烈奕業其昌此下云祖憲父韶方是邕師之祖父此郭憲官荆州刺史與後漢之郭憲別一人也碑稱邕師齒胄上庠博覽羣書則是身列文學者下云依止稠禪師授受禪法是其受度之師下有周武平昏字疑指後周武帝時事下云開皇時有魏州信行禪師又云禪師被敕徵□□乃相遵奉其月廿二日奉送信行禪師□□靈塔又云式昭景行乃述綿邈詳玩

據趙本校

文義此碑似爲隋時魏州信行禪師建塔立碑非即邕禪師塔銘也特不知其月廿二日者係屬何年文多脫泐無從詳繹神理希□以下皆係銘辭亦多參錯復題貞觀五年十一月十六日建當是邕禪師爲信行禪師建塔之年也諸家跋語但盛稱率更書法之精妙而於建塔立碑原委未暇詳及故節取其文以備考證此碑文辭凡猥頗不類百藥所作碑書汾陰作分陰倜儻作週儻疑翻刻之誤鷲嶺作鷲領則通用也

全用備本叢唐至此

九成宮醴泉銘

盧本所損之
盧朱筆記之
字畫極稚存
北宋善本字疑

殘本作六年

盧本以字未損

張翰山本養已失

碑高七尺四寸廣三尺六寸二十四
行行五十字正書篆額今在麟遊縣

祕書監撿挍侍中鉅鹿郡公臣魏徵奉　勅撰
兼太子率更令勃海男臣歐陽詢奉　勅書
維貞觀囗（六）年孟夏之月　皇帝避暑乎九成之宮此則
隨（隋）之仁壽宮也冠山抗殿絕壑爲池跨水架楹分巖竦
闕高閣周建長廊　四起棟宇　膠葛臺榭參差仰視則迢
遞百尋下臨則峥嶸千仞珠璧交暎金碧相暉照灼雲
霞蔽虧日月觀其移山廻澗窮泰極侈　以人從欲良足
深尤至於炎景流金無鬱蒸之氣微風徐動有淒清之
涼信安體之佳所誠養神之勝地漢之甘泉不能尚也

盧本獻微損
錢本作北拒元闕
盧本畢完善
宋氏本櫛初損
盧本養完善
張鶴山本養
盧本作未損

皇帝爰在弱冠經營四方逷平立年撫臨億兆始以武
功壹海內終以文德懷遠人東越靑丘南踰丹儌皆獻
琛奉贄重譯來朝王西暨輪臺北□拒元闕並地列州縣人
充編戶氣淑年和迩安遠肅群生咸遂靈貺畢臻雖藉
二儀之功終資　一人之慮遺身利物櫛風沐雨百姓
爲心憂勞成疾同堯肌之如腊甚禹足之胼胝針石屢
加腠理猶滯爰居京室每弊炎暑群下請建離宮庶可
怡神養性　聖上爰一夫之力惜十家之産深閉固拒
未肯俯從以爲隨氏舊宮營於曩代棄之則可惜毀之
則重勞事貴因循何必改作於是斲彫爲樸損之又損

盧本卑旁微損
約是北宋初
拓未泐本也
餘見宋拓卑字完
善字畫則瘦弱

錢本作在乎　乎未損

盧本流字全
貫穿二字半泐

去其泰甚葺其頽壞雜丹墀以沙礫間粉壁以塗泥玉
砌接於土階茅茨續於瓊室仰觀壯麗可作鑒於既往
俯察卑儉足垂訓於後昆此所謂至人無爲大聖不作
彼竭其力我享其功者也然昔之池沼咸引谷澗宮城
之內本乏水源求而無之在□〔乎〕一物既非人力所致
聖心懷之不忘粤以四月甲申朔旬有六日己亥　上
及中宮歷覽臺觀閑步西城之陰躊躇高閣之下俯察
厥土微覺有潤因而以杖導之有泉隨而涌出乃承以
石檻引爲一渠其清若鏡味甘如醴南注丹霄之右東
流度於雙闕貫〔穿〕青瑣縈帶紫房激揚清波滌蕩瑕穢

盧本象下半損 三及字俱全 的是唐拓也

盧本中字微損 趙脫飲食二字

貢字初損

盧本疾字已失

盧本懼䀠半損 元符以下不行

可以導養正性可以澂瑩心神鑒暎群形潤生萬物同
湛恩之不竭將元澤之常流匪唯乾象之精蓋亦坤靈
之寶謹案禮緯云王者刑殺當罪賞錫當功得禮之宜
則醴泉出於闕庭鶡冠子曰聖人之德上及太清下及
太寧中及萬靈則醴泉出瑞應圖曰王者純和飲食不
貢獻則醴泉出飲之令人壽東觀漢記曰光武中元元
年醴泉出京師飲之者痼疾皆愈然則神物之來寔扶
明聖既可蠲茲沉痼又將延彼遐齡是以百辟卿士
相趍動色 我后固懷撝挹推而弗有雖休勿休不徒
聞於往昔以祥爲懼實取驗於當今斯乃 上帝元符

盧本褱半損　光已泐

錢本作承前　全唐文作光

天子令德豈臣之末學所術丕顯但職在記言屬茲

書事不可使國之盛美有遺典策敢陳實錄爰勒斯銘

其詞曰

惟　皇撫運奄壹寰宇千載膺期萬物斯覩功高大舜

勤深伯禹絕後光前登三邁五握機蹈矩乃聖乃神武

克禍亂文懷遠人書契未紀開闢不臣冠冕並襲琛贄

咸陳大道無名上德不德元功潛運幾深莫測鑿井而

飲耕田而食靡謝天功安知帝力上天之載無臭無聲

萬類資始品物流形隨感變質應德效靈介焉如響赤

赤明明雜遝景福葳蕤繁祉雲氏龍官龜圖鳳紀日含

盧本烏字极肥
凝鏡澈用四字
微損
與字損
弗半損　還初損
溢字已泐

五色烏呈三趾頌不輟工筆無停史上善降祥上智斯
悦流謙潤下潺湲皎潔萍旨醴甘冰凝鏡澈用之日新
挹之無竭道隨時泰慶與泉流　我后夕惕雖休勿休
居崇茅宇樂不般遊黃屋非貴天下爲憂人玩其華我
取其實還淳反本代文以質居高思墜持滿戒溢念茲
在茲永保貞吉

右九成宮醴泉銘唐祕書監魏徵撰歐陽率更書九
成宮卽隋仁壽宮也太宗避暑於宮中而乏水以杖
琢地得水而甘因名醴泉焉集古錄

後唐書貞觀中改隋仁壽宮爲九成宮永徽中又改

爲萬年宮宮在岐山開皇十三年楊素所治按醴泉爾雅曰甘露時降萬物以嘉謂之醴泉甘露雨也而漢魏郡國與唐離宮皆謂水從地出其味若醴誤矣廣川書跋

九成宮乃隋之仁壽宮也魏爲此銘亦欲太宗以隋爲戒可以見魏之志也南豐集

鄭公此文因隋氏之鉅麗歸唐德之儉損頌而有諷體了然諫錄中語也弇州山人稿

唐歐陽詢眞書魏徵文有箴規太宗之意故末云居高思墜持滿戒覆格古要論

右九成宮醴泉銘其文曰粤以四月甲申朔旬有六日丁亥上及中宮云云則是四月無疑新唐書作三月當以碑爲正歐陽文忠集古錄每以金石正史氏之失至此又復牴牾何耶（金石評考）

九成宮今在麟遊縣西五里之天台山即隋仁壽宮也按開皇中文帝命楊素作仁壽宮於岐州北素遂剷山堙谷爲崇臺累榭宛轉相屬而役令嚴急丁夫斃者載道皆推塡坑谷中覆以木石夷爲平地帝頗知其事甚不悅後值歲晚帝偶登仁壽殿周望原隰見燐火彌漫又聞哭聲令左右察之報曰鬼火也帝

曰此輩皆以役死今年暮魂魄思歸耶乃令設祭以酒宣勅咒遣之自是乃息宮久蒿萊而碑獨存覆以小亭繚以周垣山且多虎摹搨者必數人持械以上今碑既爲海內所寶重已糢糊矣復爲惡令鑿損三十餘字亦何心哉余家藏宋搨舊本今將搨其碑額篆文與安喜使君碑同體皆陽刻可愛（來齋金石刻考略）

九成宮在岐州之北去京師三百餘里自貞觀六年後帝屢於此避暑時上皇在大安宮春秋已高而制度卑小徵爲此銘乃不以上皇爲言但以還淳反〻持滿戒溢語爲規諷舍其本而及其末〻夫鄭公

蒦字錢辛楣説是也

生忠讜之旨豈以此語馬周嘗言之帝
復瑣瑣乎然未幾武氏入宮帝心遂蕩鄭公之語不
可謂非先見遠慮者也時徵撿挍侍中進爵鉅鹿郡
公從幸故敘次九成宮事及以杖琢地得泉詳悉如
此帝遂詔歐陽詢書之魏徵歎稱鉅鹿郡公新史但
稱進爵郡公不名鉅鹿蓋是失書又稱歐陽詢以貞
觀初歷太子率更令宏文館學士封勃海男碑無宏
文館學士而云兼太子率更令豈以宏文館學士兼
之歟所未詳矣虛舟題跋

碑首篆書九成宮醴泉銘六字碑已磨泐每行

近爲俗子開鑴一二字碑中無年月金石文

貞觀六年四月雍州金石記

醴泉銘搨本見諸紀載及余所見者凡八一汴本一金士權本一米臨本一董臨本一余少愚本一神廟宮中本一麟遊未鑿本一麟遊已鑿本而率更原刻不與焉鐵函齋書跋

右九成宮醴泉銘祕書監撿挍侍中鉅鹿郡公魏徵撰兼太子率更令渤海男歐陽詢書文貞列銜碑文之前信本列銜碑文之後率更庶僚不敢與宰相並也予初疑信本只爲率更令不兼他職[illegible]文冠以

字後讀舊唐書職官志稱武德令職事用散官欠一階不至爲兼職事卑者不解散官貞觀令以職事高者爲守職事卑者爲行仍各帶散位其欠一階依舊爲兼與當階者皆解散官其欠一階之兼古念反其兩職事之兼古恬反字同音異乃悟此碑兼字當讀去聲卒更令職事官也有職事而去散官又以其欠一階故加兼以別於當階者此唐初之制後人知之者尠矣潛研堂金石文跋尾

唐書地理志本隋仁壽宮義寧元年廢貞觀五年復置更名周垣一千八百步并置禁苑及武庫

馮　關中金石記

按新唐書魏徵傳太宗即位拜諫議大夫封鉅鹿縣男又拜尚書右丞兼諫議大夫貞觀三年以祕書監參豫朝政俄撿挍侍中進爵郡公蓋史文前已有鉅鹿字此但言進爵不必更言鉅鹿虛舟題跋以爲新史失書者非也又歐陽詢傳太宗即位累擢給事中貞觀初歷太子率更令宏文館學士封渤海縣男則是時詢蓋以給事中而兼率更令也百官志給事中正五品上率更寺令從四品上以正五品官而兼從四品所謂欠一階者是也

事中等宏文館繕寫讎校之課宏文館武德四年
初置修文館九年改曰宏文貞觀元年詔京官職
事五品已上子嗜書者二十四人隸館習書出禁
中書法以授之學士掌詳正圖籍教授生徒朝廷
制度沿革禮儀輕重皆參議焉階五品已上是宏
文館學士之職即給事中所掌而率更令是新兼
之官碑從簡略署新銜更不詳及本職也然亦惟
此碑有兼字前乎此者如化度寺碑不書兼字殆
無關典制也九成宮九成之名本吕氏春秋有娀
氏二佚女爲九成之臺九成之義本於

成爲敦邱注成猶重也周禮爲壇三成然
重累也太平寰宇記宮在麟遊縣西一里本隋仁
壽宮隋文帝置義寧元年廢宮置立郡縣貞觀五
年復修舊宮爲避暑之所改名九成宮語與唐書
地理志合稽之太宗本紀五年不書修復之事惟
書六年三月戊辰如九成宮碑作四月者是至宮
得泉之月史則啓行之月也惟碑無建立月日据
題銜魏徵爲檢校侍中本紀在六年五月則立碑
當在五月以後矣魏徵傳載帝幸九成宮李靖王
珪從至吏改館宮御以舍靖珪帝怒[illegible]徵諫之是

徵從幸之證又載宴丹霄樓酒中相詠之語丹霄樓即碑所云南注丹霄之右者是也百官志載九成宮總監監副監丞簿等官注有云武德初改隋仁壽宮監曰九成宮監與地理志所云貞觀五年復置更名不合也碑中轇轕作膠葛通用也迢遰作逌遰別體字丹徼作丹僥則尚沿北魏之舊習

金石萃編卷四十三終

空格錢本作被

錢本作遂成

金石萃編卷四十四

賜進士出身 誥授光祿大夫刑部右侍郎加七級王昶譔

唐四

汝南公主墓志銘

石橫廣二尺四寸高一尺四寸十八行字數十二至十五不等行書

大唐故汝南公主墓誌銘 并序

公主諱字隴西狄道人

皇帝之第三女也天潢疏潤圓折浮夜光之彩若木分暉穠華口朝陽之色故能聰穎外發閑明內暎訓範生知尙觀箴於女史言容成則猶習禮於公宮至如怡色就養佩帨晨省敬愛兼極左右無方加以學殫綈素藝兼鞶帙令問芳猷儀形閨閫口年口月有詔封汝南郡公主錫重珪瑞禮崇湯沐車服徽章事優前典屬九地絕維四星潛曜毀瘠載形哀號過禮繭纊不襚毚酪無嗞灰琯亟移陵塋浸遠雖容服外變而沉憂內結不勝孺慕之哀遂戊傷生之性天道祐仁奚其冥漠以今貞觀十年十一月丁亥朔十六日

世南汝南公主銘起草洛陽王蘐處見摹本云眞迹在洛陽好事家有古跋後十年見迹在故相張公孫直淸處其後止貞觀十年十一月丁亥朔十六日旁小字注云赫赫高門在裴丞相家是其銘然此幅文但至空而止行下有空白紙猶空十一字此蓋卒日猶未言葬也闕文尙多安得便言赫赫高門不當後幅却與前幅不相連屬也其前褾紅綾色如新有名幾元題其褾云故祭酒崔十八丈禕嘗與寇章賀拔惎皆以賞鑒相尋每稱服膺虞書多歷年所自會昌以來時觀斯帖因致其眞隸有加頃年崔丈每送子兄弟下第東歸必云此去獲見汝南帖亦何減於昇第邪所惜者闕其銘文耳咸通二年春於存神室轂獻子疑書愛也幾元不知何人也虞帖爲時所

重如此 米芾書史

虞永興汝南公主墓誌起草眞跡米元章嘗見之元初在郭祐之處後不知所在亦不知何年入石按元章云予臨汝南帖浙中好事者以爲眞刻石今觀此刻字勢長而肥頗類米筆又張氏本十六日下有闕文校之良是然無旁注字赫赫高門等語及幾元題字雲煙過眼錄記郭本有米跋今亦不存 文徵明甫田集

右汝南公主誌無書撰姓名宣和書譜海岳書史皆云虞世南書藁本也碑題云大唐故汝南公主墓誌銘又云公主皇帝之第三女也按列傳太宗二十一

女汝南公主居第二此云第三豈傳誤耶近于常熟錢遵王處見宋搨銘文皆全即碑題之次有諮議參軍柳顏言釋智果秘書監虞世南書三行又改添三字古本之妙如此（金石錄補）

誌文具舊藏帖本內已闕其後半首叙公主諱字皆不載唯云隴西狄道人皇帝之第三女也某年月有詔封汝南郡公主新唐書諸公主列傳汝南公主早薨其行次在第二今誌在第三誌又云屬九地絕維四星潛曜毀瘠載形哀號過禮不勝孺慕之哀遂戊傷生之性益以哀毀自隕者考長孫皇后薨於貞觀

十年六月誌所謂九地絕維即指其事公主方屬童稚即毀生至此亦奇女子也（授堂金石跋）

按碑題公主諱字隴西狄道人皇帝之第三女也汝南公主是太宗次女碑作三女或是摹刻之誤固無論已新唐書公主傳但有汝南公主早薨六字則諱字無從考矣高祖本紀稱爲隴西成紀人則公主亦當仍其貫不知稱狄道者何也地理志狄道縣屬臨州狄道郡成紀縣隋屬天水郡開元中徙廢是開元以前成紀縣存而兩地隔遠並非一縣更名也思之殊不得其故末云貞觀十年十

據平津館本校

一月丁亥朔十六日此自是公主卒日文德皇后以是年六月己卯薨十一月庚寅葬葢月之四日也文云繭纊不襲者是寒冬時語云灰琯亟移陵塋浸遠者是十一月葬皇后時事然則皇后葬後十二日而公主薨也文云墄酪無噬字書無墄字說文噬嗑也廣韻噬嗑憂聲也集韻噬听笑也一曰啼不止諸說不同皆與墄酪文義不屬禮雜記云功衰飲水漿無鹽酪不能食食鹽酪可也此當是鹽酪二字書鹽爲墭訛爲墄也則噬疑是滋字之別體謂食鹽酪無滋味也正與上句繭纊不襲

意相合遂戊傷生之性玩文義戊當是威借爲滅字謂毀滅性也

裴鏡民碑

裒本高廣行字皆無考正書

隨故益州總管府司馬裴君碑銘（并序）

粤惟上德希世挺□（生）存則道照於人倫没則名飛於史策宜其計功代（伐）鏤鍾鼎采貽長世昭示後昆君諱鏡民字君倩河東聞喜人也唐虞之盛伯益控其遙原殷周以還仲衍有其餘慶徽則擅美當塗憲則流芳中夏金張舊業遠謝聲塵江漢英靈多慙光價祖靖處魏銀青

光祿大夫汾州刺史銀章青綬登高能賦揚波流惡政
以□□父□漢周車路大夫儀同三司晉州刺史雅道
儒風聲動當世班條布政恩結去思君上表雲氣違膺
星像虛牛與貞固同歸愛景共□凝一致懸河若訥每
栝智囊止水□神日開靈鑒及擇師請益遊方問道性
與替古心照神文佩游夏之芳塵爲播張之益友立人
之道仁義靡遺事親之德愛敬同盡迹屈衡□聲馳上
國莫府交辟公車致禮晉蕩公受博陸之□處阿衡之
寄爲其諸子精選府寮辟爲譚公大將軍記□府中爲
其□曰令德日新褢鏡民昔□越爲其世子辟王安期

取其儀形之□□濟崇其府望辟阮嗣宗重其文學之
譽我貽羔鴈兼而□之尋丁內艱去職柴車方駕金革
在辰喪禮未廳讓多從□奪朝廷以君羸□過甚特許終
哀□動風俗皆此類也建德初以君爲朱王□讀尋授
記室參軍遷司錄宣　□年授吏部上士攝少吏部研
幾汲引之方遊刃銓衡之地能官在卩咸事無迷大吏
部竟陵公卽有隨之勝□也亮拔不群英姿秀發重君
才行深見褒獎每□褒揩清通之望復見斯人開皇受
禪其日除尚書左□兵郎尋改爲兵部侍郎魏晉以還
臺郎顯要官方始革揚歷是膺是非器重望□無以廳讓

斯禮秩華陽地險控御遐長蜀王秀以□子之□擁旄
作鎭寮屬望重妙簡時賢以君爲西南道行臺兵部侍
郎及行臺廢除□州總管府掾尋兼益州總管府司馬
蜀王年止勝衣童心未改文□佐吏□非□人君言必
盡忠行惟直道省府之內無不敬而憚之□臺民部尚
書陳茂情恃惟舊心多愓下雖□□乖方無敢違異惟
君□□抗直未嘗□旨兵部尚書京兆杜杲每謂人曰
不值盤根錯節不表利器裴君匪躬□鹽可謂美矣開
皇十六年西南夷□□從搆亂君總率士卒應機致討
後軍不繫戰危喪律以三月癸丑朔十九日辛未陷□

□庭季路結纓志無苟免□序衞　義不生辱永懷斯
道至　君之平生風烈焉惟君靈府浚徹神□開敏英略
外明沈幾內斷培風自遠背丹穴以來儀□氣不群□
青雲而孤竦許□月旦之論韞義生風黃童日下之聲
乘虛效響彈冠莫府掌記文房媚郜景以揚華肅淸風
而振藻珥筆南□垂纓西蜀戎事之重必司□政蒐狩
於是得時風霜以之順序比□月於東曹又典午於南
正矣　能□重義安馬革以輕生神道□□□□□搆□
□車□□野祭□□捐珠而巷□西蜀父老至于今思
之君第二子太僕少卿洛州都□□長史上柱□翼城

按銘文与平津本有參錯處疑此書誤釋也

平津本銘詞止此

縣開國公勳□□道於□□構丕基於□□緒□四序之
遞□覩萬物而永言思廱遺範式昭貞石其銘曰
□督遠派大寺流光美哉地德欝矣□芳高門鍾□世
□旗□鵷鴻接翼金玉其相惟君載挺道符人俊灼灼
外明溫溫內閏瞻之忽後□靈□峻抱月澄清含風□
韻□□賁□公府馳名永懷喪制易俗申情□掌書記
彳屬銓衡清道之譽遠嗣家聲□皇在辰萬象咸鏡□
仰之府六□軍政列宿上膺中和俯咏永懷神道斯人
斯□層梁殳□青□□風□□紀□鼏□銘功柏庭永
閟泉路斯窮九京不作□靈開□明□重□分茅錫社

仰嗣丕基□廱艮治絕雲使翼追風□緒□□□□
□□□□□□□□□□□□□□□□□□□萬
古書忠

大唐貞觀十一年十月廿一日樹碑　□□賜墳
塋功力並卽畢了
宗正卿安平縣開國子李百藥製
行尚書金部員外郎建□縣開國男殷令名書

按唐書宰相世系表裴氏定著五房曰西眷裴曰洗馬裴曰南來吳裴曰中眷裴曰東眷裴此司馬裴君乃東眷裴也碑云君諱鏡民字君倩河東聞喜人也唐虞之盛伯益控其遙原殷周以還仲衍有其餘慶史表序云裴氏出自風姓顓頊裔孫皐陶生伯益賜姓嬴氏生大廉大廉五世孫曰仲衍至非子之支孫封𨛦鄉因以爲氏今聞喜𨛦城是也六世孫陵當周僖王之時封爲解邑君乃去邑從衣爲裵碑又云徽則擅美當塗憲則流芳中夏晉書裴秀傳秀河東聞喜人也八歲能屬文叔父徽魏冀州刺史有盛名賓客甚衆秀年十歲有詣徽者出則過秀云云此卽碑所云徽則擅美當塗者也徽子楷楷有五子輿瓚憲禮遜憲字景思顧直宏達通機識命仕石季龍累官右光祿大夫司徒太傅封安定郡公卽碑所云憲則流芳中夏也世系表云東眷裴德歡長子澄字靜慮後魏州刺史澄子景漢字仲霄後周車騎大將軍景漢子鏡民隋兵曹郎鏡民子熙載兵部尚書熙勣洛州長史碑云祖靖慮魏銀青光祿大夫汾州刺史父漢周車路大夫儀同三司晉州刺史此官位較史表爲詳至鏡民與熙勣則更詳矣然表體自是如此無嫌畧也碑又云建德初以君爲宋王□記室參軍遷司錄宣政□年授吏部上士攝少吏部建德

爲周武帝建元至七年三月改元宣政六月帝殂
宣帝嗣立明年改元大成是宣政只一年碑所泐
者乃元字也周明帝有三男第三名寔字乾辯出
後文帝子宋獻公震建德三年進爵爲王郎以君
爲記室參軍也文獻通考職官考後周有吏部中
大夫一人又有小吏部下大夫一人掌貳吏部之
事領司勳上士等官此碑云授吏部上士攝少吏
部似即小吏部或通考訛也碑又云開皇受禪其
日除尚書左□兵郎尋改爲兵部侍郎此即表所
云兵曹郎也碑又云華陽地險控御遐長蜀王秀

擁旄作鎮以君爲西南道行臺兵部侍郎及行臺
廢除□州總管府掾尋兼益州總管府司馬隋書
列傳庶人秀高祖第四子也開皇元年立爲越王
未幾徙封於蜀二年進位上柱國西南道行臺尚
書令歲餘而罷碑所稱蜀王秀即庶人秀也據碑
則秀雖罷行臺而鏡民仍爲司馬也碑又云開皇
十六年西南夷搆亂君總率士卒應機致討後軍
不繫戰危喪律以三月癸丑朔十九日辛未陷□
□庭季路結纓志無苟免此則鏡民之卒年月日
也隋書高祖紀十六年不書西南夷搆亂事惟載

岑文本撰并歐書銜皆
尚可辨而今皆抹去不錄
何怪其文之遺漏乎 翁批

十七年二月癸未太平公史萬歲擊西寧羌平之
庚子上柱國王世積討桂州賊李光仕平之碑所
載者不知即此事否不能定其孰是也此碑爲李
百藥製殷令名書令名唐書無傳述書賦注有云
令名陳郡人畫家傳云陳司農卿不害子金石錄
云令名與其子仲容皆以能書擅名一時筆法精
妙不減歐虞則令名即仲容之父也唐書百藥傳
貞觀元年拜中書舍人封安平縣男四年授太子
右庶子遷散騎常侍進左庶子宗正卿爵爲子久
之乞致仕卒年八十四是其製此文亦在致仕之

年矣道照於人倫照疑是昭字計功代代當作伐
幕府作莫府裴楷作裴揩喪律作喪律或借用或
別體也

温彥博碑

碑連額高一丈一尺七寸五分廣四尺四寸三十六行行七十七字正書額題唐故特進尚書右僕射虞恭公温公之碑十六字篆書今在醴泉縣昭陵

唐故特進尚書右僕射上柱國虞恭公温公碑

首闕泐三行當是撰書篆額人銜名 中書侍郎□□□江陵縣開國子岑文本撰 銀青光祿大夫□□□海縣男歐陽詢書

昔者帝嬀升（歷）釁九官奮其庸有周誕命六卿揚其職□（國）
鈞揔□（於）公□（相）□□（乎二）□□□□歸於臺□（成）□（乎）□（晉）□（雖）□（淳）□

此處皇朝應空二格非闕文

□□□□□□□□□□□□□□□□□□□□□
□□□帝載□□德□□□□□□也若夫昴宿麗天
感其靈者人傑嵩嶽鎮地降其神者□楨□□□於龍
□□□□□□□□□□□□器□□□□□□□□
□□□□□□□□□□□□□□復□□□公□原
□人□□□□□臨系姬文之遠胄派唐芔之遙源食
邑河內世功開其緒著□晉陽□德□其□雖□□
□□□□□□□□□□□□□□□□□□□之□
□□□□□□□猶□□之□□□□□□□□□□
祖裕魏太中大夫言為准的行成表綴廊廟翹□搢紳

結□□□替□□□□□□□□□□□□□□□□
□□□□□□□□贈□州刺□□□□□□□□文
□□□□□□□□□□□容□□不顯於當時潁川
陳君哀榮無聞於異代能兼之者不亦□乎公□兩儀
□□□□□□之□□□□義以□□□□以□□□
□□□□□□□□□□□□□□□□□□□□□
□□若洪河之東注巖巇焉猶華岳之西峙若乃三德
六行列聖之所□也□□□□□域□□□□□□□
□□□□息□□□□□□□□□□□□□□□□
□□□□□□與然則□臺□□□於覆□□□□□

地肇自消流是以平津筮仕由實□而佩印文□創業
□吏而命□□□□□□□□□□□□□□□□□
□□□□□□□□□□□□□□□□□□□□□
□□□□□□□□道□□□□□牢籠多士太子洗
馬李綱宜道正辭羽儀海內並下堂見禮倒屣□□□
□□□□□□□□□趙□□□□□□□□□□□
□□□□□□□□□□□□□□□□□□□□□
誼乃授通□舍人綬笏鳳池垂紳鸞閣瓌姿月舉韶音
玉振每至文武在列華裔□庭□□□□□□□□□
□□□□□□□□□□□□□□□□□□□□□

□□以□□□斯乃□□□餘□□□□□□□□□
度在乎經國大業之始以親喪去官孺慕之感哀毀之
極與□長□□□□□□□□□□□□□□□□□
□□□□□□□□□□□□□□□□□□□□□
□□□□□□□□□□□□□政出奔高麗既而乘
轅南反詔公銜命蕃境申明臣節陳之以逆順□暢□
□□之以□□□□□□□□□□□□□□□□□
□□□□□□□□□□□□□之□豈□□□□□
□□□□□□□擁節無功於月氏又以公為東北道
招慰大使屬天地橫□□□□□□□□□□□□□

鈔本岫廬少一格

□□□□□□□□□□□□□□□□□□
□□□□□□而□天□□□□□□遷夏商
之鼎艾綬銀章弓旌先於髦俊建社班瑞光寵屬於勳
庸庶□□以□□□□□□□□□□□□□
□□□□□□□□□□□□□□□□□□
□□□□□□□□□□□刑而滅没不羣豈
蹉跎於吳阪淸越振響終特達於章臺徵爲中書舍人
遷□□□□□□□□□□□□□□□□□
□□□□□□□□□□□□□□□□□□
□□□□其得□則孝若飛聲於洛下云誰嗣響復在

茲焉屬獫狁縱慝疆場大駭□□□□□□□□
□□□□□□□□□□□□□□□□□□
□□□□之□琴□□□□□之□乃□□□
軍長史十萬之師方絕大漢五餌之術必繫單□而□
風褰律□之□□□□□□□□□□□□□
□□□□□□□□□□□□□□□□□□
皇□□□□□□□□□□澆俗侔於結繩叶
和萬邦遠夷同於編戶威慴龍瀚澤浸□□寶無□
□□□□□□□□□□□□□□□□□□
□□□□□□□□□□□□撿校吏部□□

□□□□□□□□□□□□□□□□□□
□□□□□□□公望爲時宗才稱王佐鴻翼所漸自
回溪而薄九霄驥足既馳遊閶闔而□□□□□
□□□□□□□□□□□□□□□□□□
□□□□□□選□□□渥洽□□□□□□
爵命日隆寵祿歲厚猶司馬之四至慈明之十旬乃以
□官拜太子右庶子□□□□□□□□□□
□□□□□□□□□□□於廊廟□□□□
□□位□□獨□□□□□司□柄公又處之故能
出捴糺察入專機管執簡冊以肅□行奉絲綸以光□
□□□□□□□□□□□□□□□□□□

□□□□□□□□□□□□□□□□□虞
□□食邑三千戶德優爵重鎬京之舊制非功不侯中
陽之令典踰七命而兼二□□下以□□□□□□
□□□□□□□□□□□□□□□□□□
□□□之□□□踰□副□□□□□□□□
之運四時下料人事邁元愷之贊百揆 聖朝欽若□
典憲章在代□□□□□□□□□□□□□
□□□□□□□□□□□□□臨□□□□
□□□□□南宮之□□□□道勤行而不倦歷
選前掊仰止而無怠是以忠□寬□□□之□□□

□□□□□□□□□□□□□□□□□□□□□
□□□□□□□□□□□□□□□□以事一人□（獻）
□之覲不、□於□（忠）怨損益之義皆出於仁厚違覲矩拄（枉）
尋尺光其家而弗爲利社稷安□（德）地□□（其）□（身）□（而）無□（悔）□（肅）
□（肅）□（馬）□（濟）□（濟）□（馬）□□□□□□□□□□□□□□□□
□□□□（之）□（鍛）□□□□（言）□□□□□□□□□□□（心）之
所同必擇善以利物意之所異不是己而違人闕德義
爲□（宮）□（牆）□（色）禮□□□□□□（人）□（之）□（善）□□□□（之）□（清）□□□
□□□□□□□□□□□（令）□（而）□□（數）□（舉）□□□□（而）□（篤）□
□□（位）□（高）□（矣）、□□茲□□（祿）□（厚）□（矣）□（治）□□約以孝敬之道移

於掊兄行慈惠之心洽於猶子允所謂朝廷之棟幹□
□□□□□（馬）□（以）□（貞）□（觀）□（十）□（一）□（年）□□□□□□□□□（洛）□（陽）
□□□□疾□□（動）　□□（寄）□（潔）□□□（恩）息□（股）□（肱）□□□□
□（於）□（道）□（路）□（名）□□□陳其方技遂輔德衒報弥留曠旬兩
楹之奠既坐二豎之災□（乃）□□遺銀青光祿大夫□（行）□（中）
□（書）□□□□□□□□□□□□□□□□□□□□
□□□□□之□□盡□□之德□□□□□□（大）□（漸）□
忘於舉能子顏晉足情存於愼救眇焉千載於斯一揆
六月□日薨於□□□□春秋□□（十）□（有）□□□□□□
□□□□□□□□□□□（頻）□（齋）□（后）□□□□卽以其□（日）

□（代）□（上）□□□（百）□（僚）□□（列）莫不□（流）□（涕）□（乃）詔民部尚書莒國
公唐儉工部侍郎盧義恭護喪行中書侍郎□（本）□□□
□□□（禮）□（部）□（侍）□（郎）□（令）狐□（德）□□□□□□□□□□□□
□□□□□□□□□（謚）□（曰）□（恭）□（公）□□□□□□（碑）□□
□（塋）□（地）於　昭陵之側并給東園秘器賻贈二千段喪
葬所須並□（令）官給□祖送□（之）□（典）□（墳）□（塋）□（之）□（制）□（咸）□□（禮）□□
□□□□□□□□□□□□□□□□□（家）□（籀）□□□
□□□□□□□□□□□□□□（獻）□（之）□□（謀）□（室）之□□（佐）
也密陵當陽晉朝之賢輔也雖復卿雲摛思班爾運奇
勒銘由□（其）、□□（孫）□（表）□（墓）□□（於）□□□□□□□□□□□

□□□□□□□□□□□□□　詔□□□（往）□（載）□（不）□（其）
□（偉）□（歟）□（武）□（湯）□（一）德善之□（百）代其詞曰
藹藹高門世膺顯命堂堂盛德家襲餘慶抗節飛英扶
危流詠軒蓋□（棲）□□（珪）□（璋）□□（映）□□□□□□□□□□
□□□□□□□□□□□□□□□□□□□□□
□□□□□□□（藝）□德□（財）成□□範圍儒墨非馬擅奇
雕龍貽則發跡素里馳聲上國仲舒揚庭□（吾）丘待□□（數）
□□□□□□□□□□□□□□□□□□□□□
□□□□□□□□□□□□□□□□□□□□□
□□□（釋）□（鈞）滋（蕤）□（泉）□（陳）謨德顯定榮功宣縱奪纏鶩（鴻）摶風初

矯啓勿鸞閣便繁鳳沼□舉性□□□□□□□□□
□□□□□□□□□□□□□□□□□□□□□
□□□□□□□□□□□□□鑄□□□□□□薪
□一□逝黃陂光□趙日稅駕天府夷體泉室麟閣圖
形鳥□騰實悲□□□□□□□□□□□□□□□
□□□□□□□□□□□□□□□□□□□□□
右唐溫彥博碑歐陽公集古錄跋顏勤禮碑後云按
唐書溫大雅字彥宏弟彥博字大臨弟大有字彥將
兄弟義當一體而名大者字彥名彥者字大不應如
此蓋唐世諸賢名字可疑者多封德彝云名倫房元

齡云名喬高士廉云名儉顏師古云名籀而皆以字
行倫喬儉籀在唐無所諱不知何避而行字余按顏
之推家訓云古者名終則諱之字乃可以爲孫氏江
南至今不諱字也河北士人全不辨之名亦呼爲字
字固爲字尙書王元景兄弟皆號名人其父名雲字
羅漢亦皆諱之其餘不足怪也又顏師古匡謬正俗
載或問人稱字而不稱名者何也師古考諸典故以
稱名爲是蓋當時風俗相尙如此初無義理也然師
古旣立論以稱名爲是而乃以字行殆不可曉也已 金石錄

右唐歐陽詢書虞恭公碑 在陝西近時陝西人苦於
應酬日竊殘毀勢將不可乘矣 陳循芳洲集
此碑已久壞下大半皆漫滅不可讀市兒取其存者
重刻之約得四百餘字余初見之驚喜求全本三十
餘年不可得後得一本乃工已截去壞字彙爲行莊
不獻闕處亦僅五百餘字而已余深爲惋惜最末始
得此紙乃未裝者數之有八百廿餘字 墨林快事
此斷碑已亡其半名字皆莫可攷唐書溫彥博遷中
書令進爵虞國公尙書右僕射薨贈特進謚曰恭蓋
虞言其國恭言其謚溫言其姓也碑有高麗字者卽

史諫與高麗抗禮事也碑云無功于月氏卽史戰敗
没于突厥事也碑云李綱見禮者卽史云李綱歎異
其卿相才也其爲彥博無疑矣 金石評攷
虞恭公溫彥博也碑今在醴泉縣墓所存七百餘字
碑雖斷闕尙有可按而考者新舊唐書本傳但稱父
君悠北齊文林館學士隋泗州司馬碑有祖裕魏太
中大夫此兩史所未有也兄大雅嘗著創業起居注
三卷故曰文終創業也彥博兄弟三人少爲太子洗
馬李綱所器故曰下堂見禮也彥博每奉使入奏聲
韻高朗響溢殿庭故曰韶音玉振也高祖武德本年

六月突厥寇定州八月并州道總管張公謹與賊戰
於太谷敗績中書令溫彥博没於賊故曰無功於月
氏也史稱太宗立突厥歸欵始徵還授雍州治中而
碑言又以公爲東北道招慰大使郎系無功月氐後
與史不合疑史有誤太宗紀貞觀十年六月壬申以
中書令溫彥博爲尚書右僕射十一年六月甲寅薨
此云六月正與史合而舊史稱年六十四新史稱年
六十三惜碑文斷闕無可考證大段碑文所記較史
爲備而史旣不詳碑又斷闕正不獨年數多寡爲參
差無據也公父舊史作君悠新史作君攸兩史亦不

相合惜碑亦闕失無可考　史稱歐陽詢卒於貞觀
間年八十五此碑書於貞觀十一年當是率更最晚
時作後四年尚有小楷千文計書此碑時亦已將八
十矣虛舟題跋

今在醴泉縣北二十五里烟霞洞西昭陵南十里碑
已漫漶可識者僅存四百字雍州金石記

按彥博陪葬昭陵而此碑字畫殘缺諸家所見多
寡不同今此拓本幾及千字爲最多矣全碑凡三
十六行行七十七字通計二千八百餘字則是所
存者尚三之一也碑於恭公姓氏諱字里居皆渺
歷官亦闕畧不備碑云祖裕魏太中大夫魏書無
溫裕傳惟晉書溫羨傳羨子裕字叔嗣尙武安公
主官至左光祿大夫與碑言太中大夫者不合然
羨是太原祁人與恭公同貫未知即一人否也碑
又云太子洗馬李綱直道正辭羽儀海內新唐書
李綱傳綱字文紀觀州蓚人少慷慨尙風節事隋
爲太子洗馬然則恭公爲綱所下堂見禮乃隋時
事也傳又云隋亂幽州總管羅蓺引爲司馬蓺以
州降彥博與有謀授總管府長史封西河郡公召
入爲中書舍人遷侍郎碑則云乃授通□舍人斂

笏鳳池垂紳鸞閣瓌姿月舉韶音玉振每至文武
在列華裔□庭云云攷隋書百官志隋制無中書
舍人惟內史省條下有舍人八人通事舍人十六
人後改通事舍人員爲謁者臺職謂之通事謁者
凡二十人謁者臺掌受詔勞問出使慰撫持節察
授等事碑有文武在列華裔□庭之語正屬謁者
臺所掌則通下渺一字必是事字乃通事舍人傳
以爲中書舍人者非也碑又云出奔高麗旣而乘
輶南反詔公銜命蕃境申明臣節是公在隋末嘗
奉使高麗正是謁者臺之事傳乃云高麗貢方物

高祖欲讓而不臣彥博執不可云云此在唐高祖
朝非隋末事與碑不同碑又云無功于月氏又以
公爲東北道招慰大使下云屬天地横口又云遷
夏商之鼎艾綬銀章弓旌先于髦俊建社班瑞光
寵屬於勳庸天地横口遷夏商鼎皆指隋亡唐興
之事則無功於月氏仍屬隋末事傳皆不詳其云
突厥入寇彥博以并州道行軍長史戰太谷王師
敗績被執囚陰山太宗立突厥歸欵得還碑則云
徵爲中書舍人屬玁狁縱慝疆埸大駭十萬之師
方絕大漠五餌之術必繫單于云云當即指突厥

入寇事公之被執囚陰山或碑泐不傳也傳又云
授雍州治中尋檢校吏部侍郎復爲中書侍郎遷
御史大夫檢校中書侍郎事貞觀四年遷中書令
封虞國公十年遷尚書右僕射明年卒年六十三
贈謚曰恭陪葬昭陵是公之卒在貞觀十一年也
碑但有檢校吏部字虞字及春秋字六月字餘俱
泐而又有拜太子右庶子食邑三千戶則傳所無
也昭陵卽太宗陵太宗以貞觀二十三年八月庚
寅葬公以十一年六月卒而碑云昭陵之側并給
東園祕器蓋當時陵名先定也太宗本紀貞觀十

以宋搨本校

年十一月庚寅葬文德皇后于昭陵是先定陵名
之證矣碑又云孝敬之道移于哲兄慈惠之心洽
于猶子哲兄指大雅傳稱大雅性至孝與弟彥博
大有皆知名猶子無攷大雅大有之子傳皆不詳
碑又云詔民部尚書莒國公唐儉工部侍郎盧義
恭護喪盧傳無攷唐儉傳儉在高祖時爲禮部尚
書天策府長史檢校黃門侍郎莒國公貞觀四年
自頡利還歲餘爲民部尚書百官志注高宗卽位
改民部曰戶部故碑與傳尚稱民部也碑書言爲
准的以准爲準字林云准與準同此碑已作准字

知非近代俗書矣方絕大漠玩文義當作大漠對
下必繫單口單下泐一字當是于字謂單于皆指
突厥也

皇甫誕碑

碑高七尺六寸廣三尺八寸二十八行行五十九字正書額題隨柱國宏義明公皇甫府君碑十二字篆書在西安府學

隨柱國左光祿大夫宏義明公皇甫府君之碑
銀青光祿大夫行太子左庶子上柱國黎陽縣開國
公于志寧製
銀青光祿大夫歐陽詢書

夫素秋肅煞勁草標於疾風叔世艱虞忠臣彰於赴難
銜須授命結纓殉國英聲煥乎記牒徽烈著於旂常豈
若豐抵蕭墻禍生蕃翰强蹢七國勢重三監其有蹈水
火而不猝臨鋒刃而莫顧激清風於□□（徽猷）抗名節於當
時者見之宏義明公矣君諱誕字元愿安定朝那人也
昔立効長丘樹績東郡太尉裂壤於槐里司徒胙土於
彤門是以車服旌其器能□□□（茅社表）其勳德銘功衛鼎騰
美晉鍾盛族冠於國高華宗邁於欒郤備在史牒可略
言焉曾祖重華使持節龍驤將軍梁州刺史猶木暉山
方重價於趙璧□□□□（媚川照曜）□奇采於隨珠祖和雍州贊
治贈使持節散騎常侍車騎大將軍儀同三司豳涇二
州刺史亮衛將軍騁遠反追風之足扶搖始搏早墜垂天
之羽父□（播）使持節□（驃）騎大將軍開府儀同三司隨州刺
史長樂恭侯橫劍樸桿威重冠軍拚瑞蕃條聲高勃海
公量包申伯稟嵩山之秀氣材兼蕭相降昴緯之淑精
據德依仁□（居）貞體道合章表質詎待變於朱藍恭孝爲
基寧取訓於橋梓鋒劇犀象百鍊挺於昆吾翼掩鴛鴻
九萬奮於溟海博綜肯產文贍卿雲孝窮溫凊之方忠
□□（盡匡）救之道同何充之器局被重晉君類荀攸之宏圖
見知魏主斯故包羅眾藝囊括群英者也起家除周畢

王府長史榮名蕃牧則位重首寮莅服睢陽則譽加上（光）
客既而蒼精委馭炎運啓圖作貳邊服寔資令望授廣
州長史悅近來遠變輕訬於雕題伐叛懷柔漸淳化於
緩耳蜀王地處維城寄深磐石建旟玉壘作□（鎮）銅梁妙
擇奇材以爲僚佐授公益州捴管府司法昔梁孝開國
首辟鄒陽燕昭建邦肇徵郭隗故得馳令聞于蕭館播
芳猷於平臺以古方今彼此一也尋除尚書比部侍郎
轉刑部侍郎趍步紫庭光暎朝列折旋丹地譽重周行
俄遷治書侍御史彈違糺慝時絕權豪霜簡亘（直）繩俗寢
貪競隨文帝求衣待旦志在恤刑呪網泣辜情存緩獄
授大理少卿公巨細必察同張季之聽理寬猛相濟比
于公之無冤俄禮闈務殷樞轄寄重允膺此職寔難其
人授尚書右丞洞明政術深曉治方臧否自分條目咸
理丁母憂去職哀慟里閭隣人爲之罷社悲感衢路行
客以之輟歌孝德則師範彝倫精誠則貫徹幽顯雖高
會之至性何以加焉尋　詔奪情復其舊任于時山東
之地俗异民澆雖預編民未行聲教詔公持節爲河北
河南道安撫大使仍賜米五百石絹五百匹公輶軒布
政美冠皇華之篇擁節觀風榮甚繡衣之使事訖反命
授尚書左丞然并州地處參墟城臨晉水作固同於西

蜀設險類於東泰寔山河之要衝信蕃服之襟帶授□
并州捴管府司馬加儀同三司公贊務大邦聲名藉甚
精民感化黠吏畏威屬文帝劒璽空留鑾蹕莫反楊諒
率太原之甲擁河朔之兵方叔段之作亂京城同州吁
之挻禍濮上雖無當辟之兆乃懷奪宗之心公備說安
危具陳逆順翻納魏勃之榮反被王悍之灾仁壽四年
九月遘從運往春秋五十有一萬機□殲良之歎百辟
興喪予之悲切孔氏之山頹痛楊君之棟折贈柱國左
光祿大夫封宏義郡公食邑五千戸謚曰明公禮也喪
事所須隨由資給賜帛五千□□三千石惟公溫潤成

性夙表白虹之珎黼黻爲文豸挺雕龍之采行已窮於
六本蘊德包於四科延閣曲臺之奇書鴻都石渠之秘
說莫不尋其枝葉踐□□閫辟越簡達犀飾之以括羽
楚金切玉加之以磨礲救乏同於指囷親識待其舉火
進賢方於推轂知已俟以彈冠存信捨原黃金賤於然
諾忘身殉難□命輕於鴻毛齊大小於沖襟混寵辱於
靈府可謂□□雅俗冠冕時雄者也方當亮采泰階衆
綜機□豈謂世逢多故運屬道消未展經邦之謀奄鍾
非□□□世子民部尚書上柱國滑國公無逸以爲邪
山之下□□□仲之墳□陵之東皆知子孟之墓乃雕

戈勒石騰實飛聲樹之康衢永表芳烈庶葛亮之□□
□禁之以樵蘇賢達之碑魏君歎之以不朽乃爲銘曰
□后□□□□□人物□□□□□世逢時翼主膺
期佐帝運榮經綸執鈞匡濟門承積慶世挺偉人夜光
愧□朝采慙琢雲中比陸日下方荀抑揚元□□□
□□□□□□伏□靑□曳裾朱邸名馳碣石
聲高建禮珥筆憲臺握蘭文陛分星裂土建侯開國輔
藉正人相資懿德中臺輟務晉陽□□□重府□□闢
震□亂階蕁草災生剪桐成師搆難太叔興戎建德効
節夷吾盡忠命屯道著身歿名隆牛亭始卜馬鬣初封

翠碑刻鳳丹旆圖龍煙□□□□□□□□□德永
□□□

右隋皇甫誕碑余嘗得誕墓志又得此碑以考北史
及隋書列傳云誕字元慮而碑志皆作元憲傳云隋
高祖受禪爲兵部侍郎數年出爲魯州長史開皇中
復爲比部刑部刑曹二侍郎遷治書侍御史爲河南
道大使及還奏事稱旨令判大理少卿明年遷尚書
右丞以碑志參攷誕自司徒主簿出授長史俄除益
州總管府司法徵授比部侍郎益未拜兵部而其爲
河北河南安撫大使乃任右丞時皆史家之謬惟墓

退谷謂長
祀作萬歷
戊子此七年
師俠人同云
考

志稱誕嘗爲司徒主簿而碑不載傳與墓志皆云爲曾州長史而碑作廣州則疑碑之脫漏墓志乃葬時所述然碑亦貞觀中其子無逸追建不應差謬而不同何也金石錄

皇甫君名誕仕隋死於漢王諒之難者郵典殊不薄後以子無逸貴於唐始克樹碑噫逝者有知能無麥秀之歎乎弇州山人藁

碑舊在鳴犢鎮今在西安府學戊子余君房督學作亭覆之丙申亭圮壓碑中斷碑故剝二十餘字至是又亡其五十餘字石墨鐫華

皇甫明公之碑在信本中最爲姸潤此立于隋日乃公少年所書宜其文采之流麗而神情之迥適與其暮年老筆奉勅矜持者不同也墨林快事

皇甫君以仁壽四年九月卒而不書立碑年月按舊唐書于志寧傳貞觀三年累遷中書侍郎太宗命貴臣殿內宴怪不見志寧或奏曰勅召三品以上志寧非三品所以不來太宗特令預宴即加授散騎常侍行太子左庶子累封黎陽縣公則此碑貞觀初立也其不書年者不以隨臣而蒙唐號也　隋字作隨虞世南孔子廟堂碑歐陽詢九成宮醴泉銘王知敬李衛公碑高宗李英公碑天后順陵碑于敬之華陽觀王先生碑裴漼少林寺碑皆然當日金石之文二字通用自司馬溫公作通鑑以後始壹用隋字而水經注湨水東南逕隋縣西隨字作隋則知此自古人省筆之字謂文帝始去辵而爲隋者未必然也　杜氏通典武德九年六月太宗居春宮總萬機下令曰依禮二名不偏諱今具官號人名及公私文籍有世及民兩字不連讀者並不須諱避此碑中有世子及民部尙書字金石文字記

按誕子無逸初事越王侗王世充簒斬關出追騎及之乃解金帶投之地騎爭下取帶得免歸唐同州刺史益州長史所至輒閉閤不通賓客所須則市之他境常按部宿民家燈炷盡主人將續進無逸輒抽佩刀斷衣帶爲之其孤介若此然過自矜愼每上奏必讀十數過猶懼未審使者上道猶追者再三來齋金石刻考畧

碑書於唐高祖之世趙明誠金石錄注云貞觀中立顧炎武金石文字記亦列此碑於貞觀閒按史誕子無逸拜民部尙書累轉益州大都督府長史皆在高祖之世此碑但稱民部尙書未稱益州長史則當是

高祖時書又史稱歐陽詢以貞觀初拜太子率更令宏文館學士封渤海男此碑但稱銀青光祿大夫不書率更令渤海男其爲高祖時書無疑但考舊史于志寧以貞觀三年授散騎常侍行太子左庶子累封黎陽縣公與碑正合又似貞觀初書然唐人最重諱褚遂良聖教序書於高宗之世世字尙有闕筆民字尙以人代况當太宗之世豈有不諱之理而世字民字皆無闕定當是高祖時書其于志寧官代或亦出高祖所授而史誤書耳　誕字元𢡟碑可據而北史及隋書皆稱元慮當以碑爲正至其所歷官爵碑與

史繁簡不同當由史法例不悉載金石錄以爲史家之謬非是虛舟題跋

此碑在咸寧之鳴犢鎭墓前不知何時移入文廟內與廟堂碑對峙其碑陰有復唯識記唯識者禪院名也記稱在藍田縣葢宋時重修此院鐫記於皇甫碑陰後人重歐書移於文廟趙子函未嘗親至碑下故旣載皇甫碑在西安府學又載唯識院記在藍田耳鳴犢去藍田不數里而近雍州金石記

碑文多與史不合隋書本傳誕字元慮安定烏氏人碑則云字元𢡟安定朝那人本傳高祖受禪爲兵部侍郎出爲魯州刺史碑則云授廣州長史益州總管府司法無兵部及魯州兩節本傳叙遷治書侍御史後爲河南道大使還判大理少卿明年遷尙書右丞以母憂去職起轉尙書左丞碑則云遷治書侍御史授大理少卿尙書右丞丁母憂起復詔持節爲河北河南道安撫大使入爲尙書左丞此並當以碑爲正碑子民部尙書滑國公無逸追建關中金石記

右皇甫誕碑信本題銜稱銀青光祿大夫亦在碑末與醴泉銘同隋書稱誕安定烏氏人北史稱安定三水人而碑云安定朝那縣名互異碑稱父璠長樂恭

侯按周書及北史璠封長樂縣子不云進封侯石已中斷損四十餘字下方剝落一片又失九十餘字銘辭漫漶不可識者又五六十字潛研堂金石文跋尾

按此碑爲于志寧製歐陽詢書志寧題銜稱銀青光祿大夫行太子左庶子上柱國黎陽縣開國公新唐書于志寧傳貞觀三年爲中書侍郎太宗嘗宴近臣特詔志寧預宴因加散騎常侍太子左庶子黎陽縣公是時議立七廟云云禮樂志載立七廟事在貞觀九年高祖崩後則志寧之加太子左庶子在三年以後九年之前矣歐陽詢題銜但稱

銀青光祿大夫與他碑之題太子率更令者異詢本傳貞觀初歷太子率更令百官志率更寺令一人從四品上文散階從四品上曰太中大夫此云銀青光祿大夫是從三品階與于志寧同矣志寧時官左庶子正四品上階當正議大夫封開國縣公爵當從二品而用銀青光祿大夫似介乎二品三品之間也詢銜不署率更令又不署渤海男而但署階又與官爵不符所未詳也碑稱府君卒于仁壽四年碑爲世子民部尚書上柱國滑國公無逸所立新唐書無逸傳高祖以無逸本隋勳舊尊遇之拜刑部尚書封滑國公歷陝東道行臺民部尚書遷御史大夫時蜀新定詔無逸持節巡撫後被譖毀得白復拜民部尚書是無逸兩爲民部尚書計其時亦當在高祖太宗之間也益州司馬裴鏡民卒于開皇十六年而碑立于貞觀十一年亦是其子所追立大書樹碑歲月于銘後此碑事同一例而獨無歲月頗疑當時或在碑陰或在碑側搨者失之耳雍州金石記稱此碑陰有復唯識記是宋時重修此院所鐫安知年月不爲所掩若疑此碑爲隋時所立是詢少年所書則斷然非也碑

稱皇甫誕爲安定朝那人隋書本傳爲安定烏氏人唐書皇甫無逸傳爲京兆萬年人攷太平寰宇記朝那本漢三水縣地屬安定郡隋大業元年分安定鶉孤二縣地置良原縣又曰朝那城後魏大統元年自原州百泉縣徙朝那縣於此又曰保定縣本漢安定縣隋以縣屬涇州地有烏亭史記云秦惠王取其地置烏氏縣屬安定郡莽曰烏亭有烏氏故城即烏氏也此二縣皆屬涇州安定郡又曰萬年縣屬在馮翊隋開皇三年改萬年爲大興縣屬雍州唐武德元年改大興爲萬年屬京兆郡要之朝那烏氏其地相近而與萬年迥隔當由誕初貫家于安定至無逸則遷于京兆也朝那烏氏在隋唐間已無此名而碑與史猶稱之者各從其舊也碑又云昔立効長邱樹績東郡太尉裂壤於槐里司徒胙土於彨門按朝那皇甫氏最顯于後漢之皇甫規然考後漢書規傳以較碑所云長邱東郡二語皆不合惟所稱太尉似即指規之兄子嵩漢靈帝時以破黃巾功拜太尉亦見後漢書又北魏書安定皇甫光兄椿齡薛安都壻也隨安都於彭城內附歷位司徒諮議岐州刺史碑所稱司

徒似卽指此碑又云曾祖重華使持節龍驤將軍
梁州刺史祖和雍州贊治贈使持節散騎常侍車
騎大將軍儀同三司膠涇二州刺史父□使持節
□騎大將軍開府儀同三司隨州刺史長樂恭侯
北周書皇甫璠傳璠安定三水人也後徙居京兆
焉寰宇記三水故城漢書地理志三水縣屬安定
郡隋唐閒爲安定縣至德二年改保定與朝那烏
氏同在一境其云後徙京兆者卽指無逸時也周
書傳又云璠父和木州治中大統末追贈散騎常
侍儀同三司涇州刺史隋書皇甫誕傳祖和魏膠

州刺史父璠周隋州刺史證之以碑然後知和贈
膠涇二州刺史周書畢舉涇州隋書則單舉膠州
矣周書璠傳璠孝閔帝踐祚封長樂縣子保定中
進驃騎大將軍開府儀同三司建德三年授隨州
刺史六年卒贈交渭二州刺史謚曰恭所載與碑
合則碑闕父名乃是璠字騎上闕字乃是驃字惟
傳稱子諒大象中位至吏部下大夫而不及誕則
誕要卽諒之弟而其時未顯也以隋書誕傳與碑
參攷傳云周畢王引爲倉曹參軍碑則云起家除
周畢王府長史傳云高祖受禪爲兵部侍郎出爲

魯州刺史開皇中復入爲比部刑部二曹侍郎碑
則云授廣州長史蜀王擇僚佐授公益州總管府
司法尋除尚書比部侍郎轉刑部侍郎傳云遷治
書侍御史爲河南道大使還判大理少卿遷尚書
右丞母憂去職未期起視事轉尚書左丞碑則云
遷治書侍御史隨文帝授大理少卿尚書右丞丁
母憂奪情持節爲河北河南道安撫大使反命授
尚書左丞傳云漢王諒爲并州總管誕拜并州總
管司馬碑則云授并州總管府司馬加儀同三司
傳云煬帝卽位徵諒入朝諒謀作亂誕流涕諫諒

怒囚之抗節遇害詔贈柱國封宏義公謚曰明碑
則云屬文帝劍璽空留楊諒作亂仁壽四年九月
溘從運徃春秋五十有一贈柱國左光祿大夫封
宏義郡公食邑五千戶謚曰明公彼此參校詳畧
先後同異如此碑云尋詔奪情復其舊任奪情二
字始見于此碑書素秋肅煞煞卽煞字廣韻云俗
殺字白虎通云金味所以辛何西方煞傷成物辛
所以煞傷之也是煞本與殺同義豐起蕭牆豐卽
釁字遽夋追風之足夋當作跤橫劍楏枒枒當作
梃彈違糺懸糺當作糺卽糾字馬犞初封廣韻云

俗作田獵字非此似借爲獵字又借爲鬣字皆別體也于志寧撰文而署曰製則與李百藥製虞公公碑同

據趙本校

金石萃編卷四十五

賜進士出身誥授光祿大夫刑部右侍郎加七級王昶譔

唐五

張琮碑

碑高七尺二寸三分廣三尺六寸三分三十行行六十字正書額題唐故□□光祿大□張府君碑十二字篆書在咸陽縣雙照村

唐□□□光□□□□□□刺史上柱□□□□□□

光祿大夫□□□□□庶子黎陽公于□□撰□□□□

夫□□□忝龍興□□□天立極夷難開□□□□多士以經綸駕群雄以戡翦然則輕車飛將靡刺舉之方擁節褰帷無折衝之略其能入陪乘石戎章肅於鈎陳出撫名藩文德被於江介揔英謀以挺秀敷善政以遐征見之使君南安公矣君諱琮字文瑾武威姑臧人也夫運籌帷幄名□三傑之先立効井陘功居八王之首屬金行不競寓縣分崩涼王建定亂之勳威割地之業洪源將導江而俱遠層搆與干雲而共高龜組相暉青紫交映備在簡諜可略言焉曾祖誼魏驃騎將軍涼州刺史黃門侍郎散騎常侍武威郡公剖符作牧恩重璽書執戟從官榮隆夕拜祖嵩周驃騎將軍鄜城郡太守死王事贈上柱國瀛州揔管河北莊公分竹宰民化光

霳霓臨難殞命節重結纓父辯隨上柱國使持節秦州
諸軍事秦州揔管潭州揔管左武衛大將軍河北郡開
國公建旗江表恩結湘流橫劒禁中聲高文陛惟公揔
煙霞之秀氣秉川岳之淑精器寓深沉風調爽逸文□
叶上將之略大樹表將軍之威纫挺縱橫綴幡爲戲少
懷慷慨聚米成圖超武安以振威邁淮陰以賈勇加以
琢磨道德黼藻仁義砥名勵行聞諸鄉黨資孝爲忠形
乎家國少習文史尤工騎射沉沙減竈既練之於兵書
持短入長亦精之於劒術公釋褐隨奮武尉于時東夷
未賓阻遼水以爲固頻擾黃龍之戍亟侵[illegible]菟之城隨

煬帝親馭貔貅以誅梟鏡公壯踰投石捷類搴旗命賞
疇庸以居其最特蒙標異授朝散大夫尋除新鄭縣令
公濟以寬猛施以韋絃遂使單父興謡雚蒲息盜善政
既著俄遷潁川郡丞此乃魏室之舊都胡公之故國元
冠成列朱輪接軫公綏之以淳化肅之以嚴威千里揚
風百城仰德時屬隨人委馭海縣沸騰或裂壤而鴟張
或分星而□視丹野塗地漂杵溺驂徒懷王允之心空
軫賈生之歎既而晉野降白雲之瑞秦川開赤玉之圖
稷偰於是遷虞張陳所以歸漢　高祖太武皇帝御
紫極而統天坐[illegible]扆而則地文爲治本資德教以化民

武以除殘藉干戈以靜難擇賢分職量器授官除公驃
騎將軍仍加上開府昔霍氏勳高沙塞任重中權黃君
望亞鼎司寵光□府以今方古彼何足云尋改授左衛
中郎將劉武周稱兵馬邑結援龍城挺禍汾陰連橫河
曲　今上龔行天□公陪從戎麾嘗授左三揔管公
智包三略勇冠六軍運奇謀以抗千里舞劒而摧八
陣兇徒既殄反旆還京除左衛長史其中郎將如故王
世充早事隨□□以戎旃曾無勤王之心翻肆問鼎之
志莽卓未足方其罪浞㹳豈得比其辜遂使宗社淪胥
懷生板蕩竇建德同惡相濟共爲掎角王師運九變之

謀揔□□之士風驅電掃拉朽摧枯公預官度之勳叅
峭陵之捷挍功追賞超絕等倫劉黑闥建德餘孽尚蓄
狼心擁兵趙魏構難漳滏騁其豕突未革鴞音
□慕此一戎遂清九宇於是稽天息浸飛岳□塵飲至
策勳嘗授上柱國封南安縣開國侯食邑七百戶又撿
挍叅旗軍副又撿挍左領左右中郎將儲闈□□衛率
近臣侍奉委之以正人爪牙寄之以心膂貞觀元年授
太子左衛率又撿挍右武衛將軍左領軍將軍四年嘗
授雲麾將軍行左衛率如故於是警□□坊恪勤晨夕
摽羽儀於甲觀擅風流於望菀十年授銀青光祿大夫

行睦州刺史方當斑六條於勁越哥兩岐於全吳望俗
變文身風移鑿齒紹還珠於□□追降鳳於潁川豈謂
日□難翻閱川不息忽感何祗之夢遂同聲伯之悲貞
觀十一年十二月之任在道寢疾薨於宋州館舍春秋
五十有五痛結寮執□□行人考行受名謚曰懿公禮
也卽以十三年二月十一日遷厝於始平之原惟公德
方琬璺照荆岫而騰暉材挺棟梁茂鄧林而聳幹破楚
入郢之略平□□齊之謀殫壓六奇籠蓋十策陳力草
昧之始立効雲雷之初功著升陑勲高戰牧執戟武帳
入舍禀其軍容受律戎軒四挍佇其神筭加以地居右

戚望□□卿帝鄉近親莫之比盛祖母李　景皇帝
之女贈信都郡大長公主母竇隨文帝之甥夫人長孫
　文德皇后之姊尚主嬪王光華帝戚魚軒鶴□
□映濯龍未嘗富貴嫡人恒以盛滿爲戒方應驂八駿
之駕高宴瑤池陪七佐之遊問道襄野豈謂九轉之方
莫効十枝之景難留奄切頹山忽悲幽壤子□□子振
等恐炎涼迭代星紀循環海變三山谷遷九地所以鐫
□勒石播美騰芳譬東都之前永識滕公之墓瀧亭之
側長標太尉之墳乃爲銘曰
□□茂緒眇眇長瀾七葉輔漢五世相韓績叅經啓業

預艱難代揔衡樂世襲衣冠山瀆降靈煙霞誕祉比德
珪辟齊芳蘭芑　衛　升浮光照車蘊美縱横韜略□□圖
史運屬交喪時逢乇剣爭竊寶符競窺帝籙禮廢禋祀
□毁龜玉兕甚拔山暴踰比角天地初闢光華方旦破
袁奇策滅項神筭受賑除殘執柯靜難□□三傑績隣
十亂霧徹雲銷功成治定屢典交戟頻膺寵命裂壤恩
隆分麾禮盛儲坊逃職江皐從政歲月易度生涯若浮
夕峰隱景夜壑遷舟鵬龍轉旆□□迴輀式鐫翠石示
樹芳猷

書甚剝泐其文爲于志寧所撰以前有黎陽公于四

字尚隱約可辨也額篆書文正書不知爲誰某矣中
惟蘗下改木從丂騎旁易馬爲女頗覺新異張琮字
文瑾武威姑臧人除睦州刺史未到官而卒唐史有
傳　抱經堂文集

右睦州刺史張琮碑碑出於近時趙子函顧寧人二
家於秦中石刻搜剔最夥亦未見斯碑也琮家世貴
顯姻連天家且有從征之功而姓名不載於新舊史
非神道復出于千有餘年之後琮且泯沒以終古矣
韓退之誌張季友墓云其上世有嵩者當宇文時爲
車騎大將軍鄜城太守卒葬河北謚曰思公與碑所

稱官謚小異此碑時代尚近宜得其眞隋書地理志上郡後魏置東秦州後改爲北華州西魏改爲敷州大業二年改爲鄜城郡今觀此碑則周時已有鄜城郡之名矣文云騁其豕突以騁爲騁以突爲突也云建德餘孽以孼爲孽也云哥兩岐于全吳以哥爲歌也云茂鄧林而聳幹以幹爲幹也云未嘗富貴嬌人以嬌爲驕也云高宴瑤池以宴爲宴也潛研堂金石文跋尾

張琮碑予向未有拓本癸丑歲館東昌及門天津吳生仲蘭以所蓄善本請予書跋案琮新舊唐書俱不爲立傳其歷官始末見于碑者有曰左三總管其職不見史志舊唐書尉遲敬德傳爲左一馬軍總管程知節傳領左一馬軍總管今此職豈與是相類與唐書兵志高祖初起開大將軍府以建成爲左領大都督領左三軍燉煌公爲右領大都督領右三軍左三總管殆隸于大都督爲其屬貳與碑稱王世充不避世字太宗本紀已巳令曰依禮二名不偏諱近代已來兩字兼避廢闕已多率意而行有違經典其官號名人公私文籍有世民兩字不連續者幷不須諱然則初令之行當時遵奉見于碑者信可徵矣授堂金石跋

按此碑首題僅存唐字光字刺史上柱字餘皆缺泐文亦但稱君諱琮字文瑾武威姑臧人也不著姓某雍州金石記所見拓本有張府君碑字知其爲張琮也琮及其曾祖誼祖曷父辯魏周隋書北史及兩唐書俱無傳不能詳致祖母李景皇帝之女景皇帝者高祖之祖諱虎于太宗爲曾祖則其女爲太宗之祖姑也而追贈信都郡大長公主史亦不書琮以貞觀十一年薨年五十五則其生在隋開皇三年推其曾祖仕魏當在西魏朝以其官涼州刺史也祖仕周爲鄜城郡太守周紀戰伐只書東伐齊及宣政元年突厥入寇幽州事此外別無用兵之時文稱祖曷死王事不知其死于何年之王事也父辯仕隨官潭州總管隋書地理志長沙郡舊置湘州平陳置潭州總管府大業初府廢隋文帝平陳在開皇九年則辯之仕隨在開皇九年以後大業以前也文稱公釋褐隨奮武尉于時東夷未賓阻遼爲固煬帝親馭貔貅以誅梟鏡煬帝紀載問罪遼左事在大業七年冬及八年春則琮時已三十歲矣文又有劉武周稱兵馬邑云云唐書高祖本紀平劉武周乃武德三年事平王世充等乃武德四年事唐書兵志武德初始置軍府

以驃騎車騎兩將軍府領之百官志親衛之府一曰親府勳衛之府二一曰勳一府二曰勳二府翊衛之府二一曰翊一府二曰翊二府凡五府每府中郎將一人正四品下此云左衛中郎將未知其爲勳府爲翊府抑勳府之一府二府翊府之一府二府也又左右驍衛上將軍左右武衛上將軍左右威衛上將軍左右領軍衛上將軍俱有左右翊中郎將府官同驍騎不知卽此左衛中郎將否也又左右衛有驍衛武衛威衛領軍衛之别各有長史一人此云除左衛長史不知其何衛也上柱國

勳視正二品開國縣侯爵從三品食邑當千戸開國縣伯則食邑七百戸此以縣侯而食邑同於縣伯何也雲麾將軍爲武階從三品銀青光祿大夫爲文階從三品蓋出爲刺史故改授文階而品則仍從三品睦州爲上州上州刺史本從三品然則上柱國之勳加子階一等也琮以貞觀十一年十二月薨于宋州館舍至十三年二月始遷厝始平之原是留於宋州者一年餘矣始平縣名屬京兆郡後更名興平與咸陽爲隣然則今碑所在之咸陽雙照村在唐時屬始平縣也文於諱字上稱君

據唐文百篇校

以下並稱公一文而君公互稱亦一例也碑書祖諱官鄭城郡太守謚壯公壯當卽莊字之省似非壯字臯鏡卽臯猿通用字徒懷作徒懷别體字

姜行本碑

碑連額高七尺二寸廣三尺二寸十八行行四十七字文及額俱正書在哈密

大唐左屯衛將軍姜行本勒石□□文

昔匈奴不滅竇將軍勒燕山之功閩越未清馬伏波樹銅柱之迹然則振英風於絶域申壯節於異方莫不騰茂實於千秋播芳猷於万古者矣　大唐德合二儀道高五帝握金鏡以朝万國調玉燭以馭兆民濟衣

冠煌煌禮樂車書順軌扶桑之表俱同□(洽)化所沾濛汜之鄉咸(咸)暨蕤天山而池□(瀚)海內北戸以靜幽都莫不解辮髮於藁街改左衽於夷□高昌國者乃是兩漢屯田之壁遺兵之所居麴文泰卽其苗裔也往因晉室多難群雄競馳中原乏主遂隔開届□□□□□玉(王曆)□至今靡□□□□自　皇威遠被砮類来庭雖沐仁風情懷首鼠杜遠方之職貢阻重譯之往來肆□狠之心起蜂蠆之□□□□衆庶賊殺無已　聖上愍彼蒼生申茲弔伐乃　詔使持節光祿大夫吏部尚書上柱國陳國公侯君集交河道行軍大揔管副揔管左屯衛大

檜字原碑如此乃檜字也俄檜義見左傳釋文

將軍上柱國永安郡開國公薛萬均副摠管左屯衛將軍上柱國通川縣開國男姜行本等爰整三軍龔行天罰□妖氛未殄將軍運七縱之威百雉作固英奇申九攻之略以通川公深謀刜出妙思縱横命□前軍營造攻具乃統沙州刺史上柱國望都縣開國侯劉德敏右監門中郎將上柱國淮安縣開國公衡智錫左屯衛中郎將上柱國富陽縣開國伯屈昉左武候郎將李海岸前開州刺史時德衡右監門府長王進威等並率驍雄鼓行而進以貞觀十四年五月十日師次伊吾時羅漫山北登黑紺所未盈旬月尅成奇功伐木則山林殫盡叱咤則川谷蕩薄衝梯蹔□百□冰□機檜一發千石雲飛墨翟之拒無施公輸之妙詎比大摠管運籌帷幄繼以中軍鐵騎亘原野金鼓動天地高旗弊日長戟詩彗雲自秦漢出師未有如斯之盛也班定遠之通西域故迹罕存鄭都護之滅車師空聞前史雖畱世著彼獨何人乃勒石紀功傳諸不朽其詞曰

於赫大唐受天明命化濟得□功無與竟荒服猶阻夷居不定乃拜將軍弥茲梟鏡其一六奇□思群雄逞力陣開龍□營□□□□麗星光旗明日色揚旌塞表振威西撫其二峨峨峻嶺眇眇平原塞雲瞑結胡風晝□昏□□

□□高樹□□銘功讚德□□□□

貞觀十四年歲次庚子□六月丁卯朔廿五日辛卯

立

瓜州司法叅軍河内司馬□□□□□

碑左側

側寛四寸二行

交河道行軍摠管左驍衛將軍□□□□□□□□

□□吳仁領右軍□□□

交河道行軍摠管左武衛將軍上柱國□□縣開國

公牛進達領兵十五万

高昌之役爲行軍副總管出伊州距柳谷百里依山造攻械增損舊法械益精其處有漢班超紀功碑行本磨去古刻更刊頌陳國威靈遂與侯君集進平高昌唐書姜行本傳

碑嶺上有唐碑文多駁落尚存侯君集領十四萬軍等字一統志

闞石圖者番語碑也嶺上有唐侯君集領兵四十萬西征之碑而字已剝落不成文矣奉使西域記

此卽太宗詔伐高昌麴文泰事也唐書高昌傳稱侯君集爲交河道大總管薛萬均薩孤吳仁副之契苾

何力爲葱山道副大總管牛進達爲行軍總管率突厥契苾騎數萬討之據此云口孤吳仁領右軍十五萬牛進達領兵十五萬與史言相合中叙君集封陳國公行本封通川縣男史俱不及文後有瓜州司法參軍河內司馬太眞詞具行當爲撰文人姓名 關中金石記

右姜行本紀功碑文多剥落攷唐書姜行本傳高昌之役磨去古刻更刊頌陳國威靈卽此碑也行本嘗封通川縣男新舊史皆失載碑今在哈密城北天山之麓土人名闢石圖漢言碑嶺也侯君集傳稱高昌

平君集刻石紀功乃別是一碑今已無存舊一統志誤以此卽君集所刻乃云高昌卽土魯番地東去哈密尚一千五百里此嶺在天山上當是君集旣平高昌凱旋而東過此山因而勒石倣竇憲勒銘燕然之意震耀武功非勒石於高昌國都今按碑額題大唐左屯衞將軍姜行本勒石紀文則非君集所刻明甚君集克高昌在八月癸酉而碑立於六月辛卯蓋在進兵之時亦非凱旋後所刻也唐書西域傳拜侯君集爲交河道大總管左屯衞大將軍薛萬均薩孤吳仁副之碑無薩孤吳仁名疑西域傳誤 潛研堂金石文跋尾

按碑番言科舍圖故又名科舍圖嶺今屬巴里坤一統志高昌卽吐魯番地東去哈密尚一千二百里哈密唐時伊州伊吾縣自貞觀四年內附卽置州縣此嶺在天山上當時君集旣平高昌凱旋而東過此山因而勒石唐書侯君集傳及西域傳所云刻石紀功卽指此碑當時必以天山高峻倣竇憲勒銘燕然之意震耀武功非勒石於高昌國都者據此則今哈密北碑嶺之碑宜立於平高昌凱旋後也然考唐書太宗紀貞觀十三年十二月壬申侯君集爲交河道行軍大總管以伐高昌十四年八月癸酉克高昌九月

癸卯赦高昌部十二月丁酉侯君集俘高昌王以獻西域傳高昌捷書聞天子大悅君集勒石紀功凱而旋俘智盛君臣獻觀德殿行飲至禮侯君集傳高昌平君集勒石紀功還以此參互求之是侯君集勒石紀功當在八月癸酉以後而今碑嶺之碑石刻六月辛卯可知其非一碑更以姜行本傳磨班碑更刊頌之文考之則此碑之建當在伊州造械之際進平高昌之前卽按碑文所載僅侈軍容未陳凱績亦相符合然則侯君集平高昌紀功當別有刻石未可云卽指此碑而當日紀功之碑亦未必不立於高昌國都

也　碑在遠方摹拓者少近時錢少詹事嘗跋其文云碑多剝落以余推之僅十餘字墨濕暈不可識案文內所序事跡始末云高昌國者乃是兩漢屯田之壁遺民之所居麴文泰郎其酋豪也又云雖沐仁風情懷首鼠杜遠方之職貢阻重譯之往來唐書西域傳文泰與西突厥通凡西域朝貢道其國咸見壅掠伊吾嘗臣西突厥至是內屬文泰與葉護共擊之帝下詔讓其反覆今碑所指是也錢君指碑無薩孤吳仁名疑西域傳誤案碑前二行於正文不屬題云交河道行軍總管左武衛將軍上柱國□城縣開□公□孤吳仁名自顯存又有交河道行軍總管左武衛將軍上柱國□城縣開國男牛進達領兵十五萬與唐書載武衛將軍牛進達爲行軍總率突厥契苾數萬討之合則當時二人名固在也但諦認此二行字不似碑正文或行本自紀其功而二人班師後另書名於此爾行本傳高昌之役出伊州距柳谷百里其處有漢班超紀功碑行本磨去古刻更刊頌陳國威靈今碑式與裴岑紀功碑相類信爲漢製無疑行本粗莽可爲嘆息也授堂金石跋

按此碑乃姜行本伐高昌時道過天山所立也是時帥師者侯君集而碑文則專紀姜行本營造攻具之功也新唐書姜謩傳謩子確字行本以字顯貞觀中爲將作少監護作九成洛陽宮及諸苑籞以幹力稱藎其智巧精于營造者也其伐高昌造攻械事與碑合侯君集傳新舊史俱言先封潞國公後授陳州刺史改封陳國公關中金石志謂史不及者偶失檢也侯君集薛萬鈞史皆與碑合劉德敏以下俱無攷行本傳雖云行本磨去古刻更刊頌陳國威靈而碑文詳敘行本造械云機檜一發千石雲飛墨翟之拒無施公輸之巧詎比似是從征者所頌并非行本所自爲也嘉興許燦晦堂詩鈔有漢唐紀功碑詩云周郎從軍越絕塞好古所至窮蒐羅古碑出見豈偶爾鑿地竟得雙嵯峨詩作於康熙間是漢唐二碑出土同在一時漢碑未嘗磨去也原註云漢碑文云維漢永和二年八月燉煌太守雲中裴岑將郡兵三千人誅呼衍王等斬馘部衆克敵全師除西域之灾蠲四郡之害邊境乂安振威到此立海祠以表萬世唐碑前題云大唐左屯衛將軍姜行本勒石紀文末題歲月云大唐貞觀十四年歲次庚子六月丁卯朔二十

五日辛卯云云又文中紀三總管銜名悉與此碑
合又乾隆間錢塘施養浩出塞存稿有邊碑詩自
註云巴里坤漢碑惟漢永和二年八月敦煌太守
雲中裴岑將郡卒三千人誅呼衍王壽建祠以誌
萬世云原本湮沒今西門外廟僧立石殿階陋劣
可笑雍正九年大將軍查郎阿以南山達坂陡峻
不能運車糧乃相度山形開鑿以通之山巔得唐
碑係貞觀十四年伐高昌鞠文泰左屯衛將軍姜
行本勒石紀文碑字多殘闕據此則唐碑尚存而
漢碑非其舊矣兩說不同如此要之行本傳稱磨

者另一班碑非即永和二年裴岑碑所更刊頌之
文亦另有一碑非即此碑也碑云高昌國者乃是
兩漢屯田之壁遺兵之所居麴文泰即其苗裔也
舊唐書傳高昌者漢車師前王之庭後漢戊巳校
尉之故地交河城前王庭田地城校尉城也然則
侯君集爲交河道行軍大總管是所伐乃前王庭
矣傳又稱其王麴伯雅即後魏時高昌王嘉之六
世孫隋煬帝時以戚屬宇文氏女爲華容公主妻
之武德二年伯雅死子文泰嗣貞觀時西戎諸國
來朝貢者皆塗經高昌文泰後稍壅絕之郎碑所

據趙本校

趙本夫字起無上一字

云杜遠方之職貢阻重譯之往來者是也此碑及
漢裴岑碑自岳鍾琪查郎阿兩將軍出塞以後始
知西域有此二碑而流傳尚少戶部侍郎裴公曰
修出塞測量道理攜兩碑以歸嗣後往來者購求
攜帶流傳稍廣矣碑書芳猷作芳猷苑天山苑郎
苑字憝彼蒼生憝當作愍廣韻憝憁也與愍字義
別此殆避太宗諱借憝爲愍也𡢃即李字櫼槍一
發千石雲飛者左傳旝動而鼓音釋又作檜建大
木置石其上發機以鎚敵者也高旗斃日斃即薇
字

伊闕佛龕碑

高一丈六寸廣六尺六寸五分三十二行行五十一字正書額題伊闕佛龕之碑篆書在洛陽伊闕

若□夫藏室□闢之舊典蓬萊宛委之遺文其教始於六
經其流□於百氏莫不美天地爲廣大嘉富貴爲崇高
備□物致用則上聖□□發育御氣乘雲則列仙體其變
化茲乃盡域中之事業殫方外之天府踰繫表而稱篤
論□帝先而謂窮神豈非循淼漫於埳井者未從海若
而泳天地也矜峻極於塊阜者未託山祇而窺地軸也
烏識夫無邊慧日垂鴻暉於四衢無相法寶韞善價於
三藏洎乎出□□之外寂焉超筌蹄之表三界方於禹

跡也猶大林之匹豪端四天視於侯服也若龍宮之方
蝸舍升彼岸而捨六度則周孔尚溺於口淪證常樂而
捐一乘則松喬莫追其軌徹由是見眞如之寂滅悟俗
諦之幻化八儒三墨之所稱其八塡口朧矣柱史園吏
之所進其口猶糠粃矣若夫七覺開口口正分塗離生
滅而降靈拂色空而現相唯妙也掩室以標其實唯神
也降魔以顯其權故登十号而御六口絶智於無形之
口口口口而寘五道應物於有爲之域是以慈悲所及
跨恒沙而同跬步業緣既啓積僧祇而比崇朝故能使
百億日月蕩無明於口口口口口口隮法雲於下土然

則功成道樹非練金之初跡滅堅林豈斷籌之末功饒
成侯與輿而垂範跡既滅假靈儀而圖妙是口口口口
口口其化於迦維載飾丹青發其善於震旦繩繩乎方
便之力至矣巍巍乎饒益之義大矣 文德皇后
道高軒曜口口口口淑聖表於無壇柔明極於光大沙
麓藹祉塗山發祥來賓家邦嗣嶽而贊王口聿修陰教
正位而叶帝圖求賢顯重輪之明逮下口厚載之德忠
謀著於房闥口敬申於 宗祀至誠所感淸暉魄於
上至柔所被蕩震騰於下心繫憂勤行歸儉約胎教口
口本枝冠於三代閫政攸叙宣撤光於二南陋錦繪之

華身安大帛賤珠玉之寶志絶名瑠九族所以增睦萬
邦所以至道宏覽圖籍雅好藝文酌黄老之清靜窮詩
書之溥博立德之茂合大兩儀立言之美齊明五緯加
以宿殖遠因早成妙果降神渭涘明四諦以契無生應
蹟昭陽馳三車以濟有結故緜區表剎各金猶須達之
園排空散花踊現同多寶之塔諒以高視四禪俯輕末
利深入八藏顧口勝鬘豈止蠶降揚蕤軼有媯之二女
載祀騰實越高辛之四妃而已扶左武候大將軍相州
都督雍州牧魏王體明德以居宗膺茂親而作屏發
才藝兼苞禮樂朝讀百篇摠九流於學海日摛三賦

萬物於詞林驅曾衛以驂鑣馭梁楚使扶轂長人稱善
口口千里之口通神曰孝橫口四海之濱結巨痛於風
枝纒深哀於霜露陽陵永翳懷鏡匳而不追闕宮如在
望階除而增慕思欲弭口鷲岳申陟屺之悲鼓枻龍池
寄寒泉之思方願捨白亭而遐舉瑩明珠於兜率度黄
陵而撫運蔭寶樹於安養博求報恩之津歷選集靈之
域以爲百王建國圖大必揆於中州千尊託生成道不
口於邊地惟此三川寔總六合王城設險曲阜營定鼎
之基伊闕帶 文命闢襄陵之口穹隆極天崢嶸無景
幽林招隱洞穴藏金雲生翠谷横石室而成蓋霞舒丹

巘臨松門而建𢑱宗基拒於嵩山依希雪巘□流注於
德水俩佛連河斯固眞俗之名區人祇之絶境也王乃
罄心而宏喜捨開藏而散龜貝楚般竭其思宋墨騁其
奇疏絶䌛於玉繩之表而靈龕星列雕□石於金波之
外而尊容月舉或仍舊而增嚴或維新而極妙白豪流
明掩蓮花之質紺髮揚暉分檀林之侶是故近瞻寶相
儼若全身遠鑒神光湛如留影嗤鏤玉之爲劣鄙刻檀
之未工杲杲焉踰日輪之麗長漢峨峨焉邁金山之映
巨壑耆闍在目鄗竭可想寶花降祥薇□雲之色天樂
振響舊□□之音是以覩法身之妙而八難自弥聞大

覺之風而六天可陟非正眞者其孰能與於此也善建
佛事以報鞠□之慈廣修福□以□□提之業非純孝
者其孰能與於此也昔簡狄生商旣□迴於名相公旦
胙魯亦□遁於國城猶且雅頌□其功同和於天地管
弦詠其德□□□鬼神况乎慧燈普照甘露徧灑任姒
尊名具之以妙覺開平茂實成之以種智是用勒紺碣
於不朽譬彼法幢陳讃述於無窮□□□□俾夫衣銷
刼□與金剛而比堅芥納須弥隨鐵□□齊固□□□
□迺作頌曰
十号開緒二諦分源有爲非寶無相稱尊光宅沙界大

趣本山幕以下全缺

居給園仁舟戢溺智炬排昏緣發現跡□終還淨色身
甍掩靈照遠鏡布金降眞攻玉圖聖五道有截三乘無
競　帝唐御紀文以定祥功濟赤縣德穆紫房十品
散馥三慧騰光廣闢香地載紐元綱卓爾英王□□茂
則丹靑神甸鹽梅王國擲□□□橫海□德孝思不匱
報恩罔忒聿修淨業于茲勝境梯危紫□□□翠嶺□
石表相因山摹□□□雖遙求心寧永豪□□□□□
□□□□祇樹樓似增□飛泉灑漢危石臨星巖垂日
近松□□□宜勝業載圓邪山減地傾下闕

唐起居郎褚遂良書三龕記字畫尤奇偉在河南龍

門山山夾伊水東西可愛壁間鑿石爲佛像後魏及
唐時所造惟此三龕像最大乃魏王泰爲長孫皇后
造也集古錄

龍門山鐫石爲佛像無慮萬計石窟最大者今名賓
陽洞像尤高大洞外石崖高處有刻字拓之得二十
餘行首尾不具不知年月姓名按集古錄有三龕記
貞觀十五年魏王泰爲長孫皇后造岑文本撰銘褚
遂良書今拓本有聿修陰德等語又有左武侯大將
軍相州都督雍州牧魏王及懷鏡奩而不追云云知
即此記也金石文字記

集古錄有貞觀十五年三龕記云唐兼中書侍郎岑
文本撰起居郎褚遂良書字畫尤奇偉三龕像最大
乃魏王泰爲長孫皇后造也寶刻類編云貞觀十五
年十一月磨崖刻今缺撰人年月据此書知洛陽縣
志云賓陽洞舊有岑文本三龕石刻今失者誤也額
篆書闕字作闕字謬甚碑稱文德皇后道高軒曜云
云又稱左武候大將軍相州都督雍州牧魏王卽魏
王泰子以丙午秋日閱視兵伍因過伊闕山訪賓陽
洞見泰所造三龕佛像大五六丈其伊闕夾水兩岸
石龕佛像數百皆後魏及唐世所鑿也龕之旁側往

往有刻字惜不能偏窮其勝因憶水經注稱闕左壁
有石銘云黃初四年六月二十四日辛巳大出水舉
高四丈五尺右壁又有石銘云泰康五年河南府君
循大禹之軌部督郵辛曜新城令王琨部監作掾董
猗李褒斬岸開石平通伊闕石文尚存也疑此刻磨
崖不致失墜好古之士訪之當或能見焉故附識于
此中州金石記
碑在賓暘洞之南磨崕刊此石近亦損裂惜無年月
可案集古錄謂魏王泰爲長孫皇后造者在貞觀十
五年攷十七年泰卽降王東萊今記書左武候大將
軍相州都督雍州牧魏王知此碑自十年長孫后旣
崩以後而泰猶未獲罪降徙時爲近之但必于十五
年未審歐陽子何據也授堂金石跋
按舊唐書太宗諸子列傳濮王泰字惠褒太宗第
四子初封宜都王進封衛王改封越王授揚州大
都督貞觀五年兼領左武候大都督並不之官八
年除雍州牧左武候大將軍九年轉鄜州大都督
十年徙封魏王遙領相州都督十七年降封東萊
郡王此碑稱左武候大將軍相州都督雍州牧魏
王則立碑當在貞觀十年以後十七年以前矣新

唐書稱太宗十四子文德皇后生第四子泰太宗
本紀貞觀十年六月己卯皇后長孫氏崩十一月
庚寅葬文德皇后于昭陵此碑爲文德皇后造寺
文有云結巨痛于風枝纏深哀于霜露陽陵永翳
懷鏡奩而不追閟宮如在望堦除而增慕是立碑
當距葬文德皇后不遠也碑云惟此三川寔總六
合史記秦紀莊襄王元年初置三川郡注河洛伊
也碑有中州伊闕字是指中州之三川也左傳守
闕塞字蘭肦大元大一統志引服虔注云南山伊
闕是也碑書峻作畯轍作徹崇基拒于嵩山拒當

據古碑證文校

作鉅發揮作發揮皆借用字朏魄作朗魄朗即古文朏字仿佛作俩佛俩即籀文仿字白豪作白豪豪本从高得聲說文作豪籀文作豪後人省作豪也

段志元碑

碑連額高一丈九寸廣三尺九寸三十二行行六十五字正書額題大唐故右衛大將軍揚州都督段公之碑十六字篆書
在醴泉縣昭陵

唐故輔國大將軍右衛大將軍楊州都督褒忠壯公段公碑銘

□□□□□□□□□□□□□□

蓋聞經邦致治必資輔相之士折衝禦侮寔賴將帥之臣是以尚父鷹揚□□□於□□□□□□□□□於□□□□□□□□□□□□□□□□□□□□□□□聲稱頌騰芳史冊存與日月爭暉沒與金石不朽至於拔萃著美搴旗馳譽纖雲□□□□□驊騮□□軌其唯忠壯公乎公諱□字志元□□郡□□人也若夫□宗隱嶙崇基冠於衆丘長河浩汗洪源導於積石是以庭堅作士□西周□伯陽之教千木作師東海□經明之績煥乎方策豈不□歟祖□□□□□□川□守德元□俗政治唯良考偃優師散騎常侍益都縣開國公贈洪州都督八州諸軍事謚信公勤邁□□功□□□公□□極之秀氣□□□□□□□□□孝□踐□基於忠烈□表瓌奇器量宏遠峩峩焉猶曾峯之跱嵩霍滔滔焉若清流之澄江漢故能齠年立志冠歲□名質性方直□□於汲黯交結□□□□□□□□□隨大業□薄伐遼左公占募從征年始十四夫兵戰凶危也遼碣遐阻也童牙而從兵戰志□而涉遼碣□□□識基於是矣　高祖道踰湯武□□□□　今上地兼曾衛爰始登庸公附翼方舉攀光旭旦委質邁奔走之臣就列踰蜀漢□□□□頭朝散大夫從　上破

西河□朝□□□□□破□老□於霍□遷銀青光祿大夫昔舞陽樂名從沛邑而力戰子衛效命臨昆陽而先登□永□茂勳方駕前烈□與□□劉元靜破□□屈突通□還□光祿□□□□□□濟縣侯食邑□□千戶又從　上討薛舉劉武周以功授樂遊府驃騎將軍進封武安郡公食邑并前二千戶公勇冠三軍氣高□戰□馬電發則□□必□□□□則□□□□是以紆金章於巖廊苞畢樊酈分桓珪於奥壤牢籠冦鄧君子以為宜哉又從　上□王世充□□□第一□□□授□□□□壽□□□□□□　上初踐

少陽無忘惟舊除左虞候率及膺寶命言念嘉庸拜左
驍衛將軍若乃盡□□□□□□□□□□□□□□
□召於往□□□□□□□□□□□令孰能　恩
隆善賞禮優夜拜者哉俄賜別食封四百戸還左驍衛
大將軍又爲梁州□□□(使)雍岐□州□□□□進封□
□公食邑□千戸□□食封□□戸通前□百戸又以
□官撿挍原州都督又統承風道行軍討吐谷渾丁父
憂未幾起復本任　文德皇后山陵撿挍□□□□□
□□□□□□□□□□□□□□□□於□府加等
進秩□寵歲重於周行而司勲授冊天下所以勸善良

史執藺後昆所以欽風　□□覽前書□惟近代□□
□□□貽□□□□□□□□□□□□□□□□□
□特□金□諸軍事金州刺史子孫承襲改封襃國公
食邑如故與司徒趙國公等同受冊命從□□□陵□
撿挍武□大將軍尋遷□衛大將軍□□□□□□□
□□□□□□□齊聲內典鈎陳與辛趙而方軌非
聖帝不能嚋茂績非奇才不能取高位於是見君臣之
合契唱和之如□焉又丁母憂□□□□本□□□□
□□□□禮□著□劒□錡懷蓼莪而疢心泣血苫廬
瞻几筵而增絶銜恤成疾致毀遺漸中使結徹於□□(問)

□□□奇於藥劑　□□□心膂　慈深覆育親□鑾
□□□□同旣班□貴又詣所言公銘戴　恩私對揚
忠到城郢(鄖)之志豈惟楚臣愼赦之言寧慙□(漢)相旣而子
輿日□(平)仲不□類彼劉□□□宗□□□□□□□
□□□□□□以貞觀十六年□月十八日薨於京師
之醴泉里第春秋卅五　上情深悼傷舉哀於別次跓
□□之□□(痛)孫□君之悲仁祖方之篋□□□□□□
□□□之□□□於念功勸善之□寔深於追往故鎭
軍大將軍右衛大將軍襃國公段志元器宇敦確風略
沉毅□(委)質運始□(寧)□(力)□□效勇□於麾□□勸□□□

□□□□□□□□□方□□歷永寄心膂與善莫黙
奄焉殞喪震悼之情倍深傷惜哀榮之典宜加恒數可
贈輔國大將軍使持節都督楊和□潤常□□七州諸
軍事□□□□□官□□□□於昭陵□□□□塋地
并東園祕器葬事所須並宜官給賻布絹五百段米粟
一千石四品一人監護其儀仗送至墓所仍送□事
上又追懷功烈乃　詔司存圖形於戢武閣太常考行
謚曰忠壯公禮也惟公氣(岸)崇峻□宇□深□樹幡旗
□懷□□□□□□□□□□□□□□猛志□□托
猊猻而靡懼高節邁俗觸雷霆而不驚遂平河出馬圖

腰佩□紐爵兼千乘裂□□之膏腴位□□□□漢庭
之榮寵□□□　□□□□□□之道克□於家國
仁義之風不愆於出內懷公孫之不伐慕孝甫之循牆
行式剄□（弦）晦其扛鼎之力言□（怨）木訥韜其涌泉之慮加
以敦睦宗族□□□□□□□□□鄉黨□□
□□怨已以及物仁心天發輕財以濟窮豈非朝廷之
爪牙八□（倫）之領袖者已故吏□名等慨徽音之遂往懷
遺愛而□□□請書□□□□□□□之□□□
碑於□□□□□猶勒銘於江表況乎誠著草昧功
參征伐顧灌□（絳）而俯視□（鉄）蔻賈帀長驅豈可使改名之

□有□□□□□之□□□□□□□□爲□
頌曰
方叔訊周條侯稱漢東都御錄昭伯覇亂西晉握圖□
治作翰美矣人傑於焉□□奇節自然瓌姿□發□□
□□□□□□□方□日月氣薄霄漢□高雲
闕王業肇建□（帝）道既融策名若水披荊漢中腰鞬靖難
提戟臨戎斬艮□（貫）勇括羽定功鑄□□職刑馬□□□
□□□入□□□□□□□□□之榮超張
□許志大心小位隆德盛奉國忘身惴惴畢命事親竭
力蒸蒸表行莅事以勤臨下以敬衔恤在疚奪情□職

瘡□愈遲毀□□□□□□□□盡□藏舟難□奔
義易臭　冕旒興哀縉紳掩淚恩踰九列禮亞三事何
以贈之戎章□侑何以送之鉦車按轡勒銘貞石義兼
庸器

右唐段志元碑以唐史考之多不合碑云公諱某字
志元而其名已殘缺然史初不載其名也碑云鄒平
人而史云臨淄人碑云謚忠壯而史云謚忠肅舊史
亦作忠壯與碑合又碑云圖形戢武閣按唐史及諸
書功臣圖形皆云凌烟閣初余得河間王元碑云圖
形戢武意謂凌烟先名戢武後改之爾今得斯碑亦

同由是益知前言之不謬二碑皆當時所立不應差
誤也金石錄

公封褒國公時亦授金州刺史見舊唐書而新唐書
亦削之何也且史云志元父偃師至鄖州刺史碑云
散騎常侍益都縣開國公贈洪州都督八州諸軍事
謚信公碑云志元從破薛舉劉武周云云而史不書
碑云謚忠壯舊史同而新史曰壯肅其刺謬不合如
此惜碑全者僅半尚未得詳考耳至如碑書撰俱無
名氏書法雖方整不無少遜崔安上李藥師碑然于
正書中時作一二筆分隸是六代遺習石墨鐫華

段公碑銘碑下半已磨泐可讀者千字而已雍州金石記

右碑篆額正書書撰人姓名皆不見據寶刻叢編所云則本無姓名也碑之下段今已殘缺余但得其上段關中金石記云唐書本傳云臨淄人此作鄒平傳云謚忠肅此作忠壯今余碑不見有鄒平人三字當是下段中亦有數字可辨者搨工以其糢糊太甚而竟棄之耳抱經堂文集

碑殘剝拓本今惟存其半尚約略粗可推認如碑所載志元歷官與史詳略異然史既云父偃師仕隋爲太原司法書佐從義師官至鄆州刺史今碑則云散

騎常侍益都縣開國公贈洪州都督八州諸軍事又與本傳不同然以宰相世系表考之又云偃師太子家令皆參差不合如此表或據其家牒採入亦無足疑者惟碑云志元左驍衛大將軍本傳與碑合而表作右驍衛則傳爲是表爲誤碑云謚忠壯舊唐書同今表亦作忠壯與碑合而本傳乃云謚壯肅則表爲是傳爲誤此又可參校以證者也新唐書太宗本紀貞觀十七年戊申圖功臣於凌烟閣志元圖形附見秦叔寶傳後檢此碑文又云詔司存圖形戢武閣肆立在貞觀十六年當時尚未圖形凌烟早已圖于此閣而戢武之名本傳亦不書葢闕錄也金石錄唐河間元王碑云唐初功臣皆云圖形凌烟閣而此碑乃作戢武閣戢武之名不見于他書惟當時石刻數數有之豈凌烟先名戢武而後改之耶與此碑同授堂金石跋

按此碑文約二千字殘缺其半凡遇叙事紀要處皆遭磨泐今据其所存字攷之碑云公諱□字志元缺其諱一字其薨後追䘏之詔又直稱段志元似係初別有諱後以字行故新舊唐書傳但云段志元不云別有諱也碑云某郡某縣人缺其地名

關中金石記尚見有鄒平字與金石錄合兩唐書俱作齊州臨淄人舊唐書地理志武德元年置鄒州領臨濟蒲臺高苑長山鄒平五縣八年廢鄒州鄒平屬譚州譚州廢屬淄州臨淄縣屬青州頗疑傳稱齊州臨淄是臨濟之譌葢武德初臨濟與鄒平同屬鄒州兩邑地近里貫可以互稱若臨淄屬青州道里既懸殊而又不云有遷籍之事然碑又稱偃師封益都縣公當時封國多從其鄉益都與臨淄同屬青州似臨淄不誤則亦當云青州臨淄不得謂之齊州臨淄矣宰相世系表則云段氏世

居武威至後魏晉興太守紛五世孫偃師徙河南以齊州靑州皆屬河南道也碑缺其祖諱但有川字守字德元□俗政洽唯㝗字則是嘗守□川而表與傳俱不載偃師之父名無從攷矣碑云隨大業薄伐遼左公占募從征年始十四志元薨于貞觀十六年年四十五推其生在隋文帝開皇十八年煬帝伐遼之舉在大業七年時志元正十四歲也傳則畧而不書徑叙其以千人從高祖而已碑稱討薛舉劉武周授樂遊府驃騎將軍進封武安郡公傳但書官不書爵遷左驍衛大將軍下有又爲梁州雍岐州等字其進封字泐傳但云封樊國公而已且檢校原州都督統承風道行軍討吐谷渾父憂起復後又丁毋憂成疾傳皆不書餘則碑傳互有詳畧末云故吏□名等慨㩲音之遂往懷遺愛而□□請書云云則是碑爲故吏所立請書之下必有撰人姓名惜皆泐也銘內奔義易昃義仰職字

金石萃編卷四十五終

据抄本校

金石萃編卷四十六

賜進士出身誥授光祿大夫刑部右侍郎加七級王昶譔

唐六

陸讓碑

碑連額高七尺六寸廣三尺九寸共三十四行行五十一字額題隨文州總管光祿卿陸使君碑十二字並正書

□□□□□□□□□□□□□□□□□州總管光祿卿□□□□□君之碑

□□□洗馬□陵□□撰

太原郭儼書

□□□□□□□□□□□□□□□□□□□而□

德□□□□□周郚□啓封功葢天地煥乎由素洎齊

宣分邑是曰陸侯避地□□□□□□□□□□□□

□□□□□□□□□□□□□□□□□□□□□

□□□□□□□□□□□□□□□□□□□□□

□□□□□□□□□□□□□□□□□江□□□

□□□□□□□□□□□□□□□□職□□之利

在□二陸□世以爲美談傳之□□六世祖載□功典

午人倫領袖宋□□□□□□□□□□□□□□史

□□□□旣沒赫連□卽事魏累加冊命位□三台一

心百君股肱攸□□居京兆名貫涇陽□□□□年□

□□□□□魏冠軍□□□州刺史行□□物□□□
邊求□□寄得人斯在祖政周驃騎大將軍儀同三司
恒涇二州刺史□都□公幼遭不造居貧致□孝泉之
感達□幽明雖累□□□□不忘其本俯拾青紫家風
無墜□鍾儀楚奏莊舄越吟事□其人未□□載以今
況古□有慚焉父□□八□□□光□大夫侍中大司
馬□司寇大司徒秦襄陜三州總管綏德定公器宇宏
亮神□俊傑□□所寄總握兵□使□郎定公之第五
子也幼挺岐嶷之姿早標令問之譽機神穎敏識□宏
深以保定五年釋褐左□□□從□例也爰始弱冠時

入以宿望□之□□□□□□□□□□□□□□□
□□□□斯□□□□□□□御□少納言□侍□幄
□□之道□□升□□□□□之□斯□僉議惟允嘉
聲載穆□□□□信□股肱□年以從周武皇帝平晉
陽之功又遷使持節儀同大將軍安澤縣開國侯邑□
百戶□□□駟□□□百匹執干戈以定□□警□□
而肅鉤陳位列三槐爵隆芋圭祿兼萬石名冠八龍將
□□□榮名□襲宣政元年詔□□陽□□進封安澤
縣開國公增邑二百戶名高五等位□十邑宏才懋實
榮□一時□□□□會□事□□□□□□□□□□

□□□□□□□□□□□□□□□□□□□□□
□□□□□□□□□鼎□方□寄於鹽梅□言□無
爽□□□□□□□□□有□□□□□□代伊始□
□萬類任切共□綏邊之寄非公莫可乃下詔曰開府
儀同三司□納□陸讓器□□□□□□□□□□久
□□攸歸宜加榮命用申優擢□廣州諸軍事廣州刺
史散官如故□黍又□文州諸軍□文州總管□□導
德□肅刑□□以□□□以□□十三年又以顯州之
地風俗未淳□洞阻深雄豪爲梗乃以公爲顯州諸軍
事顯州刺史公下車布政□服其□字彼□□抑茲□

禦導之以德齊之以刑易俗移風□成朞月聲馳□越
化□萬□大業五年詔□光祿□□□□惟公器量宏
□□□□□□□□□□□□□入侍帷扆旣曰腹心
出宰名藩寔宣王化故能爲政以成德立德以濟□厥
志不迴其儀匪忒汪□□□□不能□其志肅肅焉風
霜不能改其節喜慍不形於色在貴不以淩人容止可
觀行爲□則所謂珠生合浦玉產藍田□□琳□□□
餘慶□□不幸□疾春秋六十有二以大業六年正月
□日薨於河南郡雒陽縣之私第卽以其年二月□□
□□□長□縣之高□原夫人隴□李氏□□魏公□

之□大將軍趙郡公晏之女也□眉□禮相待如賓閨
門雍穆□□敬□□□于竄□□□兄弟以御于家
邦□公之謂□隨之云□□□□□因□邅□□□
厝以 大唐貞觀□□年歲次癸卯十□月□未□□
六日壬寅□葬於雍州三□縣□□原禮也第□子□
□□縣令□叙幼□荼蓼毁瘠過禮□庭之□□世
無□□之心終天□□□宅兆斯安式紀□
□乃□銘曰
舜□于嚳嬀育□□本枝派□□□其□□□□□
□名□□□允□□□躍□□□□□

□□□其人□沈□亂□事莫□徒聞□□□爲魏
臣□□安□稟德高門爵隆位顯名揚□尊□□□
□□□□□□□□□德□降靈川岳智
□□禽□學繼此□□挺□□覺璧□□□
□□爲□□□□宏猷□乃肅鈞陳□□
陞使緐棨宸偉□令德猗歟□人三□□九□□□
□壽□□功□□氣烈□□□冬日懋德懋□且
文且質□□周德有隨革命知人□拓□□□□□
□□□□□□□□□□□□□□□□□□
□□□□□□□□□雍穆□□□□□□□□

□□蒙風馳景迴□逝川□□□此□□言□□□□
□□□□□□□□□□□□□□□□□□
□□□兆有隆□□□炎涼□□□□□子□□
□□□□□□□□□□□□□隰芳□□
遠□徽□□

按陞使君先世歷仕晉宋魏周諸朝使君官至使持節儀同大將軍安澤縣開國侯宣政元年進封公官爵不爲不顯而各史皆無傳碑中亦無事業足稱可見文章勲伐皆吾人所當自立否則雖躋顯位猶朝榮而夕替矣又按使君以保定五年釋褐歷仕周隋入唐又膺顯爵宗社滄桑罔知臣節

此歐陽公馮道等六人傳所太息痛恨者乃及其旣沒而爲碑志者猶復恬不爲怪轉以歷朝所授官階侈陳鋪叙以爲榮幸則是輕大節而忘廉恥文即工又何取焉隋唐之交碑志類此者甚多附書於此後來珥筆文人不可不引以爲戒

蓋文達碑

碑四面環刻碑陽二十七行行四十四字今殘四字連額高六尺一寸五分廣三尺二寸五分額題故蜀王師蓋府君之碑九字俱正書

尚書上柱國燕國公于志寧字處謐作此文

竊以仰觀俯察八卦於是列焉依類爲形六籍所以生

盖陳卑高之序定君臣之儀口國辯方化民成俗闕不
大扶於是西河闡以儒風北海敷以至教四方挹其茂
範百代稟其徽猷況蹈六行以揚名藴九德以闕表道
爲人師紹闕里之頹風宏稷下之墜業見之正議大夫
蜀王師盖公諱文達字藝成冀州信都人也闕高山以
畫九州營丘佐姬平牧野以開四履鴻代承家口口分
社人物奔葉高軌銘於景鐘英傑蟬聯芳闕曾祖慶魏
彭城王記室參軍樂陵郡守碣宮肇建郎預文房茅土
始封遂居分竹祖延齊安平王討曹從事闕超牧馬以
觽芳驂駕魏口冠應劉以驤首父求隨幽州薊縣令德
光馴雉化美去蝗仁風表於弦哥政教彰闕稟淳和之
氣凌峻㨿之精雅量淹通識度開濟比子昂之德行聲
動朝倫方季口之容儀光照隣國懷清貞闕重然諾而
略兼金博㨿石渠踰蔡雝之萬卷學該藏室邁惠施之
五車縟藻麗於雕龍雄辯析於非馬入其闕芝蘭遊其
門者若聞絲竹可謂照灼千祀口口一時者焉隨煬帝
以當璧握圖大横纂轡命翹車以招英口闕名碩儒公
以經明行修孤標獨秀大業三年授同安博士九年特
敕除守國子助教洎三靈改卜六口闕言於贊宗
稟函杖於泮水武德元秊授國子助教　今上韜光藩
服歷試艱難虛左用佇奇才開館以口口闕辟來遊府
朝遂得文預題鞭　恩參置醴聖人嗣膺寶曆君臨區
宇業盛配天功齊造化循韶夏之舊軌闕風以公學冠
當時除國子博士雖曹志之篤行江統之高名未之連
步成均比肩璧水十年　詔授員外散闕諫議大夫國
子博士如故懷匪躬之節抱忠公之心同少翁之善言
方紀山之鯁直十一年從　駕洛陽宮闕補宏文館學
士口步銅馳待　詔金馬切問資以辯對近侍屬於博
聞十二秊　詔授國子司業左學右口闕謀口上庠下
庠官曹待以綱紀十三年　詔授兼蜀王師迮正藩傺
劉寔以多聞見重師範磐石孔演以行闕古雖殊得人
是一十六年丁母憂居喪泣血至性逾於世公負土成
墳孝德甚於泰伯實可訓時勵俗作口闕立教宏風爲
羣寮之隱括於是逍遥誓誥每服止足之言組織典墳
恒敦滿盈之誡觀陽元謝事意在抽簪闕車情存挂綬
所以退居丘壑有終焉之心十八年　詔授正議大夫
兼崇賢館學士鶴關將啓烝逝矯翼之闕開更招託乘
之客公曳裾末福躡履承華侍公宴口口之葥口飛蓋
銀牓之右豈謂峯頹東岳聖人起奠楹闕西州智士興
云亡之歎春秋六十有七薨雍州開化坊里弟裒感

宸極宮懸止於咸池悲動震方肅成輟闕敕令贈物絹
三百匹粟三百石喪事所須率由官給即以其年十二
月歸葬於舊塋禮也惟公英姿磊落壇闕竦千尋量包
万頃偶潘而稱連璧對郭而号仙口學綜羣書能兼衆
藝羽陵蠹簡魏冢逸篇揣摩縱横之辟闕之術囊括往
哲高視前脩定三豕之疑不假卜商之辯决貳負之惑
詎勞劉向之言鴻都於是推高曲臺所闕口陪黃屋或
侍青宮方愣里之智囊鎮南之武庫故能保元口於當
世口口口口於後昆世子國子主薄宏式闕口口追悲罔
極之難報對窮泉而長慟思口口之口永懷恐暑往寒

來口口口口口延閣鍾移律改口口墜於闕

碑文多漫漶其所載歷官始末考舊唐書本傳文達字及三代名銜在隋時文達所居官並略不書唐書同又十一年補宏文館學士傳載于十年十二年詔授國子司業傳載于十三年叙次失其實當依碑爲正前云仁風表于茲哥哥古歌字後稱世子主簿宏式口世字不闕畫授堂金石跋

按碑前題尚書上柱國燕國公于志寧字處謐作此文撰入兼書字并不曰撰而曰作此文又一例也新唐書傳及宰相世系表皆云六子仲謐此作處謐彼此不同舊唐書傳永徽元年加光祿大夫進封燕國公二年拜尚書左僕射同中書門下三品前此未嘗官尚書此碑未著立於何年以志寧題銜證之當在永徽二年也然新書傳則進封燕國公在晉王爲皇太子時乃貞觀十七年事則又當立於十八年歸葬之時矣碑每行四十四字今拓本下截失搨四字率讀不全僅据其所存者攷之碑云曾祖慶仕魏祖延仕齊父永仕隋魏齊隋書及北史俱無傳公在隋除守國子助教唐太宗初除國子博士累授正議大夫兼崇賢館學士春

秋六十有七薨於雍州開化坊里第即以其年十二月歸葬舊塋末云世子國子主簿宏式恐暑往寒來鍾移律改云云玩其語意似係葬後逾久而始立碑也兩唐書本傳叙官年數與碑參差本紀書幸洛陽宮乃十一年事碑稱十一年從駕洛陽宮補宏文館學士則碑不誤傳作十年者誤也碑云今上以公學冠當時除國子博士傳則云爲秦王文學館直學士碑與傳俱不同文學館百官志亦無攷其後兼崇賢館學士則新書百官志云貞觀十三年置崇賢館上元二年避太子名改曰崇

文也蜀王愔太宗第六子貞觀十年改封蜀王轉
益州都督十三年除岐州刺史數爲非法削封并
及國官之半文達傳云以王有罪坐免而碑則云
匡正藩條師範磐石丁毋憂退居邸第有終焉之
志云云是文家迴護之詞也碑書容儀藩條旁皆
从彳尚是舊習函丈作函杖借用字里第作里弟
則從篆矣

太宗祭比干文

裱本高廣尺寸行數字數俱無考隸書

維大唐貞觀十九年歲次乙巳二月己亥朔廿日戊午
皇帝敬遣大府卿蕭欽宗正少卿駙馬都尉長孫沖等
持節以少牢之奠祭殷故少師比干之靈朕聞龍躍鳳
翔必資鱗□□□御下必藉忠良元首股肱其道尙矣
惟君誕靈山岳降德星辰苞金石以爲心蘊松桂而爲
質不以夷險易操不以利害變□□津之師拒高鳳而
莫進朝歌之滅資至德而延期且道喪時昏奸邪並用
暴君虐主正直難居是以江漢神龜殘形由於蘊□□
山和璞碎質以其懷珍丹耀彩而磨肌翠含色而解羽
驚風拂野迴野先彫零雨被枝高花早墜良由佩奇銜
美獨秀於貞雖□□仟亡詎能遣凶殘之累智周萬物
不能離顛沛之艱然則大夏將崩非一木之能止天道
去奚豈一賢之可全且夫□過顯□□□□惡忠臣之
義也三諫不入奉身而退聖人之道也何必殉形於國
以速商殷之亡剖心於朝以深獨夫之罪每懷此□□
□□□□者覩朕斯言以爲飾非拒諫智者明於此意
當知惜善愛仁歎往哲之不追嗟後賢之未及然則犯
顏色逆龍鱗奮不辰□□□武蹈斯節者罕有其人非
知之難行之不易所以永懷千古馳駕九原悽愴風煙
靡尋餘跡荒涼丘隴空有□名昔周武封□□□表德
姬文葬骨異世同臣雖今古殊途年代冥漠式遵故實

爰贈大師溥酌少牢以陳薄禮遊魂□□□□□嘉誠
司徒太子太師趙國公無忌
開府儀同三司申國公士廉
光祿大夫民部尚書莒國公唐儉
吏部尚書駙馬都尉柱國安德郡開國公楊師道
中書令江陵縣開國子岑文本
正議大夫守中書令兼太子左庶子馬周
中大夫守黃門侍郎褚遂良
右貞觀十九年二月廿日無忌等奏請以贈比干詔并
祭文刻石樹碑奉勅依奏

前左宗衛鎧曹叅軍事宜廟諱文館臣薛純陁書

按比干墓在河南府偃師縣西北一十五里太宗貞觀十九年二月庚戌如洛陽宮以伐高麗道經河南遣官以祭也舊唐書本紀二月乙卯贈殷比干爲太師謚曰忠烈命所司封墓葺祠堂春秋祠以少牢上自爲文祭之新書本紀但書丁巳贈比干太師謚忠烈而不云致祭碑則云戊午奠祭且但云贈太師而不云加謚各有詳略不同文又云三諫不入奉身而退聖人之道也云云此與魏孝文弔比干文迥别深能表比干之忠且太宗任賢納諫保全忠直之盛心藹然溢于言外遣祭者大府卿蕭欽及宗正少卿駙馬都尉長孫沖等蕭欽兩史無傳長孫沖尚長樂公主主爲太宗第五女長孫皇后所生沖爲后兄無忌子官至秘書監駙馬都尉後列七人名官爵與史傳同是時輔太子守定州者三人無忌士廉馬周也從征者二人楊師道岑文本也從獵洛陽者一人唐儉也褚遂良則但書其上疏諫伐而不言其從征與居守又七人中前二人不著姓後五人著姓所未詳也後題貞觀十九年二月卅日無忌等奏請以贈比干詔

據抄本校（凡○者皆鈔本）趙本校

金石萃編卷四十六　唐六　三

并祭文刻石樹碑奉勅依奏蓋祭告後十日也今刻石者祇有祭文而缺其詔矣末題前左宗衛鎧曹叅軍事宜宏文館臣薛純陁書書體八分純陁唐書無傳惟廣川書跋云薛純陁秘書省正字與此碑結銜不同廣川又云貞觀十二年純陁奉勅書砥柱銘當時如虞伯施褚登善號能書者皆避而讓之其書筆力有餘點畫不失尚多隸體氣象奇偉猶有古人體法又朝野僉載有云歐陽通詢之子善書薛純陁亦善歐陽草云云是純陁之有書名如此又純陁二字見涅槃經佛將涅槃受純陁最後供翻譯名義云純陁是西音妙義是此語是薛純陁命名之義殆有取于是歟百官志武德五年改太子左右武侍衛率曰左右宗衛率府又有鎧曹參軍事二人掌儀衛兵仗皆太子衛職貞觀中鎧曹廢碑云前者未廢以前所任也宏文館亦隸東宮官碑爲宋時翻刻故文中兩殷字皆缺筆作段㳟字仔字照摹本缺並非泐文貳作貮疑摹者之誤

晉祠銘

碑連額高一丈一尺二寸八分廣四尺九寸四分二十八行行字四十四至五十不等正書在太原府

晉祠之銘并序

御製 御書

夫興邦建國資懿親以化輔分圭錫社實茂德之攸居
非親無以隆基非德無以啓化是知功侔分 陝 奕葉之
慶弥彰道洽留棠傳芳之跡斯在惟神誕靈周室降德
鄷都疏派天潢分枝琁極經仁緯義履順居貞揭日月
以爲躬麗高明之質括滄溟而爲量體宏潤之資德乃
民宗壁惟國範故能協隆鼎祚贊七百之洪基光啓維
城開一匡之覇業既而今古革運舟壑潛遷雖地盡三
分而餘風未泯世移千祀而遺烈猶存元化曠而無名

神理幽而靡究故歆祠利禱若存若亡濟世匡民如顯
如晦臨汾川而降祉搆仁智以摟神金闕九層鄙蓬萊
之已陋玉樓千仞恥崐閬之非奇落月低於桂筵流星
起於珠樹若夫崇山亘峙作鎮參墟襟帶邊亭摽臨朔
土懸崖百丈蔽日虧紅絕嶺萬尋横天聳翠霞無機而
散錦峯非水而開蓮名鏡流輝孤巖宵朗松蘿曳影重
谿晝昏碧霧紫煙鬱古今之色飀霜絳雪皎冬夏之光
其施惠也則和風溽露是生油雲膏雨□□其至仁也
則霓裳鶴蓋息焉飛禽走獸依焉其剛節也則治亂不
改其形寒暑莫移其操其大量也則育萬物而不倦資

四方而靡窮故以衆美攸歸明祇是宅豈如羅浮之島
拔嶺南遷舞陽之山移基北轉以夫挺秀之質而無居
常之資故知靈岳標奇託神威而爲固加以飛泉涌砌
激石分湍縈氛霧而終清有英俊之貞操任方圓以成
像體聖□之屈伸日注不窮類芳猷之無絕年傾不溢
同上德之誠盈陰澗懷氷春留冬鏡陽巖引溜冬結春
苔非疏勒之可方豈瀑布之能擬至如濁涇清渭歲歲
同流碧海黃河時時一變以夫括地之紀横天之源不
能保其常莫能殊其操信乃兹泉表異□□□□爲弥
仰神居之肅清想徽音其如在是以朱輪華轂接軫於

壇□玉幣豐□連箱於廟闕氤氳靈氣仰之而彌高晰
晰神光望之而逾□潛通元化不爽於錙銖感應明徵
有逾於影響惟賢是□非黍稷之爲馨惟德是依□□
□之爲惠昔有隋昏季綱紀崩淪四海騰波三光戢曜
 先皇襲千齡之徽號膺八百之 期用竭誠心以
祈嘉福□□□旅發跡神邦舉風電以長驅籠天地而
遐掩一戎大定六合爲家雖膺籙受圖彰於天命而克
昌洪業□□□□□茫茫万頃必俟雲雨之 巍巍
五岳必延塵壤之資雖九穗登年由乎播種千尋聳日
本藉崇基然則不雨不雲則有□□之害非塵非壤則

想作不資靈福者字疑原碑上空三字本空三格鈔本資下空二格

有傾覆之憂雖立本於自然亦成功而假助豈大寶之獨運不資□□□靈福者乎故無言不酬無□□所以巡往跡賚洪恩臨汾水而濯心仰靈壇而肅志若夫照車十二連城三五幣帛雲委珎羞山積此乃庸鄙之享恐非明□所歆正當竭麗水之金勒芳猷於不朽盍荆山之玉鐫美德於無窮名彼雨師宏茲惠澤命斯風伯揚此清塵使地□□德於金門山靈受化於轡闕括九仙而警衛擁百神以前驅俾洪威振於六幽令譽光於千載豈若高唐之廟空号朝雲陳蒼之祠虛傳夜影式刊芳烈乃作銘云

赫赫宗周明玥哲輔誕靈降德承文繼武啓慶畱名翦桐頒圭逸翮孤映清飈自舉藩屏維寧邦家攸序傳琿竹帛□靈汾晉惟德是輔惟賢是順不罰而威不言而信元化潛流洪恩遐振沉沉清廟肅肅靈壇松低羽蓋雲挂仙冠霧□霄碧霞帳晨丹戸花冬桂庭芳夏蘭代移神久地古林殘泉涌湍縈瀉砌分庭非攬可濁非澄自清地斜文直澗曲流平翻霞散錦倒日澄明氷開一鏡風激千聲既瞻清潔載想忠貞濯茲塵穢瑩此心靈猗歟勝地偉哉靈異日月有窮英聲不匱天地可極神威靡墜萬代千齡芳猷永嗣

右唐晉祠銘太宗撰并書晉祠者唐叔虞祠也高祖初起兵禱于叔虞祠至貞觀二十年太宗為立焉金石錄

河東道并州晉平縣晉祠碑唐貞觀二十年太宗幸并州置御製并書太平寰宇記

唐得天下後太宗祠晉侯而為之銘晉侯者周唐叔後霸天下者也據碑高祖起兵時嘗禱于晉侯之祠而以是報享之太宗製文並書全法聖教序蘭亭而縱橫自如但石理惡歷年多其鋩鍛之存者無幾耳石墨鐫華

祠在今太原府西南四十里距今太原縣八里而今縣則古晉陽之故址唐時為并州為北都為河東節度使治昔人立廟於此以祀唐叔考之北齊書已有其名而唐高祖起兵嘗禱於此冊府元龜太宗貞觀二十年正月幸晉祠樹碑製文親書之於石今存祠中蓋昔之并都甚大祠去城三四里爾在懸甕山之麓晉水之所發源後人于此引池結亭架橋其上林水翳然足為一方之勝其廟負山而東面者晉水之神南面者唐叔之神後晉天福六年封唐叔為興安王臺駘為昌寧公而宋時又封晉水為顯靈昭濟聖

母飾爲婦人之像今之人但言聖母而不復知有唐叔爲古先有土之君矣水經注云昔智伯遏晉水以灌晉陽後人踵其遺蹟蓄以爲沼沼西際山枕水有唐叔虞祠水側有涼堂結飛梁於水上北史薛孝通嘗與諸人同詣晉祠皆屈膝盡禮孝通獨捧手不拜顧而言曰此乃諸侯之國去我何遠恭而無禮將爲神笑是則當時之所祀者唐叔非水神也祠前蓮花臺上有鐵人四一紹聖四年一五年造俱完一宏治十一年一無年月俱壞今之工不及古也　碑陰字體不一其上右方云司徒太子太師上柱國趙國公臣無忌太子太保上柱國宋國公臣瑀特進太子詹事兼左衛率上柱國英國公臣勣光祿大夫刑部尚書上柱國鄖國公臣張亮禮部尚書上柱國江夏郡王臣道宗太常卿駙馬都尉柱國安德郡公臣楊師道正議大夫守中書令太子左庶子兼攝吏部尚書護軍臣馬周凡七行皆當日書者其餘則皆宋人續題錯亂無次具空處又有洪武二年行省參知政事楊憲題而絕無一唐人題者以御書之碑不敢擅刻也東軒筆錄呂升卿爲京東察訪游泰山題名于眞宗御製封禪碑之陰刊刻搨本傳於四方後二年升卿判國子監會蔡承禧爲御史言其題名事以爲大不恭遂罷升卿判監他碑則唐人之題固纍纍也　舊唐書東夷傳新羅王眞德遣其弟國相伊贊于金春秋及其子文正來朝春秋請詣國學觀釋奠及講論太宗因賜以所製溫湯及晉祠碑并新撰晉書將歸國令三品已上晏餞之金石文字記

唐太宗自晉祠興師定天下貞觀二十一年七月御製碑文及銘勒石於叔虞祠東隅碑陰列長孫無忌蕭瑀李勣張亮李道宗楊師道馬周銜名後人覆之以亭而庸工以字畫上石稍淺遂刻而深之帝嘗自述作書之法惟求骨力骨力既得形勢自生不意爲庸工改鑿而骨力形勢俱失矣予嘗五至祠下輒摩挲是碑覽古興懷集少陵野老詩句文章千古事社稷一戎衣書於亭柱富平李因篤子德見而賞其工因遺書與予定交于其歸也拓銘一本贈之而書其後曝書亭集

碑首貞觀二十一年七月八字乃文皇飛白書飛白不傳傳者此八字耳而此本無之亦恨事也鐵函齋書跋

按唐書本紀太宗以貞觀十九年十二月幸并州二十年正月在并州此文當卽在是時撰書而碑首題貞觀二十一年七月者殆摹勒上石在明年七月也文云先皇襲千齡之徽號膺八百之先期

用竭誠心以祈嘉福又云無言不酬無德不報所以巡往跡賽洪因臨汾水而濯心仰靈壇而肅志是爲高祖禱晉祠起義兵之證高祖紀大業十二年爲太原留守時羣賊蜂起江都阻絶太宗勸舉義兵高祖乃命太宗募兵旬日間衆且一萬郡丞王威武牙郎將高君雅恐高祖爲變相與疑懼請高祖祈雨於晉祠將爲不利晉陽鄉長劉世龍知之以告高祖高祖陰爲之備是高祖禱晉祠事當卽在此時文云惟神誕靈周室降德酆都疏派天潢分枝琁極蓋謂唐叔也唐叔封唐因有晉水改

名爲晉水經注山海經曰懸甕之山晉水出焉今在縣之西南其川上濟後人踵其遺跡蓄以爲沼沼西際山枕水有唐叔虞祠水側有凉堂結飛梁於水上左右雜樹交蔭希見曦景文後有云飛泉湧砌激石分湍縈氛霧而終清有英俊之貞操任方圓以成像體聖口之屈伸陰澗懷氷春留冬鏡陽巖引溜冬結春消卽指此晉水也顧亭林云其廟負山東面者晉水之神南面者唐叔之神宋時封晉水爲顯靈昭濟聖母飾爲婦人之像云云按此碑有云豈若高唐之廟空號朝雲陳倉之祠虛

傳夜影蓋以高唐神女陳倉寶雞夫人爲比是在唐初晉水神亦女像也碑陰書從官七人曰司徒太子太師上柱國趙國公臣無忌卽長孫無忌也曰太子太保上柱國宋國公臣瑀卽蕭瑀也曰特進太子詹事兼左衛率上柱國英國公臣勣卽李勣也曰光祿大夫刑部尚書上柱國鄖國公臣張亮曰禮部尚書上柱國江夏郡王臣道宗曰太常卿駙馬都尉柱國安德郡王臣楊師道曰正議大夫守中書令太子左庶子兼攝吏部尚書護軍臣馬周七人中四人不著姓三人著姓與比干墓碑

同太祖生八子第四子璋封畢王生二子長曰韶生一子卽道宗也貞觀初由任城王徙封江夏史傳摽目直稱江夏王無郡字餘人官爵碑與傳皆合傳稱馬周初官治書侍御史兼知諫議大夫檢校晉王府長史王爲皇太子拜中書侍郎兼太子右庶子貞觀十八年遷中書令猶兼庶子帝征遼留輔太子定州及還攝吏部尚書進銀青光祿大夫此碑書階正議大夫及官護軍與傳不同疑傳稱進階及官在二十一年以後也碑云典邦建國資懿親以化輔化輔當是作輔舟壑潛遷壑卽壑

字壑本从容深通川也从圣致力於地也此从谿
从土殆從谿得聲

金石萃編卷四十六終

金石萃編卷四十七

賜進士出身 誥授光祿大夫刑部右侍郎加七級王昶譔

唐七

淤泥寺心經幢

幢高一尺六寸五分八面四面各廣八寸二分四面各廣四寸六分共二十六行行字數不等正書在今京師城內西北隅秀峯寺

佛說般若波羅蜜多心經文不錄

大唐貞觀式十二年三月吉日建立

勅脩淤泥禪寺

住持僧三藏比丘號 秀峰禪師

宮官張功謹敬德監造

今在京師城內西北隅秀峰寺其末曰大唐貞觀二十二年三月吉日建立誤作三十二以三字改成式字按貞觀止於二十三年此碑疑是後人僞刻然予見兗州龍興寺修三門記宋太平興國七年刻亦以八字改成七字古人碑碣之文亦有草率若此者此碑又曰宮官張功謹敬德監造今山東河北寺院多云創自敬德或謂是尉遲敬德非也敬德名恭考許敬宗所作神道碑及本傳並無鎮幽州事亦不當列於宮官之下也又史言尉遲敬德晚年閑居學延年

術修飾池臺奏清商樂以自奉養不交通賓客凡十六年而不聞其事佛（金石文字記）

按此幢題記不類唐人所爲顧亭林疑爲後人僞刻是也末題宮官張功謹敬德監造敬德或即張功謹之表字或別是一人姓名其曰宮官則不可解今之京師在唐時爲幽州范陽郡在武德元年曰燕州六年自營州遷於幽州城中以首領世襲刺史其地去長安遼遠授官且用世襲安得有宮官駐於此乎且又不言何官此不知何年有曾爲宮官而流寓於此者造此幢以植福耳姑識之再以此較聖教序心經標題上多佛說二字經中無無明下脫亦無無明四字又礙作㝵顛作顚呵作賀

彌勒像碑

（碑連額高六尺一寸廣三尺六寸分兩截書上截十行行三字郎洛州□河南縣云云二十九字下截二十一行行二十六字正書篆額彌勒像之碑五字在洛陽伊闕）

蓋聞至理𡨋微起夫言象之□眞爲眇邈□□希夷之□而能人降跡隨緣利現紫狀西誕則珠星奄輝白烏東馳則金人入夢是□三乘之軌齊驚八正之門洞啓日用之益可畧言焉自□□三千之前道光汲引塔盌八方之後歸□寂□□夫□□難遇□□□針人心易遷同茲斲石何則釋迦現於旣往仰企踵而不追弥勒降於將來俯翹足而難俟居前後而成鄣惟進退而莫□言念沉淪喟然歎息乃與同志百餘人等上願□皇基永固配穹天而垂棋下使幽塗載曉趣彼岸而□昇遂於茲嶺敬造弥勒像龕一所地聳雙闕辟映千尋前泝清流却倚重岫縈帶□薄密迩京華似耆山之接王城給園之依衛國也旣資勝地又屬神工琱鐫備盡巖妙以大唐貞觀二十二年四月八日莊嚴斯畢於□尊儀始著似降兜率之宮妙相初成若在菩提之樹白豪月照紺髮煙凝蓮目疑動菓脣似說其有禮□□足瞻仰尊顏者莫不肅然毛竪豁爾心開寔釋梵所歸依龍天□衛護彼丹青徒煥旋見銷毀金玉雖珎易以零落豈若因山成固同乾坤之可久刊石爲貞何陵谷之能貿於是勒銘龕□式讚靈儀其詞曰

眞如眇眇正覺巍巍四宏動念八相流輝鹿園闡法鶴樹拂衣十方三世異軌同歸其一□斆逸多正眞道備彼遐武補茲佛位兜率降神閻浮廣利淨土□啓𡨋門冈閟其二思覩睟容龕茲巖曲旣彫旣就將恐將矚釋梵寘感靈祇幽屬似會龍華如遊雞足其三丹巘重疊清川

凝瀁松柱櫍叢瑆仙來往影昝怖鴿手威狂爲妙色湛
然歷刧瞻仰其四
洛州□河南縣思順坊老幼等普爲法界敬造弥勒
像一龕在此碑下近東此二十九字分作十行大書于額下
右洛州思順坊老幼造彌勒像龕記字畫秀整有虞
歐法度而不署姓名唯彼徒兩字俱從人旁爲異爾
題名稱淸信女者數人皆姓而不名蓋女而未嫁者
潛研堂金石文跋尾
碑分四格上層篆額次層正書額中層銘文下層造
象人姓名唐初字體猶有六朝遺意然別字最多至

虞褚柳顏始大變其格字亦審正以此知同文之徵
盛世之事也故許君序說文云諸侯力政不統於王
言語異聲文字異形文字之傳可以觀世變矣此碑
寫斲爲斵者爲者鑿爲鑿備爲備徵爲徵果爲菓凝
爲凝豎爲竪谿爲谿彼徒俱从人儀从彳切从刃叢
作叢皆別字玉篇有彼字云邪也蓋以爲頗字今此
以爲彼岸字則卽彼無疑云白豪月照豪不从毛是
正字云松柱櫍叢按爾雅灌木叢木詩集于灌木傳
灌木叢木也孔穎達引李巡曰木族生曰灌陸德明
爾雅正義作櫍云字又作灌此云櫍叢以証陸氏之

有本然實灌字之誤古無櫍也中州金石記

孔穎達碑
碑連額高一丈一尺二寸廣四尺二寸四分三十五行行七十六字正書額題大唐故國子祭酒曲阜憲公孔公之碑銘十六字篆書在醴泉縣北
□唐故太子右庶子□□□□□國子祭酒□護軍
曲阜憲公孔公碑銘
禮部尙書兼太子左庶子上柱國黎陽□開國公于
志寧字仲謐撰
蓋聞八卦已列書契之迹肇興六籍旣陳禮樂之基斯
闡是以屬鄉設敎道德垂訓於百王□□□言雅頌□

法□□如欲化民成俗致遠鉤深非博□□以究其
源非□□以宏其□□□聖□□□□□□之範
固軼□□而驤首超賈□而矯翼見之祭酒曲阜憲公
矣公諱穎達字沖遠□□衡水人也若□□□□□
帝㝢區夏以干戈定樂□□□□□□□□□霸□
□□令譽□□□□□振力聲□□鼎可謂長
源眇眇將□水而俱遙曾構巖巖與削成而共峻其□
公侯載惪簪紱連暉□在縑緗可得而略曾祖靈龜魏
國子博士□應□之□□馳譽□□□□之□□飛
英庠序□□魏治□侍御史□□□□權□□之屛跡

任司□□風俗以之肅□父□□□州法曹叅軍輕重
之□情在公□大小之獄心敦寬簡公藴靈□智□□
□和□□蕙□之□駿□□□之足庭羅俎豆□□升
降□儀□□驂□□□大之操□韜□□覃思邁於
西河學富□渠沉研冠於東□詞光翰苑文麗絲虹思
極談天才華日□蹈忠□以行已踐仁信以□身□漢
臺之□□□照□之□□□之□□□重連城之
□聞之者□面而虛□見之者忘言而傾蓋□謂□宗
之□□□之□□者焉昔大業膺圖□開橫塾賁帛
而徵□□□而辟□□□□□□□□□□□視市□
□□□□□□□□□□苞□□□牢籠□□□
育□□足使仲遠伏□□□道□以□□□□□□
紀地□□濫觴屈此高才□□□□家授□□□博
士尋除太學助教□□□□□□□□□□□□□□□
□□□□□□□□□□□□張比□粲之寓賾
□□同□□之銷聲既以□□尙阻還蜀無由暨六合
同文八紘□□既□□□之□遂□□□之遊□□□
□□國公□□□□□□□監永與公爲□府文
□館學士□□學博士東膠西序講肆於是重與□□
□□□□於茲□□□□國子博士膏粱□□舉□

□□□□□□揮汗□□□□□□□□□而□卯
負笈質疑□□尊而□□聲實□於關右芳□蓋於淹
中其年封曲阜縣開國男食邑五百戶□□□□□
□□□□□□□□德貞觀二□改□給□中職亞
□郎位□□□□墀□□允屬□□四年加員外散騎
常侍□太子中允入□玉裕出侍金輿□重起居寄深
獻替六年除國子司業□□太子右庶子七年□□庶
子兼國子司業以公□□可□□有□□□□□
□□□□比□君仲□□子□十年奉　勑共祕書
監鄭公脩隨書□直著乎□□微婉表於□□□□
□□劉□謝特蒙　恩□□□增□□散騎常侍□□
庶子兼國子司業□□□制禮作樂□□不用於是□
□多□□□刪定□大戴小戴之舛錯前鄭後鄭之□
疑往□之所不□□□之□□□公剖茲□節鍼此膏
肓足使儀刑□□□澤王化□成□□□□□賞進
爵爲□□□□賜物二百□□□以公□□副□
進讜言□左庶子黎陽公特蒙　恩詔□賜黃金一斤
絹一□□十□年除國子祭酒東宮侍□封如故□□
卿名□齊□膺茲寵命□□道光□□□□殊□公乃
再振頹風重宏□　□□□盈於家室頌聲彰於國朝

十□年　□駕幸學親觀釋奠公□□□流才□六藝
彝倫之所鑽仰□惠之所□崇　詔公□於講莚□□
□□連□暫□□□□其談□英辯一□□□慙其河
瀉下帷博學□戶多□□舉雲梯□□□戟公金湯□
固樓雉難攻遂使□□倒戈□春反旆宿疑舊□□順
氷銷□□　神衷□□　□□悠悠□□□見斯□□
畢□□□□□文艷雕龍將五色而□彩韻諧□鳳
與八音而同節逸思掩於□□□藻怨於□□□□
勑□□□表讚其書曰□□并　上釋奠□殊爲□□
□□□□清詞爛其盈□□□□逸氣□巳淩雲驪
□九重不足方斯綺麗□□五彩無以比其鮮華楊雄
掞□高蹤□遠黃□□□□□□□□□□□□
□昔强秦之末政教□遲縉紳以□□□墳典以爲灰
隶逮炎漢□□□□□學憲章斯□□□藝□□□三
國迄于晉宋□□可略而言之近□隨□將謂天下□
□□□□□□□鑑□□隨□□愴恨朕少逢□
□之□長遇干戈之□□□□玆宸極執□琁璣□阪泉
□□之功□□之矣靈□□靡之德則未可庶幾雖然
亦常有意乎雕蟲存心□□□開獻書之路□□□□
賢□□蒲輪亦以多矣□學謝□□文慙□□□□

□□春言□□□國老求於□庠庶老□於□□聽廣
論而□□導深義而□□洪□待扣扣無不應幽谷發
聲聲無不□□□□□□□□□□□凤挺□璋
早□□□羅百氏□□□經□涌珠泉情抽蕙□□
西□□□起□方今濟南□□重興□玆□□□□□
□於縹帙□□遍於青衿翰苑詞林□其□□□□□
□□□□□奉　勑□撰五經義疏公博極羣書遊□
衆藝削前□之紕繆□徃哲之□□□萬□之儀刑□
一□之標的□　勑□名□經□義□國子監施行賜
物三百□公敦□□之□足追□□之鳴言□請歸□
優詔不許□□聞奏始蒙□□貝防閤□□□□
又使中書令□□□□□問榮寵之極曠古罕□
□世望於□陽□□公□之□□功於日觀□□司
□□□□□□□□光□□□朩□夢環海□□□□
千月之□以□□□□□□□□□□薨於萬□縣平
康里第春秋□十有□□感　□□□□□□□魏□
之惜□□□晉人之傷衛琢　□□□　□□陪葬
昭陵喪事所須率由官□□□□□□□□公祀也□
□遺老陪□陵而起墳□□□臣□□陽而卜□□□
□□隔代同榮惟公氣稟五常道□□□得孔甫之具

體摠□□□□□□□□□之奇書探賾索隱東館南
宮之逸□□陾窮源□□□於□□無□□□□之□
□□於□□不假張□之□道□□□以賤貧而易□
行□□無以權□而□介志□耿介性□□□□□□
之謙□□宋宏之方□推賢進□後己先人舉事而□
□□□□而成準的乃□□之翹楚□□之□□□□
將創□□□□□□□□□□□□□異端公才摭舊
□□章故實刪裴□之制□□蔡□之節文酌今古之
儀得豊儉之□□衣博帶□不□□觀之始□聳□
□□□樂　□□□□□之□□□□□□□□□

□□□□小雅之詩□□刊定奉　□修隋史五十□
□□□□五經正義一□□十□邁南董於曩□逾
孟慶於□書□□闡□□□□　□□□□□□□□
□□此未奇□□□帝□□倘□□制□□振□
臺□□創□□□稷嗣以□方□□□□豈謂食新
爲災夢椉成□□叀之藥無效齊鵲之言□□遂□山
陽之□□□長□之□□宮之□□□□之聲□子
□□□悲□□□□□而無期□極□□對風枝而
□慟□鐘律易□陵谷難常昔□氏□□□傳三□楊
□□執長勒四碑敬陳伐閱樹之□□□□□

□赫□□□□崇□鸞鳥降神□□□□惠□溫室□
光闕里□□□□芳流惇史誕生令悊□犖絕羣百□
挺秀九畹騰芬□□□略囊括邱墳淩雲縟藻□□□
□□□羣籍網羅□□□邁□□思窮五際□□名□
鎦金□繫藻□潘言□□孫筆世尚□□時敦學植賓
鴈成行翹車轉軾金馬□　□辟池攝職□□□風□
□詠惠飛纓□□□□□□□□□□□□三□獻書
□□□□□闡六學□□百寮官冕□□□□石□殲
□□矣□□□哉智囊瑩嘶白馬墳瘞黃腸九泉雖閟
千載名揚

右孔穎達碑于志寧撰其文磨滅然尚可讀今以其
可見者質於唐書列傳傳所闕者不載穎達卒時年
壽其與魏鄭公奉勅共修隋書亦不著又其字不同
傳云字仲達碑云字冲遠碑字多殘闕惟其名字特
完可以正傳之繆不疑以冲遠爲仲達以此知文字
轉易失其眞者何可勝數幸而因余集錄所得以正
其訛舛者亦不爲少也乃知余家所藏非徒玩好而
已其益豈不博哉集古錄
右唐孔穎達碑于志寧撰世傳虞永興書據碑云穎
達卒於貞觀二十二年時世南之亡久矣然驗其筆

法蓋當時善書者規摹世南之書而為之者也金石錄
孔祭酒碑世傳虞永興書非也冲遠之沒迺後伯施
十年豈非當時學永興法者耶然筆勢遒媚亦自可
珍東觀餘論
碑半沒土中年壽字半泐隱隱可讀云貞觀二十二
年六月十八日薨春秋七十有五然則歐陽公所有
碑與今碑略同數百年間豈無剝蝕之災且昭陵諸
碑多不可讀而孔公碑獨尚如此或公有功於六經
而鬼神呵護之耶石墨鐫華
孔穎達碑螭首嵌空處有至正四年三月顧游特看

此碑墨書十四字趙崡子函云在泥土中拂拭之如
新子函見時為萬歷戊午溯至正甲申已二百七十
五年而墨書無恙斯足奇也金石錄補
碑已磨泐可識者僅二百餘字石墨鐫華所云貞觀
二十二年六月十八日薨春秋七十有五已不可識
矣明苟好善作醴泉志云孔穎達碑存字千時崇禎
十一年也相去百餘年頓失八九好古者所宜亟為
保護者也按金石文字記孔穎達碑作貞觀十六年
集古錄云二十二年與石墨鐫華合宜從集古雍州金石
記

右曲阜憲公孔穎達碑新舊書本傳竝云字仲達宰
相世系表則云字冲遠碑雖曼患而冲遠字特分明
表所書三代名諱官階盡與碑合汲古閣本脫穎達
一格監本刻不誤也穎達長子名志元碑與表同而
傳但作志蓋宋人避諱去下一字然傳諱而表不諱
且傳於元字亦多不避當時史官非一手無素定之
例故也潛研堂金石文跋尾
按此碑文凡二千五百餘字集古錄已云字多殘
缺石墨鐫華猶及見薨年月及春秋七十有五今
已盡泐然雍州金石記云可識者僅二百餘字今

所見本尚存一千六百餘字何多寡之數若此豈
摹搨人工拙懸殊耶碑但有撰人無書人亦無立
碑年月碑書撰文者于志寧題銜云禮部尚書兼
太子左庶子上柱國黎陽□開國公于志寧字仲
謐撰撰人書名及字與蜀王師蓋府君碑同然彼
碑云字處謐此云仲謐舊唐書傳不著字新書傳
及宰相世系表皆云字仲謐與此碑同則當從仲
謐為是也黎陽下闕一字是縣字舊唐書于志寧
傳貞觀三年加授散騎常侍行太子左庶子累封
黎陽縣公十四年兼太子詹事明年以母憂解高

宗爲皇太子復授太子左庶子遷侍中永徽元年
加光祿大夫進封燕國公此碑尙是黎陽縣公則
卽貞觀二十二年葬時所立新書傳則云晉王爲
皇太子復拜左庶子遷侍中加光祿大夫進封燕
國公晉王爲皇太子乃貞觀十七年事而此碑在
二十二年猶題黎陽則新書傳未晰也又碑題禮
部尙書兩唐書皆不載亦畧也舊唐書傳云孔穎
達字仲達冀州衡水人也祖碩後魏南臺丞父安
齊靑州法曹參軍穎達隋大業初舉明經高第授
河內郡博士時煬帝徵諸郡儒官集於東都令國

子秘書學士與之論難穎達爲最時穎達少年而
先輩宿儒恥爲之屈潛遣刺客圖之禮部尙書楊
元感舍之于家由是獲免補太學助教太宗平王
世充引爲秦府文學館學士武德九年擢授國子
博士貞觀初封曲阜縣男轉給事中六年累除國
子司業歲餘遷太子右庶子仍兼國子司業與魏
徵撰成隋史加位散騎常侍十一年又與朝賢修
定五禮進爵爲子庶人承乾令撰孝經義疏太宗
以穎達在東宮數有匡諫與左庶子于志寧各賜
黃金一斤絹百匹十二年拜國子祭酒仍侍講東

宮十四年太宗幸國學觀釋奠命穎達講孝經上
釋奠頌手詔褒美與諸儒受詔撰定五經義訓凡
一百八十卷名曰五經正義付國子監施行十七
年以年老致仕十八年圖形於凌烟閣二十二年
卒陪葬昭陵贈太常卿謚曰憲新書傳同後附子
志終司業志子惠元又爲司業累擢太子諭德三
世司業時人美之此皆可與碑參校補闕也穎達
撰五經正義自序稱周易十四卷與朝散大夫行
太學博士馬嘉運守太學助教趙乾叶等對共參
議詳其可否至十六年又奉勑與前修疏人及給

事郎守四門博士上騎都尉蘇德融等對勑使趙
宏智覆更詳審爲之尙書二十卷與朝散大夫行
太學博士王德韶前四門助教李子雲等謹共銓
敘至十六年又奉勑與前修疏人及通直郎行四
門博士驍騎尉朱長才蘇德融登仕郎守太學助
教雲騎尉隨德素儒林郎守四門助教雲騎尉王
士雄等對勑使趙宏智覆更詳審爲之毛詩四十
卷與王德韶徵事郎守四門博士賈威等對共討
論辨詳得失至十六年又奉勑與前修疏人及趙
乾叶登仕郎守四門助教雲騎尉賈普曜等對勑

使趙宏智覆更詳正禮記七十卷與中散大夫守國子司業朱子奢國子助教李善信守太學博士賈公彥行太常博士柳士宣魏王東閣祭酒范義頵魏王參軍事張權等對共量定至十六年又奉勅與前修疏人及儒林郎守太學助教雲騎尉周元達儒林郎守四門助教雲騎尉趙君賛王士雄與朝請大夫國子博士谷那律四門博士楊士勛等對勅使趙宏智覆更詳審爲之春秋三十六卷朱長才等對共參定至十六年又奉勅與前修疏人及馬嘉運王德韶蘇德融隨德素等對勅使趙

宏智覆更詳審爲之據新唐書藝文志五經正義周易十六（此誤舊書十四卷與序同）卷國子祭酒孔穎達顔師古司馬才章王恭馬嘉運趙乾叶王談于志寧等奉詔撰蘇德融趙宏智覆審尚書二十卷孔穎達與王德韶李子雲等撰朱長才蘇德融隨德素王士雄趙宏智覆審太尉揚州都督長孫无忌司空李勣左僕射于志寧右僕射張行成吏部尚書侍中高季輔吏部尚書褚遂良中書令柳奭宏文館學士谷那律劉伯莊太學博士賈公彥范義頵齊威太常博士柳士宣孔志約四門博士趙君贊右

内率府長史宏文館直學士薛伯珍國子助教史士宏太學助教鄭祖元周元達四門助教李元植王眞儒與王德韶隨德素等刊定毛詩四十卷孔穎達王德韶齊威等撰趙乾叶賈普曜趙宏智等覆正禮記七十卷孔穎達朱子奢李善信賈公彥柳士宣范義頵張權等撰與周元達趙君賛王士雄趙宏智覆審春秋三十六（舊書誤作三十七）卷孔穎達楊士勛朱長才撰馬嘉運王德韶蘇德融與隨德素覆審此五經正義新唐書所載刊定姓名與自序詳畧不同蓋其精審如此故能獨有千古而碑

於此事文既簡畧復多缺泐因詳記於此唐書宰相世系表下傳孔氏出自關内侯福七世孫郁後漢冀州刺史生揚下博亭侯子孫因居焉七世孫靈龜後魏國子博士生碩後魏治書侍御史碩生安齊青州法曹參軍碩與安郎穎達之祖父也穎達子志元志約志亮志元子惠元惠元子立言昚言新書傳惟有志元一人而但著志字碑則志元已泐然潛研猶及見之穎達薨於貞觀二十二年年七十五推其生在北齊後主武平五年煬帝大業初年僅二十餘傳故云穎達少年先輩宿儒恥

爲之屏也碑二云薨於萬口縣平康里第縣名闕一
字以臆度之當是雍州京兆郡之萬年縣也傳稱
上釋奠頌手詔褒美今碑中節取其文約三百餘
字惜闕泐難卒讀也碑書灰燼作灰𤋮省文也閥
閱作伐閱借用字又墓上又一石題唐國子祭酒
孔公墓八字隸書石高三尺六寸字徑八寸無年
月當是後人所題附記于此

太宗哀冊文

褎本高廣行字
皆不計正書

維貞觀廿三年 歲次己酉五月甲辰 朔廿六日己巳

大宗皇帝崩于翠微宮之含風殿旋殯于大極殿之西
階粵八月庚子將遷坐于 昭陵禮也鳳紀疑秋龍
帷將曙 謚化同軒綿區縞素哀子嗣 皇帝 覽風
樹而增感攀銅池而拊膺逌 宗祧之是寄傷 往
駕之無憑奠樽盈而悲序促靈景翳而愁雲興去劒滋
遠清徽方閟爰詔司存傳芳瓊字其詞曰
三微固祉五曜垂文光昭司牧對越唐勛族著庖犧家
傳縉雲 高祖配天一人有慶 大行神武維幾
作聖良書自得高文成性夙表餘雄先懷反正蒼兕爰
發朱旗首令環瀛昏墊關洛荒蕪妖傾地軸盜弄乾樞
戎衣光啓覇政宏暮天兵電照月陣風馳蚩尤遁翦猰
貐咸誅閏位不虔餘分興戾先收秦組次焚商袂轉圓
上略容光下濟徙邑垂仁賓門灑惠脩風順軌凝旒奉
睿青辰同規鬱珠叶契發揮三五聲明遐裔泛野休
兵雲臺偃革升巖藏銑遵河奉璧學肆徐輪丘園散帛
就日攸宜如天在斯刑哀動植化美墳篋樂華曾舉禮
葉旁垂沙塲磬翦刋極咸羈狼山入阃瀚渚歸池東旌
若木西旆絛支龍鄉黍貴鳥服來儀大矣乘時悠哉利
見文龜浮沼應龍在淀滴露飛甘卿雲呈絢松葉望幸
瑤華方薦仙丹煅術星飛告變凝沴氣於升年掩瑤暉

於離殿嗚呼哀哉商管初秋飛紼龍佾驚川悠緬宮車
晏出大隧弗營元龜獻吉展軨効駕羲和司日追 靈
心於將餞痛 皇情其如失凝清秋於廣路迥悲風
於長衢經柏梁而徐轉邁蘭池而從 蹕聳輕旆之
逶迤動邊笳之蕭瑟嗚呼哀哉周營甫竈漢啓泉闈穀
林搖落橋巖變衰平原淒兮白日遠深渚瀁兮秋雲飛
覽銅爵而興慕傷鼎湖之不歸嗚呼哀哉崤陵靡壞隅
山窮路虛衛飄英輕池委素義庭易晚松陰難曙萬方
悲而雨泣三靈慘而雲浮嗟厚德之長違仰高天而攀
慕嗚呼哀哉崇基永煥寶業方昭遺風餘烈天長地遥

想　神襟而騰茂縱史筆而揚翹籠嘉聲於日月終有裕於唐堯嗚呼哀哉

按唐太宗哀冊文唐文粹署爲褚遂良撰明時吳江史明古得褚書眞蹟藏之後歸王元美用以上石今從其本鈔出與唐文粹互勘首行維貞觀廿三年下石刻空八字文粹云歲次己酉五月甲辰又崩于翠微宮石刻塗去崩字殯於太極殿帖脫殿字謚化同軫帖闕謚字夙表餘雄帖闕餘字邈悲風於長衢帖脫衢字此皆可據文粹補也朱景濂跋謂首闕八字疑非眞蹟不知八字之外更脫

四字尙未深考又鳳紀疑秋文粹作鳳管凝和悲序促文粹作悲緒促天兵電照文粹作天兵電掃義和司日文粹作端圭司日凝清秋於廣路文粹作凝秋林於廣路又義庭易晚四句文粹約爲二句云堯門閉而日慘羲庭易而雲牙此皆文義之可通者宜兩存之至石刻云大宗皇帝崩於翠微宮之含風殿旋殯於大極殿之西階（兩大字皆同太）粤八月庚子將遷坐於昭陵文粹大宗作大行舊唐書太宗紀八月丙子百寮上謚曰文皇帝廟號太宗庚寅葬昭陵則當上哀冊之時已有太宗之號帖

作太宗似合禮制然玩文氣下稱崩於翠微宮則上稱大行皇帝與文粹所載前後各哀冊之例同且本篇後有大行神武句與高祖配天相承不曰太宗而曰大行則文粹爲不誤也玩石刻二處本皆大行字於行字塗改作宗字矣匏菴跋云蓋嘗有獻入前代御府者故并崩字皆塗改耳翠微宮在終南山雍錄云武德八年造名太和貞觀二十一年改翠微冊府元龜翠微宮視朝殿名翠微殿其寢殿名含風殿太極殿在西內太極宮卽隋之大興宮也唐六典云太極門內曰太極殿朔望則

坐而視朝焉隋曰大興殿武德元年改太極殿舊唐書高祖紀隨遜於舊邸改大興殿爲太極殿高祖卽皇帝位於殿中終南山在城南五十里據太宗紀貞觀二十三年四月己亥幸翠微宮五月己巳崩於含風殿祕不發喪大行御馬輿五十里而入西內太極殿也紀稱八月庚寅葬昭陵是月癸酉朔葬日庚寅爲十八日則庚子遷坐在廿八日兩唐書禮志無葬後遷坐之文哀冊藏於元宮是葬前所制何以葬後十日行遷坐禮而猶謂之哀冊文也文粹所載前後諸帝后哀冊皆云某日遷

坐於某陵稽其日正葬日也方悟所謂遷坐者卽是請大行赴山陵之辭別無遷坐之禮也然紀稱庚寅葬而文用庚子則疑不能明矣高祖配天是推原王業之所由起正對下大行神武而言文粹作高配於天誤也蒼兕爰發文粹作蒼兕本史記齊世家武王東伐尙父誓師有蒼兕蒼兕總爾衆庶之語石刻誤也徙邑垂仁卽改邑不改井之義文粹誤作從邑遵河奉璧石刻誤作奉辟瀚渚歸池指東伐高麗事猶言海渚也文粹誤作潮渚龍鄉委賮廣韻賮琛財貨也會禮也猶獻琛之意文

粹誤作委責仙舟斂術似本莊子藏舟於壑語唐人碑誌多用以喻形骸斂藏之意文粹誤作劒術石刻誤作仙丹啇管初飛秋綻罷佾文粹飛秋二字誤爲倒互輕池委素文粹作輕馳委素對上句虛衛飄英則馳字爲確葢石刻與文粹各有摹勒傳寫之誤因訂正之如此

太宗賜孫眞人頌

碑高五尺廣二尺五寸頌三行行十一字正書徑四寸後跋十行行四十六字亦正書在耀州五臺山

唐太宗賜眞人頌

五泉閑客揚聰書

鑿開徑路名魁大醫羽翼三聖調和四時降龍伏虎拯衰救危巍巍堂堂百代之師

方外友華下李濟道好古有爲之士也以　先師居有唐　孫眞人舊隱殿堂歲久損壞完復一新凡碑刻鈌裂不完者必移之他石在觀有大定癸卯間縣宰完顏宗璧所書唐太宗賜　眞人頌碣火裂而損甚將移之未暇癸卯歲郡人駱志全禮山主李公入道山居忽以數力擡舁而來告曰不幸雙目暴尔失明又反胃飲食不納苦楚不禁唯自盡可免濟道止之曰人之疾苦必以藥餌救料又有祈請之事况

眞人醫術冠絕唐代所𠕋方論後人用之無不獲効今遺象在堂若誠心禱之豈無應驗志全敬受教置水一鉢於　眞人前銘心致禱以水煑粥食之不反吐粥食漸進不兩旬疾漸平志全愈加誠敬一日卧北窗下告之道伴曰我見窗櫺上白四指許所見日加一月後兩眼復明一方驚歎四月初濟道過舍而請曰將移頌石敢告數字以識歲月備道前事予歎曰有是哉異聞也其可隱乎因記移頌表而序之以告來者庶乎其知　眞人靈驗唐皇所賜之頌非虛美也旹乙卯歲四月上旬谷口遺老邳邦用謹述

宣授耀州太守李魯孫　同知趙彥　華原縣令王滸　丙辰年重九日觀主質眞老人李素舟立石

宣差京兆府路副都總管劉尙　前耀州太守王浩

淸安老人楊素一助緣　南陽逸士張志和刊

孫思邈福壽論

碑高四尺廣三尺橫列四層各三十三行行十二字正書在耀州五臺山

福壽論

唐處士孫思邈撰

聖人體其道而不爲也賢人知其禍而不欺也達人斷其命而不求也信人保其信而靜守也仁者守其仁而

廉謹也士人謹其士而謙敬也凡人昧其理而苟非爲也愚人執其愚而不憚也小人反其道而終日爲也福者造善之積也禍者造不善之積也鬼神蓋不能爲人之禍亦不能致人之福但人積不善之多而煞其命也富貴者以輕勢取爲非分也貧賤者以佞盜取爲非分也神而記之人不知也（夫神記者明有陰籍之因又按黃庭內景云夫人有万餘神主身三尸九蟲善惡童子錄之奏上況有陰冥亦不可一之籍也愚痴之人神不足神有餘者聖人也）二咎而奪其人命也亦有爵被人輕謗及暴見貶黜削其名籍遭其橫病者多理輔不法所致也理輔不正不死者其壽餘祿未盡也正理輔而死者算盡也貧者多

壽富者多促貧者多壽以貧窮自困而常不足不可罰壽富者多促而奢侈有餘所以折其命也乃天壷有餘而補不足亦有貧賤飢凍曝露其屍不葬者心不吉之人也德不足是以貧焉心不足是以死焉天雖然不煞自取其斃也不合居人間承天地之覆載戴日月之照臨此非人者也故有官爵之非分車馬之非分妻妾之非分（已上謂之不仁之非分也）有屋宇之非分粟帛之非分衣食之非分貨易之非分（已上謂之不儉之非分也）則神而記之三年五年十年二十年不過此過此神而追之則死矣官爵之非分者崎嶇而居之賄賂而得之德薄而執其位躁求而

竊其祿求其躁取而必强强而取之非分也即有災焉病焉死焉神已記之人不知也車馬之非分者市馬恡其價而馬欲其良水草而不時鞭勒而過度奔走而不節不知驅馳之疲不知遠近之乏不護嶮阻之路畜不能言天哀力竭此非分也神已記之人不知也妻妾之非分者所愛既多費用必廣淫佚之道必在驕奢金翠之有口蘭膏之有棄惡賤其紋綵猒飫其珍羞人爲之難尒爲之易人爲之苦尒爲之樂此非分也神已記之人不知也童僕之非分者以良爲賤以是爲非苦不憫之樂不容之寒暑不念其勤勞老病不矜其困憊鞭撻

不問其屈伏陵辱不問其親踈此非分也神已記之人不知也屋宇之非分者人不多而構其廣厦價不厚而罰其工人以不義之財葺其無端之舍功必至飾必明斤斧血力木石勞口神不知環堵之貧蓬戶之陋此非分也神已記之人不知也粟帛之非分者其植也廣其穫也勞其農也負其利也倍畜乎巨廪動餘歲年益賦之爵縻雀鼠之巢穴及乎困農負債利陷深冤此非分也神已記之人不知也衣食之非分者紋綵有餘餘而更製箱篋之無限貧寒之不施不念倮露之凌寒布素之不足以致蠹魚鼠口香臙腐爛此非分也神已記之

人不知也飲食之非分者一食而須其水陸一飲而聚其絃歌其食也寡其費也多民之糠糲不充此以臚膩有棄縱其僕妾委擲泥塗此非分也神已記之人不知也貨易之利厚不爲非分利外尅人此爲非分接得非常之利者祥也小人不可以輕而受之其所嚮者口所口者貴彼之愚而我之賊賊而得之者禍也倖而得之者災也分而得之者吉也屈而得之者福也大人之死非因依也非痾瘵也蓋以積不仁之多造不善之廣神而追之則矣人若能補其過悔其咎布仁惠之恩垂惻惻之念德達幽冥可以存矣尚不能逃其往負之災不然者其禍日多其壽日促全之得盈福之已竭且無義之富血屬共之上之困焉下之喪焉如此者於我如浮雲不足以爲富也人若奉陰德而不欺者聖人知之賢人護之天乃愛之人以悅之鬼神敬之居其富而不失其富居其貴而不失其貴禍不及也壽不折矣攻劫之患去矣水火之災除矣必可保生全天壽也

福壽論

耀州五臺山　靜明觀主貭眞老人李素舟伏見

眞人福壽論雖載於　道藏而少見行於世者又惘其時人而積善者少而積惡者多故以此論刻諸石

庶廣於世而不泯絕抑使後之見聞者改惡從善者耳歲在丙辰秋九月望日觀下　李素美　毛素一

曹素圭　同志和　駱志全　葉志英　秦志一

王志慧　王志安　鄭志安　李志松　羅志遠

劉德童　師堅童同立石

助緣人　池陽淸安人揚素一　雲陽縣湛然逸士

淡坤　前同官縣令揚茂　淸眞子似志榮　五泉

閑客揚聰書丹　南陽逸士張志和刋

按太宗賜孫眞人頌及孫思邈福壽論碑皆元人楊聰書一刻於丙辰年重九日一刻於丙辰年九

月望日二碑之立先後僅距六日耳丙辰爲元憲宗嗣位之六年碑在耀州五臺山孫眞人祠陝西通志五臺山在耀州東三里自唐簡陵折而西北一峰特起曰鑑山下有五峰萃眞人孫思邈隱居地有太元洞或云眞人療龍處下有聚虎坪卽眞人伏虎處此太宗賜頌所云降龍伏虎者也又太元洞西有洗藥池爲眞人洗藥處又洞東北八里爲眞人故宅此孫眞人祠之大槩也唐書隱逸傳孫思邈通百家說善言老子莊周居太白山隋文帝以國子博士召不拜太宗初召詣京師年已老

而視聽聰瞭帝歎曰有道者欲官之不受顯慶中復召見拜諫議大夫固辭上元元年稱疾還山思邈於陰陽推步醫藥無不善初魏徵等修齊梁周隋等五家史屢咨所遺其傳最詳永淳初卒年百餘歲其孫溥後爲蕭丞思邈事蹟見於史者如是而已未嘗載有太宗賜頌之事此所刻頌語有可疑者如曰羽翼三聖不知其何指思邈生于周長于隋入唐則歷高祖太宗高宗三朝在隋文時雖召以官不得言羽翼且太宗亦不得稱隋文爲聖在唐三朝太宗是第二世安得遂有三聖之稱明係後人頌思邈之辭而謂其經歷三朝也又唐世諱虎字太宗不得直用降龍伏虎字尤爲明證唐書傳列思邈於隱逸祇叙其抱道不仕無一語及神仙事實則未嘗以眞人目之其所著千金方千金翼方等書唐書藝文志祇稱之爲孫思邈撰至道藏載其書始冠以孫眞人之號眞人之封始于宋崇寧二年三月境內不雨知軍州事王允中詣祠禱雨有應請于朝賜廟額曰靜應敕封妙應眞人有碑見後卷則太宗賜頌必是宋時道流僞託惟思邈所撰福壽論一篇孫眞人祠記作福祿論三卷與此異李素

舟跋謂載於道藏少見行世今檢道藏羣字號載福壽論與靈信經旨同卷題曰唐太古妙應孫眞人述則思邈封號又加太古二字矣兩碑俱元刻福壽論錄之足以勸世太宗頌雖不能確信亦附存之思邈入唐被召在太宗朝因並附太宗之末

書者楊聰無攷

王師德等造像記

石高二尺六寸七分廣一尺七寸五分十五行行二十二字正書在洛陽龍門

淳于敬一制文

大像主王師德成伏德夏侯雅沈端沈士公賈達張則

據原碑校

劉客僧許士政封遐張苟子徐□(讃)朱懷成雜陁劉倫劉
君□賈奴奴程徹張徹張桂張表毛天生張端王愛
竊聞無上慈尊隨緣演教廣開方便汲引羣迷故知極
彼浮泡救斯沉溺若不示跡現容凡生何以歸仰爰暨
夢靈西照象法東流或斲玉摸形或刻檀爲質今有洛
陽鄉望父老等卅八並修因往刧生在太平思念大崐
無猶得覩遂謹於此堪敬造尊儀因山之固鐫瑩真容
藉此在巖同希淨境庶使城空芥盡福智常流刧石衣
銷法輪恒轉不因刊勒何以□(紀)功冀盛德長存芳徽永
著其上資皇家下沾靈識詞曰

□理幽(元)顯真趣無形相有分別事□化城鄉中高士邑
□(里)達人心樂三寶情捐六塵優遊智岸蓯蓉法津愛□
斯□(國)□□方新

大唐永徽元年建造

碑文寫斲爲斵檀爲檀儀爲儀庶爲庶皆別字云蓯
蓉法律可証蓯蓉卽從容譌字本草經有肉蓯蓉吳
普曰一名肉松容漢人芙蓉字多作夫容是蓯蓉非
古字明矣碑碣之文可知字體之變往往如此(中州金石
記)

馬周碑

碑連額高九尺八寸廣四尺四寸三十七行下截剝
蝕每行約六十五字隸書額題大唐故中書令高唐
馬公之碑十二字篆
書在醴泉縣昭陵

蓋聞下闕而不□□□之下闕之□□同下闕神凝物表久
抗梁甫之吟運拒□(棣)來思效扶搖之舉方□□□域下闕
下省修起居注超綜國言虔司帝舉亘直之道驟簡
宸心貞觀六年□□□□下闕無競惟人八年擢授承
議郎行侍御史頃之加位員外散騎侍郎仍行本□□
□□□□□下闕二年轉守中書舍人久之遷持書侍御
史彭纓西掖潤　元綂以申□□□南□□□□
□□□□□下闕淳贊端拱之　元猷將致五刑之厝欲

綸□　昌運寔允具瞻□□□□□□□□
□□□□□□□下闕而飛文揮翰鵷(鴻)波入□□□□□□
詰任遇斯極時論(榮)集之及　大□□□□紫宸而衍
□□□□□□□□下闕□□五而□十八年
□正議大夫守中書令仍兼左庶子□兼朝□□□□
□□□□□□□□下闕□□□□而順動迺
□隨駕□□(規)中山軍國務殷□(擬)歸□□后□□
□□□□□□□下闕□青□□□金□黃
□靜□趨□□□□闕建禮之□□□□□□
□□□□□□□□□下闕銀青光祿大夫□□飛□□

□□於是□其□□□□□□□無所□□□□□□□
下闕幽□往莫不□□　聖□□發　神衷哀善之義
以彰□人之舉□盛□□□□□□□□□□□□□
□□下闕臣特超於終古俄嬰沉瘵攝餌私庭分玉饌於
仙廚驛珍羞於御府　綸□□發□□□□□□□
□□□下闕正月九日薨于萬年縣之隆慶里第春秋
卌八　太宗撤懸□悼慟結□殲□
□□□□□下闕詔以其年歲次戊申三月辛巳朔
四日甲申陪葬于　昭陵賻□□□□□葬事所
須□令官□□□□□下闕茅社而旌德永徽二年　詔

詔贈高唐縣開國公食邑一千戶恩兼□□禮□□□
□□□□□□□□□□□□□□□□□下闕書贈幽
州都督高唐縣開國公馬周宇量沖深思用韻舉昔佐
藩邸□□兼隆逮□□□□□□□□　□□□
下闕宜申旌壤之義兼加延賞之恩可贈尚書右僕射餘
官封如故其子□□朝散郎□□之　恩□□□□□
□□□□□□□□□下闕夷簡神情朗晤天經地義基
百行以立身覲陝升堂包四科而敬業蕪□□量□□
□□□□□□□□□□□□□□下闕高步文昌之右
體無私於雨露隨方被霑沐之歡變大造於陰陽稱物

冂平公之施□□□□□□□□□□□下闕明故得任
切近機榮躋上秩附蟬留影用表高潔之姿行馬□□
□□□□□□□□□□□□□□□□□□□□□
下闕知至是焚之式苻藏用危纊逾迫無忘致美之心隅
燭既陳猶□□□之節□□□□□□□□□□□□
□□□□□□□下闕陰德無爽緝丕搆以增遙翌奪金
藹幾凝悽於宿草芳留玉樹足慰□於□□□□□□
□□□□下闕
姬御疇庸趙城開國望高秦右聲馳魏北森棻提休蟬
□□時種德靈慶斯遠芳□□□□□□□□□□□□□

□□□□□下闕淪棻思越純慮冥感至情天發□芟陈纖
縞乃綜緹緗弋獵□記□隱□文□□□□□□□□□
□□□□□□　□□下闕雲幄累綜霜臺濤襟月湛
朗議霞開黃扉夕拜紫禁朝陪簪纓□□□廟登材□
□□□□□□□□□□□□□□下闕□□墳策歲寒
增勵夙夜無虧望竦鶴關榮昭蟪冕推轂謀暢持衡譽
□□□□□□□□□□□□□□下闕□□□贈□陵
歸□畢□式陳容衛載光寵穸捨玦哀盈投□慕積
鈞臺□□□□□□□　□□□□□□□□
□□下闕□□□□貞石永□□

此碑在大道傍周墓前殘闕爲甚存者僅四百餘字
非篆額字存幾不知爲馬周碑今摩碑者多不摩額
是一恨也石墨鐫華
周以貞觀五年爲中郎將常何薦令直門下省修起
居注六年拜監察御史擢給事中八年行侍御史加
員外散騎侍郎十二年轉中書舍人十五年遷治書
侍御史兼知諫議大夫檢校晉王府長史十七年拜
中書侍郎兼太子右庶子十八年爲中書令二十年
以本官攝吏部尙書明年晉銀青光祿大夫二十二
年正月九日太宗本紀作庚寅薨贈幽州都督卽以其年三

月詔陪葬昭陵高宗永徽二年加贈尙書右僕射高
唐縣開國公二史叙次官爵略同唯八年加員外散
騎侍郎則缺者也以治爲持避高宗諱改關中金石記
按此碑共三十七行文約二千二百餘字前後數
行漫滅中存二十九行下截復多剝蝕存者約七
百字而成句可讀者亦無多也兩唐書傳稱貞觀
五年詔百官言得失周爲常何條二十餘事皆當
世所切太宗怪問何以馬周對太宗卽召見詔直
門下省而不言其修起居注碑則有之且云起綜
國言虔司帝舉良直之道驟簡帝心此正起居注

之職也唐書百官志無直門下省之專員惟云隋
始置起居舍人二員貞觀二年省起居舍人移其
職於門下置起居郎二員掌起居注錄天子之言
動法度以修記事之史蓋是時周初見太宗未及
授官先令直門下省而任起居注之事則直省非
門下之專員也持書侍御史舊唐書職官志後周
爲司憲中大夫隋諱中改爲持書御史武德因之
貞觀末避高宗名改持書御史爲中丞新書百官
志注高宗改治書侍御史爲中丞以避帝名文獻
通考云漢宣帝元鳳中感路溫舒尙德緩刑之言

季秋後請讞時帝幸宣室齋居而決事令侍御史
二人持書持書御史起於此也魏晉以下歷代因
之皆作持書別無治書之名卽高宗避諱是避嫌
名改持書爲中丞非改治爲持也傳云貞觀十五
年拜中書侍郎兼太子右庶子十八年遷中書令
依舊兼太子右庶子碑則作左庶子與傳異也碑
云正月九日薨於萬年縣之隆慶里第太宗紀二
十二年正月庚寅馬周薨通鑑目錄是月壬午朔
庚寅正九日宋敏求長安志唐京城朱雀街東第
五街永嘉坊次南興慶坊注云本名隆慶明皇卽

位改興慶坊內東南隅有中書令馬周左僕射溫
國公蘇亘嗣二宅是周第宅所在也碑云其子□
□朝散郎下舊書傳則云子載咸亨年累遷吏部
侍郎新傳云咸亨中爲司列少常伯與裴行儉分
掌選事而皆不及其貞觀末之爲朝散郎也傳又
稱周臨終索所陳事表草一帙手自焚之慨然曰
管晏彰君之過求身後名吾弗爲也碑云至是焚
之式符藏用卽此事也周陪葬昭陵按長安志昭
陵圖馬周墓在百城寺南李大亮墓之左姚士廉
墓之右碑無建立年月但有永徽二年贈□之文
卽當繫於是年

金石萃編卷四十七終

金石萃編卷四十八

賜進士出身　誥授光祿大夫刑部右侍郎加七級王昶譔

唐八

高士廉碑

碑連額高一丈四尺二寸廣五尺二分三十七行行八十一字正書額題大唐尚書右僕射司徒申文獻公塋兆記十六字篆書在醴泉縣昭陵

大唐故開府儀同三司□□□□上柱國贈□□□
□□□文獻公□□記
□□□□□□□□□□高陽縣開國公許
敬宗撰

□□府錄事參軍□趙模書
葢聞高陽洪胄響振虞庭□高□□餘□□光□□□□□□
□□□粤□□獻公□公諱儉字士廉□□□□□□
□□□□□靈命□河□壤咸樹懿□□玉□金寵隆
磐石鄷郇胷衛並□□□風□□□□□□濟於皇
謀亦旣昭于史冊此可畧□言焉曾祖翻□□□□□
尉□黃鉞□尙書事□凊河□□□□□武□□□□
□□□□躬□擁樹□□□密□英雄道濟□□
實□宣力祖□尙書令太尉□□□畿大都督太宰
假黃鉞凊河□武王□□□□□□□□□□□

□□□□□□□□□□□□□□□□□□□獨運
□□搢紳□羲□□長□□□封域是以□□懋續遺
響祓於雲□史書休範□烈□於典冊父勳襲爵清河
王改封樂□(安)□北(州)□□□□□□□□□□□□□□
□□□□□□□□□□□□□□□□歸於□禽腧
炎漢□宗□□□興於郢客旣而□臺覆構柴□生□
八□□□一門養素□嘉懿德禮越箕微帝念□(惟)良□
□□□公□厥□□□□□之□□□□□□□□液
之□□□□□□□□□□□□□□□問學靡常師
馳騁□流因心而□合翱翔六藝寓目以研幾□□□
□□□溪而□解精通廟略㙮鬼谷以□(心)□(期)□(辨)□(激)□(篇)□
□□□□□□□□□□□□□□□□□□公□□
□□□□□□□□□□□素里□□□人□祖□□
□□□中書侍郞薛道衡□□張左莫不聞風扼腕申
以志□□(之)交承閑載酒服□(其)□□之義□(雖)□(復)□□之□
□石□□□□□□□□□□□□□□□□□□□
□□□□□□□敬從□貢□□□□□□□郞奏太
子舍八事若夫□雲遊霧□漸陸以高驤拂日摩霄□
尺木而爲本卿□蠖(璞)□□(心)□□□□□□□□□□□
□□□□□□□□□□□□公□□□□□□□□

□□□□□生□服□□□□馬氏□□□□□□□
□□□□□於公雅量□□□□□□于時□庭遐□(阻)
鯨鯢孔熾瀟湘□□梟獍□□□□□□□□□□□
公□□□□□□□□□□□□□□□□□□□
大唐握符創□(歷)革命受昌□(來)蘇之□□□□□□□□
□□□□□□□□□□□□□□□□□□□□□
□□□□度□□□□□□□陽之□□□□少芒□
之□尙□桴鼓以公爲□□司馬□大將軍□奉之牧
郎　　　文皇帝也神武開基風雲感□庶□人□□
□□□□□□□□□□□□□□括之□□□□□
□□□□□□□得□□□□□□襟若□□□□□
如投水故以潤色□造發潛機□□橫□□光贊□□
□德暉於樂善若斯而□(已)□□會□伊始□□□□□
□　　　太宗入備前□(星)引爲右庶子俄而　　柴宸
□□□□□□□□□□□□□□射之清賞□□□
□□□　　　明儲舊邦之命惟□□□□□□□郎
以其□進拜□□封義□郡公邑□□戶眞□□□賦
□百戶豐貂縟禮發天□(樞)之榮曜桓珪分器□□□之
□□□□勳□□□□□□皐薄俗解珮□□章華□
□剽□□□□通夷□□帶□□之□地接蠻陬□□

□□之□變其流蕩必□仁□是□□公□安□廣高
循五督府四十八州諸軍事□州大都督□□□□□
□□□□□□□□□□□□以□□□□□□□華
陽又命公□□州大都督府長史進位左光祿□□□
□帝□居□□陽爲□□□□華錫趙□慝總其藩條
□之□寄允□□舉旣而□□□□公□□□□□□
□□□馳於劒棧開鑿設□□化□於□謳□□□國
鳴綜□絕□心之□□□險□□復發□之□尋進封
許國□□□尚書激濁揚清別□流之涇渭昇眞黜僞
區三端□□□朝□□服野□□□□□由

茲盡□多士□□□□□詠文以□□之道義在澄源
收實□宜□□□□請□□　詔從爲於是
□□□發明優劣□量世系孝正高卑不失錙銖等
□衡於□□□□□□□□□□□□□定嘉□稱爲
大唐□□□□□□卷　詔頒四海　帝疇
乃庸加□特進上柱國□改封申國公□□□州刺史
□□□如故□□□□繼世□□□□□體國□義□
□遵□□師□之□□□□□□□□□□□卭□□
□□之□　□□□□□□□□□□帝高其志竟
不違之俄昇爲尚書右僕射□□□□□□□□□□□

濯□流空□□□□□□□□□之□極宸□於是曾
□進□開府儀□□□□□□□□□縁□□論
□甲第黃□□□□□□□□□賜机禮及□車□止
之□撫落□□□感□□□□□□□□□□□□
□□□□□□□□□□□□□□□情頻抗廣德
之□□□□□之□　□□停□務依舊猶總
□□□□□　□□著文思博要於是包含□略□
□□□□□□□□□□□□□□懷□□就望海
□測其□□□□□□□□詳其際合□二百卷上□
延□□幸□陽□□太傅公□　今上□□

□□□□□□之□內盡家人之□每□□□□□優
禮□□斷□咸事□□□案□□□机及　□
□□□　儲□□公□□并州□□勞發□□降
□□□□□□疾私庭□□京師□留□□中使絡驛
相望道路手詔紛綸慇懃旦夕從幸靈武益增□□
□□□□□□□　帝□□□□□□□□□□□
□□□□　天慈臨訣□死對□□□　□
懷□□□欷還宮輟膳悲不自勝□以貞觀廿一年正
□五日薨于正寢中使還□淸□出宮□□□□□□□
□□□□□□　□□不念□□□□司徒□□□勞

聖體馳謁道次□□□事　　　□□□之方□
□□望廬□□□□□□乃命□進太子詹事英國公
勳□□□贈司徒□□□□□□□□□□□□□□
□□□□□□獻公□□□□□有　□□及夫人鮮于
□□陪葬於　　□□□班劒□□□□鼓吹凶事所
須□令官給郎以其年二月廿□□□□于九嵕山之
南趾墓而不墳□□□□□□□□□□□□□□□
□□□□□之路□□□□　　太宗親御城樓
俯臨□□靈□滅□□□□□□□□□□□□□□
□□□勝□　　　勑□□□□許敬宗□　　　□

慰問諭□節□□□□□□□□　手勑公□司徒□□
□卿□風□□□情□觀□□何可堪處恩深□□
潤□□□□緒□□□□□□□□□□□□□□□
□命□□配享　　　太宗廟庭洎于□□□封□□
□□□□□□□□□□□□□□□□□□□秀□
容可法貞□若神下筆敷□皆爲警策典□□論盡□
精微□以□□□□理□□蘭薰玉潤天義□於□
賢推信敷仁□道□於□子知□之□□靈□□□□
□□□□□□□□□□□□□□□□輻湊□□□
□□□□□第如芝室塋佀舟而不□□彼□霄□□

□□□□其朱紫洎□　　　□□在運物□相求□
□□□欝□□棟□鈞始□□爲□□□□□□□□
□□□□□□□□□□□□□於□□撿身能□利
物斯□在□□□推恩乃□□□□之化□□露之□
沾通夷夏之情若條風□必□加以義方□□□□□
之觀喬宅相外融追何□之□似於是□□□□□□
□□□□□公□私□□酌□模楷可謂□□□德國
□人□者焉及稅駕東川撤懸西□　　　太宗願瞻
台耀想託□而□□□□雲臺□□□□□□□□□
□□□□□豐碑□□之□將□□□□寤之痛爻象

之□□煥遽迫晏駕之□小□履□面承　恩旨刻
肌刻骨悲□□之□□自□心□家聲之莫紀竊惟
□陽□彩□□□□繼□□□□□□□□□□□□
□斯義弗□□碑是用□珫□□□□塋兆而已
碑側題記
記兩列一五行一七行正書
大唐會昌四年五月四日六代孫尙書右丞元裕□
□□□□
昭陵□□□□□塋所
六代孫正議大夫行給事中上柱國渤海縣開國男

食邑三百戸賜紫金魚袋少逸□□□□不獲□□
□□□□□附名題于碑側大唐會昌四年五月十五
日書

右唐高士廉塋兆碑記唐史及元和姓纂皆云士廉父名勵而北史作勱今此碑與北史合蓋唐史及姓纂轉寫誤爾碑許敬宗撰趙模書模字畫甚工蓋貞觀中太宗命臨蘭亭序者（金石錄）

碑僅存三百餘字稱公諱儉字士廉則公亦以字行但房公名喬字元齡以字行而碑曰諱元齡字喬歐陽公嘗以爲疑云新唐書房元齡字喬以高公塋兆

記觀則喬果爲字乎此似未見房公碑者趙模在貞觀中以書名嘗與諸葛貞臨蘭亭刻石者此書方整秀逸大類歐虞惜不全見碑側題字數行亦半泐其一云元裕其一云少逸按唐史稱元裕少逸相代兄弟迭處禁中又曰會昌中少逸爲給事中然則此正兄弟相代時也而史不書少逸封爵且又不言二人爲士廉後唐世重氏族豈其譜逸耶二人立朝亦非没没者非此幾令申公不得有其孫矣（石墨鐫華）

右高士廉塋兆記止存上二尺許可拓者額篆書云尚書右僕射司徒申文獻公塋兆記蓋陪葬昭陵稱碑者甚多此獨異也新史封許國公此云申文獻者加封之國與諡也舊書前云封許國後云太子令日攝太傅申國公與碑合士廉名儉以字行畫像凌烟閣與文思博要一千二百卷上之皆爲新史遺（金石後錄）

趙模書世不多見予得此紙碑本不全而又多磨泐可識者纔七十餘字耳（鐵函齋書跋）

此碑殘缺難讀其云大都督太宰假黃鉞清河昭武王者乃其祖嶽也舊唐書以爲太尉不言其諡又云父勱襲爵清河王改封樂安舊書勱作勵當以碑爲正云于九嵕山之南趾墓而不墳今碑在醴泉縣之

劉洞村當即其地也集古錄以爲貞觀二十一年立許敬宗撰文趙模書丹案碑稱文皇帝又云太宗廟庭考士廉配享在高宗即位之初然則此碑之立亦在其時不得言貞觀明甚（抱經堂文集）

按此碑文凡二千六百餘字石墨鐫華云僅存三百餘字鐵函齋書跋云可識者僅七十餘字雍州金石記云存二百餘字今此文存者得一千二百餘字幾及全碑之半文但有序而無銘詞墓記之體如是然不曰神道碑而曰塋兆記是又一例也撰文者許敬宗但存其爵曰高陽縣開國公書碑

者趙模但存其官府錄事參軍趙模無傳可攷新
唐書許敬宗傳太宗朝敬宗以修史勞封高陽縣
男高宗卽位將立武昭儀敬宗陰揣帝私妄言於
帝得所欲詔敬宗待詔武德殿西闥頃拜侍中監
修國史爵郡公高宗本紀永徽六年十月己酉廢
皇后爲庶人乙卯立宸妃武氏爲皇后據敬宗以
廢立事得進爵郡公則立碑當在永徽六年矣但
傳稱敬宗爵郡公碑題作縣公爲異耳似係貞觀
廿一年葬而永徽六年立碑也文云高陽洪胄響
振虞庭謂高陽氏才子八人謂之八元舜舉之使

布五教於四方者也然宰相世系表謂高氏出自
姜姓則非系出高陽矣碑又云公諱儉字士廉舊
唐書傳稱高儉字士廉目錄直云高士廉新書傳
云以字顯獨宰相世系表則云宗儉字士廉相太
宗爲異碑又云曾祖翻清河□祖□清河□武王
父勱襲爵清河王改封樂□□北齊書清河王岳
傳岳字洪略高祖從父弟也父翻字飛雀魏朝贈
太尉謚孝宣公岳仕顯祖朝進封清河郡王薨贈
使持節都督冀定滄瀛趙幽濟七州諸軍太宰太
傳定州刺史假黃鉞謚曰昭武子勱字敬德以清

河地在畿內改封樂安王轉侍中尚書右僕射齊
亡入周授開府隋朝歷揚楚光洮四州刺史舊唐
書高儉傳儉曾祖飛雀後魏贈太尉祖嶽北齊侍
中左僕射太尉清河王父勵北齊樂安王尚書左
僕射隋洮州刺史新書傳儉齊清河王岳之孫父
勵樂安王入隋官洮州刺史唐書宰相世系表則
云飜字飛雀後魏侍御中散孝宣公子岳字洪略
北齊太保清河昭武王子勱字敬德隋洮州刺史
樂安侯諸書詳略互異又如此士廉之父諱兩唐
書皆作勵惟北齊書作勱與碑同說文勱勉力也

莫話切勵勉力也力制切是二字音異而義則同
唐時或通用否則轉寫誤也碑載士廉歷官多缺
略當取新舊唐書本傳參校可補碑之缺士
廉春秋若干舊書傳云年七十二新書作七十一
爲不同則未知孰是也碑云九嵕山南趾墓而不
墳九嵕山在馮翊谷口前漢地理志注在醴泉界
禮檀弓古者墓而不墳注土之高者曰墳揚子方
言凡葬無墳謂之墓有墳謂之塋故檀弓云墓而
不墳蓋平曰墓封曰冢高曰墳碑云墓而不墳者
謂其不高也然額仍題塋兆記想墳與塋可通稱

矣碑書錙銖作錙銖別體字碑側題記者六代孫
尚書右丞元祐又六代孫正議大夫行給事中上
柱國渤海縣開國男食邑三百戶賜紫金魚袋少
逸据宰相世系表則少逸是兄官工部尚書其封
渤海縣男者乃少逸之弟元裕字景圭初名允中
官吏部尚書與碑不同其題記在會昌四年距葬
後一百九十八年矣

褚亮碑

碑連額高一丈六寸廣四尺八分二十八行行六十五字隸書額題大唐褚卿之碑六字篆書在醴泉縣西峪邨

府君諱亮字□□□南陽翟人也飃鳥□□白狼表慶
□□□□□□□□□□□□□□之功□臣佐非常
之德郎府君十壹代祖安東將軍揚州都督關內侯□
□□□□□□□□□□道可師□用仁飃教文武不
墜英風自遠屬胡兵入洛晉馬浮江爰及宋齊□□
□□□□□□□□□□□□中齊東陽太守復爲侍
中遷吏部尚書贈太常卿謚貞子門庭清簡少懷雅□
□□□□□□□□□□清譽□□蒙梁儀同廬陵□
東閣祭酒太子□舍人東朝沃詣上邸披襟韜□□□
□□□□□□□□政霞綺敷□動名教於搢紳聯徽

歆於僚寀府君辰緯凝曜川岳降靈黃□帝師之□飃
□□□□□□□□□□焉浩浩焉神情共雲巘爭高
令問與風松俱遠汰鋊芳於筆海架□匠於天材□□
□之□□□□□□□□□丁秘監府君憂哀號致毀
幾將滅性陳後主栖神雅什纂飃鴻圖景暖春坊雲□
□□□□子□□□□□□□□□□命□□屬允膺
嘉選隨開皇九載平陳府君南朝冠冕□京諸見家國
□□不求聞達□□□□□□□□□庭大業七年授
太常博士彝倫爲施政之本忠信乃達禮之源凡厥□
益多□修□□□□□□□以爲黃門侍郎雖霜威見

屈而風槩弥竦 □□自天縱聖神武遏□□□
□□之□□□之□□□入幕之賓武德元年延爲
文學太公之逢西伯高步天師鄧禹之赴蕭王□□□
□□□□□□□□□□□□□輸山川形勝乃詫賞
風雲 恩眄賜詩有同校叔上書諫獵允□馬卿□□
□□□太宗監國光啓震維必□正人務從國本敢
授中允貞觀元年封陽翟縣男□□□□□□
□食邑七百戶及年登月制依老子家轄益成陰桓春
卿之寵錫芳琛押至石大夫之□□□□□□
□□寢疾而薨 太宗爲之廢朝悼深流涕

中使相望存問不絕□□□□魏□□闕□□□□圍
祕器葬事所須並宜官給儀仗鼓吹送至墓所夫人椰
氏亦同安厝□慕無□□□□闕□□□□老莊之
齊致同李郭之淸塵言行無爽於庭蘭忠愼有踰於溫
樹洞握河之□簡□□之□□闕□□□□葉名侍
近時逢靜亂早擅文房預參帷幄恭承嘉眄乃留情於
啓沃沓□□□□□□闕□□秋□□□□□
之際遠諧淸放之前所製文集撰成廿卷咸爲□　詔
侍奉述作陳□流詠□□□闕□子□□□普州長
史襲封陽翟侯遂賢撫瞻霜露永懷罔極歲月緜遠凄

凉荒隴□□□□□□□闕□□□□式刊貞石敢
爲銘曰
鬱暎遙源曾華胄緒纂禩承業昭鉤析宇粵自恭公祚
流子褚德□□□□□闕□□□□□聲珪璋
遂襲變佐光才家崇晉去國喪陳來語默雖切榮名詎
摧一□□□□□□闕□□□□名揚靑蓋象屯金
陵氣竭利在攸往誕生聰哲二陸道存三張譽折□□
□□□□□□闕□□□□府門庭雅素意緒薰華賦
樓光□文閣生霞琴延夕月酒汎晨花□□□壽□□
□家□□□□□□□譽無虧綵冠蓬□義□□□

神理凝絢淸文挺秀蔚郁才林超揚詞囿□□□□□□
□下闕□□
右唐褚亮碑唐書云亮杭州錢塘人而碑云晉南遷
家於丹陽按元和姓纂自有錢塘褚氏與亮族不同
系唐史蓋失之金石錄
亮遂良父也由陳入隋由隋入唐八十八卒碑已殘
闕不可詳攷分隸與馬周碑如出一手疑亦殷仲容
書遂良能書非仲容輩恐不得汙其父碑也石墨鐫華
碑已殘剝分隸精工之甚唐石之最佳者字與馬周
碑相類馬碑金石錄謂爲殷仲容書則此碑知爲仲

容無疑也仲容盛負書名河南公肎舍之他求乎庚子銷夏記
金石文字記云高宗時立林吉人蘭話堂碑目誌貞
觀年殷仲容書按亮雖卒於太宗時而碑云撫瞻霜
露永懷罔極歲月緜遠則建碑刻銘必非彼時之事
林云貞觀但據所終之時而言葢未詳攷也顧云高
宗時必别有所據　崇禎十一年苟好善修醴泉縣
志載昭陵諸碑謂其字尚有存者僅二十一片而褚
亮碑不在其內今覩拓本尚存五百餘字較高士廉
豆盧寬諸碑不啻過之不知前人何以獨遺不錄也

金石存

按額云大唐褚卿之碑褚字从衣从者而此篆从禾从𣥂从甘考者上从朩既與考老不同下从白（音自）又與甘不同唐人六書之疏如此（醴泉縣志）

碑已磨泐多不能讀僅存四百餘字（雍州金石記）

碑無年號因其卒于貞觀時故附置於此（關中金石記）

右贈太常卿褚亮碑凡廿八行下截已失每行僅存廿一字其篆額云大唐褚卿之碑與他碑式異褚字左从禾右从老省益不通六書者所作也亮卒於貞觀廿一年十月碑之立在高宗朝其時遂良已得罪貶死故祗述襲封陽翟侯遂賢一人（潛研堂金石文跋尾集）

按此碑雖殘闕存者尚幾八百字諸家所見或云五百餘字或云四百餘字或云二百四五十字似皆非全搨即潛研堂跋云碑廿八行每行僅存廿一字今搨凡廿六行行存廿七八字彼此亦不同也碑云府君諱亮字□□□南陽翟人也唐書褚亮傳亮字希明杭州錢塘人金石錄謂亮杭州錢塘人而碑云晉南遷家于丹陽元和姓纂自有錢塘褚氏與亮族不同系唐史蓋失之今碑已泐去晉南遷家于丹陽一語唐書宰相世系表元成間有褚先生少孫裔孫重始居河南陽翟裔孫䂮字武良晉安東將軍始徙丹楊舊唐書亮傳則云杭州錢塘人其先自陽翟徙居焉不云徙自丹楊亦不詳徙自何人然亮之先世自高祖以下歷仕齊梁陳隋諸朝碑略可見則自丹陽徙錢塘必在高曾之世矣而碑仍稱陽翟者存其舊貫也錢塘褚氏之見于史傳者在晉則有褚陶在齊則有褚伯玉在梁則有褚脩皆不與亮同系然亮與遂良舊宅實在錢塘咸淳臨安志皇城圖城東有褚氏舊宅即亮居也今名其地曰褚家塘其居今爲昭忠

祠里曰忠淸屬仁和萬歷杭州府志稱其祠爲遂良故居實即亮居也別有在臨平山下者乃褚无量故宅太平寰宇記无量家近臨平湖者是也此亦與亮不同系餘如褚陶諸公則故蹟無攷矣碑云府君十一代祖安東將軍揚州都督關內侯而闕其名宰相世系表乃始居陽翟之裔孫招也碑云齊東陽太守復爲侍中遷吏部尚書贈太常卿謚貞子而闕其名宰相世系表炫字彥緒齊安成王師謚曰貞乃亮之高祖也南齊書炫傳歷官與碑同其守東陽在建元初其遷吏部尚書在永明

元年由吏部改授散騎常侍領安成王師世系表
從略但載其所終之官而碑舉其大故亦不書安
成王師也碑云蒙梁儀同廬陵口東閤祭酒太子
口舍人此上闕泐三十餘字當是叙亮之曾祖也
舊唐書稱曾祖湮梁御史中丞新唐書稱曾祖湮
父玠有名梁陳閒宰相世系表則云炫子漢梁御史
中丞中書侍郎南史褚裕之傳則云炫子湮字士
洋仕梁爲曲阿令歷晉安王中錄事正員郎烏程
令還爲太尉屬延陵令中書侍郎太子率更令御
史中丞湘東王府諮議參軍三書所載其名不同

如此惜碑文不存無從定其孰是矣蒙爲亮之祖
南史云位太子舍人舊唐書云太子中舍人碑於
舍人上闕一字當即中字隋書百官志太子有中
舍人四人舍人十六人隋制大率兼采梁陳之舊
則有中字者爲確宰相世系表亦但作太子舍人
且以其名爲象則更誤矣碑文此下又泐三十餘
字當是叙亮之父玠舊唐書亮傳父玠陳秘書監
新書傳不著其官宰相世系表則云玠字温理陳
御史中丞掌東宮管記南史玠傳陳天嘉中兼通
直散騎常侍遷中書侍郎除山陰令累遷御史中

丞卒于官至德二載贈秘書監碑所存動名教於
搢紳賟徽猷於僚采二語殆謂玠也而下有云丁
秘書監府君憂登御史中丞是生前歷官秘書監
是卒後贈官惟掌東宮管記則傳未及也碑載亮
歷官可見者陳後主時官春坊隋開皇九載平陳
大業七年授太常博士下闕黃門侍郎武德元年延
爲文學太宗監國改授中允貞觀元年封陽翟縣
男老于家今以薨年八十八在貞觀二十一年推
之其生爲陳文帝天嘉元年則其筮仕後主年甫
弱冠也新書傳仕陳累遷尚書殿中侍郎入隋爲

東宮學士遷太常博士貶西海司戶後爲薛舉黃
門侍郎秦王授王府文學貞觀中累遷散騎常侍
封陽翟侯舊書傳前段同惟貞觀元年爲宏文館
學士九年進授員外散騎常侍封陽翟縣男拜通
直散騎常侍學士如故十六年進爵爲侯食邑七
百戶較新書爲詳而尤足補碑之闕也碑闕薨逝
年月傳亦不詳太宗本紀貞觀二十一年十月癸
丑褚遂良罷二十二年二月起復新書遂良傳進
黃門侍郎參綜朝政會父喪免起復爲中書令舊
書傳二十一年以本官檢校大理卿尋丁父憂解

明年起復舊職俄拜中書令据此則亮之薨在貞觀二十一年十月癸丑也而其陪葬昭陵當卽在二十二年二月以前碑云所製文集撰成廿卷與唐書藝文志合又云普州長史襲封陽翟侯遂賢宰相世系表長子遂賢都王友襲侯考高祖太宗諸王未有所謂都王者碑又云撫嚈霜露永懷罔極歲月縣遠淒凉荒壟玩其語氣自在遂良卒後二歲追削官爵子孫配流愛州及宏道元年二月高宗遺詔放還本郡之時距亮薨已三十七年也碑文前云元鳥□□白狼表慶銘詞又云纂禖承業昭鉤析字學自恭公祚流于禇抱經堂集謂纂禖二語不得其解按宰相世系表禇氏出自子姓宋共公子段字子石食采于禇其德可師號曰禇師生公孫肥子爲禇氏則禇乃子姓商之後也史記宋世家共公乃文公之子瑕其公子食采事無攷史世家作共公五行志作恭公與碑同詩天命元鳥降而生商禮月令鄭注高辛氏之世元鳥遺卵娀簡吞之而生契宋書符瑞志湯在亳能修其德有八牽白狼銜鉤而入商朝碑葢皆爲禇姓推原其出于宋而肇祥於商也額題大唐禇卿之碑

却與他額異例推揣其故亦因去世荒遠恩澤久替追立墓碑不欲繁稱但以一卿字該其官位而以禇字表其姓而已葢禇卿猶言禇公也

金石萃編卷四十九

賜進士出身　誥授光祿大夫刑部右侍郎加七級王昶譔

唐九

慈恩寺聖教序

碑高六尺三寸廣三尺五分共二十一行行四十二字正書篆額在西安府慈恩寺

大唐三藏聖教序

太宗文皇帝製

中書令臣褚遂良書

蓋聞二儀有象顯覆載以含生四時無形潛寒暑以化物是以窺天鑑地庸愚皆識其端明陰洞陽賢哲罕窮

其數然而天地苞乎陰陽而易識者以其有象也陰陽處乎天地而難窮者以其無形也故知象顯可徵雖愚不惑形潛莫覩在智猶迷況乎佛道崇虛乘幽控寂弘濟萬品典御十方舉威靈而無上抑神力而無下大之則弥於宇宙細之則攝於豪釐無滅無生歷千劫而不古若隱若顯運百福而長今妙道凝玄遵之莫知其際法流湛寂挹之莫測其源故知蠢蠢凡愚區區庸鄙投其旨趣能無疑惑者哉然則大教之興基乎西土騰漢庭而皎夢照東域而流慈昔者分形分蹟之時言未馳而成化當常現常之世民仰德而知遵及乎晦影歸眞

遷儀越世金容掩色不鏡三千之光麗象開圖空端四八之相於是微言廣被拯含類於三途遺訓遐宣導羣生於十地然而眞教難仰莫能一其指歸曲學易遵邪正於焉紛糾所以空有之論或習俗而是非大小之乘乍沿時而隆替有玄奘法師者法門之領袖也幼懷貞敏早悟三空之心長契神情先苞四忍之行松風水月未足比其清華仙露明珠詎能方其朗潤故以智通無累神測未形超六塵而迥出隻千古而無對凝心內境悲正法之陵遲栖慮玄門慨深文之訛謬思欲分條析理廣彼前聞截僞續眞開茲後學是以翹心淨土往遊

西域乘危遠邁杖策孤征積雪晨飛途閒失地驚砂夕起空外迷天萬里山川撥煙霞而進影百重寒暑躡霜雨而前蹤誠重勞輕求深願達周遊西宇十有七年窮歷道邦詢求正教雙林八水味道飡風鹿苑鷲峯瞻奇仰異承至言於先聖受眞教於上賢探賾妙門精窮奧業一乘五律之道馳驟於心田八藏三篋之文波濤於口海爰自所歷之國總將三藏要文凡六百五十七部譯布中夏宣揚勝業引慈雲於西極注法雨於東垂聖教缺而復全蒼生罪而還福濕火宅之乾燄共拔迷途朗愛水之昏波同臻彼岸是知惡因業墜善以緣昇昇

元　宏

璧之端惟人所託譬夫桂生高嶺雲露方得泫其花蓮
出淥波飛塵不能汙其葉非蓮性自潔而桂質本貞良
由所附者高則微物不能累所憑者淨則濁類不能霑
夫以卉木無知猶資善而成善況乎人倫有識不緣慶
而求慶方冀茲經流施將日月而無窮斯福遐敷與乾
坤而永大
永徽四年歲次癸丑十月己卯朔十五日癸巳建　中書令褚遂良書
碑高廣與序同共二十行行四十字
正書左行篆額與序同在慈恩寺
大唐皇帝述三藏聖教序記
皇帝在春宮日製此文

尚書右僕射上柱國河南郡開國公臣褚遂良書
夫顯揚正教非智無以廣其文崇闡微言非賢莫能定
其旨蓋眞如聖教者諸法之玄宗衆經之軌躅也綜括
宏遠奧旨遐深極空有之精微體生滅之機要詞茂道
曠尋之者不究其源文顯義幽理之者莫測其際故知
聖慈所被業無善而不臻妙化所敷緣無惡而不翦開
法網之綱紀弘六度之正教拯羣有之塗炭啓三藏之
祕扃是以名無翼而長飛道無根而永固道名流慶歷
遂古而鎭常赴感應身經塵劫而不朽晨鍾夕梵交二
音於鷲峯慧日法流轉雙輪於鹿菀排空寶蓋接翔雲

元　元　錢本津作澤偃師志同　元　宏　偃師志⿰𧾷㒸作墜

而共飛莊野春林與天花而合彩伏惟　皇帝陛下
上玄資福垂拱而治八荒德被黔黎斂衽而朝萬
國恩加朽骨石室歸貝葉之文澤及昆蟲金匱流梵說
之偈遂使阿耨達水通神甸之八川耆闍崛山接嵩華
之翠嶺竊以法性凝寂靡歸心而不通智地玄奧感懇
誠而遂顯豈謂重昏之夜燭慧炬之光火宅之朝降法
雨之津於是百川異流同會於海萬區分義摠成乎實
豈與湯武校其優劣堯舜比其聖德者哉玄奘法師者
夙懷聰令立志夷簡神清齠齔之年體拔浮華之世凝
情定室匿跡幽巖栖息三禪巡遊十地超六塵之境獨

步伽維會一乘之旨隨機化物以中華之無質尋印度
之眞文遠涉恒河終期滿字頻登雪嶺更獲半珠問道
往還十有七載備通釋典利物爲心以貞觀十九年二
月六日奉　勅於弘福寺翻譯聖教要文凡六百五
十七部引大海之法流洗塵勞而不竭傳智燈之長燄
皎幽暗而恒明自非久植勝緣何以顯揚斯旨所謂法
相常住齊三光之明　我皇福臻同二儀之固伏見
御製衆經論序照古騰今理含金石之聲文抱風
雲之潤治輒以輕塵足嶽⿰𧾷㒸露添流略舉大綱以爲斯
記

永徽四年歲次癸丑十二月戊寅朔十日丁亥建

萬文韶刻字

余舊藏褚登善聖教序記婉媚遒逸波拂如鐵線蓋善本也後陝省致一紙輕弱不足言或以爲翻刻或以爲有二本第俱有可疑者舊藏本稱龍朔三年建按遂良以永徽六年貶潭州顯慶二年徙桂州未幾貶愛州歲餘卒蓋未嘗生及龍朔也豈遂良嘗書之至是始摹搨上石邪陝省本則云永徽四年中書令臣褚遂良書考之本傳宰相表遂良貞觀末爲中書令後罷永徽三年以吏部尚書同中書門下三品四

年進尚書左僕射疑皆後人附益之耳 弇州山人藁

此以序與記分刻二碑于慈恩寺塔下分東西兩龕置之風雨與童牧俱不能及是以能久而不毁后署永徽四年書似不及同州本 石墨鐫華

陝西今有二碑一永徽四年建止有高宗記無太宗序乃自左寫向右若倒書然者果輕弱不足觀斷是重摹本第後銜稱尚書右僕射正與史合不係中書令不知司寇何由據爲駁一龍朔三年建太宗序高宗記俱全但無兩荅敕及後心經波拂處雖有鐵線意然字畫亦未甚圓淨似亦重摹者後一行有大唐褚遂良書在同州倅廳十一字則絕拙滯與前字不倫的是後人妄益者跋謂河南公未及生在龍朔良是考懷仁聖教係咸亨三年刻上去永徽癸丑二十年龍朔癸亥十年此文撰在貞觀廿二年應係永徽間勒石同州刻想在龍朔年是唐初翻本故猶不甚失筆意第後行姓名既係增出則何緣定其爲褚雖筆法可玩安知非彼時善書者書耶永徽本的是近時人摹殊失眞甚想懷仁本行褚石久湮滅耳庚寅歲余通書司寇公偶及此乃作漫語荅似猶不以爲然 書畫跋跋

趙崡曰據張茂中遊城南記云寺經廢毁殆盡惟一塔儼然則今寺亦非唐舊而塔自宋熙寧火後不可登萬歷甲辰重加修飾施梯始得至其巔求記所謂唐人墨蹟孟郊舒元輿之類皆不可得塔下四門以石爲桄桄上唐畫佛像精絕爲遊人刻名侵蝕可恨東西兩龕褚遂良書聖教序記尚完好而唐人題名碑刻無一存者問之僧云塔前元有碑亭乙卯地震塔頂墜壓爲數段今亡矣 金石文字記

長安慈恩寺有河南所書聖教序記分爲二碑嵌雁塔門東西兩傍最完好序云永徽四年十月十五日

建中書令臣褚遂良書記云永徽四年癸丑十二月十日建尚書右僕射上柱國河南郡開國公臣褚遂良書此自同州召還後筆稱臣者以御製文非奉敕書也庚子銷夏記

聖教序今在西安府南六里慈恩寺塔下序記分兩石東西兩龕覆之序右行記左行序字差小記字差大蓋序書于永徽四年十月記書于十二月非一時故也按舊唐書公以永徽元年進封河南郡公尋坐事出爲同州刺史三年徵拜吏部尚書則此記序乃是同州召還後所作其稱臣者郭引伯言以御製文

非奉敕書是也序以十月書銜稱中書令記以十二月書銜改稱尚書右僕射意其代張行成爲尚書右僕射在十月後而史不及詳也竹雲題跋

右三藏聖教序并記兩碑皆建于永徽四年一在十月一在十二月而遂良題銜一稱中書令一稱尚書右僕射上柱國河南郡開國公殊不相合考唐書宰相表遂良以永徽元年罷中書令三年拜吏部尚書同中書門下三品四年進尚書左僕射舊史遂良傳亦同惟以左僕射爲右僕射此碑正作右僕射可證表左字之誤其稱中書令者王元美以爲出于後八

附益理當然也潛研堂金石文跋尾

劉軻撰三藏大遍覺塔銘曰貞觀廿年秋七月法師進新譯經論請制經序序成神筆自寫太宗居慶福殿百寮陪位坐法師命上官儀讀之即此序　大遍覺塔銘又云貞觀廿二年夏天皇大帝居春宮又制述聖記及菩薩藏經後序據此則高宗所作又有藏經序也手荅稱所作論序鄙拙尤繁以此今序不傳關中金石記

按三藏法師元奘舊唐書列入方技傳稱元奘洛州偃師人載元奘事既簡略語復小譌大藏孰字

號一函載全傳十卷于西域求經事最詳傳是沙門慧立撰本五卷釋彥悰箋而廣之凡太宗御製聖教序元奘謝表太宗荅敕高宗爲太子時作三藏聖記元奘謝啓太子牋荅竝在傳中惟別刻石本所有元奘又表謝文皇再荅敕則慧立所不載而慧立又有元奘求序表諸石刻本無傳今錄附于後慧立撰傳稱三藏聖教序七百八十一字神筆自寫敕貫衆經之首神筆者御筆也貞觀二十二年六月皇太子作三藏聖記于是宏福寺主圓定請鐫二序于石藏之寺中寺僧懷仁乃集右軍

書勒于碑是歲建大慈恩寺別造翻經院元奘請建慈恩塔塔南面有兩碑刻二聖三藏聖教序記乃河南公褚遂良所書葢當時石刻止有二本也懷仁本於序記表箋之後有三行云敕賜雲衲一領妙絶古今又敕天下寺度五人維持聖叡皆其力也事見慧立撰傳貞觀二十二年七月景申施衲袈裟一領剃刀一口其袈裟宮中所製價値百金帝又問曰欲樹功德何最饒益對曰宏法由人度僧爲最是年九月己卯詔京城天下諸州寺宜各度五人宏福寺度五十人即其事也惟八月三

日內出心經刻入碑中者傳無所考按各梵經皆有緣起今此心經出自大內不知屬於何部既無阿難如是我聞之語又無菩薩啓請之文据題云金剛般若波羅蜜多心經似從大般若經中摘出如法華之普門品首楞嚴之從聞思修摘出單行者開元釋敎錄載大般若波羅蜜多經六百卷注云見翻經圖佛於四處十六會說顯慶五年正月一日於玉華宮寺玉華殿譯至龍朔三年十月二十畢沙門大乘光大乘欽嘉尚等筆受當貞觀二十二年大般若經尚未翻譯太宗或先譯就出以

行世故從內出也又考金剛般若波羅蜜經見開元釋敎錄中云金剛般若波羅蜜經一卷亦云金剛般若經佛在舍衛國者初出與元魏留支等出者同本又金剛般若波羅蜜經一卷永平二年於胡相國第譯是第二出僧朗筆受與秦鳩摩羅什及大般若第九會能斷金剛分等同本此金剛般若波羅蜜之緣起也又心經末有咒及是大神咒之語則有觀自在菩薩隨心咒經一卷亦云多唎心經唐總持沙門釋智通譯十一面觀世音神咒經一卷於四天王寺譯上儀同城陽公蕭吉筆受

初出與唐譯十一面神咒心經等同本並見開元釋敎錄中并附記于此以備考云心經後列于志寧來濟許敬宗薛元超李義府五人銜名并奉敕潤色字此是顯慶元年正月事傳載是月景寅冊代王治爲皇太子就大慈恩寺設齋遣朝臣行香時黃門侍郎薛元超中書侍郎李義府因參法師問曰翻經之外更有何事可以光揚法師報以苻姚已來翻宣經論除僧之外君臣皆可贊助壬辰乃宣敕曰大慈恩寺僧元奘所翻經論旣新翻譯文義須精宜令太子太傳尚書左僕射燕國公于

志寧中書令兼檢校吏部尚書南陽縣開國男來濟禮部尚書高陽縣開國男許敬宗守黃門侍郎兼檢校太子左庶子汾陰縣開國男薛元超守中書侍郎兼檢校右庶子廣平縣開國男李義府中書侍郎杜正倫等時爲看閱有不穩便處卽隨事潤色是當時同奉敕潤色者尚有杜正倫一人碑未列也殆是遺漏碑中結銜來濟不書兼檢校吏部尚書薛元超不書汾陰縣開國男李義府不書廣平縣開國男皆碑之略也此下云咸亨三年十二月八日京城法侶建立及諸葛神力朱靜藏二

人銜名此又一時事咸亨三年上距顯慶元年于志寧等奉敕潤色且十七年而距貞觀二十二年懷仁刻石又二十五年矣此蓋別建一碑所謂京城法侶者不知何寺之法侶傳無所考矣元奘傳慧立撰之外別有唐西崇福寺沙門智昇所撰傳見開元釋敎錄稱元奘本名禕爲慧立所無餘俱大同舊唐書較慧立撰祇百之一所記亦大同惟載諸臣潤色之後又有國子博士范義頵太子洗馬郭瑜宏文館學士高若思等助加翻譯此三人爲慧立所不載又元奘入西域自玉門關至高昌

此文亦須抄出

從此孑然孤遊遍歷五印度境抵南印度渡硤伽河參鳩摩羅王得經六百五十七部及舍利金銀佛像等凡歷一百二十八國閱十七年歸朝撰大唐西域記國名詳見慧立撰傳中舊唐書祇云經百餘國者約略之詞也論此碑者多未詳考原委故疊註之其懷仁本及王行滿書二碑論辨別見于後

附求序表藏經三藏法師傳錄出

沙門元奘言竊聞八正之旨實出苦海之津梁一乘之宗誠湼槃之梯隥但以物機未熟致蘊蔥山

之西經胥庭而莫聞歷周秦而靡至暨乎摩騰入洛方被三川僧會遊吳始霑荊楚從是已來遂得人修解脫之因家樹菩提之業固知傳法之益其利博哉次復嚴顯求經澄什繼譯雖則元風日扇而並處僞朝唯元奘輕生獨逢明聖所將經論咸得奏聞蒙陛下崇重聖言賜使翻譯比與義學諸僧等專精夙夜無墮寸陰雖握管淹時未遂終訖已絕筆者見得五部五十八卷名曰大菩薩藏經二十卷佛地經一卷六門陀羅尼經一卷顯揚聖教論二十卷大乘阿毗達磨雜集論一十六卷瑜

原缺第十三葉

天威如咫步匿乘千葉詣雙林如食頃捜揚三藏盡
龍宮之所儲研究一乘窮鷲嶺之遺旨竝已載於白
馬還獻紫宸尋蒙下詔賜使翻譯元奘識乖龍樹謬
忝傳燈之榮才異馬鳴深愧瀉瓶之敏所譯經論紕
舛尤多遂荷天恩留神構序文超象繫之表理括衆
妙之門忽以微生親承梵響踊躍歡喜如聞授記無
任欣荷之極謹奉表詣闕陳謝以聞

文皇答勅

朕才謝珪璋言慚博達至於內典尤所未閑昨製序文
深爲鄙拙唯恐穢翰墨於金簡標瓦礫於珠林忽得來

書謬承褒讚循躬省慮彌益厚顏善不足稱空勞致謝

元奘又表謝

文皇再答勅

朕往不讀經兼無才智忽製論序翻汙經文具攬來
言枉見褒飾愧逢虛美惟益真慙自尔朝宰英達咸
申擊讚釋宗宏盛氣接成陰　聖記

皇帝在春宮述三藏
記文同前

元奘等詣謝

皇太子牋答

治素無才學性不聰敏內典諸文殊未觀攬所作論序
鄙拙尤繁忽見來書褒揚讚述撫躬自省慙悚交并勞
師等遠臻深以爲愧

貞觀廿二年八月三日內出

般若波羅蜜多心經

沙門元奘奉詔譯

經文不錄

太子太傅尚書左僕射燕國公于志寧　中書令南陽
縣開國男來濟　禮部尚書高陽縣開國男許敬宗
守黃門侍郎兼左庶子薛元超　守中書侍郎兼右庶

子李義府等奉　勅潤色

咸亨三年十二月八日京城法侶建立

文林郎諸葛神力勒石

武騎尉朱靜藏鐫

書苑云唐文皇製聖教序時都城諸釋委宏福寺懷
仁集右軍行書勒石累年方就逸少眞跡咸萃其中
今觀碑中字與右軍遺帖所有者纖微克肖書苑之
說信然近世翰林侍書輩多學此碑學弗能至了無
高韻因自目其書爲院體由唐吳通微昆弟已有斯
目故今士大夫玩此者絕少然學弗至者自俗耳碑

中字未嘗俗也非深於書者不足以語此 東觀餘論
集右軍書聖敎序心經右軍眞跡固多第自秩帖外不應行法大小勻整乃爾且梵字多所不備其小小展縮偏傍輳合所不免也 聖教序書法爲百代模楷病之者第謂其結體無別構偏傍多假借蓋集書不得不爾仲蔚謂出文皇手又經于志寧等潤色不無失眞是不知咸亨中沙門懷仁摸集勒石而心經未有志寧等潤色題字蓋元奘方於洛中總譯西域所齎經藏以志寧等領其事故云爾唐世宰相有兼譯經潤文使者卽其職也凡唐藏經卷尾皆有諸公

名姓此何與於書而仲蔚乃以是病之陋一至此乎展冊爲之失笑 弇州山人稾
王宏撰曰序中如金容掩色心經中色不異空空中無色諸色字於草法合至空不異色色卽是空空卽是色無色聲香味觸法諸色字乃包字集書者誤以此作色字耳觀天地苞乎陰陽苞字下體文抱風雲之潤抱字右邊自見而昔人無言及之者 金石文字記
此未斷舊本也是武關構皮紙堅柔相得虛和受墨秦產也簾紋如織隃麋如漆歲久入理第多補字爲拈出無致蘭亭訟端其宏福寺福字闕以蒼生罪而

還福福字補晉右將軍將字以將日月而無窮將字補然則大敎然字以然而天地然字補晦影歸眞眞字以受眞敎于上賢眞字補習通無累通字以通神句通字補非蓮性自潔非字以習俗而是非非字補桂質本貞貞字以幼懷貞敏貞字補將日月而無窮日字誤以卽說咒曰曰字補斯福遐敷斯字以以爲斯記斯字補皇帝在春宮皇字以我皇福臻皇字補赴感應身感字以感懇誠感字補重昏之夜重字以誠重勞輕重字補火宅之朝火字以火宅之乾焰火字補幽闇而恒明而字以日月而恒明而字補忽見

來書忽字以忽得來書忽字補度一切苦苦字以除一切苦苦字補無意識界無無名第二無字以亦無無明下無字補苦集滅道滅字誤以不增不減減字補共割補十八字一一指次頗極然犀至于斷文三十三反無一闕者亦奇矣余生平所見舊搨數十本惟仲宗王孫先世所藏爲第一余曾爲一跋已二十餘年矣猶憶其鋒鍛此本髣髴勝之仲宗伯仲子斗皆精研博古千秋自命結社靑門分余半席苟非斯道冠蓋不入故鑒賞斯精 金石史
自唐以來士林甚重此碑匪直興福寺隆闡法師等

碑爲顯效其體卽李北海張司直蘇武功亦皆從此奪胎自有院體之目於是光歛遂殺以故宋元以來黃米諸巨手皆弗道及獨宣和書譜黃長睿始爲吐氣耳至有明宏正間士大夫始復重此碑購求一本往往傾囊倒篋以爲難得雖已斷者購之猶數十金葢至於今二百餘年而聖教石刻遂至斷闕剝蝕幾於無字可尋矣　舊史元奘傳元奘年五十六以顯慶六年卒顯慶六年卽龍朔元年也由龍朔元年上推五十六當生于隋煬帝大業二年劉軻三藏法師塔銘則云元奘十三出家顯慶五年二月五日卒年

六十九由顯慶五年上推六十九當生於隋文帝開皇十二年以仁壽四年出家唐高祖武德元年乃從高祖於晉陽太宗貞觀三年自請於帝往遊西域於時年三十八歷十七年以貞觀十九年還京師年五十四又十五年當高宗顯慶五年年六十九卒於故玉華宮肅成院其徒令檢以三藏傳記請爲塔銘此於史書故當無誤可據若據史書五十六年之語則十三出家當在高祖武德元年與其所稱大業末出家者自相矛盾矣文皇之序降於貞觀廿二年八月文皇以是年二月幸玉華宮十月乃還則此序自玉華宮出也又塔銘稱天皇大帝居春宮以廿二年夏六月製述聖記則亦當以八月同降自玉華宮故於述聖記之末總而記之曰貞觀廿二年八月三日內出也又本傳顯慶元年奉敕潤色經文者凡六人碑只五人無杜正倫本傳又有助加翻譯三人碑亦無之當由史誤序記雖皆有總將三藏要文凡六百五十七部譯布中夏之語然當貞觀時所翻經論尚未就惟西域記十二卷先成文皇及高宗先作記序賜之顯慶初乃更令于志寧等詳加潤色畢而成之耳翻經潤色皆由奉敕集書則懷仁所自爲故自貞觀

廿二年至咸亨三年歷二十五年乃成不稱奉敕也後記不知出自何人手葢亦唐人所作宋經生所書余以康熙六十年見自京師中有元奘求序表謝序表及文皇兩敕皆世所未有因屬蔣生師淵仿懷仁例集右軍書經年乃就及余司封吏部官居多暇乃臨一本以之南過淮陰程生尊江取以勒石乃更臨一本藏之竹雲題跋

今在西安府儒學碑首有佛像七皆極精緻世所傳七佛頭也宏福寺僧懷仁集王羲之書太宗序高宗記太宗批荅并心經雍州金石記

右三藏聖教序并記宏福寺沙門懷仁集王右軍書元奘以貞觀元年遊西域十八年始還得經典六百五十七部奉敕于宏福寺翻譯元奘表求御製經序凡再請乃許焉二十二年序成命宏文館學士上官儀於明月殿對羣僚讀之元奘奉啓陳謝賜敕褒荅已而皇太子復爲撰記元奘啓謝東宮亦賜教荅褚王所書惟序與記爾此復附以荅敕及教并心經於後葢右軍眞跡世不多有而集古人書愈多則愈難此懷仁之所以多自誇也舊唐書元奘傳顯慶元年高宗令左僕射于志寧侍中許敬宗中書令來濟李義

府杜正倫黄門侍郎薛元超等共潤色元奘所定之經國子博士范義頵太子洗馬郭瑜宏文館學士高若思等助加翻譯此碑列潤色諸臣名獨無杜正倫不知何故也潛研堂金石文跋尾

唐文皇製聖教序高宗作記沙門懷仁集右軍書河南褚登善所書序記分刻二碑龕置慈恩寺塔下同州又有褚書刻本序記并爲一碑蒼潤軒帖跋有褚公行書聖教序刻於咸亨三年金石錄載有王行滿正書聖教序并記在顯慶三年是聖教有五本矣第褚公行書本與王行滿本儲藏家罕著於錄予以懷

仁雁塔兩本校勘其文字多寡有不同者按高僧傳元奘於武德末往西佛地取經積十八年以二象馱經歸譯經既竣手敕褒美又令翻老子五千文爲梵言以遺西域道士蔡晃成英等競引釋氏之論奘以爲若翻老序則恐彼以爲笑林遂不竟譯而欲流布西佛地諸經乃上表求序表奏之日敕遂許焉上謂駙馬高履行曰汝前請朕爲汝父作碑今氣力不如昔願作功德爲法師作序不能作碑汝知之貞觀二十二年幸玉華宮追奘至問翻何經論荅正翻瑜伽上問何聖所作明何等義具荅已令取論自披閲遂

下敕新翻經論寫九本頒與雍洛相兗荆楊等九大州奘又請經題上乃出之名大唐三藏聖教序於明月殿命宏文館學士上官儀對羣僚讀之其詞曰葢聞二儀有象云云百寮稱慶奘表謝尋下敕曰朕才謝珪璋云云又重表謝又下敕曰朕往不讀經云云皇太子述上所作三藏聖教序作記曰夫顯揚正教云云石刻聖教無此諸行本末未備因附書於後若宋端拱元年沙門雲勝分書新譯聖教序姑置勿論也又按聖教序所云三藏要文凡六百五十七部譯布中夏考唐智升所撰開元釋教錄元奘所得大乘

經一百二十四部大乘論一百九十二部上座部經律論一十四部大衆部經律論一十五部三彌底部經律論一十五部彌沙塞部經律論二十二部迦葉臂耶部經律論一十七部法密部經律論四十二部說一切有部經律論六十七部因論三十六部聲論一十三部凡五百二十夾六百五十七部與此序合但元大德十年所刊法寶勘同總錄載大唐三藏元奘譯於玉華宮經本自天字號至奈字號六百卷爲六十帙其中多分二十七卷合之放光般若波羅蜜多經三十卷亦合六百五十七部之數然江西吉州

路前官講報恩寺講經論釋克己序總錄云爰自漢唐歷代帝王公卿翻譯接武金璧未完因命三藏義學沙門慶吉祥以翻漢本參對華梵對辨名題各標是元奘所譯經部爲元釋更易恐非其舊也古石琅玕

按是碑立於咸亨二年實高宗二十一年以諸人官職考之志寧遷太子太傅尚書左僕射來濟遷中書令在永徽二三年許敬宗以永徽初遷禮部尚書薛元超在顯慶初爲黃門侍郎遷右庶子李義府以永徽六年爲中書侍郎右庶子其距咸亨或十三四年或十七八年矣其時志寧沒已十二年來濟戰歿於庭州亦十年許敬宗是年致仕李義府先已流嶲州元超亦坐爲義府請馬貶簡州是所書官職皆非是年之官也蓋是序是記之成在貞觀之末而懷仁所集必剌取右軍各書比其大小聯其行楷窮年逾月銖積寸累然後迄以有成故遲至二十餘年後始勒于石也所列諸臣之銜皆就其先後奉敕時官銜書之非咸亨時現在之銜也潤色云者諸臣在任時各帶其職於元奘譯經意義異同加之審定若謂潤色懷仁之書則舛矣雖然時至咸亨敬宗罷義府竄患佞之公論

稍伸於上下而沙門輩惟知官爵爲榮竝舉臚列之豈復知有所好惡去取哉且此碑所列止六人而大奸居其二元超亦奸黨也君子少而宵人多觀此又可知佛教之靡雜已碑中所刻太宗序高宗記文俱同前不重錄其元奘謝表文皇再荅敕係從他本補入非本碑所有因低一格書以別之至此碑經萬歷乙卯地震塔頂墜壓碑斷爲二首行晉字末行林字一路皆有裂紋故好事者以不斷本爲貴但此後翻本極多如孟津王鐸本西安荀氏本皆極工可以亂眞并識於此

王行滿書聖教序　碑高八尺四寸廣四尺三寸五分二十八行行五十六字正書篆額在偃師縣學宮

大唐三藏聖教序

太宗文皇帝御製　門下錄事臣王行滿書

序文同前

皇帝述聖記　在春宮日製

記文同前

奉　爲招提寺

顯慶二年歲次丁巳十二月乙卯朔十五日己巳建

刻字臣沈道元

寶刻類編有此碑玉海引兩京記云元奘與惠明靈潤等翻定六百五十七部太宗制三藏聖教序按聖教序凡有四本一永徽四年一龍朔三年皆褚遂良書一咸亨三年懷仁集王羲之書俱在關中行滿書尚有韓仲良碑在陝西富平縣而書名不顯竇臮述書賦亦無其人覩其用筆端方縝密綽有姿致不在遂良之下蓋當時御製自皆擇善書人寫刊偶不顯于史耳碑在招提寺不知何人移至學宮招提寺者太平寰宇記云緱氏縣古滑城在縣東一十八里城在縣東一十八都城東角有招提寺今偃師兼有漢緱氏地也　中州金石記

同州聖教序　石高九尺一寸五分廣四尺六寸二十九行行五十八字正書在同州

褚遂良書

文同前

龍朔三年

此以序記并書一碑在同州後署龍朔三年書似勝慈恩本　右二碑王元美考年代官品以爲不合署名處疑皆後人附益良是但元美未嘗至關中遂不知二碑所在耳余又按玉海太宗製聖教序高宗爲

太子又述記并勒碑置慈恩寺浮圖永徽四年十月褚遂良書則大塔本似是真蹟而同州本反勝何也　石墨鐫華

按舊唐書褚遂良傳永徽元年出爲同州刺史三年徵拜吏部尚書顯慶三年卒於愛州至龍朔三年則遂良之亡已五年矣恐是後人追刻也　王宏撰曰碑後有大唐褚遂良書在同州倅廳十一字當是後人補書法亦微不類　金石文字記

同州河南所書聖教序記蓋非手書上石公歿同人不勝桐鄉之思復摹刻官所實記所建歲月初不討

其存亡其兩地字跡不同者摹手異耳（庚子銷夏記）
褚河南聖教序有三本行書一楷書二行書立石在
懷仁集右軍書時二十餘年前爲宋道君瘦金書之
祖今已亡之惟二楷書尚在一在雁塔一在同州在
雁塔者乃其原本在同州者則河南既歿後好事者
以河南嘗刺同州故以雁塔本更刻一石以志甘棠
不忘之義也玩後欵但記立碑年月不稱官爵至大
唐褚遂良書在同州倅廳十一字并不復摹褚書古
人質直明示此本爲復刻　余得萬歷開舊本模糊
不可柰及在京師汪退谷以新搨一本遺余氈蠟既

佳字尤清楚勝舊搨十倍問之退谷云曾至同州親
爲洗刷亭以覆之乃知唐人碑碣苟得好事者精意
氈蠟皆可十倍舊搨惟恨陝人以惡烟麄紙率略搨
賣以爲衣食資則全汨本來耳退谷又言碑字刻法
皆直下畫底皆方深得漢人手意然刻既精妙如此
而傳摹反至失眞何歟（竹雲題跋）
余于雁塔同州二刻之外又得一本年月同雁塔本
而字法不同碑已有斷蝕處不知此碑在何所諸評
論者皆不之及焉蒼潤軒帖跋論褚公眞書聖教之
後又一條云褚公行書聖教序碑立于懷仁集右軍

書時蓋是咸亨三年然則褚公聖教序實有四本又
金石錄載有王行滿正書聖教序并記在顯慶二年
余亦收得一本（觀妙齋金石考略）
按慈恩寺雁塔下褚書聖教序序記各爲一碑此
碑有序無記亦無兩答敕末書大唐褚遂良書龍
朔三年建公以顯慶二年徒桂州未幾貶愛州刺
史歲餘卒則卒當在顯慶三年時年六十有三其
爲同州刺史年纔五十餘耳先是高宗永徽元年
公坐事出爲同州刺史四年九月復爲尚書僕射
雁塔之刻固直其時若同州之刻乃在龍朔三年

是時公去同州二十一年而距公之卒亦二年有
餘蓋爾時梵筴西來朝野動色皆謂得未曾有競
相傳寫公之所書自非一本留傳在同州後人重
其書法之工與風節之峻故歿而猶刻之惟公已
被竄逐故雁塔本結銜于序書中書令臣於記書
右僕射上柱國河南郡開國公此僅書大唐褚某
蓋官階削去刻者不敢仍其舊且此一行孫氏鑛
斥爲拙滯蓋後人所增非褚筆也公貶同州刺史
何以書於倅廳尤不可解王氏世貞及孫氏謂雁
塔同州皆屬重摹本此三碑余曾親至其下拂拭

而摩挲之石最堅雁塔更勝迄今光澤如鏡原刻
無疑可以破耳食之謬

卷四十九終

金石萃編卷五十

賜進士出身誥授光祿大夫刑部右侍郎加七級王昶譔

唐十

房元齡碑

碑連額高一丈二尺九寸廣五尺三十六行中段磨泐每行約八十一字正書額題大唐故左僕射上柱國太尉梁文昭公碑十六字篆書在醴泉縣昭陵

大唐故尚書左僕射司空太子太傅上柱國贈□□并
州都督□□□□□□
蓋聞翊亮天儀處師臣者參聖丹青景化應圖緯者鄰
幾若乃　□靈□□□□□□闕下□之表經綸帝

績仰代元造之功論道太階獨見於文昭公　公諱[illegible]
齡字□□□□□人也闕下□□□□□河□繼嚮承家
鎮聞韶之雅俗曾祖□□□□安太守□□□武□□
□應清□□□□□□闕下□□□□□　皇朝贈徐
州都督臨淄定公□以□成□由言□通德之門早聞
□□□□之□□□□□□闕下□□□精通未兆同后
部之克嶷皃由□然體曲昇之多才□□□□□□□
□□□□□□□□□闕下□□□□□□□□□□年
十有八俯從賓貢澹乎藏器世莫能知□部侍郎□□
基□□之□□□□□□闕下之□□□□□□□□□

巻晉抄本作歲貴

□成□蔄詔徵碩老典校缺文□非學擬更生方膺妙
選□□□□得□□公以□□□□□□下闕□□□
□□□□□□□□□外□歲序纏懷終身永切
至哉天性獨越人靈於時□□□□□□□□□□□
□□□□□□□□□□□下闕□□□□□□□□□□□
□□□□以□□□□之鑒方深在慇憂而未晞□如
之寄斯重　太宗時稱元帥乃命公爲記室於是臨
戎習禮奉□司□之□□□□□□□□□下闕□
□□□□歃飛箭下億丈之城故以敷暢軍謀弼舞
干而制勝宏宣　廟略□□□□□□□□□□

□□□□下闕□□□□□□□公爲冠首累加上柱國
封臨淄侯俄而□□□禍胎滋蔓□叔□兵□□□
下闕□□□□□□□□□□□而□主約沉族以酬
恩俄然內□□□英威纂統引公爲右庶子□□□□
□□□□□□□□　太宗御曆選中書令封邢國
公邑三千戶□食□州賦一千三百戶□□□□□
□□□下闕高祖太宗二實錄合卌卷晉□周□□□□
□史合三百□七□□復□□□□□□□下闕□□
□□□□獨□□□□□矣俄遷尚書左僕射當朝
作紀巨□□分□國□□鴻□必舉□衡□□□□□

奉抄本作春

□□□□□下闕高祖升遐　帝不言政吉凶□務大小
責成園寢□□□副□□□□□□□□□□□下闕
□□□□□□□□喻奄宅於龜蒙公固辭裂土　詔
從其義尋加太子少師□□二□並□□□□□□
下闕□□□□□□□圡斯平致河圖於東序洎乎
今上升儲道光守器長奉□□方嗣虞風仙□流聲□
揚□化□□□□□□□□□□下闕風□□□□□
□寓故藉義馭之功少海浮霄尚假朝宗之助增天益
峻意在茲乎尋而□□□□□□□□□□下闕□□□
□□□□□□□□撥亂飲雪披榛晚贊天□憂深

責序罄其□□□此沉□古人有言曰形大勞□□□
下闕□□□□□□□□□　太宗驚其□憂親加察
問方依實奏　帝用憮然馳遣良醫并賚御藥□□□
□□□□下闕□□□□□□□殊不□身偈視光陰益深
憂國高陽公主爲其子妻□□諫□□逾□□□□
□□□□□□□□下□□□□□□□□□將第
三子遺則爲朝散大夫使及目前見其通顯恩波□□
□□無□□□下闕　太宗俯閔厄□悼藏舟之夜失
今上絅惟過隙□□□之□□紹□□□□
下闕陽□□□□□□□□□鼓□班劍卌人葬事

墓碑抄本作製碑

合抄本作含

所須並令優給仍特降　旨許□墓碑□□遂□□臣
之□□□□□□□□下闕□□□□□□□□□□□
□□並□□□神契德洞天經體□□□□□□□□
□□識□□□而識□□歲踰□□□□□□□□□
□□□□□下闕□□□□□□□□□□□□□□□
□□山不復逝水無追家□□□□與而謀曰昔□國
懷□□□音□□□□□□□□□□下闕
辰精降說華靈誕震台嶽賚神齊光合峻□我□網□
□掩□道契　文□聲□□□□□□□□□下闕□□
□□□□□□□□　聖賢同德君臣協志穹壤□

平幽遐必□□□□□鸝□□□□□□□□□□□
□□□□□□□□下闕□□□□□罇揆詞離煥始發
如綸俄成壯觀□□揔務玉鉉調□儀形齊濟□□□
□□□□□□下□□□□□□□□□□□□□□
□□門當魯館邪照姬車□居昭儉□□防□□崇□
□□逑情遐□□□□□□□□□□□□□□□□
□□下闕□□□□□□□□□□□□□□易□□道
難名德暉不昧環景齊明

右唐房元齡碑文字磨滅斷續不可考究惟其名字僅存其後題修國史河南公而名姓殘闕者褚遂良也按舊唐史云元齡名喬字元齡而新史乃云名元齡字喬今碑所書與新史合惟宰相世系表又云元齡字喬松者不知何所據也金石錄

碑已泐僅存六百餘字褚河南正書結法與聖教序同可寶也舊唐書諱喬字元齡碑曰諱元齡字喬當是以字行後復以名爲字耳新唐書從碑石墨鐫華

碑舊爲趙子函所跋云僅存六百餘字今余所覩者又加殘矣碑作諱元齡字喬子函所跋本與新唐書本傳合而宰相世系表又云字喬松當亦據其家譜所錄故與傳及碑小異耳然此亦宜依碑爲據也又表所

載尤不合者元齡子遺直禮部尚書次遺則次遺愛太府卿蕃以遺則爲元齡第二子今以碑推校明云第三子遺則爲朝散大夫字獨完好無損而表書作第二誤也又不顯書遺則歷官亦疎略失檢然則是碑雖磨泐而所裨益史傳如是其可珍惜多矣況出於荒塚廢墟其文猶幸可見而世徒滅裂不學則概以耳食易之是尤可哀也夫授堂金石跋

按此碑書人姓名金石錄猶及見河南公字樣今已不可復見碑闕薨年若干及立碑年月舊書傳云年七十新書傳云年七十一未詳孰是舊書傳

敘元齡之薨在二十三年太宗駕幸玉華宮之後
高宗嗣位之前太宗本紀書房元齡薨在二十二
年七月癸卯是年二幸玉華宮至十月還其二十
三年四月乃幸翠微宮非玉華宮此則舊書傳誤
也然則薨在貞觀二十二年而碑有今上緬惟過
隙及班劍卌人葬事所須竝令優給乃特降旨許
口墓碑之語是立碑在永徽初年也褚遂良傳高
宗即位封河南縣公進郡公出爲同州刺史再歲
召拜吏部尚書同中書門下三品監修國史高宗
本紀永徽三年正月己巳褚遂良爲吏部尚書同

中書門下三品則褚公之書碑在永徽三年矣本
紀又書四年二月甲申駙馬都尉房遺愛謀反伏
誅而碑未見及此事則碑立于永徽三年更無可
疑者舊書云房喬字元齡新書云房元齡字喬貞
觀政要則云房元齡名喬以字顯石墨鐫華所謂
以字行者本於此也碑有高祖太宗二實錄合卌
卷之語兩書傳皆未敘及舊書經籍志云高祖實
錄二十卷房元齡撰太宗實錄二十卷房元齡撰
與碑合新書藝文志則云高祖實錄二十卷敬播
撰房元齡監修許敬宗刪改今上實錄二十卷敬

據趙本校
據鈔本校

播顧允撰房元齡監修是新書較詳于舊矣

萬年宮銘

碑連額高七尺一寸廣三尺一寸二十六行行字三十七至四十二不等行書篆額萬年宮銘四字今在麟遊縣

萬年宮銘并序

御製御書

朕聞金臺遊灉超忽崐閬之間玉闕參差綿邈蓬瀛之
際是以周王肆轍唯招既往之儔漢帝遐遊空益將來
之弊豈如岐陽峻异鎮茲京甸疏林光之別館建甘泉
之離宮東望翦華千林結影西瞻隴阪泒水分流南俯

荼原風雲交映北臨石柱川岳□朝宗迥□孤岑秀三襲
於霞表斜〻危路環九折於雲心複澗澄陰扇炎風而
變冷重巒潛著韜夏景而黜寒故知五鎮之基空号神
州之地三仙之嶺虛傳靈府之都未若翦石裁宮構飛
檐於迴漢騰□架宇聳紫殿於遙空百仞朱樓月盈虧
於青璅千尋翠閣雲舒卷於丹墀岫綴霞衣黕虹梁而
散錦巖飛澑帶瀩石砌而飛珠浮凉氣於彤闈遲雷花
而雪夏凝清陰於碧沼池結鏡而冰春泉□花□雙
□而吐秀波搖錦石皎兩鏡而騰暉幾片斷雲縈松合
葢數叢幽桂擪月分香暝壑棲煙籠千□而散碧朝原

上日輝四野而舒紅咲樹餘花佤空落影吟風宿鳥響
荅雙驕□不恨而虛啼蝶無□而舞朕載懷千古流
鑒百王思欲屏逸收騎怡神遣慮崆峒訪道欽往哲之
風姑射尋眞挹□脩之□□所以停軒禁蘌駐蹕榆
川非欲賞悆盤遊途窮轍迹加以時侵首夏日□餘春
露泣脩篁風淸邃澗□羅雲起藤蔦星懸可以陶瑩心
靈澄淸耳目鏡冰霜則廉潔斯在撫松筠則貞摻非遙
昔姬后西征猶刊弇石秦皇東指尚勒砮峯□勝地□
□何必華胥之國蕭然物外不假𡓞圃之阿□以劭美
千齡騰徽萬古景其前躅爰紀兹地其銘曰

靈山作鎭挺秀岐陽遠圖天柱迴儷瑤房鬻驕淑氣花
泛韶光樹含冬□巖留夏霜搆宇重巘裁基疊岫石砌
披錦山窻點繡佩小蘭新峯殘蓮舊雪徑花冰溪恒
晝標途天外聳闕雲端煙霾邃谷霧□□□□□□□
□□□□彤闈潛暑翠幌凝寒態駕離宮淹留禁苑柳
初眉細潭深鏡遠蓋逐雲穿苔隨□卷葉冷帷秋庄濃
□黯泉飛嶺腹景鏤巖心霞疎錦薄草密袍深露荷傾
玉風螢散金襜空藹静山昏日沉丘壑怡神林篁賞性
千里眺覽八州□鏡玉燭調序薰琴動詠仰則□山刊
規遠曠

大唐永徽五年歲次甲寅五月景午朔十五日庚申
建
碑陰題名 陰分兩截皆二十二行行字不等正書
奉　勑中書門下及見從文武三品以上并學士並
聽自書官名於碑陰
太尉楊州都督監修國史上柱國□□公臣無忌
司空上柱國英國公臣勣
使持節遂州諸軍事遂州刺史上柱國韓王臣元嘉
使持節壽州諸軍事壽州刺史上柱國鄧王臣元裕

右衞大將軍使持節鄜州諸軍事鄜州刺史上柱國
趙王臣福
曹王臣明
開府儀同三司上柱國鄂國公臣敬德
尚書右僕射監修國史上柱國河南郡開國公臣遂
良
光祿大夫上柱國莒國公臣
侍中柱國固安縣開國公臣
中書令監修國史上騎都尉臣柳□
銀靑光祿大夫行黃門侍郎護軍潁川縣開國公臣

韓□暚
銀青光祿大夫行中書侍郎監脩國史學士臣來濟
左驍衛大將軍上柱國隴西郡王臣□□
右驍衛大將軍上柱國張掖郡開國公臣契苾何力
左武衛大將軍撿挍右屯營上柱國薛國公臣阿史
那忠
左武候大將軍撿挍右屯營上柱國鴈門郡開國公
臣□遾□
太常卿兼攝岐州刺史上柱國壽陵縣開國侯臣柳□
亭□
金紫光祿大夫行衛尉卿上柱國高陽縣開國男臣
許敬宗
金紫光祿大夫行宗正卿上護軍高都縣開國男臣
李緯
金紫光祿大夫行殿中監上柱國武強縣開國男臣
趙元楷
銀青光祿大夫守兵部尚書上輕車都尉臣唐臨
祕書監駙馬都尉柱國臣長孫沖
金紫光祿大夫行司農卿宋城縣開國伯臣蕭欽
太僕卿上柱國平武縣開國男臣張大師

左衛將軍兼太子左衛率上柱國郜國公臣郭廣敬
右衛將軍撿挍右屯營上柱國鬖吾縣開國公臣豆
盧承基
左武衛將軍兼太子右衛率上柱國永富縣開國公
臣竇智純
左武衛將軍上護軍臣史元施
御史大夫柱國淸丘縣開國公臣崔義元
右武衛將軍行寶州刺史上柱國□□郡開國公臣
馮□五翹
左領軍將軍上柱國汶川縣開國男臣趙孝祖
右領軍將軍柱國臣李義䊮
左領軍將軍臣□全仁□開
左武候將軍檢校左屯營上柱國神泉縣開國男臣
權善才
左武候將軍上柱國臣趙道興
左監門將軍上柱國汶山郡公臣仇懷吉
右武候將軍上柱國晉陽縣開國侯臣王文度
前汾州刺史柱國蘄春縣開國伯臣元武武元榮
雲麾將軍上柱國丹陽郡開國公臣李客師
雲麾將軍上柱國陽平縣開國子臣侯貴昌

兼左衛將軍駙馬都尉上柱國檢校右衛將軍通化
縣開國男臣賀蘭僧伽
前同州刺史上護軍平恩郡開國公臣劉善曰
左監門將軍上柱國魏縣開國公臣常基
兼右武候將軍柱國長山縣開國男臣辛文陵
中書舍人兼修國史廟諱宏文館學士臣李義府
朝議大夫守中書舍人汾陰縣開國男廟諱宏文館學士
兼修國史臣薛元超
太子洗馬學士臣上官儀

右唐高宗自爲萬年宮碑宰相而下皆題名于其陰

余每覽此碑見長孫無忌褚遂良許敬宗李義甫同時列名未嘗不掩卷太息以爲善惡如水火決不可同器惟人主能辨小人而遠之然後君子道長而天下治若倶收並用則小人必得志小人得志則君子必被其禍如無忌遂良是已然知人帝堯所難非所以責高宗也 金石錄

萬年宮即九成宮改名高宗幸而銘之書之也行草視英公碑尤爲勁拔 碑陰云奉敕中書門下見從文武三品以上並學士并聽自書官名于碑陰後列從官五十餘人長孫無忌李勣褚遂良輩皆與焉書名大小不倫然皆有法即契苾賀蘭亦不草草一時之盛令人仰想其後武氏亂之而不復可觀矣 石墨鐫華

舊唐書高宗永徽二年九月戊戌改九成宮爲萬年宮乾封二年二月辛丑改萬年宮依舊名九成宮冊府元龜永徽五年五月制萬年宮銘刻石於永光門外仍令中書門下及文武三品已[illegible]位于碑陰刻之 金石文字記

初唐帝王留心書學太宗每得二王帖輒令諸王臨五百遍另易一帖故所書多可觀至太宗晉祠碑不見佳不如淳化帖中諸書高宗萬年宮銘筆致生動

有晉人遺致勝似所書李勣碑 庚子銷夏記

右萬年宮銘末題大唐永徽五年歲次甲寅五月景午朔十五日庚申建五字甲寅字雖殘闕猶依俙可辯以溫公通鑑目錄推之是年五月正丙午朔趙氏金石錄以爲永徽六年者誤也 碑陰列名者凡四十八人無忌勣敬德遂良四人以官高故不書姓敬禮以下四人中書門下官也儉曾爲兩省官以致仕故列于見任兩省官之前口口以下四人皆大將軍也柳亨以下八人皆卿監惟唐臨以尚書次其閒然則唐初六曹尚書班視卿監矣自廣敬至文陵皆人

其十七人皆將軍也而義元以御史大夫武榮善英以前刺史參錯其閒御史大夫皆三品上州刺史亦三品也義府元超儀皆學士官未登三品故敘於文武三品之下韓鄧趙曹四王官或刺史或大將軍或併無官而列敘於太尉無忌司空勣之下開府儀同三司敬德之上然則唐時諸王班在真三公之下開府之上也元嘉官遂州刺史福官鄜州刺史儀官太子洗馬學士新舊書本傳皆不載而洗馬學士之名百官志亦未之及 潛研堂金石文跋尾

碑云口軒禁籞駐蹕榆川舊唐書高宗本紀永徽五

年春三月戊午幸萬年宮卽其事唐會要永徽二年九月改九成宮爲萬年宮五年三月一云五月親製萬年宮銘并序七百餘字羣臣請刻石建于永光門外從之卽今此銘也制銘在三月立石已當五月會要故兩存之萬年宮紀言永徽二年九月癸巳改九成宮爲萬年宮唐書地理志作三年者誤下于乾封二年又書二月辛丑改萬年宮依舊名以薛仁貴傳按之永徽五年高宗幸萬年宮甲夜山水猥至衝突元武門後開耀元年復召見謂曰往九成宮遭水無卿已爲魚矣同地而前後異名以見舊史之核固跋此銘附識于此 授堂

金石跋

按此碑建於永徽五年五月唐書本紀是年三月戊午幸萬年宮九月丁酉至自萬年宮蓋在宮八閱月也三月爲丁未朔戊午爲十二日其時正當暮春文有云加以時侵首夏日口餘春露泣修篁風凊邃澗確是三月幸宮之證唐會要注一云五月者非也當是文成於三月碑刻于五月耳碑文琢句鍊字極盡妍麗得泮奐優游之致迨閏五月丁丑水漲暴溢漂溺鱗遊居人及衞士死者三千餘人舊唐書本紀特書之語又見唐書薛仁貴傳

回視此碑所云憂樂之情景迥別矣薛仁貴在從官之列今碑陰有左領軍將軍臣口仁口當卽其人稽之本傳則其時仁貴官右領軍中郎將與碑少異耳碑陰列從官四十八人取碑與史傳互校著其同異於後曰長孫無忌碑云太尉揚州都督傳則云太尉檢校中書令也曰李勣傳稱武德二年歸朝封英國公徙封曹永徽四年冊進司空是勣之徒封曹國已久而碑則仍稱司空英國公也曰韓王元嘉傳稱高祖子初封徐貞觀九年更封韓遷滑州都督高宗末爲澤州刺史而碑則云遂

州刺史傳所無也曰鄧王元裕傳稱高祖子碑云壽州刺史而傳亦無之曰趙王福傳稱太宗子累遷梁州都督而碑則云鄜州刺史也曰曹王明傳稱太宗子累爲都督刺史而碑無之曰尉遲敬德碑云開府儀同三司鄂國公與傳合然傳載從太宗討高麗師還已致仕矣此時猶從幸則傳未詳也曰褚遂良碑云尚書右僕射監修國史河南郡開國公與傳合曰唐儉碑云光祿大夫莒國公與傳同而傳則又云永徽初已致仕加特進也曰柳口碑泐其名其官中書令監修國史上騎都尉以

傳考之當是柳奭永徽三年代褚遂良爲中書令仍監修國史也曰韓口碑泐其名其官行黃門侍郎護軍潁川縣開國公以傳考之當是韓瑗父仲良封潁川縣公瑗於貞觀中襲爵永徽三年遷黃門侍郎與碑合也曰契苾荷力傳作何力永徽中官左驍衛大將軍封郕國公碑則云右驍衛大將軍張掖郡開國公與傳不同曰阿思那忠碑云左武衛大將軍薛國公傳則右驍衛也曰柳亨卽澤之曾祖碑云太常卿兼攝岐州刺史壽陵縣開國侯傳則云三遷左衛中郎將壽陵縣男貶邛州刺

史進散騎常侍拜光祿少卿終檢校岐州刺史也曰許敬宗碑云金紫光祿大夫行衛尉卿高陽縣開國男傳云太宗時封高陽縣男高宗卽位遷禮部尚書被劾除鄭州刺史復官爲宏文館學士曰李緯曰趙元楷俱無傳曰唐臨碑云守兵部尚書傳則云永徽元年拜御史大夫累遷吏部尚書也曰長孫沖卽無忌子碑云祕書監駙馬都尉史于公主傳則云太宗女長樂公主下嫁長孫沖長孫無忌傳則云無忌削官後流其子祕書監沖等於嶺外也曰蕭欽無傳曰張大師碑云太僕卿平武

縣開國男傳則云太僕卿華州刺史武功縣男也曰郭廣敬曰豆盧承基曰竇智純曰史元施俱無傳曰崔義元碑云御史大夫清邱縣開國公傳則御史大夫爲近官而清邱縣公是太宗討王世充以前封也曰馮口勰曰趙孝祖曰李義鞱俱無傳曰口仁口疑卽薛仁貴說已詳前曰權善才無傳曰趙道興碑云左武候將軍而舊書傳則云右武候將軍賜爵天水縣子也曰仇懷吉曰王文度曰元武榮俱無傳曰李客師舊書同新書作容師碑云雲麾將軍丹陽郡開國公而兩書傳皆云官至

右武衛將軍累封丹陽郡公永徽初致仕也曰侯
貴昌無傳曰賀蘭僧伽亦無傳惟公主傳云高祖
女房陵公主下嫁竇奉節又嫁賀蘭僧伽卽其人
也曰劉善因曰常其曰辛文陵俱無傳曰李義府
碑云中書舍人監修國史宏文館學士與傳合曰
薛元超碑云朝議大夫守中書舍人汾陰縣開國
男宏文館學士俱與傳合其汾陰男乃襲父收爵
也曰上官儀兩唐書俱云貞觀初舉進士授宏文
館直學士遷祕書郎轉起居郎高宗卽位爲祕書
少監碑則云太子洗馬學士與傳異也碑陰四十

八人無傳者不過數人而有傳可考與碑合者亦
不過數人大半碑傳互異要當以碑爲正耳碑空
處有宋熙寧戊申王竦題名附記于此

韓仲良碑

碑高八尺五寸廣四尺二寸八分三十二行行六十字正書額題□□太子少保上柱國潁川定公之碑十五字篆書今在三原縣淡村

上闕　上柱國燕國公于志寧文
門下錄事王行滿書
□□□□□□□□□□□□□□□□□□□
□□□□□□□□□□□□之功至如三傑贊洒

水之基十臣崇鎬宮之業遂使體廟譚垂拱成俗□□□
□□□□□□□□□□□□□□之□股肱屬
□□之期頓□試之謀猷叅隨山之經啓位隆政本榮
重分符騰芳五牛之旌勒功九龍之鼎□□潁川定公
矣
公諱良字仲良潁川人也昔獻子輔政名重六卿師伯
執鈞譽高三事寔潁川之望族乃鄭邑之華宗者也代
有名臣家傳懿德冠冕被乎青史功業著於丹□茂績
洪勲可略言矣曾祖□魏征虜將軍恒州刺史受律清
廟威震細柳之軍分竹大藩聲冠雲中之守祖褒魏侍

中周使持節開府儀同三司原涼二州揔管□□少保
□□貞公從政□□六□以宏政本贊化□路三孤以
闡皇猷父紹周昌樂郡守隨儀同三司驃騎將軍衛尉
少卿金崖縣開國公職典五戎□□□□□□□
舍英聲冠於棘□惟公稟氣□和降神靈嶽含章毓德
敬業居□立身極於九言追孝盡於三道稽覽握河之
異說盡性知微萞頭嵩□□□□□□□□□□
□□□濯清江辯溢談叢若長河之瀉砥柱類子將
之甄□俊造俟以彈冠方林宗之題目通賢佇以結綬
可謂衣冠之領□□□□□□□□□□□□□

□學至仁壽□秊被舉授吏部朝散郎習業璧池譽光
函丈策名禮閣聲動周行大業元秊除河東郡司功書
佐九秊□□□□□□□□□□謁□對揚
丹陛風範映於簪纓敷奏靑蒲韶音振於金玉百寮爲
之矚□九流於焉傾首十二秊丁父憂同高柴之泣血
三秊類曾參之不食□日對風樹而愈感踐霜露而增
哀時屬金鏡□光望夷有弑酷之禍玉繩掩曜成周致
蒙塵之災於是四海混淆九圍版蕩　我高祖乘時
撫運出震握圖膺五運之寶符定九牧之神鼎纂冠紫
綬賁帛嘉於琳瑯裂土剖符寵命屬於翹楚乃授公銀

靑光祿大夫馮翊郡丞京師擁叛殷之徒布□野之歛
率怨秦之卒拒霸上之師地陣萁張佳兵於是喪律天
羅雲布□池所以失險公運制勝之謀當疇庸之賞加
左光祿大夫賜物七百段授大理少卿□斯三□罷人
絶於嘉石察茲五禁寃氣散於負扆三秊奉使入蜀
勑便宜從事公傳檄而服冉駹折簡而降彭濮遂使斯
褕襜首庸蜀順化　太宗□膺□□□敷化陝服握
兵符以淸國步施文德以格遠人公與行臺僕射屈突
通禮部尚書溫大雅或竭忠以匡多難或勵行以革頽
風或博識該於石渠或縟藻麗於□□所以特降　詔

旨令事府幕尋授陝東大行臺左丞五秊判天策府從
事其秊劉黑闥荐食三魏呑噬兩河爰　詔中權以申
薄伐以公爲元帥府長史公陳擊貟破方之略建塞井
減竈之謀似白起之拔夷陵如柴□之屠叅合策功行
賞授上柱國賜□十八物六百段復攝天策府司馬獫
狁孔熾背約違盟騎入蕭關兵屯栒邑　主上情存綏
撫未動干戈令公銜命虜庭示其禍福公曉之以逆順
喻之以安危若數項王之十僭似責息侯之五犯遂使
尸逐膜拜谷蠡屈膝旣立和戎之功遂降殊常之賜又
攝吏部侍郎九秊復轉陝東大行臺戶部尚書其秊又

除安州大都督貞觀元秊　詔授戶部尚書三秊改除
刑部尚書施七敎以□人掌五刺以□獄司會之職尤
□常伯之望愈隆秦川大藩天□□鎭首□之任本籍
英才授公右光祿大夫秦州都督府長史摠撿挍□府
事封潁川縣開國公昔膠西爲國相之者仲舒梁孝□
藩輔之者長孺□□□□□之業光盤石之宗以公方
之彼有慙德□輔仁無爽調一氣於泰階□□□□□
□□□□□豈謂素王入夢忽悲辰巳之秊竪子爲災
翻厄膏肓之疾貞觀十二秊遘疾薨於安興里第春秋
五十七昔榔莊長逝衞喪□□□□□□□□□□

今方古異代同傷　詔贈兵部尚書餘官封並如故謚
曰定公禮也其年十一月五日遷厝於雍州三原縣宏
化鄉永徽五年　詔贈太子太保□□□□公雅量
汪汪澄波瀾於万頃宏材欝欝挺棟□於千尋以□禮
爲隄防將仁信爲介胄漢考故事首問於伯仁晉訪舊
章先詩於武子偶潘而稱趙辟□□而□仙舟牆仞難
踰遠方日月芬芳可習近譬芝蘭家行著於鄉閭美譽
滿於簪紱積善餘慶八物邁於三□庭訓有方世德光
於萬石□行□□□重一時□天□□地遊塋湮□庫寒
來暑往墓入齊宫所以勒徽烈於豐碑樹華表於神道

金石萃編卷五十　唐十　三三

乃爲銘曰
□精握圖赤□表震翦商功立開□□盛若木分枝□
原得姓獻子匡國司空□補政門挺台輔世誕英哲三相
之昆五侯之衮金聲玉振蘭芬冰潔節固捎雲□□負
□世逢運否時遇國乇玉□□跡金雞失晨黃道積霧
絳闕飛塵寶焚崑岫鼎没泗濱電照輿　王河淸啓
聖下截四海上齊七政氛靜地輿雲開□□業預練石
功參佐命擁節劒門□官列棘□伍亞八柄聲高六職始
司天憲爰掌邦則鳴玉趨朝析珪開國騤騤驂駒滔滔
逝水寶喪珪璧梁摧杞梓儵□□□□□□蒿里魂掩一

丘名傳千□□墳已卜滕室初開□馬□步廣柳徘佪
舟遷巨壑水淺蓬萊勒茲琬琰長旌夜臺
永徽六年歲次乙卯三月辛未朔十四日甲申建
碑上半已漫滅可識者有云上柱國燕國公于志寧
文門下錄事王行滿書公諱艮字仲艮云云按此碑
碑首無姓碑文中書姓處亦磨泐不可辨今碑中有
獻子輔政云云當姓韓考唐書韓瑗傳父仲良終於
刑部尚書秦州都督府長史今碑與傳合碑稱諱艮
字仲艮或史以字爲名耳其世次與謚可以補史之
闕又史稱仲良於武德初定律令碑中不載碑雖殘
闕如載之似應約略可識今竟無之爲不可曉也雍州金石記

金石萃編卷五十　唐十　三三

按碑文云潁川之望族豐邑之華宗史記韓世家
韓之先與周同姓姓姬氏其後苗裔事晉得封于
韓原曰韓武子三世韓厥號爲獻之傳至王安爲
秦虜盡入其地爲潁川郡韓遂亡此韓氏所以爲
潁川人也北周書韓襃傳云其先潁川潁陽人也
徙居昌黎兩唐書韓瑗傳皆云京兆三原人而碑
作潁川人仍舊貫也碑云曾祖□魏征虜將軍恒
州刺史而碑泐其名以唐書宰相世系表考之乃

演也碑云祖褒魏侍中周使持節開府儀同三司原涼二州總管□□少保□□貞公貞公上闕二字當是三水北周書韓褒傳詳書官位云魏建明中起家奉朝請加彊弩將軍遷大中大夫周太祖爲丞相引爲錄事參軍賜姓侯呂陵氏大統初遷行臺右丞賜爵三水縣伯轉丞相府屬加中軍將軍銀靑光祿大夫二年爲鎭南將軍丞相府從事中郎出鎭淅酈居二年徵拜丞相府司馬進爵爲侯出爲州雍州刺史加衛大將軍入爲給事黃門郎九年遷侍中十二年除都督西涼州刺史十六

年加大都督涼州諸軍事魏廢帝元年轉會州刺史二年進位大將軍儀同三司尋加驃騎大將軍開府儀同三司進爵爲公武成二年徵拜御伯中大夫保定二年轉司會出爲汾州刺史四年遷河洮封三州諸軍事河州總管天和三年轉鳳州刺史致仕五年拜少保卒贈涇岐燕三州刺史謚曰貞子繼伯嗣褒之歷官始末如此碑所載從略然原涼二州刺史傳有涼無原徵不同傳云子繼伯嗣据唐表褒之子紹字繼伯傳不舉其名而舉其字豈當時亦以字行耶碑云父紹周昌樂郡守隨

儀同三司驃騎將軍衞尉少卿金崖縣開國公舊史韓瑗傳云祖紹隋太僕少卿不云衞尉互異也碑所敘仲良歷官唐傳皆略舊史惟云武德初爲大理少卿新史惟云終刑部尚書秦州都督府長史潁川縣公世系表又作戶部尚書以碑證之貞觀元年授戶部三年改刑部也傳稱武德初受詔與郎楚之等定律令仲良言于高祖請崇寬簡以允惟新之望于是採定開皇律行之時以爲便此事碑所不詳但云授大理少卿□斯三□罷入絶於嘉石察茲五禁寃氣散於圓扉舊史經籍志隋

開皇令三十卷裴正等撰令律十二卷裴寂撰武德令三十一卷裴寂等撰新史藝文志高熲等隋律十二卷牛宏等隋開皇令三十卷武德律十二卷式十四卷令三十一卷注云尚書左僕射裴寂右僕射蕭瑀大理卿崔善爲給事中王敬業中書舍人劉林甫顏師古王孝遠涇州別駕靖延太常丞丁孝烏隋大理丞房軸天策上將府參軍李桐客太常博士徐上機等奉詔撰定以五十三條附新律餘無增改武德七年上兩書詳略不同然並無仲良及郎楚之姓名然則瑗傳語恐未確也仲

亙薨于貞觀十二年卽以其年厝于三原宏化鄉
至永徽五年詔贈太子太保明年三月乃建此碑
殆以其時子瑗入相恩澤追及其父也

金石萃編卷五十一

賜進士出身 誥授光祿大夫刑部右侍郎加七級王昶譔

唐十一

薛收碑

碑連額高九尺九寸二分廣三尺九寸三十八行行八十二字正書額題唐故太常卿上柱國汾陰獻公薛府君碑十六字篆書今在醴泉縣昭陵

蓋闕下□□□□□□□陟茂闕下□□□□勲高方□闕下
構而俯闕下雅俗□闕下□□□□□□□□吏部侍闕下
□□□□□□□□□□深八□闕下□□之□□闕下之
□闕下舉以孝廉□而不就雖翹車結軫□鴈□群□□
之□□□□□□□□□闕下□之故事及□茂陵之舊
章莫不討本尋原探賾索隱□□□□闕下□□其謀乃
迎公太夫人□氏置乎城內公□在縲絏□□□闕下□
□陳平餘智□背項之謀許□見機□歸□之闕下之賓
太沖□其□□□□□其多藝闕下兼陝東道闕下□籌闕下
□□晉闕下焉□□□充功闕下□ □□□□用□□
□□□闕下成□德祖□□□□薛氏之後代闕下□
城歆至叙勲□上柱國 汾陰縣男食邑三百戶□□
□闕下□□耶佞者多忠愕者少臣無君不立君無臣何
以得安闕下恩旨特隆以旌鯁直昔皐陶之對虞舜致□

□□□闕下嘉賓於東閤叅愛客於西園既接□□闕下曖
昔□弟孫之闕下太宗與公□□□□敬書□□與卿
□□□□闕下若爲存養知卿叔姪之情□□□□□加
安□□□□闕下於記錄暨繼明闕下□□□□□□夢
君儀範傷悼特深且　勑所司賜以粟帛闕下之□鏤對
遼簡於嵩岳多□□於□□□□□□□□闕下戎馬
交馳飛鷥連之箭□□□起草□□之書□□□□□
闕下之功豈謂拂日翹枝條墜千尋之幹□天峻岳□頹
萬仞之峯闕下□□□□　昭陵儀仗送至墓所往還□
□闕下葬闕下□□□□闕下山移闕下□□□□□□闕下

□□□□□□□□□□鼎□闕下□□□□□□□
□□　□闕下□□□□□夜□□□□
車闕下
右唐薛收碑文字殘缺其可讀處以唐史校之無甚
異同惟收之卒謚曰懿而史不書爾又收之子元超
據唐史及此碑皆云名元超而楊炯盈川集載炯所
爲元超行狀乃云名振字元超蓋唐初人多以字爲
名耳金石錄
此碑殘缺存者數十字碑額題太常卿汾陰獻公據
史永徽間贈太常卿而不書謚見史之佚者多也碑
書法亦類王知敬趙模而無名氏撰者據金石錄爲
于志寧石墨鐫華
昭陵陪葬者百六十五人今存者僅十六碑記中載
其十五惟遺此碑先師所錄必目覩其碑與收得拓
本者非然則置之蓋其愼也碑止存百餘字而額尚
完金石文字記補遺
按碑末行有云昭陵有云儀仗送至墓所尚可辨則
收陪葬信也史皆缺載非醴泉縣志
按碑磨滅存者二百八十二字諸說謂百餘字者
約畧之詞也薛收爲道衡之子北史薛辯傳孝道

字士達魏孝武永熙二年出爲常山太守興和二
年卒于鄴子道衡字元卿隋高祖時授淮南道行
臺尚書吏部郎歷內史侍郎拜司隸大夫煬帝將
置之罪會議新令久不能決道衡謂朝士曰向使
高熲不死令當久行有人奏帝怒曰汝憶熲乎付
執法者推之奏曰帝令自盡縊而殺之妻子徙且
末有子五人收最知名出後族父孺孺開皇中爲
侍御史揚州總管司功叅軍卒於襄城掾道衡友
愛收初生養于孺宅隋書薛道衡傳語同而加詳
舊唐書薛收傳云收字伯褒蒲州汾陰人年十二

解屬文以父在隋非命乃潔志不仕大業末郡舉
秀才固辭不應義旗起遁于首陽山將協義舉蒲
州通守堯君素潛知收謀乃遣人迎收所生母王
氏置城內收乃還城後房元齡薦於太宗授秦府
主簿判陝東道大行臺金部郎中東都平軍還授
天策府記室參軍太宗初授天策上將尚書令命
收與世南並作第一讓表竟用收者從平劉黑闥
封汾陰縣男武德六年兼文學館學士嘗上書諫
獵太宗手詔賜黃金四十鋌七年寢疾卒年三十
三太宗與收從父兄子元敬書曰吾與卿叔共事

或軍旅多務或文詠從容何嘗不驅馳經略款曲
襟抱比雖疾苦曰冀痊除何期一朝忽成萬古追
尋痛悗彌用傷懐且聞其兒子幼小家徒壁立未
知何處安置宜加安撫以慰吾懐因使人弔祭贈
物三百段及登極後嘗夢收如平生又勑有司特
賜其家粟帛貞觀七年贈定州刺史永徽六年又
贈太常卿陪葬昭陵子元超九歲襲爵汾陰男新
書傳語同皆可補碑之闕如碑云吏部郎即指父
道衡官淮南道行臺尚書吏部郎也舉孝廉不就
即收以父在隋非命潔志不仕大業末郡舉秀才

固辭不應也迎公太夫人口氏置于城內即堯君
素迎收所生母王氏置城內也道衡非命時妻子
置且未此王氏即從且未迎來碑已泐其母姓賴
舊史傳知爲王氏新史則從畧矣公在襁褓即收
初生養于族父孺宅也兼陝東道即太宗所授判
陝東道大行臺金部郎中是也飲至叙勳封汾陰
縣男即從平劉黑闥功也邪佞者多云云即上書
諫獵也恩旨特隆以旌鯁直即賜手詔及黃金也
太宗與公云云知卿叔姪之情云云即與元敬書
意也夢君儀範賜粟帛即登極後夢收如平生也

戎馬交馳云云即命收撰讓表也拂日翹枝云云
謂收卒之速也收以武德七年卒年三十三當生
于隋開皇十二年道衡非命在煬帝嗣位之初其
時收年十二也陪葬昭陵儀仗送至墓所贈官太
常卿皆高宗永徽六年事即於是年追立墓碑也
特收子元超方起用故恩澤有加爲碑雖甚闕過
甚賴有史傳互證事實可蹤跡得之不啻如他碑
之完善者金石錄所見搨本似尚多可讀處然云
收之卒謚曰懿今碑額作獻恐金石錄傳寫誤也
至陪葬昭陵兩唐書皆有明文而醴泉縣志以爲

鈔本校

史皆缺載誤矣抱經堂跋有多識比廣微及草陳琳之書二句今拓並未見之　又按今本文中子中說爲隋王通之門人共集其師之語所謂門人者皆貞觀時諸將相若房杜李魏二温王陳諸人內有云內史薛公見之子長安語子收曰汝往事之似收亦嘗師事王通者此事晁氏郡齋讀書志已疑而辨之按收爲王通門人洪适諸人考之子世多所牴牾遂謂後人僞托然古來聖賢撰述多出子身故之後門弟子所纂述蓋非出子自撰則通當時必有其人亦必有其書特門人與王福畤等所撰故記憶不真致多舛譌耳道衡妻王氏或係通之姑姊且係同鄉則往而受業理所當然如果收非門人而謂之門人則後來元超爲侍郎兼莞文學之任元超等又豈能任其僞托收爲通門人無可疑者惟收事跡既多故撰碑者不復贅述云

張允碑

碑連額高一丈二尺一寸廣四尺一寸二分三十一行行八十一字正書額題大唐故禮部尚書張府君之碑十二字篆書今在醴泉縣昭陵

上闕□□□□燕於□下下闕緒紀雲凝□辯□下闕□□□
□馬之下闕之下闕□□□□爰彰於□復積慶成下闕大下闕□□□逸□□道高衡泌垂董帷而勗志□孫戸而□□□前賢之□□先聖之旨於下闕□□□□□□□□標遠槩漢東籍其英烈江北仰其嘉猷俗推獨步時稱□□屬炎靈版蕩□縣崩離下闕目□□□□□□之陰謀僻左丘之微婉引公爲師友特□優遇公歷□圖讖備詳興滅昔黃□□彩驗□苗之必下闕□□□□□□□□□□屢申借箸之謀遠　高祖九五飛天一六光宅思□□之績想中涓之從武德元季授齊□府文學下闕誠下闕改□齊□文學九□又轉行鄭□府文學公曾徽弥劭累織英藩置醴猨　恩踰□穆□□莵菀□□□下闕燕下闕行下闕叅軍輕□□飛□西園之宴長裾晨曳叶東平之樂善至如梁臺遞藻賦夾水之檀欒楚澤奇材□倚天之□□以下闕月　命公下闕共雝經□□雅□□揚高情俶儻飛談鋒起騁論濤驚百辟於是解頤　一人由其拭目獨□四座之□孤□□席之下闕吏猾□澆公克奉朝章以毗藩化務崇清簡政闡廉平惠澤傍流嘉謠遠洽尋以東陽富域下闕露輕浮載草敬讓爰興聊遵晝薙之言俄喧伐枳之詠既而景催奔箭禮就懸車□□□於下闕學下闕除國□祭酒詞條縱辯□

五□於環林言泉驍義降三□於辟沼教興青領術究
丹碑繞□風行之化□致月□之益□宏□禮□□□
所以下闕彼□□□□□□□□□之□□□□
□難□望□□方□斯授廿三年除散騎常侍出陪
鑾輅承密勿之榮入暎貂璫□□□之重□□□達下闕
公累登下闕娛黃髮庶穪青緺屢申祈請久而方遂永徽
五年下　詔曰褒賢之義列代彝章尚齒之風□□□
□散騎常侍下闕歸□嘉聲於瑣闥懸車禮及抗表祈閑
宜錫崇班式旌高志可金紫光祿大夫下闕川閱蒼波風
驅白日□方扈云亭之禮奄纏夕室之悲以顯慶三年正

月七日遘疾薨於長安縣之下闕下□□□□□□□禮
窮寵秩椬榮侍講恩加詔葬故金紫光祿大夫張允識
量寬厚體業淳粹依仁遊藝經明行脩早蒙下闕德□□
□□□□□□□□□□□□之□以□安斯
鍾漏懸車邑里方養德於東序奄移舟於夜壑永言懿
範寔愴予懷□遠□□□□彝典下闕葬　昭陵　賜下闕
人監護轝以其年月日陪窆於　昭陵所禮也惟公靈
臺祕遠神府冲深□身以恭儉之□□德以忠下闕河之
疑□邁□□之□□□□之□□帝□之□綜微言
於聲表授雅訓於　宸衷覽稷起而知眞聽社鳴而□

聖策名　睿主委下闕德下闕表其芳□謡□□□羨化
恭勤處事平允居心澂橈不移始終無爽暨乎清輝已
謝縟禮猶加□八座之榮□九□之下闕公□□零池□
□□□尉第二子濟子謙第四子巽第六子小師並早
夭第五子律師泗州司馬第七子統師太常丞第八子
豐下闕之下闕徽□載□刊鍾鏤鼎功伐攸傳思撰芳猷樹
之神道俾清埃之不絕與暎日而長懸其詞曰
上闕九輔祥鈞叶贊互顯題楨各隆棟榦辟來耀廡珠生
滄岸其□散□宏道華禁飛名零陵導德雅俗□聲帝師
□□學□□□下闕杏壇業優槐市其□四野瓜分三方鼎

立祭景遙鶩瞻星迴集師傅攸□　恩徽備及禮光錫
□寵□□□其□下闕□□□□□□年登扶麻日就素範
攸簡青規式授望表時髦德華朝秀其□□芝□□赤松
驄□方下闕切三友哀纏九族其九　恩隆　詔葬　澤被
幽埏地□畢□□□原阡□□□□□□下闕
碑額題故禮部尚書碑已殘其可讀者有云故金紫
光祿大夫張允孜唐史儒學傳有張後允郎其人而
碑曰張允豈字後允耶舊史無字而新唐書曰字嗣
宗然則後字衍耶碑書撰俱無姓氏書法精健是得
河南之支流而開平原之門戶者石墨鐫華

右碑無書撰人姓名及建碑年月前後磨滅已極中有金紫光祿大夫張允知爲允碑又有顯慶三年正月遘疾等字知爲唐人也趙錄張後允碑有目無跋亦註顯慶三年三月無書撰姓名予意即此碑但後允系二名而此單名張字下更無殘泐何也唐書後允傳字嗣宗蘇州崑山人碑云祿賜防閤陪窆昭陵又與傳合豈嗣宗有二名耶抑後字爲衍文耶傳止載後允之子齊邱與鎰而碑中未泐處有第三子謙第四子巽第六子小師第五子律師泗州司馬第七子統師太常丞第八子下缺不獨補史傳之遺亦以

證吾邑之誌爲未備也邑志有張承休爲後允之孫恒州刺史多惠政而唐書不載孔子曰于其所不知蓋闕如也疑以傳疑直以爲張允碑亦可金石後錄

太宗受學於張允文皇即位尚在下僚乃自請老文皇始悟置酒宴之尋以對孔門弟子稱旨授國子祭酒卒加禮部尚書陪葬昭陵來齋金石刻攷畧

碑已殘缺存六百餘字可辯者按唐書儒學傳有張後允其官爵與碑同而碑稱張允字畫分明可信無疑是新舊唐書之誤也金石文字記直稱張後允石墨鐫華辨之甚詳而仍稱後允考金石者原以正謬謬也今從碑雍州金石記

復齋碑錄云李義府撰文關中金石記

按碑雖缺蝕尚存九百餘字視雍州金石記所見較多矣兩唐書傳皆從畧不及此碑之可見者猶詳今以碑之存字考其事蹟與兩傳參校紀其同異補其闕遺錄于後新書傳張後允字嗣宗崑山人祖僧紹梁零陵太守父沖陳國子博士入隋爲漢王諒并州博士舊傳不載祖名而云父中有儒學中沖互異惜碑前段已缺不能定其孰是舊傳云後允從父在并州以學行見稱時高祖鎮太原

引居賓館太宗就授春秋左氏傳即碑所云□逸□□道高衡泌垂董帷而勗志□孫戶而□□漢東籍其英烈江北仰其嘉猷也傳云帝初在太原嘗問隋運將終得天下者何姓答以公家德業天下繫心云云即碑云屬炎帝版蕩□縣崩離□□□之陰謀儕宗邱之微婉引公爲師友特□優遇公歷□圖讖備詳興滅屢申借箸之謀也新書傳云義寧初爲齊王文學封新野縣公武德中擢員外散騎侍郎賜宅一區太宗即位進燕王諮議舊書傳云武德中累除燕王諮議參軍碑則云高祖

九五飛天一六光宅思口口之績想中涓之從武德元年授齊口府文學闕下改口齊口文學九口又轉行鄮口府文學按齊王卽高祖第四子元吉舊傳稱義師起授太原郡守封姑藏郡公尋進封齊國公留鎭太原武德元年進爵爲王是元吉至武德元年始封齊王允之爲文學當在是時碑與元吉傳合若義寧乃隋恭帝侑年號高祖雖以義寧二年受禪於侑而建號武德尚在受禪之次年其時未有齊王之封則新史允傳謂義寧初爲齊王文學者誤也燕王卽高祖第十九子靈夔舊傳稱

貞觀五年封魏王十年改封燕十四年改封魯若武德中及太宗卽位之初皆未有燕王之封允何由爲諮議乎是又兩史允傳之誤也惟鄮王元亨爲高祖第八子舊傳稱武德三年受封貞觀二年授散騎常侍碑于轉行鄮口府文學之上隱隱有九字下闕一字必是武德九年也允之轉鄮府文學亦當在是時則碑爲有徵矣新傳云從王入朝帝令羣臣以春秋酬難卽碑云命公闕下共難經口口雅口口揚高情俶儻飛談鋒起騁論濤驚百辟于是解頤一人由其拭目者是也新傳云遷燕王

府司馬卽碑云吏猾口澆公克奉朝章以毗藩化務崇淸簡政闡廉平惠澤旁流嘉謠遠洽者是也新傳云出爲睦州刺史乞骸骨願得國子祭酒授之卽碑云尋以東陽富域闕下輕浮載革敬讓爰興聊遵置薤之言俄喧伐枳之詠既而景催奔箭禮就懸車闕下除國口祭酒者是也東陽富域指睦州置薤伐枳語誠不可曉細味之置薤疑卽漢陽郡人任棠事棠有奇節隱居教授太守龐參候之棠不與言但以薤一大本水一盂置戶屏前叅思之良久曰水者欲吾淸拔大本薤者欲吾擊强宗也

語見後漢書龐參傳枳有荊棘之義俄枳者伐其荊棘也二語似皆頌其睦州政績耳景催二語謂乞骸骨也兩傳云遷散騎常侍碑云廿三年除散騎常侍兩傳云永徽中致仕加金紫光祿大夫碑云永徽五年下詔曰褒賢之義列代彞章尚齒之風口口口口散騎常侍闕下懸車禮及抗表祈閑宜錫崇班式旌高志可金紫光祿大夫新傳云卒年八十三贈禮部尚書謚曰康陪葬昭陵舊傳作贈禮部侍郎以碑額證之則舊傳誤也碑云方扈云亭之禮奄纏夜室之悲以顯慶三年正月七日遘

疾薨于長安縣粤以其年月日陪窆于昭陵所按
高宗以顯慶二年正月幸洛陽三年二月還京允
之卒以正月其時高宗尚在洛陽碑借云亭字以
紀幸洛陽之事也云方扈者當是撰文人自述其
扈行也碑叙允諸子早夭者四人其第五子律師
泗州司馬第七子統師太常丞第八子豐下闕當是
現存兩傳皆不之及新傳獨詳孫齊邱官謚而齊
邱之子鎰則兩史皆別有傳齊邱爲允之孫不知
爲何人之子鎰爲齊邱子當爲允之曾孫而新史
鎰傳云國子祭酒後允五世孫其誤如此

李靖碑

碑連額高一丈三尺一寸五分廣四尺七寸三十九行行八十二字正書額題唐故開府儀同三司尚書右僕射司徒衛景武公碑二十字篆書在醴泉縣昭陵

大唐故尚書右僕射特進開府儀同三司上柱國贈司
徒并州都督衛景武公之碑并序
□□□□□□□□□撰
□□□□□□□□□□
有唐建極將事補天物色異人營求國器採六奇於楚
將而疆宇廓清探九賾於商賢而彝倫式叙若乃西□戚
□建□東□□□□□□□□□□□□□下闕公

諱靖字藥師隴西成紀人也源夫龍德在躬法混成而
謂道獲靈象辟縱飲羽以窮神辟諸吞乙　皇□靈□由□其
□□□□□□□□□□□□□□□□□□□□下闕梓
靈源所漸美地冠於神洲國諒諫攸章茂緒光於列代蓋
以祓于金石無俟一二詳焉曾祖懽後魏河泰□州刺
史□縣開□公□□□□□□□□□□□□□□下闕
和復硤殷五州刺史永康縣公中南降靈材高文梓闕
西出將氣蓋削成遊刃六條理棼絲而有緒擁□旌千□里
□肄□□□□□□□□□□□□□□□□□□□□□
下闕軍事荊州刺史綺歲權奇慕成慶之高義弱齡耿分介

服子路之嘉言竟能繫馬埋輪自立□□之譽走瑰□
□骨以□□□□公心□□□□□□□□□□□□□
□□下闕以納方邵於胷中轥趙辛於跨下豈非帝錫賢
弼以祚　聖人比夫□成作師用康漢道滋泉入谿寔
沃□心生□□□□□□□之□□□□□□□□□□
□□□□下闕行事咸施可久謀而後動智越老成寬而
納衆量含多士數召與語嘉其志氣每商榷通變靡究
□□準□□□之□□□□□□□□□□□□□□□
□□□□下闕之可畏矣年十有六長安令調爲功曹蓋
以望表黃圖光膺禮貢英標赤縣不謝弓招俄而雒雍州

引□賓□□□（策）□□□□□□□□□□□□下闕崩次
骨嚴科濫加端士天倫之長竟祓凝脂由是除公爲恢
縣令歷安陽三原孝績連最於時□（家）中萬字□（丞）□□□
□□□□□□□□□下闕設地險而分疆公乃以德
安邊長城弛柝運奇耕畝合境無塵于時黿鼉爲梁久
盤澤國盜驪窮□（縱）留滯□鄉公□□□□□□□□□
□□□□□□□下闕而渙汗流湯之柝猶未倒戈漸
臺之衆尚嬰窮壘故知元天覆構非斷鼇之所持巨壑
騰波豈精衛□能□公□□□□□□□□□□□□
□□□□□□□下闕引居周衛申之以心膂

太宗地居帝子寘應寶圖則括欽明內韞知臣之
鑒推心通夢預納投□之□□□□□□□□□□□
□□□□□□下闕溪赤董守江塹以誰訶由是命公撫
蠻荒懍建旗直指進次夔州招集遺黎將申問罪銑徒
□（再）肇□□（時有）羣□利□沉□□□□□□□□□□下闕止
授以兵權慰勉瘡傷人皆拔拒奮揚哀息鬃並衝冠狐
城掩扉已經二載能滕兵者裁八百人夜□（赴）□（賊）□乘其
□意□□□□□□□□□□□□□□□□下闕揚塵
翳景我師既尠人皆色變公徐攬馬策而謂衆云賊攝
且躑是其怯也及未成列可以薄之□二百人蔽山□

□□□□□□□□□□□□□□□□□□下闕是淸
定因請孝恭進圖蕭銑　詔授行軍摠管便事首途于
時八月涼秋稻水湊荊門之阨二江□（行）□（涂）□□□□嶺
之□□□□□□□□□□□□□□□□下闕其巢勢
若疾雷畝必無備遠徵不可以應速近召未足以成軍
計日就擒此兵家之上策也由是□計□爲先鋒□□
□□□□□□□□□□□□□□下闕之爭搏救其懸
命處死地以圓山先犯後軍□師遂惡賊爭虜掠散地
交馳公親率前茅射虛而進擒其僞帥由是□□□□
□□□□□□□□□□下闕江撫循嶺外承制選補百

越率從　敕授嶺南道安撫大使撿校桂州摠管東漸
閩區南踰象浦雕題鑿齒□（丞）□□□□□□□□□□
□□□□□□□□□□□下闕烈□覓分糯投醪惠深
騎雨玉桴括野候玉弩以馳威金鐲乘飇指金陵而振
旅僵短狐於洞澤□（州）□（敘）□（浦）□（流）斬長□□□□□□□□
□□□□□□□□□下闕太宗統極寵握增隆徵拜刑
部尚書叅圖國政別食邑四百戶仍以本官行太子左
衛率未幾轉兵部尚書再□□□□□□□□□□□
□□□□□□□□□□下闕俱遠若乃旄頭上列星野
於是分區大沙下布地脉因而致絕謂天驕子代壓中

原隨氏季年長□□□□自□□□□□□□□□□□
□□□□□□□下闕引弓超忽白登不聞吟鏑
公乃輕賁畢景隨飛雪而長驅勒騎通霄簫遺風而遠
襲奄逾高闕勢(若)颷馳潛□□庭□如□□□□□□□
□□□□□□□下闕之功是稱緊賴進封代國公
增邑三千戶加位左光祿大夫餘官如故曩代和戎賞
褒儛佾昔人出塞□號□(冠軍)□以□□□□□□□□□
□□□□□□□下闕尚書右僕射當權執憲梟雨
齋之無私緯俗經邦法岳瀆之爲紀遠淸迩晏晝一之
道無差翊政還□□三□□□□□□□□□□□□

金石萃編卷五十一　唐十一　十八

□□□□□□□□下闕上不能抑下　詔從之
加授特進許其閑逸散金之賞擬迹疏公松子之懽比
肩張傳安車宏大隱之義□□(協)□□□□□□□□□
□□□□□□□下闕太宗憫茲視宍瘥彼遊魂乃
　詔徵公爲西海道行軍揔管於是撝羽申令立表郎
戎懸旌鄯善之阿□戰□□□□□□□□□□□□□
□□□□下闕彼有慙德改封衛國公授濮州刺史
疇其爵邑子孫承嗣太山如礪信誓之文不渝鏤鼎傳
銘甚祿之□方□　□□□□□□□□　□□
□□□□□□□下闕詔曰儀比合階允歸時望位參袞

職必俟茂勳是以漢之鄧騭垂芳於往載晉之鄭袤著
美於當時特進衛國公靖□□□□□□□□□□□
□三□□□□□下闕居端副志在奉上知無不爲
叶賛之道既彰止足之風弥遠自違朝寵仍屬沉痾攝
養私第炎涼亟□(改)□(言)□(念)□□□□□□□□□□□□
□□□□下闕職事望重台槐職彰神化追蹤昭伯騰
映前猷繼美叔林儀形當代庶將乞言膠序相禮云亭
天不慭□(留)俄從化□以□□□□□□□□□□□
□□□□□下闕詔贈司徒使持節都督并汾箕嵐
四州諸軍事并州刺史給東園祕器班劍卌人羽葆鼓

金石萃編卷五十一　唐十一　十九

吹凶事所須並□優□□□□　□□□□□
□□□下闕景武公禮也惟公才膺衡石契合　休明
受律九天之上收功四維之表洞庭狼顧蒱不崇朝惟
楊□□□如□□□□□□□□□□□□□□□□
□□□下闕始濟東流遠閱揭日未淹西崦巳晦將軍
從驃之客望祁山而慟懷丞相開閤之賓對佳城而掩
泣乃輿家□室□□□□□□□□□□□
猗歟茂族同源　帝先欝雲摽隴切漢分川□牀攸出
金輿在旃洪基誕　聖末派生賢秦州忠烈執羈從□
□□□□□□□□□□□□□□□□□□□下闕

顧眄揚采鼓動生風惟皇作極求賢委政軒后順風有
虞申命在我　明辟道包前聖擬漢蕃荆如周引鄭□
宮南紀□□□□□□□□□□□□□□下闕智緫大
風威殲鑿齒夷波海灘廓氛江氾昏昏鹿塞淼淼雞田
編穹泱野蘊尒冰蒸天奚律横奮電掃雲□寨□□□□□
□□□□□□□□□□□□□□□□□下闕著績謚
字膽聲壑舟濳徙國楝俄傾託辰沉曜愛景韜精朝念
明譽哀深　詔葬士思令範緬懷宗□晉□原□不□□□山
□□□□□□□□□下闕
碑陰

共十三行行二十字正書
唐特進衛國公李俊以正觀二十三年薨年七十九
贈司徒并州都督陪葬昭陵墳制如衛霍故事起冢
象鐵山積石山以旌殊功今按其墳在昭陵之左北
距山麓三里南距今醴泉縣三十五里冢爲三山之
狀主山與西山迤邐相屬而東北者勢若斷絶別爲
一山疑其一象積石而一象鐵山也其高五十五尺
東西五十五步周圍一百五十口步遺迹雄偉見之
者無不想其英槩能以功名始終眞一代之名臣也
前有神道碑乃許敬宗撰王知敬書其座元無龜制

規模皆刱於英公未詳其然也訪古者可以觀焉元
祐四年二月六日奉議郎權陝府西路轉運判官游
師雄題宣義郎本司勾當公事陳介邑主簿蔡安時
尉才玠同觀邑令宣義郎呂由聖命工刻石
右李靖碑許敬宗撰唐初承陳隋文章衰弊之時作
者務以浮巧爲工故多失其事實不若史傳爲詳惟
其官封頗備史云爲撫慰使而碑云安撫使其義無
異而後世命官多襲古號蓋靖時未嘗有安撫使也
由是言之不可不正又靖爲刑部尚書時以本官行
太子左衛率其封衛國公也授濮州刺史蓋太宗以

功臣爲世襲刺史後雖不行皆史宜書其餘畧之可
也故聊志之集古錄
右唐李靖碑集古錄云靖之封衛國公也授濮州刺
史蓋太宗以功臣爲世襲刺史後雖不行史宜書而
不書者闕也余按新史長孫無忌傳載無忌以下授
世襲刺史者凡十四人姓名俱存蓋其事巳見于他
傳則于本傳似不重載也金石錄
碑下半磨泐上半完好考金石錄爲許敬宗撰王知
敬書歐陽永叔謂碑云爲安撫使及授濮州刺史云
云余考前二事誠如歐公但舊唐書傳有改封衛國

公授濮州刺史仍令代襲例竟不行等語宋祁修新
唐書削之但曰改衛國公耳歐公正與宋公同事何
得云宜書不書也且舊書云本名藥師碑與新史皆
作字藥師公又有弟名客師豈先名藥師后改曰靖
而以藥師爲字耶石墨鐫華
其文有曰憫兹視宍宍卽肉字謂蚩愚之人也史記
李斯傳禽鹿視肉索隱曰禽鹿猶禽獸也言禽獸但
知視肉而食之莊子及蘇子曰人而不學譬之視肉
而食文子言人有二十五等其二十四等謂之肉人
廣韻肉俗作宍越絕書陳音對越王斷竹續竹飛土

逐宍作此宍字乃俗書也而今人以爲古字誤矣金石文字記
李衛公碑稍泐金石錄謂爲王知敬書知敬負書名
其書遒美可愛唐初名手人止知虞褚如李衛公碑
蘭陵公主碑崔敦禮碑高士廉塋兆記孔穎達碑馬
周碑薛收碑褚亮碑有著名者有不著名者皆精妙
絕倫不遜虞褚人罕見之故多不知也庚子銷夏記
碑下半磨泐存字二千碑陰有宋游師雄跋雍州金石記
舊志云存千五百字按篆額司徒字作徙考徒字从
辵土聲此誤从人从出謬于六書矣醴泉縣志

碑殘蝕其文已不可次惟書者王知敬證之新唐書
王友貞傳友貞懷州河内人父知敬善書隸武后時
仕爲麟臺少監卽其人也授堂金石跋
按碑云公諱靖字藥師隴西成紀人也舊唐書傳
云李靖本名藥師雍州三原人新唐書傳云李靖
字藥師京兆三原人宰相世系表丹陽李氏晉東
莞太守雍長子曰倫五世孫文度西涼安定太守
與族人寶入後魏因居京兆山北此爲靖之本系
也唐書地理志三原縣屬關内道京兆府成紀縣
屬隴右道秦州天水郡道里懸殊不能確定其里

貫之所在也舊書傳云祖崇義後魏殷州刺史永
康公父詮隋趙郡守宰相世系表文度之子權後
魏河秦二州刺史杜縣公是爲靖之曾祖權之子
崇義後周雍州大中正廣和復硤殷五州刺史永
康縣公是爲靖之祖崇義子詮隋趙郡太守臨汾
襄公是爲靖之父此表傳詳畧之不同也碑叙曾
祖祖官爵與表同惟曾祖權碑作權爲異此下當
叙其父事而文已闕但有荆州刺史字然表載詮
趙郡太守無荆州守之官所未詳也碑此下叙靖
本事云年十有六長安令調爲功曹此語舊傳有

之碑又云除公爲汲縣令歷安陽三原則兩傳所
無也兩傳稱高祖擊突厥於塞外靖察知高祖有
四方之志因自囚上變將詣江都至長安道塞不
通而止碑則隱約其詞云元天覆構非斷鼇之所
持巨壑騰波豈精衛□能□卽謂此也傳云高祖
尅京城執靖將斬之太宗固請遂捨之尋召入幕
府卽碑云太宗地居帝子冥應寶圖則指欽明內
韞知臣之鑒推心通夢預納投□之□是也傳云
開州蠻酋冉肇則反率衆冦夔州靖率兵八百襲
破其營卽碑云建旗直指進次夔州招集遺黎將

申問罪孤城掩扉已經二載能勝兵者裁八百人
云云是也傳云武德四年靖陳十策以圖蕭銑授
靖行軍總管兼攝孝恭行軍長史其年八月集兵
夔州乘水漲之勢倏忽至城下擊破之碑云因請
孝恭進圖蕭銑詔授行軍總管便事首途於時八
月涼秋稻水湊荊門之戹二江□□□□□嶺
之□勢若疾雷敵必無備云云與傳合也傳云授
嶺南道撫慰大使檢校總管碑與傳合惟撫慰作
安撫爲異舊傳云十六年輔公祏於丹陽反詔孝
恭爲元帥靖爲副以討之碑云玉桴括野候玉弩

以馳威金鐲乘飇指金陵而振旅是也按此乃武
德六年事舊史誤衍十字傳云太宗嗣位拜刑部
尚書賜實封四百戶貞觀二年以本官兼檢校中
書令三年轉兵部尚書碑云太宗統極寵渥增隆
徵拜刑部尚書參圖國政別食邑四百戶仍以本
官行太子左衛率未幾轉兵部尚書參圖國政卽
檢校中書令而太子左衛率則傳所無也碑云旄
頭上列星野于是分區大沙不布地脉因而致絕
謂天驕子代釁中原隋氏季年長□□□此指貞
觀四年突厥諸部離叛以靖爲代州道行軍總管

擊破定襄之事下云進封代國公增邑三千戶加
位左光祿大夫尚書右僕射傳則云進封代國公
賜物六百段及名馬寶器焉拜尚書右僕射而無
增邑加位之語碑云加授進爵許其閑逸散金之
賞擬迹疏公松子之懽比肩張傳卽傳內乞骸骨
言甚懇至下優詔加授特進聽在第攝養是也碑
云太宗憫茲視突虐彼遊魂乃詔徵公爲西海道
行軍總管此是貞觀九年破吐谷渾事傳云十一
年改封衛國公授濮州刺史仍令代襲例竟不行
碑云改封衛國公授濮州刺史疇其爵邑子孫承

嗣太山如礪信誓之文不渝鏤鼎傳銘世祿之口
方口蓋不復言例竟不行也碑於此下三行郎接
詔書二百餘言皆卹贈之語据傳則十四年靖妻
卒詔墳塋築闕象突厥內鐵山吐谷渾內積石山
形以旌殊績十七年詔畫凌煙閣十八年太宗將
伐遼靖擬行愍其羸老不許碑皆無一語及之碑
云詔贈司徒使持節都督并汾箕嵐四州諸軍事
并州刺史傳則但言贈司徒并州都督而已靖熟
閑兵法初遇太宗時論兵語多謀畧後人因采其
語託爲李衛公問對成書三卷通行於世且侯君

集常請授兵法則靖之將畧亦可槩見也靖薨于
貞觀二十三年金石文字記以爲碑立于顯慶三
年當必有據今碑已泐無攷惟文有太宗字知其
爲高宗時碑也然則距靖之薨已十年矣文爲許
敬宗所撰史稱敬宗末年文筆多令彥伯代作彥
伯昌之子敬宗之孫也敬宗以咸亨三年薨年八
十一其撰此碑時年六十七不知是彥伯代作否
耶至唐人小說有虯髯公傳云靖少在長安見楊
素素妾張氏奔之因與偕行抵靈石遇虯髯客詢
問天下眞主同至太原見太宗驚異因盡出其珍

據趙本校

趙多此行標題

寶貨帛資靖所用而客與妻及一道士別去云此
後十餘年東南數千里外有異事是吾得意之秋
也貞觀中公以左僕射平章事適南蠻奏有海舶
千艘甲兵數十萬滅扶餘國自立爲王因與張氏
遙瀝酒祝之云云然兩史俱未載其事恐係流傳
之妄未足据也姑附記于此碑書原夫作源夫終
南作中南殆借用字瘧彼遊魂釋名瘧酷虐也是
瘧有虐義故借瘧爲虐標皆作摽豕作衮尚沿北
朝之舊也

王居士塼塔銘

塼方廣二尺許縱橫各十七字正書

大唐王居士塼塔之銘

上官靈芝製文

敬客書

居士諱公字孝寬太原晉陽人也英宗穎邁遠曽隆周
茂緒退昌簪冠後魏樂府歌其載德天下挹其家聲其
詳啚牒豈煩覼縷居士早摽先覺本遺名利遍覽
典墳備窮義窟觀老莊如糟粕視孔墨猶灰塵得給園
之說馨求彼岸之路勵精七覺仰十地而勉勤胼食一
麻欣六年之顦頓方期拔除煩惱永離蓋纏何悟積善
始基處悲生滅以顯慶元年十一月廿九日寢疾終于

京第春秋七十有三卽以三年十月十二日收骸起靈
塔于終南山楩梓谷風吟遼澗寶鐸和鳴雲散危峯金
盤吐曜道長運短迹往名留不刊介石孰播徽猷吁其
嗟焉乃爲銘曰
懿矣居士明哉悟眞幽鑒彼岸妙道問津苦節無撓貞
心剋勤顧邈三有超脩十輪俄隨㑭化遽此遷神歸然
靈塔長欽後人
敬客名不顯於時然其書法特爲瘦勁大類褚公則
知唐世能書人多不免爲巨公掩耳郃陽褚千峯言
碑在楩梓谷向止存後半今已廢爲柱礎矣虛舟題跋

向在西安府城南百塔寺今爲墨客取去金石文字
記云近出終南山楩梓谷中乃明末時出諸土中者
出土時石已裂而爲三其大唐王居士磚塔之銘上
半截五行已無存矣其靈芝之製文敬客書下半截五
行又裂而爲四其磬求彼岸十一行又裂而爲三下
截亡五十字此碑盛行于世摹臨翻刻者不下十餘
處較之原碑不啻霄壤第碑裂而爲七又亡去百二
十餘字僅存者其能久乎故記之以備考云雍州金石記
此銘一字不損葢近時重摹者也居士姓王名公其
人篤信釋氏但未出家耳其沒也遂從浮屠之法曰

收骸起塔葢火化也抱經堂文集
右王居士磚塔銘古今志墓之石類小而薄不能耐
久歐趙所見志石今無一存者此銘出土纔百餘年
已裂爲三矣此碑銘纏作緾釋文壓本亦作𡏖又作
厘匣本壓之省文故唐碑纏遷躔字旁多有从厘者
張敬詵墓志葬於滙澗之陽後周石幢日躔南斗李
思訓碑憂纏家國陸柬之蘭亭詩適足纏利害孔師
泰碑門人議服俱纏至極之哀廣韻以纏爲纏之俗
其實乃省文耳潛研堂金石文跋尾
按此銘翻刻有二本一爲長洲鄭廷暘嵎谷臨一

爲吳縣錢湘思贊書皆臨摹善本鄭娟秀錢瘦勁
原刻破裂則此二本皆可寶也余與二君善故得
其詳此銘原刻不知高廣若干幾行行幾字以槌
碎拓本校之周有邊匡刻大花葉約寸許首行末
是顯遊二字以此準之當是每行十七字字徑八
分上下占二分則是高約二尺也前一行是標題
及撰書人姓名銘序二百十一字銘詞四十八字
推之當爲序十三行銘三行總計之得十七行行
十七字其爲塼葢方二尺也製文者上官靈芝唐
書上官儀傳有子庭芝此靈芝或是庭芝之弟兄

碑刻于顯慶三年正與庭芝同時也書者敬客敬氏爲河東右族而敬客事蹟無攷梗梓谷長安志梗梓谷水出南山北流合成國渠又谷口有興教院即百塔信行禪師塔院並在長安縣南六十里又法苑珠林神異篇載隋終南山梗梓谷釋普安一條云隋文帝時佛教大興廣募遺僧依舊安置時梗梓一谷三十餘僧應詔出家並住官寺唯安一人習樂山居云云是梗梓又作梗梓也碑以頴邁爲頴邁啚牒爲圖牒皆借用字刊碑不曰貞石而曰介石亦僅見此

金石萃編卷五十一終

據古碑錄文校

金石萃編卷五十二

賜進士出身 誥授光祿大夫刑部右侍郎加七級王昶譔

唐十二

尉遲恭碑

碑連額高一丈二尺七寸廣五尺九寸六分四十一行行七十八字正書額題大唐故司徒并州都督鄂國忠武公之碑十六字篆書在醴泉縣昭陵

□□□□□□□□□高□郡開國公許敬宗撰

蓋聞嶽靈昭貺協其神者申甫緯象騰緎含其精者伊傅用調芳玉鉉增耀金符譬八柱之承天猶四冥之載地是以邠郊創歴寘契非酇之兆沛野開基酇會藝鱗之傑莫不凝徽篆策銘勲戈鼎光裂河西而濟美期礪嶽以疇庸若乃經啟睿圖彌綸聖業扈兵師於丹水衷餌石之祇渠振文策於烏江掃拔山之巨祲抑揚七佐鎔鑄五臣致□□□□我后於勛華軼前循於樊灌名高絕代其在忠武公乎公諱恭字敬德河南洛□人也原夫玉派靈長控昌源於弱水瓊基峻遠峙層構於軒臺叶粹氣以擒賊威横朔野奄崆峒而擅武跡跨中原亦猶江馬南浮圖基巨壑溟鯤北運激勢扶搖是故軒冕傳華半神州而交蔚忠貞秀美暨帝里而馳芬與夫由余去危斥鄭鷄而作霸日磾受顧光珥貂而累華考諸

聲實固不同年而語也曾祖本眞後魏中郎將冠軍將
軍漁陽郡開國公贈中外六州諸軍事謚日懋道粹貞
中寄侔丹化龔徽章於珪瑞飛茂績於鍾鏞大父諡都
北齊左兵郎中遷金紫光祿大夫入周濟州諸軍事濟
州刺史彫鏤杞梓黼藻人倫用匪亡齊鈎函深微管之寄
價符趙辟愈擅入秦之美考伽隋授儀同三司衛王記
室皇朝追封常寧安公贈汾州刺史幽州都督材緯三
端揚鑣武庫位階一命頓轡文房下調悲於季葉飾襄
昭於昌運故知壯氣猶生貫千秋其尚想名臣不
作瞻九原而增悼再錫部符之贈式冠封墳之典公鄧

林抽潁崑嶠疏源非假七齡早欝凌霜之榦爰滋九潤
先孕聯雲之寶瞻言廣術企列戟於髫初屬想傾義俯
迴戈於度内雄姿孤嶷覆簣裁規沉勇潛貞涌泉韞量
飾躬由禮檢性依仁匪衛祇於齊桃亟翹誠於孟荀言
泉河瀉應千里而無違狹氣飈騰輕百金而有裕加以
鈐符靈秘劒術精微偃月疏營右澤左陵之勢浮雲寫元
陣鵝張鶴列之奇莫不夙契靈臺瑭窮神奥由是譽光
日下聲葢秦中而翠蚪驤霧必先階於尺木紫鸞追風
初發蹤於步武爰膺執戟之遷以効棄觚之節嘗授帥
都督拜朝散大夫轉正議大夫加銀青光祿大夫大業

十二年也未展雄飛載羈下列何意乎九苞呈瑞儷彩
司晨一角効祥儔蹤警夜俄而運鍾旒冕政弛承衣大
浸襄陵長虹貫日公迺行吟梁父希管晏以思齊屈跡
淮陰侯蕭張而佐命樣皇家補傾極振口綱提劒風
驅援旗電掃劉武周不稽天氣貫暗人謀怒窮轍以抗
賊臨焦原而自逸公見靡昏僞廹以驅馳取譬辛毗甫
依袁而免戾同夫馬援聊寄隗以偷全尚鞠醜徒據其
危堞太宗俯離鳳邸親御龍韜軍次介休將屠僞
邑早欽英略深嘉義勇飛箭以述皇威投金以申
同德公鑒窮無象識照先口虛西楚之如狼陋南巢之

吠犬遽歸眞主期乎大定栱口授秦府統軍于時帝
道維新王途多故瑞雞之野式靜雲雷獻鼉之川來均
霜露蕞爾凶狡久肆回邪載動神兵龔行天罰救楚妙
筭雖獨運於沖襟授律宏規固思憑於猛將乃以公爲
行軍總管導彼前茅追奔若順海乘茲破竹潰敵如決
河積甲齊山中嶽由其咸定封屍築觀王城於是乂安
飲至鎬京策勳居冣所賜金帛盎以千箱其後六統偏
師五爲總管北殲猾夏南廓滔天戮鯨鯢於洙泗溺騍
鑣於漳滏所向風靡賞鉞彝珽時外難初康內釁方兆
春坊階亂禍深於戾園李屛窮凶爲蠹尤於儆象公早

祭帷幕思固宗祧口起　聖懷累明大義九
年六月二凶伏辜雖天道禍淫蓋拔君之筭也擢拜左
衛大將軍兼太子左衛率貞觀元年授右武大將軍屯
兵數萬咸令統領職歷二官兼司七校龍飛静柝摠禁
旅於瑶山馬珥臨戎肅嚴兵於錡禁於是威馳銀牓寵
峻金吾拜上柱國封吳國公食邑三千戶實封一千三
百戶若遷黼日疏峰奄衡巫而廓鎮雷導風驅瀉江漢
以咸池餘𥗳涵輝明珠𥳑如是稱奥壤獨擅雄州佇寄
惟良以敷景化連帥之重　帝曰佘諧貞觀四年授
襄鄀鄧淅唐五州都督襄州刺史班朝驚俗載屛丹帷
虛犴遷遶寧囹帲服布中和而澤化浹旁潤以馳威惠
澤潛通吐浪由其絕渚仁風普暢嘯谷所以浮江施佩
犢於東皐蒧儲京庾契成麟於西序家知禮讓道被湘
沅俗均鄒魯里稱冠盖既洽甿謡地接股肱佇求人瘼
八年授光祿大夫行同州刺史封建功臣改封鄂國公
冊拜宣州刺史昔炎周裂壤榮陽茂十邑之庸有晉疇
榮壯武峻重封之典按其優劣詎可扶輪累遷靈夏鄜
三都督懋兹宏德函牧大藩控十角於星街信覃元口
摠百城於天塹義偃朱方端委之風撫危冠而變俗壇
裘之長弃鳴鏑以歸仁及乎紫封流渥朱口徙傳莫不

脫一字

情深借寇戀切留黃可謂柔遠以德人稱遺愛者矣既
而俯鑒忘筌景文成之茂躅深惟滿器躡太傅之高蹤
漏促銅儀循良夜之不怠禮安玉杖諒口路之難追奏
款靑規辭榮絳闕特迴　天聰肆其誠請於是冊拜
開府儀同三司禮秩加等巳而從容廊廟怡暢丘園架
巘圖蓮疏池瀉箭後堂歌吹通逸響於南隣別業林泉
接芳陰於西第加以陶風元穆勳冑兼資里邃高陽門
承口德故能聯姻十瑶附結慶璿枝榮亞元吉寵班
右戚靑樱聳構遥通婺女之津黃閣凝扉近接天孫之
館長筵綺合韋珠與謝玉交輝廣廡雲浮籥共縱金遞
奏庭烏劾祉爕躍棍端隙駿馳年俄潛柳次嗟乎巨川
既濟奄遷舟於夜壑高齋遽傾條摧梁於夢奠粤以顯
慶三年十一月二十六日遘疾薨於長安之私第春秋
七十有四　皇上情切宗臣痛深國老舉哀別次罷
朝者累辰昔平仲云亡趨輪軫慟宣尼告逝投誄申哀
未足方此撤懸喻斯輟祭追贈司徒詞曰飾終之典實
屬於勳賢追遠之恩光歸於令望故開府儀同三司上
柱國鄂國公敬德志局標舉基宇沉奥忠義之節歷夷
險而不渝仁勇之風雖造次而必踐迺誠申於伯府茂
績展於行陣西漢元勳韓彭非重東京名將吳鄧爲輕

蓄恭肅於輕陛馳聲猷於藩岳方隆朝寄之榮俾追止
足之分闡雄林而兼濟植高摽而孤往道暎千古譽光
百辟與善俄褰藏頁奄泊永言遺裂震慟于心宜崇禮
命式旌幽壤可口司徒使持節都督并蔚嵐代等四州
諸軍事并州刺史餘官封並如故所司備禮册命給班
劍卌人及羽葆鼓吹贈絹布壹千伍伯叚米粟壹阡伍
伯石陪葬昭陵葬事所須並宜官給并賜五園秘器儀
仗鼓吹送至墓所仍送還宅并爲立碑仍令鴻臚卿瑯
琊郡開國公蕭嗣業監護光祿太少卿殷令名爲副務從
優厚稱朕意焉又下謚詔曰名以實稱事光於前

典謚爲表禮縟厚於尊言故博聞強立少傅擅文成之
美行剛服遠冠軍膺景植之賜故開府儀同三司上柱
國鄂國公贈司徒并州都督敬德襟宇宏劭機神秘遠
氣茂英果情馳義烈闡雄圖而贊業標峻節以凝功道
叶宗臣望隆時宰爰升九命之寵宜享三尊之位福護
從說悼往增酸奉上危身誠許國之貞操安人和衆亦
經邦之懿範式詳茲典錫以大名可謚忠武仍遣使持
節備禮告柩以顯慶四年歲次己未四月丁未朔十四
日庚申陪葬于昭陵禮也惟公資和清粹稟銳雷霆勇
冠六軍不失獨夫之色志澄四海期於萬里之外登范

車而繹慮口據陳室以栖情蒼髯內融負青冥其非遠自
珪外韜體黃裳而愈固藝或微而咸綜枝雖末而旁該
象弭初彎先穿臥石魚文且擊遂引飛泉擅扛鼎而推
雄掩棠輪而効捷觀其養親孝事君忠居身節與士信
識通其變遠鑒窮於未形智括其神臨事期乎不測非
外物之攸獎咸宜體以自然運屬艱虞披荆而扶帝業
功宣草昧借箸以沃神襟載扈升陑爰參誓牧掩孫吳
而高視轥韓白以長驅是以捨代優齊似青丘之吞夢
澤摧堅刜銳猶黃間之穿魯縞祥符捧日亮堯景而增
輝道契從風變虞薰而演化故能丹書誓策青社疏榮

位兆衙口資五申而統律寄深錫壤按十部以宣風年
暨抽簪禮優執餚懸輿勝躅觴茂寵於安車納駟高門
峻朝章於行馬斯所謂道烈可紀令終有俶者歟有子
右領軍將軍寶琳鳳羽擒姿龍媒騁逸丞相之子道懋
傳經王公之孫望高倒屣掩八毛而効職副九列以騰
口履孝揚名克隆華閥顯親穆譽爰樹豐碑紀德盧山
載表茂陵之域題貞畢陌式分京兆之阡庶令過客披
文立名可則故懷斯惠望拜知歸其銘曰
商周龍躍尹望鷹揚風雲宜感鱗翮會驤於赫皇祚禔
禎會昌錫茲元弼勳烈推光茂德初誕英徽早暢狼宿

摛精龜文叶貺奈縟關下受符圯上秘策金韜鷹猷玉
帳貞心孤劭壯氣橫飛長戈三提雄戟雙揮蛟分承影
鴈落志歸韜奇佇睿屈跡乘機豐起射天妖疑闢日明
一光啟半千秀出道契披捧功宣授律冀北先騁圖南
載逸受泒揚威專征耀武馬陵削樹鳶方鑄柱雲卷鳴
祠風駈嘯雨靜祲破竹銷氛玉弩戎衣式定河帶同盟
望高四履寵峻千兵裂壤紛邑分麾抑營網羅方邵蹤
跡良平門建隼旟入叅鳳輦名班贊玉鼎光儀鉉朱戶
吟笳青門掛冕金裝甫散堤霜遽踐昔恭丹扆載奉薰
琴今陪元讌空悲穀林紛紛禮碍杳杳光沉闕銅永閟

宰樹方深信瞻言史策遠振徽音

右鄂忠武公尉遲敬德碑止存下截可辨者約五百字趙子函遊九嵕記云碑自額以下埋土中掘而出之了無一字今去趙氏作記時又百五十年而碑字可識辨者尚多則知子函所云非其實矣碑文許敬宗撰文苑英華錄其全文以石本校之間有異同當以石本爲正如貞觀四年授襄均鄧淅唐五州都督襄州刺史石本均作鄀攷唐書地理志均州貞觀元年廢八年復置又云武德四年置鄀州貞觀八年州廢敬德除都督在貞觀四年其時有鄀州無均州也

頤寧人云凡數字作壹貳叁肆捌玖等字皆武后所改此碑立於顯慶中有云贈絹布壹千伍伯段米粟壹阡伍伯石則不始於武后矣潛研堂金石文跋尾

碑已磨滅過半其下段每行二十餘字可識有云高陽郡開國公許敬宗撰其書人姓氏碑中本無有云封吳國公又云聯姻瑶肘結慶瓊枝碑已磨滅斷續無文理可尋或鄂公始封吳國其後改封鄂國耳至其聯姻之事則不可考也此碑已陷土中惟碑額在土上啟土搨之約存千字趙子函遊九嵕記云尉遲敬德碑自額以下埋土中余出之了無一字蓋椎而

瘞之耳此乃子函啟土時見大半無字遂不更掘孰知其可讀者猶在下也好古者固未可半途而廢也雍州金石記

右碑文許敬宗撰石今泐其詞見文苑英華以其可辨者對校始知板本傳寫之譌謹依碑改正而以誤字分注若碑云授襄鄀鄧淅唐五州都督板本寫鄀爲均碑云浮雲寫陳板本作雁陳碑云蒙授帥都督板本云元帥都督之類尤謬也醴泉縣志

按碑泐其上半存者可千餘字今取文苑英華錄其全文補碑之闕復取兩唐書傳與碑參校得其

異同按尉遲之姓始見于北周書尉遲迥傳云迥羅代人也其先魏之別種號尉遲部因爲姓焉山西通志氏族門云與後魏同起尉遲部之後孝文時改爲氏碑云公諱恭字敬德河南洛口人也新唐書傳云尉遲敬德名恭以字行朔州善陽人善陽屬河東道朔州唐書地理志作善陽元和郡縣志作鄯陽蓋以縣東三十里有鄯河得名今爲馬邑縣山西通志載縣有金龍池後魏以來相傳池有二龍時化爲馬一驪一黃尉遲敬德嘗收而乘之馬奔欲入池敬德抱池邊柳柳爲之旋俗稱柳

曰左紐樹其地名司馬泊上有鄂國公廟即祠敬德又朔州城南石碣谷村有鄂公故宅址尚存是敬德之爲善陽人史爲有徵碑作洛陽人者殆以起家于魏遷居洛陽也碑載曾祖本眞後魏中郎將冠軍將軍漁陽郡公諡曰懋大父盍都北齊左兵郎中入周爲濟州刺史考伽隋授衛王記室皇朝追封常寧安公是先世官爵已顯而魏齊周書皆無傳碑叙敬德歷官兩唐書傳多同惟貞觀十七年乞骸骨之後以本官行太常卿爲左一軍馬總管從太宗破高麗于駐蹕山軍還依舊致仕顯

慶三年追贈其父爲幽州都督此數語碑不叙及傳云改封鄂國公後歷鄜夏二州都督碑則云累遷靈夏鄜三都督爲小異碑云九年六月二凶伏辜雖天道禍淫蓋杖君之筭也此二凶指建成元吉二人誅死多出敬德之謀語詳兩傳碑畧述之至聯姻瑶胕結慶瓊枝語實未曉其云青樓聳構遥通嫠女之津黃閣凝扉近接天孫之館長筵綺合韋珠與謝玉交輝廣廡雲浮口籥共縱金遞奏即傳所云敬德末年穿築池臺崇飾羅綺嘗奏清商樂以自奉養不與外人交通者是也敬德累戢

有大功碑反爲詞藻所掩不及史傳之詳晰碑載飾終之典詳備異于諸碑又令鴻臚卿瑯琊郡開國公蕭嗣業監護光祿少卿殷令名爲副當時陪葬之典當皆有監護正副使臣亦獨見于此碑殷令名無傳述書賦注云令名陳郡人米芾頭陀寺碑跋云令名父開山武德中爲尚書故闕山字金石錄云令名與其子仲容皆以能書擅名一時蕭嗣業兩唐書傳但云累轉鴻臚卿兼單于都護府長史不及瑯琊之封也敬德子寶琳碑云右領軍將軍傳則云官至衛尉卿

據趙本校

紀功頌
碑高一丈三尺六寸五分廣五尺九寸七分共三十五行行七十至七十二字不等行書額題大唐紀功頌五字飛白書在汜水縣等慈寺

大唐紀功頌并序

御製御書

若夫元功攸宰丕業光於帝先神用斯冲峻道輝於象外至於炯試千祀昭訓百王則有彤金揚不朽之基鏤玉啟無疆之迹而阪泉師律旌德之範未章疇野兵鈐銘徵之典猶□乘巢莫夏惡先覺於丹碑濟鮪截殷媿生知於翠碣惟睿之失其大者歟自否運辟炎墊寓之災梗極餘靈泣素稽霄之浸滔天風夏癸以昏初則忠良既逐政殷□之虐往則邦國斯悴穀霏黃而霧地下黷方祇繩亂赤而雨天上琭圓象人怨神怒語亡之兆遽彰衆叛親離覘存之謀遂爽月弓宵而空桂則蝕屢金波星箭夕而奔榆則妖飛玉弩塵埋五岳見陵谷之遷移水竭百川覩江湖之騰沸鼎已問於輕重裂周綱者七雄德遂寢於休明絕秦紐者幾國天工是代紫庭無享覲之賓神道克恭靈冕乏郊禋之辟故以鄒瀛眇同結向隅之悲亥跡茫茫共軫推溝之怨妖精紊象寶庫延災萃綠林者煙霏屯黑山者霧合戰龍于野則

亂起干戈飛鴻在陸則害生戎馬　先文皇帝憫黎元之已燎救焚洪燄之爐悼品物之將淪拯溺橫流之溢握寶符於代北肇建丹旗剖神珠於漢東方摛白羽運五材而杖順陰陽未測懸兩耀而龔行幽明叶契而武關先入楚猴之暴未誅漸臺雖覆蜀鼃之聲猶振王充盜移鳳扆詿誤伊瀍竇德假署龍官虔劉趙魏同惡相濟共爲脣齒　先帝威□有截思入無方窮幽測神研幾作聖薛公三策明出下科陳相六奇懸符上略親御姬鉞問罪晉京壘守屢殫般攻盍贍鑒侑□之壤舉覆匱而成山引曲洛之波沃溢觴而爲沼

飛衝業業降臨負戶之危長隧悠悠上窺析骸之急奔鯨之穴染鍔非遥封豨之林倒戈斯在建德駈白波之衆濟馬頰之津據青犢之資踐牛吕之谷吞沙石而賈勇召風雨而成臯圖解鄴城之圍規降上黨之守蜂飛萬旅猬起千群竭汜水之洪流稱岠山之崇堵羽書狎至駟遽交馳夕照趙烽晨驚魯柝于時謀臣鉗□息其請箸之談猛將含牙弭其穿札之氣或請退師函谷以避前鋒或請反旆崤陵以圖後舉　先帝乃謂諸將曰本欲先定瀍東次平河朔今既逮投天網自取膏原建德若擒王充必敗豨亡虜滅理有固然韓并魏從義

無或爽天實贊我不可失乎兵道尚奇屬斯舉也奎禡
之議踐幕庭而局影斷玦之規望轅門而口息獨決
神衷摠排輿誦留偏裨之將分拒王城引趙武之師
移和制邑滎波遠泒遥疏官度之濱廣武斜臨迥據成
臯之險嚴闉繄日巨防潛雲寰中逐鹿之郊寓內口口
之地興亡之道楚漢之迹猶存得喪之途曹袁之基未
泯以代藩之貴均士伍之勞處唐侯之尊等更傜之膳
越醲需惠赴白刃以求仁楚口銜恩揖蒼壁而取義廼
率數百騎入其境五十餘里觀其部列摩壘而旋於是
醜類相奔凶渠競進短兵交戰長圍亟合望祁弧而盡

殪類碁布於中原應蕭斧而咸摧若星羅於平隰僅而
獲反口無一焉口夫趙主入秦昭之關事從權口晉后
察王敦之壘道以詐全業蹈徃辰功優昔載自是鋒芒
遂衂鉦鼓載襄奪林父之心破姜維之膽退歸漳滏恐
天討之乘奔口口轘轅懼王師之兼弱深溝板渚斂轡
東關數十里口不驚示三駈而未欲乃休牛洛汭甖息
桃林之墟收馬河陽聊駕襄城之野樵蘇已遠虛月壘
以招兵雉堞不脩偃日羽而延寇建德　然楚口不疑
秦謀空峭辟以徑前沉輕舟而直進　先帝勒兵背水
列騎依山光流闞輦之甲聲振武安之瓦神規獄鎮未

許代御之辞聖略川凝無受致師之請欲戰不可求反
無路肇自霞初迄于景晏湯風爛石溽暑流金羸粮不
從壺漿莫繼思仇餉于葛野想獨渴于梅林齊侯絕華
泉之遊楚將無穀陽之飲窮魚失水望淸漢而摧鱗竭
鳥傾巢仰曾天而折翮　先帝別命旌麾以乘其
背親當矢石口擊其心表裏夾攻遠迩同至始則開行
蹵陬分彼陣以弱其鋒終乃合勢形蚰離敵衆而孤其
力冀馬追風彩桃花而翼路燕犀奪日輝若枝而鏡野
擬金憤闕隴之氣淩險若夷洛鐵收熊羆之心陷堅如
朽應龍畫角百川爲之震蕩靈鼉制鼓九鎮所以傾頽

投石蒙輪霜暎彫戈之未翹闗拔距電流文劒之端舉
長彗以布新卷崩雲以袪穢攻虛匪實塵靡藉於曳柴
擊衆以熏火無勞於結燧俘虜十餘萬斬首三千級生
擒建德徇于城下靦顏流汗曾無解楊之言懷德畏威
翻有蒯通之說然後操袂口口伏鑕旗亭齊燃董卓之
膏頭飲智瑶之器王充牽羊請服刑馬求盟開定鼎之
郟鄏測圭之邑義貞白水信篤丹書赦其縲櫬之辜宥
其埏埴之命情安共主忘鯁氣於田横怨切周天忍凶
終於魏豹於時沴卷東浸鏡萬里而河淸妖斂西氛陣
千重而雲散昔高宗鬼方致伐遠克三年周武牧野陳

師尚勞再駕未有留吞宇宙掌握乾坤正西北之傾天
軸東南之毀地英謀一振功成晷漏之間紉勍敵雙擒業
茂須臾之頃故能基大寶於王業錫祉元璽珪掃元凶於
天步臻祥綠錯國八紘而續禹功邁叙倫家六合而心
勛德超則大犧皇語聖既桀往而堯今農帝方神遂昏
前而□□奇謀沖秘非假書於黃石雄斷縱橫詎窺符
於元璽女近以五載巡初省方伊洛九冬狩晚講戎許鄭
舉鑾旗而還指飛翠蓋以長驅垣壘肅而未遷山川儼
而無改俳佪丹㴻事求問□聞禮之辰顧步靑丘情異撫軍
之日波瞻舊溆水變沉沙之奇堞望前墉城餘拔幟之

所是以滄殄哀霜露攀日月而不追茹痛風枝懷天地而
莫報金墀在御方九仞以悲深玉案升珎擬萬鍾而□
切麟圖□範義百楹書鳳篆留規道千裘冶虞守天位
憂輟峻於洪基肅奉帝猷試虧光於寶祚屬辝抽思實
無覬於揚名相質披文庶有裨於紀德乃爲頌曰
乾綱肇絕紀神鼎初飛妖淩三季兵躔纏九圍元璽功孰纂神
器無歸瞻烏逐變即鹿乘機穆穆　聖祖桓桓神武
電擊河汾雲飛京宇克淸龍戰載安黿柱禮叶禋宗樂
諧率舞漳濱猬起洛汭鴟張荐驚權□亟犯封疆裂冠
稱帝犯蹕圖王豈知吳滅未辯虞亡　睿后生知謀

絕羣彥雲輣西伐霜戈東戰元惡懸首凶渠革面一□縱
□擒義多昔卞冰銷日域霧斂星區龍庭受吏鳳穴來
蘇虔奉天祿恭膺帝圖陶甄太素亭育尊盧啓光夏政
誦恢周道濫監以菲躬聿承大寶宅偉宇宙業均犧昊豈
英□□明實資衡保載省王風順駈月驅津由漂鹵途經
絕轡思勤則天慕纏因地敬愛攸屬明蔑奚洎寒移晷
謝律變星迴陣雲先滅月壘猶開毀垣殘柳寒塞井荒苔
水侵□石燧掩飛灰泗水詞斑班濟陽紀蔡式傳經略敢
竭虛昧坤紐方輿乾張圓蓋騰實萬古飛英百代
顯慶四年歲次己未八月乙巳朔十五日□□己未建

高宗過鄭州見先皇擒竇建德故地故緬想功業因
立此碑也碑文甚宏麗字亦奇偉寶刻類編云顯慶
四年八月立今據書之中有云赦其累櫬之辜宥其
挻埴之命挻字最古說文長也類篇引方言楚部謂
取物而匿曰挻今本作挻取也楚部或謂之挻一曰揉也按挻埴即
揉土之義今本老子作埏亦後人傳寫之誤徐鉉新
附增埏類篇又有埏字云和土也蓋謬中州金石記
按此碑文凡二千二百餘字闕者不及三十字餘
俱完善可讀也碑立于顯慶四年八月十五日舊
唐書高宗本紀顯慶二年正月幸洛陽十月戊戌

親講武於許鄭之郊曲赦鄭州遣使祭鄭大夫國
僑漢太邱陳寔墓則高宗之過鄭州撰文紀功當
在是時碑文有九冬狩晚講武許鄭二語可證其
四年八月乃立石之時也惟新唐書本紀以講武
新鄭爲十一月壬子事互異耳碑紀太宗破竇建
德之功太宗本紀武德三年七月討王世充四年
二月竇建德率兵十萬以援世充太宗敗建德於
虎牢執之世充乃降舊唐書竇建德傳武德三年
十一月秦王攻王世充于洛陽世充遣使乞師于
建德四年二月建德來救世充屯于滎陽三月秦

王入武牢進薄其營世充弟世辯遣其將郭士衡
領衆十餘萬號爲三十萬軍次成皋築宮于板渚
以示必戰二月迫于武牢不得進悉衆進逼武牢
官軍按甲挫其鋭及建德結陣于氾水秦王遣騎
挑之建德進軍而戰秦王馳騎深入反覆四五合
大破之建德中槍竄于牛口渚車騎將軍白士讓
楊武威生獲之新唐書建德傳四年三月秦王進
據虎牢五月建德自板渚出爲陣西薄氾南屬鵲
山亘二十里鼓而前秦王登虎牢城望其軍按甲
不戰日中建德士皆坐列渴爭飲王麾軍先登騎

怒塵大漲乃率史大奈秦叔寶纏麾幟馳出賊陣
後建德軍顧而驚遂大潰建德被重創竄牛口谷
遂獲之又舊史尉遲敬德傳竇建德營于板渚先
伏李勣程知節秦叔寶等兵太宗持弓矢敬德執
矟造建德壘下大呼遂引賊入伏內與勣等奮擊
大破之王世充兄子僞代王琬使于建德軍中乘
隋煬帝所御驄馬鎧甲甚鮮迥出軍前以誇衆太
宗曰彼之所乘眞良馬也敬德請往取之乃直入
賊軍擒琬引其馬以歸賊衆無敢當者凡此皆太
宗破竇建德戰功之所紀者如此其後太宗以世

充至長安高祖數其罪世充對曰陛下愛子秦王
許臣不死高祖乃釋之今按碑文大較符合碑在
氾水縣等慈寺太平寰宇記唐師旣敗建德詔于
戰所起寺立碑紀功舊書本紀貞觀三年十二月
癸丑詔建成已來交兵之處爲義士勇夫殞身戎
陣者各立一寺命虞世南李伯藥褚亮顏師古岑
文本許敬宗朱子奢等爲之碑銘以紀功業今等
慈寺有顏師古所撰塔記此碑則高宗幸鄭州復
親撰書碑文立于寺內也碑書王世充俱作王充
避諱也顏師古撰等慈寺塔記銘云念彼王充偷

鈔本校

安假息亚與此同此碑云王尭盜移鳳扆註誤伊
渥竇德假署龍官虔劉趙魏以竇德對王尭省去
建字以下則並作建德省去竇字又凡妖沃皆从
夭唐人書體如是扙順之扙即仗字通用杖而又
書作扙也齊燃董卓之膏借齊爲臍挻埴之挻今
本老子俱从土惟元宗御注道德經石刻與此同

蘭陵公主碑

碑連額高一丈一尺五寸四分廣四尺二分三十一行行七十字額題大唐故蘭陵長公主碑九字並正書在醴泉縣昭陵

□□□□□□□□□□之□□□□□□□□

□□□□□□□□□□□□□□□□□□□
□□□□□□□□□□□□□□□□□□□
□□□覆餗緬懷千□□□乎若乃潤柔範於椒庭□
奉□□□□□包四德而由己揔六行以立身騰
□潤□寶□於方流耀清輝於□魏□□□□□□□□□
□□□□□□□□□則蘭陵長公主兼之矣
公主諱淑字麗貞隴西狄道人也　高祖武皇帝之
孫　太宗文皇帝之第十九女也原夫電影流樞揺
華陵襲月十□岐分景谿五潢疏派帝子光於□葉□□降於
□□□亦煥彼緹油懸諸日月公主稟中和之正氣陶

上質之粹靈履冰皇象以表潔踐霜栢以含貞首無金翠
之飾耳絕絲桐之聲共梁妻而比行與萊婦而齊名況
乃婉順幽閑端凝淑美擢春葩於蘭藉皎秋月於芝田
神鑒詳明風徽韶美仁爲性道豈資箴助孝實天經因
心必極雖左姬之含華挺秀謝媛之毓德揚芬式鏡前
芳流風□詎遠九齡讀易躬謙損之微言□歲學書盡鍾
張之妙迹　文皇愛既纏心特流闕下□□聞　貞觀十
年乃下　詔曰　第十九女理識幽閑質性柔順
幼嫻禮訓夙鏡詩文湯沐之典抑有恒規可封蘭陵郡
公主食邑三千戶□榮寵之錫雖冠公宮撝挹之情休常□懷

全唐文編卷五二二唐十二　三

□□而形□未降紫罽□停妙選高門方從下嫁
天子永言舅氏情深渭陽載穆彝章用崇姻戚
駙馬都尉慶州諸軍事使持節慶州刺史扶風竇懷悊
即　太穆皇后之孫銀青光祿大夫少府監上柱國
德素之子潔澄瀾之萬頃飛辯□箭以□浮□擢貞□□柞千
尋聳□□以拂日譬良金之百練喻華燈之九光踐孝
資忠履仁基信泛虛舟而獨往鑒止水而忘歸出揔褰
帷政均黃趙入司交戟任切鉤陳業□峻籝金□班家之
十紀□勵□□□□宗之五碑射枝逸技貫七札而稱
妙揮豪雅製摽六義而含章搏勁翮於南溟騁逸足於

西海自中陽纂歷聲春陵應圖或慶發黃雲祥浮紫氣或
家藏金穴瑞表□□皆聲□產□□□荒□我有餘慶
奕代椒房嬰則望重西京融乃名高東漢克復其始遠
□屬華宗故知德祖太尉之孫既傳芳於楊敞元成丞相
之子亦絢美於韋賢□地清華僉論□□賓□之□屬
□□□□□比夫遠□獨映前脩公主義叶三從情歸
百兩賓敬之禮必表於閨庭喜愠之容不形於造次敦
睦親於娣姒竭蒸孝於舅姑言應禮經動□合規矩
皇明嗣極載蕩周親永徽元年別拜長公主仍加封五
十戸恩崇湯沐寵茂輜軿公主深識誠驕侈常安儉

薄前後錫賚莫不固辭皆理爲情申文非貌請誠宜溝
斯積慶享彼遐齡而與善徒欺輔仁多爽春秋卅二以
顯慶四三年八月□八日□疾薨於雍州萬年縣之平康
里第反魂之香空留□被□簫之□終辭鳳臺奉
詔寶氏既是大外家情禮稍異特宜陪葬二昭陵郎
以其年歲次己未十月甲辰朔廿九日□□遷窆於
□陵□□十里□安樂□原禮也 聖上哀深同氣特
降殊私賻襚所須務存優厚吊祭之禮有異常倫仍
勅衛尉鄉閻立行光祿卿殷令名爲副監護喪事特
給鼓吹送墓往還惟公主妙質柔明雅識詳潤芝蘭成

性琬饗爲心莊敬自持溫謙逮下孝脩蘋藻□奉宗□
有□□之□懷□□之操信可以流芳鼎室垂訓台庭
茂麟趾於黃圖敞龍門於赤縣而星沉寶婺月掩金娥
寂寂荒塗階唯瞻茂草亭亭虛帳空見遊塵豈直痛結
霓旒怨深 儲貳而已駙馬軼安仁之永歎邁奉
倩之傷神悼奔駟之難留泣藏舟之易□□□相費□
□□以□□幼婦外孫□□ 碑而見託輒牽拙思乃作
銘云其詞曰
赫赫 皇猷昭昭 帝族導源委水分枝若木月
浦資粹星津誕淑秀發雲翹祥摛日谷其一兩儀演□慶四

象□輝承□丹掖□□黃屏□慎無怠秖敬弗違□禮崇□
舉案慈流斷機其二秋窻望月春榭臨風裁蔵作範草賦
開蒙詞溫華瑾文艷雕蟲鉛芳龍飾紃組爲□其三桂棟
晨開梅梁晝敞光□□□香飄翠幌鳳簫凝吹魚軒疊
響虹玉輝庭驪珠耀掌其四粵有通人摽映搢紳日下馳
譽席上稱珎孔好合成偶輔德爲隣一調琴瑟載□叶松筠
其五皎皎令姿盈盈淑哲匪唯□侍居□所期同穴□劒光沉
□鸞□絕蘭儀方秀□萎芳遠折其六女樓西顧娥臺北臨
山煙漠漠隴日沉沉白楊行拱翠檟方深式刊貞笋永
播徽音

右唐蘭陵長公主碑李義甫撰據唐書列傳公主太宗第十二女而碑云第十九女蓋傳誤也（金石錄）

蘭陵公主太宗第十九女名淑字麗貞駙馬都尉慶州諸軍事使持節慶州刺史扶風竇懷悊太穆皇后孫銀青光祿大夫上柱國竇德素子也史書竇氏二十餘人無德素名而公主傳但言悊爲太穆皇后族子而已此碑亦可以備史之闕撰者據金石錄爲李義甫無書者姓名而方整勁拔亦歐虞之流亞也（石墨鐫華）

余嘗見趙模所書高申公塋兆記筆致相合模擅書

名太宗嘗命之摹蘭亭者此爲模書無疑也（庚子銷夏記）

碑已磨泐可辨者八百餘字按唐書蘭陵公主傳云太穆皇后之族子令碑稱太穆皇后之孫懷悊又不叙其下嫁時官爵又碑稱太宗十九女而史載太宗二十一女蘭陵公主第十二傳宜以長㓜爲序蘭陵宜在後此皆可以正史之缺誤也又金石文字記云顯慶四年十月今碑已漫漶月上一字殊未分明不敢妄記也（雍州金石記）

新書本傳謂公主名淑字麗貞下嫁竇懷悊懷悊太穆皇后之族子考之碑則云太穆皇后之孫宰相世系表在第五格爲后父毅之元孫三者皆不合若從碑則族子亦無稱孫之理或是族子之子爲族孫于后爲族祖姑與（關中金石記）

右蘭陵長公主碑金石錄不著書人姓名據寶刻類編則駙馬都尉竇懷哲所書也碑稱懷哲太穆皇后之孫銀青光祿大夫少府監上柱國德素之子按太穆皇后神武公竇毅女而德素爲毅曾孫於太穆屬孫行也史稱德素南康郡太守而碑云少府監宰相世系表懷哲武威郡都督公主傳稱兗州都督而碑云慶州刺史皆與史互異碑誌例書某郡縣人以表

族望所出若親王公主天家肺腑其姓望世所共知何必拘此成例而沈約撰安陸昭王碑任昉撰竟陵王行狀皆稱南蘭陵人此碑亦稱隴西狄道人似未通乎尊王之義矣苟粲字奉倩碑作奉蒨（潛研堂金石文跋尾）

按碑雖闕泐存者尚千三百餘字蘭陵郡在漢魏時但有東海徐州部所屬至南齊高祖過江居晉陵就其地改稱南蘭陵郡齊末已廢此所封蘭陵仍是徐州部之蘭陵郡也但此蘭陵郡自隋末唐初已改爲鄫州即所屬蘭陵縣亦于貞觀初廢不知何以貞觀十年尚有蘭陵之名也碑云公主隴

西狄道人與汝南公主誌銘同又云太宗十九女而唐書傳列第十二亦猶汝南公主傳列第二而碑云第三女也自當以碑爲正扶風竇懷悊父德素兩唐書俱無傳宰相世系表竇氏鳴犢在春秋時仕晉爲大夫六卿分晉遂居平陽漢宣帝時章武侯賞從扶風平陵此扶風竇氏之始也高祖太穆順聖皇后傳亦云竇氏京兆平陵人太穆有從父兄竇威兩唐書竇威傳俱云京兆平陵人平陵本昭帝陵名亦爲漢縣名屬右扶風後改始平縣苻秦時徙廢唐初置咸陽縣屬京兆府别無平陸

之名平陸縣惟河東郡有之則威傳誤也宰相世系表晉穆帝時有忠義侯勤徙居五原其五世孫巖從魏孝武徙洛陽自是遂爲洛陽人巖生三子那敦畧畧生五子興拔岳善熾岳興善熾子孫號爲三祖岳生二子甝毅毅爲德素曾祖仕後周大司馬封杞公毅之子照爲德素祖官蜀郡太守封巨鹿郡公照之子彥爲德素父仕隋爲駕部侍郎襲公爵彥長子德明襲爵官晉陵郡太守次即德素德素之次子即懷悊表作懷哲集韻哲古作悊然說文本分二字悊敬也哲知也又哲或从心則二字通用

矣太穆皇后爲毅之第二女北周書毅傳毅字天武周閔帝踐阼進爵神武郡公保定時拜大將軍别封成都縣公進位柱國入爲大司馬隋開皇初拜定州總管謚曰肅武德元年詔贈司空荆州刺史封杞國公毅爲德素之曾祖則太穆爲德素之祖姑母懷悊實太穆之姪曾孫蓋同本於毅也唐書公主傳謂爲太穆族子亦未晰矣而詳玩碑文當以太穆皇后之孫直貫下文德素之子作一句謂德素爲太穆之孫懷悊爲德素之子方與表合也竇威爲熾第六子熾與毅之父岳爲同父兄弟

是威與毅爲同祖兄弟是太穆之從叔也以此攷之則新史竇威傳云父熾太穆皇后其從兄弟女也爲確而舊史威傳直云太穆皇后從父兄爲誤矣碑有云我有餘慶奕代椒房嬰則重望西京融乃名高東漢蓋謂前漢之竇嬰後漢之竇融也史記竇嬰傳嬰爲孝文后從兄子後漢書竇融傳七世祖廣國孝文皇后之弟融長子穆尚内黄公主穆子勳尚東海恭王彊女泚陽公主融弟友友子固亦尚光武女涅陽公主竇氏兩公兩侯三公主四二千石云云碑蓋以此推原竇氏之盛也然舊

書竇威傳載高祖嘗引入臥內謂曰昔周朝有八柱國之貴吾與公家咸登此職今我已爲天子公爲內史令本同末異乃不平矣威謝曰臣家昔在漢朝再爲外戚至於後魏三處外家陛下龍興復出皇后臣又階緣戚里位忝鳳池自維叨濫曉夕兢懼高祖笑曰比見關東人與崔盧爲婚猶自矜伐公代爲帝戚不亦貴乎新史傳有云帝笑曰公以三后族夸我耶然則當時竇氏以戚里夸耀于時蓋已久矣宜乎碑語及此也碑云永徽元年别拜長公主史傳失書又萬年縣平康里第据長安

志丹鳳門街崇仁坊次南平康坊有蘭陵公主宅注云太宗女降兖州都督竇懷哲與唐書公主傳合而碑稱慶州刺史異傳稱懷哲顯慶時爲兖州都督殆是尚主時爲慶州刺史也監護正副爲閻立行殷令名立行無傳同時有閻立德京兆萬年人官至工部尚書立行或其弟兄行也殷令名已見尉遲敬德碑顯慶四年四月副蕭嗣業監護其喪彼碑稱令名官光祿少卿至此碑在六月則爲光祿卿殆遷一階也文中揺華疑瑶華式貞刊筝考華陽國志蜀有五丁力士能移山舉萬鈞每王

薨輒立大石長三丈重千鈞爲墓志今石筍是也此貞筝疑同石筍猶言高大貞石也

賜進士出身　誥授光祿大夫刑部右侍郎加七級王昶譔

唐十三

平百濟國碑

此碑或磨崖或碑石皆不可知除額二行不計外橫廣約四丈六尺二寸高五尺二寸五分共計一百十七行前七十九行行皆十六字後三十八行行皆二十字正書篆額

大唐平百濟國碑銘

洛州河南權懷素書

原夫皇王所以朝萬國制百靈清海外而舉天維宅寰
中而恢地絡莫不揚七德以馭遐荒耀五兵而肅邊徼

雖質文異軌步驟殊塗揖讓之與干戈受終之與革命
皆載勞神武未戢佳兵是知汹水挻祅九嬰遂戮洞庭
構逆三苗已誅若乃式鑒千齡緬惟萬古當塗代漢典
午承曹至於任重鑿門禮崇推轂馬伏波則鑄銅交阯
竇車騎則勒石燕然竟不能覆鯷海之奔鯨絕猰山之
封豕況丘樹磨滅聲塵寂寥圓鼎不傳方書莫紀蠢茲
卉服竊命島洲襟帶九夷懸隔萬里恃斯險阸敢亂天
常東伐親鄰近違　明詔北連逆豎遠應梟聲況外
棄直臣內信祅婦刑罰所及唯在忠良寵任所加必先
諂倖標梅結怨杼軸銜悲我　皇體二居尊通三表
極珠衡毓慶日角騰輝揖五瑞而朝百神妙萬物而乘
六辯正天柱於西北廻地紐於東南若夫席龍圖褒鳳
紀懸金鏡齊玉燭拔窮鱗於涸轍拯危卵於傾巢哀此
遺甿憤斯兇醜未親吊伐先命元戎使持節神丘嵎夷
馬韓熊津□一十四道大捴管左武衛大將軍上柱□
邢國公蘇定方疊遠構於曾城派長瀾於委水叶英圖
於武帳標秀氣於文昌架李霍而不追俯彭韓而高視
趙雲一身之膽勇冠三軍關羽萬人之敵聲雄百代捐
軀徇國之志冒流鏑而逾堅輕生重義之□□□□而
雖□心懸冰鏡鬼神無以祕其形質過松筠風霜不能

改其色至於□□□撫邊夷慎四知去三惑顧冰泉以
表潔□霜栢以凝貞不言而合詩書不行而□□□將
白雲而其爽与青松而競□遠□□□咸有懃德副大
捴管冠軍大將軍□□□衛將軍上柱國下博公劉伯
英上□□□□□□□□廊廟之才□將相之器言爲
物範行成士則詞溫布帛氣馥芝蘭績著旗常調諧鍾
律重平生□□□輕尺璧於寸陰破隗之勳常□不足
平□之策□未涉言副大捴管使持節隴州諸軍事隴
州刺史上柱國安夷公□□□□□擧雄圖□六埶
通三略□□□□□□□□能令魏軍止渴無勞□□

□□□□□□副大捴管左領軍將軍金□□□□温
雅器識沉毅無小人之細行有君子之高風武既止戈
文亦柔遠行軍長史中書舍人□□儀雲翹吐秀日鏡
揚輝風偃搢紳道光雅俗鑒清許郭望重荀裴辯箭騰
□□九流於學海詞□發顥掩七澤於文□□太傅之
深謀未堪捧轡杜鎮南之遠略亻可扶輪□□鳳池或
清鯨壑邢國公運祕鑒捴驍雄陰羽開偃月之圖陽文
含曉星之氣龍韜豹鈐必表於情源犛女黃公咸會於
神用況乎稽天蟻聚□地蜂飛類短狐之含沙似長虵
之吐霧連營則豺狼滿道結陣則梟鏡彌山以此兇徒

守斯窮險不知懸縷將絕墜之以千鈞累碁先危壓之
以九鼎于時秋草衰而寒山淨涼飆舉而殺氣嚴逸足
與流電爭飛疊鼓共奔雷競震命豊隆而後殿控列缺
以前驅沴氣祆氛掃之以戈戟崇墉峻堞碎之以衝□
監□軍捴管右屯衛郎將上柱國祝□□右一軍捴管
使持節淄州刺史上柱國□元嗣地處開河材包文武
挾山西之壯氣乘冀北之浮雲呼吸則江海停波嘯咤
則風雷絶響嵎夷道副捴管右武衛中郎將上柱國曹
繼叔久預　經綸備嘗艱險異廉頗之强飯同充國之
老臣行軍長史岐州司馬杜爽質耀璿峯芳流桂畹追

風篇電騁逸轡於西海排雲擊水搏勁翮於南溟驥足
既申鳳池可奪右一軍捴管宣威將軍行左驍衛郎將
上柱國劉仁願資孝爲忠自家刑國早聞周孔之□晩
習孫吳之書既負英勇之才仍兼文吏之□邢國公奉
緣　聖旨委以斑條□□金如粟而不窺馬如羊而
不顧右武衛中郎將金良圖左一軍捴管使持節沂州
刺史上柱國馬□□□□□之□□□□□□□之
□□□□□□郡□良　邢國公□奉　神□□
專節度或發揚蹈厲或後勁先鋒出天入地之奇千變
萬化□□□□之□電發風行□□□□英聲載路

邢國公□□□□□□甚投醪逆命者則肅之以秋霜歸
順者則□之以春露一舉而平九□□□而□三韓□
□犛之□□□則千城仰德發□□之飛箭則萬里銜恩
□□□□□□及太子隆□□王餘孝一十三人并大
首領大佐□□□□□□成以下七百餘人既入重
闈並就擒獲□□□□□載以牛車亻薦司勳式獻
清廟仍變斯獷俗令沐犛猷露冕褰□先□□□烹鮮
製錦必選賢良庶使剖符績邁於龔黃□□□高於卓
魯凡置五都督卅七州三百五十縣戶廿四萬口六百
廿萬各齊編戶咸變夷風大書□觀□□□所以旌其

善勒辭鼎銘景鍾所以表其功□州長史判兵曹賀遂
亮濫以庸才謬司文翰學□□□氣□風雲職号將軍
願與廉頗之列官稱博士猶□賈□之衡不以衰容猶
□□□□戈□□□□□□□□□□九□□□□□
□□□□□□□乃□□□□□□□□□□□□□
□□□□□来田同天□永久□□□島與日月□長
懸其□曰
偬偬遂古□□□□□□□□□化權輿□□□□□
飲□居以糸以□或畋或漁□□□□□□□□□及
□□代非一主揖讓唐虞革命湯武□□□□□均九

士屢擾干戈式□□□未□西□□□□□□我
聖皇□叶穹蒼□□千古□□□□□□遠徼遐哉大
荒咸□正刑□□□羈□□□□□□三光叛挨障國
凖凌水鄉天降飛將豹□龍驤弓彎月影劒動星芒猊
貅百萬電舉風揚□□□□□□□棄冰銷夏日葉碎
秋霜赳赳□□明明号令□□廟□□齊軍政風嚴草
裒日□□淨霜戈□□□□□□□□□□□□□勁
巨□授首遒誅請命□□□□邊隅□□嘉樹不窮□
□□□□□□□□□□□□□□□□□□□刋□
□□用紀殊功拒□□□永固同地軸以無□

顯慶五秊歲在庚申八月己巳朔十五日癸未建
東史云唐高宗顯慶五年新羅武烈王上表言進貢
之路經百濟高勾麗輒爲兩國所梗帝大怒遣將軍
蘇定方領舟師渡海征百濟與新羅將金庾信夾擊
大破濟兵虜其王義慈革其國置熊州都督府刻石
爲墖於白馬江上以紀功撰者陵州刺史賀遂亮書
者洛州河南權懷素至今古墖巋然立道左未幾唐
又遣李世勣平高勾麗寘安東都護府已而兩國之
地皆爲新羅所併三韓始合爲一今案權懷素考其
世代乃非善草之上人也筆畫蒼勁結搆嚴整一變

六朝之體始知間架之法已在顏柳之前而精神風
韻少遜於歐褚然想是當善書名者可稱東方古蹟
之首矣歲戊午陽月上澣三韓洪良浩識
按此碑文凡二千餘字前段七十餘行俱完好闕
字無幾後五十行則大半泐矣新唐書高宗紀顯
慶五年三月辛亥左武衛大將軍蘇定方爲神邱
道行軍大總管新羅王金春秋爲嵎夷道行軍總
管率三將軍及新羅兵以伐百濟八月庚辰蘇定
方及百濟戰敗之十一月戊戌蘇定方俘百濟王
以獻舊唐書紀五年三月辛亥發神邱道軍伐百

濟八月庚辰蘇定方等討平百濟面縛其王扶餘義慈國分爲五部郡三十七城二百戸七十六萬以其地分置熊津等五都督府十一月戊戌朔邢國公蘇定方獻百濟王扶餘義慈太子隆等五十八人俘于則天門責而宥之蓋自三月發兵伐百濟至十一月獻俘其踰八月而其平百濟在八月僅踰五月耳碑立于五年八月十五日癸未計其平百濟之日在庚辰爲八月十二日是立碑即在平百濟後三日也新唐書百濟國傳永徽六年新羅訴百濟高麗靺鞨取北境三十城顯慶五年乃

詔左衛大將軍蘇定方爲神丘道行軍大總管率左衛將軍劉伯英右武衛將軍馮士貴左驍衛將軍龐孝泰發新羅兵討之自城山濟海百濟守熊津口定方縱擊虜大敗王師乘潮帆以進趨眞都城一舍止虜悉衆拒復破之斬首萬餘級拔其城義慈挾太子隆走北鄙定方圍之次子泰自爲王率衆固守義慈孫文思與左右縋而出民皆從之定方令士超堞立幟泰開門降定方執義慈隆及小王孝演酋長五十八人送京師平其國析置熊津馬韓東明金漣德安五都督府擢酋渠長治之

命郎將劉仁願守百濟城左衛郎王文度爲熊津都督九月定方以所俘見詔釋不誅是定方獻俘在九月與本紀之作十一月小異也舊唐書傳與此畧同新書傳蘇烈字定方以字行舊書傳直作蘇定方今碑亦直作定方蓋其以字行者久矣舊傳云高宗以破賀魯功遷左驍衛大將軍封邢國公顯慶五年授熊津道大總管率師討百濟百濟平遷左武衛大將軍新書傳云高宗以賀魯功拜左驍衛大將軍邢國公後以定葱嶺加食邢州鉅鹿三百戸遷左武衛大將軍出爲神丘道大總管

率師討百濟據碑則左武衛正在討百濟之先舊傳在百濟平之後誤也碑又載同率兵者有副大總管冠軍大將軍□□□衛將軍上柱國下博公劉伯英副大總管使持節隴州諸軍事隴州刺史上柱國安夷公泐其姓名副大總管左□軍將軍金泐其名行軍長史中書舍人□□儀泐其姓監□軍總管右屯衛郎將上柱國祝泐其名右一軍總管使持節淄州刺史上柱國□元嗣泐其姓嵎夷道副總管右武衛中郎將上柱國曹繼叔行軍長史岐州司馬杜爽右一軍總管宣威將軍行左

驍衛郎將上柱國劉仁願右武衛中郎將金良圖左一軍總管使持節沂州刺史上柱國□延□姓名上下泐凡姓名泐者既無可攷而姓名全者兩史亦無傳以百濟傳證之則有劉伯英馮士貴龐孝泰及仁願王文度等名當卽碑中所列諸人也碑云置五都督當卽其國所統之五部卅七州郎其國五部所轄之三十七郡二百五十縣卽其國之二百城惟云戶廿四萬口六百廿萬與傳不同耳撰文者□州長史判兵曹賀遂亮已見文內故不復列于文之前後事跡亦無可攷然其文則整

鍊華贍善狀涉險破敵事情可稱鉅構書碑者洛州河南權懷素不署官位想其時同在軍中也此二人者文名書名皆不盛傳碑又遠在海東無人傳搨諸金石家皆未著錄此本係門人常熟言朝標得之持以相贈而未悉其搨從何處洪良浩跋所稱白馬江稽之　盛京通志亦不能得其所在考薛居正五代史已云百濟在高麗之南渡海始至其地在唐時分郡縣唐末盡爲高麗所有据此則此碑當在高麗矣今未能懸定姑詳識之碑云泅水挻祆九宴遂戮泅與泗同涌也水聲也祆同

據平津館本校

妖字書無宴字九宴未詳又云外棄直臣內信祆婦此盡列百濟之罪狀稽之百濟傳未嘗叙及續著旗常當作旂常說文分旗旂爲二字音義俱別其旂常自是旂字此則通用也

朗空大師塔銘

碑高廣尺寸行數字數皆無考行書

上缺收領永以住持秋七月大師以甚愜雅懷始謀栖止此寺也遠違四岳高壓南溟溪澗爭流酷似金□之谷巖巒鬬峻疑如紫蓋之峯誠招隱之幽居亦栖禪之佳境者也大師遍探靈巖未有定居初至此山以爲終

焉之所至明年春二月初大師覺其不悆稱染微痾至十二日詰旦告衆曰生也有涯吾將行矣守而勿失汝等勉旃趺坐繩床儼然就滅報齡八十五僧臘六十一手時雲霧晦冥山巒震動有山下人望山頂者五色光氣衝於空中中有一物上天宛然金柱豈上智順則天垂花蓋法成則空斂靈棺而已哉於是門人等傷割五情若亡天屬至十七日敬奉色身假隸于西峯之麓
聖考大王忽聆遷化良惻仙襟特遣中使監護葬儀仍令吊祭至三年十一月中改葬於東巒之項去寺三百來步全身不散神色如常門下等重覩慈顏不勝感慕

仍施石戶封閉大師資靈河岳稟氣星辰居縷褐之英
應黃裳之吉由是早栖禪境久拂客塵禪二主於兩朝
濟羣生於三界邦家安太魔賊歸降則知大□真身觀
音後體啓廟諱開而敷揚至理開慈室而汲引廟諱流生命
示亡效鶴樹歸真之跡化身如在追雞峯住寂之心存
殁化人始終廟諱道可謂定慧無方神通自在者焉　第
子信常禪師周解禪師□偈禪師等三百來人共保一
區皆居上足常勤守護□□追攀每念巨海塵飛高□
電絕累趍魏闕請樹豐碑今上克纘洪基恭承□籙欽
崇禪化不異前朝贈謚曰朗空大師塔名白□栖雲之
塔爰命微臣宜□彝曰仁流固辭不獲□□之從輒課
菲詞式揚□□譬如提壺酌海莫知溟□之深執管窺
天難測穹□　下缺

此帖爲朝鮮使臣趙秀三所贈云是晉時金生所書
碑內未載金生姓氏字體文體亦不似晉魏人所作
大約是唐碑苦無書籍可攷言朝標跋

按此碑與百濟碑皆常熟言君所贈碑係裱本背
用朝鮮官文書殘紙褾成尚有印文方二寸九曲
篆惜模糊難識也碑首尾殘闕玩其文義當是朝
鮮國中某寺之碑寺之所在云高麗南溟者謂東

國之南也云明年三年前段當有紀元蓋已缺矣
曰報齡猶言世壽也曰假隸猶言權厝也皆彼國
之措辭碑書栖作栖衡作衡靈作靈弟作第儼作
偘壺作壺幽堀即幽墟不悆即不豫安太即安泰
或通或借或別體皆六朝遺法而文體書體整練
渾厚則初唐之佳構也書人無姓名可攷撰人名
仁流見于文中無年可繫姑附百濟碑後言君字
臯雲乾隆己酉進士由刑部郎出爲四川夔州府
知府生平嗜古故能搜採如此

□令賓墓志

石廣一尺八寸六分高一尺七寸八分十七行行十七字正書在孟縣學宮鄉賢祠內

□□□□□墓誌
□□□□令賓南陽人也帝顓頊之苗裔曾□□□魏
征西大將軍祖伯齊北銀州刺史□□隋歷停縣並蘊
山岳之高節苞河漢之□□弈葉光華名流千載也君
德懷邈遠志　淸居恬張議之憤□□□□之貞粹行
三涇情欣五柳隱不遂□　由斯起灾風濫及先拂
高花忽於顯慶五年十二月廿六日卒於家第春秋八
十有一但以死生契闊幽明有殊即以辛酉之年月己
酉之日葬河陽西北九里寘寘有分賜之痛永永有莫

覩之悲酸哽不紀其切刋石題之不朽嗚呼哀哉乃爲
銘曰
峩峩高德淼淼懷深志尚沖寂榮位無心神情亮遠淸
居可尋道於時外名利何役舒散□條放□情沉痼疾
因動大漸相臨死生□閭運往無禁形雖忽謝永播芳
愔
右唐河陽某君墓志銘缺一角不得其姓其令賓二
字亦似非名但當爲字至所云南陽人又云卒于家
第又云葬河陽西北九里是則南陽乃其家第而河
陽卽南陽矣厥後李白撰韓文公父仲卿碑云南陽
人新史因加鄧州字遂啓千古爭辨之端葢不知南
陽卽河陽之古名而唐時所通稱者也今得此志豈
非文公爲孟人之一證乎卽張徐州墓志亦正同矣
至唐書宰相世系表言顓帝者不一而此言祖伯齊
北銀州刺史者表旣無之又其曾祖并父名在石缺
處可惜也書有古法兼餘逸致今移存縣學云孟縣志
按此碑標題缺五字只存墓誌二字其某姓當在
缺字中文於首行上缺四字下存令賓二字似係
君諱某字令賓其名亦當在缺字中也令賓爲南
陽人而葬于河陽西北九里南陽有二處一爲鄧

皆據古碑證文校

縣地東魏置南陽郡析置南陽縣爲郡治齊周因
之隋開皇三年郡廢十八年改南陽縣爲期城大
業初廢唐以其地併入郟城縣屬河南道汝州一
在鄧州南陽郡屬山南道有南陽縣武德八年廢
宛州來屬河陽縣屬河北道初屬懷州顯慶二年
屬洛州後爲孟州治則是南陽河陽顯然二處其
居第及葬處在河陽其先世則爲南陽人唐人撰
誌傳往往追稱其舊貫此爲先籍無疑特不知是
汝州舊稱之南陽抑鄧州現屬之南陽耳河陽古
無南陽之名孟縣志河陽卽南陽者恐非也文云
怪張儀之憤□張儀疑卽指張儀行齊三逕情欣
五柳當是以三逕比其清五柳比其高許敬宗嘗
作小池賦有云引八川之餘滴通三逕之洋泌葢
當時有此語也辛酉爲顯慶六年令賓以五年庚
申十二月卒以辛酉年葬葬之日以己酉不知爲
何月碑但有月字

岱岳觀碑
題記除兩側外其計二十有二則前後刻二石石各高八尺六寸廣三尺七分皆兩面刻其第一面作三截書第二面作四截書第三四兩面皆作五截書行數字數各自分注于後在泰安縣泰山老君堂內

顯慶六年二月廿二日

勑使東岳先生郭行眞弟子陳蘭茂杜知古馬知止奉
爲　皇帝皇后七日行道并造素像一軀二眞人夾
侍
又此在第一面丈截右偏四行行十七字正書
儀鳳三年三月二日大洞三景法師葉法善奉　勑
於此𫎇□修齋設河圖大□一□□
勑敬造壁畫元始天尊萬福□□□德旣畢勒石紀年
又此在第二面上截十一行行十三字末行官名計二十字正書
大周而禎二秊歲次辛卯二𠥱癸卯朔十𡆠壬子金臺
觀主中岳先生馬元貞將弟子楊景壓郭希壓內品官
楊君尙歐陽智琮奉　壂神皇帝勑緣大周革命令
元貞往五岳四瀆投龍作功德元貞於此東岳行道章
醮投龍作功德一十二𡆠夜又奉　勑敬造石元
始而尊像一鋪并二眞人夾侍永此岱岳觀中供養
□承官宣德郞行兗州都督府倉曹參軍事李叔度
又此在第一面上截左偏六行行十九字末行二十七字正書
大周萬歲通而貳秊歲次丁酉東明觀三洞道士孫文
儁奉　而冊金輪壂神皇帝肆𠥱□𡆠　勑將侍
者姚欽元詣此岳觀祈請行道事畢敬造石而尊像壹
軀并貳眞人夾侍庶茲景福永奉　壂躬聊紀其秊因

傳不朽
專檢校博城縣主簿闞壓傳錄事張則生護軍□□
□□□□□勒石紀年
又此在第二面上截十四行行十一字十四字不等正書
大周壂曆元秊歲次戊戌臘𠥱癸巳朔貳𡆠甲午大壓
道觀主桓道彥弟子晁自揣奉　勑於此東岳設金
籙寶齋河嶠大醮漆𡆠行道兩度投龍遂感慶雲參見
用齋醮物奉爲　而冊金輪壂神皇帝敬造等身老君
像壹軀并貳眞人夾侍
專當官博城縣尉李嘉慸
兗州團練使押牙忠武將軍守左武衛大將軍上柱
國趙俊
兗州團練使都虞候銀青光祿大夫試衛尉卿上柱
國高晃
又此在第一面第二截右偏九行行十三字其末二行廿一字十七字不等正書
久視二秊太歲辛丑畐匜乙亥朔二𡆠丙子神都青元
觀主麻慈力親承　壂旨內賚龍璧
御詞繒帛及香等物詣此觀中齋醮功畢伏願　我
皇萬福寶業恒隆敬勒昌齡冀同礪而無朽侍者道士
麻宏信

祗承官朝散郎行兖州都督府叅軍事攝□□□希
□
祗承官登仕郎行兖州都督府録事劉□□
又此在第二面第二截十五行行十七字至十三字不等正書
長安元秊歲次辛丑十二𠥱己亥朔廿三𡆠辛酉道士
金臺觀主趙敬同侍者道士劉守貞王懷亮等奉十一
𠥱七𡆠　勅於此太山岱岳觀靈壇修金籙寶齋三
𡆠三夜又□觀側靈場之所設五岳一百廿槃醮禮金
龍玉璧並投山訖又□鎮綵紗繪敬造東方玉寶皇上
𠀑尊一鋪并二真𤯔仙童玉女等夾侍□□□□供養

其𡆠祥風□息瑞雪便□香燭　氤氳〇𠥱明朗神靈
降祉吉祥事畢故刻石記時勒名題𡆠
專當官宣義郎行博城縣丞公孫杲
專當齋并檢校像官博城縣主簿□□□董仁智
都檢校官□議郎兖州大都督府戶曹叅軍王杲
又此在第三面第二截十四行行十三字至十六字不等正書
大周長安肆秊歲次甲辰玖𠥱甲申朔捌𡆠辛卯
勅使內供奉襄州神武縣雲表觀主麻玄都大洞叁景弟
子中岳先生周玄度并將弟子貳𤯔至金州西城縣
觀道士梁悟玄奉叁𠥱貳拾玖𡆠　勅令自於

大川投龍璧修无上高元金玄玉清九轉金房度命齋
叁𡆠叁夜行道陳設醮禮用能𠀑塞清和風雲靜默神
靈効祉表　聖壽之無窮者也
專當官朝散郎行叅軍事燉煌張浚并書
專當官文林郎守博城縣主薄韓仁忠
專當官宣德郎行□□□劉玄機
又此在第一面第三截十二行行廿三字至廿七字不等正書
大周長安四秊歲次甲辰十一𠥱癸未朔十五𡆠丁酉
大□□觀威儀師邢虛應法師阮孝波承議郎行宮闈
丞□□□慈郤□□等奉　勅於東岳岱岳觀中建金

籙大齋卌九𡆠行道設醮奏表投龍薦璧以本命鎮綵
物奉爲　皇帝敬造石□□皇上𠀑尊一鋪十事并
璧畫𠀑尊一鋪廿二事敬書本際經一部度生經千卷
□□功德奉福　聖躬其𠥱四𡆠已前行道之時忽
見𡆠𠥱揚光卯以抱戴俄頃之際□□頓殊遂有紫霞
□之黃雲互興遍滿□場善成功德覩□嘉瑞敢不書
之齋醮既終勒文于石
專管官宣德郎行兖州都督府叅軍事金處廉
專管官文林郎守博城縣主簿韓仁忠
專管官岳令劉□□

又此在第二面三截右偏九行行十三字至十六字不等正書
大唐神龍元年歲次乙巳三月庚辰朔廿八日丁未大
靈道觀法師阮孝波道士劉思禮品官楊嘉福李立本
等奉　勑於岱岳觀建金籙寶齋卌九人九日九夜行
道并設醮投龍功德既畢以本命鎮綵等物奉爲
皇帝皇后敬造石靈真萬福天尊像一鋪
給事郎試太子中允劉秀良書
又此在第二面下截右偏九行行廿八字正書
大唐景龍二年歲在戊申二月甲子朔十二日乙亥大
龍興觀□□□□□　勑往東岳陳章醮薦龍璧以其
月廿七日辛卯於岱岳□并□□□□設金籙行道
九日九夜燒香然燈□□并設五岳名山河圖等醮□
三□功德事畢奉冊　本命紋繒　及餘鎮綵
敬造鎮國□□□□皇猷永固與靈岳而恒安國祚
長隆等靈都而自久朝議郎行兗□□軍事王幹朝散
郎行兗州都督府參軍事上柱國兼直安樂公主府□
□乾封縣令上柱國張懷貞儒林郎行乾封縣主薄騎
都尉韓仁忠等恭□　睿旨沐浴身心虔拜壇勤
亦至矣稽首　无上□□
太山巖巖兮淩紫氛中有羣仙兮乘白雲陳金薦璧兮

□□□
又此在第四面上截十六行行十四字至十六字不等正書
大唐景龍三年歲次己酉三月戊午朔十九日景子奉
勑令𢑴州龍興觀主杜太素蒲州丹崖觀監齋呂晧仙
京景龍觀大德曹正一等三人於此太山岱岳觀建金
籙大齋報賽前恩追濟兗等州大德卌九人七日七夜
轉經行道設河圖大醮更祈後福以申告請七日之中
遂呈四瑞白鶴騰輝拂霞莊而矯色黃雲覆彩暎巖穴
以通光絲雨飛禎家示九年之蓄烏曦抱戴壽延千載
之　君紀時日於青郊勤奇工於翠巒夾紵像一鋪十

一事二　聖本命鎮綵脩造
戶曹盧延□
縣令張懷貞
主薄韓仁忠
又此在第四面第二截右偏十二行行二十字正書
景雲二年六月二十三日皇帝敬憑太清觀道士楊太
希於名山斫燒香供養惟　靈蘊秘凝真含幽綜妙類
高旻之亭育同厚載之陶鈞蓄洩烟雲蔽虧日月五芝
標秀八桂流芳翠嶺万尋青溪千刄蜺裳戾止恒爲瑤
落之蓮鶴駕來遊郎是玉京之域百祥萃於遠迩五福

被於黎元往帝所以馳心前王由其載想朕恭膺寶位
嗣守昌圖恐百姓之不寧慮八方之未泰式陳香薦用
表深衷寔冀朋靈降茲休祉所願從今以後浹寓常安
朕躬男女六姻永保如山之壽國朝官寮萬姓長荷擊
壤之歡魚鳥遂性於飛沉夷狄歸心於邊徼實希靈鑒
用副翹誠今因練師遣此衆悉

又此在第三面第三截十二行行十五字至十七字不等正書

大唐景雲二年歲次辛亥八月癸卯朔十四日景辰蒲
州丹崖觀上坐呂晧仙奉今年閏六月十九日　勑往
東岳及萊州東海投龍并道次靈跡脩功德將弟子二

人蒲州霊仙觀道士杜含光丹崖觀道士王元慶道士
孫藏暉於此三日三夜卌九人金籙行道設齋醮并投
龍

朝議郎行倉曹叅軍陸大鵜朝議郎行兵曹叅軍高
敀通直郎行叅軍袁幹時宣義郎行瑕丘縣丞裴遇
等奉　都督齊國公崔處分令此起居　呂尊師
時屬仲秋謹題斯記

又此在第四面第三截十六行行十三字至十七字不等正書

歲六月　我皇有意于神仙　勑使正議大夫內給
事深思陀寺伯俱孁明等与道士任无名於東岳太山

投龍合練寵以紫綍送以紺錢皇皇焉濟濟焉乘傳而
來矣　都督韋君御延　帝命遠抯使車爰擇幹明式
經構韋朝議郎行功曹參寘擬宣德郎行叅軍李烈恭
行郡命屆茲岱嶺因太山之木用近土之人鑿琱巖壘
丹竈列星柱亘虹梁匠無宿舂農不下壟嘗未浹日厥
功已成棟宇已來莫籌其速乾封主簿趙眘持劇務以
應前揔事而趍走恪勤匪懈不遑自寧息徒庀工刻
詞貞石于時開元八年歲次庚申七月壬子朔廿日辛
未畢此功迠
□尉攝此縣盧湜

又此在第四面第二截右偏四行行十五字至十八字不等行書

開元十九年十一月都大讎道觀主張遊霧京景龍觀
大德楊琬建立真君於此修齋三日三夜
專當官朝散郎曲阜主薄上官賓
登仕郎乾封縣尉王去非

又胡冩等題名此在第四面第四截右偏五行行十字十四字不等左行行書

開元廿年二月□□日　勑使內侍省內謁者監胡冩
判官掖庭局監作甯君愛
□上騎都尉王元□
專知官登仕郎行乾封縣尉王去非

校

古碑後又劉仙瑰後有駈使樂瓌題記一行此編樂瓌作樂瓌在下大曆時王國題名之後

校

又魏成信等醮告題記此在第三面第四截十二行行十七字行書
大唐大曆七年太歲壬子正月癸未朔廿三日乙巳奉
勑於岱岳觀修金籙齋醮及於瑶池投告事畢
故題記
修功德　中使內侍魏成信　判官文林郎守內府
丞劉元載
判官掖庭局丞楊彥璞
小使掖庭局丞魏貴珎
使內供奉道士申昇靡
使翰林供奉道士王端靜　山人王昌宇

弟子道士李日榮駱真運　大叔法澄
行官陳嚮　同勾當官朝議郎行乾封縣尉郭璪
專知齋醮撿挍官朝議郎行兗州叅軍王楚典
李志晟　張守珪　行官郭元光　劉仙瑰
又此在第一面下截十五行行十七字左行正書
大曆八年歲次癸丑九月癸酉朔廿八日
修功德中使正議大夫守內侍省內侍員外同正員上
柱國魏成信
判官文林郎守內府丞劉元載
小使文林郎守掖庭丞魏貴珎

校

翰林供奉道士王端靜等奉今年六月□日
勑於東岳觀金籙行道七日七夜及□瑶池投告□□
高宗　□宗□□□□□□□□并造碑□六所並同
此記
專知官昭武挍尉守左金吾衛□□□□
專知撿挍醮祭官文林郎兗州瑕丘縣尉□□
同撿挍官宣義郎行乾封縣尉金□□
承奉郎守乾封縣令劉難陁
山人劉□濟　山人王□宇　隨使□□
又淄州刺史遊記此在第四面第四截右偏七行行十二三字不等行書

淄州刺史王圓　□□□□□□□□山人王□宇大曆
十四年二月廿乙日同登泰嶽時真君道士卜晧然萬
歲道士郭紫微各攜茶菓相候于向馬嶺因憩於王母
池登臨之興無所不至
駈使官樂瓌題記
祭岳官題名此分刻第三四兩面下截共十九行行五字六七字不等行書
鴻臚少卿□偃
祭岳使駈使官□□　率府兵曹叅軍□□　門下令
□□爽□　節度逐要官太□□事舍人郭□□
山人王昌寓

左金吾兵曹參軍□□ 太常卿李□超 祭岳使□
□ 亞獻觀察□□ 終獻禮部□□ 侍御史兗州
□□節度押牙殿中□節度都遊奕使事□□濟 兗
州司馬高□ 團練判官前章□
建中元年
平盧淄□□度判官中大夫撿校尚書戶部郎中兼侍
御史敬誊
節度押牙中大夫試殿中監馮珣 山人呂滔
文林郎守兗府兵曹參軍田浩 文林郎任城縣尉高
鍠

朝散大夫行任城縣令權知乾封縣令楊序
節度駈使官朝散郎試光祿寺主簿明幹
唐建中元年二月廿九日同□□岳因詣瑤池故志
之
右在第一側下截

任要等祭嶽記并詩 此分刻在第二面第三四兩截左偏記六行詩八行行十九字二十字至廿二字皆左行行書

撿校尚書駕部郎中使持節都督兗州諸軍事兼兗州
刺史侍御史充太州團練使任要貞元十四年正月十
一日立春祭嶽遂登太平頂宿其年十二月廿二日立
春再來致祭茶宴于茲 同遊詩客京兆韋洪 押
衙王遷運 乾封縣令王杼 尉邵程 嶽令元寘
造車十將程日昇後到續題
臘月中与韋戶曹遊發生洞俳佪之際見雙白蝙蝠
三飛靈洞時多異之同爲口号 任要
山翠巖靈洞洞深龕想微一雙白蝙蝠三度向明飛雖
言有兩翅了自無毛衣若非飽石髓那得騰□□偶見
歸堪說殊勝不見歸
□同前 韋洪
欲驗發生洞先開氷雪行窺臨見二翼色素飛無聲狀
類白蝙蝠幽感騰化精應知五馬來啓蟄□春榮露冕

□之久鳴騶還慰情

碑兩側

兩側皆廣九寸一作上下二截上截係武后時詩五行下截六行一作五截其第三截詩六行餘或四行五行皆題名惟第一截係宋政和題記七行左行皆行書

五言 早春陪 勅使麻先生祭岳
行博城縣令馬友鹿
我皇盛文物道化而坐先鞭撻走神鬼玉帛禮山川遂
下羁洲使來遊紫洞前青羊得處所白鶴□時乖虔懇
飛龍記昭彰化鳥驚巖風半山水鑪氣摠雲烟光抱□

口㊂霞明五色而山橫翠嶺外宇口深潭邊侵幕灰闉

曖棪林火欲然牽光著草樹春色換山泉伊水來何㊂

嵩巖去幾千山疑小而下墾是會神仙萊令乘鳧入浮

丘駕鶴旋麻姑幾季歲三見海成田

右在第一側上截

五言　贈諸法師

宣義郎行博城縣丞公孫杲

駕鶴排(口)霽霧乘鸞入紫烟凌晨味潭菊薄暮玩峯蓮玉

萊伍梁下金颸引窗前嘯傲雲霞際留情口(鱗)口(羽)年

大(歷)譚七年正月廿五日徐(口口口)修(綠)文來記

右在第二側第三截

岱嶽寺主良素

岱嶽觀上座董太虛觀主趙元監齋許林　王瑤　王

希嶠

岱嶽山人王寓　渤海高暉

徂來山人高季良　戸曹叅軍魏嘉禮檢校齋　解

張寰

右在第二側第二截左行

岱岳觀主道士趙昌元　使下行劉伯川

大道弟子鄭仙芝

天師下行官邊阿秀　張友朝

守鄆州盧縣丞權知岱岳令畢從勸　羊希復

乾封縣令劉難　石近潘仙觀岳

右在第二側第四截左行

上清𪛗都大洞三景口口口口嶶

眞君廟院主撿校道門道士卜晧

岱岳觀三洞法師尹口口　萬歲觀主道士

右在第二側下截

泰山之東南麓王母池有唐岱嶽觀今存小殿三楹

土人稱爲老君堂其前有碑二高八尺許上施石葢

合而東之其字每面作四五層每層文一首或二首

皆唐時建醮造像之記周環讀之得顯慶六年一首

儀鳳三年一首天授二年一首萬歲通天二年一首

聖歷元年一首久視二年一首長安元年一首四年

二首神龜(龍)元年一首景龍二年一首三年一首景雲

二年三首開元八年一首大歷七年一首建中元年

一首其空處又有唐代人題名書法不一東側面有

詩一首其下題名西側面題名亦有詩一首中二側

面皆無字唐碑存於泰山者惟此及元宗泰山銘蘇

頲東封朝覲頌二六皆磨厓刻於山上而此碑在山

下以小而雙束故不仆書非名筆故摹拓者少而獨
完至今因歎唐時六帝一后修齋建醮凡二十許其
此二碑亦異乎近代之每歲一碑以勞人而災石者
矣但不知趙德甫金石錄何以不收恐古人碑記失
傳者正多耳碑下爲積土所壅予來游數四最後募
人發地二尺下而觀之乃得其全文云　碑凡大周
年著天作𠀑地作埊人作𤯔聖作𨲢臣作𢘑年作𠡦
月作𠥱亦作囸韻會以囸爲生字誤考此碑及順陵碑囸字竝是月字日作𡆠
星作〇正作𠙺授作𥠢契苾明碑授作𥠢初作𡔈唯厎字無
可考疑是應字凡數字作壹貳叁肆捌玖等字皆武

后所改及自制字其墾歷年記有云設金籙寶齋河
圖大醮桼𡆠桼古七字太元經元攡曰運諸桼政元
梲曰梲擬之二桼方言曰吳有桼娥之臺晉東晳元居釋夕宿
七娥之房王莽候鉦銘候鉦重五十桼斤是也後人不知
妄于左旁添鑿三點淺而大又稍偏知非一筆唐碑書七
字亦有作桼者今墨子書周公旦朝讀書百篇夕見漆十士張參五經文字七作漆後人省筆作桼桼郎
漆之草書趙古則謂以七漆二字合成造之非也山海經剛山多柒木水經注漆水下有柒縣柒渠柒溪
字皆作柒柒今作柒又柒之省舊唐書睿宗紀先天二年三月癸巳
詔制敕表狀書奏牋牒年月等數作一十二十三十
四十字是知前此皆借壹貳等字矣不知其始於何

年也　程大昌演繁露曰古書一爲弌二爲弍三爲
弎蓋以弋爲母而一二三隨數附合以成其字特不
知單書一畫爲一單書二畫三畫爲二爲三起自何
時今官府文書凡其記數皆取同聲而點畫多者改
用之於是壹貳叁肆之類本皆非數直是取同聲之
字借以爲用貴點畫多不可改換爲姦爾本無義理
若十之用拾八之用捌九之用玖尤爲不倫韻會捌破聲劉
歆遂初賦石捌破之嵒嵒亦有似可相通者易之參天兩地左傳
自參以上則往稱地來稱會是嘗以參爲三矣考工記鍭
矢參分第矢參分莊子參月而後能外天下史記滑稽傳欽可八斗而醉二參並以參爲三顏子

不貳過士有貳宗國不堪貳爲其與正爲副則貳之
爲貳尚或可以傳會矣在顏師古時江克傳固已訛
大壹爲太壹又薛宣傳本曰壹笑爲樂而俗本乃改
壹矢爲壺矢此時一巳爲壹矣若元本不用壹字則
一字本止一畫何緣轉易爲壺也又今漢書凡一字
皆以壹代詩壹醉日富壹者之來大學壹是皆以修身爲本周禮典命其士壹命公羊襄公二
十九年傳許夷狄者不壹而足則一變謂壹巳在師古之前矣冊府元龜
謂叙傳班壹當作一流俗本改壹爲訛非也然而古今經史凡書千百之
字無有用阡陌之阡伯叔之伯者予故疑舊本不曾
改少畫以從多畫也然不能究其起自何時　洪氏

容齋隨筆曰古書及漢人用字如一之與壹二之與貳三之與參其義皆同鳲鳩序刺不壹也又云用心之不一也而正文其儀一也表記節以壹惠注言聲譽雖有衆多者節以其行一大善者爲謚耳漢華山碑五載壹巡狩祠孔廟碑恢崇壹變祝睦碑非禮壹不得犯而後碑云非禮之常一不得當則一與壹通用也孟子市價不貳趙岐注云無二價者也本文用大貳字注用小二字爲二與貳通用也易繫辭參天兩地釋文云參七南反又如字音三周禮設其參注謂卿三人則三與參通用也　冊府元龜文宗太和

二年十月詔天后所撰十二字並却書其本字今按景龍以後碑志之文固皆書其本字矣不知何以復有此詔　陪勑使麻先生祭岳詩在岱岳觀東側面其文剝蝕不全久視二年記所稱神都青元觀主麻慈力即其人也武后遣之至觀修醮神都即東都故有伊水嵩巖之句　岱嶽觀王圓題名此碑有開元十九年二十年建中元年貞元十四年題名都督兗州諸軍事任要行博城縣丞公孫杲二詩此碑前文從右方起後詩并題名或從右方起或從左方起每層高下多寡參錯不一以文意筆法求之乃可辨其

起訖凡唐人紀遊題名皆就舊碑之陰及兩旁書之前人已題後人即於空處插入大小高下皆無定準宋初亦然自大中祥符以後題名者乃別求一石刻之字體始得舒縱亦不與舊文相亂然石小易於搬取故題名愈多而存者愈少今之溝渠碾磨之間皆是物矣此碑西側面又有宋政和甲子題名一條

又按荼荈之荼與荼苦之荼本是一字古時未分麻韻荼荈字亦只讀爲徒東漢以下乃音宅加反而加字音居何反猶在歌戈韻梁以下始有今音又妄減一畫爲茶字此碑兩見荼字皆从草从余可見唐時

字體尚未變爾雅檟苦荼廣韻九麻中有荼字又有茶字注曰俗是也　又任要題名貞元十四年正月十一日立春祭嶽遂登太平頂宿其年十二月廿一日立春再來致祭茶宴于茲曰茶宴者蓋唐時祭畢猶不用酒今不然矣（金石文字記）

記凡有八天授年間者一萬歲通天年間者一聖歷年間者一久視年間者一長安年間者一其中亥內數日字作壹貳叁肆捌玖等字謂皆武后所改顧亭林證以演繁露謂古已並作此字唯古文經史凡書千百之字無有用阡陌之阡伯叔之伯者以余攷此

書阡伯字經或無文然記傳葢嘗有之矣管子四時篇修封疆正千伯注千伯卽阡陌也董仲舒云富者田連仟伯過秦論起仟伯之中而漢書食貨志商君壞井田開仟伯此數字雖不專以數目言然仟伯與阡陌字古亦同用至志下文云商賈亡農夫之苦有仟伯之得師古曰仟謂千錢伯爲百錢則數目字亦作仟伯如是見于史者非其徵與（周書克殷解命南宮百達遷九鼎楊用修云百達卽伯達百與伯亦同用）又顧氏引册府元龜文宗太和二年十月詔太后所撰十二字並刻其本字今按景龍以後碑誌之文因皆書其本字矣不知何以復有此

詔予檢容齋續筆唐中宗旣流殺五王再復武氏陵廟右補闕權若訥上疏以爲天地日月等字皆則天能事賊臣敬暉等輕紊前規削之無益于淳化存之有光于孝理疏奏手製褒美據此則僞撰字已復行至文宗乃見于詔文始以掃除其迹耳顧氏殆亦未之詳也與（授堂金石跋）

右雙碑合而爲一以石東之凡四幅及碑側碑額題字三十四段文字大小參差不一元按此碑著錄自
國朝顧亭林始予至山左更搜拓全本較顧爲多內稱大歷十四年二月廿七日同登泰岳爲淄州刺史王圓案天寶元年改刺史爲太守此當大歷時稱刺史由至德二載官名復舊也又建中元年二月有節度判官中大夫檢校尚書工部郎中兼侍御史敬謇見唐書宰相世系表謇建州刺史書謇爲騫表誤也又有朝散大夫行任城縣令權知乾封縣令楊序序亦見表觀王房但未著其歷官亦有闕漏也又有文林郎守兖府兵曹參軍兖州爲大都督府故有府稱其稱節度驅使官者藩鎭自所署置威權移於此矣顧氏自迹來遊數四募人發地得其全文今元更爲補遺如此益歎搜奇難盡也（山左金石志）

按此碑今俗稱鴛鴦碑二石合爲一兩面兩側其刻三十二段今所錄者惟唐刻尚有皇祐政和題名三段應入于宋此不錄也碑書次叙參錯今依年號次第錄之而某段在上下前後左右仍詳註于各條之前後題之有年號者始于顯慶六年訖貞元十四年係屬一碑不宜離析併錄于此其首條曰顯慶六年二月廿二日高宗本紀是年二月乙未改元龍朔二月丙寅朔乙未是晦日則廿二日尚是顯慶六年也郭行眞稱東岳先生者道士而主東岳也未有賜號但謂之先生皇帝爲高宗

皇后卽武后七日行道者謂建道場七日也今道
觀法師齋醮主法者謂之主行卽此行字造素像
者素與塐塑通用此爲泰山設醮之始越六年乃
有封禪之舉矣此下曰儀鳳三年大洞三景法師
葉法善兩唐書有傳云法善少傳符籙高宗聞其
名徵詣京師將加爵位固辭不受求爲道士因留
在內道場供待甚厚此所謂大洞三景法師者當
是高宗之賜號三景者雲笈七籤云三洞經第一
洞眞第二洞元第三洞神乃三景之元白八會之
靈章此云大洞蓋合三洞而名之法善此時奉敕

於此設河圖大醮也造壁畫元始天尊蓋修齋必
兼造像或素或畫相間行之此下曰大周天授二
年有道士馬元貞稱之曰金臺觀主中岳先生此
中岳猶郭行眞之謂東岳也有內品官楊君尚歐
陽智琮唐書百官志龍朔二年改內侍監爲內侍
省有高品一千六百九十六人品官白身二千九
百二十二人此云內品官是內侍省之品官也奉
聖神皇帝勅者垂拱四年五月武后加尊號爲聖
母神皇以得寶圖于洛水稱之曰天授聖圖其後
遂改元建號曰周又加尊號聖神皇帝此是改元

之二年命元貞往岳瀆投龍作功德以告革命之
事元貞于此東岳行道章醮投龍作功德一十二
日夜造石元始天尊像一鋪按韓駒東齋紀事云
道家有金龍玉簡學士院撰文具一歲齋醮投于
名山洞府金龍以銅制玉簡以階石制卽此所謂
投龍也顯慶六年行道止于七日此作功德乃一
十二日夜矣凡造像少者止一軀多則謂之一鋪
此天尊像曰一鋪明非一軀也此下曰萬歲通天
二年東明觀三洞道士孫文儁奉天册金輪聖神
皇帝勅紀稱武后以天册萬歲元年加號爲神次

年三月改元萬歲通天至是詣岳觀行道造石像
一軀後有專檢校衔名謂檢校造像之專官也此
下曰聖歷元年臘月癸巳朔大宏道桓道彦奉勅
設金籙寶齋河圖大醮七日行道兩度投龍造等
身老君像一軀後有專當官衔名其云臘月者武
后自永昌元年改用周正以建子爲歲首臘月者
丑月也武后末年有中丞桓彦範與張柬之等謀
復中宗此有道士桓道彦殆彦範之族歟金籙寶
齋河圖大醮金籙與黃籙同爲道家齋醮之法隋
書經籍志道家潔齋之法有黃籙玉籙金籙三洞

經教玉川黃籙者帝之金簡也翊聖眞君傳結壇之法有九中三壇其上曰黃籙延壽壇其中曰黃籙醮慶壇下曰黃籙驅邪壇唐六典祠部郎中員外郎掌祠祀享祭天文漏刻國忌廟諱卜筮醫藥道佛之事凡天下觀總一千六百八十七所每觀觀主一人上座一人監齋一人齋有十名其一曰金籙大齋其二曰黃籙齋餘不錄其設醮行道之法則六典未詳也雲笈七籤云順天興國壇凡星位三千六百爲普天大醮延祚保生壇凡星位二千四百爲周天大醮祈穀福時壇凡星位一千二百

爲羅天大醮此云河圖大醮雖未詳其壇位要亦彷彿三壇之儀也行道祇七日而投龍有兩度則其儀有加矣造等身老君像等身者與人身等也此特云等身則其他造像之不等身可知矣專當官者猶言專管官專辦齋醮造像之事也當勾當也亦即管勾也此下曰久視二年太歲辛丑正月二日丙子神都青元觀主麻慈力賚龍璧御詞繒帛香後有祗承官銜名久視元年十月已復寅正此正月寅正之正月也是歲正月丁丑改元大足正月乙亥朔丁丑爲三日此是正月二日事故仍

稱久視二年周制不避唐諱故直書丙子萬歲通天元年登封嵩山以岳爲神岳其地爲神都此麻慈力乃神都青元觀之道士也此次醮是龍璧香帛之禮無設醮造像之文龍璧謂金龍玉璧非刻龍於璧也祗承官皆兗州都督屬官承應其事者也此下曰長安元年歲次辛丑十二月辛丑歲年號有三初曰久視繼曰大足至十月改元長安此十二月乃改元以後也道士金臺觀主趙敬同奉勅修金籙寶齋三日三夜又於觀側設五岳一百廿槃醮禮金龍玉璧並投山訖又有鎮綵紋繒造

東方玉寶皇上天尊一鋪後有專當齋并檢校像官銜名金錄即金籙通用字此次修齋祗三日夜亦云簡矣然所謂設五岳一百廿盤醮禮則已前所無也玉璧代玉簡投山即投澗之意鎮綵紋繒者即下文本命鎮綵物也造天尊一鋪二眞人夾侍皆已前所有此更有仙童玉女等則刱見也觀後列銜名可知勾當修齋是一事造像是一事而慱城主簿董仁皙兼之也下曰長安四年九月勅內供奉三景弟子中岳先生周元度修度命齋三日三夜此下即于是年十一月威儀師邢虛應法

師阮孝波承議郎行宮闈丞某等奉勅建金籙大齋四十九日奏表投龍薦璧以本命鎮綵物造天尊一鋪十事壁畫天尊一鋪廿二事書本濟經一部度生經千卷後有專管官銜名威儀師者道職也宮闈丞者唐書百官志內侍省監從三品少監內侍皆從四品上其屬有六局曰掖庭宮闈奚官內僕內府內坊不云其爲丞據此碑稱行宮闈丞則知六局皆有丞矣承議郎階正六品下是亞于少監內侍也設齋至四十九日又造像一鋪有十事畫像一鋪廿二事書經至千餘卷皆已前功德

所無者專管官猶專當官也此下曰神龍元年三月大宏觀法師阮孝波奉勅建金籙寶齋四十九人九日九夜爲皇帝皇后造天尊像一鋪中宗以是年正月甲辰監國改元神龍丙午復位三月復國號唐此碑在三月故直稱大唐也阮孝波前條但稱法師此則稱大宏道觀法師矣建齋九日夜較四十九日夜者爲簡而四十九人之數則前條所無者末不著專管官而有書人劉良秀銜名與前異也此時武后尚在而修齋造像但爲皇帝皇后乘除之理然也然武后之世屢行齋醮固不足

論中宗一旦反正其整飭綱紀必多先務而乃首蹈武后之轍急急爲此求福之事唐書贊所謂下愚之不移者此亦其一端也此下曰景龍二年二月廿七日辛卯設金籙九日九夜燒香然燈并設五岳名山圖等醮用本命紋繒及餘鎮綵造像朝議郎王幹等沐浴身心虔拜靈壇勤亦至矣詳玩此語乃本觀道士所記也二月廿七日辛卯按二月甲子朔則辛卯是廿八日不知何以云廿七也五岳名山等醮前條未見又前條皆云本命鎮綵物此條曰本命紋繒及餘鎮綵是本命與鎮綵物

爲二事也末有太山巖巖兮韻語三句非詩非頌未詳何意竹垞跋以此語爲張懷貞作似亦無確據此下曰景龍三年三月勅道士杜太素呂皓仙冑正一三人建金籙大齋追濟兖等州大德四十九人七日七夜轉經行道并紵像一鋪十一事二聖本命鎮綵修造修齋用四十九人前條不云某處道士此獨詳言濟兖等州大德又行道而加以轉經亦前所無者云紵像則知非雕非素直以本命鎮綵裝飾爲之也此下云景雲二年六月皇帝敬憑太清觀道士楊太希於名山所燒香供養此

段是睿宗手勅有云恐百姓之不寧慮八方之未泰式陳香薦用表深衷又云朕躬男女六姻永保如山之壽國朝官寮萬姓長符擊壤之歌方是時韋氏反逆中宗被弒公主駙馬並遭誅戮男女六姻之禍亦云慘矣藉玆香薦以冀禳除且惓惓及于官寮百姓詞旨悱惻較前此之貢諛飾美者異矣云所燒香者當是于名山所取香木爲供養猶今人用速檡柏檀之類也碑書千例作于刃通用字不作栗則从篆也此下曰景雲二年八月蒲州丹崖觀上坐呂皓仙奉勅往東岳及萊州東海投

龍并道次靈跡修功德末云陸大鵝等奉都督齊國公崔處分令此起居呂尊師呂皓仙前條稱蒲州丹崖觀監齋此則稱爲蒲州丹崖觀上坐殆道職亦有超擢也此次不獨爲東岳凡道次經過靈跡皆作功德也都督齊國公崔不署其名新唐書崔日用傳中宗時日用拜兵部侍郎兼修文館學士帝崩韋后專制畏禍及更因僧普潤道士王曄私謁臨淄王以自託韋氏平以功授黃門侍郎參知機務封齊國公坐與薛稷相忿競罷政事爲婺州長史歷揚汴兗三州刺史碑稱齊國公與傳合

而云都督者郎兗州刺史也日用前以僧道之力得私謁以自託此時失政出守思更假道士之力以求内召竊見呂皓仙屢奉勅使因遣官起居以申結納之意則以崔爲日用固無可疑者矣此下曰開元八年勅使于太山投龍合練寵以紫紵送以紺錢都督韋君式經構葺因太山之木用近土之人以七月廿日畢功葢紀葺建之事投龍而加以合練及紫紵紺錢皆前條所未有此下曰開元十九年觀主張遊霧建立眞君修齋三日夜末有專當官銜名而不云奉勅此下曰開元廿年勅内

侍省内謁者監胡冠等又有專知官銜名而不書齋醮之事百官志内謁者監十人正六品下胡冠郎此官也此下曰大歷七年勅修齋醮投告瑤池而後有中使判官府丞小使内供奉道士翰林供奉道士山人弟子大叔行官皆前條所未備者又有同勾當官專知齋醮檢校官等銜名此下曰大歷八年奉勅行道七日夜瑤池投告下云造碑口六所則前條所無所勅中使等銜名與上年同後有專知官銜名此下曰淄州刺史王圓等大歷十四年登泰嶽憩王母池樂環題記此下是建中元

年鴻臚少卿□偃等祭岳題名此下是貞元十四年正月十二月兩度立春任要等祭岳題記及詩同作者韋洪唐書禮樂志五岳四鎮歲一祭各以五郊迎氣日祭之東岳岱山于兗州此立春日所以有祭岳之舉然此是歲行常典而留題刻石者僅見于此任要亦賢刺史矣此下是馬友鹿陪麻先生祭岳詩麻先生者卽青元觀主麻慈力也此下是公孫杲贈諸法師詩此下是叅軍岳令觀主山人等雜題名而岱寺主僧良素亦與焉自馬友鹿以下皆無年號並附于後總計兩碑中所載八

帝一后凡一百三十餘年前後齋醮投告之儀備詳于此此等正史禮志之所不書稗官傳記之所未及而遺文軼事亦足以裨史家之考證予故亟爲序錄而詳說之其任要等所作詩唐音統籤所未採

金石萃編卷五十三終

據原碑校

金石萃編卷五十四

賜進士出身　誥授光祿大夫刑部右侍郎加七級王昶譔

唐十四

六祖墜腰石題字

石高廣均一尺六寸五分題五字隸書餘正書

六祖墜腰石

龍朔元年

□黑齋居士蔣□勒石

塊石繩穿祖跡留曹溪血□此中收應□一片東禪月□□□□四百州

□□四祖遠孫□□□□

許洛仁碑

碑連額高一丈一尺三寸廣四尺五寸三分三十九行行七十七字下半截磨滅正書額題大唐故□大將軍代州都督許公之碑十六字篆書陽文在醴泉縣昭陵

唐故左監門將軍冠軍大將軍使持節□□(都督)代忻□蔚四州□□□代州刺史上柱國許公□□并序

□□□□□□□□□

蓋聞在天成象辰緯昭其度在地成形山岳閉(闕)其寶氤氳感會孕(有)□英□(雲吐)□□□□神□周下(以廣缺三十六字)闕□□耿賈□洪烈爰披荊棘遂偶會昌望□(古)爲隣庶可揚摧公諱各仁字

濟博陵安喜人也始自潁川□□□下闕列於東魯春秋
□恩錫珪顯於西京□戚豈惟叔重博物立言不朽固
亦子將清鑒月旦稱工年祀綿邈□□□武下闕□□□
□□照情曲□慶清風獨開心鏡郎安樂土權居晉陽
祖彪齊儀同三司善元郡守武川鎮將襲爵寧□縣公
□□□□□□□下闕□□□□□□□盪都督□州刺
史江夏縣開國公學窮訓詁智周微忽言多去伐動必
師古建旟杖節恩洽去思開國承家義光公□公□
□□下闕□□□□□□□□□□□□□□旅□□者
見之雅相推挹歎曰此兒郎公侯子孫必復其始年甫

弱冠氣蓋關河節慕原嘗志淩□□□長□□□下闕
□□□□地之深□□有□天之□□迹閭巷潛結
英雄載懷圯上之書寧羞跨下之辱炎靈摽季綱密秋
荼前代衣□並□宿衛□□□□□□下闕□□□□
□　高祖膺□□之運掃焚燎之苦　太宗
挺邁聖之姿救昏墊之疾援旗毘野杖號參墟
文皇昔在龍潛□□英傑下闕都尉□□□士馬之□□
甲兵之富俱迷天命莫悟真主　文皇引公等數
人密圖討擊二凶授首三軍告慶昔□□□兵誅下闕之
□□實冠終古□□□□大夫　文皇引公於內營

爲領兵墜主授之禁旅委以兵機雖滕公之誠著奉車
典□之勤宣繞□之□□□□下闕□□□□□繁□
□□□□□公或□戍□或掉鞅致師取汾州□柏
壁破宋老生軍擊□州□陳皆親領選士屢□就敵仍
治平京□□□□□□□□下闕□□□□□□□□□
□□□衞車騎侯君集段□喬軌□莫府功臣悉在部
□薛仁□安假大名僭竊隴右□承竇融之機翻□□
元之□□□□□□□□下闕□□□□□公宏龍韜豹
變之□□鷹揚□□之姿火烈振其英武泉涌符其智
略勳高諸將賞懋恒序王充跨據伊瀍盜乘輿之器服

竇德并吞趙魏□□□之□□　□□□□□
□□□□公內□□□外捍牧圉洛汭邙山風馳電擊
城皐□武霧卷氷銷雖　叡筴神謀出於九天之上而
摧堅陵險寔惟三令之威及飲至□勳□□□□□□□
□□下闕□□□□□□之重責以綏撫之□公以羈
靮之勤屢移寒暑推解之惠有背心靈眷戀　鴻恩罔
辭朝寵藏感　天聰遂停嚴會既而□□□□下闕□
□□□□□公□去官于時武德之九年也其年授大
明府別將尋轉本府統軍貞觀二年除右衞原城府統
軍以屠龍之伎處鬪鷄之□小道既□□□方□□年

授右武衛闕下□爪牙奉　勅□□□□□元武
門宿衛供奉九年加雲麾將軍行右武衛中郎將十八
年行左監門中郎將兼峻□章授上護軍公翊衛□陳
□□闕下□秋之□畫地□□若夫　紫宸清肅□門
有閑　皇居嚴閟洞戶增深金鋪激日銅鱗□夜
安命腹心管其檠籥十八年除□監門將軍□□闕下
之□□□方其□□□陽居上將之列纔可匹此儀形
從尹之望既隆順帝之情逾□朝夕□侍駈馳密勿
　太宗嘗從容謂公曰我□□□闕下□□疇□□
□於□卿□□別與朕相見欲□□論□□之事昔者
王業權輿帝圖莫刱　太宗經綸天下曾涉戎行
險阻艱難備嘗之矣公於武□□□□□一匹闕下
□□□□陳指□必□此□　聖旨自謂其
日號曰洛仁駈及天下太□思其驂服又感□仁誠節
命刻石圖像□於　□□□□□□□□闕下□□
□□□□□連類□□耶小公又於萬年宮進馬
一匹　聖情喜悅乃親乘御顧謂羣臣曰此人家中
恒出□馬闕下□□□□□□□□□　文
皇嘗於琵琶中度曲村聲以示羣下　上因顧問曰諸
人有識此曲者乎羣臣離席將對而未□所說公□前

□日此□□□□之□□闕下此□□□□□□□□□
□□□州郎公之本邑公自以莫府宀　舊顧眄隆重乃
獻食上壽并進女樂廼誠所感親爲舉觴因問公□□
□□闕下□□□□□□　□□□公有□
人之□□慰勞賜物是日賚公絹一百匹令□鄉親十
日聚宴文舉君觴事匪曲□□過家□家□□□□
□□□闕下□□□以公事□□□□□□□之□□
□□之重乃召公以雲麾將軍□參朔望祿賜同京官
防閤三分減一　　嗣文追旌以伐□冠□□
□□□□□□□□闕下□□□□□□□□□□
□□□□□組而狎池臺或指困濟乏或置驛招
士趙瑟秦箏將雛集鳳韓歌楚袂飛塵留客方謂□□
延年□□□□□闕下之□□從□□□以□朔二
年四月十□日□□□□□私第春秋八十有五
　皇帝歎歲月之居諸聽鼓鼙而惻愴賵贈之儀有加
常典乃下　詔曰故□□大□□許洛仁□□□
□□□□一□□□□□□□□齊伍□於□□□□
□□□□□既晏寵命逾隆方肆優閑奄傷淪逝宜
加裛錫式旌泉壤可贈使持節都督代忻□蔚四州諸
軍事代州刺史□□□□□□陪□　　昭陵賜

□□二百叚奢事所須□宜官給□□□□□一人爲
其搶拔并度三八出家以追冥福諡曰勇公禮也郎以
其年十一月十七日葬於　　　□陵□□□□□
□□□□□□□□　　□□□鄙其糟粕深明□□
□□□然英□□□武毅□□□其秘訣早符白水之
祥妙辯黃龍之運　　　太宗文皇帝上廻乾軸下
坤維□一德而□黎□□三餘而□□□□□□□下闕
□□□□公□□□□□□□□六□□其威聲兩河
宜其智力金鼓之下氣讋万夫玉帳之前算居九變耿
□之妙雲驚蔵末擊虫之□電駭□□以百□□□之
□□□□□□之□　□□□□□□□□□□□□
□□□□□□□□□□□□乎荀何肅勲齊乎絳灌
而子房鳳戢莫遂赤松之遊張至篤□俄車白駒之歎
朱棺元甲永侍茂陵之□□□□□□□□□□□
　　　□□□□□□□□□下闕□□□□□□□
性爲至德之首居要道之極既峻□連之墓且開京兆
之阡以爲東觀紀□□簡□□方□□□□□□□□
□□　　　石□□□□□□□□□□曰
華陽應錄頴川祚土昭彰八代舄弈千古承此丕基不
斯多祜功顯官族□□書□景福元感降生□□□□

□□□□□□□□□□□□□□□□山□□□□
□□□□□□□□□□□□□□義横秋或輕車馬
亦弊衣裘駈馳原孟藉甚公侯於惟元鑒照隣先覺壯
志紛紜奇材卓犖預□□□先□□□□□□□□□
□□□□□□□□□□□□□□□□□□□□□
□□□□□□□縱鞭鞎同授馬横圖禁闥紫極兵欄
表忠書令拜將升壇或清玉軌□□帝難□□□肅武
□桓桓山□□□□□□□一□□□□□□□□□
□□□□□□□□□□□□□□□□□□□□□
羅雲霞獨遠絲竹相和逶迤朝請從容薛蘿壽錫難老
功被登歌東川閬□西階啓藏□厚賜□勲高□□□
□□□下闕□□下闕
洛仁附見許世緒傳末數語碑載甚詳但半泐不可
　讀正書極似隋賀若誼碑石墨鐫華
　　按碑缺其下半存者約一千七百餘字兩唐書俱
附見其兄世緒傳極簡略但云許世緒并州人弟
洛仁亦從起晉陽錄功至冠軍大將軍行左監門
將軍永徽初卒贈代州都督謚曰勇陪葬昭陵今
以碑所存字攷之公諱洛仁字濟博陵安喜人也
唐書地理志定州博陵郡屬河北道安喜其屬邑

也與史傳作并州人者異碑敘其先世推原春秋
兩漢無論已至述其近代云祖彪齊儀同三司善
元郡守武川鎮將襲爵寧□縣公下闕盪都督□州
刺史江夏縣開國公此必是敘其父事又祖彪以
上必有敘其曾祖事碑俱泐矣許彪北齊書無傳
不能詳攷碑此下是敘洛仁本事有云前代衣□
並□宿衛是在隋時事高祖膺□□之運掃炎燎
之苦太宗挺邇聖之姿救昏墊之疾援旗異野杖
號參墟又云文皇引公等數人密圖討擊二凶授
首三軍告慶又云文皇引公于內營爲領兵壁主

授之禁旅委以兵機此皆初起晉陽及誅建成元
吉事也又云取汾州□柏壁破宋老生軍擊□州
取臨汾及擒斬宋老生皆開皇十三年八月事柏
壁之戰是武德三年擊敗宋金剛事擊□州當是
擊蒲州亦三年事又云薛仁□妄假大名僭竊隴
右此是武德元年討薛舉及其子仁杲事又云王
充跨據伊瀍竇德并吞趙魏王充即王世充竇德
即竇建德對王充亦去建字此與等慈寺大唐紀
功碑同例皆武德三年事此上所敘戰功與本紀
先後多參差又云公□去官于時武德之九年上

文缺泐不知所去何官也下云其後授大明府別
將等轉本府統軍貞觀二年除右衛原城府統軍
奉勅字缺六元武門宿衛供奉九年加雲麾將軍行
右武衛中郎將十八年行左監門中郎將授上護
軍又十八年除□監門將軍蓋由中郎將除將軍
同在十八年而紀年複出也又云聖旨自謂其目
曰洛仁騧此指進馬一匹事騧本騧字作騧者宋
明帝所改也刻石圖像乃畫馬而刻石也公又於
萬年宮進馬一匹此當是高宗永徽五年事是年
始改九成宮爲萬年宮也其時洛仁或從行而進

馬然萬年宮銘碑陰從官題名無洛仁姓名又云
文皇嘗於琵琶中度曲付聲以示羣下上因顧問
曰諸臣有識此曲者乎羣臣離席將對而未□所
說公□前□曰云云唐書禮樂志五絃如琵琶而
小北國所出舊以木撥彈樂工裴神符初以手彈
太宗悅甚後人習爲搊琵琶又舊唐書音樂志杜
淹曰前代興亡實由于樂陳將亡也爲玉樹後庭
花齊將亡也爲伴侶曲行路聞之莫不悲泣所謂
亡國之音也太宗曰不然音聲能感人自然之道
也歡者聞之則悅憂者聽之則悲今玉樹伴侶之

曲其聲具存朕當爲公奏之知公必不悲矣又唐
音統籤有太宗詠琵琶詩據此則太宗善度曲而
喜琵琶可爲此碑之一證也碑又云乃召公以雲
麾將軍□參朔望祿賜同京官防閤三分減一此
敘乞骸骨之事又云以□朔二年四月十字缺六私
第春秋八十有五蓋以龍朔二年薨傳云永徽初
卒者誤也又云贈使持節都督代忻□蔚四州諸
軍事代州刺史陪葬昭陵賜□□二百段喪事所
須並宜官給字缺五一人爲其檢校并度三人出家
以追寘福謚曰勇公禮也即以其年十一月十七

日葬於昭陵此其飾終之典也陪葬者皆有正副
二使監護喪事此則云一人檢校又度三人出家
尤他碑所無者碑中所紀洛仁事蹟可見者大略
如此碑書領兵墜主當是隊主奠府當是幕府城
臯當是成臯裒錫當是褒錫皆借用字

杜君綽碑

碑缺下截連額存九尺六寸廣四尺七分三十九
行每行字數不可攷正書篆額在醴泉縣昭陵

大唐故左戎衛大將軍兼太子左典戎衛率贈荊州都
督上柱國懷寧縣開國襄公杜公碑
殿王府□□□□□□文館高正臣書

上闕□□□□□□□□□□□□□□□□□□□
□□□□□□□□而□德秉□徽猷□□□□□
□乖芳袞侍中□□□□金之□闕下□以□□□□
歆而闡化祖□北齊舉秀才授□□功曹□□□□
下闕□□□□□□□□□　皇朝拜使持節汝州諸
軍事汝州刺史納靈秀起□□□□□□闕下□□□之
□□乎弁歲□忠信之甲胄□儒墨之域□□讓惟於
仁□□□□闕下□□□□□□□□□□□□□□□
闕折鍵之材踰羣拔□落鴈吟猿之技槩俗摽時□夫
甸□□□□□□闕下朝□劒而歸□輸誠　陝主義

寧之始□□都投義闕下□□□□□□□□□□□□
□鳳鄆于時國步□艱方隅未一闕下巳摧未金□於夏
縣雖運□舞□縱以神□而□□□資□　公闕下
□□□□□□□□□　御輦矢及　宸闈闕下□
□八□□□□□□□□□□□□□□□□□□
□□□□□□□□闕下□□□□□□□□□□公□
□□□□□□□□□□□□□□□闕下□之□冊
□俟之□□□□□□□□年授忠武將軍行左監
門中郎將加護軍□衛綰忠醇踐中郎之職韓□□達
□護軍之□□□漢魏是闕□□□□□□□□□

□□□□□□　詔於元武北門留守賜絲一百段
洎　鑾輿旋闕賚物如前迨乎從幸靈武　賜馬兩
匹□絲五下闕詔公居守宮闕之重帑藏之寄亟承
天盼獨効忠肅廿三年正除右領軍將軍加上護軍檢
校左武候將軍□屯營兵知□□□屯羽林於中下闕謨
篤□□慎稱乎損益統彼兵權而已哉永徽之初兼檢
校左武衛將軍又檢校右武候大將軍兼知右箱諸門
兵馬隊使許仲康□忠勇乃隮其下闕□□□□□我
彼亦多愧河鞏之地是□舊京近控三州遥分九谷澗
圭定鼎宅中覩陝華闕□雲雕宮納景脊言監守式俟

朝賢其年奉下闕□□□□□□□都城□□加上柱國
及　天蹕□巡以公留守稱旨賜黃金一百兩絹一
百五十匹從幸許州□　勅檢校左衛將軍□□□下闕
人□景□□之□□太子左衛率　詔曰左領軍將
軍懷寧縣開國公杜君綽志性沉果識懷淳愨時逢帝
搆宣力於覇朝運偶□□□□官於陛下闕□□□□□
□華紫禁奉　□於蘭□騰芬青睦□周廬於桂宮兼
綜斯美忠勤允著頃之奉使於鄜州道簡黜明年又□
□東道經略大使賜下闕□□□等□□□甸□□□□
□宣□□節於□□三韓之酋載惕朝嘉其美錫以崇

章拜□領軍大將軍寵茂登壇榮高坐樹董司戎政爰
□不下闕京龍朔二年冊拜左戎衛大將軍兼太子左典
戎衛率　冊曰夫五□斯重允切於惟舊三宮以穆
□下闕光膺卜洛之寄羽旂東臨克隆翦華之守綢繆心
膂□懷弼亮□□鈞陳□望攸屬往欽□□其□下闕於
膠庠奉　天遊於□弈豈□逝川□反□□沙洹之
祕藏山不留俄深遊岱之恨春秋六十有二以龍朔□
□□□廿五□□朝薨於□廡下闕天子宸悼廢朝二日
乃下　詔曰□□□□□□於退□□棺礡禮事鬱
於邃圖故左戎衛大將軍兼太子□典戎衛率杜君綽

器用□□體局下闕覇□□照登□功宣代□當五營之
劇務總七萃之機謀時歷二朝年將四紀永言勳舊情
義兼常少選□□俄從怛化□□驚悼□□□□茂
下闕軍事荆州刺史餘如故仍贈絹□四百段□粟四百
石陪葬于　昭陵賜東園秘器凶事葬事所須並令
官給鼓吹儀□送至墓所往還仍令司下闕一百匹粤以
三年歲次癸亥二月乙酉朔十□日壬寅遷窆于
陵東南一□□奉常□謚曰襄公下闕智燭機初神深慮
表在物奚忤見烈火而猶安□□□墜會臺而□□
□其趨處雄毅絕衆下闕翰襲英緹于俊路揚茂軌於清

朝鸞闕增巖龍□□秘□私於己公平之道闕下上柱國
□基等並光淩謝玉移嗣韋珠充窮之酷既深苦蓼之
容攀切泣清儀之永闕下
上闕須□觴觴□摽□令中山愴愴攸資□□於鑠顯考
立德無競闕下節氣□奇□依仁踐孝服義基忠□顏允
德□□衛躬往屬道□闕下□迴　天顧寄重神京肅
肅□軟貽貽迺誠萬化無期九泉俄□弔鶴闕下
日建
萬寶智刻字

按此碑殘缺存者雖及千字而可讀成文者不及

其半其姓名某甫里居俱泐不存惟文中詔詞有杜君綽姓名凡兩見知其姓杜氏名君綽也兩唐書俱無傳宰相世系表杜氏有京兆襄陽洹水濮陽四派不載君綽名不知其出自何系也碑無撰人姓名惟一行云殷王府闕下文館高正臣書兩史亦無傳惟宰相世系表有正臣官襄州刺史殆即其人後卷上元三年明徵君碑御製文高正臣奉勅書結銜云朝議郎行左金吾衛長史侍相王書而此有殷王府字文館字彼此不同惜此碑不見其全也張懷瓘書斷云正臣廣平人官至衛尉少卿習右軍法元宗甚愛其書自任潤州湖州筋骨漸備任申鄧等州體法又變據此又可得其歷官之詳也碑敘先世有曰祖□北齊舉秀才授缺三字功曹闕下皇朝拜使持節汝州諸軍事汝州刺史闕下自祖以上必是敘其曾祖事皇朝以上必是敘其父事此下云弁歲□忠信之甲冑□儒墨之域□此即敘君綽本事弁歲猶言卯歲也曰義寧之始□□都投義闕下此敘隋末事曰鳳邸于時國步多艱方隅未一闕下此敘太宗晉陽事鳳邸指太宗也曰□年授忠武將軍行左監門中郎將加護軍□備此似貞觀初年事曰詔於元武北門留守賜綵

一百段洎鑾輿旋闕賚物如前此似指貞觀十九年伐高麗事曰從平從幸靈武賜馬兩匹□綵五闕下詔公居守宮闕之重帑藏之寄亟承天盼彌効忠肅此指二十年七月如靈州之事似乎初從幸繼而奉詔居守也曰廿三年正除右領軍將軍加上護軍檢校左武候將軍永徽之初兼檢校左武衛將軍又檢校右武候大將軍兼知右箱諸門兵馬隊使曰加上柱國及天蹕□巡以公留守稱旨賜黃金一百兩絹一百五十疋似指顯慶五年如

據原碑校
據道本校

洛陽宮事曰從幸許州勅檢校左衞將軍是永徽
二年十一月事曰太子左衞率詔拜口領軍龍朔
二年冊拜左戎衞大將軍兼太子左典戎衞率唐
書百官志龍朔二年改太子左右衞率府曰左右
典戎衞蓋以新改之官冊拜也曰春秋六十有二
以龍朔口口口口廿五日口朝薨于口廡年月巳
泐蓋早朝時薨于朝堂之廡也曰詔贈缺軍事荊
州刺史贈絹口四百段口粟四百石陪葬昭陵三
年歲次癸亥二月乙酉朔十口日壬寅遷窆于陵
東南謚曰襄公薨于龍朔二年葬于三年二月以
乙酉朔推之壬寅爲十八日也曰上柱國口基等
口基是君綽之子惜缺其名上一字末行但有日
建二字又一行曰萬寶晳刻字建碑年月全泐大
抵卽在三年而刻字姓名獨全何其幸也碑之可
見者大略如是

道因法師碑

碑高九尺四寸五分廣四尺一寸三分三十四行行七十三字額題故大德因法師碑正書在西安府學

大唐故翻經大德益州多寶寺道因法師碑文并序

中臺司藩大夫隴西李儼字仲思製文

奉義郎行蘭臺郎渤海縣開國男騎都尉歐陽通書

大哉乾元播物垂象肇有書契文籍生焉雖十翼精微
陰陽之化不測九流沉奧仁義之塗斯闡而勞生蠢蠢
豈厭塵門闇海茫茫恒漂苦浪亦有寶經浮說錦籍寓
詞駕鳳升雲驂龍棲月跡均轉轍空溺志於邪山事比
繫繩詎知方於覺路孰若訓昭金口道祕瓊箱靜痛毒
於三漏拯橫流於五濁是生是滅發蓮花之音非色非
空被栴檀之蔄曁乎鶴林稅駕涅槃之岸先登烏筆記
言摠持之莚斯闡結集之侶揚其實諦傳授之賓宏其
妙理然則紹宣神典幽贊靈宗跨生肇以遐騖追安什
而曾騖可以聲融繡石采絢雕圖則於我法師而見之
矣法師諱道因俗姓侯氏濮陽人也自繞樞凝祉紀雲
而錫羼諱貫昴擒祥奠川而分緒司徒以威容之盛垂範
漢朝侍中以才晤之奇飛芳晉牒衣冠繼及代有人焉
祖闞齊冀州長史父瑒隨栢仁縣令竝琢磨道德砥錫
文藝或題輿展驥贊務於千里或亭鸞製錦馳聲乎一
同法師禀祐居醇含章縱哲覃訏之歲粹采多奇髫齓
之辰殊姿獨茂孝愛之節慈順之風率志斯在因心以
極季甫七歲丁于內艱嗌粒絶漿殆乎滅性成人之德
見稱州里免喪之後乃伐宏誓而以風樹不停浮生何
恃恩去髮膚之愛將酬罔極之恩便詣靈巖道場從師

習誦而識韻恬爽聰晤絕羣曾不浹旬誦涅槃二袠舉
衆嗟駭以爲神童逮乎初廾方蒙落髮於是祇行飭躬
架德緝道篋蚍能翦心猨久制遡流增智鑿井加勤在
疑必請見義思益尋講涅槃十地洞盡幽微宿齒名流
咸所歎異及受具戒彌復精苦若浮囊之貞全譬圓珠
之朗潔始聽律義遍訖便講辯析文理綜核指歸十誦
之端五篇之賾寫瓶均美傳燈在照又於彭城嵩論師
所聽攝大乘嵩公懿德元猷蘭薰月暎門徒學侶負貫
鳥集講室談筵爲之闐隘遂依科戒而爲節文季少沙
門且令習律曉四分者方許入聽法師夏臘雖幼業行

攸高獨於衆中迥見推挹每敷攝論卽令覆講而披演
詳悉詞韻清暢諸方翹俊靡弗歸仰於是遍窺釋典咸
通密藏五乘之說四印之宗照盡幾初言窮慮始每摳
衣講席隱几雕堂舉以玉柄敷其金牒渙乎冰釋頤然
理順延惠風而不倦同彼清流應來響而無疲類夫虛
谷搢紳之客慕義波騰緇黃之侶承規景赴法師志求
冥寂深厭囂滓乃負衣裹裳銷聲太嶽寢豁扃岫飲露
餐霞樹偃禪枝泉開定水凡經四載將詣洛中屬昏季
陵夷法網嚴峻僧無徒侶弗許遊涉於是杖錫出山子
焉孤邁恐罹刑憲靜念觀音少選之間有僧欻至晧然

白首請與俱行迨至銅街暨於金地俯仰之際莫知所
在咸謂善逝之力有感斯見非夫確至曷以臻乎旣而
黃露興祆丹風起孽中原蕩覆具禰以盡法師乘杯西
邁避地三蜀居於成都多寶之寺而靈關之右是曰奧
區遠接荆舒近通邛僰邑居隱軫人物輻湊宏才巨彥
碩德高僧咸挹芳猷歸心接足及金符啓　聖寶曆
乘時運屬和平人多好事導黿流於巳絕闡妙門之重
鍵法師以精博之敏爲道俗所遵每設講筵畢先招迓
常講維摩攝論聽者千人時有寶暹法師東海人也植
藝該洽允善大乘昔在隋朝英塵久播學徒來請接武

摩肩暹公傲爾其間仰之彌峻每至法師論義肅然改
容沉吟久之方用酬遣法師抗音馳辯雷驚波注盡妙
窮微藏牙折角益州總管酇國公竇璡行臺左僕射贊
國公竇軌長史申國公高士廉范陽公盧承慶及前後
首僚并西南嶽牧並國華朝秀重望崇班共籍聲芳俱
申虔仰由是梁峪之地庸濮之畦飲德餐仁雲奔雨集
法師隨緣誨誘虛往實歸昔曇翼高奇教闡沉犀之壤
法和通敏道著蹲鴟之域協時揆事抑亦是同考業嚋
聲彼則非袞而以久居都會情異俶眞養中晦跡可求
天解復於彭門山寺習道安居此寺往經廢毀院宇凋

奘法師慨然構懷專事營輯若乃危巒迢遰俯瞰龍隄
絕磴逶迤斜臨鴈水近對青城之嶸遙瞻赤里之街雲
樹參差星橋縈映於是分巖列棟架壑疏基窈窕陵空
徘徊畢景松吟竹嘯其寶鐸以諧聲月上霞舒與琁題
而並色仙花祕草冬夏開榮擾獸馴禽晨昏度響諒息
心之勝境毓道之淨場乎而以九部微言三界式仰緬
惟法□將翳龍宮揮兕豪而匪固鏤魚網而終滅□□
鐫勒□□永昭弗朽遂於寺北巖上刻石書經窮多羅
之祕奧盡毗尼之妙義縱洪瀾下注巨火上焚俾此靈
文永傳遐劫豈直迷生之類覩之而發心後學之徒詳

之而悟道既而清猷遠暢峻業遐昭遂簡　宸衷乃
紆　天綍追赴京邑止大慈恩寺與元奘法師證釋
梵本奘法師道軼通賢德隣將聖揭遊天竺集梵文而
爰止旋謁　皇京奉　綸言而再譯以法師夙望
特所欽重瑣義片詞咸取刊證斯文弗墜我有其緣慧
日寺主楷法師者聰爽溫贍聲藹鴻都乃首建法筵請
開奧義　帝城緇俗具來諮稟欣焉相顧得所未聞
諸寺英翹遡然祇服咸歎師子之坐用佇頻伽之音法
師振以麗詞宣乎幽偈同炙輠而逾暢譬連環而靡絕
耆秊粹德曠士通儒紛帶稽疑雲消霧蕩伏膺請益于

嗟來暮惟法師姿韻端凝履識清敏粹圖內蘊溫采外
融運柔嘉以成性體齊遨而行己峻節孤上夷險同貫
沖懷不撓是非齊蠲加復研幾史籍尤好老莊咀其菁
華含其腴潤包四始於風律綜五聲於文緒宿植勝因
恬榮厭欲善來佛子落采菴園開意花於禪庭濯元波
於妙境而貞苦之操絕衆超倫聰亮之姿踰今邁昔信
法徒之冠冕釋氏之棟梁乎凡講涅槃華嚴大品維摩
法華楞伽等經十地地持毗曇智度攝論對法佛地等
論及四分等律其攝論維摩仍出章疏既而能事畢矣
宏濟多矣脫屣於寥境棲神於淨域春秋七十有二以

顯慶三秊三月十一日終於長安慧日之寺梵宇殲頁
貞門喪善悲纏素侶慟結緇徒即以四秊正月旋乎益
部二月八日空於彭門光化寺石經之側道俗門人星
流波委銜哀追送衆有數千巖谷爲之傳響風雲於是
變色慧日寺徒衆並翦邪廸妙綜理探微保素貞源歸
麗正道自法師戾止咸共遵崇追思靡及情深軫慕弟
子元凝等禀訓餐風斯稱上足而以慈燈罷照崇山無
仰循堂室而濡涕對几帨而流慟敬於此寺刊金撰德
氣序雖遷音塵方爝亦猶道林英範託繡礎以長存慧
遠徽猷寄雕碑而不朽其詞曰

緬哉佛性廓矣靡門功昭曠劫化拯重昏沖儀已謝妙
道斯存匪伊開士孰暢其言於顯法師誕靈傑起如松
之秀如巖之峙穆穆風規堂堂容止行窮隱括識洞名
理爰初紐錦早厭樊籠言從落飾乃沐靡元風將超八難
郎照三空貞圖可仰峻範彌融鹿野微詞猴江粹典源
流畢究奧閫咸踐法鏡攸懸信花彌闡振獄符論奔濤
驗辯昔在昏虐時逢禍亂東去戢道西遊遘難天啓聖
期光華在旦翼教嶠益騰聲巴漢爰雕淨境于彼曾岑
分欄架壑聳塔依林搜經緝義篆石堈金芥城斯盡勝
跡無侵載奉　王言來遊　帝宅慧義資演眞宗

佇譯紫庭之彥丹臺之客竝企淸儀俱餐妙賾淪義□
□□□□光遽嗟分岸永泣摧梁龕留舊影室泛殘香
書芬紀誥地久天長

龍朔三年歲次癸亥十月辛巳朔十日庚寅建

華原縣常長壽范素鐫

唐道因法師碑中臺司藩大夫李儼撰蘭臺郎騎都
尉歐陽通書通率更令詢之子（東里續集）

道因與元奘同譯經者見高僧傳碑文亦宏麗饒其六
家言然去簡栖頭陀不啻一小劫耳（弇州山人四部稿）

古人晤悟二字多通用此碑才晤聰晤郎晤三空皆
是悟字而王右軍蘭亭序晤言一室之內又以晤爲
悟陸雲逸民賦明發晤歌亦以晤爲悟（金石文字記）

蘭臺父子齊名號大小歐陽然率更世傳數碑而蘭
臺止存一道因碑率更楷法源出古隸居唐楷第一
而蘭臺早孤購求父書不惜重貲力學不倦作書每
用批法蓋學其父也（庚子銷夏記）

右多寶寺道因法師碑唐百官志有品有階有爵有
勳以大夫入銜者惟左諫議大夫諫議大夫御史臺
大夫而已若文官散階自光祿大夫至朝散大夫凡
十一階而無司藩大夫自朝議郎至將仕郎凡十六

階有奉議宣義而無奉義龍朔二年改尚書省曰中
臺自尚書令而下以六尚書爲屬未嘗有司藩也或
者在宗正寺之屬然改曰司宗而非司藩也改秘書
省曰蘭臺秘書郎曰蘭臺郎其曰行者以奉義之下
連用郎字恐階與職不辨也歐陽公云唐之盛時職
有常守位有常員其爲法則精而密其施于事則簡
而易行至于交侵紛亂者由其時君狥一切之苟且
故其官益冗名類繁多莫能徧舉卽此碑司藩奉義
在當時爲顯著之名至于今不可考究則官制之蔽
槩可見已縣開國男從五品爵也而勳級騎都尉亦

從五品奉義或郎奉議與秘書郎皆從六品勳爵左
階品上二等者或以賢能或以功績轉而上之也當
時雖從五品皆有勳爵鼓勵之意寓焉今則貴賤懸
殊五等之列無幾人矣金石後錄
此碑題額上書三菩薩名字與碑文大小略同審之
亦通筆也前人並未錄過關中金石記
右道因法師碑其云中臺司藩大夫者通鑑龍朔二
年二月改尚書省爲中臺胡三省注謂二十四司郎
中皆改爲大夫主客爲司藩杜岐公通典所載同惟
司蕃作司藩以是碑證之則通典爲正唐書百官志

武德三年改司藩郎曰主客郎中龍朔二年改禮部
曰司禮祠部曰司禋膳部曰司膳獨不及主客之爲
司藩蓋轉寫漏脫爾儀書郡望書字而通獨否未詳
其故蘭臺郎即秘書郎亦龍朔所改也碑有具禍以
藎語今本毛詩作燼攷說文無燼字火餘之燼當作
𤇾方言藎餘也自關而西秦晉之間炊薪不盡曰藎
則藎𤇾本一字馬融長笛賦藎滯抗絶李善注藎與
燼同陸元朗詩釋文亦作藎蓋唐初諸儒傳授之本
如此釋文雖云或作燼然𤇾已从火不應更著火旁
疑流俗所改故陸氏不從之也賓軌傳封贊皇縣公

宰相世系表書鄭公此傳贊國公蓋由贊皇縣公進
國公而傳失書耳軌父恭仕周封鄭國公故軌亦承
父封鄭省邑旁作贊古字通用也潛研堂金石文跋尾
按此碑額上刻釋迦牟尼觀自在大勢至三佛像
俱題字撰文者李儼兩唐書無傳惟法苑珠林卷
首有李儼序是總章元年三月作與此碑相距五
年故結銜作朝散大夫蘭臺侍郎與此異也碑曰
製文與上官靈芝之製王居士塼塔銘同例書者
歐陽通兩唐書俱附其父詢傳所敘通事始自儀
鳳年此碑立於龍朔三年所題銜傳俱從略其爵

曰渤海縣開國男乃是襲父封也碑云法師諱道
因俗姓侯氏司徒以威容之盛垂範漢朝侍中以
才晤之奇飛芳晉牒司徒謂後漢侯霸矜嚴有威
容光武初累進大司徒侍中謂晉侯史光受學於
劉夏舉孝廉爲散騎常侍兼侍中此下敘先世祇
祖父二代祖闞齊冀州長史父瑒隋柏仁令齊隋
二書俱無傳柏仁漢晉皆作柏人東魏改曰柏仁
隋書地理志屬襄國郡也碑此下述道因之事云
年甫七歲丁于內艱乃發宏誓便詣靈巖道場從
師習誦曾不浹旬誦涅槃二帙靈巖道場在山左

今屬濟南府長清縣宋時寺中有講經律論三門僧職觀此知在唐時經藏已備也開元釋教錄載涅槃部共五十八卷六帙其中大般涅槃經四十卷四帙其云不浹旬誦二帙是二十卷成誦也又云又於彭城嵩論師所聽攝大乘釋典有大乘小乘大乘經律論總六百三十八部而其中論九十七部嵩公謂之論師或是聽講大乘中之論部也又云凡經四載將詣洛中屬吕季陵夷法綱嚴峻僧無徒侶弗許遊涉杖錫出山靜念觀音有僧白首請與俱行俯仰之際莫知所在此紀觀音之靈

跡也各寺觀音皆女像惟錢塘天竺夢泉供出山觀音是男像亦白首老人與碑所紀同也又云乘杯西邁避地三蜀居於成都多寶之寺此下金符啓聖實歷乘時云云是入唐以後事曰益州總管鄧國公竇璡行臺左僕射贊國公竇軌長史申國公高士廉范陽公盧承慶兩唐書傳竇璡字之推從太宗平薛仁杲尋鎮益州未幾拜秘書監封鄧國公竇軌字士則父恭仕周爲雍州牧鄭國公高祖起兵軌迎謁從平京師封贊皇縣公赤排羌寇漢中連戰有功復鄭國舊封武德三年遷益州道

修趙本校

行臺左僕射高儉詳見前碑貞觀元年出爲安州都督轉益州大都督府長史盧承慶父赤松武德中封范陽郡公卒承慶襲爵永徽初爲褚遂良所搆出爲益州大都督府長史按此四人官益州非同時之事碑蓋合前後而總敘之也高士廉官長史時未封申國及封申國則已同中書門下三品碑則敘其先爲長史而加以後封之爵也又云赴京邑止大慈恩寺與元奘法師證釋梵本大慈恩寺建於貞觀二十二年道因與元奘譯經當在此年之後當時同譯諸僧倘有多人道因賴有此碑而傳標題稱翻經大德洵沙門美號也

濟度寺尼蕭法願墓志

石方廣二尺三寸三十四行行三十四字正書在西安府學

大唐濟度寺大比丘尼墓誌銘并序

法師諱法願俗姓蕭氏蘭陵蘭陵人梁　武帝之六葉孫唐故　司空宋國公之第三女也原夫微子去殷昭茂勳於抱樂文終起沛兆峻伐於收圖瓊搆鬱而臨雲珠源淼而浴日延禎錫祚開鳳曆於朱方疊慶聯規纂龍符於紫蓋遂鼎遷南服胄從東周英靈冠上國之先軒冕宅中州之半法師乘因曼劫植本迴生孕月仙[illegible]

稟清規於帝渚儀星寶態降淑範於台門禴祿之辰先
標婉質髫亂之歲遽挺柔情聰悟發於生知孝友基乎
天縱中外姻族莫不異焉加以骨象無儔韶姸獨立鉛
華不御彩絢春桃玉顏含澤光韜朝蕣年將十歲頗自
矜莊整飾持容端懷撿操每留神於鞶帨特紆情於紝
組瓊環金翠之珎茵篿衾幬之飾必殫華妙取翫閨闈
麗而不奢盈而不溢既而疏襟學府繹慮詞條一覽而
隅隩咸該再覿而英華畢搴豪飛八體究軒史之奇文
法兼二妙符衛姬之遺迹羣藝式甄女儀適劭　宋公
特深撫異將求嘉匹載佇孫龍以光宋鯉而嚴庭亟訓
早沐慈波鼎室承規幼明眞諦飄花兒雪初陪太傅之
歡擿菜爲香遽警息慈之念爰發宏誓思證菩提懼塵
情於六禮乃翹誠於十誦承間嵜謁請離俗緣　宋公
論道槐端丹青神化虔襟柰苑棟梁正法重違雅志許
以出家甫及笄年爰披法服乃於濟度伽藍別營禪次
庭標鴈塔遠蔑娥臺藏寫龍宮遙嗤魯館於是心空寂
念襲慧薰心悅彼□衣俄捐綺縠甘茲蔬膳遽厈膻腥
戒行與松栢齊貞慧解共冰泉等潔超焉拔類悟然寡
坐若乃弟兄辦供親屬設齋九乳流音六銖含馥瓶錫
咸萃冠蓋畢臻唯是瞻仰屏帷遙申禮謁自非至戚罕

有覿其形儀者焉加以討尋經論採窮閫域覈姤路之
微言括毗尼之邃旨至於法華般若攝論維摩晨夕披
誦兼之講說持戒弟子近數十人莫不仰味眞乘競趍
丹扆傍窺淨室爭詣元扉肅肅焉濟濟焉七衆之仰曇
彌何以尚也重以深明九次闕想禪枝洞曉三空澄襟
定水屬此纏蓋忽現身疾大漸之晨謂諸親屬曰是身
無我取譬水萍是身有累同夫風葉生死循環寔均晝
夜然則淨名申誡本乎速朽能仁垂則期於早化金棺
乃示滅之機玉匣豈栖神之宅誠宜捐軀摯鳥委形噬
獸斂衿正念奄然無言粵以龍朔三季八月廿六日捨
壽於濟度寺之別院春秋六十三姊弟永懷沉痛不忍
依承遺約乃以其季十月十七日營空於少陵原之側
儉以從事律也法師夙盥禪池資慶源而毓彩□□道
樹託華宗而降靈蘊地義於閨和苞天情於婉嫕覩一
善則恰然自悅聞一惡則愁爾疚懷激仁義於談端明
色空於慮表故能辭合闇託禪門捨七珎袪八膳精苦
之行□映緇徒戒律之儀鏘銖法侶佇津梁於苦海奄
滅度於仁祠棣萼分華悲素秋之改色荊株析幹望青
枝而增慼所擢塵飛海帶將迷渭涘之塋石盡仙衣不
辯檀溪之隧重宣此義乃爲頌曰

□有𥎞稱法無異源爭驅意馬俱制心猿志擾情紊神
凝理存展如淑範獨趣䆅門琁彩□分瑤姿月㝈舍芳
槐路疏貞桂序雲吐荆臺霞霏洛涘學兼班媛詞彬蔡
女奠𠊱匪志□□昭仁捐華台室沐道䆅津法關開揵
心衢屏塵九流遺累八定栖眞忍藥分滋戒香□烈傳
燈不倦寫瓶無竭奄愴神遷空悲眼滅式鐫柔範終天
靡絕

今在西安府儒學近出土中移於學內題曰大唐濟度寺比邱尼墓誌銘并序無書撰人姓名雍州金石記

按漢書諸侯王功臣外戚諸表元孫之子即為六世

瑀為梁武帝之元孫而其女稱六葉孫蓋從漢表之例也瑀好浮屠法嘗請于太宗欲捨家為桑門自度不能為乃止而其女及女孫相繼出家于濟度寺蓋瑀之志也潛研堂金石文跋尾

按雍州金石記但稱近出土中而不詳得碑所在碑文云營空於少陵原之側檢陝西通志山川門咸寧縣少陵原在縣南四十里東接萬年縣界西入縣界五里然則碑當出于此處矣通志祠祀門西安府不載濟度寺長安志云安業坊東南隅有濟度尼寺注云隋太師申國公李穆之別宅穆妻元氏立為修善僧寺其濟度尼寺本在崇德坊永徽中置宮乃徙於此其額太子少詹事殷令名所題蓋即此寺也碑稱法師俗姓蕭氏蘭陵蘭陵人梁武帝之六葉孫唐故司空宋國公之第三女也梁書武帝紀稱武帝為南蘭陵中都里人唐書宰相世系表蕭氏在漢時彪始徙蘭陵至望之徙杜陵其孫紹復還蘭陵至晉時整為淮南令過江居南蘭陵武進之東城里蓋蘭陵本屬徐州部東海郡南史齊高帝紀其先本居東海蘭陵縣高祖整過江居晉陵寓居江左者皆僑置本土加以南名

更為南蘭陵郡至齊末廢蘭陵郡但有蘭陵縣至隋開皇九年并省蘭陵縣唐時但有晉陵武進二縣而已碑稱蘭陵蘭陵者仍其舊貫而蘭陵之上當有南字亦從省也梁武帝二世曰統三世為統之第三子詧是為後梁宣帝四世為詧之子巋是為後梁明帝五世為巋之第五子瑀至法師為瑀女是為武帝六世孫不言六世而云六葉避諱也瑀之封宋國公在高祖定京城時太宗時除而又復其司空則薨後所贈瑀有惡謚曰貞褊碑故諱而不書也碑云微子去殷昭茂勳於抱樂文終起

沛兆崎伐於收圖宰相世系表蕭氏爲微子宋公之弟仲衍八世孫戴公生子衍裔孫大心平南宮長萬有功封於蕭以爲附庸子孫因以爲氏至漢丞相酇文終侯何二子遺則則生彪始徙蘭陵者也文云甫及笄年爰披法服乃於濟度伽藍別營禪次法華般若攝論維摩晨夕披誦兼之講說持戒弟子近數十八以龍朔三年八月廿六日捨壽於濟度寺之別院春秋六十有三姊弟永懷沈痛以其年十月十七日營空於少陵原之側棣蕚分華悲素秋之敗色荊株析幹望青枝而增感玩棣

蕚之語似碑文即姊弟輩所述且宋公不稱名尤足徵也法師有弟子數十八而營葬乃屬之姊弟則身雖出家仍非漠然於姊弟者矣師爲瑀之第三女則上有二姊碑有弟兄辨供之語則是有上兄下弟也瑀有三子鋭錯鉞不知孰爲師之弟也辨與辦通用周禮考工記以辨民器注辨猶具也碑書辨供猶辦供也營空疑即營窆之義或借空爲窆字又空與孔同孔與穴同義瑀之孫女爲鉞

女亦出家濟度寺爲尼名惠源塔誌亦作神空

金石萃編卷五十四終

据原碑校
據趙本校
唐文百篇本校迺
無萬錢本少去數句其闕字當刷求善本校
補
錢作充誕

賜進士出身　誥授光祿大夫刑部右侍郎加七級王昶譔

唐十五

李文墓志

石高廣均二尺五分二十四行行二十四字正書在同州府金塔寺

大唐故騎都尉李君墓誌銘

君諱文字緯隴西成紀人周柱史聃之後也原夫廟諱鳥含靈□□□誕聖跡爰履莘女載生命氏開家其來尚矣至如□□□□□樹姓焉自紫氣西浮瑤源已濬仙冄東汎玉菓□□□□□可略言矣曾祖□齊金郡

太守愐人求瘼雨逐□□□政□風鸞隨馬去祖袞周
任定州錄事參軍鉤深索隱凜風格以繩違賾要探機
肅霜毫糺繆父　幼承詩禮早奉金籝綺歲談天齠年
對月務舉晉王府參軍事君克劭菑堂載揚弓冶昭彰
□緒淑郁家風時屬未隨不遑儒業所以學未優贍志
在前鋒應接義旗忠誠可紀錫以戎律實給寵章授騎
都尉方當矯翼雲路騁足長衢豈知天不慭遺殲良奄
及藏舟易往隙馬難□薤露一朝生平萬古以永徽二
年十月廿九日卒於私第春秋七十有一夫人彭城劉
氏閨門從訓斷織流慈既勗魚官還嗤馬跡實光君子

年即亙字 貿即貿字

帆即汎字

簪拔蒿藜何啚眉壽不終穨曦遽謝以麟德元年二月
二日卒春秋八十有二曰以麟德元年歲次甲子二月
己卯朔十八日丙申合葬於同州馮翊縣武城鄉之平
原禮也孤子武仁等追惟岵屺載想蓼莪面風樹以銜
悲仰高堂而灑泣痛深曾閔酷甚柴由永薦冰魚長羞
雪竹恐陵谷更貿桒海平遷敢勒遺塵式銘黿石云介
履跡孕靈指樹含生躭浮氣紫膺帆舟輕達人知足至
理無名分枝迺聖弈葉惟英其一 天長地久人事推遷
鶴書易促鵬識難延既[illegible]山壽終奄瓊年風停郢斲波
轂牙紋其二 一從蒿里四野蒼茫春雲結鬘秋月凝光

全唐文補遺 唐十五 二

夫人李氏及開國承祉皆吳文碑中語非李文碑所有也此碑曰隴西城紀人周柱史胄之後何得謂不言其姓其妻則彭城劉氏世金石評考本為吳文碑而言萃

瑩寒吹急蘡晦煙長聊旌琬琰式紀遺芳

碑曰公諱文而不言其姓蓋石斷而亡其半爾文休承題其幟曰李將軍碑考唐書及集古錄金石錄碑目皆無李姓名文者人無可紀史不悉載天下碑闕至多趙歐不能兼收理或有之第碑又曰夫人李氏禮不娶同姓則文似非李也唐初功臣率多賜姓而碑敘官閥有曰開國承祉得非先娶李而後亦賜姓者與休承素稱博洽且不輕妄余是以疑之金石評考

同里曹生仲經嗜金石文手拓同州李君碑示予紙墨精善對之眼明碑未詳書者姓氏觀其峻利秀逸

編誤引。吳文云吳李吳字之譌非姓也文休承宜為李氏亦似未確虎癡記

非王知敬殷仲容不能造詣及此李君諱文字緯東漢以後字必以兩字稱一字者罕矣載於唐書房元齡字喬顏師古字籀李衆字師李琇字琇張巡字巡郭曜字曜宇文審字審李愜字祚李條字堅竇思仁字恕張義方字儀此外不多見曝書亭集

貞觀時有李緯太宗征遼房元齡居守以緯爲民部尚書疏至太宗曰緯好鬚齡聞遽易之彼緯其名此緯其字也來齋金石刻考略

此銘不著書撰人名氏然文特瘦削語不煩而意足與王居士磚塔銘同疑亦是上官靈芝撰書法瘦勁

大得褚公手意亦與磚塔銘同則知亦敬客所書二碑一在顯慶元年丙辰一在永徽二年辛亥相去不過五六年其時同其書又同則知的爲敬客書無疑特當時未嘗下欵而敬客書名不著故知之者尠耳

盧舟題跋

文云君時屬隨末不遑儒業所以學未優贍志在前鋒云云其云學未優贍諸語可見古人直書無隱不似近人虛美也雍州金石記

誌叙李君與夫人合葬而標題獨書李君唐人墓銘之例不苟爲牽連如此然于曾祖及父闕諱而祖得

書名又稱父舉晉王府參軍事晉王卽高宗未爲太
子時封號也授堂金石跋
按金石評考以爲碑曰公諱文而不言其姓葢石
斷而亡其半今觀此石未嘗斷字未嘗亡且標題
已著李君之姓文中不必再言李氏下文所引典
實皆推原其始則姓自見唐碑誌銘之例如此也
李文兩唐書無傳宰相世系表隴西李氏各房俱
無其人祖諱突周書亦無傳父舉晉王府參軍事
授堂跋以爲晉王卽高宗未爲太子時封號按高
宗封晉王在貞觀初年碑敘其父云幼承詩禮早

奉金籯綺歲談天齠年對月則是舉晉王府參軍事尚在隋時下文乃述君事云時屬末隨不遑儒業云云可證也所謂晉王者當是隋煬帝封號煬帝以開皇元年封據碑稱李君以永徽二年卒春秋七十有一推其生在開皇元年迨君之長正值隋末則君生之時父在髫年也君以應接義旗授騎都尉記官位止于此他無可述也碑書卒作猝从說文也葬于馮翊縣似其時遷居同州矣夫婦合葬同敘一碑刱見於此碑明言夫人彭城劉氏不知何以金石評考云李氏而有不娶同姓之語

據沅本校過

疎忽甚矣孤子武仁等亦無考

贈泰師孔宣公碑

碑連額高一丈四尺三寸廣五尺三十一行行八十二字隸書額題大唐贈泰師魯先聖孔宣尼碑十二字篆書在曲阜孔廟

大唐贈泰師魯國孔宣公碑

秘書少監通事舍人內供奉臣崔行功奉　勑撰文奉　勑直祕書行祕省書學博士臣孫師範書

臣聞形氣肇分宗匠之塗遂廣性情已著名教之理攸興是故雕刻爲妙物之先粉澤成貞宰之用若其删語弃智則聖非攘臂之端莊寄齊諧禮必因心之範雖九

流爭長百家競逐而宗旨所歸典墳取俊夫軒羲已謝子姒迭微步驟殊方質文異轍及流蔡起謀箕服傳訞憲章版蕩風雅淪喪然而千齡接聖崇朝可期五百見賢伐柯未遠粤惟上哲降生圯運理接化先德充造物財成教義彌綸之跡已周□（組）□（織）心靈範圍之功且峻利仁以濟幽顯垂訓以霑動植自歎起臨川道窮反袂西峯嚮（炎）玉幾燼蒼山東野柔桒多塵碧海屬混元再造休明一期雅頌之音復聞郊禋之禮還緝跨巢胥之逸軌邁龍鳥之遐風瞻白雲而昇介丘翼蒼螭而過沂上而令千祀之外典冊遂隆九泉之下哀榮方縟斯迺命爲

罕說道不預謀豈如箕山之魂窒成寂漠信陵之墓徒復經過將知龍蛇之蟄潛契於天壤聖智所遊高懸於日月言之不可極其唯孔泰師乎泰師諱丘字仲尼魯國鄹人有殷之苗裔也分於宋則孔父嘉爲大司馬弗父何以國讓其弟厲公正考父佐戴武宣而受三命居於魯則有防叔伯夏叔梁紇紇生泰師若夫天命諱元鳥玉筐隆其濬哲瑞啓白狼瑤臺繁其錫類武王覆夏仍遷象物之金有客在周復奏棘林之樂茲恭喻尸臣之鼎高讓挹延吳之風令緒昌源煥乎已遠至如象緯凝質則傅說巫咸嵩華降神而申伯吉甫在於郊臨巨跡

欝符中野之口水帶丘阿遙均反宇之慶韞乾坤之精粹陶陰陽之淑靈度九圍十河目海口放勛文命有喻於儀形子產皐繇微詳於具體孟孫言其將聖泰宰辯其多能神關繫表性與道合時初撰屢已訓魯卿年未裘裳先窺周室猶且學期上達業遵下問龍如藏史或訪禮經碧進萇廟諱言詢易象曲臺相圃廣陳揖讓之容師摯師襄屢辯興亡之極罔羅六藝經緯十倫加以思入無方情該至賾陳庭矢集懸驗遠飛季井泉開冥口幽怪新萍汎日能對於楚賓舊骨淪風旋訓於越使藏往知來之際微妙廟諱通之旨不可以龜筴求不可以筌

蹄得及其譽聞曲阜南宮展師資之敬應務中都西隣
化諸侯之瀍冬官效職五土得其攸宜秋令克宣兩觀
展其刑政溝疏墓道且抑季桓田歸汶陽遂凌齊景尊
君卑臣之訓自家刑國之術每惆悵於輿周亦畱連於
韶管然而高旻不惠彼日浸微起哀怨於王風絕歸飛
於鳴鳥旱邦可化斯道欲行暖席與憂問津匪倦俎豆
嘗說空及三軍之容季孟有言不接雙雞之膳晏平推
士尚或相排子西讓王終成見拒亦有宋朝司馬喬木
難休衛國匡人逆旅焚炙荷蕢微者翻嗟擊磬之心儀
封細人潛明木鐸之意旣而在斯與感用輟棲遑狂簡

泜即泯字

斐然爾嗟穿鑿旋驂舊館掃筵闕里杏壇居寂緇林地
幽知十稽微得二承妙科斗所載方閱舊文雎鳩在篇
遍詳雅什河漢鞉鼓鏗鏘之響復傳宗廟衣裳升降之
儀還序博約無倦誘喻多方后稷躬耕近關勵物伯夷
餒死猶可激貪周公其人則神交於夢想管仲小器歎
微之於征伐信立德立言泰上謂之不朽曰仁與義前
哲以之周旋覆簣爲山喻天階而不陟讀易無過假日
蝕以鳴謙茨嶺峒山寄言於獨善□情風御未涉於通
莊妙臻數極作侔易簡是知縫掖迺兼濟之塗華袞非
爲政之要及其愚智齊泜椿菌如一南楚狂狷舊辯鳳

襄東魯陪臣奄成麟斃晨興負杖知命發於話言夕寐
奠楹將萎傷其遺慮崇山□谷□□下而無由賈石沈
星架大梁而何有門人議服俱纏至極之哀國史制詞
永錫慭遺之誄及埏深夏屋樹列遠方五勝迭遷六籍
無雅席聞初聞已舛微言入室且分遹乖大義秦人蛙
沸遺燼翳然漢代龍驤挾書未翦元封有述殘缺載陳
甘露嗣蹤搜揚復起春陵受命先訪於膠庠譙郡膺符
多招於文學逮江馬南度泉鶂北飛鴞入環林鯨衡聖
海有隨交喪中原翦覆東序南雍鞠爲茂草六樂五禮
皆從燬室欽若　皇唐肇膺明命　祖

武宗文之業天成地平之勳圖書因樂推重干戈由寧
亂集刳舟創浮芹藻之詩先遠戎衣初卷羽籥之節旋
興　皇上以聖敬而撫璇圖　文明而膺寶
歷
曆諱夏啟挹□光兆姬誦讓其惟淸化入龍沙風移鯷海
金丘展賮瓊田薦睬潛馬飾黃芝之封浮龜吐綠文之
籙虞庠殷塾廣賓尨叟蓬嶺石渠朋延停誨垂衣裳而
凝想虛　旒纊以永懷至於大道浸微小康遂往嬴
識紫□□□云阿劉風白金徒遵高里黃初正始時多
閒然建武永平業非盡善而迺作樂崇德殷薦之禮舉
陳有字載響顒觀下之訓齊設肆類羣望孝享之義益隆

歸功　三居尊祖之誠逾切　詔寰中而徵萬主
□□□以召百靈一茅分茹雙鶼共羽翠華遠昇秸席
虛位　上帝儲祉泰壹有暉山祇傳聲海神會氣九
皇之況榮可嗣三代之闕典還屬洒使朱鳥詳日蒼威
戒路七萃騰景八鑾鏘風過大庭以省方掩洙上□□（而）
□□居莫辯祠堂巋然見馬鬣於荒墳識欃檀於古墟
歎重泉之可作聞盛德而必祀言敷典訓廣命杍材贈
以泰師式旌幽壤改製神宇是光令德于時　皇唐之
御天下四十有九載即乾封之元年也攝提□歲句芒
獻節兗州都督霍王元軌大啓藩維肅承　綸誥庀徒

揆日疏閑雍遠接泮林之舊壝創靈光之前殿徂來新
甫伐喬木而韻流嬰岱畎泗濱採怪石而暄浮磬穎紫
施絇黝黛飛文沓拱重櫨春窻秋幌陰櫚積霧複閣懷
煙几仍度室席遵函丈亹宮澹然晬容有穆至如襄城
有訪七聖接其騑驂汾水言遊四子冥其衡軛將謂布
衣黃屋名器則殊卷領素王感召宜一顏子侍側似發
農山之談季路承閒如與浮海之說西華束帶尚以要
賓言偃裼裘猶爲得禮避席延其不敏捨瑟聦其幽情
共列昇堂齊參覲奧歲時蘋藻復雜昌蒲平日絃歌還
聞絲竹　皇儲一德聿隆三善博望邀裾肅成講義

爻畫當即爻畫

發揮鎔造幽贊事業而以周穆之觴王母尚勒西弇漢
帝之展禝丘因書東嶽遂迺思建隆碣上聞　天辰
言由國本理會　沖情副震宮之德聲命芸閣以紬頌
韡堂闢兮神靈優揚教思兮兩儀配煽　皇綱兮融
帝載堯可履兮舜爲佩晝而明兮夜而晦于嗟業兮麗
萬代其詞曰
赫赫上帝悠悠天造神集鴻名聖居大寶循性稱教衛
性爲道政若鎔金化侔偃草　爻畫先起律呂創陳禮
節天地樂和人神成期用簡業尚日新繂無聲臭騭有
彝倫　水火朝變憲章時革周廟傷禾殷墟悲麥褎豔

荷与苛通

紕雅羸荷淪隤散亂記言支離方册　自天生德由縱
成能賓筵恪嗣銘鼎家承蹲龍運舛振鐸冥膺闕典攸
緝斯文載與　廣訓三千徧于七十歷階東會藏書西
入楚將分社齊聞與邑接輿自狂長沮空執　在智伊
妙惟神迺幾羊因魯觸鳥向陳飛那傳頌管編照書韋
卜商承絢顏子參微　堯則不追昌亦遂往名教潛發
心靈汎奬德配乾坤業暉辰象麟悴遙泣山隤負仰
三統昌日千齡　聖期禋宗有昊展禮崇基覲宣時邁
神緘孝思縡螭承軛翠鳳翮旗　上浮龜蒙遙集鄒魯
翹勤眞跡惆悵今古舊壁迷字荒墳翳斧　綸賁宗師

碑陰據趙本校通
據阮本校字旁加○者皆阮本所同

詔緝靈字　虹梁野搆翬翼林舒雕櫳繡桷圓井方
琉沂寔浴早泮烏鳴初俎豆蠲絜丹靑藹如　壘撿前
蹤莊旅遺轍於昭遐訓允歸聖烈肅穆仁祠陰沈像設
隨四序以潛運懸三光而不跌

碑陰

分上下二截上截刻二詔一表共二十五行行五十五字下截刻祭文一首共二十五行行十二字又儀鳳二年一行在碑左邊介上下截之間並隸書又金明昌二年記二行在碑上截之左邊太子表文之末行書

武德乾封詔勅

大唐武德九年十二月廿九日下

馭歷　元功　宏道

太宗文武聖皇帝詔曰宣尼以大聖之德天縱多能王
道籍以裁成人倫資其教義故孟軻稱生人以來一人
而已自漢氏馭靂魏室分區爰及晉朝曁于隨代咸相
崇尚用存享祀朕欽若前王憲章故實親師宗聖是所
庶幾存亡繼絶抑惟通典可立孔子後爲褒聖侯以隨
故紹聖侯孔嗣悊嫡子德倫爲嗣主者施行
皇帝以乾封元年正月廿四日下
詔曰朕聞德契機神盛烈光於後代化成天地靂功被
於庶物魯大司寇宣尼父孔丘資大聖之材屬衰周之
末思欲屈己濟俗靂道佐時應聘周流莫能見用想乘

寶曆。

俘以永歎因獲麟而興感於是垂素王之雅則正魯史之繁文播鴻業於一時昭景化於千祀朕嗣膺寶曆祗奉睿圖憲章前王規矩先聖崇至公於海內行大道於天下遂得八表乂安兩儀交泰功成化洽禮盛樂和展采東巡迴輿西土塗經茲境撫事興懷駐蹕荒垣顧爲師友瞻望幽墓思承格言雖宴寢荒蕪餘基尚在靈廟虛寂徽烈猶存孟軻曰自生人以來未有若孔子者也微禹之歎既深褒崇之道宜崚可追贈太師庶年代雖遠式範令圖景業惟新儀刑茂實其廟宇制度卑陋宜更加修造仍令三品一人以少牢致祭褒聖侯德倫旣

允緒

太子宏

承慶緒有異常流其子孫並宜免賦役主者施行

皇太子宏諱表

臣聞周師東邁商閭延降軾之榮漢蹕西旋夷門致抱關之想況泣麟曾躅歌鳳遙芬祓縟禮於昌辰飾殊榮於窮壤者伏惟　皇帝陛下資靈繞極稟粹登樞乃聖乃神體陰陽而不宰無爲無事均雨露之莫和六符簫而太階平百寶臻而天祚永靈臺所以□伯延閣由其增絢尚齒尊賢邁　鴻名於萬古興亡繼絕騰峻軌於千齡大矣哉茂實英聲固無得而稱矣日者封金岱畎會玉梁陰路指沂川塗經闕里迴　鑾駐蹕式臨

翠琰。

堯禹之姿闢纘凝旒載想溫良之德於是特紓宸渙贈
以 太師爰命重臣申其奠醱廟堂卑陋重遺修營褒
聖侯德倫子孫咸蠲賦役臣 忠均扈從巡撫軍
舊烈遺塵躬陪瞻眺雩壇相圖欣覿前聞又昔歲承
恩齒胄膠塾歷觀軒屏貝到門徒想仁孝於顏曾弥
深景慕探（採。）風猷於竹帛冀啓顓蒙所以輕敢陳聞庶加
褒贈 天慈下濟無隔異時咸登師保式光泉夜敢
以前 恩重茲干請竊謂宣尼之廟重闢規摹桂奠
蘭羞永傳終古崇班峻禮式賁幽埏而翠貿莫題言猷
靡暢詢諸故實有所未周且將聖自天惟幾應物拯人

倫於已墜甄禮樂於旣傾祖述勛華三千勵其鑽仰憲
章文武億兆遵其藏用豈可使汾川遺碣獨擅於無懸
峴岫餘文孤摽於墮淚伏見前件孔廟營搆畢功竣業
曾徽事賫刊勒敵希　鴻澤令樹一碑徂遼海濤口
九無徵發山東豐稔時踰恒歲況鄒魯舊邦儒教所起
刊勒之費未足爲多許其子來不日便就乞特矜照遂
此愚誠臣識昧恒規言慙通理塵黷聽覽追增悚戰
敕旨依請

乾封祭文

維乾封元年歲次景寅二月戊戌朔二日己亥

皇帝遣司稼正卿扶餘隆以少牢之奠致祭先聖孔宣
父之靈惟神玉鉤陳貺靈開四肘之源金辟流禎慶傳
三命之範神脊越誕授山岳以膽奕天縱攸高蘊河海
而摽狀折衷六藝宣創九流睿乃生知靈非外奬於是
考三古褒一言刊典謨定風什莊敬之容畢備鐘鼓之
音載和父子爰親君臣以穆蕩乎煥乎樂正雅頌各得
其所可不謂至聖矣夫膺以寡德嗣應神器式崇祇配
展義云亭感周禮之尚存悲素王之獨注狩軸洙泗如
挹清瀾留連舞雩似聞金奏昌門曳練徒有生蒭之疑
漠曲移舟非復祥蓱之實慨然不已爰贈太師堂宇卑

陋仍命修造褒聖子孫合門勿事庶能不遺百代助損益之可知永鑑千年同比肩而爲友聿陳菲奠用旌無朽梅曙霞梁松春月牖德音暢而無歎形神忽其將久黛弗沬於生前亦知榮於身後尚饗

儀鳳二年七月訖功

明昌二年七月一日暴風折木壓其碑仆於地龜趺分爲二碑與字俱無害豈陰有所相而然耶九月一日復命工易以此座云提控修廟朝靖請大夫開州刺史高德裔記

此崔行功撰孫師範書行功嘗書開元寺千佛記者

師範無書名而此碑分隸是唐初法亦有漢魏遺意可與唐詔表碑同觀　高祖高宗詔各一通祭文一通太子宏表一通皆分書金明昌中暴風折木壓碑仆趺損而碑不損刺史高德裔易趺樹之行書題六十五字于后王元美曰其行筆不甚精功而時有漢意乃知古法自開元帝始盡變也石墨鐫華

碑文內升升二字升音陞升音斗隸釋漢苦縣老子銘有升星字司隸校尉楊孟文石門頌上順升極白石神君碑米升五錢注並云斗字漢隸分韻升升二字上升下斗唐比邱尼法琬碑天分斗極竟作升字則謬矣昔人以

其文易混故改升爲㪷俗作斗而二字多有誤者故漢書食貨志治田勤謹則畝益三升不勤則損亦如之臣瓚曰當言三斗尚書帝命驗黄曰神斗博雅誤作神升又世語姜維膽大如升誤作斗　字之从斗者漢樊毅復華下民租田口筭碑斛作⿰角升若縣老子銘涼州刺史魏元丕碑科作⿰禾升魏受禪碑料敵用兵料作⿰米升王知敬李衞公碑運奇料敵料作⿰米升歐陽通道因法師碑斜作⿰余升韋虛心鄭子春北嶽廟碑史惟則慶唐觀金籙齋頌魁作⿺鬼升晉書孝武帝紀論謝元之善⿰米升軍事何超音義曰⿰米升力弔反一作料後人不

知古人書法妄改爲斷而淳化閣帖晉簡文帝書斟字作斲又與升旁加一點以別升字後周華嶽頌斟字亦同張公禮龍藏寺碑揖讓而升大寶升字作斗以斗加一點爲升則不經之甚矣金石文字記

右唐高宗封孔子泰師碑左傳室如縣罄國語作磬碑書擊磬字作罄二字古葢通用也杍材卽梓材見古文尚書楊雄甘泉賦上天之縡師古曰縡事也讀與載同銘云縡無聲臭葢用戴記語而從子雲之奇字也金石存

右贈泰師孔宣公碑新舊唐書霍王元軌傳不載爲

兗州都督事可據以補史之闕 潛研堂金石文跋尾

此碑銘云循性稱教循與修通漢碑多以修爲循也爻畫先起依文義當作爻畫葢刻者誤耳文末作韻語又銘詞四字爲句末二句忽六字初唐人體格不拘類如此碑陰太宗封孔德倫爲褒聖侯詔一高宗新廟致祭免子孫賦役詔一皇太子宏請立碑表一乾封祭告文一末行但書儀鳳二年七月訖功無書人姓名筆意頗似前碑惟字多別體及錯譌通借者如商作商極作極稾作稟兩作兩薦作薦偃作偃齒作齒罕作罕具列門徒具列作貝到憩作憩久無徵

發久作九矜作矝追增悚戩增作贈戊戌作弋弋龔
作爵莊作莊鼓作皷朕以寡德朕作賸寡作寘嗣膺
神器膺作應牖作膈皆是按太宗以武德九年即位
詔下於是年十二月尚未改元其稱太宗文武聖皇
帝據上元元年改謚爲文也舊唐書高宗本紀乾封
元年正月丙戌發自泰山甲午次曲阜縣幸孔子廟
追贈太師增修祠宇以少牢致祭其褒聖侯子孫並
免賦役與碑合是年正月戊辰朔甲午次曲阜在廿
七日而詔以廿四日下益未至曲阜之前也祭告文
云皇帝遣司稼正卿扶餘隆考舊唐書職官志龍朔

二年二月甲子改百司及官名以司農爲司稼卿爲正卿亦與碑合乾封元年詔令三品一人致祭司稼正卿即三品也皇太子請立碑勅旨依請即崔行功所撰者是也是碑文無關尙資考證而不遭明昌之仆折誠如高德裔所記有鬼神陰相之者矣山左金石志

按此碑合兩面所刻凡奉敕撰文一太宗詔一高宗詔一皇太子表一祭告文一而以曲阜志通編卷內稽其先後則武德九年太宗詔其首也次乾封元年正月高宗詔次乾封元年二月祭告文次皇太子表次崔行功奉敕撰文崔行功文碑無歲

月其文中稱乾封元年者是贈太師之年非撰文
立碑之年皇太子以總章元年二月釋奠于學贈
顏子爲太子少師曾子爲太子少保然後表請闕
里孔子廟立碑表內云昔歲承恩齒胄膠塾指總
章元年釋奠事又云想仁孝于顏曾彌深景慕敢
輕陳聞庶加褒贈咸登師保式光泉夜皆指贈顏
子少師曾子少保之事而詳玩昔歲二字則請表
當更在總章元年以後矣表末云勑旨依請曲阜
志此下載詔曰皇太子宏近因釋菜齒冑上庠祗
事先師馳心近侍仰崇山而景行眷曩哲以勤懷

顯顏曾之特高揚仁義之雙美請申褒贈載甄芳
烈朕嘉其進德冀以思齊訓誘之方莫斯爲尚顏
回可贈太子少師曾參可贈太子少保並配享玩
詔語與表不合碑不刻大宜也曲阜志繫於表未
誤矣碑云祕書少監通事舍人內供奉臣崔行功
奉敕撰文奉敕直祕書行祕書省書學博士臣孫
師範書舊唐書崔行功傳行功高宗時累轉吏部
郎中兼通事舍人內供奉坐事貶游安令尋徵爲
司文郎中當時朝廷大手筆多是行功之詞遷蘭
臺侍郎咸亨中官名復舊改爲祕書少監上元元

案新唐書百官志祕書省少監二人龍朔二年改
祕書省曰蘭臺少監曰侍郎咸亨元年官名復舊
此碑云祕書少監是咸亨復舊之銜則撰文又在
咸亨元年以後矣孫師範無傳其銜曰直祕書行
祕省書學博士百官志云貞觀令職事高者爲守
職事卑者爲行書學隸於國子監有博事二人從
九品下所掌學生以石經說文字林爲專業餘字
書兼習之今觀碑字頗有不合于說文者可知當
時書學之官不盡能深明六書也然其書此碑隸
體嚴整以之充博士之官亦無忝矣凡奉敕撰書

之例撰者曰臣某奉敕撰書者亦曰臣某奉敕書此碑獨於崔行功奉敕撰文之下接云奉敕臣某書與他碑異也碑文首敘宣聖先世次敘宣聖事蹟次敘歷代至唐典禮沿革語極詳贍有云皇儲一德聿隆三善思建隆碣上聞天扆此即敘皇太子宏表請立碑事舊唐書太子宏傳云宏高宗第五子總章元年二月親釋菜司成館因請贈顏回太子少師曾參太子少保高宗並從之而其表請曲阜立碑之事傳亦不書太子薨于上元二年年二十四其總章元年釋菜年甫十七洵乎其爲賢

儲也則稱未書儀鳳二年訖功在太子薨後二年矣太子表云臣恩均扈從迹濫撫軍舊烈遺塵躬陪瞻眺霽壇相圖欣覩前聞是指高宗東封幸曲阜事東封在乾封元年太子時年十五在扈從之列而史傳亦無文蓋史之略者多矣祭告文有司稼正卿扶餘隆考通志氏族略諸方複姓有夫餘氏吳太子夫概王奔楚餘子在吳以夫餘爲氏百濟國王夫餘寬生璋號帶方郡王生義慈唐拜帶方郡王金紫光祿大夫生隆熊州都督帶方郡王生文宣司膳卿左衛大將軍樂浪郡公扶餘疑即

夫餘此扶餘隆官司稼卿與官司膳卿相類似亦
同源于百濟者也東封之前數年百濟初平方於
扶餘道置行軍總管以伐高麗此扶餘隆或即其
國人入仕于朝而從行東封者歟孔嗣悊爲孔子
卅一世孫其封紹聖侯在隋大業四年然則德倫
爲卅二世孫也碑陰隸體大致相同然凡太字皆
從本字不作泰與孫師範所書異以此知書者非
出一手也殆是當時書學所習書體不甚懸殊亦
足徵一時風氣所尚也碑字多别體山左金石志
所舉已詳而有未盡者如漢躍作濵躍登樞作登

摳海大作凝旒獨往作獨注皆偏旁所从之異而易啟後人之惑者碑內兩引孟子生民以來語生民俱作生人乾封詔固因避諱貞觀詔係高宗時追書故亦避諱也崔文云愚智齊泯泯即泯字亦避諱作泯也六籍無准廣韻云准俗準字字林則準與准同此時書學兼宗字林宜其以准爲準也乾封詔應聘作應聘及書太子表躬陪則作聀陪此又偏旁之可隨意互易也碑篆額十二字分四行字徑四寸碑首形圓題額外左右刻二仙子峩冠羽衣騎鶴而行左右相向鶴含草如竹葉周刻

大花葉唐畫真蹟不易見此石刻猶略得其規模

而碑首刻仙人跨鶴尤尠見此碑明昌二年一條

記此碑之不遭仆損即附于此不復析出云

金石萃編卷五十五終

金石萃編卷五十六

賜進士出身　誥授光祿大夫刑部右侍郎加七級王昶譔

唐十六

于志寧碑

碑高九尺七寸五分廣四尺四寸二分四十五行行九十五字正書額題大唐故柱國燕國公于君之碑十二字篆書在三原縣北五十里三家店

上闕出下闕其下闕金下闕避難下闕慶靈下闕英賢下闕南下闕川下闕亦
下闕傳太宗□□三□□□公贈□□恒等□州諸□
□□□□□□□□□□□□續茂□□功□□□
跨□□之十亂邁□□之三傑祖義隨上柱國瓜□□

□四州刺史□□□□□公□□□□□□□□□
□□□□□□重簪纓器名瑚璉位登上列政治藩
維父宣道隨車騎將軍上□□□□□□□□□□
□□□□□開國□□□孫殫身浴德旣揮翰於鳳
沼亦拊翼於龍樓　□□□□□□光□□□□
□□□□□□□□沙五州諸軍事□州刺史□日
□漢□欽無忌之」□□重中郎之德以今望古何以
□□□章□□德降生稟□□□□□英靈於
嶽瀆亦猶嵩華峻極杞梓之所□叢疏閬仙宮瓌產於
焉孕育□□□□□□□□琢□□□□□□□□

□媿其□□□□其詼博延□曲臺之□金□玉簡
之書冊府□□石渠□要莫□□□探賾鉤深辯
漢陵之竹簡識楚江之荓實同陳室之未掃若董園之
不窺轀廊廟之宏材懷佐□之□略□□而□梁□□
□□□□□□之□□□重之日斯□隨仁壽之
末調爲□□挽郎□拜朝請郎□班例□□而隨德不
競政紊朝昏公藏器待時逍遙文史□以偃仰貽誚方
就末班大業十年拜清河縣長爰屈上才□□下□所
□□□□□□□□□□□□□□□□□□□□
□□□宅心拯滄海之橫流撲崐峯之烈火□□□

□覺□乃時□□弃彼離心叶茲同德若公孫之歸漢
似文若之違表　□□□□□賜以乘馬卽拜
銀青光祿大夫　太宗文皇帝□□□□□□□
□□率□旅□□中莫府初開俊賢翹首辟書旣
下以公爲渭北道□軍敦煌□□□□□□□□
□□□□□□軍□□羽□□公運比□□□
□□算□□之足樂異孔璋之□富豈唯叅預帷幄
抑亦儀表人倫義□□年代平□師勳加授左光祿
　太宗進封趙公府寮亦並隨改及遷□仕夏朝政惟
新　太宗胙土八川分封百二公復策名□府仍司

管記□□□大□□討□□□□□□□□□崇勲
行賞□授上柱國武德元年九月拜秦王□曳裾碣館
躡履平臺邁□輔之□□繼祖仁之徽烈薛舉因隨末
枣亂命儔嘯侶竊據汧隴毒害黎元　聖朝愍慈塗炭
龔行天罰乃　詔太宗爲□討行軍元帥公復以□□
□□□□□□□□　皇基草創□夏未賓　□□□
分陝□征以□□□□□大行臺揔維衆務公以本任
兼度支郎中尋撿挍行臺左丞并知膳部郎中事復奉
勑爲華州團劄使仍授騎官軍副公厲兵秣馬明賞
慎罰□□□□□□□□□□□□□□公□□□□

□□□□□□□□□薛舉破劉闥擒□□□拒□
□賊等勲封黎陽縣開國子邑三百戸并賚□及馬又
以劉□重擾河北命公爲河南道支度軍裱使明年又
從　太宗討楊幹於涇州拒匈奴於北地奉　教判
天策府從事中郎尋進爵爲伯邑五百戸前後賞物七
百段及乎□□□□　□□□□□□□□□□□
之□□□衛尉少卿進爵爲侯邑七百戸貞觀元年拜
御史府長史高視首席毗贊□藩無勞露居之請自諸
毗正之寄三年□中書侍郎密□□□□□□□同范
甯之宏益□□若孔演之多識□意尋□□部侍郎□

□□□□右庶子加散騎常侍以□□宮多所□益賜
黄□一斤賜絹百匹　太子□□□侍春坊多□□歲
旣□宏益宜加優賞七年撿挍□州刺史尋□調護寄
□□舉□□□□　綸□□□□部十年進爵爲公邑
一千戸□□□　太宗璽勑荅曰忽省來表讜言周
備若非至誠於國誰能披露□心如斯情常然傅□□
鈞何以過也卿□□□□無□□□□□□□□□
□□□□□□□□禮□□□□一□實亦□□
□□未及拜制即詔授本職公□□陳情　勑令中
書侍郎岑文本就家喻旨云忠孝不並我見須人輔弼

卿宜抑割豈可徇以私情公固陳哀苦竟被奪情以公
□□□札令□□□公□□□　□□□□奉　勑旣
而□氏失德昵□姧□□□□□□歸竭誠巳□□□□
□□□以進□規遂漸相疎斥潛謀毒害厚賂凶人密
相要劫賴公積善幸免路隅及釁咎彰聞遂至廢黜春
宮官屬皆羅□譴以公□□□□□□□□及　□華
□□□求□□□公□在　帝心復拜左庶子加銀
青光祿於□□□□翼鶴□飛□邁□□之淸塵跨應
徐之勝跡十八年拜金紫光祿大夫行衛尉卿判太常
卿事五禮任隆八屯寄重兼而歸我僉論無違又以本

□□□□列□廿一年遷禮部尚書八□淸華五曹樞
要官□北斗名重南宮謁討謀以佐時宏損益□□□
□厲□其明允□□稱其博聞廿三季以本官兼太子
左庶子因謙 上謂之曰以卿恭厚長直爲朝廷所知
在府日共令田一種故重□□職尊奉□ □遷□侍
□今 上□靡憂勞億兆公勵誠□節□往□□庶績
咸□彝倫攸敘永徽元年加授光祿大夫進□燕國公
邑三千戸大開茅社廣列山河榮命旣隆 朝望斯重
二年八月拜尙書左僕射□本□□端□望重自非□
□□緯□經□安□□□□□□□□□□□□□□

□務復以本官兼太子少師尋而肇建 中宮以公兼
司徒持節□命 副君初臨甲館重道尊賢公旣翊正
春宮綱維禮閣參贊百揆陪侍兩宮 朝野仰其風猷
搢紳欽其雅望俄進位太子太傅餘並如前鄧□華□
□□□□□□職□□□當代名□方諧僉議以今方
古差可同年公□以□當朝政恒懼盈□頻表□奏請
收止足 皇上弗許乃令中書令來濟宣旨喻懷云公
以永徽已來卽當樞要籍公材用爲朕股肱耳目公以
年事衰□抗表辭□□□□八□□深可□尚然朕今
欲巡□□鎭 宗廟 社稷付公一□亦知公□八疢

□卽遣與立□一員□官不須辭退也及 鑾駕東巡
留公居守 駕還之後屢更陳聞自此踰年方蒙 恩
許乃高謝左執遷太子太師同中書門下參□□□□
□□事□□□榮州刺史公□言□□待罪鞠躬俄有
恩詔遷岐州刺史考績八□□除華州□□□□爲
政頻蒞近畿忠信旣孚鉤距勿用屢辭老病 詔許懸
車仍降殊 恩聽朝朔望將欲參奉華蓋陪侍登封□
行至于洛□□疾□□□屢□□□竟無□於膏肓
以麟德二年十月廿日薨於東都安衆里之第春秋七
十有八 皇情□悼頻□ 綸言喪葬所須並蒙官給

各令京官五品撿挍將送幷給靈轝車乘言旋京宅追
贈使持節都督幽易嬀檀平燕六州諸軍事幽州刺史
□□□□□□□□□□石□以□封元年歲次景寅
十一月癸亥朔□二□甲申葬於雍州三原縣萬壽鄉
淸池里奉常考行謚曰定公禮也惟公局量宏遠識度
淹通空谷無私虛舟不忤雖復孔牆數刃無以測其高
深黃陂萬頃不足方其涯涘□喜慍於□色絶□□於
胷衿□□□□終如始加以□悅墳典崇尚□□備
百行而無擇耻一□□□□緣情極綺靡之能體物窮
劉亮之趣雕龍謝其煇煥吐鳳慚其符彩所著文集勒

成七十卷兼復情敦孝悌愛結冈親因心竭□義之□
□□□□□□□□□亦□依仁既隔宅以恤孤
亦指困以周給及乎殫冠笠仕釋褐登□屬隨鼎之已
□逢區寓之□裂公乃□□下邑屏跡丘園避亂政之
昏凶俟　眞人而□用　太宗□居上□□□□□
□□□□□□夙陪鳳邸　君王分庭待士築館欽
賢邁稷下之淸風軼平臺之勝軌鄒枚慕義樂劇來賓
已□□□八□公□□□貞觀之後名位斯隆□□已
來□任允重丹青帝載粉黛王猷□務□亨□□□允
加以□□□□□□□□□□□不可□□□□在

□□□□□□□重□居心數服馬而方對既而監修
國史實錄□五代史等才兼□□□□□尋郎□□
□諸祕□□□賜物二百段再加封□□□□□監撰
新禮顏文□定□□□□五經正義復蒙厚錫　車駕
□有行幸郎令公於宮城居守□留臺事正□朝賀□
羽儀車服焉又於東西二京萬年宮各□田宅其內□
□□寶器服物等前後　□賜不可勝載委任恩遇莫
之與京及易簀之辰遺令薄葬盟器下帳一□□□□
載以柳車飾之以素其子□奉不敢違越斯實人倫之
師表朝廷之羽儀者歟夫人宏農劉氏曾祖延魏太子

中庶子散騎常侍周□持節左光祿大夫都□驃騎大
將軍□□□□□□□□□□□宮□隨使持節□州
刺史梁靈二州總管洛陽□公偉之孫隨左千牛建節
尉卅武之長女也珪璋比質蘭菊齊芳嬪則聿修母儀
式序從夫有秩拜宏農夫人燕國夫人積善□徵□□
□夜昔歡□□之榮今悲□□之禮□□尚□□部郎
中國子司業太子率更令使持節渠號二州刺史□□
已卿上護軍立政育至性善居喪感風樹而增哀攀橋
枝而殞慟但佳城之下滕公有見日之期萬山之巔元
凱懷沉江之慮敢因斯義敬託雕鐫金紫□祿大夫大

司□□□□□□監修國史護軍彭陽公敦煌□□□
棻藉□楊之舊睦投□□□□分爰自青襟便申莫逆
翀闊談宴逝將六紀分財謀事子實我知諒直多聞余
蒙其益豈謂後事之託竟屬元常先逝之悲遂□公達
絕□之歎已矣如何乃爲銘曰
流分若水祚始周原浚曹仁恕延尉平反邁種弗已靈
慶斯繁望隆華轂譽重高門金行失御王事靡鹽言違
苛政適茲樂土運屬興王位隆台輔□□□□□□□
祖堂堂□□是□宗臣寄深□□□署經綸剛公體道
都督依仁化□□□名高搢紳英靈允集降生王佐碩

量夙成芳猷遠播言無可擇行無貳過牆刃罕窺唱高
寘和資忠於孝釋褐登朝以兹上德爰膺下寮鶴志斯
遠驥足方超運□舟覆時逢道銷　□人轡□□□□
□從□文房叅陪戎律代藩曳履梁園珥筆雅說解頤
清文□疾　下武膺運赫赫明明首席藩邸貳職春卿
鳳沼揮翰龍樓振纓忠勤表節諒直馳名既莅宮端復
臨政本職惟叅乘寄深補袞德重禮□道光儲□在□
思□□□□損吉凶□域若泰□依□簪朝列□冕王
畿耳施寬猛□舉□□貪殘屏迹悖獨知歸遐壽未窮
逝川遽閱易簀遺試既明且哲□□□重蒭靈靡設善

終令始蹈名全節將歸郭北駈車上東□行□□　詔
□□隆□□□□□□□高□□□徽烈無窮

右唐于志寧碑以考唐史列傳其微時所歷官史多不書今亦不復錄錄其尤著者碑云大業十年爲清河縣長而傳云爲冠氏長碑云自中書侍郎遷兵部授蒲州刺史不赴爲後衞尉卿判太常卿事以本官兼雍州別駕遷禮部尚書而史皆不載中云自侍中拜尚書左僕射同中書門下三品頃之兼太子少師遷太傅顯慶四年以老乞骸骨詔解僕射更拜太子太師仍同三品今以碑考之其初拜僕射也未嘗領中書門下三品至罷僕射乃爲同中書門下參謀朝政皆史家之誤又案百官志唐初宰相有參議朝政參預朝政參知政事其後有同中書門下三品同平章事永淳中遂以平章事入銜而獨無參謀朝政之名蓋惟見於此耳金石錄

右碑趙氏据志寧自冠氏縣長歷官同中書門下三品證新舊史之脫漏顚倒詳矣尚有未盡者如碑云曾祖謹祖義父宣道義仕隋爲名臣自有傳史乃遺之以冠氏爲清河者新史也卒於麟德二年舊史與碑同則劉氏之書未敢盡以爲可議已金石後錄

碑文剝落未知誰氏撰書亦不知何年所建但甍於麟德二年十月而葬以乾封元年丙寅歲十一月也癸卯夏予既得盡讀三原諸石碑縣志以此碑爲于立政碑予竊惑之碑雖剝蝕數語可辨因考之唐書復與友人申肇馳謁墓下搨其碑額曰大唐故柱國燕國公于公之碑了然無疑矣蓋吏部郎中立政爲君之子而東海公辨機黃隋刺史大猷又立政之子君墓與碑俱無恙尚有四石獸存若辨機大猷二君碑存而墓爲田矣縣志既不載燕公又不知立政墓所在乙巳歲修秦誌董其事者爲河濱李楷叔則先

生余錄燕君墓碑始末乞改訂誌書叔則先生據祑
稱善以爲有功古人踰年余抵澶州叔則先生報書
珍重云巳改正乃今觀泰誌仍踵前訛何也如杜萊
公如晦墓在昭陵亦復載於城南司馬村段太尉秀
實墓在臨潼縣灞岸斜口鎮而復載于汧陽縣郡邑
乘不足信如此類甚多也　又石墨鐫華云趙明誠
有定公曾孫默成碑默成爲沛令早卒以子休烈顯
肅代朝亦得立碑默成不知爲辨機爲大猷之子此
碑亦在三原則休烈至定公正爲五世又按碑燕公
祖謹周太師謚曰綱父宣道周大將軍謚曰獻定公

七世於此可考史既多逸縣誌又巳不傳賢人君子
論定公之後猶有升沈顯晦之數寓焉可慨也夫公
高陵人今邑中尚有于姓讀書出仕者來齋金石刻考略
碑下半磨泐存字二千金石文字記云令狐德棻撰
子立政書乾封元年十一月今碑中皆漫漶不可識
雍州金石記
右燕公于志寧碑碑稱所著文集勒成七十卷而舊
唐書本傳云有集二十卷經籍志又云志寧集四十
卷皆誤也新史藝文志與舊志同　志寧罷相後嘗爲岐州刺史
此新舊書本傳所失載而趙氏金石錄亦未之舉故

爲表而出之潛研堂金石文跋尾
按碑文四千餘字存者約二千七百餘字蓋可讀
者尚多也惟首三行漫滅過甚里貫無攷而其敘
先世自祖巳前不可知矣碑稱祖義父宣道以隋
書于義傳考之則義之父謹是志寧之曾祖也兩
唐書志寧傳亦云曾祖謹父宣道而不書其祖義
今歷稽諸史詳其官閥考其同異周書于謹傳謹
字思敬河南洛陽人也兩唐書志寧傳俱作高陵
人宰相世系表云于氏出自姬姓邘叔子孫以國
爲氏其後去邑爲于氏自東海郯縣隨拓跋鄰徙

代改爲萬紐于氏後魏孝文時復爲于氏傳至謹
從西魏孝武帝入關遂爲京兆長安人不云其居
河南洛陽也高陵與長安同屬京兆志寧先世徙
代自當世居京兆而周隋史傳皆以爲洛陽則自
謹從西魏孝武入關始也及唐書爲志寧作傳仍
書其舊貫耳周書于謹傳謹仕周閔帝時遷太傅
封燕國公天和三年薨贈太師雍州刺史謚曰文
謹子義隋書傳義字慈恭仕周閔帝時安武太守
封建平郡公明帝武帝時歷西兗瓜邵三州刺史
隋高祖朝爲潼州總管超拜上柱國卒贈豫州刺

史謚曰剛据碑則云瓜□□□四州刺史與傳不同義有二子長宣道字元明周時賜爵成安縣男隋高祖踐阼遷內史舍人進爵爲子累遷太子左衞副率進位上儀同唐書宰相世系表作威安獻公威安或是成安之訛獻公之謚則隋傳所無也碑述宣道不詳周爵而稱隨爲車騎將軍下文闕泐有云既揮翰于鳳沼亦拊翼于龍樓則是內史舍人之語也義次子宣敏字仲達仕隋高祖朝拜奉車都尉卒年二十九無子以宣道子爲後即志寧也碑仍稱宣道爲父而宣道之後似當敘及宣

敏然文已不完此下乃述志寧之事云隨仁壽之末調爲□□挽郎拜朝請郎大業十年拜清河縣長下有缺泐兩唐書皆云大業末調冠氏長山東盜起棄官歸冠氏縣屬豫州武陽郡清河縣屬兗州清河郡殆清河調冠氏碑泐不詳而史則但書其一耳碑云若公孫之歸漢似文若之遶袁賜以乘馬即拜銀青光祿大夫太宗文皇莫府初開俊賢翹首以公爲渭北道□軍敦煌闕下此皆高祖起義晉陽之事莫府即幕府借用字舊書傳云高祖將入關率羣從於長春宮迎接太宗爲渭北道行

軍元帥召補記室授銀青光祿大夫碑云義□□年代平□師勲加授左光祿太宗進封趙公府寮亦並隨改太宗本紀義寧元年薛舉攻扶風太宗擊敗之略地至隴右二年爲右元帥徙封趙國公碑云崇勲行賞授上柱國武德元年九月拜秦王府□太宗紀武德元年進封秦王碑云薛舉竊據汧隴乃詔太宗爲□討行軍元帥闕下大行臺公以本任兼度支郎中尋撿挍行臺左丞并知膳部郎中事後爲華州團割使仍授騎官軍副太宗紀薛舉寇涇州太宗爲西討元帥舉死其子仁杲出降

拜右武候大將軍太尉使持節陝東道大行臺團割使唐百官志無此官恐是唐官暫置非定制也碑云薛舉破劉闥擒封黎陽縣開國子邑三百戶又以劉□重擾河北命公爲河南道支度軍粮使明年又從太宗討楊幹于涇州拒匈奴于北地判天策府從事中郎進爵爲伯邑五百戶闕下衞尉少卿進爵爲侯邑七百戶貞觀元年拜御史府長史劉闥者即劉黑闥也唐碑書人名或單舉或雙舉各隨所宜太宗紀武德四年太宗加號天策上將領司徒陝東道大行臺五年劉黑闥既降已而復

反七年突厥冦邊太宗與遇于豳州與可汗盟而
去舊書傳云太宗爲秦王天策上將志寧累授天
策府從事中郎兼文學館學士碑云三年□中書
侍郎尋□□部侍郎下闕右庶子加散騎常侍以□
□宮多所□益賜黄□一斤賜絹一百匹太子□
□□侍春坊多□□歳既□宏益宜加優賞七年
撿校□州刺史下闕十年進爵爲公邑二千戸舊傳
云貞觀三年累遷中書侍郎太宗命貴臣内殿宴
怪不見志寧或奏曰勅召三品巳上志寧非三品
所以不來太宗特令預宴卽加授散騎常侍行太

子左庶子累封黎陽縣公左庶子據碑作右庶子
傳誤也傳又載太宗謂志寧曰皇子幼少卿當輔
之以正道志寧以承乾數虧禮度志在匡救撰諫
苑二十卷諷之太宗賜黄金十斤絹三百匹此亦
與碑異又諫苑二十卷舊書經籍志作三十卷志
與傳互異此書碑從略新書傳無卷數藝文志則
不載碑云未及拜制卽詔授本職公□□陳情勅
令中書侍郎岑文本就家喻旨竟被奪情舊傳云
十四年兼太子詹事明年以母憂解尋起復本官
屢表請終喪禮太宗遣中書侍郎岑文本就宅敦

諭之遂起就職碑云旣而□□失德昵□蘜□竭
誠巳□以進□規遂漸相疎斥潛謀毒害厚賂凶
人密相要劫賴公積善幸免路隅舊傳云皇太子
承乾所爲多不法志寧三上書諫承乾大怒陰遣
刺客張師政紇干承基就殺之二人潛入其第見
志寧寢處苫廬竟不忍而止碑云及釁咎彰聞遂
至廢黜春宮官屬皆羅□譴公復拜左庶子加銀
青光祿太宗紀十七年四月廢皇太子爲庶人立
晉王治爲皇太子舊傳云承乾敗後推鞫具知其
事太宗謂志寧曰知公數有規諫事無所隱深加

勉勞右庶子令狐德棻等以無諫書皆從貶責及
高宗爲皇太子復授志寧太子左庶子碑云十八
年拜金紫光祿大夫行衞尉卿判太常卿事廿一
年遷禮部尚書廿三年以本官兼太子左庶子此
所歷官傳俱從略而云未幾遷侍中碑則未見碑
云今上□嚮永徽元年加授光祿大夫進□燕國
公邑三千戸二年八月拜尚書左僕射復以本官
兼太子少師尋而肇建中宮以公兼司徒持節□
命副君初臨甲館重道尊賢公參贊百揆陪侍兩
宮俄進位太子太傅舊傳云永徽元年加光祿大

夫進封燕國公二年監修國史拜尚書左僕射同中書門下三品以本官兼太子少師顯慶元年遷太子太傅碑云公頻表□奏請收止足皇上弗許乃命中書令來濟宣旨喻懷及鑾駕東巡留公居守駕還之後屢更陳聞自此踰年方蒙恩許乃高謝左執遷太子太師同中書門下舊傳云四年表請致仕聽解尚書左僕射拜太子太師仍同中書門下三品按鑾駕東巡指幸洛之事高宗紀顯慶二年閏正月如洛陽宮三年二月車駕旋京碑詳記之而傳從略碑云闕上榮州刺史公待罪鞫躬俄

有恩詔遷岐州刺史考績除華州屢辭老病詔許懸車仍降殊恩聽朝朔望將欲參奉華蓋陪侍登封行至于洛以麟德二年十月廿日薨于東都安衆里之第高宗紀麟德二年十月戊午皇后請封禪司禮太常伯劉祥道上疏請封禪十一月庚寅華州刺史燕國公于志寧卒請封禪即碑所稱將欲陪侍登封也至以志寧卒爲十一月庚寅則與碑之作十月廿者異也舊傳云高宗將廢王庶人長孫無忌褚遂良執正不從而李勣許敬宗密申勸請及許敬宗推鞫長孫無忌詔獄因誣志寧黨

附無忌坐是免職貶榮州刺史麟德元年累轉華州刺史致仕許之二年卒于家碑有遷岐州刺史之語傳從略也碑云皇情□悼喪葬所須令京官五品撿挍將送給靈轝車乘言旋京宅贈使持節都督幽易嬀檀平燕六州諸軍事幽州刺史以□封元年歲次景寅十一月癸亥朔□二□甲申葬于雍州三原縣萬壽鄉清池里謚曰定公傳則但云贈幽州刺史謚曰定而已丙寅爲乾封元年十一月癸亥朔則甲申爲廿二日也志寧卒于東都傳稱卒于家則洛陽之故居無恙也返葬于三原

則仍歸京兆故籍矣碑云著文集勒成七十卷監修國史實錄□五代史等監撰新禮五經正義俱蒙厚錫易簀之辰遺令薄葬盟器下帳一□□□舊傳云前後預撰格式律令五經義疏及修禮修史等有集二十卷新傳云志寧與司空李勣修定本草并圖合五十四篇兩傳與碑互有詳略異同如此碑所稱五代史是指唐以前之五代但未分晰爲何代据新書令狐德棻傳析之曰隋梁齊陳周五家史當立即此五代也然不見有志寧撰次之名稽之新書藝文志亦惟隋書八十五卷志十

三卷有志寧同撰之名餘皆無考也又大唐儀禮一百卷又永徽律十二卷式十四卷式本四卷令三十卷散頒天下格七卷留本司行格十八卷律疏十三卷並有志寧同撰名又志寧集四十卷兩唐書同餘俱不著志寧名盟器即明器儀禮既夕陳明器于乘車之西注明器藏器也新唐書羅紹威傳紹威子全忠壻也會女卒使馬嗣勳來助葬選長直千人納盟器實甲以入此爲明器通用之證碑云夫人宏農劉氏曾祖延魏太子中庶子云云隨使持節□州刺史梁靈二州總管洺陽□公

偉之孫隨千牛建節尉卅武之長女也志寧蓋與夫人合葬碑故兼敘夫人而詳書其三世則别見此碑卅武避諱缺末筆作卅三世俱不見于魏隨史傳碑又云□部郎中國子司業太子率更令使持節渠號二州刺史□□□卿上護軍立政此是敘志寧之子舊傳但云子立政太僕少卿碑于卿字上泐三字當即太僕少也碑又云金紫□祿大夫大司□□□□□□□監修國史護軍彭陽公敦煌□□□□棻此是撰文者自敘金石文字記云令狐德棻撰子立政書蓋當顧氏時猶及見碑字姓

鈔本校

名尚存今則但有棻字在耳至書人爲立政則無可攷矣德棻自署其貫曰敦煌舊書德棻傳云宜州華原人先居燉煌代爲河西右族又云貞觀六年累遷禮部侍郎兼修國史賜爵彭城男十一年修新禮成進爵爲子永徽元年兼宏文館學士監修國史遷太常卿四年遷國子祭酒兼授崇賢館學士又撰高宗實錄三十卷進爵爲公龍朔二年致仕仍加金紫光祿大夫乾封元年卒此德棻歷官之大略碑則撮舉其要也志寧以乾封元年十一月葬德棻以元年卒是立碑之時撰文人已卒

矣文內安得詳書葬日以此知爲立政所增敘而書之也詳攷諸史與碑參校既可補史所未備亦可補碑之闕文故不厭覼縷記之

紀國陸妃碑

碑連額高一丈五寸廣三尺九寸五分三十七行行七十三字正書額題大唐紀國故先妃陸氏之碑銘十二字篆書在醴泉縣昭陵

上闕□□□之迴風□□□靈泉覩常儀之浴月蓄淳精於洛□則仙娥呈姿浮淑氣於巫臺則神妃降彩識晤天祚乘馬闕桑埵下闕□□□□中饋靈液手□固韞異於遐年神道會昌復摛英於 聖代妃諱 字 河

南洛陽人也自大電流樞有下闕□□□□□□□命□
中陽國與地分八隨代起晉人失御鍾鼎墜於金陵魏
氏乘期衣冠遷於鼎邑天保未定閎散爲疏下闕兵□使
持節□州諸軍事洛州刺史上柱國定陵懷公惟岳降
神自天生德受黃書而莅仕技青萍而應務漢開八挍
金鉞揔下闕□□□□□□□□□書社祖立素益
州大都督府長史太子□庶子材膺半古道亞鄰幾□
生□流之藝惠施五車之學絹容下闕□□□□□□
□□□賢之寄護駕銅闈深諧正人之舉父爽尚書庫
部兵部二曹郎中渾金在器華璋表質齊臣守境□照
乘下闕□□□□□□□□含香□署旋承覆被之
□東道未申西崦驟落妃□精月媛擢秀川娥體柔順
以宅躬貧閑婉而居性德行高下闕□□□□□□□
□□□□事親之□□□□□垂□端□之情彌
厲父母由是特所寵異常稱之曰此女年雖幼小至於
女則婦道母儀三者下闕□□□□□□□□石室
藏書一覽□探奧賾察姜姬之往行雅叶貞心想樊衛
之餘風懸符夙志女圖斯鑒恥飾於鈆華姆教可遵欣
下闕□□□□□□□聰穎□□藝該通縱□體於銀鈎
垂□文□繡篆□□玉霰先裁柳絮之詞歲啓銅□獨

綴椒花之頌然以神虬沐雨頁非躍下闕宸紫□□姓
之□□□問名之禮年□有三出歸於杞國曰惟大
王　高祖神堯皇帝之孫下闕□□□□□
□□□□□□□□□□□□□鴻勳表於維
翰貞觀十七年有　詔冊命爲杞王妃禮下闕□□□
□□□之□三星□照符結帨之嘉期□月初開合□
笄□令節鏘八鑾於桂邪聲振歸韓馹百兩於香街禮
均迎渭來朝闕下□□□□□□□□□□□□
□□□□上□誠□□□□式序無□□地之儀尊卑
有常克盡移天□敬暨隼旟出牧翟羽隨軒幾馭韓城
之□洊撫漢□之□耕夫執耜瞻杏路以□□□□
□□□□□□□□□□□□□雖被大□之
風亦乃先妃之□□以□□酒醴供潔□脩怡顏候色
朝夕無怠此妃之孝德一也沃盥饋食備服紘綖代終
無成理內從教□□□□德二也□澤圖□尊敬師
傳□□靡□於言□□不形於色此妃之□□三也閑
邪□偏避嫌遠□□車迎而未從無符召而弗至此妃
之正德四也食無重味衣絕輕鮮襲澣服之□□□
□之□□此□之儉德五也鳲鳩□養蘩菽□□始鞠
之於乳哺終□之於□□此妃之慈德六也持盈守道

蘊智韜光悟託賢之去禍知淩人之及難此妃之明德
七也以斯七德□□□□□□□□□芳□□□
賢罕能□□名馳楚甸道□梁藩舉族□其徽音□□
□其懿範皇姑降念□愛子而爲一　睿后
流恩□密親而莫二既而祥通隕鷁慶動□□□□□
□□□□金□之□室□□□東平郡□續等六男江
陵縣主等八女綿紳□歲咸承教經之慈□□登辰俱
□斷機之訓是使貞姿夙茂□光日新令德彰於遠邇
休聲顯於家□□□□□□之□□□□□□
業棣之花□□謂□□九□永保□鏈之□積粟萬鍾

方慶□堂之壽而福謙愆□□疾彌□□液□痾去□
山而海絕□横延歲瞻五城而地遠風□□□□□□
□□□□□□流俄啜仲由之泣□麟德□年□月廿
六日薨於澤州之館舍春秋卌有五其日郎　考
之諱辰妃久□沉疾□斯增□情不勝哀□而殞絕
□□□□□□□□□□□□□愴□空□□
衣之念歎結行路哀□搢紳絕□□妃時在洛下初聞
凶訃頻趣哀痛之情旋遣悼書備竭辛酸之旨自非德
行貽著操履堅貞何以見重□□□□□□□□□
□□□□□性純□□□□□先□□侍□□易簀之

初特□□□慈母送終之禮纔使具於槨衣居喪之制
不許越於苦寢追往慎終咸從遺命有　□□□□
□□□□□□□□□□□□陪葬于
昭陵喪葬所須隨□官給又令京□五品監護靈轝
還京又遣司衛少卿楊知正監護儀仗送至墓所往還
粵以乾封元年□□□□□□□□□□□□
□□　陵南二十三里惟妃太陰之靈仙兌
之英乘絳河以秀出體黃坤而挺生履道循規□□
□□□學□習詩書以立身礪履情田樹闕下七篇深窮
於旨趣榮辱一致偏□□□之言得喪兩忘殊好給園

金石萃編卷五十六唐十六　三

之說由是動無悔吝居靡憂虞嚴以訓家敬以直內至
於四時亭宴三朝起居或稱□□□□□□□□
□□□□□□山□歌□□摛詞雅會□□之曲聲
參夏籥韻入虞部金石由其克諧人祇以之有悅故得
教孚縣寓德冠前修雲□奮其英氣河緯騰其茂烈而
下闕□□□□而奄□鳴呼哀哉□□□□禮備於飾□
□□戒□榮頒於　詔葬川分清渭路轉黃山拒
畢陌而疏塋控橋陰而列隧峯攢偃蓋松摽錫闢闕之
下闕□□□□夫□□□少卿東平郡□續等茹荼嬰慕
集蓼纏哀擗厚地而無追攀穹蒼而罔逮日月遄謝愈

傷望屺之懷霜露亟濡尤切循陔之痛以爲闕□□□
鐫金褐以樹山□□銘曰
□□□□□□□□□□□□□□□□
□□□□□□□□□□其一錫類有徵□賢無墜上
肅登鉉□陵傳瑞大父忠良儲端表器顯考英偉郎官
啓位其二纘緒克昌賢才挺□□□□□□□
□□□□□□□□□行廼專一其三稟教母儀□□
師氏□□□□學□□史擁燧貽則佩觿成軌潔盛羞
蘋陳甘薦祉其四譽洽彤扆　恩廼綠綈施□
□□□□□□□□□□□□□□□□
□□□其五□灒□□□枝分景翦桐開國疏茅樹屏駟馬爰
駕龍祈載整茱藹□丹功崇鏤鼎其六合醑貞吉諧琴作
配方咸娶女比兌歸妹□□□□□□□□
□□□□□□其七□□□□遹征翊化千里宣條□城
曹□月明楚觀風清春椒獻頌秋菊栽銘其八水言思孝
因心則友訓子折薆承姑奉箒匪莪恩洽吹薪德□□
□□□□□□□□□其九□□□□□□□□□□
□□烈謂神祐仁先喪明哲悲逾輟相悼□捐玦其十卜
遷夏屋　詔葬蛩陰地乳西距天□北臨楚挽宵
喝哀笳曉吟皐高霧□□□□□闕歎藏舟之難固庶

貽範於穹□敬刊石於泉路其十二
碑已磨滅存六百餘字有云妃河南洛陽人也祖立
素益州大都督府長史太子□庶子父爽尚書庫部
兵部二曹郎妃年十有三歸于紀國曰惟大王高祖
神堯皇帝之孫又云護轝還京遣司衞卿楊知正護
送至墓所按醴泉志載有紀國太妃韋氏墓乃太宗
之妃紀王愼之母也此陸氏爲紀王愼之妃唐書紀
王愼傳越王貞初連諸王起兵愼知時未可獨拒不
與合將就誅而免改氏虺載以檻車謫巴州薨於道
碑中護送至墓所必中宗復位以後事可以補史之
缺雍州金石記
右紀國先妃陸氏碑妃河南洛陽人年十有三歸于
紀國貞觀十七年詔冊命爲紀王妃生東平郡王續
等六男江陵縣主等八女麟德二年六月廿六日薨
於澤州之館舍春秋三十有五詔陪葬昭陵以乾封
元年景寅十二月壬辰朔九日庚子葬于陵南二十
二里唐書紀王愼七子續琮叡秀獻欽證宗室表有
續琮遜庄叡秀獻欽曠澄十八人傳作證表作澄字形
相涉而訛耳碑惟云六男其餘非妃所生也河南陸
氏本出代北步六孤氏後魏太和中改爲陸氏與望

出吴郡者源流各别妃之父爽官尚書庫部兵部二
部曹郎中隋時有太子洗馬陸爽其子法言撰切韻
爲後世所宗與此非一人也潛研堂金石文跋尾
按陸氏以貞觀十七年册爲紀王妃則附紀王葬也
與陪陵不同故史及會要諸書不著醴泉縣志
案妃以乾封元年十二月葬于陵南二十二里紀昭
陵陪葬者及金石文字諸書皆未載關中金石記
按碑文二千七百餘字存者一千七百餘字尚得
十之六也妃之大略多可見陸氏出自嬀姓子孫
遷居吴郡凡見於史傳者大率吴郡人爲多其河

南陸姓始於北魏魏書官氏志步六孤氏後改爲
陸氏通志氏族略代北有步落大人號步陸孤氏
後魏孝文遷洛陽改爲陸氏碑故云晉人失御鍾
鼎墜於金陵魏氏乘期衣冠遷於鼎邑也北周書
陸通傳通字仲明吴郡人西魏文帝大統九年授
驃騎大將軍開府儀同三司太僕卿賜姓步六孤
氏進爵綏德郡公然則步六孤氏亦源出於吴郡
矣步六遒志作步陸孜庾子山集載周譙國公夫
人步陸孤氏墓誌銘標題亦作陸文云夫人諱某
字某本姓陸吴郡人也語與周書陸通傳同錢塘

倪璠庾子山集註云周書云本姓陸賜姓步陸孤
氏是以陸爲六由來舊矣北周書陸騰傳騰字顯
聖代人仕周武帝時爵上庸郡公官終大司空涇
州總管薨謚曰定子元字士鑒元弟融字士傾最
知名歷顯職大象中位至大將軍定陵縣公碑所
稱定陵懷公者似即其人是爲妃之曾祖矣周書
騰傳稱其舊貫則曰代人而騰之六世孫據新唐
書附見蕭潁士傳稱據河南人字德鄰年三十到
京師公卿愛其文交譽之天寶十三載終司勳員
外郎又有陸堅者新書傳稱爲河南洛陽人官給

事中兼學士善書初名友悌元宗嘉其剛正更賜
名疑皆其族屬也唐書所見河南陸氏惟此而已
祖立素父爽史俱不爲立傳碑稱立素官益州大
都督府長史考隋書列傳庶人秀高祖第四子開
皇元年立爲越王未幾徙封於蜀拜柱國益州刺
史總管二十四州諸軍事歲餘而罷十二年復出
鎮于蜀立素之爲長史當在是時其時令狐熙亦
爲益州長史見熙碑碑云年十有三出歸紀國貞
觀十七年冊爲紀王妃妃以麟德二年薨年卅五
推其生在貞觀五年至十七年册妃年正十三也

舊唐書紀王愼傳貞觀十七年遷襄州刺史以善
政聞璽書勞勉百姓爲之立碑永徽元年拜左衛
大將軍二年授荆州都督累除邢州刺史文明元
年加授太子太師轉貝州刺史越王貞將起事愼
不肯同謀貞敗愼亦下獄臨刑放免改姓虺氏流
嶺表道至蒲州而卒貞謀起事在武后垂拱三年
則愼之流嶺表亦在其時距妃薨後二十二年矣
妃以十七年受冊紀王卽以是年出守襄州碑故
有隼旟出牧翟羽隨軒之語又云名馳楚甸道曰
梁蒲是授荆州都督也薨於澤州館舍澤州高平

郡屬河東道臆度其時當是除邢州刺史妃隨行
道次澤州而薨也碑云紀□□妃時在洛下泐二
字當是紀國太妃愼之母也舊書列傳稱紀王愼
太宗第十子新書傳稱太宗有十四子韋妃生愼
則愼之母韋太妃也碑云送終之禮纔使具於楸
衣楸衣二字無攷韻會云楸與梓本同末異蓋可
以爲送終之具者也衣卽厚衣之以薪之義此蓋
以文義求之非別有所據也碑云東平郡王續等
六男舊傳稱愼長子東平王續早卒次子義陽王
琮楚國公叡襄郡王秀廣化郡公獻建平郡公欽

等五人垂拱中遇難中興初封愼少子鉄誠爲嗣
紀王後改名澄是有七子也新書傳七子同惟澄
作證爲異宗室世系表紀王房愼子琮之下有樂
安縣公衡州別駕愻丹陽郡公宋州刺史庄欽之
下有隴西郡公都官郎中曠是有十人也此三人
惟愻無繼嗣庄曠皆傳六世旣非早夭又非遇害
不知兩傳何以不書至碑止稱六人者或是妃薨
之年祇有六子然不詳其名不知續之外餘五人
者爲誰也碑云江陵縣主等八女見於新書傳者
惟東光縣主適太子司議郎裴仲將性儉素姊弟

詶之則東光縣主有姊有弟姊卽碑稱江陵縣主
者是已弟不知是誰或卽續也妃當薨逝之初卽
巳陪葬昭陵先遣官護靈轝還京又遣官護儀仗
至墓所雍州金石記謂以護送紀王墓所爲中宗
以後事可補史之缺蓋偶失檢也愼卒於蒲州道
次當時不知葬于何所及神龍初詔州縣求訪復
官爵諸王皆陪葬昭獻二陵則紀王固在陪葬之
列宋敏求長安志昭陵陪葬諸王七紀王愼在其
數妃墳八人之中有紀國太妃韋氏無紀國妃陸
氏則似紀王與陸氏合葬長安志載紀王不必復

據道本校

書陸氏耳醴泉縣志以爲陸氏冊爲紀王妃附紀王葬者蓋是約略之詞仍未晰也碑云葬于陵南二十三里今此碑在醴泉縣北二十里西屯村昭陵南十里其里數今昔不同何也傳稱東平郡王續早卒然碑已有其名則卒于麟德二年以後五人遇害之前也碑無書撰人名姓碑書倘多用別體如从木者皆从手及晏作宴鐫作儁又龍旂作龍祈借用字悔吝作悔𢘂从古體後人乃加心作悋㤓又省作吝也曹□月明此句對下楚觀風清當用仄聲疑月明當作月朗楚挽宵碣疑是宵唱恐筆誤也

敬善寺石像銘

碑高三尺五寸廣一尺八寸三分十五行行二十八字正書在洛陽

敬善寺石像銘 并序

宣德郎守記室叅軍事李孝倫撰

若夫銀梓毓祉締靈影於金園劒雨銷氛飛惠液於沙界自鶴林秘彩雞山藴迹甄　睿像於貞金刊瑞容於芳琬夙猷不墜繄此頼焉紀國太妃韋氏京兆人也茝姿含綺霏華椒掖蘭儀湛秀緝美蘋隈而思惕紅沙湞眞輝於五劒神棲縞霧延妙業於三珠爰擇勝纖聿脩靈像質融虬彩影龖鸞騫月逗仙河分紫眉而泆色星流天菀翊紺瞳而飛照懇誠巳罄茂績其凝化鳥旌越海之功藏龜彰拔塵之果昭昭峻業難可名言者哉加□凝石疏基均霜表地川潔桐圀之蘂風送杏巖之香雖淨境開金慮睽□於乘海宏規鐫石諒終期於芥城其銘曰

二靈巳散一體未融動植滋影物象相蒙情氛委岳識浪隨風終淪□往孰亮三空大雄降迹麏津斯演瑞浦澄流祥山闢巘雪童戢勝檀□翼善了義酉宣妙輪東轉菜潤攸在震區有庇望影咸圖尋光必萃粵惟德乾

夙探微秘詣道雖忘瞻容乃喟珠瓔褫玩銀藏傾財林中寫塔雲外崇臺臨豪月滿暎臉蓮開香煙起霧梵響驚埃南控鸞川北馳春路萬室迴矚四依輟步撫因其植披文同悟比日長懸隨山永固

碑無年月述紀國太妃韋氏造像之美其文甚麗字體亦工其寫鶴爲鸖祕爲秘龔爲龍絜爲潔翠爲翆夙爲夙皆別字云南控鸞川按中山經云蔓山蔓水出焉而北流注于伊水水經注云伊水自熊耳山東北逕鸞川亭北蔓水出蔓山北流際其城東而北入伊水世人謂伊水爲鸞水蔓水爲交水故名斯川爲

鸞川也檢今方志無菱水鸞川之目蓋後人俗呼失
其音字賴碑碣流傳尋經脈水足証上古禹書非無
信耳中州金石記
右銘無年月紀國藩妃唐書例無傳僅見陪葬昭陵
姓氏案紀國除于武后時而諸王妃主自垂拱後被
害者皆槀掩之神龍初詔州縣普加求訪陪葬昭獻
二陵此必武后以前所刊姑附于武后之末竹崦盦金石目
錄
按銘無年月竹崦盦目錄附于武后之末今考紀
國太妃韋氏乃太宗之妃紀王之母據紀王妃陸

氏丞薨乾封元年陪葬昭陵陸妃薨時太妃居洛
陸妃墓碑有云紀國太妃時在洛下初聞凶訃頗
極哀痛之情旋遣悼書備竭辛酸之旨云云此爲
太妃居洛之證敬善寺造像今在洛陽則太妃刻
銘當即在是時因附于陸妃碑後庶爲近之

令狐熙碑

碑連額高一丈二尺六寸廣四尺六寸三十五行行七十八字正書額題隨故桂州揔管武康郡公之碑十二字篆書

隨故□□□□□□□□□桂州揔管武康郡開國公令
狐使君碑銘并序
闕德棻撰
闕秀書
□閈濟巨川者□□舟檝之用□□□□□□梁□□
□是以□□□□□□□□□所以□□□□□□□
□□□百姓叶和萬邦□□□象南□□□東觀勒功
□樹稱□□楹□茂實於當季播□聲□□俗□□□
□之□□□□之□□□□公諱熙字長熙燉煌□□
人也□大夫□□之後□□□□□□食邑□□□□
□□□□□□將遷□□遠祖邁爲建威將軍與翟義
連謀爲莽所宮子孫避□□□□□□□□□□□□

□□□□□□□□□□□□□□□□□□魏武威
太守並□□□□□□□□□□□□□□□□□□
□□茱祖虬魏龍驤將軍瓜鄯二州刺史敦煌太守鶉
陰縣開□□□□□□□□□□□□□□□□□□
□□□□□□□□□□□□□□□□二州刺史□
□□□□□□□□□□□□□破□之庸績□設壇
之顯榮遺□祓於萌黎功烈書於王府公早承□□□
□□□□□□□□□□□□□□□□□□□□□
□□□□□□□□皆當代□□□□□□□以□□
□□□□□□□□明三禮工騎射解音律嘉聲□譽

獨步當時周武成之初始入國□□□□□□□
□□□□□□□□□□□□□□□□上士尋
遷夏官府都上士□□□□□□□□□□□□
□□□埋案□□□階處斷若流神無滯用尋以內憂
去任哀毀過禮□□□□□大孝安親義不絕嗣吾
今□□□□□□□□□□□□□□□□□□□□□
□□□□□□□□□□少□□□□□□□□哀號骨立
□□不起雖□□至性無以過之周武帝將有河陰之
師詔公壘復從事□還□職方下大夫襲爵彭陽公邑
二千一百戶建德五年六月□□留知夏官府事□還

□留守功增邑六百戶加授儀同大將軍宣政元秊遷
司勳□大□俄轉吏部公筮仕之始即在選曹其時吏
部臨淄公唐□雅量高材望□德重□公識度每□與
周席公以長幼□隔辭不敢當□謂公曰吾子□□□
□□□至此坐先後之間何足形迹□此□三□□
踐其位當府談者咸所嘉尚公之弱歲本以鑒悟見稱
及處詮衡大收時譽有□□柴燎太壇詔公行納言
事開皇元秊拜司徒左長史加上儀同大將軍進封河
南郡開國公于時景命惟新教府初立從容處物雅允
具瞻吐谷渾竊據西垂敢窺王略朝廷出車薄伐以公

為元帥府長史公受命忘身先登斬級所乘之馬□箭
而斃□此力戰遂□破□蜀王以□功之秊遠鎮巴蜀
弼諧之寄僉議攸歸乃以公為益府長史屬□行未反
竟不述職二年敘破渾之功加上開府儀同三司俄授
使持節滄州諸軍事滄州刺史州□□海□□舊稱□
□□□□□□□流亡獄以賄成官由貨進公下車之
始詞訟盈庭鏡情案察姦無所隱未及朞月化□訟息
□造州門者□□□脫有□□俗以□□公莅□之
初戶惟四万綏撫□□□□□□□□乃□十万
□□洛陽公朝行所闔州士庶謂公更有升□遠于將

送悲不自勝及公還也老幼相攜出境迎□□□□□
□□□□□□□□□□□□□□□八年□河□道行
臺度支尚書百姓追思立碑頌德改行臺為并州摠管
府即授并府司馬十一秊轉雍州別駕尋改為長史公
厲精剖斷威惠兼施□□其□□□□十二□□鴻
臚卿以本官兼吏部尚書□□□□□□□□□□□□
□許以□□及車駕□以公□侍從又判禮部度支兵
部刑部工部尚書及秘書監事　高祖鑒觀四方求
人之□□□□□□□□□□□□□□□□□□□□□
□□□□□□寺卿□□□□□□□□□□□□□□□

□□□公□□□獄輕重無冤凡在官僚莫不欽仰鑾
駕旋軒行次汴州郭下有□汴二渠商侶所□游子□
□□所□□□□□□□□□□□□□□□存□□
□以□□□□朝賢□公□在乃授使持節汴州諸軍
事汴州刺史於是下車布□□帷□部括遊惰抑工商
斷向街門禁巷市者船客停於郭外行侶□□□留孤
村□□□□□居□令歸本令行禁止莫敢有□□□
□□□□□□□□□□□□朝宗以□德政爲天下
之最賜帛三百逐仍勑諸州考使咸取則焉十六秊除
使持節揔管桂交尹藤筒□黃□越愛德□利□□象
□□十七州諸軍事桂州刺史□□□□□□□
□□□□□於律令□斟酌管內管人皆□土人□
授刺史有闕擬訖奏聞二佐以下卽令述職賜絹五百
疋□□□□□汴州軍□五百人以充□□公以□
□□□上表聞□□□□□□□□□□□□□□
以文德分□□□□□□獠感恩咸來□謁先雖
有州縣之名□□居之所公□筒□望□拔才□□
以職□□□□□□生□之□累代不□□所□□
□□□□□□□□□立□□□營□□□開建
庠序□致文儒勸喻□娃令其就業朞歲之後頓革□

□自□□□□未之有也□□在□□以疾固辭□旨
不許□□以藥□□□□□□□砭石□□□□二年
八月十五日□于位春秋六十有三卽以其秊十二月
□□於京城之□以　大唐貞觀十一秊十一月五
日歸葬於□州華原縣之□□□□□□□□□□□
□□□□□幽□□□□□□□□□□□□□□□
□□□之風臨下布仁明之德及于入居省閣出撫藩
維懷愛洽於憚□□擇隆於管庫去思結戀來暮興謠
望重朝□□□□□□□□□□□□□□□□□□
□□□□□□□□□□□□□□□□□□□敎士
素之交怱□□之貴□成□立光國榮家者矣夫人同
郡氾氏周甘州刺史慶之女□□□□□□□□□□
□□□□□□□□□□□□□之□□□□□□□
□□□□□□□□□女也初拜□原郡君□遷河南
□夫人□以淑德仁明幽閑婉順□□□□□□□□
□□□□□□□□□□□□□□□□□□□□□
□□□□□□□□□□□□□□□□□□□□□
□□□□□□□□□□□□□□□□□□□□□
□□□□學士監修國史護軍彭陽縣□國公德棻陪
侍膝下夙趍敎義□□□□□□□□□□□不□□
□□□承□□以□□□□□□□□□□□□言□

□□□□□□□□□□□□□□□□□□□欲報
厚恩昊天罔極陟平原□□□□□□□式敘家風雖
才□□□□□□□□□□斯□□□□□□□□□
□□□□□□□□□□□□□□□□□□□□□
□□□□□□
□□□□□□□□□□□□□□□□□□□□□
□□□□□□□□□□□□□□□□□□□□□
□□□□□□□□□□風猷無競賢達繼蹤□□鼎
盛龍驤體道履信居忠襄公感會懋德□□□□□□
□□□□□□□□□□□□□□□□□□□□□

□□□□□□□□□□□□□□□□□□□□□
□□□□□□弱冠歌纓忠能入仕斷剳馳名既□□
要實綜絟衡銀鈆不雜□□□□□□□□□□□□
□□□□□□□□□□□□□□□□□□□□□
□□□□□□□□□□□□□□□□□□□仁□
既洽禮□攸與功成秩滿朝命斯膺莅職陝東攝官京
縣政成□□□□□□□□□□□□□□□□□□
□□□□□□□□□□□□□□□□□□□□□
□□□□□□□□□□□□□□蘇□□三湘褰帷
五嶺雜種繫幟□隅荒梗我君訓俗以寬濟猛□□□

□□□□□□□□□□□□□□□□□□□□□
□□□□□□□□□□□□□□□□□□□□□
□□□□□□□□長□□□□鐫勒庶垂不朽盛範
鴻名不忝于後
□□乾封二年歲次丁卯五月辛酉朔廿五日□□
□　□□□□□□□□□□□□□武騎
尉□□□□□□□□□□□□□□□□□□□
按此碑文約二千七百餘字存者一千三百餘字
尚得十之五其事蹟可考而知也題曰令狐使君
碑銘撰人僅存德棻二字書人僅存秀字書人不

可知撰者以文字求之則子撰其父之碑也碑敘
公諱熙遠祖邁祖虬而曾祖與父在泐文中不能
辨則是子撰父碑直書名諱不必如後世之假他
人塡諱也唐書宰相世系表令狐氏出自姬姓周
文王子畢公高裔孫畢萬爲晉大夫曾孫顆以獲
秦將杜回功別封令狐生文子頡因以爲氏世居
太原秦有太原守五馬亭侯範十四世孫漢建威
將軍邁與翟義起兵討王莽兵敗死之此即使君
之遠祖也碑所敘與表合邁生三子伯友文公稱
皆奔燉煌伯友入龜茲文公入疏勒稱爲故吏所

匿遂居効穀稱生六子第三子由由六子長子禹
禹生四子第四子溥溥生三子璜叡瑒傳五世孫
礬礬孫亞亞孫敏敏五世孫虬虬即使君之祖也虬
生四子元保整慶保休整即使君之父也惟曾祖
不列于表中碑云祖虬魏龍驤將軍瓜鄯二州刺
史敦煌太守鶉陰縣開下闕北周書令狐整傳云整
曾祖嗣祖詔安並官至郡守咸爲良二千石父虬
北史整傳作蚪蓋蚪字之譌仕歷瓜州司馬燉煌郡守鄯州刺
史封長城縣子大統末卒于家太祖傷悼之贈龍
驤將軍瓜州刺史傳較碑加詳而無鶉陰縣之封

攷鶉陰縣漢置屬安定郡後漢改曰鸇陰屬武威
郡晉以後廢省是鶉陰之名亾已久矣其地入於
西魏置會州會寧縣後周並廢至隋開皇十六年
復置會寧縣屬平涼郡隋書地理志平涼郡又有
百泉縣後魏置長城郡又黃石縣西魏改爲長城
縣隋時改爲百泉是長城縣與鶉陰同屬平涼郡
地而其名皆昔有而今無不能定其孰是也據周
書整傳知使君之高祖諱嗣曾祖諱詔安北史整傳作詔
安父諱整周傳云字延保燉煌人本名延世爲西
土冠冕刺史魏東陽王元榮辟整爲主簿加盪寇

將軍魏孝武西遷河右擾亂整執鄧彥送京師太
祖表爲都督後以定晉昌斬呂興狀聞于朝詔徵
赴闕授壽昌郡守封驤武北史作襄武縣男除持節撫
軍將軍通直散騎常侍大都督遷使持節車騎將
軍儀同三司散騎常侍尋除驃騎大將軍開府儀
同三司加侍中賜姓宇文氏賜名整孝閔踐阼拜
司憲中大夫進爵彭陽北史作彭城縣公權鎮豐州除
豐州刺史拜御正中大夫出爲中華郡守轉同州
司會遷始州刺史天和六年進位大將軍建德二
年卒贈鄜宜豳鹽四州諸軍事鄜州刺史謚曰襄

此整歷官之始末也碑文缺泐惟存二州刺史及
遺□被於萌黎功烈書於王府二語而已二州刺
史者即始豐二州語見隋書熙傳碑此下述使君
之事云公明三禮工騎射解音律周武成之初始
入國下闕上士尋遷夏官府都上士隋書令狐熙傳
熙起家以通經爲吏部上士尋授帥都督輔國將
軍轉夏官府都上士俱有能名碑云尋以內憂去
任哀毀過禮□□□□□大孝安親義不絕嗣
吾今下闕哀號骨立□□不起周武帝將有河陰之
役詔公墨縗從事□還□職方下大夫襲爵彭陽

公邑二千一百戶隋書傳云以母憂去職殆不勝喪其父戒之曰大孝在於安親義不絕嗣吾今見存汝又隻立何得遽爾毀頓貽吾憂也熙自是稍加饘粥服闋除小駕部復丁父憂非杖不起(徐與碑同)北史傳同惟小駕部作少駕部彭陽作彭城爲異据碑泐文中尚存少字則北史是也爵是彭陽非彭城當以碑爲正周書武帝紀建德四年七月壬午上親率軍直指河陰八月己卯入于齊境攻河陰大城拔之會有疾九月辛酉班師碑所稱河陰之役即此事也碑云建德五年六月口口留知夏

官府事口還口留守功增邑六百戶加授儀同大將軍宣政元年遷司勳口大口俄轉吏部隋傳云武帝平齊以留守功增邑六百戶進位儀同歷司勳吏部二曹中大夫周書武帝紀建德五年十一月己酉帝總戎東伐六年正月甲午入鄴城二月乙卯自鄴還京明年三月壬辰改宣政元年碑又云公筮仕之始即在選曹其時吏部臨淄公唐口雅量高材望口德重口公識度每口與同席云云唐泐其名以周書傳攷之乃唐瑾也瑾傳云瑾年十七周文聞其名召拜尚書員外郎相府記室參

軍事累進驃騎大將軍開府儀同三司爵臨淄縣伯于謹南伐江陵以瑾爲元帥府長史論平江陵功進爵爲公累遷荊州總管府長史入爲吏部中大夫蓋熙以少年與瑾同爲中大夫又同在吏部故碑云然又攷于謹傳謹伐江陵乃梁元帝承聖元年事後三年立蕭詧爲梁主振旅而旋事在西魏恭帝初元而周太祖文皇帝尚居元輔之任也碑云柴燎太壇詔公行納言事開皇元年拜司徒左長史加上儀同大將軍進封河南郡開國公此皆入隋以後事也隋高祖以周靜帝大定元年二

月受禪隋傳云高祖受禪之際熙以本官行納言事尋除司徒左長史加上儀同(爵與碑同)碑云吐谷渾竊據西垂敢窺王略朝廷出車薄伐以公爲元帥府長史蜀王以口幼之年遠鎮巴蜀彌諧之寄僉議攸歸乃以公爲益府長史二年敘破渾之功加上開府儀同三司俄授使持節滄州諸軍事滄州刺史隋傳云吐谷渾寇邊以行軍長史從元帥元諧討之以功進位上開府會蜀王秀出鎮于蜀以熙爲益州總管長史未之官拜滄州刺史隋高祖紀開皇元年八月甲午遣行軍元帥樂安公元諧

擊吐谷渾于清海破而降之九月辛未以越王秀爲益州總管改封爲蜀王又據隋傳庶人秀高祖第四子開皇元年立爲越王未幾徙封于蜀拜柱國益州刺史秀有膽氣多武藝上每曰秀必以惡終碑故云嚮蕭之寄僉議攸歸也碑云□□洛陽公朝行所閭州士庶謂公更有升□遠于將送悲不自勝及公還也老幼相攜出境下闕八年□河□道行臺度支尚書百姓追思立碑頌德改行臺爲并州總管府即授并府司馬十一年轉雍州別駕尋改爲長史證以隋傳語皆合碑于洛陽上有泐

文傳則云開皇四年上幸洛陽也行臺上泐字乃河北道也碑云及車駕□以公□侍從又判禮部度支兵部刑部工部尚書及秘書監事傳但云往判五曹尚書事而已碑有車駕字侍從字隋高祖本紀開皇十二年七月壬戌幸昆明池其日還宮八月乙亥幸龍首池是年遊幸祇此二事不知熙之侍從在何時也碑云鑾駕旋軫行次汴州郭下有□汴二渠商侶所□下闕乃授使持節汴州諸軍事汴州刺史於是下車括游惰抑工商斷向街門禁巷市者船客停於郭外行侶□□□留孤村□

□□□□居□令歸本令行禁止莫敢有下闕德政爲天下之最賜帛二百疋侶與旅同疋即疋字隋傳云上祠太山還次汴州惡其殷盛多有姦俠於是以熙爲汴州刺史下車禁遊食抑工商民有向街開門者杜之船客停於郭外星居者勒爲聚落僑人逐令歸本考續爲天下之最賜帛三百疋傳視碑較詳而帛三百疋與碑之二百疋者異也高祖祠太山是開皇十五年正月事河南通志古蹟門載開封府汴河故道云即浚儀渠河舊出鄭州滎陽縣大同山東經府城內又東合蔡河名蒗蕩

渠又名通濟渠東注泗州下入於淮皮日休銘云隋之疏淇汴鑿太行在隋之民不勝其害也在唐之民不勝其利也云云據太平寰宇記通濟渠在開封縣南二里大業元年引汴水入號通濟渠又琵琶溝在開封縣南十一里西從中牟縣界流入通濟渠隋煬帝欲幸江都自大梁城西南鑿汴水入即蒗蕩渠也則通濟與蒗蕩是二渠河南通志謂蒗蕩又名通濟者非也然此二渠皆鑿自煬帝時此開皇十五年未有此二渠名則碑云□汴二渠不知何渠也碑云十六年除使持節總管桂交

尹藤簡□黃□越愛德□利□□象□□十七州
諸軍事桂州刺史隋傳云上以嶺南夷越數爲反
亂徵拜桂州總管十七州諸軍事累改武康郡公
所謂十七州者碑泐其六以隋書地理志攷之倘
有靜賀東寧安明玉等州名與桂林諸郡相鄰者
然亦不能強合於十七州之數也碑云以疾固辭
□旨不許下闕二年八月十五日□於位春秋六十
有三郎以其年十二月□□於京城之□以大唐
貞觀十一年十一月五日歸葬於□州華原縣之
下闕隋傳云在職數年上表曰臣忝寄嶺表四載于

茲犬馬之年六十有一年疾俱侵請解所任優詔
不許有人詣闕訟熙受交州渠帥李佛子賂既而
佛子反上大怒鎖熙詣闕熙行至永州憂憤卒年
六十三北史傳與此同周書附整傳但云大象中
位至吏部中大夫儀同大將軍蓋入隋以後歷官
不入于周也碑不詳熙被逮事子爲父諱也碑於
二年上有泐字當是仁壽二年至貞觀十一年歸
葬距其卒三十六年而撰文立碑在乾封二年又
距三十年合之其踰六十六年矣華原縣屬雍州
殆因其子德棻徙居乃遷熙柩歸葬而唐書德棻

傳遂不曰燉煌而曰宜州華原人也然宜州爲唐
初所置貞觀中廢天授二年始復置其後改爲燿
州是及德棻之身宜州之廢久矣碑又云夫人同
郡汜氏周甘州刺史慶之女初拜□原郡君□遷
河南□夫人此蓋以合葬而兼敘夫人也廣韻云
汜姓出燉煌濟北皇甫謐曰本凡氏遭秦亂避地
於汜水因改爲汜氏之先見於晉書者二人一爲
汜毓見儒林傳係濟北盧人客居青州與夫人異
派一爲汜騰見隱逸傳爲敦煌人當是夫人之先
世也碑稱夫人爲同郡蓋與熙同貫敦煌也其父

慶周書北史俱無傳碑云學士監修國史護軍彭
陽縣□國公德棻陪侍膝下夙趨教義云云此德
棻自敘其官也舊唐書德棻傳貞觀六年累遷禮
部侍郎兼修國史賜爵彭城男十一年修新禮成
進爵爲子永徽九年累遷太常卿兼宏文館學士
四年遷國子祭酒兼授崇賢館學士又撰高宗實
錄進爵爲公龍朔二年致仕仍加金紫光祿大夫
乾封元年卒於家新書傳稍略然彭陽作彭城則
同誤也碑于學士之上有泐文據傳是崇賢館也
碑立於乾封二年其時德棻已卒而此行年月之

下其泐四十餘字中間倘存武騎尉三字當是
棻之後人官武騎尉刊其遺文而立于墓上抑或
是爲德棻祔葬因追爲熙立碑也隋傳稱熙有四
子少子德棻最知名今見於唐書宰相世系表者
只德棻一人其三人但有孫曾列于表內亦無官
武騎尉者則武騎尉不知何人也此碑金石家皆
未著錄因詳攷之

賜進士出身 誥授光祿大夫刑部右侍郎加七級王昶譔

唐十七

令狐德棻碑

碑連額高一丈一尺九寸五分廣四尺二寸五分十五行行七十七字正書額題大唐故金紫光祿大夫彭陽憲公之碑銘十六字篆書

大唐故□□□□□□□□修國史□□□□

下闕

上闕政書

□□□之所興分八□丘爲□□壘□所至□三耆□

□□□□□□□□□□□□□□□□□□□□
□□□□□□□□□□□□□□□□□□□□
□□□□含□□□□紀情以□□之□□繼□
董之頁筆紬石室之記勒金簡之書□□揚名□□服
□□□□□□□□□□□□□□□□□□□□
公諱德棻字季□敦煌人也□□□□肇開曆□□侯
居□□□緒□□□□□□□□□□□□□□□
□□□□□□□□□□□□□□□□□□□□
□□□□蹈縹垂丹銘□□□會□虬魏龍驤將
寘□□□□□□□□開國子□□□□□□□□

□□□□□□□□□□□□□□□□□□□□□
□□□□□□□□□□□□□□□□正卿上大夫
始豐二州刺史彭陽縣開國公□□□□□□□□□
□□□□□□□□□□□□□□□□□□□□□
□□□□□□□□□□□□□□□□□□□□□
□□□□□□□□□□公□上開府儀同三司兼吏
□□□□□□□□□□□□□□□□□□□□□
□□□□□□□□□□□□□智峯□□□□□□
□□□□□□□□□□□□□□□□□□□□□
□□□典籍□□之術昭茂於中臺□□□□□□□
□□□□□□□□□□□□自□□□□□□英爽
□忠特異常童□夕之□□□□□□□□□□□□
□□□□□□□□□□不□□□□□□□□矩意
□□知機達妙摘□□菀生□□□□□□□□□□
□□□□□□□隨文帝□而善之因曰公□□□代
□□□□□□靚卿□□□□淸□□□才子□□□
□□□內艱未及叙□□以□□丁此□□絕漿□粒
殆不□□彝□父憂□□□□卒由□極議者稱之服
閼□家援游騎尉大業中□□□□□□□又□□□
□□□□□□□公以□□□□□□□□□□□□

□□□□□□□史養素韜□俄而日闕星亾山淪□
沸羣孽肆慝懷□羅禍　　我高祖受圖誕命□□□
師□□□以推亡指容□之弥暴淮安王神通式瞻□
野截切□□□□雄□□□□力□公□□□□□□
□□□叅軍專掌詞翰兵□進□戚以委之禮盛□□
恩深入幕以從□京城之□加銀青光祿大夫大丞相
府記室武德之始拜起居舍人□□□□特掌□□記
□□□□□□□□□□□□□□□□仍□□□供
奉□□□□□□□□□禁□憩麟臺□遊於文雅摺
紳之侶戚以□□□□以本官攝尚書左丞□幾封彭
陽縣開國男食邑二百戶□□□□□□□□□□□
□□□□□□□□□□□□□□□機□攝□□□
彝授□□侍郎及　　詔修五代史書命公專撰周史
公博贍多聞工於著述詳錄典□有□□□□□□□
□□□□□□□□□□□□□□□□□□□□□
□□□□□□□□□□□□□□修新禮成進爵爲
子加邑百戶賚物□百冊段頭之又命公與吏部尚書
高士廉刋定成□事畢□□□□□□□□□□□□
□□□□□□□□□□□□□□□□□□□□□
□□□□□□□　　太宗以業定功成時康歲稔廼

於羣□將事□□□□□□□□□□□□□□□□
□□□□□□□□□□□□□□□□□□□□□
□□□□□志□□□□其禮□□天□以爲故事繇
□繼□比位□□於公□儲君□□□□□□□□□
授以正議大夫行右庶子正□□之敦厚□□元之□
□□□公□□□□□□□□□□□□□□州□□
□雅州刺史□車露晃緝化宣風獷俗鑾□懷恩□□
以公事□□□□□□□□□□□□□□房玄齡□
□□許敬宗等□□□□□□□實□□□□□□□
□□□□□□□段□□大□□□□少監□帛一百

五十匹今　　上正位以公守禮部侍郎□□□□□
□□□□□□□□□□□事□□□□□□□□□
□□□□□□此□今□□□□□□□□□□□□
□之□□□□□永徽二□□□□□宏文館學士
仍監修國史□□□□敭改授□□□□太常少
卿依舊修史□□□抑揚□□□纓□□□□□
□□□□□□□□□□□□□之□□□□之□□
□□之□□□□□□□□抗表去位優詔不□進□
邇□□□□□□□□□如□□□之思闡□素
□□□□謝□□□戴□□□□□□□□□□□□

□□□□　　太宗實錄□□□□□□□食邑□□
□□□□□□明□□□□□□□□□□□□□□
□□□□□□□□□□□□□□□□□□□□
　皇帝實錄□□□□公增邑一千□□□□□□□
□□□□□□□□□□□□□□□□□□□□□
□□□□□□□□□□□□□□□□□□□□□
□□□□□□□□於是□仰丘□翱翔林壑抗跡□
□□□□□□□□□□□□□□□□□□□□□
□□□□□□□□□□□□□□□□□□□□□
□□□□□□□□□□□□□□□□□□□春秋

八十有四遺□薄葬□□□□塗□□□□□□□
□□□□□□□□□□□□□□□□□□□□□
□□□□□□□□□□□□□□□□□□□□□
□□□□□□□□□□□□□□□茂風韻清□輶
顏□□□□保性□□□□□□□□□□□□□□
□□□□□□□□□□□□□□□□□□□□□
□□□□□□□□□□□□□□□□□□□□□
□□□□□□□□□□□□□□□□被冊網羅□
□□□□□□□□□□□□□□□□□□□□□
□□□□□□□□□□□□□□□□□□□□□

□□□□□□□□□□□□□□□□□□□□□
□□□變寵以孤直之操尤憚權□□□□□□□□
□□□□□□□□□保□華□□□□□□□□□
□□□□□□□□□□□□□□□□□□□□□
□□□□□□□□□□□□□□□□卌卷並行於
時長子太子右司議□□□□□□□□□上□軍□
□□□在□充□□□□□□□□□□□□□□□
□□□□□□□□□□□□□□□□□□□□
周王御時鑒開□□□□□□□□□□□□□□□
摽□□□□□□□□□□□□□□□□□□□□

□□□□□□□□□□□□□□□□□□□□□
□□□□公惟□之彥質邁南銑材踰東箭□□□□
□□□□□□□□□□靡□□□呑□□城□□□
□□□□□□□□□□□□□□□□□□□□□
□□□□□□□□□□□□□□□□□□功隨業
暢位逐名尊蒿柱□□□□□□□□□□□□□□
□□□□□□人爵風□□□□□□□□□□□□
□□□□□□□□□□□□□□□□□□□□□
□□□□□□□□□□□冕酬功載縜王言裁成帝
□□□□□□□□□□□□□□□□□□□□□

□□□善□□公□□□□□□□□□□□□□□
□□□□□□□□□□□□□□□□□□□□□
□□□□□隧漠漠竆泉山光慘日□□□□□□□
□□□□□□□□□□□　嫡孫朝鉠

按此碑約二千七百字存者不及八百字可讀成文者無多全藉史以補闕也舊唐書傳云德棻宣州華原人隋鴻臚少卿熙之子也先居燉煌代爲河西右族德棻大業末爲藥城長不就義旗建淮安王神通自稱總管以德棻爲記室參軍高祖入關引直大丞相府記室武德元年轉起居舍人五

年遷秘書丞撰藝文類聚高祖詔蕭瑀王敬業殷聞禮修魏史陳叔達令狐德棻庾儉修周史封德彝顏師古修隋史崔善孔紹安蕭德言修梁史裴矩祖孝孫魏徵修齊史竇璡歐陽詢姚思廉修陳史歷數年不能就貞觀三年太宗復勅德棻與岑文本修周史德棻又奏引殿中侍御史崔仁師佐修周史六年累遷禮部侍郎兼修國史賜爵彭城男十年以修周史賜絹四百匹十一年修新禮成進爵爲子又撰氏族成賜帛二百匹十五年轉太子右庶子承乾敗除名十八年起爲雅州刺史詔

改撰晉書書成除秘書少監永徽元年撰定律令復爲禮部侍郎兼宏文館學士監修國史及五代史志遷太常卿兼宏文館學士四年遷國子祭酒修貞觀實錄賜物四百段兼授崇賢館學士等又撰高宗實錄進爵爲公龍朔二年致仕加金紫光祿大夫乾封元年卒於家年八十四謚曰憲新書傳與此同而稍略宰相世系表但書官國子祭酒不云崇賢館學士爵彭城縣公也碑云公諱德棻字季□燉煌人也德棻字某傳不書碑惜泐一字其云敦煌人者與其父熙碑同蓋祖貫也碑云曾

□虬魏龍驤將軍闕下開國子闕下此德棻之曾祖也北周書令孤整傳整父虬仕歷瓜州司馬燉煌郡守郢州刺史封長城縣子卒贈龍驤將軍瓜州刺史碑云正卿上大夫始豐二州刺史彭陽縣開國公闕下此德棻之祖也諱整北周書傳孝閔踐阼整拜司憲中大夫進爵彭陽北史作彭城縣公徐豐州刺史拜御正中大夫遷始州刺史謚曰襄傳作中大夫而碑是上大夫也碑云父□上開府儀同三司兼吏闕下此德棻之父也諱熙有碑見前此下碑述德棻事云內艱絕漿□粒父憂率由□極議者稱

之據前碑熙之卒在隋仁壽二年碑云服闋授游騎尉大業中闕下傳不書授游騎尉事碑云高祖受圖誕命淮安王神通闕下參軍專掌詞翰此卽傳稱神通以爲記室參軍也碑云以從□京城之□加銀青光祿大夫大丞相府記室武德之始拜起居舍人闕下此語與傳合而較傳爲詳碑云以本官攝尚書左丞封彭陽縣開國男食邑二百戶闕下尋授□□侍郎詔修五代史書命公專掌周史傳不書攝尚書左丞其遷禮部侍郎及賜爵在修周史之後碑云修新禮成進爵爲子加邑百戶賚物□百

卅段頃之又命公與吏部尚書高士廉刊定成□事畢闕下傳不書加邑百戶及與高士廉刊定事碑云授正議大夫行右庶子傳不書授正議大夫碑云雅州刺史闕下傳作貞觀十八年碑云房元齡□□□許敬宗等闕下此卽同修晉書事碑云□□少監□帛一百五十匹此卽修晉書成授秘書少監傳不書賜帛之事碑云今上正位以公守禮部侍郎闕下永徽云□闕下宏文館學士仍監修國史尋改授太常少卿傳與碑同惟授太常卿無少字碑云春秋八十有四遺□薄葬而闕其卒年據舊傳是

咸亨元年也碑云卅卷並行于時而不詳何書據新書藝文志是令狐德棻集三十卷也碑云長子太子右司議闕下据宰相世系表德棻子修已不書官位是表之畧也碑末又有嫡孫朝三字下俱泐史表有孫伯陽亦無官位碑有朝字必是叙其官階而系於碑末必是紀立碑歲月也今旣無可攷姑附此碑於乾封二年令孤熙之後當是與熙碑同時立也書碑者泐其姓僅存其名政字

張開疆尹氏女造像記

記兩面刻一橫廣一尺四寸七分高五寸三分十四行行五字一橫廣一尺二寸三分高八寸五分十一行並正書

大唐乾封二年九月三日佛弟子張開疆尹氏女爲父

母舊貫絳州樂居洛邑女出事他族遠隔山河抽割衣

資敬造阿彌陀像一區願父母兄弟及因緣眷屬永無

灾部値佛聞法

佛弟子張開疆供養

妻蘇供養

女苟兒

男智達

男智興

女夫尹仁則

姪及兒

外孫義成

孫仁習

孫仁表

兄惟信供養佛時

按此碑是張開疆之女歸於尹氏者爲其父母兄弟造像以祈福也文云舊貫絳州樂居洛邑絳州絳郡屬河東道洛邑似卽洛州屬河南郡言其父母舊貫絳州遷居洛邑而不自言其居于何許但

言出事他族遠隔山河然出嫁之女繫念父母兄弟無可寄達託於造像以寓其誠一二語中不覺孝弟之心油然而生也抽割衣資者抽拔也割猶捨也皆捐資之意張開疆是其父妻蘇是其母苟兒卽女自謂男智達智興皆開疆之子次于女後女之弟也尹仁則爲女夫外孫義成疑卽女之子開疆之外孫也仁習玉篇云俗辯字仁表似皆開疆之孫而所謂姪及兒者或是開疆之姪與姪之兒也末行兄惟信特提起數字不與衆伍者豈開疆之兄

按唐文五滿拔

郭君碑

碑高七尺三寸廣二尺七寸前後缺僅存二十一行行五十八字行書在汾縣北七十里郭社村

唐故大將軍上柱國郭君碑

上闕三十二字州刺史□□□司徒公□□□□□□華藩分銅

虒□□□羽□□□□□□□□□□□□□□

□□□□□□□□□拔□大都□志隆□闕四字□□

備□端懷厚□於九功□留情於七德汪汪有□□之

疊仡仡有勇夫之質父嵩稟性虛凝不□榮□□□□

□□□□□一混是非窮柱下之深趣雙舉鵬鶚得濠

上之幽情公家承禮教藉慶膏腴□□不羣英姿□□

瑛瑛若霜瀞之暎秋桂肅肅似風嶺之茂寒松聞詩禮

而遊方觀儒墨而覩奧每登高憤歎投筆長懷企梁竦

之忠謀追斑超之義勇□□□西山之□□□□之戎

冠六郡之良家雄五陵之俠少屬火運挻災乾綱紊緒

焚原靡救□類毋遺　大唐摽□帝之靈文兆蒼精

之秘籙起□□之積甲建參野之連旗經綸大夏之墟

締搆潛丘之壤指麾日月負閶闔以□移□□山川□

□□而□轉於是薦名相府委質戎場揮霜劒而斬老

生奮長戟而摧霍邑殊勲克著授公上儀同三司于時

絳州逆命不順　皇猷公扼捥齊心衛冠目裂布魚

麗之陣擬却月之城瞬息之間俄然殄滅獲勳居最授

朝請大夫於時武周作梗同黑山之未平建德亂階類

黃巾之猶熾太原北望無復人煙之墟絳川南指咸爲

戎馬之地危□孤立是日浩州四面受敵千里絕援關

山杳杳望長安如日邊歲月遙遙疑京兆於天上□田畢

之固郎壘窘若懸巢赦都昭之守陳倉危同累卵於是捴

管眞總公李仲文乘連率之華當廟略之委以公茂族

盤根任之心膂親御矢石展効立功授上輕車都尉□

貞觀三年顓利稚覗　龍庭控弦百萬虜劉都鄙擾

亂邊垂　太宗文皇帝坐黃屋以永懷臨紫宸以

太息傷彼殘賊哀此黎黎爰命英公董戎薄伐公□□

□之劒持冉有之矛執角爭先中權後勁獲勳第一授

上大將軍賞物四百段遂乃八表乂安四海清晏公乃

韜戈息騎琴酒怡神咀嚼六經魚獵百氏臨池入木之

技邈少見以多慙獻賦制撤之才相如謝其清俊上聞

震扆爰降　綵綸召公爲金門關□將公辭兩疏之

□冠掛東門謝司農之官傳芳北海至七年又辟公滕

王□府司馬公志性林泉賞心風月悟有情爲速朽識

多財爲累悶悲暴燭之不□哀霜□之逾遠深懸實相

究立勝因雕鑿生散千金之資實朱公弃五　□之產

傳斯樹□未可同奉以此固辭確乎不受　太宗文
皇帝崩遺　詔起義元從斑例加勳　詔授上柱
國　皇帝駕幸并州公策驅遠□蒙　恩□□□
□□叚公勳庸克著英聲美於五臣榮寵既章功名顯
於六四佐如何與善徒欺輔仁多爽滔滔閱水既一逝而
無歸冉冉生靈亦百年而有竭□□□□□遘疾甍
於私第靈座空而遊塵滿□簷廊而瞑禽哀追□德於
猶生想音徽而以謝農夫輟耕而永歎機婦罷織而長
嗟豈直巷絕歌聲鄰□□□□以乾封二年歲次丁
卯十一月丁巳廿八日甲申遷窆於大夏鄉隱泉之原

禮也前臨梓澤俯眺九京却背隱岑岩峩萬仞西瞻翠
嶺峻峙□□□□□汾杳然如帶夫人王氏令望江東
派流并部姻連三輔婚□五□內睦六親外諧九族痛
長城之永別淚染湘川悲隴水之分流更成嗚咽□□
□□□子宏道並左親衛立性廉讓虛己接人孝乃天
性忠爲令德亞劉宗之兩驥埒韋氏之雙珠攀靜樹以
長號□寒泉□永慕以爲鐫金□□□□□□□□□
□□□□□□□□□□□□□□□銘□其詞曰
□□□□□□□□□□□□□□□□□□□□□
□□□□□□□□□□□□□下缺

朱彝尊曰碑文有云揮霜鉞而斬老生蓋從大宗次
霍邑者按唐書宋老生投塹爲劉宏基所殺而溫大
雅創業起居注則云老生攀繩上城軍頭盧君謂所
部人跳躍及而斬之今讀此碑乃知揮刃者之爲郭
君而首二行剝裂其名字門世及撰文者皆闕其知
爲郭君者藉有碑額存爾金石文字記
按此碑前段不知缺幾行後則銘詞全缺存者二
十一行惟前一行後二行存字無幾餘則每行祗
缺數字尚可讀也文中姓名里貫全泐賴額題郭
君二字知其姓首行泐文中有州刺史字司徒公

字必是先世之歷官又有分銅虎字高宗之世不
避虎也又有志隆字玩上文義當是其祖名其父
嵩祖與父皆無官位此下叙君之事蹟云大唐建
義旗薦名相府揮霜劍而斬老生奮長戟而摧霍
邑授上儀同三司時絳州逆命獲勳居最授朝請
大夫武周作梗建德亂階危□孤立是曰浩州總
管眞鄉公李仲文任之心膂展効立功授上輕車
都尉貞觀三年頡利擾亂邊垂太宗文皇帝命英
公薄伐公獲勳第一授上大將軍賞物四百段召
公爲金門闕□將七年又辟公滕王□府司馬固

辭不受太宗文皇帝崩遺詔起義元從班例加勳
詔授上柱國皇帝駕幸并州公策驷遠□蒙恩下闕
遘疾薨于私第以乾封二年歲次丁卯十一月丁
卯廿八日甲申遷窆于大夏鄉隱泉之原夫人王
氏令望江東派流并部子宏道並在親衛亞劉宗
之兩驥埒韋氏之雙珠云云此君之大略也唐書
宰相世系表郭氏後漢末大司農郭全代居陽曲
裔孫徙潁州又華陰郭氏出自太原子孫徙馮翊
又郭有道裔孫居魏州昌樂又中山郭氏世居彭
城凡此數派皆無君祖父名不知君何派也君里

居不可知據碑云辟滕王府司馬公志性林泉固
辭不受是不就辟而索居也皇帝駕幸并州策驷
迎□是從家居迎蹕于并州也則君之所居在河
東矣據立碑之所在今汾州府汾陽縣北七十里
郭社村村曰郭社或即以君姓得名或君有後裔
世居于此村矣今之汾陽縣在唐爲隰城縣今之
汾州府在隋爲西河郡唐武德元年改曰浩州郎
碑所云危□孤立是曰浩州武德三年復曰汾州
屬河東郡山西通志汾陽縣北四十里有謁泉山
山上有隱泉水經注文水又南逕縣右會隱泉口

水出謁泉山之上頂俗云暘雨愆時是謁是禱故
山得其名頂上平地十許頃沙門釋僧光表建二
刹泉發于兩寺之間東流瀝石沿注山下又東津
渠隱没而不恒流故有隱泉之名據碑云窆於隱
泉之原則墓在今之汾陽其居亦當在汾陽矣碑
云斬老生摧霍邑是一事在大業十三年七月高
祖初建義旗時絳州逆命乃八月事武周作梗指
武德二年劉武周據并州事建德亂階指武德四
年竇建德援王世充事新唐書太宗紀武德三年
四月擊敗宋金剛於柏壁金剛走介州太宗追之

一日夜馳二百里宿於雀鼠谷之西原軍士皆饑
太宗不食者二日行至浩州乃得食碑所云危□
孤立是曰浩州即指此碑云貞觀三年頡利擾亂
邊垂太宗命英公薄伐頡利即突厥頡利可汗英
公即英國公李世勣太宗紀三年十一月庚申并
州都督李世勣爲通漢道行軍總管華州刺史柴
紹爲金河道行軍總管任城郡王道宗爲大同道
行軍總管幽州都督衛孝節爲恒安道行軍總管
營州都督薛萬淑爲暢武道行軍總管以伐突厥
即此事也碑云七年辟公滕王府司馬新書高祖

諸子列傳鄭惠王元懿始王滕貞觀中徙王鄭此與滕王元嬰別元嬰乃貞觀十三年所封不在七年也太宗遺詔乃二十三年事皇帝幸并州乃永徽五年正月事高宗紀二月赦并州及所過州縣義旗初嘗任五品以上葬并州者祭之加佐命功臣食別封者子孫二階大將軍府僚佐存者一階高宗之加恩于義旗功臣爲已厚也此時君策驅遠迎宜在進階之列而碑泐矣十一月丁巳朔碑不書朔字省文也夫人王氏碑云派流并部是太原王氏矣又云痛長城之永別淚染湘川悲隴水之分流更成嗚咽詳玩文義是夫人尚在也而得列於文內是此碑紛見子宏道並在親衛上闕五字下有兩驥雙珠之語是二子也碑之可攷者如此惜無史傳可互證也碑書扼捥同扼腕卽史記封禪書海上燕齊之間莫不搤捥是也咀噿六經噿字右旁从舜字書無噿字此疑是嚼字之訛嚼篆作嚼右文與驛相似元應在篆法辨訣所謂華莱棗乘頭並異舜爵愛受首俱奇者是也起義元從斑當作班字班可通作斑此則以斑爲班也

道安禪師塔記

記高一尺七分廣九寸八行行十二字正書在西安府城南百塔寺

大唐故道安禪師姓張雍州渭南人也童子出家頭陁苦行學三階集錄功業成名自利既圓他利將畢以總章元年十月七日遷形於趙景公寺禪院春秋六十有一又以三年二月十五日起塔於終南山鵄鳴堆信行禪師塔後志存親近善知識焉

今在西安府城南百塔寺旁大唐故道安禪師塔記書法瘦硬可喜此等小碑甚夥以不著書者姓氏爲可惜也　雍州金石記

按記云學三階集錄功業成名太平廣記載武德中有沙門信義習禪以三階爲業道安以童子出家其學三階集錄正在武德中與信義同時也佛家臨終或云滅度或云圓寂或云怛化此云遷形於趙景公寺禪院遷形二字不見他碑高宗以總章三年三月甲戌改元咸亨此碑以二月十五日起塔故尚作總章三年終南山鵄鳴堆今志乘不載此名鵄同鴟鳥名廣韻鵄雎鵄並同鳶也堆與堆同信行禪師塔在長安縣百塔寺寺在城南五十里許陝西通志百塔寺本唐僧信行塔院大歷二年閻慕信行者皆窆于信行塔之左右故名百

揅鈔本及原石校

塔又引張芬碑記云百塔寺唐相裴公所施之地据此碑則信行塔先已有之而建塔院并改塔院爲百塔寺皆後起之事也志稱信行爲唐僧或與信義同時修業抑或即是一人皆未可知

李孝同碑

碑連額高一丈一尺五寸廣四尺一寸四分三十三行行七十二字正書篆額在三原縣北白鹿原又名三家店

大唐□□□□□□□□□大將軍代州都督柱國淄
川公李府君□□□
□□□□□□□□□帝座之尊下□兼山太岳峙天

孫之鎮欽惟　昌運□兩儀以□□□□□□□
□□□□□□□□□□□□□□□□□□□□
□□□□□□□□□□廟武光列將警重柝於
巖廊寵懋親賢在於淄川公矣公諱孝同　高祖
太武皇帝之從子　太宗文皇帝之從祖弟也竊
惟流雲降祉種德兆於勛華御氣騰眞至道先於□地
釐功潛運貽　寶祚於千齡　□□□□□
貞符於三□十九皇而統極一六合以爲家是以睿□
欝雲臨扶若而交蔚□源蕩日掩河漢以分流比夫黃
神渥圖得姓止乎任姞丹書受命錫釐□乎應韓固可

同年而語矣　曾祖太祖景皇帝沈跡栖神韞龍
田以雲覆飛英演化應覽谷以飈騰八柱之業載宣萬
寓之心□係同夫启稷□景命於岐□取譬□陽□□
□於□□□　聖之徵□兆配天之典逾峻祖寧
州趙興郡守海州刺史鄭孝王粹表震軒雄圖岳立軼
東平而振響架北海以翔英父光祿大夫宗正卿左領
都督□衛大將軍山東道行臺尚書左僕射□□大將
軍元□軍將開府儀同三司上柱國贈司空淮安靖王
屬締構之初材高八子會經綸之肇寄重□南負冢廓
而上征淩□餘而獨運擬諸漢室楚元推轂以並驅方

彼□朝任城望塵而後殿故能入光上鉉出揔元戎□
□□□□□□□□□□□□宅慶朱邸憑光紫漢羊
車在馭先攄拔萃之姿獸艦□□獨擅生知之敏□□
帝□□開明月之珎類彼天□□毓浮雲之駿屬隋綱
□□□競逐五鎮驚塵四郊多壘　高祖佇淸
坤軸載握乾符電發叅墟則六軍西引風驅秦甸則五
緯東□靖王夙躋精□潛□□□　義□□□首
應　睿圖公親奉旄麾□叅□略　太宗時
爲秦公揔兵長安之右及進圖京邑公即隸焉公嘗承
間啓靖王曰秦公瞻視非常功業又大雖非儲貳必膺

賁靡靖王心然之因令委質秦府初□□眞特蒙寵渥
　高祖踐祚授柱國武鄉縣開國公邑二千戶于
時甫戢干戈廣置庠塾乃於延閣別開學館賢戚子弟
擇秀□者□之公以夙成□□俊選蒙泉已導□石渠
而載遠覆匱初基踐蓬□以增峻武德五載封淄川郡
王邑五千戶啓胙荆燕初襲中陽之命降班齊趙旋遵
建武之封九年徙爵爲□從朝典也　太宗御極
授左千牛備身執戟匪疲是託寸苗之地處錐方挺聊
因尺木之階亦由瑞鸇行騫起丹山而儀紫閣化鯤將
運□元海而□蒼垠　然而靖王無祿嚴庭輟訓公孝情

冥至哀毁逾禮雖縗服告終而琴聲不作旣而承顏聖
善䆫情宦路侍鮑輦於西園奉潘軒於東閣蒸蒸不匱
僅將一□　朝廷嘉之不奪其志就拜游擊將軍
旌厥美也而□□難靜茹荼□集抑其滅性之規永結
終身之痛服闋授右衛交川府右果毅都尉尋除右衛
親衛府左郎將未幾遷中郎將　皇上纂圖加寧
遠將軍累遷左千牛中郎將兼撿挍左衛將軍尋拜左
驍衛將軍巡警□廬□切司階之任抑揚□□克著聞
聲之想□□□清□將之聲□穆竹符載剖□艮之寄
是歸顯慶二年授使持節晉州諸軍事晉州刺史宣風
玉壘叱馭而越危梁恆隱銅陵坐嘯而淸獷俗俄以他
事坐爲士□尋授播州刺史舉計入朝　詔復本
官原其非罪旋加明威將軍仍統右羽林軍事屬南薰
之期典北軍之重鑾勿軒禁蹕論榮之有事介丘親陪
　鑾駕□金啓路淸鳳蹕於離宮會玉升□肅龍
麾於帳殿簉承千祀之慶載紆七命之寵□壯武將軍
乾封三年遷右衛將軍仍舊北門供奉鉤陳劾職庶長
奉於　紫宸劒折貽娠遽歸全於元夜以總章二
年十一月□五日薨於京師□安之里第春秋六十有
□　宸襟軫悼乃降　詔曰飾終加等義在

於念勞□往由恩理存於顯懿故右衛將軍淄川縣公
李孝同地分□戚□重簪裾幹藝優□風鑒開爽剖符
方鎭仁明之化載彰肅旅中軍爪牙之寄斯允□□□
□□□□衛□夜壑□舟□貽□於瘞玉奄從物化
寔愴于懷宜被寵章式旌幽窆可贈左武衛大將軍使
持節都督代忻朔蔚四州諸軍事代州刺史□□物一
百五十段米粟副焉□□□□□□□□□□□□
入□□□□□之日特降　□中使賚錦被及
衣一襲以送終　惟公承累　聖之□□資樂善
之餘慶□□英勇□□初髫靖王嘗謂妃曰昔□□□

□□□□□愼□子何□□□以其小名錫之□字雖
復顧雍早秀先憲伯喈之名桓溫夙敏爰採太眞之姓
比跡傳事固無□□洎於成立卓焉俊邁□□□□□
之□□姿開 朗 月之華□□□□□□□□□□躅
□陔竭地義之範荊庭睦天倫之愛故能武帳升班戎
軒締□寔惟肺腑之重委以腹心之寄門羅棨戟躋一
代之殊榮室滿□□□百年之□□所□□流□□德
□□□□□□□□□結無言之痛摧殘營柳総虧
長揖之期嗚呼哀哉粤以咸亨元年歲次庚午五月廿
四日歸窆於靖王之舊塋禮也有子朝散大夫行□□

司馬□□□□□□□□□□□□□□□□□
參軍事瑱等並幼彰翹楚式光枝屬銜恤茛庭泣英規
之永謝延襟柏隧痛貞猷之莫紀爰勒豐碑敬揚徽烈
其□曰
天地交泰日月騰光啓 聖龍躍膺圖鳳翔牢籠
千古業契升唐掃淸六合功包翦商兆分 帝系
式振皇綱九族既□四維乃張惟孝惟□□□屏□
□□□光穆□□勳高寄□身歿名揚累仁垂衮樂善
隤祥英華粹發岐嶷先彰毓彩藩閈崇楨志□峻圖貫
日遠槩□霜時鍾毀晃道□褰裳□□□□□儀□

五□□九服□□奄屬□□□□□□□□□□
□掃芒跡參披棘慶襃留棠承顏不匱就養無方聿歡
定省薦革炎涼 帝疇純德爰加寵章孝寔忠本
乘柔蹈剛鷹□武□□□□□□□□□□□□□
□□□□□□□□□□□□實允臧行期變化遽愴
藏頁趙墳樓起薛邑池荒載刊石籀永播金相
許州臨隷縣令諸葛□楨書
孝同者淮安靖王神通之子史但附名神通傳末碑
亦磨泐可讀者才半中有云太宗爲秦公孝同隷焉
承間啓王曰秦公瞻視非常功業又大雖非儲貳必

膺寶歷靖王心然之云云此亦可爲先見矣撰文姓
氏已不可求書者據趙明誠爲諸葛思楨今亦磨蝕
但其筆法虬健波拂處大類褚河南可寶也石墨鐫華
在三原縣北白鹿原不知誰撰諸葛思楨書獻陵陪
葬僅存此碑來齋金石刻考略
按碑文二千三百餘字惟首行泐其太半餘存十
之八九事蹟尚可考也碑云公諱孝同高祖太武
皇帝之從子太宗文皇帝之從祖弟也曾祖太祖
景皇帝祖寧州趙興郡守海州刺史鄭孝王父光
祿大夫宗正卿左領都督□衛大將軍山東道行

臺尚書左僕射□□大將軍元□將軍開府儀同三司上柱國贈司空淮安靖王唐書宗室世系表太祖景皇帝八子其一即始祖元皇帝生高祖神堯皇帝也其第八子鄭孝王亮隋趙興太守長社郡公是爲大鄭王房亮生二子長曰淮南靖王神通神通生十一子第三子曰淄州郡公孝同舊唐書傳淮安表作淮南王神通父亮隋海州刺史武德初追封鄭王新書傳鄭孝王亮仕隋爲海州刺史追王是趙興太守海州刺史表與傳分見而碑則連書之且增寧州二字其長社郡公獨見於表碑傳

俱無考隋書地理志無寧州趙興之名其海州本東莞瑯琊二郡地東魏武定七年嘗置海州東彭城郡始有海州之名齊周之朝置朐山東海二郡隋開皇初廢東海郡大業初復置至唐初始置海州東海郡屬河南道則隋時未嘗有海州亮何緣爲刺史是碑傳與地理不合也長社亦無此郡名有東魏有長社縣屬潁川郡武定七年縣廢至隋開皇六年即其地置長葛縣則表云長社郡公者亦不合也舊史神通傳神通隋末義師起入鄠縣山南舉兵以應與司竹賊帥何潘仁連結下鄠縣

衆踰一萬自稱關中道行軍總管高祖授光祿大夫從平京師拜宗正卿武德元年拜右翊衛大將軍封永康王尋改封淮安王爲山東道安撫大使竇建德敗復授河北道行臺尚書左僕射從太宗平劉黑闥遷左武衛大將軍貞觀元年拜開府儀同三司賜實封五百戶四年薨贈司空謚曰靖配享高祖廟庭有子十一人第三曰孝同淄川王此神通歷官之始末也新傳同大較與碑合惟山東道安撫大使河北道行臺尚書左僕射碑則合而爲山東道行臺尚書左僕射也且太宗元年分天下

爲十道但有山南無山東也開元二十一年始分山南江南爲東西道於是有山南東道之名然亦不得直謂之山東道也疑碑與史皆譌山南爲東耳碑此下述孝同之事有云高祖踐阼於時甫戢干戈廣置庠塾乃於延閣別開學館賢戚子弟擇秀□者□之公以夙成□□俊選此是武德元年事文獻通考武德元年詔皇族子孫及功臣子弟於秘書外省別立小學是孝同此時充小學諸生也孝同以總章二年薨春秋六十有□則武德元年僅十餘歲故應俊選也武德九年徙爵爲□從

朝典也碑泐一字當是徙爵為公也舊史道彦傳載高祖初受禪以天下未定廣封宗室從弟及姪年始孩童者數十人皆封為郡王太宗即位問侍臣曰徧封宗子於天下便乎尚書右僕射封德彝對曰不便於是率以屬疏降爵是時道彦等並隨例降爵道彦為孝同之兄据此碑則孝同亦在降爵之列也有事介丘親陪鑾駕是乾封元年封泰山事京師口安之里第泐一字當是長安也賜物一百五十段米粟副焉以陪葬昭陵諸碑之例推之則米粟亦百五十石也其賜錦被襲衣以送終

則他碑未見者歸窆之靖王舊塋今碑在三原縣北白鹿原宋敏求長安志三原縣前秦苻堅於嶻嶭山北置三原護軍以其地南有豐原西有孟侯原北有白鹿原是為三原嶻嶭山在縣西北六十里縣東十八里為高祖獻陵陪葬諸王一十六而無靖王者來齋考略以為獻陵陪葬僅存此碑未深考也宰相世系表列孝同之子長曰左衛將軍璲次曰徐州刺史璩據碑則有朝散大夫行口口司馬泐其名叅軍事瑱皆不見於表中末署書者為許州臨潁縣令諸葛口貞泐一字金石錄及見其全

云思楨也然無傳可考

碧落碑

碑高八尺一寸廣四尺三寸二十一行行三十二字篆書今在絳州龍興宮

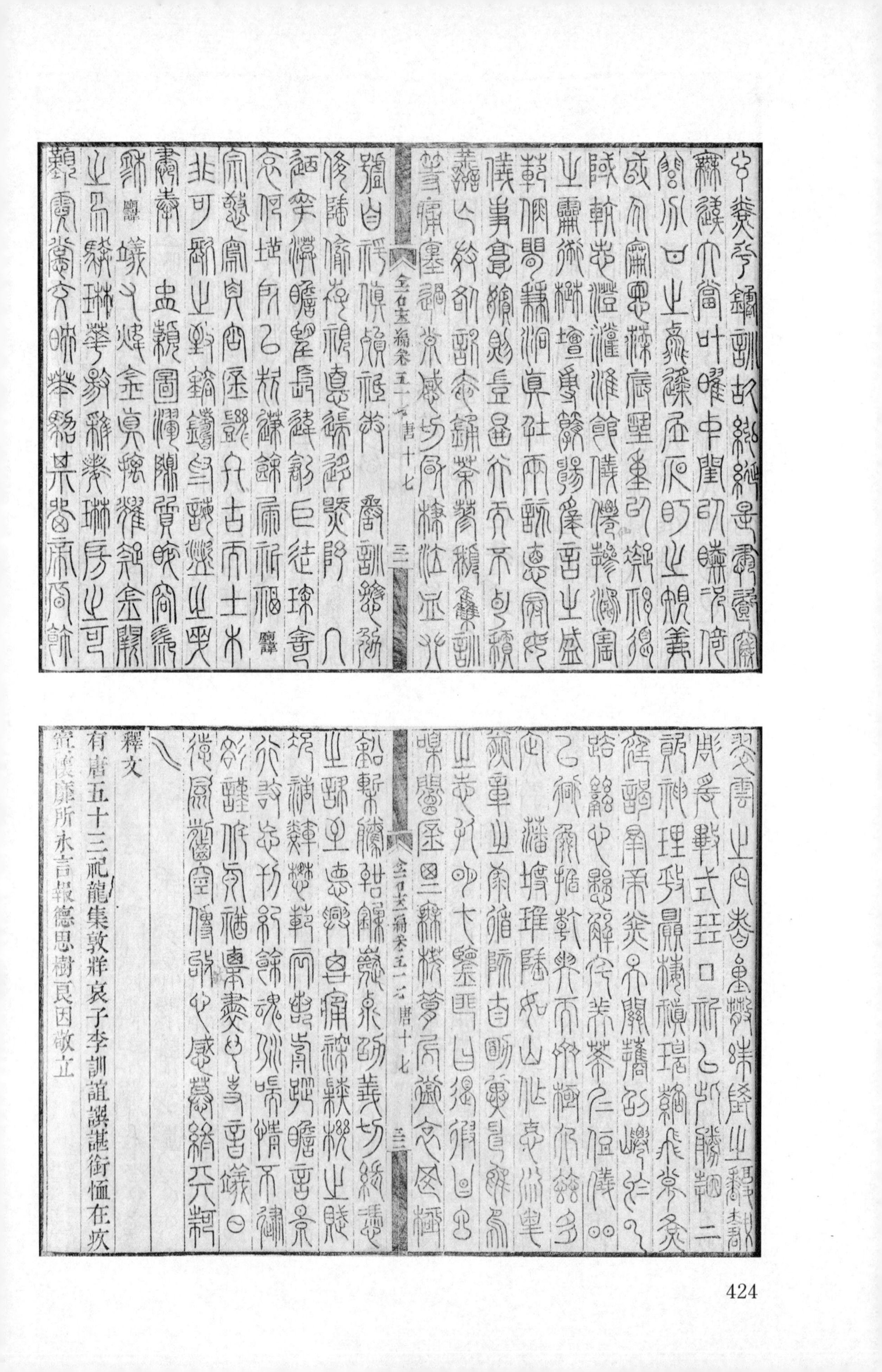

[illegible]

[illegible]

金石萃編卷五十一 唐十七 三

[illegible]

釋文

有唐五十三祀龍集敦牂哀子李訓誼譔諶衒恤在疚

寘懷靡所永言報德思樹良因敬立

大道天尊逮侍眞像粤若稽古藐覿遂初眞宰貞乎得
一混成表於沖用元之又元賾超言象之域惟恍惟惚
理冥視聽之端是以峒山順風勞乎靡索汾陽御辯窅
然自喪曠矣哉道之韞也其寄於寥廓之場焉至於玉
笈宣徽瑱函吐秘方壺神闕掌穀靈遊倏忽九陔導飛
廉而從敦圉俯仰六合戴列星而乘雲氣固亦昭章逸
軌朌嚮孤風淳化其瞭幽契無爽伏以　先妃含貞載
德克懋瓊儀延慶台華正位　藩闈動容資於典禮發
言光乎箴訓故紘綖是肅粢盛無違大當叶曜中闈以
睦況倚閭分甘之澤徙居側聑之覘義越人倫恩深振

古重以凝神道域抗志澄源淮館儀山黍鴻寶之靈術
楚壇敷敎暢微言之盛範偶元兼洞眞俗兩該德冠母
儀事高嬪則豈圖昊天不惠積善無徵告罰奄鍾荼蓼
俄集訓等痛纏過隙感切風枝泣血攀號自期顚殞祗
奉　嚴訓慈勉備隆偷存視息遄移氣序　几筵寂寞
瞻望長違創巨徒深寄哀何地所以貪逮餘漏祈福元
宗敬寫眞容庶幾終古而土木非可久之致鎔鑄爲誨
盜之先肅奉　中規圖輝貞質睟容伊穆元儀有煒金
眞摛輝疑金闕之易奔琳華揚彩若琳房之可覿霓裳
交映欻駕斯晋帝晨飾翠雲之美香童散朱陵之馥載

彫旻轂式展□祈以此勝因上資神理伏願栖眞碧落
飛步黃庭謁羣帝於天關攜列仙於雲路融心懸解宅
美希夷注儀隣以洞煥指乾坤而齊極介茲多祉　藩
度惟隆如山作固永播熊章之烈循陔自勔冀申烏鳥
之志孔明在鑒匪己道遐昌言嗥□庶斯無拔昔人銜
哀罔極鉛槧騰聲柔紛克劭義切張憑之誄至德興思
痛深陸機之賦況淸輝懋範宛若前蹤瞻言景行敢忘
刊紀餘魂弱喘情不逮文謹託眞猷直書心事音儀日
遠風烈空傳叨心感慕終天何及
咸通十一年歲次庚寅七月辛亥朔十一日辛酉鄭

承規奉　命書
右碧落碑在絳州龍興宮宮有碧落尊像篆文刻其
背故世傳爲碧落碑據李璿之以爲陳惟玉書李漢
以爲黃公譔書莫知孰是洛中紀異云碑文成而未
刻有二道士來請刻之閉戶三日不聞人聲人怪而
破戶有二白鴿飛去而篆刻宛然此說尤怪世多不
信也碑文言有唐五十三祀龍集敦牂乃高宗總章
三年歲在庚午也又云哀子李訓誼譔諶爲妣妃造
石像按唐書韓王元嘉有子訓誼譔而無諶又有幼
子諶元嘉以則天垂拱四年見殺在總章三年後十

八年有子訥不足怪而不應無譏蓋史官之闕也（集古錄）

右唐碧落碑大篆書其詞則唐宗室黃公譔所述或云陳惟玉書或云譔自書皆莫可知李肇及李漢並言李陽冰見此碑裴徊數日不去又言陽冰自恨其不如以槌擊之今缺處是也此說恐不然陽冰嘗自述其書以謂斯翁之後直至小生於他人書蓋未嘗有所推許唐人以大篆當時罕見故妄有稱說耳其實筆法不及陽冰遠甚也（金石錄）

絳州有碑篆字與古文不同頗爲怪異（金石文字記云絳州有咸通十一年鄭承規釋文但篆文雖通者頗多而翻刻復多舛謬）李陽冰見而寢處其下數日不能去驗其文是唐初不載書者姓名碑上有碧落二字人謂之碧落碑（李肇國史補）

碧落篆李肇得觀中石記爲陳惟玉書字奇古行筆精絕不類世篆學而惟玉于唐無書名于世不應一碑便能到古人絕處李陽冰于書未嘗許人至愛其書寢臥于下數日不能去段成式謂碑有碧落字故以名之李肇謂碑在碧落觀故名李漢謂終于碧落字而得名余至絳州龍興宮考其記知舊爲碧落觀又篆文若未畢者終非碧落字則肇說是也其云有唐五十三禩龍集敦牂永叔謂高宗總章三歲以唐歷攷之實咸亨元年總章者誤也　絳州碧落篆刻天尊背州將不欲以槌擊石像迺摹刻石因封其舊石像今世所得皆摹本也雖橫直圜方典型有稽然遁其神者衆矣段成式言樊宗師作誌令陳惟玉立太行山上此言險怪難知豈嘗求得其當而妄戲哉世言字不攷古甚則以品爲鄰今于古文數字正如此便知後世不識古字而妄議者可以歎也（廣川書跋）

絳州碧落碑唐高宗咸亨元年庚午歲韓王元嘉之子訓等爲其妣房氏造碧落天尊像于龍興宮而刻其文于背故以名碑然不知何人書據李璿之玉京宮記以爲陳惟玉李漢黃公記以爲李訓弟譔殆莫能定而翠岩龔聖予則又以爲宗室璀豈或有所攷耶吳叡張天雨讀卩爲喧爲矐者非當以釋文鄰字爲是俞希盧辨叩作卬亦大篆而釋文則又訛矣蓋此雜出于鐘鼎篆籀諸文其亦戛戛乎難知哉休從水人說文中音乃歷反溺則音奴弔反釋文今借休爲溺亦恐非本字之義而其他可疑者甚衆攷禮之冗未暇及之姑識其後俟博雅君子正焉（鑾坡集）

余不解篆書然於此碑則絕愛之其筆法有數字與

常篆不同亦稍怪異乍覩之彷彿石鼓文第字形稍長耳雙白鴿事皀涉誕妄然世間怪事固有彼時有如此篆手不應無聞亦不應祇書此一碑傳疑可也書畫跋跋

碧落碑其文曰有唐五十三禩龍集敦牂歐公謂爲高宗總章三年董逌謂爲咸亨元年按總章三年三月始改咸亨耳石墨鐫華

唐韓王元嘉絳澤二州皆有子黃公爲妣妃薦祀作文立石以表孝誠文雖不同而俱名曰碧落在絳州者刊於天尊之背在澤州者立于佛龕之西五總志

碧落碑篆書韓王元嘉四男爲母房太妃立碑云有唐五十三祀龍集敦牂則咸亨元年也唐書言垂拱中元嘉徙絳州刺史與此不合　今在絳州有咸通十一年鄭承規釋文但篆文難通者頗多而翻刻復多舛誤如淮館儀僊釋僊爲山貪逮餘漏釋逮爲建注儀鄰以同燠釋同爲洞直書心事釋書爲言敬心感慕釋敬爲叩並誤敬古叩字出周禮宋謝靈運山居賦眷敬秖之逸曲感江南之哀歎用此字此碑用奧若稽古作乩託字作侂宋韓侂冑字本此金石文字記

篆書三代尚矣下訖秦絕矣世傳三代遺跡皆屬贗作獨岐陽石鼓文彝器欵識爲眞卽字畫不必盡識而古雅無前望而可辯此碑獨以怪異奧人以不可解所以有扁戶化鴿之說而點畫形象結體命意雜亂不理其高處不能遠追上古下者已墮近代惡趣如村學究教小兒角險字凡俗可厭定爲惟玊輩書無疑唐人於八分尚不能造極況古篆乎後人懾於傳聞之異眩然莫辯遂不敢輕加評騭不知李陽冰之慕習非爲盲瞽定屬謬傳曷足據爲斷案耶釋文雖非至者反不失唐人氣格但作字潦倒未稱此石無足深論獨恨不能起元美于九原而與之上下其議爲之惘惘金石史

元嘉六子碑止列四舊唐書稱潁川王訓早卒新唐書又稱上黨公諶早卒彼此互異盍流傳誤耳竹雲題跋

劉太乙金石續錄云按唐書韓王好學藏書萬卷皆以古文字參定異同子譔封黃公工辭章孟利貞嘗稱其文曰劉隣之張思茂不是過也家書甚多皆文句詳正秘府所不及據此則謂碑爲誤書理或然也金石存

董逌廣川書跋云段成式謂碑有碧落字故名李肇謂碑在碧落觀然考之國史補則肇正謂碑有碧落

字耳李漢又謂碑終於碧落字董逌駁其非今以篆文驗之僅有棲眞碧落一語既非全文結束亦非文中要語攷古人詩文字迹舉一行首標目者有之無以末字目全文者其謬甚不待言歐陽公集古錄謂龍興宮有碧落尊像篆文刻其背宋潛溪亦云唐高宗咸亨元年庚午歲韓王元嘉子訓等爲其妣妃房氏造碧落天尊像於龍興宮而刻文于背董廣川則謂嘗親至絳州龍興宮攷其記知爲碧落觀今以篆文驗之但云立大道天尊建侍眞像無所謂碧落天尊者疑廣川所云碑在碧落觀而龍興舊爲碧落者

爲得其實此碧落之所由名也廣川又謂州將不欲以槌擊石像背乃摹別石今所傳皆摹本而五總志謂絳澤二州皆有韓王元嘉子黃公爲妣妃薦福作文立石文雖不同皆名碧落碑在絳州者刻於天尊之背在澤州者立於佛龕之西今以篆文驗之則云哀子李訓誼譔諶等銜恤在疚寘懷靡所永言報德思樹良因敬立大道天尊建侍眞像又云敬守眞容庶幾終古則刻文像背者近之州將摹石事理所有顧其文不容有二則所云澤州傳刻者又不知出自何人也集古錄云李璿之以爲陳惟玉書李漢以爲

黃公譔書趙明誠金石錄云其詞則宗室黃公譔所述或云陳惟玉書或云譔自書廣川疑惟玉唐無書名不應一碑便奄有秦漢遺文到古人絕妙處宋潛溪又謂翠巖龔聖予以爲宗室瓘或有所攷終莫能定其何人而前人論書率歎其妙絕至謂李陽冰見而寢處其下數日不能去又言陽冰自恨其不如以槌擊之今缺處即是予謂前說本歐陽信本觀索靖碑語附益之後說鄙謬不足辨趙明誠謂唐人大篆少見故妄有稱說似得其隱然其文亦不純用籀文故周伯琦疑其雜出諸體而李西涯亟取其說愚謂

自漢以來隸草盛行篆法惟習說文解字古文籀書幾於中絕所傳陽冰二徐及夢英輩大率皆嶧山一種以勻圓齊整爲上不知古人繁簡參差惟意所適按之石鼓及夏周以來器物款識尚可推其遺意此碑超出相斯窠臼筆法亦自深穩意訓譔弟兄皆振奇好古之士雜取籀文兼及小篆加以詭辭譎置駭動世俗如道士白鴿神異故有名當代爾汪由敦松泉文集

右李訓等造大道天尊像記世所稱碧落碑也篆書奇古小儒咋舌不能讀賴有鄭承規釋文稍可句讀至其假借之原好古者猶或昧焉有以聲相轉而借

窒之爲空凭之爲伏盾古文鑑之爲廉是也有以同
音相借者顯爲之宣額之爲規瓊之爲柔是也有以
偏傍相同而借者崞之爲敦椯之爲端藻琛之爲深
廛之爲纏虢之爲號琟之爲維劉之爲烈宬之爲誠
衕之爲同瘦之爲度禘之爲酞抲之爲何是也佅本
沈溺字故借爲强弱之弱胃本目眴字故借爲元妙
之元彣本畐吝字故借爲文章之文廣疋筵酉皆訓
席故以迺爲筵飆見周禮巸會見石鼓文假見漢書
羅祿龖泉典兵𡨄兒之爲古文𦉼戴鑐之爲籀文皆
見於說文畧舉一隅亦足見古人精於小學非不知

而妄作也　碧落碑釋文咸通十一年鄭承規所書
距造像時已二百年矣承規書名不甚著而楷法遒
整釋文未審即出承規之手或别有傳授否要非精
研六書博涉古今者不能辨也自宋以來篆書家奉
此釋爲金科玉律莫敢易一字顧寧人始糾其謬者
數字然如眞書心事句碑本釋爲書而顧謂其誤釋
爲言則又太不檢照矣予習是碑有年乃覺承規所
釋尚有未當者而前人皆未及舉正如瓊璣鄭釋爲
瓊儀攷說文本有瓊字讀若柔从玉夒聲夒與猱同
說文有夒字無猱字故瓊有柔音不當釋爲瓊也嗥闍鄭釋爲

嗥闍菠玉篇嗥古弔切聲也亦作叫又嗥五弔切叫
也嗥與嘂皆叫之異文不當釋爲嗥也碑中逮字兩
見鄭前釋爲逮後釋爲建並誤按說文逮古文及字
碑前云歆立大道天尊遷侍眞像後云貪遷餘漏皆
當釋爲及宋書范蔚宗徐湛之兩傳並有貪及視息
之語則貪及二字固有本矣鄭謂爲逮顧讀爲逮所
謂楚失而齊亦未爲得也潛研堂金石文跋尾
此碑書體不必純用小篆然其用字結體偏旁假借
多有根据即以說文解字校之如唐之作啺古文唐作啺从
口易三之作弎古文三从弋言之作𡧘古文从言字多从𡧘德之作

悳又作悳德从惪聲古文惪作悳敬之作𢼊敬从苟古文苟从芊不省及
之作𢓊古文及作𢓊案下文玉笈作𥳑疑亦用此此字釋文作逮非是後文款遷釋文作建亦誤
古之作𠚕古文作𠚕遂之作𨓈古文遂作𨓈得之作㝵古文得省
辵作㝵成之作𢦩古文成从午表之作𧘝古文表从鹿作𧘝勞之作
𦦿古文勞从悉作𦦿御之作馭古文御从又从馬古籀文馭皆作馭曠之作暀
曠从廣聲廣从黃聲古文黃作灸案下文飛步黃庭黃字亦用古文神之作𥛍古文示作𥘅申
作𢀈廉之作𡩋古文籃如此籃大籌也案此借爲廉隅字廉籃聲近克之作泉古文
克作泉動之作𨓚古文動从辵典之作𠔍古文典作𠔍从冊古文冊作𢍏
光之作𤇾古文光肅之作𦘒古文肅从心从𠬞達之作𨕖達从羍聲
古文韋作𦍌徙之作𨓈古文徙作𥠖寶之作𡨋古文寶省貝作𡨋圖之

作圖古文啚作啚案啚嗇也微之作𢼸古文微枝之
作棣枝从支聲古文支作𣏟嚴之作𠪚古文嚴備之作𠈍古文備作𠈍
終之作𠔃古文終字致之作𦤺致从至聲古文至作𡉀揚之作敭古文
揚作敭朱之作絑絑純赤也虞書丹朱字如此从糸朱聲古文糸作𢆶案朱赤心木也朱赤
之朱本當用絑字上之作丄古文上字步之作𡕡古文涉作陟字从步故步
字如此羣之作𡖇羣从君聲古文君作𠳐象君形帝之作𡗝古文帝作𢂆古文諸
上字皆从一篆文皆从二雲之作𠃖古文雲宅之作𡧚古文宅作𡧚指之
作𢫻指从旨聲古文旨作𣅀播之作𢷁播从手番聲古文番作𤰌申之作𤰃
古文申清之作𤁭清从青聲古文青作𡴑敢之作𢽎古文敢作𢽎文之
作彣古文吝作𢘻从彣案彣䄏也文錯畫也二字義同古文吝从彣得聲故借吝為文眞之

作𡱗古文眞作𠤎直之作𠁥古文直作𠁥事之作𠬞古文事作𠬞及
之作𠄎古文及作乁秦刻石及如此皆古文也子之作𢀈籀文子作𢀈从囟
有髮臂脛樹之作𡬪籀文樹作尌貞之作𥅲籀文作𥅲以鼎
在几也為貞域之作𩫏籀文垣墻城諸字皆从𩫏𩫏古文墉字所之作𢨋也奢張籀
字文作𢦏案此借為所奢聲相近順之作𩑋籀文順从頁此作𩑋筆迹小異以下諸字皆仿此
以字所奢聲相近戴之作𢦏籀文戴作𢦏容之作𡧪籀文頌作𡧪案頌皃
也古音余封切漢書刑法志云頌繫之類師古注頌讀曰容睦之作𡴎籀文睦从三先陸字
籀文亦倫之作𠎭案侖思也籀文作𠎭此借為倫輩字盜之作𧫷籀文盜从次
作𩒨文次融之作𩁐籀文融不省昌之作𤯷籀文昌省作𤯷昔之作
𦡆籀文昔从肉皆籀文也集之作雧集或省作集桼之作𧑆或

从米攀之作𢪸𠬥或从手作𢪸皆用正字也祀之作禩祀或从異
作禩禩之作𧫷案𧫷从異聲易巽卦說文作𢁉𢁉與巽同迹之作蹟迹或从足責
然之作𦡾然或从艸難含之作𠆵案𠆵古也俗从肉今作𦚢此借為含茹字懸
之作𢦘懸或省協之作叶協或从口義之作𦍌義墨翟書義从弗元
之作𥈄目無常主也或从旬作眴案旬與眩通眩从元聲故借為元遠字鍾之
作鍾此借為鍾鐘或从甬作鏞字氣之作𣱛氣或从既作槩皆用或字
也在疢作疢在疢貧病也詩曰煢煢在疢案疢部無疢字稽古作卟卟以問疑也
稽留止也寥廓作寥廓寥空虛也新附字案愛畢作戰田罔也畢即
心作皷皷擊也案釋文此字作卯即卩之譌然卩部亦無卯字此用本義而非
假借也六合作𠆵𠆵會合也合口也而從作从从相聽也從隨行也典

禮作豊豊行禮之器也禮履也所以事神致福也粢盛作宬宬屋所容受也盛黍稷
在器中以祀者也側昕作仄仄日在西方時側也側旁也敷教作尃尃布也尃敷也
敗也過隙作𡭴𡭴際見之光也隙壁際孔也遷移作迻迻遷徙也移禾相倚也
餘漏作扁扁屋穿水下也漏以銅受水刻節晝夜百刻敬寫作憼憼敬也敬肅也
勝因作𢬵𢬵就也因就也案𢬵从手因聲今从𦝄因說文因折字从艸作新从艸在仌
中作𣂷篆文从手作折故此字以𠁩代手上從艸字下𢆶字仿此拘字作𢻱亦从手之異文住儀作
侸侸立也讀若樹案此字義當作駐馬立也辵部遵馬不行也讀若住二字同聲同義又木部
樹立也讀若駐馭部豎立也是侸樹駐遵住豎六字聲義皆同說文無住字郭璞方言注云逗古住字則
住當作逗逗止也亦有立義侸逗豎並从豆聲故此字借用釋文作注非是同煥作衠衠通
衙也同合會也柔紛作𢇍𢇍鑠鐵之耎也柔木曲直也謹託作侂侂寄也託寄也此

假借之聲義皆同者也惟忽作𡴞𡴞出氣詞也忽忘也按釋文作㤈俗
字矣哉作𢦏𢦏傷也哉言之間也靈斿作霝霝雨零也靈巫以玉事神或从巫作
靈柔儀作𤪌𤪌玉也讀若柔按釋文此字作瓊非是恩深作𣻘𣻘蕅蒲蒻之類也
深水出桂陽南平西入營道痡纆作廛廛一畝半一家之居纆繞也𢸙號作𧇷
𧇷土鍪也讀若鎬號呼也寂𡧍作漠漠北方流沙也一曰淸也𡧍宋也按宀部無𡧍字庶
幾作𢆶𢆶𢆶也訖事之也幾微也殆也樂沖規作盅頯盅氣虛也老子曰道盅而
用之沖涌搖也讀若動案上文沖用字當作盅亦假借字頯小頭頯頯也讀若規規有法度也載
彫作𢦔𢦔設飪也讀若載載乘也式展作𡍦𡍦極巧視之也展轉也碧落作
𦃃綹絮也一曰麻未漚也落凡草曰零木曰落風烈作𣦼𣦼分骨聲讀若刺烈火猛也案
𠛱从列聲列分解也二字聲義並同烈亦从列得聲故此借用何及作𢻱可何㧑也周書曰盡執
抲何僭也此聲同之假借也敦牂作𩫏𩫏磊𩫏重聚也敦怒也詆也一曰誰
何也之端作㟱㟱箠也一曰㟱度也一曰劉也耑直也耑物初生之題也弱喘作休
休沒也弱橈也上象橈曲彡象毛犛橈弱也弱物并故从二彡案說文溺爲水名休訓爲沒即沈溺之溺
溺从弱聲故借爲强弱字此聲近之假借也伏以作凭凭依几也周書凭玉
讀若馮伏司也空傳作𥥛𥥛空也空竅也此又義近聲近而假借也
惟文中𠚋字本古文叀借爲不惠𢾾字本古文奏借
爲伏願於義於聲殊難通轉皆所未詳餘如飆字登
於周禮莧字載於潛虛𡴞字見於𦉼鼎𨟔字旁字見
於石鼓文廿字見於秦刻石才在又有諸字雜出鐘
鼎銘欵求之於古皆可徵信不得以爲常古篆例視

之也嚮來著錄家攷之未盡爲廣其說如此錢侗跋
按碑凡六百三十字闕者四字文皆古籀不易讀
咸通十一年鄭承規用正書釋文刻石於旁然後
可讀然承規稱奉命書命字空一格不知奉何人
之命也碑云有唐五十三祀龍集敦牂哀子李訓
誼譔諶衘恤在疚寘䙁靡所云云唐自武德元年
至咸亨元年得五十三年是年庚午太歲在午曰
敦牂也是年三月攷元𥚃無年號月日不知其爲
咸亨抑尚是總章也訓誼譔諶皆韓王元嘉之子
居母喪造像祈福而自稱哀子此後世母喪稱哀
子之緣起也韓王元嘉高祖第十一子新唐書元
嘉傳稱其有六子下列名只訓誼諶譔訥五人宗
室世系表亦只訓誼譔諶訥五人內諶譔次第表
與傳倒互今表與碑合則傳誤也舊史傳稱元嘉
長子訓高祖時封潁川王早卒次子誼封武陵王
官至濮州刺史天后臨朝將誅戮宗室不附己者
元嘉大懼與其子通州刺史黄公譔謀起兵不成
坐誅神龍初封其第五子訥爲嗣韓王舊傳止此
四人諶不與焉新書傳則云訓潁川王誼武陵王
諶上黨公譔黄公又云諶通音律歷杭州別

雋與誤俱死神龍初第五子訥嗣据集古錄以爲
唐書韓王元嘉有子訓誼譔而無諶葢史官之闕
於是歐陽公撰唐書乃補諶語於傳也然歐公旣
謂舊史無諶爲史官之闕何以新書稱元嘉六子
所叙又只五子且旣云諶上黨公早卒矣而又云
諶與譔俱死似係同爲武后所害者所未詳也頗
疑蚤卒二字當在誼武陵王之下誤書於諶上黨
公下耳訓生於貞觀年至咸亨元年造像立碑時
約三十歲則舊傳稱早卒者亦非也特在垂拱被
害時不見有訓且不見有誼則已先卒矣兩唐書

傳但載元嘉妃爲昭儀宇文氏而不及元嘉之妃
某氏碑又但稱先妃不詳其姓据鑾坡集跋謂爲
房氏因考唐書房元齡傳云貞觀十五年女爲韓
王妃男遺愛尚高陽公主乃知房氏卽元齡女也
韓王以貞觀十五年册妃則訓之封潁川王當在
高宗時舊史稱高祖時者亦誤也訓爲母造像而
云土木非可久之致是不爲雕素也鎔鑄爲誨盜
之先是不爲範金也肅奉沖規圖輝貞質沖規空
一格與前祗奉嚴訓同例當亦承其父命爲之貞
質者貞石之質則天尊爲石像也詳玩下文有睟

容伊穆元儀有煒淸輝懋範宛若前縱之語似乎
其母像亦刻石侍于天尊之側者自咸亨元年造
像刻記至咸通十一年釋文刻石相距二百十年
不知何以忽有此釋文之刻據元嘉傳稱神龍初
復爵土以第五子訥嗣傳至孫煒建中中改王鄆
後懿宗以鄆王卽位復改嗣韓王懿宗建號咸通
此碑殆以韓王復嗣而追崇其先祖之功德及於
遺碑因加以釋文也舊傳稱元嘉少好學聚書至
萬卷又採碑文古跡多得異本及與其子譔坐誅
籍没譔父子[illegible]最多皆文句訂定秘閣所不及

新傳稱元嘉[illegible]書皆以古文字參定同異[illegible]工爲
辭章孟利貞嘗稱其文曰劉隣之周思茂不是過
也則以此碑爲譔所撰書理或有之或文前列四
子名中稱訓等痛纏過隙云云無誤爲文之據則
亦付之臆度而已有唐一代篆書碑無多碧落碑
尤爲有名宋初郭忠恕所以編入汗簡今取碑文
與汗簡參較汗簡筆法皆得籀文遺意此碑筆畫
皆易以方整全非籀文面目至其文字之不同者
如思樹艮因碑文思作[illegible]艮作[illegible]汗簡思作[illegible]艮
作[illegible]惟悅惟忽碑文忽作[illegible]汗簡作[illegible]寄於寥廓

之場碑文於作[illegible]廓作[illegible]汗簡於作[illegible]廓作[illegible]玉
笈宣徽碑文宣作[illegible]汗簡作[illegible]淳化其瞭碑文其
作[illegible]汗簡作[illegible]先妃碑文先作[illegible]汗簡作[illegible]克懋
瓊儀碑文瓊作[illegible]汗簡作[illegible]潛研跋謂瓊以同音
借爲柔字不當釋爲瓊然汗簡巳作瓊字動容資
於典禮碑文資作[illegible]汗簡作[illegible]恩深振古碑文深
作[illegible]汗簡作[illegible]抗志澄源碑文源作[illegible]汗簡作[illegible]
儒元兼洞碑文儒作[illegible]汗簡作[illegible]眞俗兩該碑文
俗作[illegible]汗簡作[illegible]荼蓼俄集碑文俄作[illegible]汗簡作
[illegible]痛纏過隙碑文隙作[illegible]汗簡作[illegible]所以貪及餘

漏碑文貪作先[illegible]爲[illegible]汗簡亦作[illegible]皆先字釋文
誤作貪字祈福元宗碑文祈作[illegible]汗簡作[illegible]誨盜
之先碑文盜作[illegible]汗簡作[illegible]容伊穆碑文伊作
[illegible]汗簡作[illegible]攜列仙於雲路碑文仙作[illegible]汗簡作
[illegible]融心懸解碑文融作[illegible]汗簡作[illegible]永播熊章之
烈碑文播作[illegible]汗簡作[illegible]冀申烏鳥之志碑文烏
作[illegible]汗簡作[illegible]終天何及碑文何作[illegible]汗簡作[illegible]
蓋碑文重摹汗簡翻刻恐彼此各有筆畫舛異不
能定其孰是也

金石萃編卷五十七終

金石萃編卷五十八

賜進士出身誥授光祿大夫刑部右侍郎加七級王昶譔

唐十八

李義豐造像記

石不知高幾許廣一尺二寸五分厚八寸記四面刻共三十八行行四五六字不等又三行監刻其後一行十四字正書

咸亨元年十二月廿三日佛弟子李義豐爲　皇帝陛
下法界衆生合家大小先祖墳靈亡父亡叔見存母敬
造弥勒像一區
佛弟子李義豐妻樂男尖嶪黑闥女提兒

弟君瓚妻王男伏奴女赤妃
弟處節妻趙女山妃
弟承業妻樂男典馬女娘子　妹難兒
佛弟子謝有相爲亡父母供養
處節妻趙蒲提爲見存父母供養佛時
承業妻樂合眞爲見存父母供養佛時
李瓚妻王景兒爲見存父母供養佛時
佛弟子趙儀

咸亨元年歲次庚午十二月
佛弟子李義豐弟君瓚弟處節承業

張阿難碑

碑連額高六尺八寸廣三尺二十九行行五十二字正書額題大唐故將軍張公之碑九字篆書在醴泉縣北二十里馬旂寨

大唐故將軍張公之碑

瑤臺寺□□□書

□□□□□□□□□□□□□□□□□□□□
□□□□□□□□□臣□□□□□□□之滋□
庭□□□□□□□□□□□□□□□□□□□
□□□□□□□□□□□□□□□□□□馳雅
譽於將來□望兼華獨見於□□□□□□□□□
□□□□□□□□□□□□□□□□□□□□
□□辯□□□汾陰情該□識玠璸結韻□桂襄芳
祖□□□□侍郎□□□□□□□□□□□□□
□□□□□□□□□□□□□□公稟靈川　□
□標雄罘之姿挺秀珪璋□澤□□□之□□□□
□□□□□□□□□□□□□□□□□□□□
□□□□壽□年改事□□□□屬□隨失□□□
□□□□□□□於□□□□□□□□□□□□
□□□□□□□□□□□□□雲□以先登克解
平城之困□□□□□寖以功授□□□□　□□

□□□□□□□□□□□□□□□□□□□□
□□□存□乃拔迹亂朝□□興運□　□龍□□
□□□□□□□□氛□□□□□□□□□
□□□□□□□□□之□　　天兵遙掩地陣斜
交會□□□□平□□□□□□□勳居第一乃
□□□□□□□□□□□□□□□□
□□□□□□□□□□□□□□□□□□□□
□□建德黑闥□□□□□□□□□伐又以勳□
上柱國□□□　　　□□□□□□□□□□□
□□□□□□□□□射□之□西戎□鳴鏑之侮
　　文帝天行地上□□□□□□□肅清汾□□
□□□□□□□□□□□□□□□□□□□爲
謁者監尋轉□給事馳芳□□□□問於青覡□□
□□□□□形掖俄遷內□□□□□□□□□□
□□□□□□肆□驅九□以□灾□勞□□之師
迴振滄江之外公□□□□□□□權奮□□□□
□□□□□□□□列□□□□縣開國侯食邑□
百戶　　　詔曰膽力英果志懷沉毅翼陪□□□
□□□□茅□用□□□□□□□□□□□□□
□□□□□□□□□□□□詔曰內侍汝江縣開

國侯張阿難委□□□□□□□事禁闈□□□□□
□□□□□□□□□□□□□□□如□周盧
□列□□於嚴□□□□□□□□□藉□□□□□
□□□監門將軍兼撿挍□□□□□□□□□□□
□□□□□□路□隆允貧□恭愼銀青光祿大夫行
內侍汶江縣開國侯張阿難器量沉敏識□□□□□
□□□□□□□□□□□□□□□□□可稱宜□
□□之榮兼司內□之任公□德□□□□□□□□
以□□□□□□□□□□□□□□□□□□□□
□□□□白□於一代陵□翠松之□聲□騰於萬古

可謂□□□□□□□範著歟□□□□□□□
□□□□□□□以□□□□式播鴻歆□託短才
□□□□□□
□□□□□□□□□□□□□□□□□七□榮
高八使□□珪組蟬聯貂珥　渥流傳種風□□
□□□□電一舉搏狀光□□□□□□□□□□□
□□□□□□□□□材□杞梓欝欝萬尋昂昂
千□日下馳譽雲中□□□□□□智融積水
□□□□□□□□□□□□□□□□□□□□
□紫□□□□克□□□　闕□既亡潛龍遂

躍鳳翔豹變雲飛電爍旆□□□□□□□□□□□
□□□□□□□惟□□作範□勳□陳□□勇冠
三軍□□洴隴掃定河□□□□□□□分
□□□□□□□□□□□□□□□□□□□□
□□望□□路□□長秋□□大樹　□□寄切
□□任隆□□□□□帳□□□□□□□□□□□
□□□□□□□　□□□□□參禪逸□□□
□□□扇豫□□□□□□變惟芳蘭之靡絕奇□□
□□□
咸亨二年□月廿日

碑書大似李衛公碑殘泐特甚中有云內侍汶江縣開國侯張阿難又有云銀青光祿大夫內侍汶江縣開國侯張又有云勇冠三軍掃定河汾等語其人葢宦官而曰勇冠三軍得無溢美乎唐初開國宦寺爲公侯魚李之禍兆矣 石墨鐫華

今在醴泉縣北二十里馬旂寨昭陵南十里碑已漫滅斷續不能成文僅存一百五十餘字咸亨二年九月廿日瑤臺寺僧□□書按咸亨年號豈亦書者增筆耶 雍州金石記

右張阿難碑文殘闕阿難嘗爲謁者監內給事末咸

亨二年九月廿日瑤臺寺僧口似是普字口書而以咸亨
爲咸亨則下筆之誤也書法遒逸似王知敬褚登善潛研堂金石文跋尾
按碑書咸亨爲咸享者古亨享字同也如漢劉熊碑
子孫亨之張公神碑元亨利貞竝是後人畫爲兩字
者非關中金石記
按此碑雖在昭陵然文內未見有陪葬明文稽之
長安志及圖亦不載內侍張阿難墓則不得在陪
葬諸臣之列矣書者瑤臺寺僧瑤臺寺則昭陵圖
有之在昭陵之西澄心寺之南也

王知敬書金剛經
石上截已斷廣五尺五寸五十五行上下皆殘闕字數無考正書在登封少林寺
口口郎口府監丞城門郎膳部員外郎守冀王友直
宏文館王知敬奉　勅書
經文不錄
上闕次壬申口月戊午朔口日庚申
是時元奘奉敕在於東都譯諸佛經佛法方盛天子
尚加敬信知敬書此經所由來矣第石質似惡刻亦
未精剝蝕太甚存者不及半金石刻考略
咸亨三年口月立王知敬正書金石錄作咸亨四年
云無姓名蓋未諦視之耳竇臮述書賦注王知敬太
原人門傳孝義工正行書劉昫唐書王友貞傳云父
知敬則天時麟臺少監以工書知名中州金石記
按書者王知敬兩唐書附王友貞傳但云武后時
官麟臺少監而不詳其在高宗時歷官此碑結銜
皆在高宗時也曰口府監丞渉一字乃少府也監
有丞六人從六品下曰城門郎從六品上曰膳部
員外郎亦從六品上龍朔二年改膳部爲司膳此
仍稱膳部者咸亨二年官名復舊也曰守冀王友
者王府官有友一人從五品下曰直宏文館者宏

文館有學士五品以上又有直學士六品以上又有
文學直館皆它官領之碑不云學士直學士則是
兼領直館也壬申歲爲咸亨三年是歲十月戊午
朔庚申是初三日又按知敬於上元三年明徵君
碑篆額時官朝散大夫守太子洗馬永淳二年書
天后御製詩碑時官司門郎中太孫諮議自咸亨
三年至永淳二年首尾歷十二年歷官雖不同而
司門郎中不過從五品上則是由六品遷五品僅
升一二階其浮沈于文學侍從之班而祿祿無可
表見者如此然皆爲傳所略傳蓋舉其最後之官

耳

鄭惠王石塔記

碑高四尺九寸廣三尺五寸二十行 行二十八字行書在潞安府長子縣

大唐故贈司徒荊州大都督兗安二州都督鄭絳潞三
州刺史上柱國鄭惠王石記
王諱 字 隴西狄道人也
曾祖太祖景皇帝
祖元皇帝
父高祖太武皇帝
王卽 太武皇帝之第拾叁子往任潞州日於此山

奉爲 先聖敬造石舍利塔壹所下并有 勑賜
舍利骨叁漆粒造藏經三千卷觀夫大造遠契洪猷永
貞庶績咸熙彝倫式敘莫不分茅土建諸侯延帝子於
維藩降 天孫於伯牧者矣伏惟 大王通源
聖澤寵位 皇華松姿孤堅玉氣柔潤鎭靜方岳
聲政洽聞都督荊安惟德是順出守絳潞非賢勿居卽
何暮海沂之謠不足儔其匹也而乃洗心覺路虔誠妙
門慈林山中雕礱寶塔智乘寺所裝飾眞容藻繪具周
慶讚將畢洪滿親承 教旨躬奉 綸言以拙補
勤猥當檢校恐河海傾竭陵谷變移謹件 先皇子
孫勒諸貞石
嗣鄭王鄖州刺史璥 第二王子呂國公琛 第三王
子樂平公珪 第四王子尚庸公璺 第五王子樂陵
公 第六王子武安公琨 第七王子南海公璿
第八王子安德公琳 第九王子新平公璲 第十王
子邵陵公琄
咸亨四年十月八日檢校功德僧洪滿建

石塔記始于釋洪滿者以王往任潞州爲造石舍利塔一所而洪滿當時實職是役故記云以勤補拙蓋自紀也新唐書高宗本紀咸亨四年正月鄭王元懿

薨記在是年十月八日其文所謂王諱元懿字某者令闕新唐書亦不載字某下云隴西狄道人與高祖本紀書隴西成紀者小異宗室世系表漢仲翔討叛羌于秦昌戰沒贈太尉葬隴西狄道因家焉生伯考隴西河東二郡太守生尚成紀令因居成紀是唐之上世居雖兩地而占籍狄道者在先故記仍溯其始直云隴西狄道較之史尤爲不沒其實本傳元懿旣歷任鄭潞絳三州刺史又贈司徒荊州大都督今記文悉與傳符獨不載歷鄭一事便文屬句從節故耳其下記鄭王諸子備列無遺然云謹件先皇子孫勒

諸貞石先皇蓋指鄭王而崇號如是不以爲過又塔記所列嗣鄭王鄖州刺史璥考元懿傳作鄂州宗室世系表又作遂州且以名璥作璜則表與傳已相悖而表既云十子乃于王第二子吕國公琛闕名第六王子武安公琨亦失不載此皆史傳疏脫並宜以記爲據又新平郡公遂遂不從玉亦史誤也歐宋去唐未遠其所漏已至此然則此記有裨闕謬者又豈可恝也與授堂金石跋

按此碑標題稱贈司徒荊州大都督兗安二州都督鄭絳潞三州刺史以舊唐書傳考之初授兗州刺史在貞觀七年次歷鄭潞二州刺史在貞觀十年最後授絳州刺史在總章中而不見有安州刺史之官則傳略也新書傳稱王有十子長子璥嗣王舊傳稱璥以上元初封爲嗣鄭王据碑則咸亨四年立石時已云嗣鄭王矣慈林山在今潞安府長子縣東南三十里山西通志載法興寺在慈林山後魏神瑞元年建舊名慈林唐咸寧四年鄭惠王元懿爲潞州刺史建石塔藏舍利二十一粒下有藏經千卷釋洪滿撰碑咸寧乃咸亨之誤然碑稱往任潞州日於此山爲先聖造塔任潞州在貞觀十年爲先聖當是爲高祖亦在是時則非咸亨四年也碑云藏經三千卷亦非千卷碑稱智乘寺志無其名凡此皆可補正史志之闕誤也碑書十三子作拾叁二十一粒作叁漆粒即三七字餘數目不别用他字鄭惠王爲帝胄似可不必稱里貫而文云隴西狄道與蘭陵代國兩公主同意當時習爲成例而不覺其非潛研堂曾斥之然猶未昇此碑也

大德寺造像建閣碑

石横廣三尺九寸二分高三尺五寸分兩截上截文四十二行前五行各二十七字餘皆二十八字下列齋主姓名三十四行行五字七字八字不等正書

唐大德寺造像并建弥勒閣碑銘

□□□□□□□□□□□□□□□□於□□□
□山於紫□□□□□□□□□□□□□□□□
□□□□□□□劫齡越恒氵□□□□□□□□廟諱
風廣被俱昇㬎□之圵□妙難閫□重雲而不□□
陸念淨於心田□□□五乘調於意樹崇遵正覺鑒
㬰不周□□之□□靈未盡□□衆動□無常明陰
洞陽㚑窮其數廣門杳□□其□聖道幽𢊍不悉其
旨舉□無上抑神無下彌于宇宙攝以亳□□□淋

芥□難叧拂石屢盡壘粲無□照玉燭而轉金輪撤堯
雲而□□日□□□□濟□壘□□法宣陽獎延拾壑
云旨大德寺者荊河之□□也上欽岳逼漢下幽邃賓
蒙左則金臺寶闕右則甞阜岩隆前上洛□□同涓定
鼎洪流其後盟津達於晉闕徘徊盤鬱五臺陸府之扃
壘山□州之過外□倍尾靈龜熊耳纏鱗獻書進圖入
匪賊贛咸賨納毯織美□譎□產西詩葉菲㚇鷹既𦤧
皇家龢止萬代神基陑堂鈿鈺雖非拔濟□頂孤園
未□含儲香城豈非闍峯雪岫者歟荊元魏帝規矩□
尼霸□隆邦禩禪表於慈父龍威琟悵妙處雲而瑞膺

䎙靈揮巖刊塔□爲大德寺也 皇儀數改帝業頻移
衜遇逋周旹逢價道虧尊廢像遂斷香路於西方滯遊
魂於淨土曰以釋教陵遲神香頗及珮形殊影獨處堂
闕菩薩眞人間夜燎落慰金顏於麓埜幽玉面於摧龕
聖德深䎙舉淹留於金□大帝乘旹出震 恩徹九
圍遠眺昏賓親觀隱殁撲炬燎於邪烽纖群迷於苦粲
頻奉 䎙詔重令修緝復崇前號度尼五 等並
早辞百兩夙契壘乘皤香蒴綵發曇花之志無常無我
法印尊儀戒行不虧陸□無累復有法子清信□□劉
仁則廿六人等幼□貞敏宿誤㚇空□敬□情先苞肆

忍絲中白褸食內櫞飡禪營寶塔特造僧房□待布金
徘徊□就鴻鍾廢而還擊聲徹九而清唄再稱聞於□
壑今建石碑像壹軀金容毫目出界無雙玉面菩萃拾
方脩有聞名合掌□幼訾除見影佰頭恒□皐滅復營
彌勒閣壹所金鈴寶鐸和而樂巳鏗鏘妙□□花齊綺
雲而合粟闢大千之路渡彼岸津梁㲀敦䟽而復全蒼
生皐而還福□舟待機竟無越粲之功蹲滿衢中安知
挹□伏□ 而皇上纂贇福垂拱而莅捌荒德被黔黎
鍰秠而□□國 恩□叧骨石室歸仁澤及蚑蜚金□
流偈法相常住齊壘光□□□□ 皇福臻同□□之

圓再申斯句刊勒茲銘軓以輕□聊與掬□□□智劒
□□□鋒□□金㢲能摧怨聲屬臨大穀傒覩遊□礎
贍政□□□鶴舞文詰□□□□慈門龘勝業於神州
設袁功於赤縣今迺鐫□□□鏤石尋□繼釋祖之遵
風闡金文之秘碣恐塵飛洴粲桑出波中讚□□□難
窮歎慧風而靡絕翹心渴仰願奉神光普照無邊咸歸
妙旨□□□□
□雄慈父靈儀頗識說法有功論義智力入斷五慾出
降六賊□□□□破魔軍息其一新構雲閣鯨棟鯢虹丹
梁綠綺宿鳳棲龍觀如見鶴□□眞空波行論法沼語

驚鴻其二四馳迅速烏飛兎散火宅非固諸子爲難金鼓
既韻方起彼岸□等脩謹常遵誦讚其三東流頽息西□
難追去來無礙四運相隨而長坐久釋廟逶迤金璽常
固寶□無虧其四□宮㊄殿青紫丹墀左連帝闕右□王
畿俄俄妙德供養巍巍常遵福坐□共歸依其五上□□
垂歲次甲戌□秋疋㊄滿㊄疋乙奉　詔而下諸州□
□□□觀□□□寺先被廢今儀像堂關現存□還舊
□□□□別□五
□
□□□主功士劉仁則
大都化主麻師仁

齋主騎都尉平正張洛
□齋主錄事楊定鄉
□齋主功士杜石生
齋主驍騎尉司倉呂買
齋主功士牛伯通
齋主雲騎尉劉承基
齋主邵南府隊正景
齋主武騎尉張志範
齋主司倉楊胡仁

齋主雲騎尉趙文達
齋主錄事劉惠達
齋主飛騎尉馮大智
齋主上柱國陽正張志隆
齋主趙智道
齋主雲騎尉王祇僧
齋主功士上官衡
齋主驍騎尉段義方
齋主雲騎尉楊反香
齋主功士杜義昌

齋主功士程懷果
齋主張楚才
齋主上騎都尉張養
齋主功士董志恪
齋主功士宮君言
供養主呂英備
供養主呂杜主
供養主霍行基
供養主景保臧
供養主宮仁基

供養主程仁達

供養主元神載

按大德寺彌勒閣今山西通志已無可考玩碑文則㴱河上洛盟津晉闕五臺三山皆其前後左右之山川形勝也歲次甲戌上有渤字是上元元年下云口秋之月滿月之日据高宗紀秋八月壬辰皇帝稱天皇皇后稱天后改咸亨五年爲上元元年以通鑑目錄推之是歲八月戊寅朔壬辰爲十五日而碑所云滿月之日者蓋謂月滿之日正指十五日也然則改元旣在八月十五日而天下諸州觀寺儀像堂廡現存還舊之語亦即改元詔內所連及之者碑於秋之月上渤一字當是仲秋之月也碑中書多用天后所改十二字且其餘別體字多有出於十二字之外者爲數極多不能枚舉則向謂天后改字始於大周者不盡然矣又皇帝稱天皇始于改元之日而碑內已見然則此碑當立於上元改元之後末行年月是追述詔詞非立碑歲月也惜此下文字漫滅不能詳繹其始末矣

孝敬皇帝叡德紀

碑約高一丈六尺四寸餘廣七尺六寸三十三行字數八十二至八十九不等蓋下截現短一尺七寸餘其每行亦闕七字八字九字不一行書飛白額在偃師縣

御製　御書

朕聞乾象上浮南陸啓黃離之耀坤元下闢東明敞碧題之居稽古前王恧兩儀之大則傍求列聖崇貳極之丕口口以長隆守口永茂承祧膺繼口口口四口口口口口萬口口口口口口闕藻八爻以成務茂實光於載鼎嘉聲表於洊雷區分四德之口具美八繇之誠其於鑾有之矣鑾字宣慈

孫　太宗文武聖皇帝之孫朕之元子也緬惟聖系崇高極天無以方其峻口口緜邃浴景無以喻其深如蜺裳夜月之口類口轡口口之瑞闕浮紫氣口口口之口口地口口口口口口口　高祖屬山鳴之摽運躡神嘯之屯期受大命於口宮口口氛於口野　太宗雲行雨施撲炎岳而救焚架檝乘舟濟沸海而匡溺更張天地息龍戰而靜陰陽重口象頭麟闕而清日月細柳盤桃之域捴入堤封銅標珠闕之鄉並歸正朔口口口口口口口　界聖之崇基纘重光之大業幸休徵口洽景鑾惟新宇宙無虞環瀛有截口玉燭而調四選品彙昭蘇握金鏡而朗八荒中外禔福山蒼昊而垂祐口結本口由　口口而發祥口口口

□□□□□下闕承魏雲而毓質戴玉連珠之異相發
於䨓初注琴銘劒之能道光於丱始年纔一歲立爲代
王皂岳崇□□□景風之典象舟□□益峻□人之高
朕以主鬯攸□□□□□□□□宰是命□龜以□
□下闕春闈習禮秋籥殫藝宮之奧旨究肅成之宏義一
物載行九□□允庶延端士納審諭之良箴博採正人
□□翼之明行略詮其美□□德焉尔其□性純□□
道□□承□□□□起問□□於三□下闕朕及天后攝
衞微乖則色不滿容行不正履出青宮而視膳轙寢通
宵入紫庭而扇枕纏憂永日豈止衣□□□藥必親嘗

而已哉此其至孝也監國字人務□□□刑愼□□
□□□□□□□身後下闕竊金□而□□□召雎
恭出銅龍而載暘此其至仁也承天奉□貽肅雍之大
矩迎郊過廟極□□之崇儀□□不愓其容□暗莫移
其撿同輿共帳□□均□□之風□□横經□□□□
□之禮□□□下闕喻其神望景揣情藏往無以淪其□
心融道鏡應萬象以含幾器韞□珠苞六合而□照辯
防□之訟義出羣□驗長壽之書事惟獨察此其至明
也□桂茅簷□□非食戀□□□□□□以爲□
朕每賜以□□下闕佩服以承恩雅淡既隆還委褒而從

好此其至儉也不迩聲色苻帝乙天性之高載植□□
有顯項□□之量馳騁末□弃之而弗爲書劒淺技能
之而弗貴西苑□遊□□林泉□□東□□□□□
□之娛下闕□小道恐泥不留聰於異端此其至正也七
門四徹之書乎窮泉極蓬府柏臺之秘□□貟筌考□
典於叔時採德義於羊傳罷搖嶺之風樂鍾鼓六□□
□□之□□筆□□□此其至□也柔而能□下闕匡諷
之□政或是非潛申獻替之益朕所惡者有□□而必
揚朕所好者無纖□而不舉父有諍子斯之謂歟此其
至□也緜昳葭莩因心之戀已切□山□□□□之愛

允深□□輦□□遊未足□□□下闕其孔懷此其至睦
也爲而不恃□柱史之妙門異而能齊體蒙叟之虛室
賓實斯混語默兩忘咸英與林籟同歸袞紱與雲霞一
致此其至通也迪□敘德□踐□□□□□詔□□
□□□□□□□下闕洛陳謨凌太山而開辯圖□鮑去
組禮不忘於須臾釣鼇臨□文必申於造次畋遊寢跡
不待□□之書道德立身無資設木之諫雖復謳歌未
□截啓之願□□□攸歸贊□之□□朕□下闕山
脫屣褰裳願尋眞於汾水不飾情於外禪無待杳岳之
□□邈已於中宸自申知子之便潛圖釋負未遂所懷

故一作數

究一作容

屬炎籥戒辰凉□避暑□因扈□□□沉□及其□愈
乃□□闕下性特隆一聞此言因便感咽伏枕□欲哽絶
移時重致綿留遂感沉痾西山之藥不救東岱之魂吹
暘之豐莫返逝川之命以上元□年□月廿五日薨於
□□□之□闕下既仰謝於姬昌變衰之悲遂俯同於容
儁□不知至人無愛大道忘情雖慕延陵之□終愴卜
商之感天后心纏積悼痛結深慈□□□□□□□□
□□□泣昔周闕下言朕之至懷不欲違其心許□申舊
命爰瞻尊名粤以吉辰□謚爲孝敬皇帝其葬事威儀
及山陵制度皆□天子之禮惟不識自生初性□□合

體□□□□□□□□□闕下日將月就羣方欽其麗正多士
挹其宜猷愛敬極於九重光耀□於四海卑詞降東園
之逸高談接南館之賓儲君之德盛焉□□□之望隆矣
庶其三□□茂方□□□闕下徵奄促上賓之駕輿言□
往震悼良深朕以其孝於承親恭於事上意欲還京卜
葬冀得近侍　昭陵申以奉　先之禮順其既
往之志但以農星在候田務方殷重歸闕輔恐有勞廢
遂割一已之慈□便兆□之業□□□□□□□□
□□□□□□□闕下以爲言故賵殮絶於珠璣明器惟
資瓦木一從本志無□宿□即以上元二年八月十九

遽一作遽

孝一作産

行一作術

日還窆於景山之原禮也冀樹□□陽無隔風雲之路
鶴歸緱□□闕下谷之有遷刊琬琰而垂範式旌德行廼
作銘云
震象凝位離景騰輝地惟重海天開少微惟皇取則利
建儲闈承祧是寄主鬯攸歸其一運啓□圖祚隆
先聖丹霄□□□□□□□□□闕下正其二
研機道□發□津戈臨□序籥奏秋旻商巖佇逸望
苑通賓□藝方遠宣猷日新其三禮茂承顏□融錫類愛
敬兼極君親一致□□義重□□情至性□□□闕下
優遊四德績劭撫軍譽宣監國便坐垂範寢門貽則是

湛川沖化敷黼黻其五盧佇承疑崇奉師保望□韓牘臨
□□藻□□宮□逾□道□德斯□□□□爲寶其六
楹□闕下靜□□葭締遊鸐廚斯啓匏俎弗羞恭行一物
澄汰九流其七緬惟釋重□追前懿爰念少陽將推大位
純孝深感聞言哽咽□命未申□□□□□□其八玉□彩
珠沉夜光未□闕下泣黼圍風悲畫堂感今興悼念昔增
傷其九崇謚追尊鴻名贈册伊洛疏兆嵩環卜宅隧擬橋
巖塋圖畢陌霧凝平楚煙生□柏其十原隰□□□□□
□□□□□仙殿□□闕下□鳳縛空篆鶴駕無追其十一
右孝敬皇帝叡德紀高宗御製并書書法與晉祠銘

相似孝敬皇帝者高宗之第五子皇太子宏也上元
二年從幸合璧宮尋薨新唐書以爲武后酖之是年
追加謚號葬於緱氏縣景山之恭陵宋熙寧八年省
緱氏縣入偃師今爲偃師縣地矣孝敬字宣慈新舊
史皆失載潛研堂金石文跋尾
劉昫唐書列傳云恭陵制度一準天子之禮高宗親
爲制叡德紀并自書之於石樹於陵側卽此碑也太
平寰宇記云緱氏縣有恭陵孝敬皇帝陵在縣東北
五里今俗亦呼太子陵河南通志誤曰敬宗陵益謬
甚矣武進士億云碑云宏字宣慈今史于燕王忠太

子賢並書字而此獨見遺蓋失紀也又云年才一歲
立爲代王高宗紀永徽六年封子宏爲代王本傳亦
同若以一歲始封數之自永徽六年至上元二年太
子宏之薨年乃二十一而傳作二十四歲者誤也武
君偃師人深于經史之學中州金石記
按碑下截殘泐幾不可辨記云卽以上元二年八月
十九日遷窆於景山之原據傳惟云葬緱氏考記墓
者多以山原誌其藏示不易變也然則如此記所云
亦爲得其實又顧亭林云古人主有追封其父兄無
尊其子弟者惟秦文公太子卒賜謚爲竫公唐代宗

追謚其弟故齊王倓爲承天皇然於高宗追謚太子
宏爲孝敬皇帝顧氏竟亦失引今以此碑按之并可
著其闕也題額與昇仙太子碑皆飛白書尤不多見
故并著之偃師金石跋
按此碑文幾三千字存者尚千七百餘字太子宏
爲高宗第五子文云朕之元子者以立爲太子卽
詩建爾元子之義也年纔一歲立爲代王兩唐書
紀及新書傳皆云永徽六年封代王獨舊書傳作
永徽四年據燕王忠傳永徽三年立忠爲皇太子
六年王皇后被廢武昭儀所生皇子宏年三歲禮

部尚書許敬宗上疏云云則是宏實生于永徽四
年以舊史證碑正合一歲封代之語然與諸處之
言六年封代者多牴牾也文敘太子有九德曰至
孝至仁至明至儉至正至□至□至睦至通泐其
二字不可曉蓋褒美之詞備矣太子之薨當時傳
聞多異詞舊史傳則渾其詞自是時戴至德張文
瓘兼左庶子與右庶子蕭德昭同爲輔弼太子多
疾病庶政皆決於至德等上元二年太子從幸合
璧宮尋薨制詞有曰皇太子自琬圭在手沈瘵嬰
身及膝理微和將遜于位而宏天資仁厚孝心純

確既承朕命掩欻不言因兹感結舊疾增甚碑亦云不飾情於外禪無待咨岳之□□逸已於中宸自申知子之梗濟圖釋負未述所懷□因扆□□□沈□及其□愈乃□□□所存沈字愈字卽一是沈痾漸愈之意聞此言因便感咽重致綿留遂成沈痼碑悉與舊傳合則是太子之薨由於多病而又聞禪位之語益致不起也新傳則欲著武后殺子之罪不述其多病之由直云后將騁志宏奏請數怫旨上元二年從幸合璧宮遇酖薨又于本紀書四月己亥天后殺皇太子舊史本紀但書四月己亥皇太子宏

薨于合璧宮之綺雲殿始終不言其被殺也温公通鑑亦不遽實其罪但云太子宏仁孝謙謹上甚愛之禮接士大夫中外屬心天后方逞其志太子奏請數迕旨由是失愛于天后己亥太子薨於合璧宮時人以爲天后酖之也袁樞紀事本末語與此同考異亦云唐歷宏仁孝英果深爲上所鍾愛自升爲太子敬禮大臣鴻儒之士未嘗居有過之地以請嫁二公主事詳本傳失愛於天后不以壽終實錄舊傳皆不言宏遇酖惟李泌對肅宗云高宗有八子天后所生四子長曰孝敬皇帝爲太子監國仁明孝悌天

后方圖臨朝乃酖殺孝敬立雍王賢爲太子新書葢據此及唐歷也宏之死其事不明今但云時人以爲天后酖之也疑以傳疑然則温公亦不以天后殺子之事爲可信矣朱子於綱但書太子宏薨謚孝敬皇帝於目則書義陽宣城二公主幽于掖庭太子奏請出降上許之天后怒卽日以公主配當上翊衛太子尋薨時人以爲天后酖之也此語與通鑑同詔追謚爲孝敬皇帝范氏曰皇帝者有天下之號非所以爲贈也父沒而後子立今父在而追尊其子豈禮也哉葢武后謀篡國酖太子而加之尊

名以掩其迹李泌之言信矣据此則朱子尚以被酖爲疑至范氏始以李泌之言爲信也天皇晚年倦勤庶政多決于天后卽使太子受禪天后自度亦不難制其子何至以請嫁二主激怒遽萌殺子之心此事本有可疑者特以武后罪惡已甚後世無復原之耳此碑雖多迴護飾美之詞要非竟無紀實之語存之亦以見舊史紀傳之本於此也又按唐人書撰墓碑之例有子書父碑者如令狐熙碑及王仁求碑至此碑高宗爲孝敬紀德是父書子碑皆墓碑之變例附記于此

阿史那忠碑

碑連額高一丈三尺五寸廣四尺四寸三分三十三行行八十二字正書篆額在醴泉縣昭陵

大唐故右驍衛大將軍薛國貞公阿史那府君之碑

上闕□□□□□□□□□□執□結繩八□與四均齊

致□幽陵之□服□□陰之烈□□□擁泉罕□下闕□

□□□□□□之□□□□□□□□□之□□□□

□□□□□□□□□獻□□贏而被有截辯方正位

踰亥步而極無垠罄域輸□傾□□□若乃器藏於用

幾動於□□□□□□□□□□□□□□□□　聖

人而□□□□□□□□□□□□□□□孫巽以高

□□□□□□□應運□出在□薛國公矣公諱忠字

義節其先代人今為京兆萬年人也鬱矣曾基克承大

禹□□□□茂業奄有幽都之地洪源共昌海分流崇

□與□□□□曾祖□□□□□□□□□□□□強

盛□□正□□千□於龍□境窮西夜騁萬騎於雞□

威讋東胡父蘇　皇朝左驍衛大將軍寧州都督懷□

□□□□□□是曰□金之允□該逆順恭惟□□之

□□□□□□□□□□□□□揚□聖廟諱候□□□

□丹墀不□以貴□□□□愷澤異姓而□埒長沙□

□祚公丕承昌緒允□潛禎上分列緯應天街之祕象

下屬□山□□□之□□□□則英□□□□□則□

□□□□□□□□□□□□□□風□□知□之心

弥遠□將甫成□□之奇可察豫章□拱□鐲□□先

彰素懷不羈之節載蘊非常之志及隨季崩離中州版

蕩我　　　大唐撥亂反正□□□□□□□□□□

□□□□□□□□□□□□□□□軒之□公□□

□言歸咸承繡□之賞石舊父子共沐朝恩秺侯仁孝

式流家祉時以漢南未靜委公作鎮頡利可汗乘閒內

侮　　□遺張□利□齋□□公□□□□□□□□

□□□□利以□□□□□以□□兵刃不加凶梁亘

定大夫之□□□嘉謨斯在尒子之□樓蘭英風可躡

竭誠之跡基於此矣詔授左屯衛將軍仍令□門宿衛

□甲第□□降□□□□□□□□□貞觀□四年□

□御□軍□□□之睿□去□□□動吹簫之妙曲望

□□戚譽浹遝迹餓丁元□憂尋起復職寢苫結慕集

藜纏哀善喪能毀棄皃悲於行路奪□卽戎柴形□於

朝序□年　　詔□□□公□□□□□□□□撿挍

長□都督□□□□□□四豪之□□任隆式□□十

□之新□克淸邊壒言旋京邑撿挍左屯營既而句麗

百濟耳相侵逼處月焉耆各爲脣齒□□邪於荒裔□

□伐□　皇情□□□□□□□□□□□□□□
□□綏邊□□　詔公□域安撫□□□□之寄右
地讐□加授上柱國廿年遷右武衛大將軍復屬延□
縱慝鐵勒怙亂乘壯月以控弦倏朔風以鳴鏑□膺分
□□□□□□□□□□□□□□□□以德□翹
□而□□後之以刑□□以□□廓清柳室槃公是
賴賜金銀器物數十事繒綵五百匹錢廿万馬五十匹
霍氏舜第竟收絕漠之功荀父□錫寔□兜狄之効俄
而□□□□□□□□□出□□□□巖廓而逾謹
宸□□□□□□□而殆絕　天皇纂譚景□惟新

帝澤滂流□思念舊爰復本任委之心膂永徽中以
太妃憂去職欒棘之痛若居元□之喪其年起□授左
□衛大□□□□□□□□□□衛大將軍□□□
□　□爲使□□長□道行軍大揔管□韓□擾徙
掃除殘契丹縱毒迴戈拯亂剿譚兔之遊魂覆黃龍之
□□亦旣□□□□□兼隆□改□營爲羽林軍委公
統□□□□□□兵□□妙識機權□□□□□□
□□□□□□□衢紫掖□巖整雲營□上苑六軍取
其節度八校法其規模是以歷事　兩朝□□□□
□□諸王宴集公必□焉伯初之恒宿禁中仲□□□

□□內□□□□□□等□□□□梁陰□□□□
□□□□□□勳　詔公兼□衛大將軍撿挍羽林
如故式彰巡警之効聿陪登降之禮嘉慶是□□□
允洽復以吐蕃蟻□近□凶醜□□□□□□□□
□□□□□□□蘭之域□想佚波截思□海揔章
初　詔公爲青海道行軍大揔管甫臨邊□克靜妖
□將軍有百勝之功　天子綏一□之□尋又奉
　詔□西域□□□□□行軍大揔管□□□□□
□□能□□義斯皋有征□無戰□信並行羌夷是□
洎乎振旅頻加勞問方當克享期頤永膺福祿延十紀

之遐筭升九命之崇班不謂大樹先秋□松落其□□
高□遂□□□□□□□□□以□□□□月廿□
曰甍於洛□□□□之私第春秋六十有五　皇
上凨延　恩顧事越等倫爰自寢疾深於□辟之寵□
是歸全甚於趨輪之慟前後中使相望於道　詔贈
□軍大將軍□□節大都督□□□四州諸軍事荊
州刺□□絹布□百段□粟□百□□東園祕器凶事
葬事並令官給務從優厚陪葬　昭陵儀仗送至墓
所住還常所服甲　勑令隨庫并賜衣□□□等□
□　□□□□□以其年歲次乙亥十月□□朔十

□日□西遷窆於□□昭陵之安□原謚曰貞禮也惟
公擅□知□敏禀黙識之□□□□□□靈爽澈蘊蒼
璧以載融瑩白珪以無玷貞心勁勇□竹□而□秀□
□抑□□□□□□□□□武藝□□兵□言合□道
□□弃□糟粕□□□於神處□□於□□□□剳□
斷□危就安□□□□而著勛天錫歸□而延寵此乃
□□之智也清以激貪勸以應務止□□□□□□□
□□□□□□□□□□□也□□無□□□□□□
踵□□之□居喪極二□之□此乃奉親之孝也珠璣
孕掌瑤□光□辛氏□將帥之□陳扉無卿長之□□

乃□子之□也□□□□□□□□□□□□□□□
□□□□□□□□□□□□之□□□□□□□□
聲□□上□　紫極排閶闔而遐舉側□　丹宮肅□
陳以□侍□臨□甸一戰而蕩元夷右瞰河□□□□
□□□□□□□□□□□□□□□□□□□□□
□□□□□□□□□八□□□□□冠□□之□□
□無□□於□將之□博陸之謹慎□心二十餘載富
平之勤勞處事三十餘祀挍彼聲塵罔□優劣□所謂
立功立□有□有□□□□□□□□□□□□□□
□□□□□□□□□□□□誕□□□山□□猷於

□□學該七略發揮書□之奥辯縱□牙含吐談叢之
□君子□其禮節通入許其遠大至性有□因心則成
以爲□□□□□□□□□之□□□□□□□□□
□之質□列□□□□□□□□□□□□載揖先賢
之範故人望拜遐傳不朽之業其銘曰
文昌列將武庫陳兵□万爲傑踰千□英□此邦彥□
□國□□□□□□□□□□□□□□□粹質六象
雲□三□電逸虹寶連城驪珠□□器則瑚□材惟梓
漆德宇曾騫禮輿遐振斷山載嶷澄陂已濬踐孝履仁
宅謙居慎處事無□出言有□□□□烈劒術窮微□

　□□□□□□□□□略□□□□□□□□□□
聖□歸□□□擅榮□□里□□□□秦樓載峙軒蓋
聯華歌鍾□起宅躬伊泰在貴不恃盡節禁□□□□
服東□□□西臨□谷□□□□□□□□□□□□
□□□□□□□□□□□□□□□□□山□□□
□遽落營栁先凋九泉永□三宮寂寥慶屬象賢德鍾
令嗣箕裘允襲文武不墜仰畢□以纏哀望廬山而結
□紀貞石而垂□庶幾□□□□□□□□□□□□
□□□□□□□□□□□□□□□□□□□□□
右唐阿史那忠碑唐書列傳云忠尚宗室女定襄縣

主始詔姓獨著史今此碑當時所立題云阿史那府君之碑而元和姓纂亦云阿史那氏開元中改爲史疑傳誤也唐太宗親撥隋亂即位未幾遂致太平其好賢樂善蓋出天性故一代之豪傑皆樂爲之用如忠之徒出於降虜亦皆立勳本朝著名後代雖云太宗天姿英睿絕人甚遠至于輸忠盡節諸賢之助亦多矣嗚呼盛哉金石錄

碑泐其存者稍倍于豆盧寬碑亦以額識之而書法更勁拔在永興河南閒惜撰書俱無名氏可考耳石墨鐫華

碑已漫漶可識者七百餘字按新唐書忠傳蘇尼失子也今碑作蘓其下虛一字以下文乃皇朝字也是忠父名蘇史誤耳宜從碑金石文字記作上元二年雍州金石記

右薛公阿史那忠碑醴泉縣志云存七百餘字予所藏本廑存三百餘字所書事跡與本傳略同惟突厥傳稱太宗立阿史那思摩爲可汗詔左屯衛將軍阿史那忠爲左賢王左武衛將軍阿史那泥孰爲右賢王相之而其後又云右賢王阿史那泥孰蘇尼失子也始歸國妻以宗女賜名忠及從思摩出塞思慕中國見使者必流涕求入侍許之又併忠與泥孰爲一人前後自相牴牾則其謬也潛研堂金石文跋尾

按集古錄作上元二年金石錄作咸亨四年元和姓纂云阿史那氏開元中改爲史唐書列傳云忠尚宗室女定襄縣主詔姓獨著史碑建于高宗時竝不言改姓唐書誤也姓纂爲是關中金石記

按碑文約二千六百餘字存者千七百餘字雖存十之六而其最要處皆經磨泐兩唐書傳又皆簡略今取碑所存字節錄其官閥事蹟與史傳參考之通志氏族略阿史那氏夏氏之裔居兜牟山北

人呼爲突厥富歷魏晉十代爲君長後屬蠕蠕阿史那最爲首領後周末遂滅蠕蠕霸彊北土蓋百餘年至處羅蘇尼失等歸化號阿史那唐開元更爲史氏此阿史那之原委也碑但云其先代人蓋舉其要耳舊唐書傳貞觀初阿史那蘇尼失者其父始畢可汗以爲沙鉢羅設頡利政亂突利來奔頡和乃立蘇尼失爲小可汗頡利爲李靖所破蘇尼失舉衆歸國因令其子忠擒頡利以獻此阿史那蘇尼失歸朝之原委也是忠之祖爲始畢碑所不詳忠之曾祖碑泐其名史又不載不能考也新

傳稱忠宿衞四十八年忠以上元二年薨春秋六十有五推其生在隋大業七年其直宿衞始于貞觀二年其時僅十八歲也忠之薨年碑巳全泐据其葬年在乙亥知其薨是上元二年是年十月辛未朔十五日爲乙酉皆可補碑之闕也忠陪葬昭陵稽之長安志昭陵圖但有阿史那什鉢苾墓在澄心寺左新羅眞德墓之左又有阿史那社尒墓在證聖寺左賀蘭鳌墓之右而不見有阿史那忠墓至昭陵圖説則云功臣大將軍尉遲敬德巳下六十四人內蕃將阿史那忠等九人殆是與什鉢

苾社尒墓祔葬也陪葬昭陵飾終之典與諸碑同惟云常所服甲敕令隨瘞則獨見此碑碑書元蒬作元兎吐蕃作吐藩皆音譯之異者

金石萃編卷五十八終

按趙本鈔本
同校

金石萃編卷五十九

賜進士出身 誥授光祿大夫刑部右侍郎加七級王昶譔

唐十九

明徵君碑

碑高一丈一尺一寸八分廣五尺三十三行行七十四字行書額題攝山棲霞寺明徵君之碑篆書在上元縣攝山棲霞寺

攝山棲霞寺明徵君之碑

御製

朝議郎行左金吾衞長史侍相王書臣高正臣奉

勑書

朝散大夫守太子洗馬王知敬篆書

朕聞鍾山玉闕羽駕之所巡遊崐嶽金臺蜺衣之所翔集雖復眞宗窅眇神理希微猶居三界之中未出九天之外雅有乘如廣運妙覺圓明因無生以濟有生就無象而成大象道隔去來之際筌蹄靡得其端理忘動寂之機隨迎罕窺其奧得其門者如譬寶之希逢臻其極者似曇花之難遇南齊徵君明僧紹者平原人也仲雍誕其緒鬱井伯播其靈苗芳源肇於孟明因卽以明爲姓曾祖忱晉著作郎祖玩晉建威將軍鳳經流譽雅韻隆於八儒豹略申威香名高於七掖父略宋平原太守

中書侍郎朱明出撫揚惠化而傍霑紫誥攸司罄忠規
而奉上徵君早植淨因宿苞種智悟眞空於綺歲體法
性於青襟照與神通心將道合遺榮軒冕少無塵雜之
情託志林巖自叶幽貞之趣亭亭秀氣掩璧月而架丹
霄皎皎清衿漱瓊湍而淩碧瀨即相非相指萬象爲虛
空無我無人等四流於寂滅加以學窮儒肆該綜典墳
論極釋津精通老易至若鹿野龍宮之祕猿江鶴樹之
支莫不遞貫清衷摠持丹府班荊坐樾獨神王於亭皐
頓嘯長吟乃情超於宇宙蒲輪每至攀桂之節逾高玉
帛屢陳枕石之誠彌固遂乃緬懷飛遁抗迹嶗山託岫

巃階憑林結棟紉蘭製芰方輕藻火之衣爽籟風松自
代管絃之響橫經者四集請益者千餘高鳳愧以韜光
張超謝其成市于時南風不競東土構屯人庶豺狼之
毒家充虵豕之餌盜仍有道望境歸仁其結盟誓之言
不犯徵君之界豈非至誠攸感木石開心者乎及元曆
告終青光啓祚齊高祖希風佇德側席傍求屢下徵書
確乎不拔其後又移居鬱洲擠榆山栖雲精舍情親魚
鳥志狎煙霞蛻影樊籠蕭然獨往齊建元元年又下詔
徵爲散騎侍郎又不就旣而濟岱淪胥公私蕩覆稽天
之浸將湮蹈海之居燎原之火欲燼藏山之璞乃鴻騫

鳳舉騰萬仞以高翔擇木遷君相九土而遙集淩江迴
憩遂届南京負杖泉丘遊覗林壑歷觀勝境行次攝山
神谷仙巖特符心賞於是披榛薙草定跡深棲樹槿疏
池有終焉之志此山其狀如繖故亦號曰繖山丹穴紅
泉共星河而競寫珠林鏡巘與月桂而交暉鳥哢巖虛
猨吟澗靜松門杳藹去來千里之雲花欆卉茸含吐十
枝之日實息心之勝地乃宴坐之名區爰集法流於焉
講肆音容秀澈字量端凝投論會奇興言入妙若鴻鍾
之虛受有擊必揚似明鏡之忘疲無來不應于時元儒
兼闡道俗同歸俱號淨名以旌至德先是山多猛噬人

罕登臨昇巖有仙谷之危越澗等憑河之險徵君心不
忤物摠萬類以敷仁故使物乃革心屏三毒而歸惠輿
風歛暴遽承採鯁之恩游霧含辛自埒報珠之感于時
齊道方穆寤寐求賢永明元年又徵爲國子博士徵君
隱居求志義越於由光不降凝心跡高於園綺鑿坏貞
遁漱石忘歸鶴版載臨豹姿逾遠俄有法師僧辯承風
景慕翼徙振錫翩然戾止法師業隆三藏道邁四依戒
行堅明律軌嚴淨欣然一遇叶契千齡子琴爲莫逆之
交溫雪豈容聲之友因卽隣巖構宇別起梵居聳嶠飛
柯含風吐霧栖霞之寺由此創名福地裁基肇發初心

之誓法門排遝遽鍾後說之辰安居頂之辯師遷化六
年頂拜雖開靑石之壇千日威光未建紫金之岳徵君
積篠登妙至感入徵嘗夢法身冠于曾巘後因乘靴履
步林亭乃有浮磬吟空寫圓音於帷樹飛香散迴騰寶
氣於鑪峯又覩眞顏于巖之首神光駭矚若登靈鷲之
山妙力難思如遊瞽龍之邑豈止無垢佛國獨蔭珠雲
淨德王家方承珂雪是知不行而至寘通應感之符爲
法而來實昭光啓之福非夫慧因宿植其孰與於此哉
於是拜受嘉徵願言經始將於巖壁造大尊儀乃眷爲
山未遑初簣遽而西州智士與曉岳而俱傾東國高人

隨夜星而共沒瓊瑤落彩峯岫沉暉永明二年奄遷舟
壑第二子臨沂公仲璋顧慕曾巒旣劬心於岵望俳佪
曩搆更泣血於楹書遂琢彼翠屏爰開葉座捨兹碧題
式建花宮上憲優塡之區仰鏤能仁之像按美何充之
宅遽興崇德之闕逖彼蕭宗大嚮釋典文惠太子及竟
陵王或澄少海之源派朝宗於法海或茂本枝之穎發
萌柾於禪枝咸捨淨財光隆慧業時有沙門法度爲智
殿之棟梁卽此舊基更興新製又造尊像十有餘龕及
梁運載興鋭心迴向大林精舍並事莊嚴臨川王載剖
竹符宣化惟揚之境言尋奈苑興想拔茅之義以天監

憑一作隱

一十五載造無量壽像一區帶地連光合高五丈滿月
之瑞湛珠鏡以出雲崖聚日之輝昇璧輪而皎煙路柰
差四注周以鳥翅之房迢遞千尋飾以魚鱗之瓦擊鳴
乾於爽籟則步影齊歸麗停午於高巘則息心攸萃逾
錦城而特建掩銀界而孤標良由積慧所持大士著甚
深之業用能遙誠克果永代增稀有之緣以曠劫之隆
因開含生之至福偉哉壯觀無得而稱朕肅慕禎圖丕
承寶曆澄九瀛而有截宴八表而無爲紫塞丹岑接封
畿於上苑白門靑野款賝贄於仙闈將使率土蒼生鎭
昇仁壽之域普天黔首永蹈淳古之源崇慶越於兩儀

景運踰於萬劫屬以寬旒多暇物色傍求瞻江海而載
懷詠林泉而興想欽風味道恨不同時古往今來撫運
化而雖寂德崇業著眷神理而猶存寤寐遺塵有兼前
烈瞻言勝軌歎佇雅深今故於彼度八常滿七七各兼
衣鉢錢二百貫絹二百匹蘇叁拾斛繡像織成像新舊
翻譯一切經一藏并幡華等物口幽尋之曩跡光顯德
門託嘉遁之名區追崇仁里就福宇而延福卽祥基以
締祥冀緣金圃之庭近叶珠囊之耀所願通因法岸契
果禪林　九鼎與元極同安　七廟與紫微
齊固總三千之淨土並沐薰歌罄百億之恆沙長爲壽

悉一作回

算口鐵圍之所苞括玉燭之所照臨常飡六氣之和俱
藻一音之聽夫象以盡意意非象而不申言以會情情
非言而不暢是以發揮二諦宏演四依迴託蓮花之峯
遙刻芝英之字庶海桒頻變孤超弃岳之碑城芥屢空
獨跨稽岑之篆式陳茂實乃作銘云
悠悠法界揔揔含生輪迴欲海起滅身城俱安大夜共
習無明愛塵岳聚毒樹雲平其一邈矣遍知超然獨悟遽
乗五演高披六度大空善說中天巧諭引彼迷途歸之
覺路其二猗歟淨行育彩昆田家口珪組代著忠賢戎丈
宿習種智斯圓棟梁三寶薰修四禪其三爰始筮實薜蘿

攸聲蹈海沉跡棲巖滅影天地搆屯干戈耳警北林冈
庭南轅載騁其四翻飛澤國歷考山圖言瞻碧磴自韞聾
珠口峯架室枕壑通衢鱣庭廣跨馬帳譽敷其五同氣相
求善鄰遙託道符久敬心均常樂對闕金園並疏銀閣
谷停帝馬鑾歸梵鶴其六空分瑞塔地積香臺口口霄暎
珠雲旦來千光霧起七淨霞開林迴飛錫澗下乗杯其七
桂巘叅差松亭隱藹石壇照錦瑤泉瀉籟岫接香鑪峯
承寶蓋翔凫演法毒龍銷害其八梵宮既啓福海長深隆
他忘穴飛鶚革音羣生普戴彝祀同欽不有高節寧荷
宿心其九口展多閑聞風遊想茂軌遐迹清塵邈往佇

契業於圓明冀崇緣於方廣鏤飛篆於會岳齊勝基於
穹壤其十
上元三年歲在景子四月弋戌朔廿五日壬戌建
右唐明徵君碑徵君者梁人名山賓也高宗朝其裔
孫宗儼以方伎進故立此碑舊唐史言高宗自製文
而書之非也蓋高宗撰文高正臣書耳金石錄
右高宗御製高正臣書王知敬篆額碑陰有棲霞二
大字乃大中庚子歲立今碑乃景子此即米芾所謂
手摩一丈玉讀盡上元記者書自聖教序中出極有
風骨可愛蒼潤軒帖跋

上元三年四月立今在上元縣棲霞寺唐有兩上元
此云景子者高宗號也　舊唐書明崇儼傳累遷正
諫大夫特令入閤供奉崇儼每因謁見輒假以神道
頗陳時政得失帝深加允納潤州棲霞寺是其五代
祖梁處士山賓故宅帝特爲製碑文親書於石論者
榮之今按此碑乃高正臣書史家以御製并訛爲御
書耳金石文字記
按碑云南齊徵君明僧紹者太原人也初序其隱遁
之高繼言栖霞之勝而以度人賜經錢絹等物終之
則立碑者以僧紹非山賓審矣梁書山賓傳父僧紹

隱居不仕宋末以國子博士徵不就而山賓官侍中舊書竟以侍中爲處士德甫復以此碑之僧紹爲山賓何耶齊書僧紹傳永明元年以國子博士徵不就卒故此碑云南齊徵君梁書所云宋末徵者亦誤然傳云子元琳字德璋而無山賓齊書修于梁山賓爲梁大臣而反遺之何也碑又云法師僧辯爰來至止別起梵居棲霞之寺由此創名蓋辯依紹建寺並非明氏故宅使高宗寵加崇儼宜于碑末及其名字卽山賓亦未之及未知劉氏何据舛謬至此新書削去製碑一語有以哉金石後錄

右棲霞寺明徵君碑徵君者南齊處士僧紹朱錫鬯以爲梁處士山賓蓋承舊唐書明崇儼傳之誤山賓仕梁通顯沒贈侍中非處士也據碑捨宅爲寺乃僧紹第二子臨沂公仲璋而崇儼傳以爲山賓故宅皆誤也碑稱僧紹祖玩晉建威將軍而南史云州中從事父略宋平原太守中書侍郎而南史云給事中未知孰是碑稱移居鬱洲撩榆山而史作弇榆撩弇本一字金陵在明代有南京之稱此碑云乃屆南京似先爲之讖矣潛研堂金石文跋尾

按碑題朝議郎行左金吾衛長史侍相王書臣高正臣奉勑書高正臣史無傳說詳杜君綽碑相王卽睿宗舊唐書睿宗紀帝好學工草隸尤愛文字訓詁之書上元二年封相王高宗紀作三年正月拜右衛大將軍正臣時爲侍書則正臣之能書宜矣新唐書百官志王府官無侍書專員但有友一人掌侍游處規諷道義侍讀無定員文學一人掌校典籍侍從文章則是侍書之員或卽侍讀文學所兼也又百官志注云高宗中宗時相王府長史以宰相兼之則其他之兼者可知矣又左右金吾衛兵曹騎曹胄曹參軍事各有長史一人正臣時正授此官

也篆額者王知敬史附王友貞傳但云善書隸今觀此碑則又知其工於篆也碑云南齊徵君明僧紹者太原人也仲雍誕其緜允井伯播其靈苗芳源肇於孟明因卽以明爲姓通志氏族畧以字爲氏者明氏姬姓虞仲之後也有百里奚者爲虞之公族大夫晉獻公滅虞虜虞公及其大夫百里奚以媵秦穆姬自此遂爲秦大夫奚生孟明視視名也明字也以字爲氏下文載宋朝明姓者三人明鎬明覰明橐而獨不及上溯徵君諸人南史傳明僧紹字休烈平原鬲人一字承烈其先吳太伯之

裔百里奚子孟明以名爲姓云太伯之裔與碑異以名爲姓與氏族畧異碑云曾祖忱晉著作郎祖玩晉建威將軍父畧宋平原太守中書侍郎晉宋書皆無傳南齊書僧紹傳不載曾祖但云祖玩州中從事父畧給事中南史亦但云祖玩州治中父畧給事中歷官俱與碑異傳云僧紹有儒術宋元嘉中再舉秀才永光中鎮北府辟功曹並不就隱長廣郡嶗山聚徒立學碑不著宋年號但云滿輪再至攀桂之節逾高玉帛屢陳枕石之誠彌固遂乃緬懷飛遁抗迹嶗山橫經者四集請益者千餘

嶗山在今膠州即墨縣劉宋時爲不其縣屬長廣郡嶗又作牢魏書地形志長廣郡不其縣有牢山又作勞太平寰宇記大勞山小勞山郡國志云夫差登之得靈寶度人經齊記云泰山自然高不如東海勞山東通志在即墨縣南六十里濱于海其山有二高者曰大勞差小者曰小勞二山相連高二十五里周八十里顧寗人勞山圖志序曰勞山在今即墨縣東南海上有大勞小勞其峯數十總名曰勞志言秦始皇登勞盛山望蓬萊因謂此山一名勞盛而不得其所以立名之義案南史明僧紹隱於長廣郡之嶗山則字或從山又漢書成山作盛山在今文登縣東北則勞盛自是兩山古人立言尚簡齊之東偏三面環海其斗入海處南勞而北盛則盡乎齊東境矣其山高大深阻旁薄二三百里以其僻在海隅故人跡罕至人則從而夸之以爲神仙之宅靈異之府其說云吳王夫差登此山得靈寶度人經考之春秋傳吳王伐齊僅至艾陵而徐承率舟師自海道入齊爲齊人所敗而去則夫差未嘗至此也自田齊之末有神仙之論而秦皇漢武謂眞有神人在窮山巨海之中於是

八神之祠徧于海上萬乘之駕常在東萊秦皇登之必一郡供張數縣儲偫四民廢業千里驛騷於是齊人苦之而名曰勞山也其以是夫此勞山之說較諸家爲最晰因附載之碑云齊高祖屢下徵書確乎不拔其後又移鬱洲栫榆山栖雲精舍栟榆齊書南史俱作栟榆建元元年又下詔徵爲散騎侍郎又不就旣而濟岱淪胥公私蕩覆淩江迴憩遂届南京行次攝山有終焉之志此山其狀如繖故亦號曰繖山爰集清流於焉講肆永明元年又徵爲國子博士徵君璧坼貞遁激石忘歸鶴版載臨豹姿逾

遠俄有法師僧辯欣然一遇叶契千齡因即隣巖
構宇别起梵居栖霞之寺由此創名安居頃之辯
師遷化徵君嘗夢法身冠於曾巘後因乘眺又覩
真顔于巖之首將于巖壁造大尊儀永明二年奄
遷丹壑南齊南史兩傳皆同惟建元徵散騎侍郎
兩傳作正員外郎法師僧辯兩傳作僧遠又攝山
上有江乘二字碑所無也又傳稱齊太祖遺竹根
如意筍籜冠隱者以爲榮此事碑亦不叙入江乘
縣宋屬南琅邪郡齊時廢郡隋時廢縣入句容江
南通志攝山在江寧府東北四十五里南史云齊

明僧紹居此山後捨宅爲栖霞寺通志又云栖霞
寺在府東北攝山南齊明僧紹故宅唐改功德寺
高宗製明隱君碑亦尚完按捨宅爲栖霞寺南史
僧紹傳無此語此碑額題攝山栖霞寺亦未嘗改
爲功德寺通志語皆未晰也又古蹟門載明僧紹
宅在上元縣攝山永明七年僧紹捨宅爲寺即今
栖霞寺僧紹于永明二年已卒安得至七年捨宅
乎通志蓋誤讀陳侍中尚書令江總持所撰攝山
栖霞寺碑文也總持文云南徐州瑯琊郡江乘縣
界有攝山者其狀似繖亦名繖山尹先生記曰山

多草藥可以攝養故以攝名焉齊居士平原明僧
紹宋泰始中嘗遊此山仍有終焉之志乃刊木駕
峯薙草開遷披拂榛梗結搆茅茨廿許年不事人
世有法度禪師與僧紹冥契甚善嘗於山舍講無
量壽經中夜忽見金光照室光中如有臺館形像
居士遂捨本宅欲成此寺即齊永明七年正月三
日度上人之所搆也居士有懷創造俄而物故其
弟二子仲璋爲臨沂令克荷先業莊嚴龕像首於
西峯石壁與度禪師鐫造無量壽佛坐身三丈一
尺五寸通座四丈并二菩薩倚高三丈三寸云云

詳玩碑文顯係僧紹存日欲捨宅而未果至永明
七年其子仲璋與度上人搆成之也自通志誤會
江碑之意而江寧府志及近出之攝山志皆誤以
爲僧紹捨宅在永明七年矣南史傳云僧紹子元
琳仲璋山賓並傳家業山賓最知名南齊書則曰
子元琳字仲璋是元琳仲璋爲一人也碑乃云第
二子臨沂公仲璋可知長子爲元琳南齊書誤也
兩傳不詳仲璋事蹟碑云仲璋琢彼翠屏爰開蘂
座捨兹碧題式建花宮此爲仲璋捨宅爲寺之證
又云遡彼蕭宗大宏釋教文惠太子及竟陵王咸

捨淨財光隆慧業時有沙門法虔即此舊基更與
新製又造尊像十有餘龕及梁運載興臨川王以
天監一十五載造無量壽像一區帶地連光合高
五丈凡此故蹟今檢通志悉從簡畧文惠太子齊
世祖長子竟陵王名子良世祖第二子南齊竟陵
傳稱與文惠太子同好釋氏甚相友悌子良敬信
尤篤數於邸園營齋戒大集朝臣衆僧至於賦食
行水或躬親其事臨川王宏梁太祖第六子梁書
傳稱天監十五年所生母陳太妃寢疾宏與母弟
南平王偉侍疾並衣不解帶及太妃薨水漿不入

□者五日據碑載棲霞造像適在是年疑爲太妃
作也碑云今故於彼度八常滿七七各兼衣鉢錢
二百貫絹二百匹蘇三十斛繡像織成像新舊翻
譯一切經一藏并幡華等物凡此所賜錢物皆所
以施福于棲霞者詳玩碑文蓋以棲霞振興佛法
爲求福之勝地原其始建在仲璋克承僧紹之業
故不沒其功而爲此碑未嘗有一語及山賓并亦
不因崇儼之請也蘇三十斛本草注蘇性舒暢行
氣和血蘇乃荏類而味辛如桂爾雅謂之桂荏此
所賜以斛計必是蘇子本草又云九月收子打油

授唐文自爲
及原好校

然燈甚明不知高宗賜此爲然燈用否耶此碑文
字完好而取諸史志叅校頗多互異因詳述之如
此碑立于上元三年四月是年十一月始改元儀
鳳也

淮南公杜君墓誌

石高四尺廣一尺九寸十七行行三十四字正書篆額

周豫州刺史淮南公杜君之墓誌
君諱　字　之後矣締構
層華望仙雲而連若木□□□□浮潤海而接霄漢公
天挺英靈神資朗悊髫秊吐秀綺歲含芳初舉茂才爲

許州□□□令懿德裁風美青鸞之儛化嘉猷傒俗光
彩翟之依仁政舉薰風譽流天扆又詔遷□□刺史諸
軍事淮南公被雲雨之膏液降霜露之輕威匪群荷子
育之恩庶彙抱（抱）陶均之□褰帷千里衢歡何暮之謠露
冕百城門嗟來晚之詠遇周社之傾覆會鼎祚之流移
鹿散中原梟鳴宇縣高班厚袠屬喪亂而傾淪墨綬金
章偶崩離而失主嗣子洪貴六人及孫恒周三人等蕡
耀珠泉瀦華玉岫光逾月朵□爛星暉玉樹分榮聳亭
亭於迥薄金柯引翠抽鬱鬱於長林或則學贍文豐兵
韜武略或則風雲在義金石斯懷珎謝玉而咸珎貴葦

珠而並貴嘅崇基之失緒咨峻趾之湮沉俳佪木鴈之
間仿佯語默之致於是懷五愼佩九箴孝二尊篤三益
咸以壑舟夜徙薤露朝晞天不憖遺溘然長謝□周天
統二季終乎私第春秋八十有二以隨開皇元年十月
一日與夫人馮氏合葬于龍山□□□原里之禮也其
地東窺邵埭伐楚之迹猶存西逕溼城避狄之隍如在
南鄰溼水神黿游揺地之瀾北瞰龍山仙鶴戀登天之
岫龠其环木蒼翠嘉樹紛扌是汝□之形勝荊楚之□
□者焉曾孫善達義節八人等痛風枝而結思悼霜露
以摧心遠謝□褒遐懸落構恐□□變海陵谷貿遷耿
介長淪芳菲永歇勒茲貞石迺爲詞曰
承芳蕙苑誕秀淸流□□開屏懿德臨州風斷風槩早
歇英猷爰有嘉麐遠謝箕裘敬雕□兮翠響庶永播兮
淸□
大唐儀鳳二年歲次丁丑五月壬戌朔七日戊辰雕
瑩功訖
按此碑頗完善缺字無多而無撰書人姓名碑中
訛者二處云周天統二年終乎私第天統是齊後
主紀年非周也据碑文前云遇周社之傾覆會新
祚之流移則杜君實仕于周所謂二年者當是周

武帝天和二年不知碑何以有此誤也又云合葬
于龍山□□□原里之禮也据文當是某里之原
禮也文倒互矣首行直云君諱某不加鋪敘之語
然諱字里貫皆空闕不刻何耶文云締搆層華望
仙雲而連若木□□□□浮潤海而接霄潢似乎
言其里居之近東海也然稽之唐書宰相世系表
杜氏有四派曰京兆杜陵曰襄陵曰洹水曰濮水
無有近海者惟北史杜松贇爲北海人然不詳其
何系也碑云君舉茂才爲許州□□□令遷□□
刺史諸軍事淮南公周社傾覆崩離失主嗣子淇
貴六人孫恒周三人等天不憖遺溘然長謝春秋
八十有二以隨開皇元年十月一日與夫人馮氏
合葬于龍山曾孫善達義節八人等勒茲貞石大
唐儀鳳二年歲次丁丑五月壬戌朔七日戊辰雕
瑩功訖是立碑之歲距合葬又九十七年蓋碑爲
曾孫所追立也君以周天和二年卒春秋八十有
二推其生當在南齊武帝永明四年北朝爲魏孝
文太和十年則其初舉茂才爲縣令歷官刺史爵
淮南公同翔北魏以至後周幾六十年之久矣合
葬龍山考其所在太平寰宇記汝州魯山縣本漢

魯陽縣左傳陶唐氏既衰其後有劉累學擾龍氏以事孔甲龍一雌死潛醢以食夏后夏后享之既而使求之懼而遷于魯縣即魯陽是也又曰堯山俗名大柏山水經注云堯孫劉累遷此故立堯祠於西山今山亦號大龍山因擾龍見稱碑所稱龍山似即指此則其地在魯山縣北周屬魯州魯山郡北魏謂之山北縣屬廣州魯陽郡也碑云其地東窺邵墣伐楚之迹猶存西邇滍城避狄之隍如在水經注滍水出南陽魯陽縣西之堯山邵墣似即召陵故城寰宇記云在許州郾城縣東四十五

里漢爲召陵縣即春秋楚屈完來盟於師盟於召陵也通志氏族畧杜氏亦曰唐杜氏祁姓帝堯之後建國于劉爲陶唐氏裔孫劉累以能擾龍事孔甲故在夏爲御龍氏在商爲豕韋氏在周爲唐杜氏成王滅唐而封叔虞乃遷唐氏于杜是爲杜伯此杜氏得姓之始正與汝州龍山事相合然則杜君之居與葬皆在魯山也曾孫善達義節等史傳無名其人似不諳文墨者碑文簡要有體必是能文者所爲首行闕字當是撰人闕以俟塡而善達等遂仍其闕摹勒上石又碑額篆體詭異或人以此揣之則天和之訛天統某里之原誤爲倒置皆由書者舛誤而善達等之漫不加察可知也

李勣碑

碑連額高一丈八尺八分廣六尺五寸三十二行每行字數約九十餘行書額題大唐故司空上柱國贈太尉英貞武公碑十六字篆書在醴泉縣昭陵劉洞村

大唐故司空太子太師上柱國贈太尉揚州大都督英貞武公李公之碑

御製 御書

朕聞四維紀地坤元所以載物八柱承天乾策由其列耀故軒丘御曆資六相以經綸豐水膺圖憑九臣而締

搆莫不道符金礪契叶鹽梅賢嘯龍騰風翔雲起公名勣字懋功□州衛□□祖康齊伏波將軍譙郡太守追贈濟州刺史父蓋散騎常侍陵州刺史上柱國濟陰郡王後辭□改封舒國公贈潭州都督業傳弓冶代列簪裾載德象賢□光惇史□□□□□□□□□□□□□□□□□□□□□□□□□□□□□□□□□□□□□□□英□年甫十七屬隨運分崩于時率土沸騰羣方競逐黃龍白騎乎動干戈丹浦綠林遞興氛祲家

負呑沙之力人懷練石之心李密據大洛以稱兵臨二
周而□濟公權推盟主暫□□□□□□□之□□
山　高祖神堯皇帝應昊穹而撥亂順斗極以龔
行四海樂推兆人思戴及密來投附公獨未歸既承其
百方奉皇運誠於所事造次必形風霜之節其在玆矣
　高祖乃詔公爲黎州揔管上柱國萊國公尋改
青曹公賜同國氏公臨危守義類文鴦之懷忠建策承
恩同奉春之得姓武德二年又授右武候大將軍是時
國步未夷王塗尚梗　太宗文武聖皇帝愍玆交
□大拯橫流公出贊元戎入叅神算受分麾之重寄沐

賜棨之殊榮劉武周率彼犬羊憑淩汾晉　先朝
躬親矢石公則任屬偏裨蕭斧纔臨朝□俄翦□充竇
德潛議合從南瀕控鶴之山北距飛狐之塞擁周韓之
銳卒驅趙魏之梟兵自謂力動天關威迴地軸□□營
□□月□□□□□□□□□□□□□□□□□□
□□□□　□□□□□□□□徐員朗虞劉
齊地南征北伐並効深功慓彼凶奴自昔爲患乘折膠
而犯鄗候滿月而來侵朔騎騁於唐郊胡笳沸於汾隰
簸林搖岳轍野騰川烽火照於□中羽檄飛於□下公
出車□□□□□□□□□□□□□□□□□□□

□□□□□□□□□□□□□豪之逢巨燎彌山抑
室似危葉之遇衝飈滅跡掃塵追奔逐北乃加食封九
百戶叅墟奧壤□迹所基傍控實符之綿近對金蓮之
域眷言樞要綏撫特難鎮俗威邊□□□□□□□□
□□□□□□□□□□□□□□□□□□□□□
□□□□□□□浮革船而度□河窮□海而傾巢
□狼臺以□穴遂使地空塞北候靜漢南漢將勒燕然
之銘胡騎動陰山之□旣而頻丁巨罰殆不勝哀毁
　詔寬解敦還□□□□□□□□□□□□□
　□□□□□□□□□□□□□　先聖承

關田垂談宴緒言之際以朕託公便卽𧄍指流血銘肌
爲記忠貞之操振古□倚金石之心唯公而已改封英
國公授兵部尚書尋授特進太子詹事左衛率□□□
九年授□□道行軍大揔管□□□□□□
先朝東征大破駐蹕尋授靈州道安撫大使破延陁於
烏德鞬山又授太常卿出爲疊州都督尋除特進撿挍
□州判史朕纂承丕緒延想舊勳又授公開府儀同三
司尚書左僕射□□□□□□□□□□□□□□□
□□□□□以□□□□□□□□□□□授職勳賢
異宜踐位未淹遽申□讓朕成公之美權遂謙光尋拜

司空用旌□德傍專九土上穆三台聿膺元武之符載
調黃鼎之飪彝倫式叙庶績其凝乃將有事□□以公
爲□□□□□□□□□□□□□□□□□□□□
□□　　先朝親行吊伐雲衛萬道天兵四臨□醜
徙於握中置凶羣於几上但　聖心惻隱不忍坑
黄賜以重生返其歸路猶復收合餘燼背義忘恩莫念
解綱之仁還興舉斧之逆朕恭惟　往志情切授
新恩淸隧穴之祆誓雪　園陵之憤昔王翦舊將
方吞南楚之强充國老臣始定西羌之孽立功立事者
德是憑故勞公暮年出征外域乃以公爲遼東道安撫

大使行軍大揔管韞玉□之宏□□□之妙□□□□
□□□□□□□□□□□□□□□□□□□□□
□□□壹縱間諜以知窮因鄉導而乘隟殄兹寇壘
不藉九攻之勞獲彼凶渠唯恃七擒之術傾源拔奔海
罄山空万代逋誅一朝淸蕩及旋拜太子太師□封二
百戶公自少及長□身奉國□□□□□□□□□□
□□□□□□□□□□□□□□□□□□□□□
上藥名醫相望道路曰仁必壽竟爽神期天不憗遺殲
我良懿以總章二年十二月三日薨於私第春秋七十
有六朕□車軒慟去彝與哀爰命□寮廢朝七日□宜

□□□相鄭□□□□□□□□□□□□□□□□
□□□□□□□□□□□□□□給以咸亨元年二
月六日陪葬　昭陵所築之墳一准衛霍故事冡
烏德鞬山及陰山鐵山等以旌破北狄東夷之功焉其
遷葬之晨朕自至橫門投書永訣穿壁候瘵不救鶴板
之灾登城□泣徒深蟻□之感□□□□□□□□□
□□□□□□□□□□□□□□□□□□□□□
朋則虛舟靡逆行己則暗室無欺晦雨不革其音疾風
已知其勁奉親思孝遽彰懷橘之誠事上資恭無待觀
□之誡孫吳藝術弗學而生知管樂才□□□而斯□

□□□□□□□□□□□□□□□□□□□□□
□□□□□□□□□□替之言外不彰其直入盡弼
諳之致出不顯其忠就禮俗而存道因善譴而申諷抵
掌宏議庶政咸扙其謀造膝詭詞羣寮莫知其際夷險
一□寵辱□驚□□□□□□之□□　□□□□之
□□□□□□□□□□□□□□□□□□□□之
懼其爲吏也嚴而不殘其爲將也威而能愛子顏之方
敵國在昔多慙道濟之比長城於今爲劣朕以公乘榆
吳景力謝年侵欲令諸子仕□得□□□□□□□□
□□□□□□□□□□□□□□□□□□□□□

□□□□□□餘生懷此知足加以卜居開宇唯欣里
宅之卑列壤疏封獨尚寢丘之儉豈非業光三傑譽重
二南爲社稷之元□實期運之隆棟公材公望有始有
終□□□□□□□□□□□□□□□□□□□□
□□□□□□□□□□□□□□□□□逝何痛如
之徂光倏而不留宰樹森其成列恐徇邑之地竟淪彩
於琱戈庶武昌之原永傳輝於翠饗式旌遺懿乃勒銘
云
惟皇建極惟臣佐功吟嘯元感卜夢潛通如麟縱壑若
羽隨風彌諧天構光亨棟隆其一爰有傑人冑承華緒德

□殆庶道光性與情希管樂器伴伊呂□物□□□□
□□其二□□□□□□□□□□□□□□□□□□
□□□□□□□□□□□□□泉其三金石齊貞松筠
表勁攝下唯□基身以正賜厚分騄恩隆得姓燮和師
律抑揚辭令其四營開偃月旆□連雲下江澄靄平林散
氛元沌妙略黃石崇勲威橫百戰勇冠三軍其五□□□
□□□□□□□□□□□□□□□□□□□□□
□□□慎同溫室其六出車青徼申謀絳宮駕狄攻狄
驅戎伐戎鯨銷海晏蜃□樓空永殪遒藪長淸大風其七
締構邦基經綸國步戎盈辯蒲鳴謙履素克壯其猷□

□歲暮凜□奇節溫溫□□其八□□□□□□□□□
□□□□□□□□□□□□□□□竭誠戴主傾身
奉國其九負山潛遠夢瓊興愴階裂下台星沉上將朝悲
野泣投環輟相晉原長往吳閶徒望其十三河聚騎五校
陳兵旌軒委鬱笳挽淒清沉沉□□寂寂□□□□□峴
□□□□□其十一□□□□□□□□□□□□□□□
首墳象□山樹疑營柳人謠國頌天長地久其十二
儀鳳二年歲次丁丑十月庚寅朔六日乙未建

碑陰
十二行行十八字行書

唐太子太師英國公李勣以總章二年薨年八十六
贈太尉揚州大都督陪葬昭陵起冢象陰鐵烏德韃
山以旌勲烈今按其墓在昭陵之東北距山麓八里
南距今醴泉縣三十里冢高七十五尺東西綿延七
十五步周圍二百步有羣峰高下崔嵬之狀勢極雄
壯前有神道碑高二丈二尺廣五尺八寸五分龜座
甚偉乃儀鳳三年高宗御製御書過之者有以見一
代元勲之遺迹也元祐四年二月六日奉議郎權陜
府西路轉運判官游師雄題本司勾當公事宣義郎
陝令邑主簿蔡安時尉司才玠同觀邑令宣義郎吕

由聖命工刻石清源口持書
右唐李勣碑按唐史太宗屬疾出勣爲疊州都督高
宗立名授檢校洛州刺史今以碑考之其除洛州乃
在太宗朝高宗即位授開府儀同三司爾又新舊史
皆云勣年八十六而碑云年七十六碑高宗自撰其
所書官爵年壽皆可信而不疑也金石錄
公陪葬昭陵碑文高宗製並書行草神逸機流後半
尤縱橫自如碑首御製御書四字大類褚登善余曾
至碑下見碑高大過房杜諸臣豈以陛下家事之一
言而爲是以報之耶石墨鐫華

贙廣韻作贙胡畎切獸名似犬多力出西海倒一虎
者非也五經文字亦云贙子犬反從二虎從貝俗以
二虎頭倒與說文字林不同此書用俗體倒一虎而
又缺一筆以避太祖諱今人不識之矣蘇文舉開業
寺碑亦用此體爾雅虎有力注出西海大秦國有養
者似狗多力獷惡沈佺期驩州嵩家人詩且懼威非
贙寧知心是猥杜甫哀蘇源明詩不要懸黃金胡爲
投乳贙寄劉峽州詩乳贙號攀石飢鼯訴落藤注引
炙轂子載贙銘曰爰有獷獸厥形似犬飢則馴服飽
則反眼出於西海名之曰贙　梁昇卿御史臺精舍

碑作贙一武一虎更奇　文選左思魏都賦葉葭贙
藋蒻森李善注引說文曰贙分別也此又一義金石文字
記
趙氏云新舊史皆云年八十六而碑云七十六按舊
書無此語其語諸子曰我山東田父耳位三公年將
八十非命乎固與碑合也新書改將字爲踰誤矣勣
本徐氏名世勣傳云至高宗時避太宗偏諱故但名
勣而此碑王世充世字特缺中一筆未之避也虎嘯
龍騰改虎爲贙以避高祖諱廣韻作贙胡畎切倒一
虎者俗體也亦缺一筆與周孝明皇后碑箎字號字

末筆皆不全同勣起降虜得與顧命高宗廢后立昭
儀依回容祿與許李同譏所謂大臣以道事君者固
若是耶雖保首領于生前卒以其孫敬業舉兵討武
氏至于掘冢暴骨亦可哀已若敬業者事雖不成不
謂之蓋愆不可又按勣常暴疾醫待鬚灰太宗乃自
翦須和藥賜之勣姊病自爲粥而燎其鬚一傳之中
鬚事兩見君臣誼篤姊弟情眞求之今日葢亦鮮矣
而碑不之及豈傳聞有未實乎碑云先朝東征大破
駐蹕授靈州道安撫大使雖于勣之遷除無甚關係
亦足以補史之缺金石後錄

碑敘次與本傳畧同惟討劉武周一節傳不及之耳關中金石記

碑剥落所記英公進爵歷官案之本傳皆符然碑載武德二年又授右武候大將軍今傳無之又載劉武周率彼犬羊憑陵汾晉先朝躬親矢石公則任爲偏裨而傳亦畧不書下所載者有云先朝東征大破駐蹕簃授靈州缺撫大使破延陀于烏德鞬山缺太常卿出爲疊州都督缺除特進檢校洛州刺史朕纂承丕緒延想舊勳又授公開府儀同三司缺案此太宗嘗欲英公致力高宗故暫置于外俾高宗自爲擢用

故今碑雖殘而文尚可推次傳旣云翟讓爲盜勣年十七往從之而碑作年甫十七亦相合攷讓起于大業末則在煬帝十三年是時英公蓋已十七矣及薨于總章二年其數正七十有六今碑所書者是也而勣本傳于其屬疾之日云云我山東匹夫耳位三公年踰八十然則八十當作七十史家以七八數目字易涉混因致此誤也傳云葬日帝與皇太子幸未央古城哭送碑亦云遷葬之辰朕自至横門投書永訣較史亦有詳畧文內八柱承天乾道由其廣運四維紀地坤元所以載安是知締構經綸必佇風雲之佐

燮諧樞宇咸資川嶽之靈故軒邱御辰六相宣其隶化溈水乘時五臣濟其鴻業數語王著採入淳化閣帖作太宗書今見爲高宗御製及書著何次第乖忤至此黄伯思法帖刊誤亦未之及故書之以補伯思所遺授堂金石跋

按此碑下截磨泐存者得十之六其大較與兩唐書同惟所叙歷官閒有先後詳畧不同之處而碑中缺字有可據史補足者碑云公名勣字懋功口州衛口口舊唐書傳云曹州離狐人隋末徙居滑州之衛南碑云祖康齊伏波將軍譙郡太守追贈

濟州刺史父蓋散騎常侍陵州刺史上柱國濟陰郡王固辭改封舒國公贈潭州都督舊傳不及其祖但載其父官封在勣歸唐之初年而又不書其贈都督事又祖康以上碑缺四十餘字當是載其曾祖而不得見也碑云年十七歸李密新傳云年十七推李密爲主署爲右武候大將軍東海郡公据舊史李密傳大業十三年二月密號魏公即位稱元年以徐世勣爲右武候大將軍按勣以總章二年薨年七十六推其生在隋開皇十四年至大業十三年勣年實二十四矣碑云高祖詔公爲黎

州摠管上柱國萊國公尋改青曹公舊傳同惟黎
州作黎陽青曹作曹國新書作黎州惟萊國公謨
作英國公碑云太宗文武聖皇帝大拯横流公出
贊元戎入叅神算劉武周王充竇德徐圓朗南征
北伐並効深功乃加食封九百戸据高宗本紀秦
王討劉武周武德二年事是年十一月勣爲竇建
德所執三年始自拔來歸而三年三月秦王復與
武周戰于洺州武周亡入突厥其時勣不同戰也
四年伐王世充敗竇建德勣皆從之又從破劉黑
闥徐圓朗皆五年事碑云先聖承閑曲垂談宴緒

言之際以朕託公改封英國公授兵部尚書尋授
特進太子詹事左衛率舊傳云高宗爲晉王遥領
并州大都督授勣光祿大夫行并州大都督府長
史父憂起復十一年改封英國公復以本官遥領
太子左衛率十五年徵拜兵部尚書是徵兵部在
後授衛率在前相距五年也碑云口口口九年授
口口道行軍大摠管（下缺七字）先朝東征大破駐蹕尋
授靈州道安撫大使破延陁於烏德鞬山又授太
常卿出爲疊州都督尋除特進檢校口州刺史朕
纂承丕緒又授公開府儀同三司尚書左僕射九

年上缺字當是貞觀十九年下缺字是遼東道也
是時太宗親征高麗勣從太宗摧殄駐蹕陣以功
封一子爲郡公碑不載封一子郡公事破延陁是
二十年事授太常卿是二十二年事舊傳云轉太
常卿仍同中書門下三品旬日復除太子詹事碑
皆不書出爲疊州都督乃二十三年太宗寢疾時
事檢校口州刺史泐一字据傳乃洛州也是高宗
初即位事舊書高宗紀二十三年六月甲戌朔帝
即位辛巳疊州都督英國公勣爲特進檢校洛州
刺史癸巳爲開府儀同三司同中書三品八月癸

酉朔爲尚書左僕射碑云踐位未淹遽申口讓朕
成公之美權遂謙光尋拜司空用旌口德此數語
是高宗册拜司空之制詞据舊傳勣表求解僕射
在永徽元年册拜司空在四年也碑云曁公暮年
出征外域以公爲遼東道安撫大使行軍大摠管
及旋拜太子太師口封二百戸据傳是摠章元年
事二年加太子太師增食實封通前一千一百戸
曁前是九百戸今加二百戸通爲千一百戸也摠
章二年十二月薨咸亨元年二月六日陪葬昭陵
据本紀是年三月甲戌朔始改元咸亨則二月六

日尙是摠章三年而碑已書咸亨者文撰於葬後故也碑云所築之墳一准衛霍故事象烏德鞬山及陰山鐵山等以旌破北狄東夷之功語與傳合陪葬昭陵者惟李靖與勣皆起冢爲山以象戰功長安志昭陵圖靖起冢象磧石山勣起冢象陰山也碑云遷葬之晨朕自至橫門投書永訣傳稱帝幸未央古城登樓臨送并爲設祭不云投書永訣也此亦足徵高宗飾終之殊典僅見此碑碑立於儀鳳二年距其葬八年始是築墳功畢而始建碑也傳繫召拜洛州刺史在高宗初卽位而碑書于

纂承丕緒之前者以洛州爲起用之初階不足重輕故連敘于疊州都督之下以授開府儀同三司爲遵太宗治命起用之重事故以纂承丕緒二句冠于前金石錄盖未細玩碑文也則天臨朝勣孫敬業舉兵則天追削敬業祖父官爵剖墳斲棺中宗返正令所司速爲起墳是游師雄所見之勣墓毀而復築者尚高大如此可知唐時厚待功臣之恩禮雖歷久遠如一轍也授堂跋謂文内八柱承天乾道由其廣運數語王著採入淳化閣帖作太宗書今見爲高宗御製及書者何次第乖忤至此

按此數語與此碑文雖相似而實不同當時鴻筆鉅製其通脫語大率相類太宗書者另是太宗一種王著採入閣帖非卽此碑授堂亦未細檢也資治通鑑貞觀二十三年五月戊午以同中書門下三品李世勣爲疊州都督世勣受詔不至家而去註云史言太宗以機數御李世勣世勣亦以機心而事君此二語今檢兩唐書勣傳皆無之不知本何史也又貞觀政要任賢條叙李勣事太宗嘗曰李靖李勣二人古之韓白衛霍豈能及也註云按史傳二十三年帝疾謂太子曰李勣才智有餘然

汝與之無恩恐不能懷服我今黜之若其卽行俟我死汝用爲僕射親任之若徘徊顧望當殺之乃授疊州都督今檢兩唐書勣傳亦無任之殺之之語不知所謂史傳者又何史也碑爲高宗自製宜乎語不及此然勣之出守疊州後人致多議論附識于此備讀史者攷焉碑中稱勣皆用公字高宗爲人臣製文稱勣爲公亦金石之一例也

李万通造像記

記橫廣一尺五寸三分高六寸四分十四行行五字正書今在河内清化鎭石佛堂

大唐儀鳳三年歲在戊寅七月乙卯朔十七日辛未弟

子李万通及妻徐合家等敬造彌勒像一軀上爲
天皇天后又爲亡父見存母賈及七祖先靈存亡眷屬
法界蒼生俱登正覺

開業寺碑

碑高一丈廣四尺七寸三十一行行六十八字正書

大唐開耀二年歲次壬午二月乙丑朔八日壬申李公
碑并序
李偘一篹
武功蘇文舉書
八八龍荀里榮問在於當年駟馬于門餘慶消於終古

亦有漢將軍之甲第磨滅成空曾司寇之華堂摧殘已
盡豈不以泡露條忽陵谷遷移寂寞千載煙塵四合雖
復武陵洲曲時逢李衡之樹山陽苑中頗見嵇康之竹
竟未能激揚眞界取大壯於龍宮欽崇妙境擬全模於
象塔是用神居肅穆靈德支持纔石盡而猶存與金剛
而不壞鞠遺蹤於茂草彼或未思攀勝果於堅林我誠
先覺開業寺者後魏黃門郎使持節衛大將軍陝州刺
史都督冀定瀛相殷五州諸軍事定州刺史尚書令司
徒公固安縣開國伯李公捨山第之所立也其地則前
臨滹水金鳳騁光而振儀却負常山玉馬騰姿而絕影

東瞻峻堞宛若香城西據崇巖依然雪嶺蓋全趙之勝
地焉公諱裔字徽伯趙郡元氏人也珪璋盛德代資卿
相之材鍾鼎貴遊人負河山之氣便繁竹使入天門而
上八重窅勿槐庭登太階而步三級朱輪趨闕拜天子
於南宮黃閤當衢肅羣公於北里位望隆矣歡娛極矣
方喟然歎曰假使門兼萬石不能遣生滅之源家累千
金不能去吉凶之域以爲同生者物異物者超生滯敎
者方離方者會敎拖三明而豁悟秉公正以虛求爰貶
榮於豐家庶摧煩於朽宅及其高臺未毀曲池猶濬迴
李倫之業作窅達之園昔我寡居今成法宇變歌梁於

月殿卽下梵塵移舞觀於花臺還飄淨雪八功德水波
通西舍之池四禪定林影庇東隣之樹尒其考輪奐度
崇高或仍舊而摽迹或惟新而廣制隨方授矩基階因
巨鑿之形審曲裁規垣院取重巒之狀岧嶢香閣涌地
神行窈窕禪樓中天化立千門遠閈當斷岫而全開百
栱危承隱連峯而半出垂珠綴玉日月迴薄於山牕刻
鬢圖龍風雲吐納於巖棟優塡靈匠盡變態而無窮闍
崛眞容極尊嚴而有睟青蓮目湛猶縱觀於南浮丹菓
脣開似微言於西竺詭狀千名而競出殊名萬計以爭
陳觸類長之能事畢矣先是有沙門僧明曇寶等僮不

知何許人屬魏氏之遷都隨孝文而戾止咸以冥通勝
範風證艮緣非聲聞乘是菩薩行洞機靈於物表屈形
相於人間觀茲願力其謀經始當由道資冥助故使天
隆巽八大矣哉諒福庭之扆也于彼延昌之末錫其偃
角之名孝昌年際改爲隱覺自魏歷齊僧徒彌廣德均
鶖鷺數若稻麻洎乎周季道消芟夷像教斯虐主之稱
亂甚魔王之未降四口八藏之文咸淪汲冢飛錫乘杯
之侶悉陷秦坑遂使多寶湮覆支提廢毀散給勳臣以
充園第可爲長歎息矣公之嫡孫韻固安伯祖元締感
遺墟果蒙恩賜城侔越國淨王多後嗣之家地擬齊厘

晏子據先臣之宅既而蒼精失御赤運登符大闡妙有
廣標靈刹慧日昏而還曙法流塞而更通祖元復捨舊
居而爲淨域北堂安寢之處重扇囂風東閣招賢之所
再流清唄遂能上聞旒纊光動絲綸以公淨業攸開更
以開業爲稱首俄而燬室云謝波旬縱懸寰中法侶盡
嬰塗地之災海內仁祠多溺滔天之浸雅此靈構巋然
獨存因大聖之依憑威傾六賊賴諸天之守護壤隔三
災苟非至德通神奇工入妙其孰能與於此也　皇明
首出大拯横流爇醉象而定昆陽斬毒龍而清冀野反
淳風於上葉集甘露於中枝都幾壯而　帝服開國土

淨而天冠倣蜂臺切漢方濱花於時和鳳刹臨雲倚鞀
名於朝命祖元第二子維摩武德年中趙定二州別駕
屬乾坤漸泰曦望初華攀龍之茂績既宣展驥之休聲
克著永言堂構題目闕如屢有申聞情逾懇至重使澤
流囂地金輪轉北走之途　渙發紫泥銀牓照東方之
國粵以貞觀四年還賜舊額爲開業寺也上座圓徹寺
主圓鏡都維那道英大德僧道寬習習圖一圓眞道通
慈倫道名等並董脩戒範持護律儀騰逸氣於三空汎
仙舟於八解鳩摩羅什望景傾魂鷹門慧遠聞風動色
且夫難捨能捨遠人隆百代之基從明入明君子積萬

年之祚誠哉斯道信而有徵公第五子子雄隨輔國將
軍平東將軍左金紫光祿大夫通直散騎常侍驃騎大
將軍儀同三司使持節豪州刺史鴻臚卿進爵高都公
河北道行臺兵部尚書曾孫緯　皇朝宗正衛尉司農
三寺卿金紫光祿大夫荊州大都督府長史幽州都督
戶部尚書太子詹事懷洛蒲三州刺史襲高都公緯弟
俊　皇朝楊州大都督府兵曹參軍汴州封丘易州易
縣舒州太湖三縣令朝議郎行商州司馬上騎都尉箕
裘遹鬱弄蔗苑而彌昌緘冕相承託禮波而轉盛大仙
幽讚卿長則累葉無慙大覺顯仁公侯則連華必復詎

比夫謝家遺宅徒擬甘棠韓國舊臺空傳酸棗而已但
此寺爰初締葺迄乎崇麗公又發釁誓願圖徽曠劫乃
建豐碑將符鏤鼎嗟乎十烏傾日二鼠催年空留白凡
之名未勒黃金之字俊第八子宣德郎行本州錄事參
軍事雲騎尉崇悊即公之曾孫也風神秀嶷器業甄明
發揮經史抑揚詞翰申鴻漸於上藩屈鵬搏於中餘雖
榮麻作牧褰襜之位未登而仕口還鄉衣錦之遊斯在
欽惟舊德祗若先功望鹿園而拜首登鷲山而禮足於
是仰挹緇徒傍詢碧殿剪荒苔而相質允屬謀孫訪麗
藻而披文無遺小子乃命從姪尙一製文焉尙一學謝

探微詞慚析妙謝安庭序叨承白雪之篇韋孟宗祧敢
述彤弓之詠庶使家風入偈抗佛土以飛英祖德惟眞
積僧祇而不朽重宣此義乃爲銘曰
奕哉東墅奐乎西第榮觀一時湮沉千歲邪山易擁愛
河難濟徒徇假名竟迷眞諦其一達人藹藹情洞如如爰
推別業式建精廬跨谷彌阜乘危躡虛傍通碣館直拒
漳渠其二淩雲之口匪日而就廣制彌新崇基卽舊虬檐
吐嶸鳳甍銜岫月落上楹星迴中霤其三有周滅德急弃
眞寶勝彼伽藍咸成鞫草洎于赤帝紹隆釁道弊風一
革慈雲再造其四漢東鹿走燕南狼籍毒被王城災延帝

石四魔怙亂三乘泯迹獨此招提居然不易其五功符化
造事叶神憑妙物凝粹眞人效微　皇家鳳舉　帝室
龍興一戎底定五濁攸澂其六法門旣闢口源載返道賁
岎山恩孚柰苑鷄峯仞積鶴池波偃地絕風塵人多林
遠其七七州論德四口標榮猶嬰有待豈悟無生我祖騰
懿天師配明還因梵筆永播家聲其八

按此碑標題年月日李公碑標題之有年月刱見
此碑文乃紀李公捨宅爲寺歷世修建之功德也
次二行曰李尙一纂武功蘇文舉書尙一文舉皆
無傳纂有纂撰二音義亦相通漢書藝文志書之

所起遠矣至孔子纂焉然用以代製文則他碑未
見書人云武功而纂者不書里貫蓋尙一卽李公
之族五世孫也碑云開業者後魏李公捨山第之
所立也公諱裔字徽伯趙郡元氏人云云魏書李
裔附李順傳稱順趙郡平棘人碑稱裔元氏人魏
書地形志元氏平棘二縣同屬趙郡蓋裔與順居
同郡而異縣也傳稱裔歷官大較與碑同惟贈官
碑作五州傳作四州蓋無相州也北史傳稍畧碑
有候衛大將軍北史同而魏傳無之裔二子長子
旦次子雄北史傳稱子雄仕周累遷涼州總管

史破吐谷渾功加上儀同宣帝即位拜亳州刺史
隋文帝攄百揆徵爲司會中大夫加位上開府受
禪拜鴻臚卿進爵高都郡公晉王廣鎮并州爲河
北行臺兵部尚書此子雄之歷官也碑不載周時
官而入隋以後較傳爲詳餘祖元緯俊崇史俱無
傳碑云其地前臨漳水却負常山漳水有二源一
曰清漳一曰濁漳漢書地理志上黨郡治大黽谷
清漳水所出長子鹿谷山濁漳水所出二水分流
至交漳口合而爲一又自廣宗縣北行至趙州寧
晉縣會滏陽河抵冀州入滹沱常山即恒山漢高

祖分鉅鹿郡置恒山郡因山爲名避文帝諱改曰
常山漢書武帝紀天漢三年幸北地祠常山者是
也管子云其山北臨代南俯趙東接河漢之間是
漳水常山皆爲趙郡山川之勝而開業寺之形勢
亦可見矣裔爲元氏人則寺當即在其縣今檢畿
輔通志元氏縣無開業寺之名惟欒城有之欒城
與元氏同屬趙郡然云是元泰定中建則非此開
業矣寺剏于延昌之末迄開耀壬午相距百八十
年而始立碑碁元孫重葺此寺追述其緣起于高
祖也釋氏檀越歷數世而不衰如李氏者可謂難

矣壬午歲二月癸未改元永淳是月乙丑朔改元
在十九日而立碑在八日故仍稱開耀二年

賜進士出身　誥授光祿大夫刑部右侍郎加七級王昶譔
唐二十
天后御製詩書碑
石高三尺八寸廣二尺四寸十八行行二十六字正書在嵩山少林寺
大唐天后御製詩一首并序五言
從駕幸少林寺覩　先妃營建之所倍切煢衿
逾悽遠慕聊題即事用述悲懷
陪鑾遊柰苑侍賞出蘭闉雲偃攢峯蓋霞低插澗旌
昏宮疏潤戸月殿啓巖扉金輪轉金地香閣曳香衣鐸

斧輕吹發幡搖薄霧霏昔遇焚芝火山紅迎野飛花臺
無半影蓮塔有全輝寔賴能仁力攸資善逝威　慈緣
興福緒於此罄歸依風枝不可靜泣血竟何追
大唐天后御製書一首
暑候將闌炎序彌溽山林靜寂梵宇清虛宴坐經行想
當休愈弟子前隨　鳳駕過謁鷲巖觀寶塔以徘徊覩
先妃之淨業薰脩之所猶未畢功一見悲驚萬感兼集
攀光實樹載深風樹之哀弔影珠泉更積寒泉之思朕
子自惟薄祜鎮切煢懷每屆秋期倍軫摧心之痛炎涼
迺遞逾深切骨之哀未極三旬頻鍾二忌恨乘時而更
恨悲踐露而逾悲雖託福田少申荒思今欲續成　先
志重置莊嚴故遣三思賫金絹等物往彼就師平章幸
識斯意郎務修營望及諱辰終此功德所冀罄斯誠懇
以奉津梁稍宣資助之懷微慰煢迷之緒略書示意指
不多云
永淳二年九月廿五日司門郎中太孫諮議王知敬
書
天后詩書各一首其一碑王知敬書按知敬有奉勅
書金剛經今在寺壁間字多剝落而此碑獨完好如
新嵩陽石刻記

鄭氏金石略曰王知恭書碑刻知敬鄭氏以爲知恭
益訛矣嵩說
右碑武后幸少林寺之詩按唐紀永淳二年十二月
丁巳改元宏道碑建于九月猶稱永淳也裴漼少林
寺碑云永淳中御札飛白書一飛字于寺壁后必以
此時從駕也后擅朝政預廢立永隆元年立英王哲
爲太子永淳元年孫重照生立爲皇太孫百官志太
孫不置官屬惟王府傳而下有諮議參軍一人正五
品秩至天授二年始置皇孫府官而碑云太孫諸議
者是年皇太子朝于東都太孫留守或暫置諮議以

他官攝之也司門郎中屬刑部掌門關出入之籍關遺之物尚有詰姦除暴之意後世關差分屬戸工二部而詰姦除暴爲具文矣此則古今官制之異附記焉金石後錄

右天后御製詩一首御製書一首后從駕幸少林寺覩其母楊營建之所追慕作詩復遣其姪三思賫金絹等物續成功德而以書遣寺僧也唐書后妃傳后母楊再封代國夫人以后故寵日盛徙封榮國又徙爵衛二國咸亨元年卒追封魯國謚忠烈俄又贈土贈太原郡王魯國忠烈夫人爲妃此所以有先妃之稱乎外戚傳榮國卒后出珍幣建佛廬徼福不云徙封酇衛未知孰是又攷永淳元年三月立重照爲皇太孫開府置官屬有太子而立太孫非禮之正故有自我作古之語知敬以司門郎中爲太孫諮議諮議參軍事乃王府官之稱而東宮無之然則當時太孫府所設官屬其名略與王府同史傳不載其詳不可得聞矣潛研堂金石文跋尾

碑首刻天后御製詩一首並序五言所言從駕幸少林寺覩先妃營建之所者舊唐書高宗紀永淳二年春正月甲午朔幸奉天宮天后從駕當在此時其云先妃后母楊舊爲太原王妃故也次御製書一首卽遣三思賫金絹等物往致寺主僧踵成前營終此功德書旨亦工雅可味後題司門郎中太孫諮議王知敬書攷紀稱永淳元年二月戊午立皇孫重照爲皇太孫欲開府置僚屬吏部郎中王方慶云云竟不立府寮重潤傳開耀二年中宗爲皇太子生重潤於東宮內殿及月滿大赦天下改元爲永淳是歲立爲皇太孫開府置官屬今以此碑太孫諮議亦官屬之一也則紀言不立府寮與傳言自相背也授堂金石跋

寶刻類編有此碑此武后幸少林寺覩先妃營建之所卽事悲懷詩也唐初詩尚有齊梁風韻金石畧作王知恭葢五代人避晉祖諱宋人引其文多未更正非二人也中州金石記

按高宗晚年兩幸嵩山一爲調露二年一爲永淳二年此碑刻于永淳二年九月當卽是本年二月從駕幸少林寺所作也詩序稱覩先妃營建之所倍切煢衿煢卽煢字煢煢之意先妃是天后之母楊氏以咸亨元年九月甲申薨加贈太原王妃是歲八月辛丑朔則九月當是辛未朔甲申是十四日也至永淳二年距妃之薨又十四年書中故有

每屆秋期倍軫摧心之痛炎涼遞進逾添切骨之
哀皆言歷歲之已久也王知敬以九月廿五日書
而詳玩書意乃九月以前之語書云暑候將闌炎
序彌溽似七八月間氣候又云薰修之所猶未畢
功望及諱辰終此功德則欲在九月十四日以前
畢功其致書宜在七八月間矣知敬書碑結銜不
稱臣不云奉詔奉敕此必是少林寺僧書此上石
以崇奉天后之御製爲本寺增寵也不數月而高
宗崩天后臨朝稱制殘害唐宗推崇武族無所不
至以覩此書之自稱弟子詞旨哀切惓惓於託佛

報毋爲念其意象相去懸絕矣碑所刻詩與唐音
統籤參校有不同者如柰苑統籤作禁苑迺野飛
統籤作連野飛註云一作匝善逝威統籤逝作世
馨歸依統籤註馨一作欲

述聖記

碑僅上截廣七尺六寸五分四十六
行每行字數無攷正書今在乾州

述聖記

武后撰

中宗書

朕聞陽耀陰凝混元所以□□天覆地□□□□□□

□□□□□ 高宗見之矣粵若稽古 帝
唐神□□□□□□□□□□□□闕下□俱爲薙草
之場咮咮齊萌同變亂麻之域 高祖神堯皇帝
丗電凝禎流虹降祉鍾昊穹之眷命□□□之□□
太宗文武聖皇帝資靈寶緯挺睿金英稟赤帝於
南宮□□□□□□闕下□地而薳封豨藏蛸結而豜
鴟張嘯野裂而阪泉震白波靜而□□□□闕下□□
扆臨明臺而養正坐衢室以居尊宵衣競若厲之懷旰
食□□□之闕下 大帝爲爰初在孕及乎載誕見龍
登寢其宵有夢象之符休□□□闕□□□□ 大帝

之懷紫翼錦鱗與常有異排黼帷而莫懼依繡□而無
闕下□□ 聖后曰鳥爲慈孝之鳥復是太陽之精天意
若曰此兒其以愛□闕下□□□□□化方流初涉藝
門生知自遠若礪金之含彩同瑩玉之開□闕下□□□
□□不充行莫能正履衣未嘗解帶暨陰明落照柔範
韶儀□闕下□□□□□埋璽於相思殿前因告天地
明祇及山川羣望日當璽而立闕下□□□□□□在庭
分陝聿諧其望執金按道□宛□慕其榮於是式降闕下
□□□□□□之計不謀同發一旦□收是知殷憂以
啓聖明多難以□闕下□□□□□□□試之功文武

斯極又嘗監和御藥手持入進屬　太闕下□□□□
□□□□以惰職廢農甚於觸圍驚仗天威震怒立
令斬之闕下□□□□□□戈戰□戎夏克清獨有湨
本罰風丸由阻順　皇赫斯怒闕下□□□□□□□□
戰之氣□居百步之中　大帝莫能自安魂膽飛□
闕下□□□□□□□□而以遠涉之勞時有不豫令
大帝總知軍國間日闕下□□□□□□□□□□□
太宗命　大帝承　盲玉階郎令數暢闕下□
□□□□□□□□□□□□狠　太宗撫
大帝頫而言曰吾聞闕下□□□□□□□□

流□□□集紫庭地含梧野之哀山起祚宮闕下□□□
□□□□□□□之物登余□□而□□哉侍臣
銜涕敦勸扶而闕下□□□□□□□□□　先
忌則潛泣累晨澤奉遺圖則凝哀永日因闕下□□□□
□□　□之鏡歟好生惡煞之□財成有截雨施雲
行之惠沐浴闕下□□□□□□□其源而春賞秋
罰□□攀檻思聞逆耳之言警說狂詞闕下□□□□
□□□□煥乎天文架丹□而首出癸□材兼運拔
仁義以明威闕下□□□□□□□□□□官貽後昆
而作範劃畫罷將姬沼兆營寶騶咸歸闕下□□□□

□□□□畜而□　□皇之神務焉想空谷以載懷望
中林而式闕下□□□□□□□□□□刑不怒而威
不言而信去罰寔由於一德勝殘無闕下□□□□□
□□□□□□姦甘□□□而湛夜瑞蘧蔦搖風之影
辟□□闕下□□□□□□□□□□□□□□□万
旂□□披月候於云嵒轉星闡闕下□□□□□□□□
□□□□□謀臣若雨猛將如雲競獻九攻之能爭
闕下□□□□□□□□□□□□□□□九天偏將
暫動戎麾俄清十角闕下□□□□□□□□□□道
遂而訪道思窅眇以錚真或轉旆蕭關或闕下□□□□

□□□□□□已崩□□□貞□□抱□烏而凝哀捧
遷弓而闕下□□□□□□□□□□仁況又神聖文
武並　□謐今故因仍舊□闕下□□□□□□□□□
□□□文□之詞英豈能□　聖海之遙源敘闕下□
□□□□□□□□□□始□敬養允副因心近者
□遠之初塋兆闕下□□□□□□□□□□□自古
聖皇咸遵菲葬穀林稽嶺唯聞簡素闕下□□□□□□
□□□□因天造無待人功微將所習之書以示不
忘闕下□□□□□□□□□□□□□而□村隱翠
栢而成象石呈永固闕下□□□□□□□□□□□□

□□□□將歸上京崩訴穹旻志期攀(下闕)□□□□□
□□□□□易□茹荼之恨□盡惟思贊述少慰抽
挃但(下闕)
碑立乾陵今倒仆折爲數段止存兩段耳據金石錄
武后製中宗書字法遒健深得歐虞遺意非中唐以
後所辦也(石墨鐫華)
高宗乾陵有述記石來自于闐塡以金屑照耀陵園
後仆斷爲數段萬歷間趙子函見其兩段于登陵不
見此石矣(來齋金石刻考畧)
右乾陵述聖紀武后撰文有云㖞㖞齊萌齊萌者齊

民也㖞卽喋字改世爲云亦以避太宗諱故也今禮
記曲禮篇蔥渫處末玉藻篇爲已偞卑渫當作渫偞
當作偞唐人刻石經避廟諱改易本文後來槧板者
因其字稍僻不能訂正遂相沿到今矣胥庭之胥卽
胥字謂赫胥大庭氏也(潛研堂金石文跋尾)
按碑不見立石歲月文皆述高宗聖德高宗以文
明元年八月庚寅葬于乾陵此碑蓋立于其時也
然文是武后撰中宗書中宗以宏道元年十二月
卽位次年二月卽廢爲廬陵王幽于別所五月遷
于均州尋徙居房州則書此碑在未廢之前矣高

宗崩于東都次年五月靈駕西還而文有云將歸
上京崩訴穹旻正是靈駕未發時語則此文尚在
東都作也宋敏求長安志乾陵在奉天縣西北五
里梁山鄉周八十里有于闐國所進無字碑疑卽
來齋金石考畧所稱碑石來自于闐者是也來齋
又云此碑塡以金屑照耀陵園据朱趙楷記稱乾
陵之葬諸蕃來助者衆武后欲張大誇示來世於
是錄其酋長六十一人各肖其形可見當時乾陵
規模異于常制宜乎此碑之金屑照耀也文云旻
初在孕及乎載誕見龍登寢其宵有夢象之符(下闕)

大帝之懷紫翼錦鱗與常有異聖后曰烏爲慈孝
之鳥復是太陽之精天意若曰此兒(下闕)此是述高
宗幼時有烏鳥入懷之祥所稱聖后卽長孫皇后
也又云埋壐於相思殿前因告天地明祇及山川
羣望曰當壐而立(下闕)此是述高宗初立爲皇太子
事又云湨水虧風丸山闉順皇赫斯怒(下闕)此是貞
觀十八年伐高麗事又云以遠涉之勞時有不豫
令大帝總知軍國郎高麗軍旋太子從至并州太
宗患癰事又云太宗撫太帝頰而言曰吾聞(下闕)此
卽二十三年五月太宗苦利增劇太子晝夜不離

側事此下皆述高宗卽位以後事惜其文殘闕不
能詳攷也陵前之立述政記猶公卿大夫之有墓
表與高宗爲太子宏撰叡德記同一例也

奉仙觀老君像碑

碑高八尺二寸廣四尺五寸三十行行五十六字正書在懷慶府濟源縣

大唐洛州濟源縣宗姓奉爲　高宗天皇大帝於奉仙
觀敬造　太上老君石像碑并序
懷州河內縣主簿隴西李審幾詞
朝散郎上騎都尉盧水沮渠智烈書
原夫巢燧上皇之代邈矣難詳胥庭太古之日悠哉莫

紀研精甄曜空聞糟粕之言覃思運樞詎見權輿之跡
洎乎軒嚳唐虞聖主也德未寢於口戈禹湯文武明君
也功尚勞於任戰爰及秦皇虐政漢高霸術區區曹馬
之事業蕪穢緗圖瑣瑣齊梁之聲教高崗翠牒
我大唐鑿乾開運出震乘時月照口光搆顓頊之昌緒
雲浮玉葉啓咎繇之慶胄　高祖受籙口而革命
仰廸天心憲紫極以凝旒儼從人欲濡足在念濟四口
於横流援口實懷口萬邦於炎岳息麟鬪而開日月兩
曜貞明靜龍戰而叶陰陽口儀交泰　文武聖皇
帝功彌綸轉道冠財成鳳光玉理之符載挺口衡之口

口開鳳口已賦小言之詩既襲龜謀卽用大横之繇修
文德而有苗格詎待七旬運武略而獫狁平匪勞六月
大帝含樞降祉曜魄垂精景命列於河圖鴻名昭於洛
字湛鶉居之化不肅而成凝鷇飲之風不嚴而理憲五
材而躋聖四時將玉燭同和齊七政以窮神六氣與金
渾其順若迺重十家之產仍罷露臺輕千里之足匪登
雲廄茅茨可以庇風雨無從瑤室之奢陶匏可以合炎
涼有戒玉杯之侈禁難得之貨詎惜雉頭絕遠方之物
豈甘龍眼此　聖人之口德也設謗木待逆耳之
諫懸諫口佇沃心之誥元纁是用聘耿潔於丘園珪組

斯班賁英奇於仄陋聞一言之善管庫無遺見一行之
高輿臺必採此　聖人之任賢也麟膠鳳卵之野
梯翠巘以混車書槐江穟穴之鄉旒紫濵而奉正朔嵓
尤之弃楓木更若近郊番禺之流莇醬還猶內府韋韝
毳幕月支日逐之長削衽於槀街口題鑿齒鏤膚攢髮
之酋口口於魏闕此　聖人之懷遠也功格圓清
甘露凝而景星出德通方濁蓂莢植而芝草生魚屁之
禽既騫翥於阿口狠題之獸亦騰躍於平原金鼎不爨
而自盈銀甕不汲而恒滿此　聖人之休徵也江
芧駏黍表望幸之期紫䕷青鶴昭告成之應採無懷之

逖軌始刱宏儀摭有熊之懿躅爰修大禮壇浮青氣映
芝谷以氤氳封聚白雲帶松山而爛漫周口射牛之祭
未足執殳漢帝訛麟之祠詎堪扶轂此　聖人之
昇中也豈言八駿之御未讌瑶池五龍之紀驟移瑤律
崦山鶩景痛堯日之先沉夜壑飛湍惜舜河之奄竭
口　仰惟口口先顧闡口口之徽音　皇帝
嗣守隆基光或丁之睿道補天維而鍊采石彈壓媧皇
蹌地角而獻碧口牢籠姬后洛州濟源縣宗姓前河陽
令李儒意雲騎尉李公愓騎都尉李德奭等二百五十
人去隴西而違故里冠冕之風尚傳就河朔而客他鄉

箕裘之業無替譬夫長江巨海不乏虬龍沃野廣甸自
多鸞鶴爰以霑濡　渥澤家無雜賦之勞沐浴
湛恩門有蠲口之泰耕田鑿井荷亭毒之平分鼓腹含
哺憙優游而口逸想口髣於湖邑戀德徒勤睠飛羽於
泮林懷音何極粤惟　靈元皇帝遠丞　聖
緒迴膺仙籙惟悅惟忽師友羲農之際不皎不昧卷舒
虞夏之辰乘日月而駕風雷攝鬼神而包天地推之於
妙非常名之可名引之於真即上德之不德譬司寇之
作者北面口入室之徒尹大夫之真人西遊應出關之
侶隆周季葉已蹔沓於五千　皇唐本枝方延休

於七百奉爲　高宗天皇大帝於奉仙觀敬造
老君石像一座并夾侍二真人鏤琬鑄金寫口中之
瑞色塗丹繪粉摹皓晋之珎容日角晨開羲和愿扶桑
之景月元夜滿望舒韜仙桂之暉精誠感道化之功鏡
思得沖元之力山連王屋即是淸虛之天邑帶福達更
似瀨鄉之地仙官侍衛紫煙開而鶴駕輕神媛歸依碧
落淨而龍口遠所冀蓬萊變海　靈元之介福長
存竹箭移儿　大帝之神功不朽惟金昭而玉粹
俾天長而地久乃爲銘曰
粤若　皇唐誕天明命瑶光襲祉口雲丞慶納麓弗迷

陟元惟聖闡綱更紐折桂還正其一高祖光宅　聖文纂
圖九瀛懷惠萬國來蘇捐金抵玉破璽焚符粃糠栗陸
草芥尊盧其二惟皇題象握契循機含樞流氣耀魄分暉
時凝卷領化軼垂衣乾坤交泰書軌同歸其三道冠登三
功包得一年彼峻宇安此卑室獄靜棘口刑寬艾韠有
秩斯補無文咸秩其四靈穹劾祉黃口輸禎月口貫英雲
覆芝萬龜龍呈象麟鳳飛聲燕口鏤績粱岑告成其五能
事云備神功不宰奄陟九仙俄悲四海文物終謝英威
如在至德方凝孝思無歇其六少卿遠襄元禮求昆俱迷
帝力其口　皇恩號弓瀝膽捧劍銷魂敬惟仙系邈

祠口門其奇表既口眞儀式像五字光是千文㬎掌曰
躬晨融月元夜朔宮馬已去猶龍可仰其歸山會鎮流
水清瀾險繞巫谷流似渦湍既銘功而握槧亦頌德以
濡翰期翠石之永固庶鴻名之不刋
垂拱元年歲次乙酉十二月壬申朔四日乙亥
口口口口建
雍州富平縣人趙文素鐫
右奉仙觀老君像碑沮渠蒙遜史稱盧水胡智烈亦
自署盧水盧與盧通殆蒙遜之裔歟智烈以書名金
石錄所載尚有少姨廟母二廟碑予所見獨此爾 潛研堂金石文跋尾

按高宗以永淳二年十一月幸奉天宮將封中岳
因疾而止十二月己酉改元宏道是夕崩于東都
眞觀殿明年改元嗣聖又改元文明又改元光宅
又明年改元垂拱于是隴西李氏宗姓之流寓洛
州者二百五十人於奉仙觀爲高宗造老君石像
一座因追述高宗功德而立石以紀也元和郡縣
志濟源縣開皇十六年置屬懷州以濟水所出因
名唐書地理志武德二年置西濟州四年州廢隸
懷州顯慶二年隸洛州故此碑題曰洛州濟源縣

按原拓及趙本校

也河南通志奉仙觀在濟源縣城西北垂拱元年
創建此碑即立於建觀之年碑不書興建事是建
觀非宗姓等所爲也碑頌高宗凡五事曰口德任
賢懷遠休徵昇中而下乃云㟺山鷲景痛堯日之
先沈夜壑飛湍惜舜河之奄竭正述高宗之未得
昇中而崩也下又云皇帝嗣守隆基光武丁之睿
道而不及天后則是專指睿宗也

王徵君臨終口授銘

碑高五尺五寸廣二尺六寸五分二十
行行四十字正書在登封縣老君洞南

大唐中岳隱居太和先生琅耶王徵君臨終口授銘并序

季弟正議大夫行祕書少監東宮侍讀兼侍書紹宗
甄錄并書
伊垂拱二歲孟夏四月悅留寅卯之際吾　六兄同人
見疾大漸惟幾將遷寘于未始委化於伊洛之閒僑居
惠和里之官舍自古有死於乎哀哉他日先命其第七
弟紹宗曰吾宅性虛鄉保和仁里寄跡羣有遊心太無
乘陽以生遇陰而滅物之恒也汝固知之吾化後汝可
依道家無爲之事諸子姪行儒教喪紀之迹吾聞精神
著天之有也形骸者地之有也歸處而安不須擇日畢
車將服不俟營爲紹宗敬奉緒言不敢失墜此時沛國

桓先生道彥亦在吾　兄之側因獻欷而報曰此眞宰
之理道流所尚有情有信安敢違之其後昇眞潘先生
門徒同族名大通越中岳而來自遠問疾知吾　兄眞
命已畢又申勸曰儻或不諱願歸神中頂石室之中曩
者昇眞臨終亦令宅彼況與先師平生居止宿昔神交
寘期不沫宜還洞府再三敦請則又從之乃曰此吾迹
也重違爾意若然不須別鑿堂宇恐傷土石但託體山
阿而已吾嘗幽贊眞誥肇創靈圖祕籙別詳內本人境
不傳如或不忘款志儻存其兆可取一塊青石其上有
自然平者刊刻爲字俾諸來裔知吾之用心也其銘文

皆力疾綿微勉情摹課合精寫爽籍響乘光彷彿曖昧
不獲已而口授之外姻密友憑眞考行强號曰太和先
生庶追道跡光泉妙也其銘曰　於戲昔有唐氏作吾
中過而生姓王名靈宗字承眞本瑯耶臨沂人晉丞相
文獻公十代孫陳亡過江先居馮翊中從江都其肇錫
考系則國史家諜具矣降年五十有五直垂拱二年四
月四日願大衍之數奄忽而終終後可歸我于中頂舊
居之石室斯亦墓而不墳神無不在耳且伊洛之間迺
昔者周南之域吾　祖上賓之地吾家得姓之鄉反葬
中岳幾不忘本也舉手長謝亦復何言示人有終乃爲

銘曰
馮馮太清悠悠太寧混沌無我其中有精忽然爲人時
哉乃形理通寂感陰聚陽并知常得性絕待忘情道無
不在神無不經幽傳祕訣默往仙京万物其盡吾何以
停歸于眞宅此室寘寘不封不樹無狀無名託體嵩石
言追洛笙去來十洞驅馳八靈風雲聚散山水虛盈谷
神不死我本長生
右王徵君臨終口授銘弟紹宗甄錄并書唐書儒學
傳紹宗兄元宗隱嵩山號太和先生傳黃老術即徵
君也紹宗長于書當時以虞伯施比之紹宗自言聞

虞祕中書服與予正同其自負亦不淺矣今觀此碑
楷法圓勁結體似褚河南而鋒穎不露殊得永興三
昧洵唐刻之極佳者趙德甫去唐未遠藏弆石刻至
二千卷之多此碑近在嵩少閒乃未著于錄何也潛研堂金石文跋尾
述書賦稱王祕監則首末全見尊道重德或終紙而
結字或重模而是墨濩落風規雄壯氣力播清譽而
祖述屢見賞於有德如幽國鴻飛芳園桂植注云王
紹宗瑯琊人修禮子官至祕書少監劉昫唐書稱紹
宗尤工草隸今其書實端雅可玩中州金石記

徵君者元宗也書此銘者爲其弟紹宗張懷瓘書斷
云紹宗字承烈江都人父修禮越王友道雲孫也承
烈官至秘書少監清鑒遠識才高書古　銘前列承
弟正議大夫行秘書少監東宫侍讀兼侍書紹宗題
錄並書舊唐書紹宗傳擢拜太子文學累轉秘書少
監仍侍皇太子讀書與此題合新唐書載紹宗歷官
惟云累進秘書少監使侍皇太子不言侍書侍讀兼
未明也紹宗兄元宗隱嵩山號太和先生即此臨終之
授銘者於紹宗爲六兄字承眞本瑯琊臨沂人晉丞
相文獻公十代孫陳亡過江先居馮翊中徙江都新

唐書俱言自瑯琊徙江都中間陳亡居馮翊失紀又
銘内稱昇眞潘先生即潘師正賜謚體元而此稱昇
眞蒙其師王遠知號也　授堂金石跋

夏侯口造像記

記横廣一尺二寸高五寸八行行七字六字五字不等正書

垂拱二年五月十五日夏侯　爲合家大小造口道
像五十區願一切含生離苦解脱
口寧兒　郭娘子

木澗魏夫人祠碑銘

碑高六尺六寸五分廣三尺七寸五分三十行行五十[illegible]字行書額[illegible]下添刻宋太平興國八年重建諸人姓名一行不在内行書在河内縣

大唐懷州河内縣木澗魏夫人祠碑銘并序
麗文館學士路敬淳製
勝果院僧從謙書

蓋聞麗圃青宫仙客於焉來往丹丘紫府羽人之所棲
集徵秘籙於淮王時逢八老探神奇於魏帝取覩雙童
子喬控翮翱翔赤霄之上琴高擾鱗游泳淥波之下斯
並心荷寂蔑神契窮賓匪塵俗之能羈簪纓之所屈者
矣兹有鮫容雅質貞規淑態韞眞氣於閨房挺仙才於
閫閾孀娥採藥奔月虬以會精靈媛投壺睢電光而

耀漢皋游女持珠對南國之賓洛浦神妃鳴玉侯東藩
之后莫不名芬紫翠道標黃白列眞非一往往致焉魏
夫人者即是晉劇陽侯任咸魏陽元之女也本傳曰夫
人年二十四適南劉幼彦幼彦爲修武令善爲德政仁
風惠著時夫人隨在修武之館焉雖魏同舍縣内常齋
于别寢季冬之月夜半聞空中有鍾鼓笳簫之聲羽旂
光耀降夫人之靜室聲華被服非人所聞見有四眞人
告夫人曰大帝勅我來教子以神眞之道注子於玉札
應爲紫虚元君上眞司命名山之號封南岳夫人後爲
洛陽山成眞人因爲立祠土俗號阿夫神原夫鎬京疏

祀公高克勤於小物恭據命族畢萬連休於大名承相之匡翌漢庭比蹤蕭酈司空之弼諸晉室方譽裴山積德攸鍾餘慶斯在况復形雲授彩衍豐谷之靈苗白水開源導舂陵之茂族乘龍合好鳴鳳于飛結大義於總蘿諧佳音於琴瑟劉氏爰歌作吏同墨臨人惟彼外持爰資內輔服勤纂組頁毗製錦之工肅事蘋蘩且佐烹鮮之術猶以爲六法四行豈離夢幻之場九轉三仙方出塵勞之境朱庭翠閣事甚樊籠鬒鬢紅顏理同泡沫於是撥煩蹤驪練志凝魂潔成道室之階列竟師門之宇悠悠永夕紫煙昇而庭院虛凜凜窮陰凝霜冽而池館靜乃有仙鍾簇韻如發漢鯨法鼓揚音似棲吳鶴簫聲寥亮仍符弄玉之臺笳奏凄清有異文姬之殿緣輅朱節貞衛相趁霞佩雲裾仙儀在列昔安公之旨叶寘契於昇龍木羽之鄉應祥期於御馬眷茲靈感異代同符故能迴鶩三清高超八會持法印而含元氣合真符而昇太極金記五千職隸九靈之史玉言十万名彰八素之書足使上元夫人愿其嘉號靈妙玉女媿其芳聲豈與夫隮目至山鶴枕蓆而通蔽順風江澳懷瓊珮而中躅復有躍魚酬惠愛鳥遺実清溪白岸之姑阮氏絃口老嫗權斯而已矣夫以王母既集西漢列其晉筵帝

子斯臻北渚歌其夕漲是用恢勝宇創祠壇想希夷其若存庶恍忽其無昧建立之始年代莫詳爾其周晉名區覃懷奧壤蘇子攢茅之域寇君剖竹之郊孟津南注控河流於馬頰太行北指磴山路於羊腸川原相屬風煙交會欝彼仙觀揭焉中立綵之以丹青陳之以藻繪效靈妃之容齒圖殷亥之練色行亭三襲俯瞰川湄茅欄四注却連山阜巨石崔嵬像蓮峯而特秀奔泉瀰漫寫松澗以飛湍澂靄彌而流津清飈激而成韻瓊桃仙棗散綠垂紅珠實金條含緗佩紫八林芳桂凌冬霰以揚葩五株仙杏負春晞而布葉莫不夾戶蘿生垂簷接蔭可以返魂駐壽忘憂愈疾至若吉日良辰高人勝士黃冠紫綬忘貴賤而同歸白屋朱門混榮枯而畢萃敬而不黷誠稟訓於懷柔感而遂通京虔心於正直於是採蔬東海折菓西山傾玉酒而泛流霞酌金醴而挹甘露神交妙有想白鳳之來儀道契虛無佇黃雀之爲使丹梯可躡必超上漢之□練馭斯□□超無生之浪誠洞眞之苑囿靈寶之區域者焉秋官尚書撿校懷州刺史南陽鄧府君道光天爵慶發地靈驂泰階而高視寔擔天而騁力題劍昇朝秉形之寄攸重佩金璫秩仰福之任逾隆長史隴西李抑人司馬南陽鄧揩河內縣令

鉅鹿耿仁惠或展驥亭衢化康　　邦國或劃爲遊
刃功茂邑民思靜力於迴天歎勞生於寂地識明譯扎
跡寄道樞牛刾毗落則晨趍飛其鶴嶺一同作宰則元
會降其凫鳥每慮陽軼弄旬具虔磬於斯谷陰衢潔朔
薦行潦於茲鬱縣令仁惠稟氣孝恭祭則神饗天然感
物祈必靈歆所請甘霖未迴車而降澤但求膏液逆舉
意以零滋彌媿神之厚恩□勒銘而旌德而碧落清窗
顯在百城之次椒庭圭門近臨千室之中瞻石梁而靡
澗仰瑤臺而何遠夫降仙成宅西岳紀桓譚之賦登眞
起詠南溪聞郭璞之詩是以輕率下民仰追前列寄諸

貞碧題其頌云
畢筮初占係復其始寧門有相甥膺廟美珠胎孕寶玉
仙昭祉寔唯靈媛作嬪君子取譬鸞鳳言邊魴鯉
　早明八素夙悟三靈呪神爭術飡蓬蔂仙紫書遐記
白簡開編暫遊芝圖倏見華田輕飛起月高訓垂逕
　戒遵靈壇栽覲神宇却倚巖壁前臨澗浦偃蹇雲
棟淸泠風戸怪石奇木鳴蟲嘯羽居茲他聖坐同天柱
　犢妃去魏弄女辭秦陽臺之下暮雨稱神洛川
之側朝霞韞眞窈寘高蹈寥廓上賓思□道業用述徽
塵

大唐垂拱四年正月五日建　　喬繼玟鐫
昨於太平興國八年三月中奉　勅打造碑文令有
□□□張安□集邑□重建邑人□守□陳□李□
□□王□□□　　賀□王項郭□
李讓王□□寶任先卓□□　　王□□程□
封順劉寶□□張□裴□□□
碑載魏夫人事跡始末余約其文蓋夫人爲晉任城
魏陽元之女適修武令劉幼彥夜有四眞人降告夫
人應爲紫虛元君上眞司命名山之號封南岳夫人

後爲洛陽山成眞人因爲立祠其語亦取之仙傳而
涉妄不經如此余故亦存而不論也授堂金石跋
　按眞誥有云上眞司命南獄夫人注云此即魏夫
人也而不詳夫人事跡西王母傳則云紫虛元君
魏華存夫人清齋於洛陽隱元之臺西王母與金
闕聖君降于臺中乘八景輿同詣清虛上宮傳玉
淸隱書四卷授華存而亦不詳夫人爲魏陽元女
劉幼彥妻河南通志不詳木澗所在魏夫人祠在
懷慶府城西北紫金壇下相傳夫人乃晉修武令
劉幼彥妻學仙飛昇世號紫虛元君後人立祠祀

之亦不詳祠祀之始于何年此碑亦云建立之始
年代莫詳則其來久矣碑云魏夫人者晉劇陽侯
任城魏陽元之女也晉書傳云魏舒字陽元任城
樊人也年四十餘郡上計掾察孝廉對策升第除
澠池長遷浚儀令入爲尚書郎累遷相國參軍封
劇陽子宜陽滎陽二郡太守徵拜散騎常侍出爲
冀州刺史入爲侍中遷尚書太康初拜右僕射轉
左僕射領吏部加右光祿大夫儀同三司領司徒
年老稱疾起署兖州中正尋又稱疾詔曰舒屢執
沖讓辭旨懇誠以劇陽子就第位同三司太熙元

年薨謚曰康子混先卒傳不言其有女而爵是子
非侯則碑傳互異也劉幼彥無傳懷州刺史南陽
鄧府君長史隴西李知人司馬南陽鄧楷史志俱
無攷而河内縣令鉅鹿耿仁惠碑稱其稟氣孝恭
祭則神饗所請甘霖未迴車而降澤稽之通志不
載循吏尤爲漏畧附識以補志之闕序末頌詞四
章章十句每章末空三字以隔之與他碑異例文
云秉形之寄攸重借形爲刑仰追前列借列爲烈
畢箕初占筮當是筮淪蓬募仙募當是慕擬鑄者
小謨化康邦國乃邁當代事故邦國空三格碑立

於垂拱四年二月殆是修建夫人之祠碑題宏文
館學士路敬淳製文兩唐書傳皆云敬淳貝州臨
清人天授中歷司禮博士太子司議郎兼修國史
授崇賢館學士不云天授以前之官宏文館學士
也新唐書百官志宏文館垂拱後以宰相兼領館
務號館主給事中一人判館事是垂拱時學士無
專員也此則碑題之可疑者

賜進士出身　誥授光祿大夫刑部右侍郎加七級王昶譔

唐二十一

美原神泉詩碑

碑高五尺八寸廣二尺六寸五分十七行行二十五字篆書額題美原神泉詩序六字隸書在富平縣

五言夏日遊神泉詩序　美原縣尉口

口旦宛炬

美原縣東北隅神泉者雖無樹石林潒

之致而所謂瞻濟清洽之處辜子盖當儼

潢領涉巖泉秀命爲大原王公至清乎

陽賈水斛南陽張公擇事以遊焉哉

而歎曰隱者之樂羅闕賠化之功何擬

茲窮影謫纔舞樶影之功所以物紛其

奇崖冥其教嘆虞總不得所之王楹溉

引瓊孫脈須舞和流尚所以徒歡其多

潔其味美哉自余明首藝時影水懋元

憂覽祥麈禪非醴不嚮而微何以祈維

口降福所嚮而幽游之樂此也潤形如

規四望菩歸乎地可瀲百話尺東鹵匝

高七八十尺下積泉不口淪鏡瀲莫潵

草匿南瀲之畏雖雲漢昭回而淺灇蕪

蜎影所謂上善利物尚復不能豈氣龍

窮宇靈貺福祠懷清冷俊抱遐尋幽者

處跡題氣不鑒標情疏囂流而解喧濁

之歸淡何虛聽詩云　閭予瀹滌塵

焉言并四美教宮邀異論膽會不延易

潤巒岑寒中不華經鏡寓形隨景夕正

形羨規紛起潔流鑒井口跂石滄丙匝

延氣摶宮謫花當澄瀲浴

主簿賈言滁　詞乃雜高節妙異尋

幽賞論險浴淡瀾暎鏡綠舞象形隨澤

暖泉羲絲非烟上延苔嘗新酒渺纈疏

舊壞冥功化口口紛奇靈既遠其瀲口

口清鉻然口口想

碑陰

共十五行行二十五字額題大唐裕明子書六字並篆書

大唐裕明子書

五言同韋子遊神泉詩并序　雲陽主簿

明臺子徐彥伯字光

美原北瀷有神泉生焉俗明子明臺子

尋故入聿烟田存之烏歔不濁虛歎游
流徑復悟諧化之極禍四之條廿俗明
乎乃盟焉明臺子乃漱焉相視而笑曰
烏哉豈空乎味感而循化各効聆影韋
子蓋作章之雅也答捧雅與諒口吾而
不酬云
相坂路梌鑣峨所誘縣米豈知車轄号
諍泉數嚣醴氣融靈化化溼洽沸務啟
夕潭加玲璣霞潛幾清泚滔滔上善用
的的煩慮洗君子懷淡交相迴澄之直

𡿺皿子何閒尹元凱字職
聞君采幽幽頌顯陽趾多我性情抑
謠輕武陵溪歎窗皿夕勑泊澤涼風起
為爾來想讀雖日大疑潮沿所坐昧滿腹
揚清北流巨縣歸象石存淡焉適眞理
左司郎中湯翁念字敬祖
昔日鳴絃地今聞生潤流靈潛數政餘
澄發彫文鉛滴滴流珠激渙渙四夕止
善利懷哉入淡交捐君子鏡澈舞纖翳
不清源煩濁虛無禍懷畫何由天氣昇

不宥員外郎李翛字之謚
大樹四年歲集庚子四月戊

釋文

五言夏日游神泉序

美原縣尉韋元旦字◻

尹元凱書

美原縣東北隅神泉者雖無樹石森深之致而有徭險清泠之異韋子蓋嘗倦簿領決塵冥爰命丞太原王公主簿平陽賈公尉南陽張公釋事以遊焉喟然而歎曰陵谷之變雖窮造化之功何檢有窮則適變無檢則忘

功所以物効其奇事冥其契嗟虖恨不得列之玉檻漱以瓊漿勝負無私流俗所忽徒觀其卭潔其味美起自文明首穊時則垂拱元夏隤祥應運非醴泉歟不然何明祈雜口降福肹蠁而幽通之若此也凋荆如規四壁若掃平地可深百許尺東西延袤七八十尺下積與泉口渟鏡澈莫測其底南流出界雖雲漢昭回而滲漉無端則所謂上善利物谷神不死豈虬龍窟宅靈僊福祐懷清佇俊拖逸尋幽者乎躋顥氣而瑩襟情疏元流而屏喧濁忘歸淡定盍賦詩云閒有濠梁地駕言幷四美契冥邀異適勝會不廷是潤

響若琴中泉華疑鏡裏形隨員月正制逐規虹起溧流
瑩丹□跂石涼玉趾近焉將安適行當澗濛汜
主簿賈言淑　詞人擁高節狎異尋幽賞𥬇險洞深
澗瞰鏡疑無豪形隨溧魄員氣逐非烟上徙谷縈新灑
分谿蹤舊壞冥功兆□□効奇靈既往共漱□□清超
然□□想
碑陰
大唐裕明子書
五言同韋子旃神泉詩并序　雲陽主簿明臺子徐彥伯
字光

美原北澗有神泉生焉裕明子明臺子尋故人韋炟因
旃之烏戲泉潭虛融派流徑復信造化之極神明之儁
也裕明子乃盥焉明臺子乃漱焉相視而笑曰异哉豈
大平殊感而循化有助耶則韋子蓋文章之雄也酋持
雅興諒□言而不酬云
桐坂疏抱礬崐邛落縣米豈如巾輔邑迸泉毓爲醴氣
融靈兆作潤洽沖務啟月潭信玲瓏霞灑幾清泚湝湝
上善用的的煩慮洗君子懷淡交相從澗之底
裕明子河間尹元凱字楲
聞君泉壑幽俯裂頻陽趾及我性情狎遥輕武陵渓歆

窨明月制汨滓涼風起朋來想辟離日去疑濛汜列坐
殊滿腹揚清非洗耳髣髴參石旃淡焉適眞理
左司郎中温翁念字敬祖
昔日鳴絃地今聞生澗水靈潛敝政餘潤發彫文始滴
滴流珠散渟渟明月止善利懷若人淡交挹君子鏡澈
無纖翳天清滌煩滓虛忝神僊臺何由弄風晷
天官員外郎李鵬字至遠
垂拱四年龍集戊子四月戊□
碑兩面其一面爲雲陽主簿明臺子徐彥伯字光序
裕明子河東尹元凱字楲左司郎中温翁念字敬祖

天官員外郎李鵬字至遠各詩一首五言十二句其
一面爲美原縣尉□□旦字炟序內三人皆以一字
爲字金石文字記
右詩刻面陰皆有文垂拱四年戊子四月造趙德父
以四年作元年者非韋元旦史稱其兩爲縣尉一爲
東阿一爲感義而不及美原尹元凱史稱爲瀛州樂
壽人而碑云河間地理志云深州有樂壽縣本隸瀛
州大歷中來屬則其時樂壽猶屬瀛州也又河間亦
屬瀛州元旦等史或不著其字並詳此碑關中金石記
右美原神泉詩韋元旦製序賈言淑及無名氏詩各

一篇刻於碑之正面徐彥伯序尹元凱温翁念李鵬詩各一篇刻於碑之背面元旦元凱史皆有傳而失載其字彥伯史稱名洪以字顯據碑乃名彥伯而字光也李至遠史稱初名鵬以大父素立奉使因名至遠按素立卒于高宗朝此碑立于武后初尚仍初名而以至遠爲字則非初名鵬而後改至遠矣葢後來以字行其字或出於素立所命史家傳聞失其實尔温翁念彥博之孫官至太僕少卿見宰相世系表其字敬祖表亦未載潛研堂金石文跋尾

美原神象詩碑字體頗學石鼓文但乏挺健之氣其

用字多本說文然亦有乖違六書者如東作東葢作葢盍作盇嘗作嘗僭作僭壄作壄坐作坐陵作隫纆作纆瓊作瓊觀作觀底作底漆作漆當作當堋作堋异作异蚕作蚕蹐作蹐疑作疑太作冞蓍作蓍箴作箴溼作溼䌸作䌸豈作豈心作心明作明虹作虹又如埽字从手稌字从禁悉與偏旁不合潔峴迸遙四字皆許氏所不收徐鉉新附有之誤也潔當作絜玉篇水部無潔字冰部有㓗注云俗絜字廣韻潔清也經典通用絜峴當作昆禹貢織皮崑崙史記夏本紀作昆侖尔雅釋山三成爲崑崙周禮司儀注引作昆侖知古本二字皆無山旁徐鉉亦云漢書揚雄文通用昆侖迸當作屏論語屏四惡王制屏之遠方並作屏惟大學作迸之四夷疑亦後人所改也遙當作踰踰遙聲相近漢書陳湯傳横厲烏孫踰集都賴如淳注踰遠也師古云踰讀曰遙投壺毋踰言鄭注踰言遠談語也此碑皆沿用俗體又說文手部捊引取也或从包作抱步侯切衣部褎褒也薄保切水部洒滌也古文爲灑埽字先禮切洗灑足也穌典切音義各别碑以抱爲褒褎以洗爲洒滌亦未深檢錢侗跋

按美原縣始於咸亨二年改土門縣置屬宜州長安志注故龍圖閣直學士趙公師民以爲王翦請美田翦頻陽人蓋取美田以名也太平寰宇記美原縣有美陽鼎漢書宣帝時美陽縣民得鼎獻之云云似乎美原因美陽鼎而改然漢書地理志美陽屬右扶風美原屬左馮翊道里懸隔寰宇記以美陽鼎系之美原縣其故未明則美原之得名當仍從趙說矣美原之有神泉諸志乘皆無攷稽之陝西通志富平縣有金粟山一名紫金山一名菩薩山一名靈泉山在美原縣北十五里山有龍泉

每歲清明人多取其水以祈年故謂之靈泉山美原縣今併屬富平所謂在美原縣北者乃長安志中語此碑序稱美原縣東北隅神泉又稱美原北澗有神泉則不離美原之北而金粟山有靈泉之名似即指此神泉然不敢定以爲即是也碑兩面刻序與詩作詩者韋元旦賈言淑尹元凱溫翁念李鵬唐音統籤惟韋元旦有其人不載神泉詩餘四人并姓名亡之則此碑之不傳于世久矣徐彥伯號明臺子尹元凱號裕明子史皆不書且以號著于石刻亦僅見此碑新唐書徐彥伯傳稱其善屬辭與韋暠之善判李亘之工書時稱河東三絕

李晦碑

碑連額高九尺七寸廣四尺七寸三十二行行四十五字隸書額題大唐故秋官尚書河間公之碑十二字篆書

公諱晦字□□隴西成紀人也　□□□□□□
□□□□□□□□□祖□□□王安父河間元王孝
恭豊功□烈國史□□□□□□□□□妙氣□□□
□淑靈□□彰於□□□□□□□□貞□精粹之性
清明潔白之美□□□□□□□□□□□□□□□
邈□□崇□□□□□□□□機士之百行因不該矣

貞觀末授通事舍人轉尚太常卿□□□□□□左衛
率□府事□□□□河朔邊要之□□選爲難以本官
撿校幽營二州都督崔林作牧朝廷□□□□□□□
□功□□□□□之□兼之者□也累遷□□衛將軍
右金吾將軍加忠武將軍撿校雍州長史望□而清風
流□□而□□洽咸亨之始關中阻飢盜賊公行所在
□□公鎮之以清靜綏之以惠和政得烹鮮時無吠犬
治□□拱家之□鱗□□□□爾之沾草木加雲麾
將軍右金吾將軍尋撿校洛州長史兼知東都留守三
州都□□□□□爲政以德惠下以□豪右□氣百僚

禋服　車駕□巡□賜繒帛㠯褒美之　高宗嘗
從容曰卿父元王克清江漢　朕今於卿□同魚水一
日不見滿座無歡其　君臣相得也如此及　高
宗晏駕水漿不入□者數日號咷擗踊志不□□□□
之初優以　詔命授戸部尚書公喟然歎曰出身事
主在三如一生當効命死當結草乃輟泣而起　詔□
□□□□公□於朝□理寃屈平以理物簡㠯御繁
訟息刑清於是乎在屬楊楚橫逆淮海稱兵涫宮地實
上流□□□□乃持節鎮荊州兼撿校長史□鄖衛要
控帶□長嚴而不殘人是以息豺狼虵蝮不入枝江之

境黼黻冕旒□致南陽之□加金紫光祿大夫　詔賜
衣服表能官也以公器光廓廟道暎搢紳可以彌綸政
本叅贊皇極遂徵□拜左武威衛大將軍□時□姓烏
驚□□獸聚擁拴推轂公實當之詔授燕然道行軍大
總管兼安北道安撫大使東自碣石西極流沙□道俱
□□□節□□旗拂霓霜戈彗雲蕭條萬里野無遺□
詔都督恒州兼燕水軍經略大使□鄣塞以□□□
□倉庫以□虜□□□絕烽候之虞河右沐仁明之化
居無何追赴□都檢校右金吾大將軍尋拜秋官尚書
□□沉毅清素周密著龍泉而特達委珠璣而不拜故

以斟酌元氣平運□□方當□融　皇風弼諧景化論
道於上□扆蹕□中□□□散黃金以長揖追赤松而
高蹈而天不憖遺梁摧奄及永昌元年二月廿七日薨
於位春秋六十有三　聖情憫悼□寮掩涕罷朝撤樂
有加恒數自□疾弥留迄于大斂賜藥及衣中使相望
於道賻物四百段□粟四百石葬事官給□官五品一
人監護葬事贈幽州都督惟公幼而岐嶷長而惇敏探
賾索隱□微究奧□策名委質□□爲□□吐剛茹柔
常情之所易攬尚人矜己執政之所難□公□坦勞謙
少私寡慾當代之所難者□於公而易□□□六入□

□七臨□□既稱獨□復号神君盛德被於□□功名
垂於竹帛者也夫人隴西郡夫人□鄧氏河南□□□
□□□公之孫衛尉卿駙馬都尉之女也□賢明□
□□敷令懿於家邦幽閑婉順□□□□□□□□□
□□□□□□□□□□□□國風之窈窕嗣大雅之
徽音□□光輔兩朝□靈弥剏夫人□□中饋□□□
□□□□□□□□□□□□□□□□□斯□□□
所冀□母儀之□□□上懋□遠□享年不永□□□
□□□□□□□□□□□□□□□□□□十一月
十一日合葬于三□原禮也嗣子尚柔奉御知言等□

□□□□□□□□□□□□□□□□□□□□□
□□□□□□□□故吏等仰攀盛德遐想徽光□立
□而□□□□□□□□□□□□□□□□□□□
□□□□□□□□□□其辭曰
河□降□□□□□□□□□□□□□□□□□□
□□□□□□□□□□□□□□□□□□□由鎮
方位入奉　□□□□□□□□□□□□□□□□
□□□□□□□□□□□□□□□□□□□□□
□□□□□□石銘勳垂光□□

按碑文多泐額題大唐故秋官尚書河間公之碑

文云公諱晦字□□隴西成紀人也知其姓李下
有云祖□□□王安父河間元王孝恭知其爲宗
室也新唐書高祖紀高祖之祖曰景皇帝廟號太
祖考曰元皇帝廟號世祖宗室世系表太祖八子
第三子卽世祖第七子蔡烈王蔚周朔州總管相
燕恒三州刺史襄武縣公生子安哲西平懷王安
字元德隋右領軍大將軍趙郡懷公生子瓊璡琛
孝恭瑊瓌河間元王孝恭生崇義崇晦崇眞崇晦
卽此碑所稱晦也碑泐字某疑卽表所謂崇晦史
表往往以字爲諱也碑于祖下泐三字合其存字

乃西平懷王安也宗室傳孝恭從高祖定京師拜
山南招討大使明年拜信州總管蕭銑據江陵孝
恭數進策圖之進王趙郡荊湘道總管遷荊州大
總管襄州道行臺左僕射未幾爲行軍元帥討輔
公祏江南平進授東南道行臺左僕射行臺廢更
爲揚州大都督改宗正卿歷涼州都督晉州刺史
貞觀初爲禮部尚書改王河間薨贈司空揚州都
督謚曰元此孝恭歷官之始末也碑文多泐因詳
識之宗室傳載孝恭子晦乾封中爲營州都督遷
右金吾將軍檢校雍州長史高宗將幸洛詔晦居

鈔本校

守武后時遷秋官尚書卒贈幽州都督傳載晦之
歷官惟此而已則不如碑之詳也碑稱晦薨於永
昌元年二月廿七日罷朝撤樂賜藥及衣賻物賜
粟葬事官給五品監護飾終之禮同于陪葬而其
葬所云在三□原宗室傳稱孝恭陪葬獻陵不知
三□原卽獻陵之地否也碑云夫人隴西郡夫人
鄧氏衛尉卿駙馬都尉之女公主傳駙馬無鄧姓
者碑云嗣子尚柔奉御知言等宗室表傳但有嗣
吳王榮一人不載尚柔等碑無撰書人姓名而末
云故吏等仰攀盛德似碑爲故吏所立也碑書烹

鮮作享鮮本通用渚宮之宮作官則異文也

乙速孤神慶碑

碑下截已斷合之連額高九尺六寸廣四尺一寸四分四十四行行八十字正書篆額在醴泉縣叱干鄉

大唐故右虞候副率檢校左領軍衛將軍上柱國乙速
孤府君碑銘并序
朝散大夫守著作郎麟文館學士兼修國史上柱國
濟南縣開國男苗神客撰
淨□寺釋行滿書
天地之大德曰生聖人之大寶曰位生不可以無宰□俟
有道以存之位不可以無□寄□有德以尊之故勑□極□劄

□張維關□□君有作□□□而□雲□□□□□登
山而捧日可久可大闡洪業於非常立德立功乘大名
於不朽存而爲一時之□殁而爲百代之英爰有異人
今可得而聞矣　公諱祠廖字昭祐其先王氏太
原人也昔□□以□□耀象六英□□□之祥后弃以
□秩興農萬里厝鸞歌之域帝圖克峻王道攸歸周德
方隆蘙商以□其業□□可遂敗狄而有其□□□□
乎天下□緒傾乎海内五代祖顯後魏拜驃騎大將軍
偉德挺生稟嵩岱之精魄洪川派别洩江海之波瀾犄
拔千仞盤紆九野遂賜姓爲乙速孤氏始爲京兆醴泉

人焉□□□家代功居□然後□周畿委□□□□□□
□□門漢□乘軒□秋匪珪璋之□□其榮閥故無得
而傳之曾祖貴齊右衛大將軍儀同三司使持節都督
岐州諸軍事岐州刺史周上開府□□三司□□大夫
□河州諸軍事河州刺史河州總管太子□庶子和仁
郡開國公祖安□前鋒都督周右武候□□府驃騎將
軍開府儀□三司使持節長州諸軍事長州刺史隨益
州都督襲封和仁郡開國公拜前拜後惟昭惟穆□以
忠貞之操並資文武之才終始一□雖百君而每合出
人三代居八命而逾□父晟　皇朝上開府□武

□□廿府左車騎將軍轉驃騎將軍令緒逾崇高門克
大岳靈□德紹賢懋以相趍□□□文□□侯而繼出
公山資海授星傑□英□□騰彩驚時駿矚雖仲連飛
兎追日電以長鳴而諸葛卧龍□風雲而戢□俄屬霾
鼂架海猨鶴淩江黃神吟而寓縣分素靈歎而區域震
　高祖神堯皇帝開□躡步翼□□精偃擯流於
九海蕩洪氛於八極雲雷儐溥與於晉水之湄天地氤
蘊鬬於渭川之涘□□□砉幅裂豪□棊分鵲起逢時
之心寰中旣擾烏止于誰之室寓内攸瞻公乃蓄悟井
之深幾載驅驪早知躍泉之秘蹟言訪龍□獄訟歸禹

不忘於寤寐歌舞迎周獨斷於襟抱以義寧之始乃奉
見於□陽□蒙　恩□預彖　秦府從平京
邑授通議大夫賜物六十段戎章克峻雖策勳而旣重
國圖伊始以門胄而方榮乃取祖義州府君□資□□
親衛于時雖地開金策蘙鶡甸而斯安而池□玉□□
雖聿而□静公於是□陪八□薄伐三川從討王充破
青城堡賜物一百段并袍衫牛等加勳大將軍武德元
年又□薛舉二年復破□□神兵□舉每推立於後服
□□百勝必賈勇於先登時宋金剛尚彈地險更勞六
伐公乃□機有捷獨雲□之高輝應變無方刊風灰之

遼陣平寇之後蒙賜馬及金鞌綵物百段王充以□□
窺疊假位號於成周建德以□□曰時竊仁義於全趙
侍連□之援以興危邦託刑馬之盟方爲□國
□宗乃韜龍豹拔貔貅黃鉞排天朱旗斷霧沸洛川而
憤角震嵩巖而疊鼓王充以迭食爲命不移蛩□之心
建德以弱□□依無舛螳蜋之衛公乃懷奇請奮受命
長驅破王充于金堡并從擒建德預軒勝於□符奉堯
績於丹浦燕趙俄獲鋒爲腩而無遺虞號終亡馬服與
而不失加勳柱國賜物二百段劉黑闥擁銅馬之餘□
氣蘊□南□金鳳之□□兵雄趙北公乃從平淸漳洛
水二□□遂俘之授上柱國□□□□并□馬等綵物
一百五十段粵以超時之効恒當不次之恩滿寵受田
殊非異賞李忠錫馬遂多慙色尋又從破徐員朗□□
奇勳既而　聖情載洽念功勞□特蒙賜□用表
□榮　太宗以元雲入□未改唐侯之爵白水開錢
猶踐蕭王之號　秦王府妙資左右公以良家首
辟□令□上仍賜□袍既而飛鷁□□長□竭□雖域
中四大正西北之傾維而天下一家有東南之□氣
太宗乃□□□命殲厥流言推大義以龔行宏至
公而克翦公以九年六月四日載靜奸回因而侍衛□

□不□既而汾陽脫屣代□承□高鳥盡而藏弓歸獸
存而□戰公乃□從挾策且欣橐矢結擯籍而爲㫺□
□□□禽然以七德攸歸五營斯佇方始執鞭之任
式隆初寶之基以貞觀五年授右衛勳衛□□□□
上六年□□□□賜絹一百□八年授右勳衛挍尉公
以懷才樂道緯武經文□□時習顛沛必□□□□
□居終始存乎退尺每策勳而命賞常後己而先人所
以幽谷非遷望喬木而韜響澠池徒奮至□樹而銷聲
雖□□之志每□而序祿之期終及十年蒙授游擊將
軍守左領軍長□府□別將仍□□□□□佳兵七
萃左帶　皇畿敖庾千箱傍臨陝服正壘壁其斯
重瞻海陵其巳陋聿兼其任隆寄存焉十二年以□□
□極□□□鑾東警　皇輿□□肅龍駕於□雲天
動神行楊鳳旗於□□□□□□□忠賢　車
駕自東都還京乃　勅公撿挍右衛勳上府郎將
□□□以□養德　乾□□□□　詔
□□□志懷强濟□□沉遠勞効著於戎旅恪勤宣
於階闥宜□□□□　可守太子右衛率府勳衛
郎將於是靑闈□景緯□增暉指搖之桂連芳□□□
琅之竹比□□□□□□□□懲職無□於騄□之義

龍顏憑怒有事於遼水□陽驚雷輜於碣石□
□□□□□高宗天皇大帝銅樓鏃粹□裕
流温雖義在懸弓宜扈於□□而時方□□實資於監
□乃□□州留守□公□□奉□闈卄年丁驃騎府君
憂去職□輟趨□□悲陟岵絕漿九□巳□□□□□
□□□□毎泣高柴之皿卄三年　詔授□□右
衛率府翊衛郎□犀鈎在飾鶴□登榮抑禮擾□仍奏
樂□之韻踰朞□燧更承重日之輝旣而龍躍在天正
銀題於紫摠鴻飛漸陸□玉羽於元霄□□□□□
□授右衛郎將永徽三年除守右驍衛翊衛中郎
將張奐坐帷奮旗邊之遠略馬卿建節馳喻蜀之高文
□宦□□括囊千載五年　詔守太子右虞候副
率尋加兼太子右虞候副率□□□□□□□□□
卞敦良將之才開邪是屬公之授也斯實兼焉俄屬六
麟徐駕御□京之霧雨五□遐拂俯□洛之風煙鈎陳
□委英賢是頼　駕幸東都之日撿挍□領軍衛
將軍尋又　□□□□□□□□并州先置
還東都日撿挍右領軍衛將軍仍知六閑馬事温驪籥
景歎□□於雪谷瑞□生風□珠耀於□□職無不理
帝有嘉焉俄又兼太子右衛率□□□殊寵□

玆□□□□□□□□□□門興積贈言故實英
尚斯途公以儔之則爲優矣方冀有仁必□有壽必隆
□□未極於□□□□望周□□齒不延於練玉遽頽
覩曾之峯以顯慶五年八月□四日遘疾□□□□
□□□□□□六十有二　晃旋□悼哀榮兼撫
勅書吊慰賵贈逾隆　詔問嗣子行儉等
并賜物二百段粤以龍朔元年歲次癸亥二月戊午朔
十九日巽□□厝於雍州醴泉縣履中川□□□□□
□□□□□□誕靈川岳德光□□舒白氣以成虹
才苞利器横紫氣而射斗昔在髫初卽踰常類嶷然殊
□如旭日之□青山湛乎深識若明月之含碧海克峻
日就至性天成教以義方則行□□□□□□□
□□□承顏必當於隱犯知年每形於喜懼不愆于德
□□無□□□未嘗有□□□無以□其罰□乎□
丁艱疚殆不勝喪在驃騎府君之憂公時已班隆貴慶
將□滅痛深朝野□□□□□□□□□□□
古今攸絕豈止許孜□□□□翟於盧□丁寄窮哀□
□□□沼□斯而已矣加以□□□□□愛爲懷其
駕無睽□摽鍾輿之□同衾□慰每追□室之歡兄弟
數人公爲□□□□□□□□□□增暎怡怡可

樂其後五門將闕三判遽慘公乃責深自□悲其氣而
無終訓切在原泣分形而有異雖同胞竟阻王脩之喻
罕遵而推産不□□式之資□給公以鼎貴餘業財□
□□□□□□□□□□□伏宗姻駭歎公以幼
承□義早聞詩禮德思潤己學尚專門俄屬有隨蕩□
生人弥□□書劒而事于戈弃俎豆而脩軍掖故得雲
彈弧矢精極韜鈐□枝楊葉窮取□之妙□□□□
□□□□□□□□□大憝斯殲□□□策兵無挫
鋭非以賞而邀利寧以功而□伐然則因時命律□稔
論兵受而莫邉當厚□而居百夫之長推而不有委榮

名而辭万戶之侯卓矣高□□□□□□□□□□
□□□□執戟大雅□□斯之謂焉子國子明經
高第朝請大夫行綿州司馬行儀寧遠將軍守岐陽府
長上折衝行均游擊將軍守甘泉府左果毅都尉行方
等或傳經綜業或□□□□□□□□□□□□□□
□□仁者安仁□無昧於觀行將門有將理不老於□
□既而匿莪嬰酷悴栢□哀攀蠹橐而增慕循鑿楹而
載感於是乃与昆季聚族興言以爲陵谷難恃風猷易
絶雲臺入□□□□□□□□□□□□□刋
之跡必存無媿之詞於是爰勒他山用□斯□庶使波

溢渤澥識墮淚□千齡□□琅琊傳受辛於萬古其詞
曰
立功立德惟武惟文銘戈著範勒鼎昭勲名□□□
□□□□□□□□□□□伊笙□隆淮筵肇錫
□族郎榮昌袞衮服□輝旗□靡替明德斯□高門是
繼英英亮□灼灼瑰奇不僭于道無忒其儀光合巨闕
彩振長離公□比驥吕望非彪運□□□□□□□□
□□□□□□□□秦亡登山趙滅功成百勝途夷
九折已建宏勲俄膺懋寵期門甫陟羽林初奉帝庾斯
衛儲兵載擁寓省□□司□位重官連四卒望越五營

聲芳漢將器表周楨未□□□□□□□□□□
□□□□哀松凋許泣九泉長送百身何及鶴地
方□□□赤戢山秋月思野寒風急傳鈎令緒待漏英
才蘭期奄隔楸思俄開圖芳□路紀德泉臺九原徽□
万古風埃
□□□□歲次□寅二□戊申朔十九□□□立
□跡鄉□闕

右乙速孤神慶碑宏文館學士苗神客撰神慶唐初
仕三衛高宗時爲太子右虞候副率以卒乙速孤氏
在唐無顯人惟以其姓見於當時者神慶一人而已

元和姓纂但云代人隨魏南徙而已其叙神慶世次
又多闕繆而此碑所載頗詳云其先王氏太原人有闕
文代祖顯爲後魏驃騎大將軍賜姓乙速孤氏遂爲
京兆醴泉人曾祖貴隋河州刺史和仁郡公祖安隋
益州都督父晟唐驃騎將軍乙速孤氏世無可稱而
其姓出夷狄莫究其詳惟見於此碑者可以補姓纂
之畧以備考求故特錄之集古錄
昭祐名神慶本姓王氏太原人高宗時爲太子右虞
候副率檢校左領軍將軍上柱國以卒史不立傳且
不復姓王氏不可曉碑苗神客撰釋行滿書書亦勁

健有法然不及王知敬趙模諸人石墨鐫華
右右虞候副率乙速孤神慶碑文云龍朔元年歲次
癸亥二月戊午朔按癸亥乃龍朔三年非元年也又
以通鑑目錄攷之龍朔元年二月丙寅朔三年二月
乙酉朔俱非戊午朔碑版之文所紀年月宜得其真
而牴牾如此殊不可解然此碑決非後人所能僞作
也神慶嘗爲右衛勳二府郎將按唐書百官志親衛
之府一曰親府勳衛之府二曰勳一府曰勳二府翊
衛之府二曰翊一府曰翊二府凡五府每府中郎將
一人左右郎將一人是其職也神慶祖安爲周右武
候右六府驃騎將軍父晟唐右武候右廿府左軍騎
將軍六府廿府之名於史無考潛研堂金石文跋尾
舊志云乙速孤昭祐存二千五百餘字　續志云昭
陵志誤收乙速孤父子墓碑入陪葬功臣之內睹其
字而未讀其文也其墓在叱干部九嵕山後三十里
不在文獻通考所指一百二十里墓田之内安得謂
之陪葬　按碑篆額書檢校字从木謬甚醴泉縣志
按此碑文約三千餘字存者尚得八九文爲苗神
客撰釋行滿書卿大夫墓碑而用方外人書不多
見也苗神客舊唐書附元萬頃傳云高宗廣名文

詞之士入禁中修撰萬頃與左史范履冰苗神客
右史周思茂胡楚賓咸預其選苗神客者滄州東
光人官至著作郎新傳則云武后諷帝召諸儒論
譔禁中萬頃與周王府戶曹參軍范履冰苗神客
太子舍人周思茂右史胡楚賓與選此碑結銜云
朝散大夫守著作郎宏文館學士兼修國史上柱
國濟南縣開國男可補史之闕也碑云公諱神慶
字昭祐其先王氏太原人碑書神慶二字俱缺末
筆未曉其故唐書宰相世系表王氏定著三房一
曰琅邪王氏二曰太原王氏三曰京兆王氏又有

烏丸王氏始于霸六世孫光後魏并州刺史生同度支尚書護烏丸校尉廣陽侯因號烏丸王氏生神念北齊亡徙家萬年此外不詳賜姓乙速孤氏之王氏所自系碑述其先世始自五代祖顯郎賜姓之祖也次及曾祖貴祖安父晟累世歷仕魏齊周隋唐神慶歷官始於高祖迄於高宗顯慶五年卒年六十二推其生在隋開皇十九年則高祖武德之初年二十矣神慶以龍朔元年歲次癸亥二月戊午朔十九日厝於雍州醴泉縣履中川癸亥爲龍朔三年二月爲乙酉朔碑之誤固無疑矣唐

時厝葬大率距薨逝之日不遠若顯慶五年卒至龍朔三年厝相距四年未必如是之久則龍朔元年似屬不誤下文癸亥戊午誤也碑叙歷官云還東都曰檢校右領軍衛將軍仍知六閑馬事首行標題乃作左領軍衛將軍有不同也唐書百官志尚乘局奉御二人直長十人掌内外閑廄之馬左右六閑一曰飛黄二曰吉良三曰龍媒四曰騊駼五曰駃騠六曰天苑而别無知六閑馬事之官神慶似以右領軍衛將軍兼領尚乘局事也神慶生三子長行儼國子明經高第朝請大夫行絳州司

馬次行均寧遠將軍守岐陽府長上折衝季行方游擊將軍守甘泉府左果毅都尉唐書選舉志取士之科由學館者曰生徒其科之目有明經凡學皆隸于國子監國子學生三百人以文武三品以上子孫若從二品以上曾孫及勳官二品縣公京官四品帶三品勳封之子爲之神慶官右領軍衛將軍階逾三品故行儼得入國子監爲明經也百官志武散階正五品下曰寧遠將軍懷化郎將從五品下曰游擊將軍歸德郎將諸衛折衝都尉府每府折衝都尉一人上府正四品上中府從四品

金石萃編卷六十一 唐二十一 三

下下府正五品下左右果毅都尉各一人上府從五品下中府正六品上下府正六品下行均官守岐陽府長上折衝而階正五品下是下府折衝都尉行方官守甘泉府左果毅都尉而階從五品下是上府果毅都尉特岐陽甘泉二府未有所攷耳碑末云歲次□寅二□戊申朔十九□□□立文内有高宗天皇大帝之語則立碑在武后朝載初二年庚寅歲是歲九月改元天授二月尚是載初據通鑑目錄是歲二月正戊申朔十九日爲丙寅也末行有跡鄉二字據金石錄補奏遺碑跋稱退

葬於昭陵神蹟鄉此碑跡鄉疑卽神蹟鄉當指其
墓所在然則雖非陪葬昭陵而亦去陵不遠矣

姜遐斷碑

碑廣四尺四分僅存下截高四尺二寸六分三十三行字數無考正書在醴泉縣昭陵

上闕侍郎□□公晞撰文并書
上闕望□□規□之□□□之□□□□□咸欲下闕飛□
則負下闕子之下闕之下闕在□之下闕諱遐字柔遠下闕之下闕千
石下闕之下闕嘗指下闕又奉　制授□宮通事舍人下闕賠下闕
矣下闕之下闕成□□□之□夷夏以爲□□朝廷下闕授
下闕於其□□之遷□□□府郎將□□陳下闕有年□無

下闕撿挍下闕爲正下闕進轉後下闕論□以爲屈□□□之下闕
月□餘□□之以黜陟□□以下闕禮□節□性明七□
以□人□天□人□□公□□之下闕以下闕風□□閣□
□□□賜絹百匹以□□□之效也下闕下□□去下闕莫
能□□尋奪禮起下闕中使□延下闕□□冕旒□悼□□
□朝服一下闕以下闕十□葬于　昭陵之舊　塋禮
也下闕以下闕隱□枝葉於□經□□□□求聖賢□□□
□□正以下闕不□□□之門人下闕之□□□妻□不復
下闕以傳聞下闕尤善草隸□□一時推下闕於奉親也□□
□□之養故□□□□舞之下闕之□□□不□翰下闕書
□□元下闕銀青光祿大夫□□□□公□□□兵下闕
人下闕昭下闕思下闕親下闕意將□□□氣□言欲□□□□
□爲銘□
上闕外□心□逢□雲披遇□行□可□□□于□括囊
下闕天憲□□　帝宇熙宸重寄西下闕赫弈□光□□神
□昧昧天道茫下闕

遐者蓍之孫行本之子史但附兄簡傳云弟柔遠美姿容善敷奏則天時至左鷹揚衛將軍通事舍人內供奉寥寥數語亦不云名遐遐之子卽姜皎而撰書遐碑者乃簡之子晞代簡襲行本爵爲郕國公者也

碑上段已亡止有下一段棄墓側余摩而錄之按游景叔刻昭陵圖止有姜確墓確行本名史亦云行本陪葬昭陵而俱不及柔遠何也石墨鐫華

右姜遐碑姪郕國公晞撰書碑已斷裂而祖父子之名尚備碑云公諱遐字柔遠祖蓍父行本子晈晦春秋五十有二卽以天授二年十月十日葬于昭陵神蹟鄉之舊塋按史行本名確以字顯而碑正書其子遐附行本傳云子柔遠未嘗云柔遠名遐也且蓍傳止云子確而碑云故伯父太子僕嘗指公謂人云云似蓍尚有子而史遺之東宮僕寺有僕一人從四品

郎所謂太子僕也晞爲簡之子嗣行本傳史亦不載碑雖殘泐猶足以證史之闕如此金石錄補

碑漫滅不可讀存二百餘字有云授東宮通事舍人餘俱斷續不能成文按東宮通事舍人可以補史之鈌雍州金石記

諸書但詳行本陪葬昭陵而不及遐攷昭陵陪葬例子孫願從祖父葬者聽遐以丁內憂起復不餘年而卽卒當是從父葬于昭陵本不得與陪葬者同例也關中金石記

按金石錄補稱此碑祖父子姓之名尚備以天授

二年十月十日葬於昭陵神蹟鄉之舊塋今此碑自祖謩以下文俱不存其葬處但有葬於昭陵之舊塋未見有神蹟鄉也長安志醴泉縣六鄉曰美華通畤新塋崇孝神安白涇又註云唐十六鄉有白鹿長樂瑤臺修文四鄉餘不傳又云昭陵在縣西北六十里封內周一百二十里九嵕山白鹿長樂瑤臺三鄉界不云有神蹟鄉此碑雖文多磨泐然葬於昭陵之舊塋文甚分明此七字中不能再容神蹟鄉三字其昭陵上空二格亦例所應尔非關闕泐是金石錄補之語猶未確也碑之雁尚可

見者曰奉制授口宮通事舍人曰口府郎將曰檢校曰銀青光祿大夫其恩賚曰賜絹百匹其學行曰求聖賢曰博聞曰尤善草隸曰奉親也餘皆零字不能成文碑無歲月據新書傳稱柔遠武后時至左鷹揚衛將軍攝地官尚書通事舍人內供奉百官志載戶部之改地官在光宅元年而遐之攝地官尚書在通事舍人之前則其卒在光宅元年以後尚歷有年金石錄補以爲天授二年葬者非無據也石墨鐫華謂昭陵圖止有姜確墓不及柔遠今玩碑云葬於昭陵之舊塋顯然是祔其父墓

旁宜乎昭陵圖所不載此與阿史那忠同一例也碑題侍郎口口公晞撰文并書舊傳姜謩薨贈郕國公子簡嗣簡卒子晞嗣開元初左散騎常侍而不書其開元以前歷官此碑有侍郎字惜闕其上不能攷也

獲嘉縣浮圖銘

石橫廣四尺四寸五分高一尺五寸三分二十六行行二十或二十一二十二字不等正書

大周懷州獲嘉縣朱四娘爲女造浮圖銘并序

原夫〇樹開宗道德希夷之際泥丘誕聖仁義韁鏁之開終不能脫略生滅之途輕舉塵牢之域大矣哉我能

仁利見也慈雲觸石沃熛炭於炎爐慧筏廣乘濟沉骸
於慾岸清信女張氏懷州獲嘉縣人白水之源遂廣傍
控九河黃石之道克隆遠敷三略像賢接武襲冶分麹
祖德家風可得而言矣昔在襁褓慈父□□言念惟桑
不忘造次乃蒿簪藿食宴坐經行蕑□陟岵之恩忍絕
乘龍之慶未嬪高援秊已弱笄以爲寫□□□蘼脩之
末跡紃組織紝俗中之常累非出代之要道□□仰止
高山有終焉之志以垂拱二秊二𠥱十八𡆠因遊此寺
遂自投此崖殉身飢獸昔尸毗慈悲於一鳥山童踊躍
於八字殆無以過也母朱氏恨起漢皐之珠怨結秦樓

之鳳乃發茲靡願造浮圖五級其塋也丹崖如削青松
似蓋巖泉暴布山石開蓮騎麟餌木之賓坐桃源而長
嘯驂鴻轡鶴之士披竹徑以吹笙斯乃出代之佳遊者
也大周如意元秊歲次壬辰七𠥱甲午朔十五𡆠戊申
功用斯畢敢以此福上爲　聖神皇帝陛下及□
□七代祖神德祖□高父言堪見存母朱姊大娘二娘
妹娘子弟知微并諸眷屬法界蒼生同登彼岸恐陵谷
遷貿乃勒銘云
猗歟張氏堅操𡆠新凝姿𠥱浦垂耀〇津徘徊漢曲飄
飆洛濱去彼穢累來斯善因志遊五淨心出六塵欲求
□境先弃今身一其哀哀慈母言念傷情建斯功德擠此
經營下臨□塋上出太清高峙邐邐孤秀亭亭□□□
□□搖鐸聲庶千秋而萬歲長不朽而無傾
按此碑題曰懷州獲嘉縣朱四娘爲女造浮圖銘
據文是其女張氏投崖而死朱氏乃造浮圖五級
以資冥福也懷州獲嘉縣屬河北道河內郡縣境
無山不知所投何崖也浮圖以如意元年七月功
畢是歲九月又改元長壽七月尚是如意也武后
自庚辰九月改號大周加尊號曰聖神皇帝至是
已三年矣碑書日月星載皆用新改字

薛府君碑

碑存上半連額高五尺二寸五分廣四尺四寸三十三行行字無攷正書額題大唐故揚州長府薛府君之碑十二字篆書

大唐故揚州長府薛府君之碑
闕上蓋承□□□□□體闕下馮翊當□榮命起公□□□
□□□□□□□節闕下御史衛尉卿平陽縣開國公
贈車騎□□□□□□州□史執闕下文朝儀同三司
鄜城山陽二郡□□□□□□府長史□騎侍郎闕下
奉使節以綏巢□宣□□□□□□禁□□□□其岳
靈□殿□於闕下門□□□摧□蘭於早□□□□□

□□□□□□□□□□□彖（下闕）季君子道（下闕）氏齋□

□□□□州（下闕）俄以賢良（下闕）公□□□公□□□

□州刺史（下闕）詞□岳閑□□□□□爲□州都督府

（下闕）聞□誘□城□暴□□□授□州（下闕）虜無壁壘占雲

察□□築受降（下闕）車之□□□　　制（下闕）軍事□

州刺史□車□□遽□嚴父之□□□□風（下闕）爲（下闕）之

化□□公歷□□二州□□□□□□□□□□□□

□□咸（下闕）五（下闕）五（下闕）有（下闕）方伯挹□淸塵（下闕）

（上闕）仍（下闕）從宅無追趨庭有□雖□榆驟□□□□□□□

□霜露□□毎切（下闕）猗歟仕夏顯允佐商□基峻極□

□靈長□□罷御□□仍藏（下闕）謝庭生玉韋房鏃珍□

□君子□□淑人□□□□□風塵永言（下闕）然運海

子文夷雅□□□別□□歡□□□尚仁□□□

貞□亮（下闕）賴持中擊轡出□□輅□谷鑒周□盎□□

□□會（下闕）扆□結轡纓汾□□□河□□□□□

□□□□盛徒（下闕）

寶刻叢編揚州都督府長史薛寶積碑王處撰文林郎王應坦書長壽中立在河中是碑漫漶過甚惟額書大唐故揚州長府薛府君之碑十二字尚完好知即寶積碑無疑（竹崦庵金石目錄）

阮本校

小石橋碑

碑下截已斷今連額僅存高四尺六寸四分廣二尺八四寸作三截書上二截皆二十二行刊碑主橋主邑心主施主姓名下一截記十九行字數無考正書篆額

□牛□小石橋之碑

□□□鑒元季歲次乙未㊄景子朔二𡆠丁丑

□□三空凝象至衜之理難窮四諦沖元眞知之宗莫

測（下闕）解猶迷□邑之津□□高□未靜輪迴之□□

毒□□（下闕）□究有象□□□□无生法忍□非理□□

□□慧□□（下闕）□福巳□於旣往是以花臺瑤□□□

□之知歸□□□（下闕）迷□使靈□永著者其孰能尚於

津梁□□□牛□壞石（下闕）以安□之代南北爲□長之

途□義之□□西作送迎之（下闕）□□□□騶傳□郵停

騤駐軾斯橋所主蓋始於玆代序（下闕）□□□业移谿變

刋創莫知□跡元功徽音不嗣□大唐（下闕）□□□□坐

輔駕象□□道□□元仁流下□五神大□（下闕）□□□

□□鑄金岱嶽乹封元季二㊄南巡龍輿□此以（下闕）□

□□津□□□爲梁旣　聖迹神行不敢湮廢以□鑒元季

（下闕）菁尒□□□前臨廣□炎精曜魄之□□□蕃郊維

周卜（下闕）磬□□□□□而流音左帶□巖石暎霞而

錫窴聖賢（下闕）之□□□焉有淸信士王寶□朱元英

宏澤朱元犇□闕而出□□知罔極之難追□發菩提
其崇斯果□高□爲闕下□□人□敬刊貞石□□名於
万古庶千齡而不易迺爲□□
闕上昧三空妙□鶴林隱□龍宮秘識□此輪迴孰知其
極□闕下有□□□□劭□念□肇建　梁□崇遐懿
思波遷□闕下

大碑主王寶□
大碑主韓宏澤　　發心主□□
大碑主朱元□　　發心主韓知節
大碑主朱僧滿　　發心主韓元智

大碑主朱元度　　發心主韓知□
大橋主朱元英　　發心主王思敬
大橋主朱文振　　發心主朱□仁
大橋主韓知古　　發心主韓道興
大橋主朱若會　　大施主朱□□
　　大施主朱□□
　　大施主朱仁惠
　　大施主□□□
大像主韓文玉　　大施主□□眞
大像主羊遐友　　大施主羊思福

大像主羊簡賢　　大施主羊思恭
左　菩薩主韓里朗　施主朱□□
左　菩薩主朱元□　施主飛騎尉朱令誌
右　菩薩主朱仁撫　施主朱令詢
右　菩薩主韓□九　施主朱令則
右　菩薩主韓㳺業　施主韓知禮
右　菩薩主朱元智　施主朱墨字景沖

按此碑記建橋造像之事首行題云□聖元年歲次乙未月景子朔二日丁丑乙未是紀歲干支此下當云某月不知碑何以失書也據通鑑目錄是

歲八月丙子朔唐書則天紀一月改元證聖九月改元天冊萬歲碑有聖字確是證聖則碑爲八月所立無疑也此時武后稱帝建號不必避唐諱而碑猶諱丙爲景也此橋臨大道爲乾封元年南巡鑾輅所經因而建橋造像文蓋記橋主像主發心主大施主助成功德而以大碑主居前後三十八人姓名大率朱韓二姓居多羊姓四人首一人則王姓也書官者一人飛騎尉朱令誌書名及字者一人朱墨字景沖

金石萃編卷六十一終

攈古碑證文技

金石萃編卷六十二

賜進士出身　誥授光祿大夫刑部右侍郎加七級王昶譔

唐二十二

封祀壇碑

碑僅存上截高七尺二分廣六尺二分三十七行行七十一字今存四十一字正書額題大周封祀壇碑六字篆書在登封縣西萬羊岡

大周封祀壇碑并序

春官尚書監修國史上柱國梁王臣三思奉　勑撰

朝散大夫守口下闕

乾坤大象也張三光而列五岳帝皇大寶也朝萬

禮百神然則歷考河圖傍稽洛讖乘樞建極口下闕

塈羲農軒頊氏往堯舜禹湯氏作邦畿則千八百國封

禪則七十二厪唯臨(乙)觀之岫纔越而齊之嶺將口下闕

三花玉樹遥分神女之臺五色金芝下秀仙厓之窟仰

通上帝之境俯杭中樞之甸風煙萬藹徵薦蘇而口下闕

昌之(乙)可以召玉帛可以勒銀繩建顯號而施尊名飛

英聲而騰茂實其唯　我大周乎　祖口下闕

興王之祕籙運鵬海而首出躍龍泉而高視卷舒元氣

分寶位於鸞宮登步太階受珍圖於黃屋均兩曜而口下闕

而冊金輪聖神皇帝陛下徇齊作后聰明爲辟心懸萬

匯從潙塔而乘時足馭千花自龍宮而應運垂大口下闕

位祥龜負字懸符啓夏之徵瑞馬呈圖豫送開虞之兆

豈獨而浮紫氣知赤帝之將興塈暎虹口表朱宣之口下闕

之回萊聚祥經誰識去來之果延妙相於丹扆降法身

於紫極湛然常樂輪風銷八柱之而寂介圖明劒雨口下闕

踊懸石鏡於丹霄璧水潛開湛珠泉於碧浪澄漪寫匯

非關竹箭之流迴岫排雲何止蓮花之口遐循口口下闕

至德掩於百代宏猷超於萬葉謳歌纂籙考符瑞於堯

終獄訟膺期送休徵於舜禪八牕四闥之制五室九下闕

待子輿之議懸　寶思而不測運靈襟而獨遠雕

崎若鼇柱之臨空反宇中垂似鵬雲之映口口下闕

紺席於雞津開紫壇於龜浦蒼龍曉闢鉤陳迴雙闕之

前翠鳳晨張玉輦下三川之上山分虎據指口口口下闕

之野開玉帷而鈴士命金壇而拜將營分水匯煙銷彭

蠡之濱陳起山虹霧廓洞庭之野三監縱慝七閩口下闕

雲梯驅鴻裝而騄鳳駕未若浪井常沸雲漿鎮涌流珠

罕匹練玉難儔偶　酉璧而爲尊配東皇而保祚口下闕

奏飛龍遠叶高陽之代鬼神無以祕其輿造化所以同

其節鯤池象浦纔居侯甸之中細柳蟠桃未出王畿下闕

庭而夭所銅掌鑄於漢(乙)金莖營於魏代空竭神仙之

望無喈風化之美未有殊方送款爭馳就日之心□下闕
峪峣而上秀山光拂迴疑覆鼎之黃雲珠影浮空似臨
圭之白(乙)銅舟鐵軔淩幽駕險石砮玉環馳煙驛□下闕
鹿銀鑾乘趍於 帝圓龍編列壤遙通落鴈之峰豫部
疏疆遠控□蔦之水時驚虵豕之暴或縱豺狼之虐下闕
毗俗 皇威遠舉取八桂若摧枯 廟略冥通邳三珠
如拉朽煙塵息而九區靜文軌同而萬方泰至若□下闕
至鷺啼草秀鴈飛木落丹花翠柳送宇宙之春光玉露
金風漲山川之秋氣披繡闥而□爪步敞雕軒而□下闕
廉登而俗阜高爪降祚先開雨粟之禎厚𡍮鍾祥更錫

歸禾之瑞艾韡知懼草纓無犯鄭竹所以焚科燕□下闕
集黑玉來而殷業泰龍飛白水赤伏至於劉亭鳳集岐
山丹書下於姬戶今 皇圖纂於七寶爪冊□於□下闕
頭鷲鴿既巢於阿閣牛尾狠題方馴於禁籞山車澤馬
湊仙掖而駢闐丹甑黃□擁神州而駱驛祥萁候□下闕
曠時殊貺咸不召而自來絕代洪禎固無幽而不出於
是三靈聳聽萬方翹首羣公陳禪草之儀爪子□下闕
者霧集叩龍闈者雨驟 宸儀迴映俄流黃道之暉
仙渙遙垂忽降丹穹之液粵以爪冊萬歲二季元□下闕
三界有昭蘇之樂 皇恩與和氣同泛 帝澤共祥雲

俱灑車書岳朔極遠而窮幽文物聲明振爪而動𡍮下闕
之樓法駕出銅馳之道八神分衛飛蒙茸而走陸梁萬
騎齊驅擁浮雲而騰轉電虹霓作其旌旆霜雪爲其下闕
帷宮欲野笙鏞交太一之壇帳殿歆山鐘鼓沸爪中之
邑 壐皇乃端瑞挻降雕輿率百辟而虔肅羿□下闕
祥光下燭金花孕彩依輦道而分暉玉醴浮甘委行野
而蓄潤變溫景於黑陸降仙禽於丹嶠木呈連理□下闕
射牛之盛禮鏤 皇猷於翠礙騰 帝徽於紫岳煙雲
動色標絕跡於千季雷雨流 恩洽殊私於萬類□下闕
氐而頌德抽兔豪而瀝思所冀 皇猷永固將九𡍮而

齊貞 帝祚長隆與三爪而共遠其詞曰
洪鑪始闢大象壓甄四溟環𡍮八柱承爪江河濱薄(乙)
區迴旋三徵遞往五運更遷 文物既敘皇王有作下闕
弈三皇俱陳玉帛各起壇場鳥魚薦瑞茅黍徵祥寧臨
太室空陟神房 玉冊延祚 金輪馭極壇躍下闕
中千花聳塔七寶□宮傍周法界上達虛空長懸佛(乙)
永息魔風 峻極于爪鬱盤于𡍮漢蹕徒擁虞巡莫下闕
疊跡蒼龍希陪 □輦願侍雲封蒲輪欲駐芝詰俄從
七鳳灋祥乘龜圖者(乙)法駕將備 乘輿迺出却□下闕
璋旌旗焰焰宮徵鏘鏘□浮□(乙)𡍮燭神光 古樹三

花仙巖萬歲銀□是勅金□□□業□闕九皇功起□下闕
武后封祀碑故存自號大周當時名賢皆不著姓名
於碑陰尙虞後代之譏其不與也碑之空無字處覩
聖俞記樂理國而下四人同游鑱刻尤精謝絳游嵩山寄梅殿
丞書
封祀壇碑今在登封縣西萬羊岡下截剝蝕亾其月
日字金石文
封祀壇碑武三思奉勅撰薛曜書按此書結搆遒密
較石淙殊勝碑文凡三十六行下截三尺餘剝落已
盡文義難屬嵩陽石刻記

碑上截歷歷可摹石質堅瑩擊之作響不似他碑之
漫漶唐武后出新意爲十九字當時臣下章奏與天
下書契皆用之此碑可徵也碑內書人姓名今亦糢
糊邑故家有藏明時搨本爲薛曜書名以此爲据捫
石諦觀猶可辨識說嵩
金石錄有登封元年封祀壇碑云武三思撰薛曜正
書寶刻類編云萬歲登封元年十二月顧炎武云下
截剝蝕亡其年月今據寶刻類編知之碑中有𠺞字
𤯔字卽君字人字宣和書譜載武后增減前人筆畫
爲十九字有此文但微誤耳鄭樵通志六書略作十

八字乃遺此二字新唐書后妃傳又作十二字俱不
同𠺞亦見順陵殘碑𤯔亦見司稼寺卿杜夫𤯔墓志
中州金石記
碑下截風雨激射殘其年月不可見金石錄作登封
元年寶刻叢編作萬歲登封元年金石文字記作天
冊萬歲二年案舊唐書禮儀志天冊萬歲元年臘月
甲申親行登封之禮禮畢改元萬歲登封據是則立
石書石當非刻期可就顧亭林氏以爲天冊萬歲二
年者近之然旣改元萬歲登封則亦不宜稱天冊萬
歲二年矣碑薛曜正書名今無存曜附唐書元超傳

云聖歷中附會張易之官正諫大夫者是其人也授堂
金石跋
按此碑下截磨滅每行字數本無攷今準以銘詞
二章三章共應六十四字加註其二占一格共六
十五格而存者僅三十五字是缺三十字再以銘
詞首章連二章八字共存四十一格加缺三十字
是每行七十一字也所存字得十之六俱完善可
讀壇在嵩山新唐書禮樂志不詳其制舊書禮儀
志高宗旣封泰山之後又欲遍封五岳至永淳元
年於洛州嵩山之南置崇陽縣二年七月下詔將

以其年十一月封禪於嵩岳詳定儀注於是議立封祀壇如圓丘之制尋屬高宗不豫遂罷封禪之禮則天垂拱四年將有事于嵩山先遣使致祭以祈福助至天冊萬歲元年臘月甲申親行登封之禮改元萬歲登封三日丁亥禪于少室山又二日巳丑御朝覲壇朝羣臣咸如乾封之儀志雖不言則天時壇制如何大約即高宗時詳定之制而行之志於禮畢後但載有則天自製昇中述志碑樹于壇之丙地而不載此碑通鑑于天冊萬歲元年四月天樞成書武三思爲文太后自書其榜而于

此年封嵩嶽亦不書武三思撰文之事金石錄宣政雜錄並言昇中述志碑政和中河南尹上言請碎其碑詔從之而此碑幸存不在椎碎之列碑題春官尚書監修國史上柱國梁王臣三思奉勑撰舊唐書傳三思后族則天革命封梁王證聖元年轉春官尚書監修國史略涉文史以則天厭居深宮欲與張易之昌宗等扈從馳騁以弄其權乃請創造三陽宮于嵩高山興泰宮于萬壽山請則天每歲臨幸而不書其撰文紀封祀之事殆事由不經紀載從略宜也金石文字記稱此碑爲薛曜書

也本校 中校 近初本下殘缺 嵩 觴

今但存朝散大夫守五字兩唐書薛收傳收子元超元超子曜以文學知名聖歷中修三教珠英官至正諫大夫而不著聖歷以前官朝散大夫階從五品下碑有守字不知所守何官也碑無歲月實刻類編以爲萬歲登封元年十二月者記登封改元之年月也金石文字記作天冊萬歲二年者以碑中有天冊萬歲二年字也蓋登封行事尚是天冊萬歲禮畢改元則爲萬歲登封其實皆一時之事也文皆稱頌武氏之詞大抵諸臣媚子北門學士等代三思爲之詞雖偉麗無足深攷碑書虎字已不避葉字仍作𦯬避世字也

梁師亮墓誌銘

石高二尺九寸廣三尺四寸十九行行二十八字正書在西安府百塔寺

大周故邛州榮德縣丞梁君墓誌銘并序

君諱師亮字永徽安定烏氏人也若夫河汾濤涘大啓濫醆之源幽薛林垌勃興拳石之址則有武威太守齊冕赫弈於鄉亭并州刺史旌棨騈闐於門巷大父殊瞻任右監門錄事顯考金柱唐奉義郎並行高州褱道蒐王侯楊雄非璧之書我家時習方朔易農之仕吾人所尚君珠藪夜光玉田朝彩張仲孝友早爲立身之具夫

子温良持作揚名之本未嘗欺於闇室何謝古人壓不
忤於虛舟自符先逵棲遅禮讓擯落驕奢弋釣丘墳耕
耘道藝詞包吐鳳傲三變而英峙字抱迴鸞雄一臺而
介立聲馳𡆠下辯振雲間後進欽其領袖時輩宗其瑚
璉起家任唐朝左春坊別教醫生摳衣鶴禁函丈龍樓
究農皇之草經研葛洪之藥錄術兼元化可以濊疲痾
學該仲景因而昇上第屬龍庭𠥱滿鹿塞塵驚命將出
師千金之費逾廣飛蒭挽粟萬里之粮宜繼君戶庭不
出牽（章）甲匪疲遥同轉輸之勤遂獲茂功之賞永隆二𠡦
以運粮勳蒙𥠢上柱圀既而欽明曆代宮車晏出守文

承曆（歷）　園陵繕修紀市功成實憑子來之力穀林
務畢仍覃發哀之旨𠙺洪二𠡦以　乾陵當作功
別　勑放選釋褐調補隱陵署丞解巾從宦智效
聿宣結綬當官幹能斯著秩滿俄而上延　朝譴
𥠢邛州榮德縣丞貳職千石贊務一同蠻陬乂寧平人
是賴終使悠悠墨綬方宏上芟之風泛泛銅章行闡中
牟之化隨牒云滿解印言歸吹蠱餘烖纏廹少城之埊
遊魂永逝崩摧武山之石以萬歲通𠀑元𠡦七𠥱二𡆠
終於益州蜀縣春秋卌有七嗚呼哀哉即以萬歲通𠀑
二𠡦三𠥱六𡆠葬於雍州城南終南山至相寺梗梓谷

信行禪師塔院之東陪先塋也嗣子齊望嬰號越𠥱孺
慕彌𠡦悲懷袖之靡依慨舟壑之潛運黃壚九埊始殷
荒戀之情靡（元）夜三泉終藉鐫題之事乃爲銘曰
東京后族北埊邦君七侯馳譽三圭揚芬瑞掩金冊榮
繁寶鑄聚諸隆盛曾何足云祖考餘慶英髦間出嘯傲
發靡（元）乘凌喻𡆠温恭宅性廉白成質譚思漆書備精緣
襄鴻陸圉漸龍門早昇聲敷寢廟智效　園陵
𠀑朝我興縣道爲丞勳凝邊徼化協黎蒸還塗未極生
涯遽已暝目他鄉歸骸故里新封暫啓賓御慘而野雲
愁舊壠長扃松櫝昏而山霧起碑闕兮交暎陵谷兮潛

徙所悲螻蟻之埏銷淪𠀑埊之紀
師亮字永徽以本朝年號爲字猶漢袁紹之字本初
質帝年號本初 古人之無避忌如此 金石文字記
右珍州榮德縣丞梁師亮墓誌元和郡縣志珍州貞
觀十六年開山洞置并置夜郎麗皋樂源三縣別無
榮德之名惟溱州有榮懿縣溱與珍接壤而德懿字
形亦相似豈榮懿即榮德之誤而榮德又嘗改隸珍
州乎然無他文以証之矣唐書地理志謂元和二年
珍州廢縣皆屬溱州攷元和郡縣志珍溱各自爲州
尚未改併吉甫甍于元和九年十月故志所載有八

年九月事而珍州之廢志無其文則唐志以爲元和二年廢者又未可信也師亮以出貲助轉餉永隆二年授上柱國與澤王府主簿梁君同又云起家左春坊別教醫生攷百官志左春坊藥藏局有郎丞侍醫典藥藥童無云別教醫生者惟太醫署有醫博士及助教掌教授諸生然則師亮殆以醫助教入侍宮坊者歟又云調補隱陵署丞攷唐六典隱章懷懿德節愍惠莊惠文惠宣七太子陵署各令一人丞一人又唐書儒學傳亦云隱章懷懿德節愍四太子並建陵廟分八署置官列吏卒是知隱陵者隱太子建成之

陵太子陵不別立名以謚爲名也此胡三省通鑑注所闕 潛研堂金石文跋尾

按武后所改字授作稐契苾明碑作䆭今梁師亮墓志作穐凡兩見均有小異 雍州金石記

思亮字永徽安定烏氏人起家左春坊別教醫生以突厥入寇轉粟功授上柱國修乾陵補隱陵署丞諭授榮德縣丞卒生平無甚著聞可見者如斯而已書者筆蹟工整猶有歐虞遺法文中多用武后新字鄭樵六書略所載爲板本所亂以此與契苾明等碑攷之庶得其正云 關中金石記

志拓本完好偶于大梁書肆中得之亟攜以歸尋次漫無可推証獨志所云梁君起家任唐朝左春坊別教醫生案之唐書皆乖剌不合百官志東宮有左春坊其職任但于膳藥有所司而別教醫生之文則志未嘗及太醫署醫博士掌教授諸生針博士掌教針生以經脈孔穴如醫生其官又不在東宮今志牽附左春坊之下或左春坊于東宮內既典膳藥矣而其所隸諸醫生亦當因事教之是于史文特未具故以志所錄亦可附見也志又言永隆二年以運粮勳蒙授上柱國垂拱二年以乾陵當作功別勑放選釋褐

調補隱陵署丞又云上延朝譴授珍州榮德縣丞梁君歷官亦或遭時倖位不足殫述然于當日權宜之制多爲史所未備故并爲著之 授堂金石跋

按碑直以君諱師亮起不加鋪敘之文體之簡質者也敘先世祇及其大父顯考則其高曾之不甚顯可知其敘遠祖有云武威太守軒冕赫奕於鄉亭并州刺史幾槩騑闐於門巷武威謂漢梁統烏氏人更始拜爲酒泉太守并州謂漢末梁習曹操辟爲漳長累官并州刺史碑云大父殊隨任右監門錄事隋書百官志左右監門府掌宮殿門禁及

守衛事有錄事一人顯考金柱唐奉義郎唐書百官志有奉議郎階從六品上無奉義郎疑碑訛書也師亮以萬歲通天元年卒春秋四十有七推其生在永徽元年其永隆二年授上柱國年三十三是時突厥寇邊命將戰伐運粮著勳當由于此前此則云其家任左春坊別教醫生因昇上第而不著何年百官志東宮官武德三年改內允曰中舍人隷門下坊龍朔二年改門下坊曰左春坊咸亨元年復舊景雲二年改門下坊復曰左春坊則師亮之任左春坊在龍朔二年以後咸亨元年以前

其時年不滿二十安能充博士教習醫生玩碑有因昇上第之語似乎師亮自充醫生而受博士之教業成而昇上第也唐制官吏勳級凡十有二轉爲上柱國視正二品師亮以運粮授上柱國之勳似與納粟賜爵之例相仿而史志不詳又垂拱二年以乾陵當作功別勅放選高宗之葬在嗣聖元年八月至垂拱二年乾陵始畢功是師亮以山陵勞績注選且有上柱國之榮勳而釋褐祗補隱陵署丞此亦可見當時授官不係乎勳之高卑也師亮有子齊望不書官位是未仕也

馮善廓造浮圖銘

碑高二尺七寸廣二尺六分二十一行每行字數不等行書在許州府長葛縣

浮圖銘

趙顗撰

書銘人佛弟子姚璟

夫以陰魄陽魂如風似燭歎浮泡之易盡□□□之難□預啓津梁不憂生滅高託蓮花之上遙歸柰苑之中羨矣哉不可得而言也況□雞鳴遠系郎署遥基門德早通時英不絕曾祖諱忠祖諱推父瓊琳玉葉俱抽襆漢之陰騭子龍文並蹤追風之影父諱敬夫人沉氏或

碎珠驪頷貽試將來或斷織蛟梭遐吞故事既侵蒲柳早歸松栢孤子善廓等哀纏露蓼痛軫風林追念二親願從三寶所冀先靈納祐遊定水之津梁後嗣承恩入慈門之戸牖以大周萬歲通而二秊歲次景申肆㊊景濆朔拾肆㊐己卯遂造浮圖一所石像□區尔其廟若疊重雜煙雲之氣色紫金圓滿含㊐㊊之光輝對喬木之隱而即爲龍樹俯通波之枯塋聊當猴池雖則事畢功□然恐山移海變須垂不朽敢作銘云

前代後代非一代兮前身後身非一身兮精進禮拜得超界兮歸依念因能出塵兮迴向功德生淨域心

緒淸勤離苦津長遊滿㊄之塗永抱飛而之人
佛弟子馮善廓妻王弟善宏妻樂弟善慶妻張姊二
娘　姊四娘　孫男嘉會知口知恩孫女金妃要妃
要好要月伍娘阿六八兒九娘十娘　先亡姊大娘
三娘五娘及見存兒女等
釋元楷等一心供養
其文甚工字亦有姿致惟寫美爲羙𦆭爲䌹丙寅爲
景演不朽爲不杇皆異文此碑新出故金石家多未
著錄也碑中有龕刻石像字在四圍中州金石錄
右馮善廓浮圖銘月日用大壹貳字宅碑所罕有碑

書夫人沉氏卽沈字今俗浮沉字多作沈欲與沈姓
之沈示區別葢失之矣文云陰魄陽魂如風似燭按
古詩百年未幾時儵若風吹燭陸倕思田賦感風燭
與石火嗟民生其若寄庾信傷心賦一朝風燭萬古
埃塵唐汝南周君墓志亦云風前失燭知此語相傳
久矣潛研堂金石文跋尾
按碑云大周萬歲通天二年歲次景申肆月景演
朔拾肆日己卯萬歲通天二年是丁酉歲非丙申
是年九月改元神功故四月尙是萬歲通天二年
据通鑑目錄丙申歲三月壬寅朔五月辛丑朔則

四月是壬申朔惟丁酉歲三月丁酉朔五月丙申
朔則四月正是丙寅朔碑作景申歲者誤也
杳冥君銘
此碑從裴本錄出高廣行字無攷正書
鳳閣舍人河東薛稷爲文并書丹
悠悠洛邑眇眇伊㕓屢移寒暑頻經歲年丹壑幾變陵
谷俄遷不覩碑碣空悼蘿煙其一時代攸徙寧窮姓氏匪
辨口口誰分朱紫翠墳全疎虆扃亦毁久歇火風爰歸
壑水其二靈跡難訪莫知其狀彷彿穸臺依俙泉帳草積
丘壠松高巖嶂乃眷幽途彌增悲愴其三于彼兆域是生

荆棘松劒猶存榆錢可識覽物流口口口太息欲致禮
於營魂聊寄言於翰墨
大唐神功元年丁酉歲十月一日
右唐杳冥君銘鳳閣舍人薛稷譔并正書此銘集古
錄不載歐陽公葢未之見趙氏金石錄雖列其目而
云無書譔人姓名則亦不知其爲稷也　銘文但云
悠悠洛邑眇眇伊㕓又云靈跡難訪莫知其狀則稷
未嘗眞知墓地葢汎然而銘之耳後讀陳子昂集見
其冥寞君墳記云皇帝因登緱山望少室尋古靈迹
得王子晉之遺墟在永水之脣曲欲開石室營壽宮

庀徒方興得古藏焉內有甎瓦長二丈二尺闊八尺中有古劍一銅椀一瓦器二又有古五銖錢朱漆片及棖撥之應手灰滅即具物備容還定舊壙哀其銘志磨滅姓名不顯乃錫之名曰㝠寞君云覩子昂文則壙嘗發於武氏擠而錫之以名亦武氏也夫以殘酷不仁之人而能爲此此固死者之幸但稷曰杳㝠此曰㝠寞蓋杳㝠㝠寞無二義也金薤琳琅

按杳㝠君銘董文敏戲鴻堂帖載之銘詞末題大周神功元年丁酉歲拾匣壹㉃鳳閣舍人河東薛稷爲文并書丹金石錄云無書撰人姓名似未覩此記也

中州金石攷

按金薤琳瑯引陳子昂㝠寞君壙記云云据下卷昇仙太子碑所云方依福地肇啓仙居開廟後之新基獲藏中之古劍正指此事與陳記合蓋因建昇仙廟開基掘得古藏不知誰氏目爲杳㝠君而作是銘也武后以萬歲通天二年九月壬寅改元神功是月甲午朔壬寅是初九日此碑立于改元後二十三日也碑前題鳳閣舍人河東薛稷爲文并書丹新唐書傳稷字嗣通道衡曾孫擢進士第累遷禮部郎中中書舍人睿宗踐阼遷太常少卿封晉國公累遷黃門侍郎參知機務罷爲左散騎常侍歷太子少保禮部尚書舊唐書略同皆無鳳閣舍人之文据唐六典光宅二年改中書爲鳳閣新唐書百官志作元年按光宅無二年是年正月丁未改元垂拱六典誤也神龍元年復舊其屬有舍人六人傳載稷之官中書舍人在睿宗踐阼以前正是武后時此碑書於神功元年在垂拱之後神龍之前正當作鳳閣舍人碑爲可徵傳云中書舍人誤仍舊名也稷善書畫歷代名畫記稱其善人物雜畫畫鶴知名朱景元唐朝名畫錄載祕書省有畫鶴時號一絕曾旅游新安郡

遇李白因相留請書西安寺額兼畫西方佛一壁杜少陵有詩云又揮西方變發地扶屋椽其書在當時與歐虞褚薛稱四家兩唐書傳皆稱稷外祖魏徵家富圖籍多虞褚舊跡稷鋭精摹倣筆態遒麗張懷瓘書斷稱稷書學褚公綺麗媚好可謂河南之高足少陵詩又云少保有傑作得之郊陝篇其爲時所珍如此而今碑本流傳者僅見于此而已

王仁求碑

碑連額高八尺四寸廣四尺五寸七分三十四行行五十一字額題大周故河東州刺史之碑十字篆正

唐朝故使持節河東州輔軍事河東州刺史上護軍王 書在雲南安寧州

府君碑銘并序

成都閭丘均文　長子雲麾將軍行左鷹揚衛翊府中郎將使持節河東州諸軍事兼河東州刺史上輕車都尉新昌縣開國子公士王善寶自書

夫神有所服謂之威名有所宗謂之德威非大者則不能以率服德非厚者則不能以獨宗是故靈鳳□絕於雲氣□從衆鳥猛虎眈踞於山林震□百獸豈其締飾毛羽以求嘉□之殊磨利爪牙以取雄羣之勢蓋云材

力所素出□象所自全固其然也抑聞𤇺氵明珠多從於西域異物奇玩必致於南州期於服用□□充光內府十金是資萬乘爲器者何必顧□隍而□□黜幽荒而靡錄哉君諱　　仁求安寧郡人也其胄出於太原因遷播而在焉十有餘世氏族之系肇命王子□□之美稱高汾晉□品節義氣相續於家風□代□□□□歷書於史筆故知今古□□其□昔有夏之衰弃稷不務至乎不窋用失其官自竄於戎狄之間莫思於先君之業守以敦篤奉以忠信□世□□不忝前人擬之其倫庶以匹合□□有賜所居必□而太伯逃吳文身之風

旣習少卿降虜氈裘之化無違夫豈□□□□□□□□事有與適安土恒□其宜時□可從□禮必同其欲祖□□漏隨荊駕幹具莫爽風□軒邁鷹揚推於顯化驥足整於長途□□□□隨大都督身日律度材□梓漆劉龐望賢於十部陶侃榮重於八州君遇行運之秀德膺鬼神之靈會道與其□而□乃聰□(與)在懷□寶□目謂海蓋廣土量□灊而□□謂山蓋高□容隆□而難仰智則有達明則能通推可而斯行擇善而□動不事於所欲不爲於所求□□所以久恃貞果所以立□□□□多其信行州里高其義聲大略覩書知風聽樂

擊劍盡騰援之術□□□□歛羽之妙可以往□尔事庄飾有邦故王制輔成以□貢賦至于五千里州十二師外薄四海咸建五長君有運理羣物之才□□□保邊裔之略無待累次直綜□□出□使持節河東州諸軍事河東州刺史加上護軍由乎大翼負風凌而地以絶奮巨鱗激水期□□而一□若乃訓以生聚之方開其資財之道顓川澤之利□山林之饒內足以養老盡孝外足以事上供稅力役齊平致化清靜通其變使人不倦愛其費使人以時賞及馬牛恩肥土□庶心咸服冀俗□歸□未能大革情性均之雅俗□□一變風聲□□

賢吏矣屢□將求寵於大國以和其民人招慰奏置姚
府巳酉廿餘州俾睦□德□前漢六代外事四夷開夜
郎之道綏哀牢之□□□□□聲化率流旣處於僻界
荒垂不能爲中國輕重時復廢弃但云羈縻君以埊形
平衍生殖豐阜□延企而□思宜郡縣以□事□平唐
運實□其勤孰與使者唐□疆略南埊轉粟深於驚恐
發卒至於殘傷可同(乙)論哉然貪戾君長負遠放命戎
我城邑延□平人□□州刺史蒙□實洽其亂咸亨之
歲犬羊大擾梟將失律元兇莫懲君武□□□□義以憤
惋□犀□以奮擊驅虎□而先□□□猖狂之種殲厥

遺□之師遐垠是賴到于今而克寧勳在王室藏於盟
府則侯子綺吾破虜截級中國蒙其惠帝王□其身□
□□山巖□所謂□密無形爲計□圭堅強不變爲國
□□者巳嗚呼□日故矣誰留於變化梁其壞乎巳非
於疇昔璧賢皆死爪道謂□□咸亨五季八㊄十五(乙)
寢疾而終春秋卌四長子雲麾將軍行左鷹揚衛翊府
中郎將使持節河東州諸軍事河東州刺史上輕車部
尉新昌縣開國子公士善寶炳靈滇水□神禹山端儼
有望脩貴不雜音儀朗乎秋㊄詞令潤乎春雲如蘭之
積猶金之利能□能惠不忌不克誠立無易於暗昏言

出必應於遠邇故能保世滋大昭前之光鳴將驚人飛
而食□張博望收虜於屬國魏獻子受□□和戎功熙
亮采職庀中外雖則符守方鎮恒以宿衛京都至於朝
庭班爵之儀彝倫上下之序樂懸禮物之數軍麾國容
之容莫不□懷胃襟流入骨髓乃感念追遠永言孝思
汚隆適從無所失道□□兼有執而能脩張於神明之
器附於糸衮之物崇其封塋設□□□鬱鬱潤澤白虎
之候可占洪洪博平雄龍之象終吉故其土性惇質有
如上代安錯儀軌弗踐終經聞斯行諸宜我告始則知
□□合葬自周公而乃來古不高墳傳孔丘而其立圖

牽而作者聊使於事業迹而用者遂成於典謨夫身巳
沒而名不盡世彌久而功愈劭凡百□掂託乎雋紀一
□至行二美具存愛之斯錄之矣敬之斯盡其道焉銘
曰
先王疆理其義賓睦小國附庸罔弗祗服璽人在位羣
生蒙福寔育□賢爲之司牧翼翼夫子守終純□振鱗
洪波驤首爪路□□郡道名攜欵慕平此兕騎掃茲氛
露高烈時暢懋賞惟嘉敦愛種落輔助邦家嘗聞仁善
享壽宜遐□□不續黃鳥嗟嗟先以遠(乙)安其宅兆墓
門將閈陰堂不曉□□隴煙哀悽山草行人墮淚壟晃

銘表

𨲢曆元𠡦五𠥱拾柒𡆠葬其𠡦拾𠥱拾𡆠立

右河東州刺史王仁求碑同年王遜庵侍郎任雲南方伯時所贈向來收藏金石家皆未著錄其額云大周故河東州刺史之碑而題稱唐朝故使持節河東州諸軍事河東州刺史上護軍王府君碑銘者仁求卒于高宗朝其子善寶襲職至武后聖曆元年始爲樹碑相距已二十五年仁求固唐臣非周臣也攷河東州本唐羈縻州隸黎州都督府史但言開元前置據此碑知高宗朝已有是州矣仁求卒於咸亨五年八月十五日是月改元上元未改號以前仍稱咸亨碑刻紀年之例如此明史稱昆陽州唐置河東等州没於南詔元置昆陽州其所領三泊縣北有河東故城今三泊縣亦省入州矣善寶出於蠻夷而書法淳古可愛當是華人游其幕者代爲之耳潛研堂金石文跋尾

按善寶見舊唐書張柬之傳垂拱四年蠻郎將王善寶昆州刺史爨乾福又請置州奏言所有課稅自出姚府管內益于其父仁求舊官所區置若此仁求以碑稱安寧郡人其先出於太原因遷居而在焉蒞官之地云招慰奏置姚府已西廿餘州又開夜郎之道綏哀牢之□問罪荒垂□能爲中國輕重時復廢棄但□羈縻舊唐書地理志姚州武德四年置在姚府舊城北百餘步安撫大使李英以此州內人多姓姚故置姚州管二十二州元和郡縣志姚州本漢雲南縣之地武德四年安撫大使李英以此中人多姓姚故置姚州爲瀘南之巨屏碑云招慰奏置郎指安撫李英也姚府已西廿餘州志稱二十二州數亦相符惟碑額河東州之名志言黎州統制五十四州有河東州皆徼外生獠無州羈縻碑謂問罪荒垂及云時復廢棄但□羈縻則是仁求于河東州克復其地亦

已屬之羈縻故爲此州刺史矣若志所指皆徼外生獠者疑不盡然碑稱貪戾君□負遠方命□我城邑州刺史蒙儉實始其□咸亨之際犬羊大擾梟將失律羣兇莫懲君以智擊殲厥適誅之師吐蕃傳咸亨元年四月詔以右威衞大將軍薛仁貴爲邏婆道行軍大總管左衞員外大將軍阿史那道眞右衞將軍郭待封爲副率衆十餘萬以討之軍至大非川爲吐蕃大將論欽陵所敗仁貴等並坐除名碑言梟將失律謂此也吐蕃與南詔蠻壤接仁求或以舊官于姚府而按師防邊得制其逃逸固宜有此然不得詳其

于史有漏也碑額稱大周河東州刺史碑身又題唐朝故使持節河東州諸軍事河東州刺史上護軍恭仁求之歿在咸亨五年八月故稱唐官以終及立碑已當武后改號故復題爲大周今以碑所書則天僞制字最多知其立石於武后時也拓本爲青浦王少司寇所贈遠地邊徼石刻罕能搜剔予故珍惜書之

授堂金石跋

按此碑從未經人椎拓諸家金石書皆未著錄昶官滇藩時閱省志見唐刺史王公仁求墓在廢三泊縣南二十里三泊縣元置明存今廢併入昆陽縣屬安寧州北距省城二百餘里州城南葱蒙卧山卽墓所在上有碑銘墓廢久碑尙存志載仁求事蹟僅稱其漢夷悅服而已因屬太和知縣杜君鈞使善拓者拓之於是始得其大略碑云咸亨之歲大羊大擾梟將失律元兒莫徼舊書高宗紀咸亨三年正月辛丑發梁益等一十八州兵募五千三百人遣右衞副率梁積壽往姚州擊叛蠻新書則云姚州蠻寇邊太子右衞副率梁積壽爲姚州道行軍總管以伐之其戡定之日本紀及南詔傳皆失載証以碑當是薛仁貴敗績仁求佐梁積壽削平之河東州唐書地理志隸黎州都督府惟安寧稱郡史志失之僅有安寧縣屬昆州隸戎州都督府未知卽仁求里貫否也唐制左右衞上將軍缺以中郎將代光宅元年改左右侍衞曰左右鷹揚善寶嗣官正直武后時故碑亦用其所改字而結銜書內官者以嘗宿衞京師故也昶因碑以得其墓令知州董君傑修之且求其後人還諸墓田之被侵者于是其裔孫沛元等請立石以記夫滇南自漢建元間開西南夷通牂牁江後如爨習李恢之徒屢見於史若仁求奏置姚府已酉廿餘州郡縣故南詔之見於傳者實自高宗年始其功甚偉且碑係善寶自書字畫古勁益洊被華風有足嘉者旣爲文以表其墓因拓其舊碑多翻徧遺諸同好共鑒藏之

潘尊師碣

碑本高廣尺寸行字皆不計
隸書在登封嵩山老君洞

唐默僊中嶽體元先生太中大夫潘尊師碣文并序

雍州司功王適撰序

弟子中巖道士獄帋禎彖書

古僊列仙自黃帝尙矣或解形黙遁或練氣昭升然業
與代殊古將今遠聞之者不見見之者不留世嚮以局
守㨿疑神人以密化爲貴故其道彌大其議彌乖非理
契冥通精存靡覽者不可得而論已尊師趙國贊皇靑
山里人也族潘氏名師盂字子眞唐嵩山上淸之鍫眞
者也尊師體元和之精含太素之氣誕彌之夕景光充
廬客曰此天階之祥非世貴者旣而生有僊骨幼無童
心足蹈龜文手垂過膝風儀蚩秀操履幽貞季十二通
春秋及禮見黃老之旨薄儒墨之言白雲在天心已遐
斧十三喪母氏攀墳栢以泣血伏塚廬而摧心緬惟大

孝嚴天非負土之義愼終崇德實致福之基大業去季
同手謝俗居金丹之術祈玉淸之臺却粒而練飢餐菁
以虛藏身外無影骨間有聲時升靡眞人王君居在茅
山山有華陽洞天羣僊之府乃負笈潛往結草幽居受
祕籙於金壇奉靡文於石室王君以尊師名著紫簡業
盛黃丘指以所居告歸中峀於是竭來上圀賁趾中經
潄陰巖之雙泉庇陽崖於二室寢冥孤窗垂將十季以
其樵歌尙通隱跡或至歷羣巖以選勝窮絕界而擇幽
得逍遥谷者有古僊之跡雄峯晃眼抗升天之階北谷
空冢洞入冥之路於是口林石結茅構燒楓栢而戒埽

練松茱以存精志逸翔雲神合浩氣吞沆瀣以龜息吸
喬皇以龍盤靑古不留丹田已見冥寂五紀邈與代殊
想望三淸悠然景會上元三季　天皇大帝幸洛
都聯嵩阜謁三元之洞徹六甲之圖尊師以道有所申
貴有所屈竟不屑命對以無爲後季巡爵許京屬想太
室願言霄極佇降雲輅師仍爰几謝以幽疾至調露元
祀(予)惟孟冬　天子廼卭運堯心鳳整軒御萬騎
雲躍六龍天飛淸碧瑤之壇訪皇人之道會師於嵩陽
觀焉時　天冊金輪聖神皇帝潛光寶緯佐理瑤
房深祈絳闕之遊遥契紫元之妙覽裝羽從齋心致謁

旣而　皇鑒靡歎靑谿尙深乃秘瀍鷩碍靡時風
伯埽蹙雨師空巖(乙)(予)按晷以流光○辰環拱而列曜
搖紫蘭以承玉輦闢丹桂而交翠旗天步穆淸雲居攸
止鴻崖飛以抗室夾松森而環階藥銚絕煙無若火化
林扉擁霧有同巢居　天皇乃幸結茅御蟠木訪
天人之際究性命之元欣然順風歎以頹景睿情遐佇
欲罷不能爰　制有司就師立觀卽於逍遥爰谷建壁
唐焉神皇雅尙僊圖永懷祕訣每洒心杳道探賾求眞
希步景於靑元想餐霞於紫府嘗致書曰九宮神祕顧
已通其大綱太一紫房猶未解其深旨尊師徵言虛答

祕世莫聞明秊仲春 上又以乘輿步輦致師於洛城
亟宮經畢圭之禁林造上陽之僊閣龍香竟路羽蓋駢
陰 天子側席齋宮虛襟宣室是(乙)八風澂景五
雲卿靄萬姓躊躇以聳矚百神翕習而發幽眞與壂冥
顯與蹲接逖聽千古斯其一交者兮得而瑞節言旋攀
石梁之幽阻神番勳恩賦瑤池之浩歌遷延永懷悉而
不及乃降 制命以嵩陽觀爲奉天宮苑棱壂唐巫鄰
爰谷左闕僊遊之路右启尋眞之門丹陛亘於雲扃紫
微通於煙幌 大帝於是排閶闔跑鉤瞰超嶁嶁御嶙
峋併中侍肅外恧若忘天下窅然踰旬後秊復降師於

金闕亭問三洞之階稽七眞之祕 神皇親饌金鼎而
獻玉廚五芝雲敷八桂霜靡允執天師之禮以旌問道
之勤又以功德事咨祈景福乃於太子甲弟建靈道之
壇老君壽宮立靈元之觀二名稟於師口雙牓題於
帝筆有 制屈德遙統其綱將以光振王司慶涖瓊府
上乃降雲窂叅觀風命百寮瞰九部衣冠趨而銅路
咽鐘鼓舉而天崖沸龍旗鶴蓋紛以揮霍僊童靈妃忽
其倏閃須臾聲散景滅若屆殊庭㊄曙煙飛巳尋幽谷
斯亦上九不疑之遂反一無跡之行焉其後 乘輿屢
陟山宮必瞰褒壂之問尊師涘視絕景不降河宗之居

雖甫對雲霓類蓬壺之悅忽而靈通瘳麻若肯庭之勝
鑾永淳元秊缶㊄乙未崇翰風霽乙夜雲滅忽而有聞
若萬籟聚徐而聽之則五音龢非太常之樂聲卽靈都
之僊韻中使具以狀聞 帝曰潘尊師其升乎卽(乙)駕
幸奉天上謁虛室帝子扈蹕王姬陪輦暨于寒峯眡景
盱谷生陰黃竹申悲丘陵有贈尋而 高宗猒世乘佷
白雲我師寧極獨守靈牝後秊季夏一(乙)謂弟子曰吾
獲保茲嶺于今五十餘秊靈異在谷儔鶴滿壂俾吾不
棱萬乘之尊亦庶幾乎輕舉兮今名登靈錄身歷太陰
升靈之言信吾命也是朔之夕辰爲麗天鹿鳴羣山雉

雊泉谷翌(乙)師曰吾其蛻兮乃闔門入靜端坐焚香㊄
至于望(乙)臨于甲命香水投青符浴蘭房服紫褐曰反
吾靜兮亭午將化留此十旬歸吾石室乃遺形爰景濟
神幽縈于時紫氣氤氳以昜燭紅雲蕭索而上延郁行
芳藻流晷煙霧之表若有人焉 壂神皇帝聞而興感
乃降寶命式謚松扃曰去秊叅晚軒皇之駕不追今歲
秋𡈽廣成之尻又宗以此哀悼情何可任贈太中大夫
追謚曰體靈先生昭園禮也尊師亦尚覬畚勤怯幽深
理心事天所寶唯嗇絕壂棄譎不曜其光故眞感冥期
珍圖祕學性與天道不可得而聞也若乃崇欑曠迹遐

情遠意志摩青雲蓬覜紫闥每歎曰大丈夫業於道不
能投身霄嶺滅景雲林而疒瘑此山以煩世主吾之過
乎遂欲東求蓬萊孤舟入海屬　天皇敦篤斯道祈歎
逾渙遲躕山隅絕策未往既而金格有命鑣轡遺區於
戲昔姑射有神人堯輕天下空峒有至道軒屈順風靈
眞高蹤萬古同德何其盛哉尊師有弟子十人竝僊階
之秀然鸞姿鳳骨眇悉雲松者唯潁川韓法昭皆禀訓
瑤庭密受瓊室專太淸之業還下傳之𢘝谷汲芝耕服
勤於我益歷歲紀也昭等永惟尊師靈迹洞業高遂邁
古而棄世往兮其若之何乃琢石幽山申頌靈德其頌

曰
黃帝得道白㊀登天奐松度世紫岳乘煙業祕千古精
淪九僊眞蹤誰嗣猗吾體靈其一體靈維何僊骨天植冲
而神秀幼有至德雲性鳴鸞冥心龜息靈風獨邁白賁
無飾其二金陵福地茅山洞天高眞靈景終古貞全寥寥
太素眇眇升靈惟我師友負笈往焉其三始受玉書郎入
瓊室機先體二道惟得一學備青台化窮丹術餐霞永
谷抱景期畢其四靈眞有命黃丘是理煙霞來歸雲林萃
止葆光藏密冥機畏美嶕嵲與尻象网而已其五有唐天
子樂我雲僊芝駕羽蓋蜺旌鳳旓齋心來謁契道忘筌

瑤池一去鼎化千秊其六煌煌女希繼天而立黑龍既濟
丹鳳攸集宗我仁師緬懷眞級紫房問道青元廼習其七
靈功聿就洞業克成青童肅謁絳虵來迎揮神𪐴解口
升霄行去去金闕悠悠玉淸其八巖幽碧洞峯秀金臺少
君斯舉青子時來貞松雲鬱虛室霞開永言千載歸鶴
徘徊

大周璧靈二秊太歲己亥二匝八㊀建立

今在嵩山老君洞南題云弟子中巖道士獄馬繭絫
書按唐隱逸傳司馬承禎字子微事潘師正書傳辟
穀導引術無不通師正異之曰我得陶隱居正一法

逮而四世矣則此碑稱弟子者司馬承禎也廣韻獄
亦司字老君洞卽唐之逍遙谷潘師正傳云居逍遙
谷高宗詔卽其廬作崇唐觀及營奉天宮又勅直逍
遙谷作門曰仙游北曰尋眞金石文字記
碑立承天宮前原隸書書人泐其名按師正弟子司
馬承禎碣爲承禎書無疑用筆稍肥然姿致道媚文
亦淸麗可誦嵩說嵩
題云弟子中巖道士獄馬繭絫書寶刻類編有此碑
云司馬子鈌益不識微字也顧炎武又疑子微爲承
禎字劉昫唐書隱逸傳略云潘師正大業中度爲道

士師事王遠知居於嵩山之逍遙谷高宗與天后甚
尊敬之尋勅所司於師正所居造崇唐觀嶺山別起
精思觀以處之以永淳元年卒贈太中大夫賜謚曰
體元先生多與碑合隱逸傳又云道士司馬承禎字
子微頗善篆隸書元宗令以三體寫老子經續仙傳
云承禎攻篆迴爲一體號金剪刀書按獄字見說文
云司空也復說獄司空此以爲司假音字耳其以𤔔
系爲子微字謬甚𤔔乃𢀈字之誤說文𢀈籀文子囟
有髮臂脛在几上也今寫从賁便失其義系出郭忠
恕汗簡云𥾕微字出碧落文今寫作系亦譌唐時所

謂工篆籀文類如此 中州金石記

按碑題弟子中巖道士司馬子微書新唐書隱逸
傳司馬承禎字子微洛州温人事潘師正傳辟穀
道引術無不通師正異之曰我得陶隱居正一法
遠而四世矣因辭去徧遊名山廬天台不出武后
嘗召之未幾去舊書傳云承禎周晉州刺史琅邪
公裔元孫少好學薄于爲吏遂爲道士事潘師正
傳其符籙及辟穀導引服餌之術師正特賞異之
承禎止于天台山則天聞其名召至都降手勅以
讚美之及將還勅麟臺監李嶠餞之于洛橋之東

此碑立于聖歷二年殆即武后自天台召入都時
所書也又檢齊召南重訂天台山方外志要載唐
崔尚桐柏觀碑稱司馬承禎一名子微號天台白
雲子河內温人晉宣帝弟太常道之後裔祖晟仕
隋爲親侍大都督父仁最唐興爲朝散大夫襄州
長史名賢之家奕代淸德慶靈之地生此仙才鍊
師藴廣成之德睿宗纘黃軒之明齋虛而求將利
國政侃侃然不可得而動也此文于武后召見事
略而不書而于承禎之先世較詳于史且不云承
禎字子微而曰一名子微與碑合又攷雲笈七籤

載中嶽體元潘先生名師正趙州贊皇人喪母廬
墓以至孝聞真氣內融輝光外發隋大業中入道
王仙伯盡以隱訣及符籙相授栖于太室逍遙
谷積二十年但餌松葉飲水而已高宗皇帝每降
鑾輦親詣精廬先生身不下堂接手而已及問所
須荅言松樹清泉山中不乏帝與武后共尊敬之
爾達信宿而返尋勅于所居造崇唐觀碑作隆唐觀此似避
元宗諱改嶺上別起精思院以處之勅置奉天宮令於
逍遙谷口特開一門號曰仙遊門復於苑北面置
尋眞門太常奏仙樂以祈仙望仙翹仙爲曲皆譔

（趙本 鈔本 校）

先生名焉前後賜詩五百首永淳元年告化時年八十九贈太中大夫謚曰體元先生弟子十八人有韋法昭司馬子微郭崇眞此語可廣碑所未備又有王屋山貞一司馬先生卽司馬子微所載事蹟與桐柏觀碑請同惟云傳授正法至汝六葉與舊史及桐柏碑作四世者異

（據趙本 鈔本 校）

賜進士出身 誥授光祿大夫刑部右侍郎加七級王昶譔

唐二十三

昇仙太子碑

碑連額高一丈七尺四寸廣六尺五寸三十三行每行六十六字行書飛白額題昇仙太子之碑六字在偃師縣緱山仙君廟

昇仙太子碑并序

大周天冊金輪聖神皇帝御製 御書

朕聞天地權輿混闢黃於元氣陰陽草昧徵造化於洪鑪萬品於是資生三才以之肇建然則春榮秋落四時變寒暑之機玉兔金烏兩曜遞行藏之運是以乾坤至大不能無傾缺之形𡆠匡至明不能免盈虧之數豈若混成爲質先二儀以開元道標名母萬物而爲稱惟怳惟惚窈冥超言象之端無去無來寥廓出寰區之外驂鸞馭鳳昇八景而戲仙庭駕匡乘雲驅百靈而朝上帝靈都迥闢玉京爲不死之鄉紫府傍開金闕乃長生之塋吸朝霞而飲甘露控白鹿而化青龍魚腹神符已劾徵於涓子管中靈藥方演術於封君從壺公而見玉堂召盧敖而赴鸞闕炎皇少女剩往仙家負局先生來遊吳市或排煙而長往或御風而不旋既化鈸以成

偃師記空格亦作登
偃師記魚山作漁山
偃師記遂亦作還
偃師記亦作先承
偃師記亦作卅譽
偃師記欲亦作無
偃師記思子作石子　鈔本作玉子
歌亦作顯
偃師記神仙亦作神升

蜂亦變枯而生葉費長房之縮埊目覽遐荒趙簡子之
賓天親聆廣樂懷中設饌標許彥之奇方座上釣魚呈
左慈之妙技遙昇閬道遠睇平衢鼓琴瑟而駕輜軿出
西開而遊北海□崐崘而一息　期汗漫於九垓湘東遺
鳥跡之書濟北致魚山之會拂虹旌於㊠路飛羽蓋於
煙郊既入無窮之門遂遊無極之野青虬吐甲爰披五
岳之文丹鳳銜符式受三皇之訣瀨鄉九井漾　德水而
澄漪淮南八仙著真圖而闡秘自非天姿拔俗靈骨超
凡豈能訪金籙於靈門錫玉皇於碧落者矣昇仙太子
者字子喬周靈王之太子也原夫補而盖埊之祟基三

分有二之洪業　神宗啓胄先□履帝之祥　聖考興
源幼表靈頤之相白魚標於瑞典赤雀降於禎符屈
譽於三窮錫陟曠以四馬轂洛之闕嚴父申欲蓬之規
而匡救之誠仙儲切犯顏之諫播思子之懿範歌圖史
之芳聲而靈應難窺冥徵罕測紫雲爲蓋見嘉貺於張
陵白蜺成質遺神仙於崔子鳳笙流響恒居伊洛之間
鶴駕騰鑣俄陟神仙之路嵩高嶺上雖藉浮丘之迎緱
氏峯前終待　桓良之告傍稽素篆仰叩靈經時將玉帝
之遊乍洽琳宮之宴仙冠岌岌表嘉稱於芙蓉右弼巍
巍劾靈官於桐柏九丹可挹仍標延壽之祓千載方傳

鈔本作慶山
偃師記昇中作昇平
偃師記相亦作想

尚紀仙埊之祀辭青宮而歸九府弃蒼震而慕重靈無
勞羽翼之功坐致雲霄之賞雖黃庭衆聖未接於末塵
紫洞羣靈豈睽於後乘斯乃騰芳万古擅美千齡豈与
夫松子陶公同年而語者也我國家先天纂業闢埊裁
基𠀋八柱於乾綱紐四維於坤載山鳴鸑鷟爰彰受命
之祥洛出圖書式兆興王之運廓提封於百億聲教洽
於無垠破𠀋朔於三千文軌同於有截茫茫宇宙掩沙
界以疏壃眇眇寰區籠纖圍而劃境坐明堂以崇　嚴
祀大禮攸陳謁　清廟而展因心洪規更闡　山西峙
上聳於圓清　井東流下凝於方濁騈柯連理恒騁異

於形墀九穗兩岐每呈祥於翠畝神芝吐秀宛成輪蓋
之形靈草抽英還司朔望之候山車　馬充仞於郊畿
瑞表祥圖洋溢於中外　乾坤交泰陰陽和而風雨調
遠肅迩安兵戈戢而爟烽靜西鶼東鰈巳告太平之符
郜黍江茅屢薦昇中之應而王公卿士百辟羣僚咸詣
闕以披誠請登封而告禪敬陳　嚴配之典用展禋宗
之儀泥金而叶於告成座玉而騰於茂實千齡盛禮一
旦咸申爾乃鳳輦排虛既造雲霞之路龍旗拂迥方馳
㊠匣之扃後殿崇山先鋒蘀野千乘万騎鉤陳指靈岳
之前谷邃川停羽駕陟仙壇之所　既而馳情煙路係想

偃師記途作遥
嘗
偃師頼承作欽承
偃師記天室作太室 文中○者皆星字
偃師記浩作港

靈門逵臨松寝之前近瞰桂巖之下重巒絶磴空留落
景之暉復廟連甍徒見浮雲之影山屏半毁纔覩昔年
之規礀牖全傾更創今辰之製乃爲子晉重立廟焉仍
改號爲昇仙太子之廟方依福地肇啓仙居開廟後之
新基獲藏中之古劒昆吾挺質巨闕標名白虹將紫電
爭鋒飛景共流○[星]競彩去夜驚而除衆毒輕百戸而却
三軍空勞望氣之星自遇象天之寶巖巖石室紀黄老
五千之文赫赫靈壇披碧洞三元之籙爰於去歲嘗遣
内史往祠雖至祇有路隔之言而冥契著潛通之兆遂
於此㊂頻感殊禎迢遰雲間聞鳳笙之度響徘徊空裏

金石萃編卷六十三 唐二十三 四

瞻鶴駕之來儀瑞氣氤氲異香芬馥頼承景貺目擊休
徵爾其近對緱岑遥隣嵩嶺變維城之往廟建儲后之
今祠窮工匠之奇精傍臨絶壑建山川之體勢上冠雲
電其巠則測景名都交風勝壤仰觀元緯○[星]文當天室
之邦俯矚黄輿巠理處均霜之境膏腴宇宙通百越之
樓船穴險山原控八方之車騎危峯切漢[德]水横川實
天下之樞機極域中之壯觀於是捫危鑿阯越壑裁基
命般爾而開筵召公輸而緻思[梅]梁瞰迥近架煙霞桂
棟臨虚上連㊂匝窗明雲母將曙景而同暉戸挂琉璃
其晴天而合色曲閣乘九霄之表重檐架八景之中浩

偃師記作虔敷 短製
偃師記作仰貫 三精

休水於天池發祥花於奇樹珠闕據緱峯之外瑶壇接
嵩嶠之隈素女乘雲窺步檐而不逮青童駕羽仰層檻
而何階茂躅鬱兮若生靈儀肅兮如在昔峴山墮淚猶
見鉅平之碑襄水沉波尚有當陽之碣況乎上賓天帝
播山之風樂不歸下接浮丘洛浦之笙歌斯遠豈可使
芳猷懿躅與歲匿而推遷霞宇○[星]壇其風煙而歇滅迺
刊碑勒頌用紀徽音庶億載而惟新齊兩儀而配久方
佇乘龍使者爲降還齡之符駕羽仙笙曲[垂]駐壽之[藥]
使琁璣叶度玉燭調時百穀喜於豐秊兆庶安於泰俗
虔敷誠製乃作銘云

金石萃編卷六十三 唐二十三 五

邈矣元始悠悠哉渾成傍該万類傾口三精至神不測大
象難名出入太素驅馳上清其一黄庭仙室丹闕靈臺銀
宮雪合玉樹花開夕遊雲路[朝挹]霞杯霓旌髣髴羽駕
徘徊其二樹基創業遷朝立市四險天中三川坐紀白魚
呈貺丹鳥薦祉靈胄仙才芳猷不已其三遐瞻帝係仰瞻
仙儲遥馳匝域高步煙墟名超紫府職邁玉虛飄飖芝
蓋容與雲車其四遠集崐崘遥期汗漫金漿玉液霧宮霞
館瑶草扶疎珠林璀璨萬劫非久二儀何算其五棲心大
道託跡長生三山可陟九轉方成鳧飛鳥影鳳引歌聲
永昇金闕恒遊玉京其六青童素女浮丘赤松位稱桐栢

偃師記雲霧作雲路

偃師記聞亦作中

偃師記舊宇亦作庭宇

偃師記亦作霧驛 萬歲作萬載

冠号芙蓉䆊真御辯控鶴乘龍高排雲霧輕舉遐蹤其七
歲往年移天長地久霄漢爲室煙霞作友舞鶴飛蓋歌
鸞送酒絕迹氛埃芳名不朽其八粤我大周上膺靈命補
天立極重光累聖嘉瑞屢臻殊祥疊映歸功蒼昊昇聞
表政其九爰因展禮途接靈居年載超忽舊宇𡨋躁更安
珠敦重開玉虛方依翠辟敬勒丹書其十新基建趾古劒
騰文鳳笙飛韻鶴駕凌雲休符雜沓嘉瑞氤氳仙儀靡
見逸響空聞其十一仰聖思靈求真懷昔霞軒匝殿〇宮霧
□萬歲須臾千齡朝夕紀盛德於芳翰勒鴻名於貞石
其十二

聖曆二年歲次已亥六月甲申朔十九日壬寅建

碑陰

分三截上截刻御製遊仙篇及諸臣名中截刻鍾紹京等銜名三行及神龍二年題記并銜名下截附宋人題名並正書

雜言 遊仙篇

御製 奉宸大夫臣薛曜書

絳宮珠闕敞仙家蜺裳羽旆自淩霞碧落晨飄紫芝蓋
黃庭夕轉綵雲車周旋宇宙殊非遠寫望蓬壺停翠幔
千齡一日未言賒億歲嬰孩誰謂晚逶迤鳳舞時相向
變囀鸞歌引清唱金漿旣取玉杯斟玉酒還用金膏釀
駐迴遊西域排空聊憩息宿志慕三元翹心祈五色
仙儲本□諒難求聖迹奇術秘靈誥願□丹□賜靈
藥方期久視御隆周

春官尚書檢挍內史監修圀史上柱圀梁□臣三思

光祿大夫行內史上柱圀邪圀公臣王及善

中大夫守鳳閣侍郎同鳳閣鸞臺平章事上柱圀臣
蘇味道

朝散大夫守鳳閣侍郎同鳳閣鸞臺平章事臣魏元
忠

銀青光祿大夫守納言上柱圀汝陽縣開圀男臣狄

仁傑

銀青光祿大夫守納言上柱圀譙縣開圀子臣婁師
德

銀青光祿大夫行鸞臺侍郎同鳳閣鸞臺平章事上
柱圀鄭縣開圀子楊再思

朝請大夫守西官侍郎同鳳閣鸞臺平章事左控鶴
內供奉臣吉頊

勑檢挍勒碑使守鳳閣舍人右控鶴內供奉騎都尉
臣□□

題 御製及建辰并梁□三思已下名臣薛稷書

探石官朝議郎行洛州來庭縣尉𢘑□畯
題諸□等名左春坊錄事直鳳閣𢘑鍾紹京書
右在上截
承議郎行左春坊錄事直鳳閣𢘑鍾紹京奉　勑勒
御書
宣議郎直司禮寺𢘑李元□勒　御書
𢘑卓□□
麟臺楷書令史𢘑□伯□刻字
右在中截左偏
直營繕監直司韓神感刻　御字

洛州永昌縣𢘑朱羅門刻　御字
右在下截左偏
大唐神龍貳秊歲次景午水捌月壬申金朔貳拾柒
日戊戌木開府儀同三司左千牛衛大將軍上柱國
安國相□旦奉
制刊碑刻石爲記
從官特進行尙書左僕射兼撿挍安國相□府長史
平章軍國重事上柱國芮國公豆盧欽望
從官大中大夫行安國相□府司馬護軍皇甫忠
朝散大夫守安國相□府諮議上柱國邢國公□溫

朝議大夫行安國相□府記室叅軍事业悅
朝議郎行安國相□府文學韋利器
朝議大夫行安國相□府倉曹叅軍辛道瑜
行安國相□府屬韋慎□
行安國相□府掾业知幾
行安國相□府典軍业琬
行安國相□府典軍衞日新
從安國相□品官行內侍省奚官局令引叅目
安國相□品官行內侍省掖庭局令戴思恭
右在中截

京兆韋庇
右在下截中間
附宋鄧洵武題記四行行七字八九字不等正書
政和元年二月廿九日西京留守鄧洵武率僚屬恭
謁
王子喬祠男雍侍行
右在下截右偏
右周昇仙太子碑武后撰并書昇仙太子者王子晉
也是時張易之昌宗兄弟方有寵諂諛者以昌宗爲
子晉後身故武后爲葺其祠親銘而書於其碑君臣

宣淫無耻類如此可發萬古之一笑也金石錄武曌淫橫千古而亦假借柔翰天之生才于彼何其不靳也此文未必眞出后手當是北門學士語碑首昇仙太子之碑六大字飛白書作鳥形亦佳飛白書久不傳于世此其僅存者耳石墨鐫華

鄭氏金石畧云武后書唐書曰子晉祠武后改爲昇仙太子廟隋唐佳話曰張昌宗之貴也武三思謂之王子晉後身爲詩以贈之詩至今猶傳說嵩

劉昫唐書本紀云聖歷二年二月戊子幸嵩山過王子晉廟丙申幸緱山碑云于乘萬騎鈎陳指靈岳之前谷遂川渟羽駕陟仙壇之所又云乃爲子晉重立廟焉又改號爲昇仙太子之廟卽其事也通鑑云聖歷二年二月己丑太后幸嵩山過緱氏謁升仙太子廟據碑則子晉廟以六月改名史家不合二月卽稱之宣和書譜稱后初得晉王導十世孫方慶家藏書蹟摹搨把玩自此筆力益進其行書有丈夫氣今觀其草法極工有鳥絲方格尙似章草及皇象書水經注云休水又東逕零星塢水流潛通重源又發側緱氏原開山圖謂之緱氏山也亦云仙者升焉言王子晉控鶴斯阜靈王望而不得近舉手謝而去其家得

遺屣俗謂之爲撫父堆堆上有子晉祠又案史記索隱顧氏案裴秀冀川記云緱氏仙人廟者昔有王喬犍爲武陽人爲柏人令於此得仙非王子喬也則在水經注之前未知何據神仙之記多近于無稽周書王子晉解師曠謂王子火色不壽未及三年告死者至緱氏周邑或子晉死所耳後人哀之謬云仙也則天后昇仙太子碑記及宋謝絳修大殿記碑多古名人題咏俱燬於火偃師縣志

億按此碑陰中截題名諸人多見史傳今攷之新唐書亦時有漏誤狄仁傑封汝陽縣開國男傳僅言睿宗又封梁國公舍前封爵不書此又字何所指耶是汝陽開國男宜依碑附書而傳不及爲非也楊再思傳封鄭縣侯今碑陰乃作鄭縣開國子然則傳云侯者亦誤也吉頊在宰相表久視二年三月甲戌頊始加左控鶴內供奉而頊侍武后從幸當聖歷二年碑陰已書此攷相王旦刊碑刻石葢於神龍二年故得續錄其官也豆盧欽望傳帝復位擢尙書左僕射中宗紀復位當神龍元年下書特進豆盧欽望爲尙書右僕射宰相表神龍元年欽望自特進爲右僕射紀表與傳書左者皆不符得碑陰證之竟作左僕射此

又紀表皆誤而傳爲獨得其實又碑云行內侍省掖庭局令據百官志內侍省下其屬局六曰掖庭宮闈奚官內僕內府內坊下並列宮闈局令奚官局令內僕局令內府局令內坊局令不宜獨畧掖庭致其數僅有五與前不符舊唐書有掖庭局令二人推之此碑掖庭局令亦當時設官自宜如此而史或脫也

御製雜言遊仙詩德按全唐詩存武后詩四十六篇此雜言獨缺載萃石搨彛搜不及故也錄之以備遺脫　又按曾子固跋襄州徧學寺碑碑云鍾紹京書其字畫姸媚道勁有法誠少與爲比然今所見特此

碑尚完今余証之此碑題名亦紹京書而幸完無缺曾氏未之見也又碑陰諸臣列銜凡王字皆鐫去亦由金海陵改定封爵置局立限毀抹王字雖墳墓碑志亦所不免而承事者遂波及於前代石刻是碑陰亦當被厄是時矣偃師金石遺文記

按昇仙太子廟河南通志載之甚畧即偃師縣志亦但云王子喬壇在緱氏保東南五里又云王子晉祠在緱山上水經注撫父堆上有子晉祠或言在九山非此世代已遠莫能辨之又云劉昫唐書本紀聖歷二年二月戊子幸嵩山過王子晉廟丙申幸緱山偃師志似以爲王子晉廟之見于史者僅此也然舊史禮儀志云天册萬歲元年臘月甲申親行登封之禮改元萬歲登封丁亥禪于少室山己丑御朝覲壇朝羣臣則天以封禪日爲嵩岳神祇所祐遂尊神岳天中王爲神岳天中皇帝靈妃爲天中皇后夏后啓爲齊聖皇帝封啓母神爲玉京太后少室阿姨神爲金闕夫人王子晉爲昇仙太子别爲立廟蓋自丙申年奉勅建廟至聖歷二年己亥歲廟成武后重幸因立此碑重幸在二月立碑在六月也碑雖立于重幸之後而文所叙

鳳輦排虛龍旗拂迥千乘萬騎谷邃川停等語仍是登封時事非重幸也玩上文敬陳嚴祀之典用展禋宗之儀皆是指登封也王子晉眞誥云父周靈王有子三十八人子晉太子也是爲王子喬弟兄七人得道又列仙傳云王子晉見桓良曰告我家七月七日待我於緱氏山巔至時果乘白鶴駐山頭望之不得到拱手謝時人數日而去碑叙子晉語本此又據後漢書云王喬者河東人也顯宗世爲葉令喬有神術每月朔望常自縣詣臺朝帝怪其來數而不見車騎密令伺望之言其臨至輒

有雙鳧從東南飛來於是候鳧至舉羅張之但得一隻舄則四年中所賜尚書官屬履也或云此即古仙人王子喬此葢別是一人後人以其祠墓在葉縣同屬中州往往混而爲一因併識之緱嶺之有撫父堆見太平寰宇記引盧元明嵩山記云覆釜堆亦名撫父堆緱嶺也撫父堆上有子晉祠其來已久武后葺而新之碑所謂山扉半毀纔覩昔年之規磵牖全傾更創今辰之製者是也禮儀志載昇仙太子廟與天中皇帝金闕夫人連類而及皆所以報封禪日爲嵩岳神祇所祐也又或者以

武氏之先出自姬姓周平王少子生而有文在手曰武遂以爲氏唐世尊崇神仙以老子爲得姓之祖周家之昇仙者有子晉因而崇奉之玩碑云我國家先天纂業闢地裁基山鳴鸑鷟爰彰受命之祥洛出圖書式兆興王之運云云可證也其云方依福地肇啓仙居開廟後之新基獲藏中之古劍語似昉于眞誥云王子喬墓在京陵戰國時復有發其墓者唯見一劍在室人適欲取視忽飛入天中也事頗相類葢眞誥言劍在墓室中此則言劍在廟後新基爲異耳至舊唐書云張昌宗是王子

晉後身乃令被羽衣吹簫乘木鶴奏樂于庭如子晉乘空語見張行成族孫昌宗附傳係久視元年以後事不可謂昇仙立廟因昌宗而作金石錄遂加醜詆之詞亦過矣碑陰上刻武后御製雜言遊仙篇五七相間用韻不一眞雜言也而不著年月玩末句有方期久視御隆周則似將有改元久視之意當亦重過子晉廟時所作旁列諸臣銜名並在碑陰上截內勅檢校勒碑使口口泐其姓名題御製及建辰并梁口三思已下名爲薛稷書採石官爲口畯泐其姓題諸口等名爲鍾紹京書所謂

檢校勒碑者當即勒昇仙太子碑御製者指碑文首行御製御書字建辰者指末行建碑年月字爻三思已下名皆薛稷書也採石官即採此碑之石者其題諸臣名冣指中截所題從官豆盧欽望諸人也而中截又有神龍二年相口且奉制刋碑刻石爲記云云又有云鍾紹京奉勅勒御書李元口勒御書口伯口刻字韓神感朱羅門刻御字此所謂御書御字當即是碑文之御書勒者二人謂摹勒也刻者三人是刻字人也同一勒御書而鍾紹京稱奉勅李元口不云奉勅同一刻字而口伯口

稱官稱臣而不云御字韓神感書官而不稱臣云刻御字朱羅門稱臣而云洛州永昌縣是其里貫非官也亦云刻御字皆體例之不一者中宗以神龍元年正月復位至十一月太后崩不知何以二年相王旦有奉制刊碑刻石爲記之事豈此碑製書在聖歷二年上石在神龍二年耶又三思等列于上截不云從官豆盧欽望口温皆安國相王府官列于中截而云從官邱悅以下又皆不云從官何耶以兩唐傳校之三思以下諸人聖歷二年歷官與碑同内如王及善婁師德卽以二年卒知不

在二年以後矣狄仁傑之爵汝陽縣開國男惟碑有之兩傳皆失載楊再思舊傳云延載初守鸞臺侍郎同鳳閣鸞臺平章事證聖初轉鳳閣侍郎依前同平章事兼太子右庶子自宏農縣男累封至鄭國公後又云中宗卽位封鄭國公新傳則云延載初封鄭縣侯中宗立封宏農郡公改鄭國公兩傳官爵皆與碑異吉頊新傳歷官與碑同舊傳則在職月官與碑同今碑立于六月結銜已如此矣碑于吉頊之下一行云勅檢校勒碑使鳳閣舍人右控鶴内供奉騎都尉臣泐其姓名二字據吉頊

傳云時易之昌宗諷則天置控鶴監官員則天以易之爲控鶴監頊素與易之兄弟親善遂引頊與殿中少監田歸道鳳閣舍人薛稷正諫大夫員半千夏官侍郎李迥秀俱爲控鶴内供奉此碑闕姓名二字當是薛稷官正鳳閣舍人與碑合其田歸道等皆三字姓名與碑不合也又控鶴内供奉傳不云分左右碑則吉頊爲左薛稷爲右也薛稷既充檢校勒碑使又題御製建辰及三思已下名一人兩見猶下文鍾紹京既題諸口等名又勒御書亦一人兩見同例也鍾紹京兩傳皆云初爲司農

録事以工書直鳳閣碑則云左春坊録事互異也相王旦題銜據本紀云中宗自房州還復爲皇太子武后封皇嗣爲相王授太子右衛率累遷右羽林衛大將軍并州牧安北大都護諸道元帥中宗復位進號安國相王與碑不同此下諸人皆安國相王府從官惟豆盧欽望邱悅有傳餘俱無致豆盧歷官在神龍二年傳與碑同邱悅附見員半千傳新書云半千與悅同爲宏文館直學士舊傳則云景龍中爲相王府掾與碑不合

渭南令李府君殘碑

碑連額高九尺二寸五分廣四尺六寸二十八行行五十六字爲元人磨滅刻也先怙木兒等題名矣茲就所可辨識者五十餘言錄之正書額題大周渭南令李府君碑九字篆書在渭南縣

大□□□□□縣令李府□碑銘并序

□□□□□□□□□□□□吉甫撰

上闕茲邑萎替匪矣下闕之下闕恩下闕毀瘠過下闕之秩滿下闕菸

服下闕鵲不下闕由是行下闕矣下闕循吏於東下闕增下闕寔鵬路

下闕以下闕而下闕於皇下闕行下闕㝫□滿□□晴求芳□昭下闕

光被六幽□□壆□□□十匝二㊀下闕公下闕

附錄元也先怙木兒等題名九行從碑正中起左行

承事郎奉元路渭南縣達魯花赤兼管本縣諸軍奧

魯勸農事也先怙木兒

從仕郎奉元路渭南縣尹兼管本縣諸軍奧魯勸農

事趙那孩

進義副尉奉元路渭南縣主簿顏允忠

奉元路渭南縣尉 夆律不花

渭南縣典史 山森

司吏 王珍

韓允

郭舜

徐維忠

右鴻州渭南縣令李君清德碑馬吉甫撰按唐書則

云天授二年析雍州之渭南慶山置鴻門縣遂以慶

山鴻門渭南高陵櫟陽置鴻州大足二年廢集古錄

此碑爲元人翻摹奉寧宮記今字蹟隱隱獨存應是

聖歷二年或作元年者非渭陽縣志

唐□□寺造雙像記

石高四尺六寸五分廣三尺三寸六分三十一行行四十一字正書

□□□□□千綴

登仕郎宮若鶩書

□□□□□□□□□□沙不知而解徧知功超□

□於是珠○宵殞四緣發教於西湖金色夜明百位□

□□□□□□□□□□放靑蓮瑤檝迴苦海之滿

寶舟迋愛河之浪十号之大一言難述但宇宙茫□□

□□□□□□者佛也可貴可重者至乎因果之福

功德而矣弟子衡陽□王府行參軍武騎尉中□□

□□□□□□掌中早奉過庭之訓承恩滕下遠聞詩

禮之風所爲□□擴而邪峯槩㊀聚六塵於肓運茾□

果於彳緣遂使病發膏□□謝平臺之會犄纏膝理□

□歸因之□□以憑台○於彼岸山欲頹而重存託□

匝於此身川將逝而□□色空下濟示無言說之門妙

528

氣上浮皮有詞談之契加以匣麳舊壞堂搆故基仰荷
孫謀之澤恭申昏省之志高祖諱　龍成盩厔縣尉通
洛縣丞隨崇政縣令仙鳧入駕敷至德於一同祥雀出
馴播仁風於百里牛刀屢動不覺季之巳衰魚鼎頻移
不知老之將至開皇□□□謝榮時屬堅帝出遊屈
龍駕於亭館備供頓斩垂鴻恩於睿旨遂封亭前水曰
龍□□□□□□□□莫不顯忠良□□□飛令
譽於古今曾祖諱　昌仁周三峭鎮將祖諱　則□□
□□□□□□□□峻阜聳清□□□心千夫之
長振廿□□五校洎乎仁壽之歲豪傑齊於□□□□

□□□□□□□□衙恨狂□□□友于之重俱
從氵□□諱　□□乎江南而裂晉北坐□□□□
□□□□□□□纔弱冠顧桑梓以言歸武德之
中下枌榆而有□□□□□紫極助□□□揚□□□
□□□□□□□□璧善南陽韓氏時迫耄季恩隆
撫念伯兄處□□□□□□副尉萬基叔□□□圀
□吉□□□□紹禰嗣覆　嚴尊於東□□坐無追
奄積□□□□□冈極皂季珽首其七飛鳴虔想劬
勞□心□□□惟保護庚酬妙力爰於□□式建豐碑
粤若稽古　□冊金輪聖神皇帝陛下降兜率以

乘時臨宸極而膺□□無爲而朝萬□□無事而靜八
荒揆姚(乙)以□□補媧而而永固上奉　得一下及七
世父母法界衆□□□□雙□□□□獨心於獨園
之內卅二之□相宛若猴池八十種之異儀儼同鹿野
庚使功凝厚坐□□□□□□□高而放慈雲於寶
糸□其寺也疏基臨水搆宇乘巖晚霞落而莌鳳紅晨
曦仾而棟□□□□□□□於塵厓瓊岫福巒舉
殃氛於霧際都師貞素等五淨凝心□□滌想挺仁山
於忍草□□□□□□□乏之生知學無談與徒
事掄揚之意終乖要妙之詞高而非□□所□大道豈

小□能議郵申狂簡敬□□□雖桑野時遷蓬瀛或變
流一名於三寶與坐久而而長其詞□
彝宗既作法教爰崇周○夜殞□□□□□道敬
想尊容或鐫瑰響或□金□其一明明尊僞巖巖寶閣俯
帶長流仰連峨粤夕露成珠朝□□□□□飛雕莌
魚躍其二粤若先祖且文且武一世英雄二朝爾輔播美
緣緗揚名金古存忠懇於情□□□□宇其三運逢
屯否時遇糺紛而南坐北烏撤荆分神器改易南遐丘
墳贍雙桐而識井望五袝□□□其四□□□悲恭申仰
報翠石旁求良工側召雙僞異儀丹青殊妙導變水之

沉淪清火宅之焚燎其五□□□□□□深闇山味道
浴滟濼心峯如鷲嶺樹等鶴林幽谷延其鐘響清風引
其梵音其六晦明遷□□□□新無□□說何示何存是
理斯表非言不律敬崇顯乎前烈庶垂裕於後昆其七
大周聖曆□□□□□□□□朔三乙戊辰建
按碑缺其寺名雙像之義亦不可曉据銘詞云翠
石旁采良工側召雙像異儀丹青殊妙是畫雙像
于石而刻之也首行似係撰文人泐其上五字下
存千綴二字亦難解書者宮若驚史無傳文稱弟
子衡陽王府行叅軍武騎尉而缺其姓名衡陽王

睿宗子新唐書三宗諸子列傳惠莊太子撝本名
成義垂拱三年始王恒與衛趙二王同封俄改王
衡陽又武后紀長壽二年臘月丁卯降封皇孫成
器爲壽春郡王恒王成義衡陽郡王下叙高祖諱
龍成會祖諱昌仁俱仕周隋祖諱則父諱缺泐母
南陽韓氏伯兄萬基俱不知其姓無從考矣下有
式建豐碑天冊金輪聖神皇帝陛下云云末行大
周聖曆下缺朔三日戊辰建則碑立于聖歷某年矣
聖歷建號只二年第三年五月改元久視据下文
三日戊辰則朔是丙寅考通鑑目錄惟萬歲通天

二年丁酉歲四月丙寅朔長安二年壬寅歲七月
丙寅朔聖曆紀元中無有丙寅朔者則碑立何年
不可定矣曾祖仕周爲三崤鎮將唐書地理志河
南道其名山三崤少室云云三崤之名僅見於地
理志序志中陝州峽石縣註云本崤縣義寧二年
省武德元年復置至貞觀十四年移治峽石塢因
更名有底柱山山有三門河所經而不載三崤元
和郡縣志硤石縣底柱山俗名三門在縣東北五
十里黃河中禹貢導河積石至于龍門又東至于
底柱河水分流包山山見水中若柱然也又以禹

理洪水山陵當水者破之以通河三穿旣決河出
其間有似門故俗號三門趙一清水經注釋引全
祖望曰趙冬曦云砥柱山之六峯皆生河之中流
夏后所鑿其最北有兩柱相對距崖而立即所謂
三門也都穆云砥柱在陝州東五十里黃河中循
河至三門中曰神門南曰鬼門北曰人門水行其
間聲激如雷而鬼門尤爲險惡舟筏一入鮮有得
脫三門之廣約二十丈其東百五十步即砥柱崇
約三丈周數丈以三門爲砥柱者誤也以諸說證
之底柱之三門似即峽石之三崤胡渭禹貢錐指

據碑校

水經注河之右則殽水注之水出河南盤殽山東北流與石殽水合石殽水出石殽山山有二陵南陵夏侯皋之墓也北陵文王所避風雨矣殽水又北注于河又東千崤之水注焉水南導于千崤之山北流注于河河水翼岸夾山巍峯岐舉重嶺干霄渭按崤在今河南府永寧縣北六十里元和志云自東崤至西崤長三十五里在秦關之東漢關之西崤與殽同又据河南通志殽山在陝州城東三十里一名嶔崟山春秋時晉敗秦師于殽即此東殽至西殽相去三十里路極險又似三殽即此

山然殽只分東西不應云三崤矣太平寰宇記稱硤石縣本漢陝縣地後魏太和十一年分陝縣東界於崤墟置崤縣取崤山爲名隋初改爲硤石縣大業二年廢入陝縣唐義寧元年再置崤縣理硤石塢二年省武德元年再立三年移理鴨橋故鎮按此所謂鴨橋故鎮疑即碑所稱三崤鎮將之治所餘俱無考

于大猷碑

碑高九尺三寸廣四尺四寸三十行行六十三字正書在三原縣北三家店

唐明堂令于大猷碑

粵以天子制□□□□□畿五十里之國者□□□□字□□□□□□□有一蓋所以設方伯置令長疆□□□□□□□□□故□□國之心腹河東郡之股肱非賢勿居惟材是寄大則曳青綸而紆銀印小則綰墨綬而佩銅章是以□宰□□後則以□□御史俾□□邑□□則以東宮□□故能齊其政而不失其宜修其教而不易其俗者其惟明堂縣令東海于公乎公諱大猷字徽本東海郯人□□□□□□□□□□□□□□□□□□□之命□開□侯伯之保姓受氏祚□則周公之釁邘韓則武王之穆金章建國里中大丞相

之門玉帳□家□□列將軍之□曾祖宣道隨內史□人左衛率□安縣開國子　皇朝贈使持節都督涼肅甘瓜沙五州諸軍事涼州刺史謚曰獻徐遷以東州儒素劉超則西省人倫□□□警彤闈執□符而飛□□□德降衷□之則優□□告第之儀祖志寧禮部尚書侍中尚書左僕射太子太傅太師上柱國燕國公贈使持節都督幽易嬀檀□□六州諸軍事幽州刺史謚曰定皂裾瓊□北汁喉舌之司絳服金蟬西掖股肱之寄劒履上殿方崇重傅之恩羽葆蓋車式備尊師之禮鳳扆推其□□龍□□□□□父立政尚書吏部

郎中國子司業太子率更令渠孫二州刺史太僕少卿
上護軍仙臺侍女禮闈郎官攝竄槐肆之前曳組桂山
之□郗超以蕃伯之望捴□□□防□以□公之材榮
叅象海公□山□下□溟鯤化明珠則徑寸爲寶白璧
則盈尺稱珎小年識五方之書大成通九經之義嬉戲
則以詩書禮樂造次則以□□□□□三年解褐左
千牛備□材推令德士選良家　青瑣晨嚴
赤墀近侍緣坐左遷梓州叅軍事譴卽謫居咎非投俾
郗嘉賓之卓犖高行見□公□□□□之傲儻不□言
歸□府轉桂州都督府功曹叅軍境接鳶溪載洽昇龍

之譽地隣鯨海幾淪棲鳳之材文明元年遷授蘇州□
兵叅軍東里□□□□州□□□□□謂屈鸞府
叅軍□□□□劒過□金石錫印章而錄舊膺璽誥而
念勞垂拱三年　勅除并州大都督府士曹叅軍
唐叔翦桐之境□爾□□□□分竹之郊光我藩翰枌
榆之□□爲沮洳之州豐沛之郊何必芒碭之澤帝鄉
推其善價公府義其良圖惡少遷佩犢之風流俗漸驅
鷄之化永昌元年授洛州□叅軍□□佐鎭西之府□
□處平南之軍太守范滂主諾之聲猷自遠功曹□陞
坐嘯之風裁獨高　制授朝散大夫餘如故尋加

朝請大夫□□□□□□榮曜朱紱材光紫誥蔣公
譽豈千石之器而委割鷄麗士元非百里之材方思展
驥　制除德州司馬又遷汾州長史一冠介幘二
職形稽歷□事之□居□□□□形色安于席地神意
□乎□□不撓於危無負於物聖曆元年除使持節隨
州諸軍事隨州刺史田叔以壯勇而刺三河王尊以忠
貞而驅九折分行□□□□以□彊宗獨坐州鎭曆□
而□□挨聖曆二年　制除□州明堂縣令黃圖
帝國黑水神皐地即京都人多傑暴信陽侯之門客尚
在必誅寧平□之家僮□□□□威信表西門之化惠

愛奉東里之風抑挫右姓誅□□猾灾蝗宛轉由去督
郵義鳥歸飛爲馴童子推誠而理則人不忍欺宿訟無
冤則吏維仰德加以□□□□筍五經三寸弱毫迴
□□羽四□□素縞鳳和□眷眷吏人預斬去思之戀
依依故□每哥來晚之謠悲夫安仁七旬不□箱中之
術桓□五□□□□上之行□聖曆三年七月十日終
於萬年縣常樂里之私第春秋五十七黃髮攀轅心傷
折石之痛齠髫戀抷晚盈埋玉之悲公□□□□稱
□□□□口□風神□□黃金必弃每見揮鋤赤昃無
留恒持桂樹揔角之歲隱□髟而不驚佩觿之年□衣

去而無愠一日千里四代五公忠孝足以光時能賢足
以軌物夫人滎陽□氏父□矩雍州富平縣令魏趙郡
李氏外□□都公□□公□□尚書□衣□門都□蘭
儀婉淑女訓芬乎奉蒂母師光乎圭饋卽以其年歲次
庚子十一月乙亥朔十二日□戌合葬於雍州三原縣
萬壽鄉□坳□先塋禮也兄銀青光祿大夫行太子左
庶子使持節都督兖州諸軍事兖州刺史辯機鯉庭禮
樂□□□□□山入□□□正人外臺□□慰兹羣庶
鶺鴒□□□摧金玉之心鴻鴈悲鳴若灑瓊瓌之□嗟
乎八龍長逝三虎永懷庶振家聲思光祖德南陽陌上

爰標柱石之墳□□□□□□生金之□其□曰
浩浩洪源□□代□□□□□□盎錫爵分茅□
官食采邗韓之穆里閭其大其一傳相繼業公侯踵武氣
雄家邦榮□區宇人之領袖物之規矩□□□□□
公輔其二□□俊德丕承寵光風儀礌落天骨昴藏家□
之盛門戶之綱襲兹珪組侍彼巖廊其三銅陵之東珠崖
之北姑蘇臺下晏溫鼎側鄖然令望偉哉□□□□
□刑十□□其四□□師□賢哉圭吏聯翩化鶴徘徊□
驥球琳之寶瑚璉之器白日既披青雲自致其五漢東舊
國隨有大名□西刈郡秦稱上□□□□□□□
□□□□加□城其六秩秩德音凛凛風格山靈圖□
河神是迫手荅牋書心明糺擿虿螟感化犬牙移陌其七
僉言惠愛帝曰允諧劇□行□繁俗□□□鸞□□□
□□□□□□□□□□其八衣冠遠謝衮職誰補□
颸風悲蒼莸霧苦寂寂兮荒隧幽幽兮后土石槨
掩兮千年金□□兮萬古其九

此碑僅存强半書者名氏遂不可求按大猷志寧之
孫立政之子志寧之元孫休烈顯于肅代朝傳云休
烈父默成沛縣令早卒合之正爲四世但不知默成
者是大猷子否趙明誠有默成碑今不可得見矣石墨鐫華

碑云聖歷三年歲次庚子十一月十二日合葬於雍
州三原縣萬壽鄉之先塋而碑非此時立也葢後續
爲之故其書竝不用武后所製字金石文字記

按大猷無子其兄兖州刺史辯機葬之故有鶺鴒懷
斷鴻雁悲鳴之語細閱官階無所謂明堂令者而趙
氏目則云明堂令于大猷碑豈以其序首之文錄之
或當時碑未殘闕其額與題尚有据耶按志寧傳舊
書子立政元孫敖休烈休烈子益新書休烈敖益肅
球珪瓌琮如大猷父子兄弟皆不載可以補于氏之

鉄也正書酷似褚登善于聖歷中不用武后所置諸字尤爲僅見云（金石後錄）

今在三原縣北五十里三家店碑首巳失存千二百字按新唐書于志寧傳父宣道隨内史舍人餘官爵及謚均未載志寧贈幽州都督今碑稱幽州刺史是史誤也宜從碑（雍州金石記）

唐書于志寧傳載志寧官爵頗詳于封燕國公後加尚書右僕射同中書門下三品兼太子少師顯慶四年解僕射拜太子太師出爲榮州刺史改華州卒贈幽州都督與碑不甚相合（關中金石記）

右明堂令于大猷碑唐制京縣令正五品上輦轂之地職務要劇大猷雖歷任德州司馬汾州長史隨州刺史而改任京縣當時不以爲左降也唐書于志寧傳云京兆高陵人碑云東海郯人者葢舉其族望此碑乃大猷之兄兖州刺史辯機所立攷世系表本名知微字辯機碑于祖父皆稱名不應獨書兄字竊意辯機本知微之名明皇之世避嫌名改以字行如劉知幾之改爲子元耳碑云風儀磊落天骨昂藏磊卽磊字昂卽昂字唐人謹于家諱此爲大猷立碑乃不避猷字（潛研堂金石文跋尾）

按碑題云明堂令于大猷碑文前云其惟明堂縣令東海于公乎後云聖歷二年制除□州明堂縣令州名泐一字乃雍字也元和郡縣志舊唐書地理志皆云萬年縣乾封元年分置明堂理永樂坊長安三年廢復倂萬年新書地理志總章元年析置明堂縣長安二年省（太平寰宇記云二年六月）舊書高宗紀總章元年二月己卯分長安萬年置乾封明堂二縣分理于京城之中則明堂縣之置于總章元年爲有據也碑文明言制除雍州明堂縣令而金石後錄以爲細閱官階無所謂明堂令者何耶碑敘

其先世曰曾祖宣道祖志寧父立政兩唐書不爲大猷立傳而于其祖志寧傳皆云京兆長安人此碑作東海郯人者從舊貫也說已詳志寧碑跋新唐書宰相世系表于謹仕後周太師燕文公生九子曰實翼義智紹弼簡禮廣義二子曰宣道宣敏宣敏無子以宣道子志寧繼志寧生二子曰立政慎言立政生四子曰遊藝知微先遠大猷大猷無子其卒也宜乎兄知微爲之立碑然碑云春秋五十七金石後錄乃謂其殀則又非矣又据宰相世系表志寧次子慎言生安貞安貞二子山冑默戭

默成三子嘉祥休徵休烈是休烈爲愼言之曾孫默成爲從弟安貞之子石墨鐫華殆亦未檢唐表也大猷以聖歷三年七月十日卒是歲五月已改元久視不知碑何以尚作聖歷則不能明矣夫人爲滎陽望渤其姓當是鄭氏也合葬雍州三原縣萬壽鄉口坳口先塋据志寧碑云葬于萬壽鄉清池里則此或仍是清池里也唐書無辯機傳而表則云兗州刺史東海郡公碑不書爵者想立碑之年猶未加也辯機是字其名知微而碑直自署曰辯機想兄撰其弟碑可自稱字耶

金石萃編卷六十三終

据元碑趙本校

錢本元圜上缺一字

錢本階下作唯

經下作空覽

錢本作半圻

賜進士出身誥授光祿大夫刑部右侍郎加七級王昶譔

唐二十四

夏日遊石淙詩碑

碑高一丈九寸廣九尺七寸共三十九行每行四十二字分作三截正書在登封縣石淙山北崖上

夏日遊石淙詩并序

左春宸大夫汾陰縣開國男臣薛曜奉　勑書

若夫圓嶠方壺涉滄波而靡際金臺玉闕口縣圃而無階口唯山海之經空空神仙之記爰有石淙者即平樂澗也尔其近接嵩嶺俯届箕峯瞻少室兮若蓮睇潁川兮如帶既而躡崎嶇之山徑蔭蒙密之藤蘿洵湧洪湍落虛潭而送響高低翠壁列幽澗而開筵密葉舒帷屏梅氛而蕩燠疎松引吹清爽候以含涼就林藪而王心神對煙霞而滌塵累森沉丘壑即是桃源淼漫平流還浮竹箭紉薜荔而成帷聳蓮石而如樓洞口全開滙千乘之芳髓山腎半口吐十里之香粳無煩崐閬之遊自然形勝之所當使王題綵翰各寫瓊篇庶無滯於幽栖冀不孤於泉石各題四韻咸賦七言

七言　御製

三山十洞光玄籙玉嶠金巒鎮紫微均露均霜標勝壤

交風交雨列皇畿万仞高巖藏𡆠色千尋幽澗浴雲衣
且駐歡筵賞仁智琱輦薄晚雜塵飛
七言　侍遊應　制　皇太子𢘑顯上
三陽本自標靈紀二室由來獨擅名霞衣霞錦千般狀
雲峯雲岫百重生水炫珠光遇泉客巖懸石鏡厭山精
永願乾坤符　睿筭長居　膝下屬歡情
七言　侍遊應　制　太子左奉裕率兼檢校大都護相王𢘑旦上
奇峯嵔嶙萁山北秀崿岧嶢嵩鎮南埊首埊肺何曾擬
而目而台倍覺慙樹影蒙籠鄣疊岫波聲洶湧落懸潭
□願　紫宸居得一永欣　丹扆御通三

七言　侍遊應　制　太子賓客上柱國梁王𢘑□□上
此埊巖壑數千重吾凮駕鶴□乘龍掩暎萊光含翡
翠叅差石影帶芙蓉白𡆠將移衝疊巘灩雲欲度礙高
峯對酒鳴琴追野趣時聞清吹入長松
七言　侍遊應　制　內史𢘑狄仁傑上
宸暉降望金輿轉仙路崢嶸碧洞幽羽仗遙迎鸞鶴駕
帷宮直上鳳麟洲飛泉灑液恒疑雨密樹含涼鎮似秋
老𢘑預陪　懸圃宴餘年方共赤松遊
七言　侍遊應　制　奉宸令𢘑張□□上
六龍驤首曉騑騑七聖陪軒集潁陰千丈松蘿交翠幕

一丘山水當鳴琴青鳥白雲王母使垂藤斷葛野王心
山中𡆠暮幽巖下泠然香吹落花深
七言　侍遊應　制　□□監中山縣開國男𢘑□□上
雲車遙裔三珠樹帳殿交陰八桂藂彌巘泉聲疑度雨
川平橋勢若晴虹叔夜彈琴歌白雪孫登長嘯韻清風
即此陪　歡遊閬苑無勞辛苦向崆峒
七言　侍遊應　制　鸞臺侍郎𢘑李嶠上
羽蓋龍旗下絕冥蘭除薜幄坐雲扃鳥和百籟疑調管
花發千巖似畫屏金竈浮煙朝漠漠石床寒水夜泠泠
自然碧洞窺仙境何必丹丘是福庭

七言　侍遊應　制　鳳閣侍郎𢘑蘇味道上
琱輿藻衞擁千官仙洞靈谿訪九丹隱暧源花迷近路
叅差嶺竹掃危壇重崖對聳霞文駮瀑水交飛雨氣寒
𡆠落　宸襟有餘興徘徊周　矖駐歸鑾
七言　侍遊應　制　夏官侍郎𢘑姚元崇上
二室三塗光埊險均霜揆𡆠處而中石泉石鏡恒留匣
山鳥山花競逐風周王久謝瑤池賞漢主懸慙玉樹宮
別有祥烟伴佳氣能隨　輕輦共葱葱
七言　侍遊應　制　□□□𢘑閻朝隱上
金臺隱隱陵黃道玉輦亭亭下絳雰千種尚巒千種樹

一地巖壑一重雲花落風吹紅的歷藤垂星晃綠蓋葐
五百里內賢臣聚願陪閶闔侍天文
七言　侍遊應　制　鳳閣舍人臣崔融上
洞口仙巖類削成泉香石冷晝含清龍旗畫匣中天下
鳳管披雲此地迎樹作帷屏陽景翳芝如宮闕夏涼生
今朝出豫臨懸圃明星陪遊向赤城
七言　侍遊應　制　奉宸大夫口陰縣開國男臣薛口上
玉洞幽尋更是天朱霞綠景鎮韶年飛花藉藉迷行路
囀鳥遙遙作管絃霧隱長林成翠幄風吹細雨即虹泉
此中碧酒恒參　聖浪道崐山別有仙

七言　侍遊應　制　給事中臣徐彥伯上
碧澗紅岑嶴嶂間淙嵌洑岨洊成灣琪樹琁娟花未落
銀芝窋口露壓還八口風行殿開偃傍七景飛輿下石關
張蔦席雲平圖藹熀煌　金口記蘊名山
七言　侍遊應　制　玉鈐口郎將左奉宸內供奉臣楊口上
山中別有神仙地屈曲幽深碧澗垂巖前曖駐　黃金
輦席上還飛白玉卮遠近風泉俱合雜高低雲石共參
差林壑偏能留　睿賞長天莫遽下丹曦
七言　侍遊應　制　司封員外臣口口口上
九旗雲布臨嵩室萬騎星陳集潁川瑞液含滋登禹膳

飛流薦響入虞絃山扉野逕朝花積帳殿帷宮夏葉連
微臣獻壽迎千壽願奉　堯年億萬年
七言　侍遊應　制　通事舍人臣沈佺期上
金輿旦下綠雲衢　綵殿晴臨碧澗隅溪水泠泠雜行
漏巖烟片片遶香鑪仙人六膳調神鼎玉女三漿捧帝
壺自昔汾陽紆道駕何如太室覽眞圖
大周久視元年歲次庚子律中蕤賓十九日丁卯
今在嵩山石淙北崖上其詩天后自製七言一首侍
遊應制皇太子臣顯以下各七言一首文內天台訛
右衛訛衛瀑水訛瀑金石文字記

右唐武后夏日游石淙詩并序斯游也新舊唐書本
紀均未之書計敏夫唐書紀事亦不載僅見之趙明
誠金石錄及樓大防集而已予友葉封井叔知登封
縣事撰嵩陽石刻志始著于錄顧刪去九首覽者不
無憾其闕漏康熙己卯九日獲披全文碑尚完好漫
漶僅三字惟張易之昌宗姓名爲人鑿去然猶可辨
識也井叔曩語予澗壁面水必穴崖棧木乃可摹拓
故儲藏家罕有之予性嗜金石文以其可證國史之
謬而昔賢題咏往往出于載紀之外若賈竦華岳詩
李夐恒岳詩任要韋洪岱岳觀白蝙蝠詩三衢石橋

寺李謌古風臨朐馮氏詩紀海鹽胡氏唐音統籤泰興季氏全唐詩集皆略而不收斯碑亦棄不錄世遂莫知睿宗及狄梁公之有詩傳于今予因爲跋其尾曝書亭集

唐武后遊石淙倡和詩首御製自皇太子相王以下和者十六人薛曜書久視元年五月刊于平樂澗之北崖諸詩惟李嶠沈佺期二篇差成章餘皆拗拙可資笑柄耳黄圖葉井叔封知登封縣撰嵩陽石刻集記始著錄之刪去九首不爲無見而朱竹垞太史憾其闕略以得覩全碑爲喜則亦好奇之過也王士禎香祖筆

記

按唐本有宋之問石淙侍遊應制詩未刻崖上豈宋詩爲刻後作耶碑內天地日月初人聖生君年正臣載國等俱從武后新字附記焉説嵩

寶刻類編有此碑劉昫唐書本紀云聖歷三年四月幸三陽宮五月改元爲久視通鑑云久視元年正月戊寅作三陽宮於告成之石淙夏四月幸三陽宮葢以此時賦詩也三陽宮在嵩山其碑三格橫書上層書詩序及天后御製七言詩一首中下層書侍游應制皇太子顯等各一首顧炎武譏其文內天台謌右衕謌衝瀑水謌曝今諦視之實作天台右撇一筆乃裂文耳末有大定癸卯棲雲挈家再游十字隸書是金人題名詩中有壐字卽初字也鄭樵金石略作壐傳寫誤中州金石記

武后以久視元年夏行幸嵩山賦石淙詩并序太子及羣臣和者共十有六人皆七言四韻薛曜正書朱竹垞於康熙己卯跋此謂漫漶者僅三字惟張易之昌宗姓名爲人擊去然猶可辯識今年乾隆癸卯余得搨本漫漶已多除二張姓名外其全損者計四十有五字相去僅八十有五年便已如此曜書如瘦蘇

其頓折處如腫節在書家又別一體其字率依武后所造竹垞謂此碑難搨兼睿宗及狄梁公之詩捜輯者均未之及今余晚歲猶獲見此未必非幸抱經堂文集

按石淙北崖刻詩有狄梁公七律一首全唐詩未收河南府志

按石淙山名河南通志在登封縣東南三十五里峯巒疊翠溪水繞流爲一邑奇觀唐則天后與羣臣會飲於此石刻尚存卽此碑也碑末題大周久視元年歲次庚子律中蕤賓十九日丁卯是立碑歲月也律中蕤賓爲五月是月己酉朔兩唐書本

紀雖不書遊石淙事然舊紀載臘月甲戌造三陽
宮于嵩山四月戊申幸三陽宮五月癸丑以疾康
復大赦天下改元久視七月至自三陽宮則是改
元久視在五月五日遊石淙賦詩在十九日時駐
蹕嵩山詩常遊宴紀可不必特書也詩序云石淙
者即平樂澗也稽之通志無此澗名志之漏也奉
敕書序者爲薛曜兩唐書薛收傳皆云曜聖歷中
官正諫大夫碑則云奉宸大夫其汾陰縣開國男
乃祖爵而傳不書其襲封也應制賦詩者首皇太
子顯即中宗也唐書本紀高宗崩即帝位武后臨

朝廢居房州聖歷二年復爲皇太子次相王旦即
睿宗也本紀稱初名旭輪後去旭字上元二年封
相王儀鳳二年改名旦則天臨朝立爲皇帝及革
命降爲皇嗣依舊名輪聖歷元年復封相王改名
旦授太子右衛率累遷右羽林衛大將軍并州牧
安北大都護諸道元帥碑結銜作太子左奉裕率
兼檢校安北大都護唐書百官志龍朔二年改左
右内率府曰左右奉裕衛志與碑合至左右衛率
府亦於龍朔二年改曰左右典戎衛而紀猶云授
太子右衛率誤也次武三思歷官結銜碑與傳合次狄仁傑

傳云聖歷初爲河北道元帥軍還授内史三年則
天幸三陽宮王公百寮咸經侍從唯仁傑特賜宅
一區當時恩寵無比是歲九月病卒仁傑詩有云
老臣預陪懸圃宴餘年方共赤松遊豈知其不待
餘年也次奉宸令張□□亭林以爲張易之次麟
臺監中山縣開國男□□□亭林以爲張昌宗傳
云久視元年改控鶴府爲奉宸府以易之爲奉宸
令詔昌宗撰三教珠英於内撰成上之加昌宗司
僕卿封鄴國公易之爲麟臺監封恒國公是昌宗
官爵傳與碑不合傳又云易之昌宗皆粗能屬文

如應詔和詩則宋之問閻朝隱爲之代作碑刻二
人詩是代作否耶次李嶠次蘇味道次姚元崇結銜
俱與傳合次閻朝隱碑結銜三字全泐傳云累遷給事
中聖歷二年則天不豫令朝隱往少室山祈禱朝
隱乃曲申悅媚以身爲犧牲請代上所苦及將康
復賜綃綵百匹金銀器十事俄轉麟臺少監今玩
碑止泐三字當是給事中也次崔融舊傳云聖歷
二年除著作郎仍兼右史内供奉四年遷鳳閣舍
人久視元年坐忤張昌宗意左授婺州長史此碑
云鳳閣舍人則其時尚未左遷也聖歷無四年八

覲建元卽是三年所改舊傳云四年者誤也新傳
不詳某年但云武后幸嵩高見融銘啓母碣歎美
之及已封卽命銘朝覲碑授著作佐郎遷右史進
鳳閣舍人武后封嵩山係萬歲登封元年事則融
之官鳳閣舍人在久覲改元以前登封以後也次
薛□沕其名据結銜郎書序之薛曜也次徐彥伯
官與傳合次楊□□沕其名亭林作楊敬述無傳其官
玉鈐衞郎將唐書百官志光宅元年改左右領軍
衞曰左右玉鈐衞蓋宿衞之官也次司封員外沕
其姓名亭林作于季子無傳次沈佺期傳但云及

進士第由協律郎累除給事中不言其官通事舍
人已上諸人以碑與史校之其同異如此又碑載
諸人之詩檢全唐詩校之閒有不同者狄仁傑詩
碧洞幽全唐作碧澗羽仗遙迎全唐作遙臨帷宮
直上全唐作直坐蘇味道詩曰落宸襟全唐作天
洛沈佺期詩巖烟片片全唐作山烟徐彥伯詩銀
芝窋窡全唐作窋窡窋窡垂珠語本王延壽魯靈
光殿賦則碑之作咤者省也河南府志謂狄梁公
一詩全唐詩未收今檢全唐詩狄詩已在集內並
非未收惟說嵩謂宋之問有石淙侍遊應制詩一

據原碑校

首未刻崖上則誠如其言今河南通志石淙山條
下載二詩一是狄詩一卽之問詩云離宮祕苑勝
瀛洲別有仙人洞壑幽巖邊樹色含風冷石上泉
聲帶雨秋鳥向歌筵來度曲雲依帳殿結爲樓微
臣昔忝方明御今日還陪八駿游方明御語本莊
子黃帝將見大隗乎具茨之山方明爲御傳稱之
問累轉尚方監丞左奉宸內供奉武后游洛南龍
門詔從臣賦詩左史東方虯詩先成后賜錦袍之
問俄頃獻后覽之嗟賞更奪袍以賜之問石淙詩
所謂微臣昔忝方明御者卽指此事下云今日還

陪八駿遊是在陪游之列則信乎石淙詩是同時
所作以之問之才似此詩亦不至遠殿諸人之後
不知何以不入碑中也

秋日宴石淙序

磨崖高一丈八寸廣六尺三寸二十五行行四十一字正書在登封縣石淙山南崖

秋㉂宴石淙序

奉宸令□　闕

夫瀛洲渤澥瞻㘽際而無窮崐□閬風望𠂕崖而不極
□□□□□□□□□□□□□□□□□□□□□□□□□□□□□□□□青

翠掩㉂䲭霞闕銀牓於叢□□瑤堂於□□□懸□□辟

○碑如此乃星字也

自然風雨之□□潤□□□□雷霆之□□□陰陽同
功而□鑿獨此標奇造化纍力而雕鐫□□□□平臨
襄野□□牧馬之□□□□山野□□□之埊可以兮
登踐可以兮棲遲羣公松竹其心芝蘭其性馨忠而事
明主□□而接神交雖迹□□□而心遊江海或斑超
鸞頷榮封萬里之侯或叔夜龍章聲振□□之□□十
居外一居內季成子而佐文侯或筆則筆削則削魯孔
丘而□大易或滃噎流沫濕□□之□頤或颯□鬚眉
畢羊公之折辭或長安鬻鐵而位掌兵機或文昌握蘭
而榮□□署亦有□□□□爲□□□□□□有金穴

懿親作關西之孔子是知鳥有鳳而魚有鯤翥垂示之
羽毛聳横波之鱗甲並汾水□遊□□□梁侍奉之餘
披霧覩而思逢樂廣彈琴命□□值劉靈大開文酒之
娛郗會琳琅之客□□□□適莽□□邀歡已造虛無
陟崢嶸而抒意於是臨匝□俯雲扃丹壑萬重青溪四
合騰□□辭□□松枝□鱗□□下吹蓮葉文狸赤豹
窟穴於巖亭貝闕龍堂□淪於水府攀□□之□景旣
如登紫陽兮入洞□□□汗之□□又似架黿梁兮浮
碧□樵蘇不爨高談衆妙之門蘿薜□衣遠得幽棲之
致爰有堯季□□武□此□□漢代劉君安遊兹服食

日不私覩□不私言誦仙□夜披眞□平身七過舍
□□□□卽齒三通設靈壇而禹步傷袪俗累卻坐
仙巖相顧而言曰鍾鼎不可以久□躡塵不可以久□
蘭□而摧□□□□故仲尼抗浮雲之説孟軻養浩然
之氣名利□在似刻舟而訪寶劒禮義何施若□鼓而
求亡子富貴者□□□骨風火夜而煎熬文章者傷
神潰□蠢蠢朝昏而嘈嘈豈不□□□□□□出□□
玉釜□□長排□景三十季之瑱實綏綏充飢五百歲
之銅至時時拍背□□開□對老鼽而不言鴻蒙掉頭
仰雲將而拊髀□□汗漫與若士而摩肩東戲蓬萊共

麻姑而扼捥我輩仰□而抗魄望之而盪靈曠若□□
□□□下□□青要戒序朱明謝時紅颸息而涼蟬吟
□下而殘虹□秋風稍起撼羣木□□□夏旋移
落長繩於暮景而開雲散流離爛漫少室巔兮嵩高峯
繞澗□□□焰生光紅緣陌□紫翠□面林壑而神□
□烟霞而□□落札則書成鳥跡映科斗之文章染翰
則思鱏魚賤射驪龍之光彩聚東山之瓌寶未足爲珎
擁南□之風烟纔堪入賞乃夏琵導意抗音高歌炎暑
隔而泉石心□勸酬舉而□鴻□熱瀑□□奔兮雲和
樂流波之非管□丹巖青薜兮塈屏風藤葛之罥鉤□

耳目□晹接而下之□晹□晴也遊踐所經而下之爲絶也吸精華而咀根核既四□□之無厭腦翰墨而髓風煙須□言□之有作

石淙南崖與北崖正對中隔深淵刻曰秋日宴石淙序奉宸令張□□□　嵩書曰是文刻南崖下臨深溪遊人遙望不得讀故世無傳者予集長木爲棧至其下命工搨之石當山水之衝泐去數字矣予嘗買是搨於工匠值頗昂以其難於摹也刻爲張易之撰易之二字泐去無存觀銜名知爲易之也北崖應制詩麟臺監爲張昌宗而亦泐其名何歟兩石名氏俱

傳於後淸河二名獨毀不存豈天厭其穢濁以風雨抑人惡其汚罰以塹椎淸泉潔石之開去此滓垢亦幸也按全文載嵩高志止闕十餘字以今搨本校之補識陽城二字餘漫漶者不啻十之三矣邢臺公去今未百年而石文剝落輒爾相殊後此又當何如耶說嵩

未有宋至和二年范純仁題名熙寧庚戌張琦弟琬題名宣和甲辰王績題詩乙巳王仲薿等題名刻於石淙南崖張易之序後王績詩刻范忠宣題名之上字相參互殊不易搨　劉昫唐書本紀云大足元年夏五月幸三陽宮蓋以此時爲序通鑑大足四年毀三陽宮以其材作興泰宮於萬安山自此以後武后不至石淙矣方志云是文刻石淙南崖下臨深谿人跡罕至傳太常梅命工打本其文載嵩高金石志葉封嵩陽石刻記云今校之補識陽城二字而漫漶者十之三矣又云書與天后遊石淙詩序相似疑薛曜書也中州金石記

按此序無歲月中州金石志謂是大足元年五月作稽之唐書本紀上年四月幸三陽宮五月遂有石淙詩刻七月至自三陽宮此年正月改元大足

五月幸三陽宮七月至自三陽宮此後不復幸矣此序撰書姓名不存但有奉宸令三字說嵩以爲張易之撰奉宸府以控鶴府改而爲之舊紀置控鶴在聖歷二年舊書易之傳爲奉宸令在久視元年故上年詩刻易之結銜已作奉宸令此年猶未更易也上年詩序是奉敕撰此序奉宸令下已泐玩序文全無稱頌天后之語知其非奉敕也而題曰秋日宴石淙與宴者多人文有汾水□遊侍奉之餘大開文酒之娛都會琳琅之客云云似係扈從諸人中倡舉宴會而紀此序非天后召宴諸人

陪侍之詞也文又云目不私視□不私言日誦仙
□夜披眞□平身七過舍□□□□□卯齒三通
設靈壇而禹步傷祛俗累卻望仙巖相顧而言曰
鍾鼎不可以久□躑塵不可以久□云云似有一
服食修眞之士勸諸人之勇退者頗非易之輩所
樂聞也文又云青要戒序朱明謝時秋風稍起撼
羣木□□□夏日旋移落長繩於暮景是夏末秋
初氣候据本紀自上年及此年皆以七月至自三
陽宮則當在扈行將還神都之日而其確指爲大
足元年之七月亦未有據也姑與應制詩刻連類

及之

大雲寺碑

碑高一丈三尺一寸廣五尺二寸三十一行行七十七字隸書額題大雲寺皇帝聖祚之碑九字篆書今在河內縣

大雲寺之□文

太子中舍王上柱國武威賈膺福撰文并書

睿祖康皇帝孫文林郎太原武盡禮勒上

蓋聞在𠂤成象懸□□□著□在埊成形□山□以□
氣百□□□窮破暗之功三千世界豈亡無邊之境
況乎言議所及通□之間哉□□往古來今前賢後[illegible]

□□□□□□□□□□□□□□□□□綸止于𠂤
下□□□道爲大存乎域中名與無名□□常樂色□
非色□□□空生生不□念念成壞極數觀變□而不
□眞□□覺於□□□□□釋尊□□□□之□□□
□□□□□□□□□□□□發祥𠂤廟首比□仙之
□獨□□御之□□□難□□□□□□□□□□□
浮雲萬梵光明猶如聚墨降魔佛樹□轉□□□有□
□□無住□生瀍非相見相□□□□□□□□□□
廱汲引之路□七品□□道之門隨迎莫□其去來□
□不知其終始□□納芥□□成□無非寺言之權皆

由慈善之力廣大同於瀍界□□□□□□所作既□
□□□□□□□□□□□□□□□□□□大□□
□貫□□□宣暢廱宗四無□心普□羣有六□□領
廣□□□德盛者流光功廱者施博舌瀍逝其已遠象
設由是爵與□影揚光教被龍鬼□□□□□□□□
□□□□□□□□□□□□掩□相望□剎淩虛參
差□□豈惟淨居𠂤界爭開紫□之園□□神宮共□
琉璃之塔而已河內大雲寺者本隨文皇帝所□□□
□也□□奧區□方都會□□□□□□□□□□□
□□□夏甸鎮以大汙之險繞以洪河之流□眺闉□

百雉霞起□□井色萬室雲平□□□□旣富而教乃
吉祥之福㘴信招提之淨域糸□之□□□□□□業
□□□□□□□□□□□□□□□豕長虵荐食□
因洪水方割刼火洞然乃眷□□□焉傾覆有唐立極
□□□因揆(乙)占○增飾崇麗自隆周鼎革品彙光亨
而瑞㘴符□□匭至在璿機而齊七政□□□□□□
□□□□□□□千壁菩薩成道已居□刼之前如來
□身□稱一生之記大雲發其遐慶寶雨兆其殊禎赤
伏祚劉得自書生之獻黃□表䖍闡諸瞽史之談猶播
美於緹緗□騰□於□□□□□□□□□□□□□

中興是改千秋之邑梵王勝敵爰崇善□之堂翊乎冠
絕而至度越今昔爲可□墨靈貺抑而不揚乃下
明制順而休命肅昭鴻烈用定厥祥易長□之前名旌
□□□□□□□□□□□□□□麗璫榼鏤檻迴出
氛埃松疎桂深□闗寒暑千花綺帳金絡浮空四柱珍
臺珠瓔獨化龍池漱玉韻寫七言樂樹吟風聲諧九奏
因㘴精舍柰或能儔尸利空林孰云□□□□□□□
□□□□□□□世衣冠高尚不仕行符曾閔義烈金
石往屬漢東失御巨猾憑陵盜跖暴於泰山蚩尤盛於
中□至怨神怒甫鍾遷鼎之期父出子孤奄泊□□之

酷溫序之營魂莫返□方□□感□□□□□□□□
□道□三途之長遠識四苦之輪迴於是擯落俗塵歸
依妙覺仰祈譚誓之佑少酬顧復之恩於此伽藍聿興
寶閣審曲面勢置臬持繩徵玉西崑求金南海□□少
□□林中□□石□□□□□□□姿鷲嶺角壯而宮
于時貞觀之十八載也烏夷拒險不率王略龍韜稽律
肅將而威太白出高行師利於中國王良策馬車騎滿
於遼□勒具□邊深涉匈奴□□勞軍成礼□□細柳
之營□□□□□垂劍客聲高六郡選盡百金將□獄
狛之庭途出懷覃之境觀斯福會以孳檀郡各分輕出

之資共□裒糧之費丕以□□物以願盈寶貨泉流淨
財山積□□□昉□師者禪□□□□□□□□□□
巧之方志窮輪奐之美不遠千里百舍忘疲乃於惟揚
之□□□長樂之制規摹允備績用□成高閣洞開層
軒傑竦瓊階切漢徑直而門玨柱橫空光□(乙)□落□
□□綺綴納□□於□□□□□□而孤鶱雲霄躡霓
而退翻列仙承宇整霓裳而欲飛而女窺窗開玉顏而
競咲提洹下集卽此安居迦葉飛來茲焉戾止加以圖
眞寫妙刻玉班檀相好圓明威神自在捴持之□□繞
□□□□□□□闡□匐方諸妙喜一切莊嚴辟彼滑

名八未曾有至矣哉一都之壯觀也上座諱爽寺主什
行都維那慶宗及寺內名德等慧炬外揚明珠內護深
入灋性妙達眞詮□求無□之□□□之□□□
交□空慧兩修咸以爲悠悠俗帝皆苦皆空擾擾浮生
無垂無致喜園勝殿終傾四大之風巨海須彌畢燼三
灾之火非夫願力堅固法性□常孰能□□愛慾之□
□□□□之□□□□偈頌□□篆刻緬惟畫石之旨
尚想刊柱之蹤爾乃攻玉他山式建隆碣俾夫披文相
質恒傳灋鼓之音輪兩風灰永植金剛之際前剌史臨
此郡□諱嗣宗□□□河內郡□□□宗好敃□□明

德茂親資孝□忠自家形圀北門之寄朝選尤難右戚
之英　帝念斯屬□紆綠車之重累膺朱傳之
榮西河吏垂歌馮君之繼踵穎川士女喜□公之重□
□震百城名馳□□政優魯衛道裕開平列郡□□表
儀京師并蒙其福長史河東薛俊司馬諱農楊履言貴
□子孫聲名籍甚七業貂珥金張謝其寵光七代公卿
荀汲推其閥閱敏以□□長於理□□河□仲舉之□
氵沂頌休徵之□我有懿德□□伍之州縣寮寀等如
珪如璋公才公望滄溟未運敢逸翰於泄籠刀筆薄遊
屈雄才於掾吏並薰修在念喜捨裝懷恭惟付囑之誠

久積住持之想承行壁教守護大乘弟子先君敦實□
膺□寄調□□際出牧茲邦昔因定省屢入官舍近從
休告言踐舊遊盛德不渝尚見㞷棠之化窮心靡逮徒
深風樹之哀眷山川以□懷盼邑里而增欷吾昆伯□
材標幹蠱恭承　□渙諱□作宰下車爰始□□相
□鳴絃在□□歌□路曾未朞匝風化大行固惟　先
德在垂抑亦析薪克荷凡我門生故吏邦彥時英見託
爲文□當勝事雖則不敏其可已乎乃爲銘曰
大極播氣流□甄形四緣七識萬品千名有爲有漏隨
滅隨生危同水沫幻等乾城其一而中之而㝡尊㝡勝寄

跡諱道隨緣示□寶□凝姿□山表稱而□歸仰□祇
協應其二拂衣□□□三□□□□□□疊斯然舌眞
寂滅象教照宣莊嚴剎土宏被大千其三瞻彼淇澳時惟
勝壤營室分躔中樞括象惟皇迺睠淨居攸敞福宇隆
崇祥□肹蠁其四隆周建極烈惟無競化□萬靈德□□
□□□□□□□□□□爰錫嘉名光昭寶命其五偉哉妙
域赫矣奇工比祟而廟掩麗龍宮珎臺戒迴玉宇臨空
綢繆交□鐸韻和風其六肅肅應眞詵詵□士捐生□□
濟物□□□塋登果□而擅□□□□□□□□□其七
□茲邦牧維　周之藩持寬濟猛以簡臨煩仁風依屬

亭澤隨軒□□至□□想祇園八其郡邑英僚宏□廣度
州閭俟逸居貞履素願力成就□□□固咸罄身心永
□□護其九勒□□□□□□□□方□業□□常□
陵爲谷□海成桒金剛際斷盛烈無忘
大周大足元年歲次辛丑五匝癸酉朔十五乙丁亥
建

金石錄有此碑今賈膺福名磨滅膺福與薛昌容李振鍾紹京等有工書名劉昫唐書列傳云曹州宛句人懷州刺史敦實子先天中歷左散騎常侍宏文館學士碑云河內大雲寺者本隨文皇帝所置長壽寺

也河南通志不載此寺蓋其漏略碑額云大雲寺皇帝聖祚之碑篆頗工聖作璧用武后字第一行書撰人名下又題睿祖康皇帝孫文林郎太原武盡禮勒上黃叔璥中州金石考云碑陰長安二年蕭懷素書

按寶刻類編蕭懷素有周大雲寺詩是也 中州金石記

按碑文約二千三百字存者尚千七百餘字而於最要處頗多闕泐茲據其存字論列之碑題太子中舍人上柱國武威賈膺福撰文并書睿祖慶皇帝孫文林郎太原武盡禮勒上膺福爲賈敦頤弟敦實之子兩唐書傳皆云敦頤曹州冤句人膺福先天中歷左散騎常侍昭文館學士此碑在大足初官太子中舍人傳所略也傳稱曹州冤句者其里居碑題武威則其郡望也宰相世系表稱武氏之先在晉時有晉陽公洽別封大陵縣賜田五十頃因居之則天紀稱并州文水人文水縣隋開皇十年所改舊爲受陽縣與大陵爲隣大陵縣在晉時與晉陽竝屬太原郡故碑題盡禮之望爲太原也唐書表傳俱不載盡禮不知於天后族屬是何輩行碑題睿祖康皇帝孫者新唐書則天紀天授元年九月立武氏七廟於神都追尊周文王曰始

祖文皇帝妣姒氏曰文定皇后四十代祖平王少子武曰睿祖康皇帝妣姜氏曰康惠皇后后妃則天傳作武王爲康皇帝號睿祖妣姜曰康惠皇后紀傳互異据宰相世系表武氏出自姬姓周平王少子生而有文在手曰武遂以爲氏則傳譌也是凡武氏子孫皆同源於睿祖康皇帝也紀又載是年十月置大雲寺而不著其地据碑文稱河內大雲寺則寺在河內而河南省志不載文又稱本隨文皇帝所置長壽寺也是大雲卽改長壽爲之長壽二字今碑已泐中州金石記猶及見之而省志亦不載碑文首五行泛敘佛教次述大雲寺則云鎮以太行之險繞以淇河

之流又云有唐立極增飾宏麗隆周革命品彙光亨大雲發其遐慶寶雨兆其殊禎乃下明制易長口（卽壽字）之前名此自唐至周改長壽爲大雲之原委也此下云口世衣冠高尚不仕行符曾閔義烈金石擯落俗塵歸依妙覺於此伽藍聿興寶閣于時貞觀十八載也此是敘寺中主僧于貞觀十八年就寺建閣之事而泐其名下云烏夷（卽島夷）拒險不率王略龍韜授律肅將天威將口獵狛之庭途出懷罝之境覩斯福會以挈檀那各分輕出之貲共口褒糧之費此敘貞觀十九年太宗如洛陽以

伐高麗師行河內寺主出貲助軍之事下又云乃於維揚之口口口長樂之制規摹允備績用口成高閣洞開層軒傑竦加以圖眞寫妙刻玉班檀相好圓明威神自在此敘寺中重建高閣仿其制於揚州某寺及造像之事下又云上座元爽寺主什行都維那慶宗及寺內名德等緬惟畫石之旨尚想刊柱之蹤攻玉他山式建隆碣此敘寺僧立碑之事下又云前刺史臨此郡口諱嗣宗（闕）河內郡（闕）右戚之英帝念斯屬長史河東薛俊司馬宏農楊履言州縣寮寀等竝藁修在念喜捨裝褒此歷

敘河內官吏護持本寺之事嗣宗泐其姓而云右戚之英或亦武氏之族也長史河東薛俊宰相世系表薛氏西興祖晉河東太守傳至涪陵元公五子號灤上五門其薛氏大房有俊字爽之官慈州刺史似卽此薛俊也司馬宏農楊履言亦見世系表觀王房光祿卿思謙之次子不書官位其兄履忠則官殿中侍御史也碑又云弟子先君敦實出牧茲邦昔因定省屢入官舍近從休告言踐舊遊盛德不渝尚見坐棠之化窮心靡逮徒深風樹之哀吾昆伯口宏口作宰曾未朞月風化大行固惟

先德在人抑亦析薪克荷凡我門生故吏邦彥時英見託爲文口當勝事此賈膺福自敘其父兄皆爲守令因於此寺撰文立碑之事碑爲寺僧所請立而文則門生故吏所請撰也兩唐書傳賈敦實咸亨元年累轉洛州長史有惠政四年遷太子右庶子初兄敦頤爲洛州刺史百姓共樹碑及敦實去職復刻石頌美立于兄之碑側時人號爲棠棣碑敦實永淳初致仕垂拱四年卒碑故云徒深風木之哀也河內屬懷州而敦實官洛州蓋懷洛道里相近碑故云出牧此邦吾昆伯口是膺福之兄

此文孫本所錄有四千餘字宜存彼捨此

泐其名傳又不載無從考矣碑立于大足元年五月是歲十月改元長安五月尚是大足也詳玩碑文祇是大雲寺歷次興建之由及河內守土之蹟于朝廷無甚關係而額題大雲寺皇帝聖祚之碑因碑勒上石者是武盡禮乃天后之族屬不得不借祝延聖祚爲碑取重非立碑之本旨也又據新唐書后妃傳則天太后載初中拜薛懷義輔國大將軍封鄂國公令與羣浮屠作大雲經言神皇受命事又長安志武太后初光明寺沙門宣政進大雲經經中有女主之符因改爲大雲經寺遂令天下每州置一大雲經寺此在河內者其一也

順陵殘碑

碑已剝落僅存三石一八行共四十六字一十九行共一百三十六字一七行共三十六字正書今在咸陽縣

摠□霧於□欲壞唯聞絲竹　之□宗永奉　洪纑之
德　朱旗而撥亂而　識黃〇之兆功深　門而闢則
嬪風鬮魚　團塋□塵不染孤標
成此　部二尚書　□□萬石　禮　之路千乘
禮恩覃　□乖暗□捫□之既蘭　秋高翠縷紅□從
來　帳而分輝龍爪魚形　未有　仁心暗徹　睿

海內沸騰伏鼉□而風　清遂翦豺狼之毒　謀入張
帷而建策龍鈐　□神堯皇帝位膺元首任　〇中之
匝洎乎鳳凰開緜　春樓視雲霞而掩色八　上方勤
庶政屬想羣黎　飛署劒之榮南服摠班恷　□而積
慕沉綿遽軫□　銜冤茹痛撫繐帳　□□□鴛栖梓
□□
於松塋　霜華而無乖逝　方移沛邑之魂更啓　傍
隣丹鳳之城徽號　□之乖黑玉歸□郎　曰
孝明　□□□

武三思撰相王旦書碑用武氏製字武三思稱悳猶

可而旦亦曰悳旦當發一笑書不知眞出旦否方整遒健可錄也碑已仆于乙卯之地震而亡于縣令之修河余猶從故家見其搨本　石墨鐫華

首曰大周無上孝明高皇后碑銘并序特進太子賓客監修國史上柱國梁王悳三思奉敕撰太子左奉裕率兼檢校安北大都護相王悳旦奉敕書此武后追尊其母楊氏之碑其時睿宗爲相王奉敕書之字體與景龍觀鐘銘同內虎字再見末筆俱不全虎字號字亦同猶未斥唐諱又君字作𠙻亦他碑所未見疑古文君字亦類此仁山金氏謂商書太甲上篇自

周有終相亦惟終當爲自君古文君字似周故誤作
冐唐君臣正論武后改易新字以山水土爲地千千
万万爲年永主久王爲證蕭元眘佛像贊證字作𨤲長正主爲聖
一忠爲臣一生爲人大吉爲君　按舊唐書蘇頲傳
元宗欲於靖陵建碑頲諫曰自古帝王及后無神道
碑若靖陵特建則祖宗之陵皆須追造元宗乃止韋
湊傳語亦同靖陵者元宗母昭成后竇氏之葬也然
則唐之高祖太宗皆無碑矣順陵之有碑葢武后剙
爲之而乾陵之有碑則中宗踵爲之乎金石文字記
相王所書順陵碑豊大之甚至萬歷乙卯地震而仆

縣令取其石脩河今已亡矣余所收乃吳氏家藏舊
本庚子銷夏記
今在咸陽縣順陵在咸陽北原明時地震碑仆取以
修砌渭河之岸近於岸中崩出三段一移縣署二在
民間訪得其一存百三十五字又一存四十八字又
一存三十六字碑甚鉅河岸中當不僅此也碑字大
一寸五分書法亦自可玩石墨鐫華云碑巳仆於乙
卯之地震而亡於縣令之修河豈知陵谷變遷此碑
又出人間耶雍州金石記
按碑存者共二百十八字然可讀成文者曰龍爪

魚形曰仁心暗識曰海內沸騰曰遂翦豺狼之毒
曰入張帳而建策曰神堯皇帝位膺元首曰視雲
霞而掩色曰上方勤庶政屬想羣黎曰銜冤茹痛
曰方移沛邑之魂曰傍躋丹鳳之城及未有孝明
二字如是而已金石文字記所載碑額及武三思
相王旦奉敕撰書銜名文中虎字未筆不全云云
今皆不復見矣順陵爲武后葬其母楊氏舊唐書
高宗紀咸亨元年九月甲申衞國夫人楊氏薨贈
晉國夫人謚曰忠烈閏月壬子加贈太原王妃甲
寅葬太原王妃京官文武九品已上及外命婦送

至便橋宿次其時葬所未稱陵也新書則天紀光
宅元年九月己巳追尊武氏考士彠爲太師魏王
妣楊氏爲魏王妃十月丙申追謚考魏王爲忠孝
天授元年九月丙戌追尊忠孝太皇曰太祖孝明
高皇帝妣曰孝明高皇后據金石文字記以此碑
立于長安二年正月則上距追尊皇后又十三年
矣宋敏求長安志順陵在咸陽縣東北三十里唐
武后追尊其母曰孝明皇后號順陵及檢咸陽古
跡圖又作周孝則皇后順陵葢刻訛也新書天后
傳永昌元年享萬象神宮號士彠周忠孝太皇楊

忠孝太后以文水墓爲章德陵咸陽墓爲明義陵天授元年號章德陵爲昊陵明義陵爲順陵此順陵之名所由始据傳則昊陵爲士彠墓在文水順陵專爲楊氏墓在咸陽即此碑額亦只題曰大周無上孝明高皇后碑銘其非合墓明矣乃陝西通志陵墓卷載魏王武士彠墓云在咸陽縣北三十里則天父母追贈帝后名其墓曰順陵是誤以爲父母合葬一墓也碑題三思銜曰特進太子賓客監修國史上柱國梁王睿宗銜曰太子左奉裕率兼檢校安北大都護相王與唐書紀傳合歷官俱

在聖歷初年然睿宗紀又稱長安中拜司徒右羽林衛大將軍而不詳何年据碑則在長安二年後矣舊書武士彠傳稱士彠家富于財好交結高祖初行軍於汾晉休止其家及爲太原留守引爲行軍司徒從平京城拜光祿大夫封太原郡公新傳作義原蓋太訛爲乂乂訛爲義武德中累遷工部尚書進封應國公又歷利州荊州都督此士彠歷官大略碑所云神堯皇帝位膺元首匡救士彠仕高祖時事特文存者什不及一無從取證也或疑昊陵亦當有撰記久而失傳然或者士彠事已詳于此碑不復出也

金石文字記謂順陵有碑武后撰爲之乾陵有碑中宗踵爲之案乾陵碑即述聖記武后撰中宗書非中宗爲之也又前乎此者有孝敬皇帝叡德記則高宗先爲之是陵碑不始于乾陵順陵矣

賜進士出身誥授光祿大夫刑部右侍郎加七級王昶譔

唐二十五

漢紀信碑

碑連額高一丈二寸四分廣四尺五寸七分二十三行每行四十一字隸書額題漢忠烈紀公碑六字篆書今在滎陽

范陽盧藏用篹文并書

有漢忠烈姓紀名信官族世載史失其書昝秦始皇棄六代之業窮天下之力以從其心施及二世荐作昏德人怨神怒百姓與能此皇天所以興漢祖也夫龍躍虎變不有非常之災則不能蔚其文而神其行故英雄豪桀雷動電擊竝起而亾秦當是時乘水飛而無紀皇綱穨而不紐強者制命弱國連衡項籍提八千之兵鼓行而稱伯翳名城阬勁卒弑義帝屠咸陽七十餘戰而天下大定矣於是背關懷楚專制主約雖負河山藉舊業南面而稱孤者猶膝行請命舉國受署莫能仡口焉而高祖奮于漢中定三秦之地扶義杖信東向而爭天下天下之命懸于二雄山東紛紛蠭合蟻聚未有所係籍當以百萬之衆困高祖於滎陽紀公推天𠁁之在劉顧臣節以自償躬載黃屋出東門而詫之沮百萬之氣頓

強楚之威奪諸侯之魄迴霸王之機身焚孤城之下功濟廟堂之上高祖因之以成帝業雖宏演納肝而無悔干犨請矢而不疑公孫抱子而爲詐孟陽寢牀以自欺其忠則然於大業不可以希也先軫免胄以立誠鉏麑觸槐以取眘富辰懟諫而赴翟仲由結纓而爲壯其節則全於大機則無以尚也苟息守言而死事豫讓感遇以自殘石乞就亨以侚白漸離矐目以報丹其義立矣於大濟則闕焉故功貴成業貴廣苟有大賴則輕太山於鴻毛壯哉紀公誠得其死矣夫城邸而增君名寢齋以祈於死其於忠也不亦泰如於戲仲尼所謂殺身成仁臨難毋苟免者則紀公其人也而歷載數百莫能表之縣令會稽孔君名祖舜字奉先資大聖之緒秉忠孝之規清身以激俗矯揘以從政到官視事三載有成於是鄉之碩老攝齋而請曰府君以盛德茂才宏宣大化旌孝尚節敦學務農人毋懸耜壄毋冥草可謂政之弃者也而紀公之墓蕪而不顯豈所以鼓舞前志發揮臣子之道哉府君乃咨謨寮吏稽古訓典以爲忘生從道者仁也沉斷固分者義也威儀不忒者禮也好謀而成者智也有死毋二者信也决機與運者明也大節不撓者勇也夫藏一行於人則銘之金鼎輝鑠風雅況紀公

兼而有焉斯實忠臣義士之殊尤而文獻之所先也故
表商容式干木君子韙之乃仰惟春秋旌善之義庶幾
爲臣之節奮于百吞之上凛然可以比肩斯人俾能揚
耿光厚忠義崇尙敎化以昭烈　我明天子之風豈
不褒德而顯功哉遂作頌曰
雄雄紀公自天作忠應皇祖兮卓犖磊硐瑰俺倜儻奮
威武兮虎鬬龍戰扶危制變挫强楚兮定霸興王身焚
業昌得其所兮雲雷經綸乃聖乃神萬物覩兮千載一
振闡幽作訓爲吞矩兮三五巳矣愚聖同死苟𩃬足而
稱焉吾何以貴夫古兮

大周長安二秊歲在攝提七月立

碑陰

碑陰十七行行
二十二字隸書

長安元年鄉人白孔府君請爲紀公建立碑表府君具
狀申請而州寮以爲異代風烈令式無文且懼鄉人頭
會抑而不建孔府君感激忠義拘牽下僚乃歎曰吾以
不才忝兹邦政至於激貪勵俗旌孝尙忠臣子之行教
化之端也鄉人之請允有禮矣吾可以嘿歟至二年七
月乃自減私俸將斲石釆山以旌忠烈會有耕□於紀
公墓側居人田中得一古石磨礱俱□但無文字其螭
首及兩側龍距文彩鐫有子丹碑瀍生動之勢非近工
所爲詢之故老莫究年代府君遂酬地主之直樹之於
墓刊勒斯頌豈神明昭應有所感發哉何其幽顯之荇
會也鄉人奔走而觀者甚衆咸喜紀公有述幽石自彰
□以崇宰君之徽烈表至誠之必感夫減俸以旌賢至
淸也希古以厲節至忠也不然後□何以仰德而立名
哉乃於碑陰刋紀斯異

縣丞南陽張□之敏學

主簿天水趙悅子豫

尉太原王景先□猷

尉博陵崔滂廣潤

前尉馮翊吉晧叔明

前尉常山閻至爲去僞

勒碑人史盂勤　　石工張敬鐫字

紀信漢高帝將也漢三年項羽圍滎陽急五月將軍
紀信請誑楚於是詐爲漢王乘黃屋左纛詣楚軍曰
漢室且盡王降楚及見乃紀信也問漢王安在曰已
從東門出矣於是項王燒殺信當是時羽用范增計
急圍滎陽兵少食盡微紀信卽沛公已矣及帝定天
下論功行賞不及紀信史遷班固亦不爲立傳至武

后長安二年滎陽令會稽孔祖舜始作頌樹碑然後紀信之忠始顯於世(虛舟題跋)

右唐立漢將紀信碑自來收集金石文字者皆未之及始著錄于恭壽先生積書巖題跋中惜其前段缺損數十字予得此本僅少七八字餘者刻畫完好如新　舊唐書高宗本紀麟德二年東封泰山至原武以少牢祭漢將紀信墓贈驃騎大將軍此碑立于長安二年去麟德二年才三十七年乃云歷載數百莫能表之以本朝典禮恩澤竟不能知何也　碑陰紀孔府君樹碑刊頌之事并列丞尉等名以前碑字法

審之亦盧藏用書也漢劉熊碑叅宂革情以究爲宂此碑莫宂年代則又以宂爲究二字互用其異有如此者　表揚風烈賢有司事也曾何限于異代乎州寮之推諉假令式以爲辭貫古今一轍也刊碑而碑出殆紀公之靈與孔君有冥契者矣(金石存)

寶刻類編有此碑唐文粹載此文地形志云滎陽有紀信冢劉昫唐書本紀云麟德二年十一月次于原武以少牢祭漢將紀信墓贈驃騎大將軍知唐時甚重紀信碑未述其事惟記縣令孔祖舜表墓之美中有云石乞就亭以佝白說文無殉字知經史殉字皆當作佝又云攝齋而請齋見說文知唐人猶能用古字也今本唐文粹俱改爲殉爲齋賴碑刻以証之矣

呂總續書評八分書五人稱盧藏用書露潤花妍煙凝修竹今觀其書信然　陰記耕者于紀公墓側得一古石其螭首及兩側龍距文詢之故老莫究年代遂樹之于墓刊勒斯碑云云今碑額螭文宛然即其石也事甚奇異後人庶保護之(中州金石記)

按紀信墓獨見於魏書地形志北豫州滎陽郡滎陽縣注有紀信冢隋唐二史志及宋之寰宇九域諸書皆略焉今檢河南通志載紀信墓在鄭州滎

澤縣城西孝義保而墓之有碑仍無一語及之可知孤忠遺蹟得以流傳于世爲不易也此碑爲盧藏用撰書隸體完整文幾九百字泐者祇五字初唐碑之似此完善者亦不多得兩唐書傳藏用字子潛幽州范陽人能屬文舉進士不得調隱終南少室二山長安中召授左拾遺武后作興泰宮于萬安山上疏諫而不從姚元崇持節靈武道奏爲管記還應縣令舉甲科爲濟陽令藏用工篆隸當時稱爲多能之士觀此碑所書傳非虛語也金石存識其於本朝典禮恩澤竟不能知然高宗以少

牢祭墓與立碑表墓者有別藏用意在表墓非不知朝廷有祭墓之典也武后造興泰宮係長安四年事此碑立於長安二年而題無官位但署其貫曰范陽當是隱居時所撰書也太歲在寅曰攝提格長安二年壬寅歲碑云攝提者省文也紀信效忠事在漢三年詳見漢書高帝紀滎陽令會稽孔祖舜新唐書附孔述睿傳云述睿越州山陰人祖祖舜字奉先爲監察御史以累下除成武令雉馴于廷而不載其令滎陽史之略也史云山陰人碑云會稽皆屬越州似與曲阜異系文云賁大聖之

緒秉忠孝之規不過援引聖裔以賛美耳唐文粹載此文取與碑校有不同者如官族世載文粹世作代以從其心文粹從作縱施及二世文粹世作代此皇天所以興漢祖也文粹皇天下有之字項籍提八千之兵文粹作項羽無之字鼓行而稱伯文粹作鼓行稱百萬南面而稱孤者猶膝行請命文粹無而字猶字舉國受署莫能攸口焉文粹作舉國受署者莫能抵捂焉籍當以百萬之衆文粹籍當作羽嘗顧臣郎以自儐文粹作顧忠節以自效出門而詑之文粹詑作吒奪諸侯之魄文粹奪

作奮於大業不可以希也文粹無希字石乞就亨以徇白文粹作石乞烹身以殉白其義立矣文粹作其義則立夫城郢而增君名文粹增作絶不亦泰如文粹作不亦大乎仲尼所謂殺身成仁文粹所謂下多見危授命四字攝齋而請曰文粹齋作齊無曰字敦學務農文粹農作穡野無冥草可謂政之美者也文粹作青草無者字蕪而不顯文粹蕪作淪以爲忘生文粹爲作謂威儀不忒者禮也文粹禮作化決機與運者明也連下二句文粹倒互斯實忠臣義士之殊尤文粹下有者也二字乃

仰惟春秋文粹無仰字比肩斯人文粹作比肩於斯人頌內膺皇祖兮文粹膺作應瑰俺倜儻文粹俺作詭爲世矩兮文粹世作代三五巳矣文粹作肇自三五吾何以貴夫古兮文粹作吾何以貴於前古兮疑文粹有刻訛自當以碑爲正碑內世字虎字皆不諱文粹世皆作代者或從別本錄之耳項羽本名籍字羽碑稱其名文粹稱其字然漢書本紀皆作羽似亦以字行也廣韻詑誑也玉篇吒噴也又曰咤同吒是詑與吒音義異而用可通也人無懸耜野無冥草本國語民無懸耜野無奥草

碑避諱民作人而冥字以形似奥而刻小異若如
文粹作青草是本左傳室如懸磬野無青草語於
文義不合矣碑陰刻記并及丞尉等六人官位里
居姓名字具列末有勒碑人又有石工殆鈎摹者
爲勒碑人鐫字者爲石工然他碑未見有若是分
晰者大雲寺碑題武盡禮勒上似即此勒碑之意
也碑中凡天后所造字皆不用惟勒碑人史正勤
正作缶一字而已

信法寺碑

碑高七尺九寸廣四尺九寸三十五行每行五十六字行書

信法寺眞容像之碑并序

長安三秊七𠥱十五𡆠建立

蓋聞𡆠𡝗〇辰著明也可以用土圭而度之陰陽風雨
其氣也可以陳灰琯而察之此皆不越尋常之境並歸
生死之途而猶八卦敘之而□□□識之能識生則不
滅實即空而有空法本不然藏諸用而沖用故前佛後
佛廣開四諦之門全身示身便起三伊之相入波羅之
國即□□□□□而頂禮獼猴水上導七淨之遥波雞
足山中開五乘之缶路祥禽聞梵便生刀利之𠀑旅鴈
聆音自上拘尸之塔豈不法王廣濟衆□□□□□□□□

德周於砂界若梟鍾之待物巨細飛聲像鸞鏡之高懸
方圓盡具故得去之不去來之不來剖芥子而納山河
引蓮花而□□□□□□□□寺者隋開元三秊
之所立也既而上圖景宿𠀑文當畢卯之閒下析物土
埊理是唐虞之國前通廣劇邯鄲跕屣之郊後控□□
□□□□□□□□□疊積香鑪之烟鴛水南流
滔滔注祥河之浪信陰陽之交會寔賢聖之泉藪於是
憑爽塏建招提布金繩求水臬瞻□揆□□□□□□
□□□□山之梵横步櫓之四注俯視雲霞峙高閣之
百重上臨〇雨離房別殿玉璫與鳳刹相輝複霤重階

珠綴共龜鏞交暎五衢□□□□□□□□漢神龕
百鏡似若𠀑成玉樓千柱還疑坐踊豈獨須彌山上坐
觀波若之臺舍衞成中行列祇陁之樹故有巢禽宿德
飧□□□□□□□□𠀑下交喪芒芒率土俱勞
烽火之憂懍懍懷生並入刀兵之刼而白波之衆遊定
水而吞砂黄巾之黨入禪林而名兩暨□□□□□□
□□□□□無思不服諸侯入百會牧野而前歌列土三
千歷商郊而後舞渠魁既翦即收雷電之威𡆠𡝗貞明
盧敷雲雨之澤粤在□□□□□□□□規造化
上棟下宇直放乾坤芳菓竹林還如𠀑竺之國瑒題銀

牓卽同王舍之城而冷暖池邊乘杯可度菩提樹下了
義安□□□□□□□□□大周革命卷懷前古聖德
高於望雲神化通於練石明堂端委朝万國而受圖書
早室居尊走百蠻而奉琛幣清風入律瑞□□□□□
□□□□美矣演淳化於無邊康哉皇哉揚至誠於有
頂景福既集濟塗炭於炎崑惠澤傍羅拯飛沉於苦海
爰有像主柱國張黑刀□□□□□□□□之名山
東擅終軍之妙或祥鳩襲慶祖德攸傳飛鷰入懷象賢
無墜王夷甫之瑤林瓊樹自是孫謀嵇叔夜之龍章鳳
姿斯爲錫羸□□□□□明珠並入檀郍之施江妃

雜珮咸從衆妙之門遂以長壽二秊壹𠥱五𡆸乃於舍
利塔中敬造尊容像一鋪并諸夾侍菩薩揔有一十□
□□□□交輝八十種好紺髮與青蓮競色金容聚𡆸
疑漢夢之宵通瑞影含〇動周王之夜鑒五百羅漢爭
持貝葉之文八万國王自奉銀棺□□□□□問一切
攝醉象於團心紹隆三寶屏炎龍於弱歲尼連禪河側
不動不傾賓波羅窟邊惟寂惟寞至於貫花舉葉之□
奥義攸歸九部□□□□□□說不說還成有說之宗
非想非名盡入名言之義高懸法鏡遍三界而歸依器
綜寫瓶在十方而迴向愛河之内卽遇導師業霧之□

□□□□□□□□餘慶得祥鱣之美重規疊矩乘朱軒者
十人積德累能爲公卿者四代龐士元之展驥未遂良
衷陳仲舉之題輿空然見□邑□冠□□□□□譽
於家庭訓人摽上德之容利物盡中和之器俯臨小邑
卽動絃歌未展高材寧悲下調花飛一縣掞潘岳之文
詞菊泛三清□□□□□□□海人也龍冠而齊名
飛富縣公侯必復竟從飛鳳之徵禮讓有餘俯弃盧龍
之賞懷仲弓之道德珠玉相輝蘊元禮之風流□□
□□□□□人黶廉脊之風接士盡留連之契員外
丞張大亮南陽人也金鈎錫祚石印延祥磊砢爲梁棟

之材魁梧抱文儒之器清輝□□□□□□□□□三
君平陽疎紫氣之徵汾浦得黃雲之寶員外主簿張仁
觀南陽西鄂人也而縱多奇埊靈摽慶管公明之文學
盛德猶□□□□□□□□非性極閑明郭子黶
之事無疑滯情存夙夜崔亭伯之職在拾遺尉沈令珪
吳興人也鳳雲逸氣鸞鶴奇姿盛門閥於江□□□
□□□□□儀韶亮博聞強記俯埊芥而無遺遊藝
多材仰而官而可代員外尉李楚璧趙郡人也才爲代
出器實非常令德相承□□□□□□□□的
凡厥寮友賞極烟霞既防患而洗心佇良因而植操依

希勝果在名利而不渝齋戒道場出樊籠而獨秀恆隱
求□□□□□□□□□□□□朩愛郝知運卅五人
等燕趙奇士珪璋令望才子有八非惟里号高陽讀書
萬卷豈直門稱通德理既窮於性相寔□□□□□□
□□□□□□之尚擁遂乃聾宣誓願爭趍福業驪珠
鵲玉並入祇園鳳粟鳧緡咸從柰苑敬依多寶而立豊
碑逸須達而均芳冠□□□□□□□□□□□□超
十号觀其塋也列□之遺塵語其產焉先王之棄梓壯
麗侔於魯鼓締搆擬於周堂豈可使寶塔棲霞遂沉吟
而不讚□□□□□□□□□□少女之詞楊德祖有

銘於絕妙賈逵金字山如礪而猶存呂望昆吾海成田
而不昧其詞曰
道本無象法亦難名神功罕測妙力潛營出入空界周
流化城即色是色非形示形其一遊彼獨園超然喜捨教
行震旦言從兌野頂巢飛鳥□□□遠度白毫超相青
蓮列步八舌之門三乘之路其三芭芭砂界蠢蠢籠樊積
塵爲岳集愛成源猶驚意馬未靜心猿遷勞纏累溺想
□言其四大周造□解慍薰風其五爰有信士衣冠令胄楚
國先賢陳留耆舊烟霞滌想芝蘭挺秀一代名德十方
領袖其六靈鷲山東祥鸑水北不近不遠是廓是□□□

蓮垂菓粟梅吐花風吟寶鐸塋布金砂飛甍轉鳳□草
鳴廊其八劫灰難住嶽風易滅□盡城空衆生海竭用旌
麗礎庶揚洪烈朩□塋□而不渝云
按文云寺爲隋開皇三年所立上圖景宿天文當
畢卯之間下析物土地理是唐虞之國卯即昴字
析即析字史記天官書畢昴冀州漢書地理志昴
畢之分埜趙分晉得趙國西有太原定襄雲中五
原上黨皆趙分也又云河東郡縣平陽應劭注堯
都也在平河之陽括地志蒲坂故城在蒲州河東
縣南二里即堯舜所都也山西通志蒲州府永濟

縣虞都古城在城東南周九里一百三十步凡畢
昴唐虞皆言建寺立碑之所在也寺有舍利塔中
有尊容像造于長壽二年其姓名有可見者曰像
主柱國張黑刀曰員外丞張大亮南陽人也曰員
外主簿張仁觀南陽西鄂人也曰尉沈令珪吳興
人也曰員外尉李楚璧趙郡人也又曰郝知運卅
五人等餘俱泐矣丞簿尉而加以員外之目据唐
書百官志太宗省內外官定制爲七百三十員曰
吾以此待天下賢材足矣然是時已有員外之置
其後又有特置同正員是所謂員外者該內外官

據碑校過無悞

而言豈丞簿尉微員亦有特置同正員耶郝知運等是立碑之人碑立于長安三年距造像又十一矣碑無撰書人姓名意是鄉人庸陋者爲之故其稱頌丞尉詞過甚無足取焉銘多缺佚

高延貴造像銘

銘高七寸五分横廣二尺六寸共十八行行八字正書

夫悠悠三界俱迷五淨之因蠢蠢四生未窺一乘之境蒙塽塵於夢幻隔視聽於津梁朝露溘盡前塗何託渤海高延貴卓尒生知超然先覺知滅滅之常樂識空空之妙理眷兹杇宅思樹法橋敬造石龕阿彌陁像一鋪

具相端嚴眞容澄瑩金蓮菡萏如生功德之池寶樹扶疎即蔭經行之埊所願以兹喙業乘此妙因凡厥含靈俱昇彼岸

長安三秊七𠥱十五𡆠敬造

王璿造像銘

銘横廣二尺五寸高九寸二十四行每行八字正書在西安府花塔寺

石龕阿弥陁像銘并序

大周撫曆歲在癸卯皇帝以至𨲢之明膺乘眞之道晳一乘之貝牒崇七寶之花臺莌職將佛𡆠齊懸閶闔与招提相拒大哉神𨲢無得而稱金紫光祿大夫行殿中監兼檢校奉宸令瑯耶縣開國子王璿安住寶心體鮮塵跡思法橋之永固頗　𨲢壽之無疆爰於七寶臺內敬造石龕阿弥陁像一鋪相好圓明威儀具足金蓮擁座寶樹低陰同𡆠匜之光輝若山河之靜默所願上資皇祚傍濟蒼生長齊北撼之□永奉南薰之化

長安三秊七𠥱□□𡆠造　王無惑書

右王璿造石龕像記璿字希琢武后長壽元年八月辛巳自營繕大匠遷夏官尚書同鳳閣鸞臺平章事九月癸丑流嶺南在相位廑卅三日耳史家不爲立傳不知其後事以此刻攷之知其後又入爲殿中監檢校奉宸令而封瑯邪縣子也予所藏易州刺史山亭記建中二年易州司士參軍王璿撰此刖是一人

葢唐有兩王璿矣王無惑書法在王知敬諸葛思禎之間而評書者不及焉予爲表而出之潛研堂金石文跋尾

按文云稽一乘之貝葉崇七寶之花臺長安志唐皇城之西懷遠坊東南隅大雲經寺本名光明寺隋開皇四年文帝爲沙門法經所立時有延興寺僧曇延因隋文帝賜以蠟燭自然發焰隋文奇之將改所住寺爲光明寺曇延請更立寺以廣其教時此寺未制名因以名焉武太后初此寺沙門宣

政進大雲經經中有女主之符因改爲大雲經寺
遂令天下每州置一大雲經寺此寺當中寶閣崇
百尺時人謂之七寶臺

梁義深等造像題名

銘橫廣二尺八寸高一尺一寸三分二十四行每行七字正書在西安府花塔寺

鎮軍大將軍行左監門衞大將軍上柱國梁義深
忠遠將軍守左監門衞將軍借紫金魚袋上柱國李善才
銀青光祿大夫行內侍省內侍上柱國楊敬法
朝散大夫守內常侍上柱國杜懷敬

正議大夫行內給事上柱國張元泰
朝散大夫內給事借紫金魚袋林招隱
太中大夫行內給事上柱國馬元收
朝散大夫內給事上柱國蘇仁義
朝議郎守內給事上柱國借緋趙元志

今在西安府城南花塔寺塔上石佛座下計一百四十四字雍州金石記

按碑無年月以其高廣形式與王璿造像銘相同而又同在花塔寺因附列之王璿銘刻于長安三年此碑首二人皆十六衞之官楊敬法以下皆內侍省官內侍省自武德四年改置內常侍內給事至武后垂拱元年改曰司宮臺碑結銜尚仍內侍省舊稱則與前碑非同時刻矣又唐書車服志景雲中詔衣紫者魚袋以金飾之開元初駙馬都尉從五品者假紫金魚袋此借紫金魚袋之始也此碑借者已有二人是又不與前碑同時之證矣

次本梁作定
法作大

韋均造像銘

銘高八寸橫廣二尺八寸五分共二十六行每行七字正書

原夫六塵不染五蘊皆空將導羣迷爰登正覺法雄見世旣開方便之門眞諦乘時更顯因緣之路是以耆山

廣演火宅斯分給園闢誓樊籠自釋璧座之德不可思議弟子通直郎行雍州富平縣丞韋均比爲　慈親不豫敬發菩提之心今者所苦已瘳須表鑒明之力遐徵琬璣近備雕鐫謹造像一鋪敢爲銘曰

大哉至聖妙矣能仁濟世無德歸功有因潛開覺路暗引迷津頹迴光於孝道永錫壽於　慈親

長安三年歲次癸卯九月己丑朔三日辛卯造

姚元之造像記

銘橫廣二尺一寸高八寸五分起首剝落現存二十一行行九字正書

切□□□□□□□□彰昊穹之恩罔□□□施渥半

錢本從聞夫錄起

錢本尭作光

據吴釋本挍過

涔劾滌每以弄烏勤侍思反哺而馳魂託鳳凌虛頒衛

書而走魄聞夫踐寶田之界登壽域於三明揚慧炬之

暉警迷塗於六暗爰憑壁福上洽　屠親懸佛鏡而朗

尭曦流乳津而霑血屬下該妙有傍括太無並悟眞詮

咸昇覺道銘曰

坐踊珎塔而飛璧儀丹楹(乙)泛錦石蓮披酌慧難測資

生不疲長褰欲網永庇禪枝

長安三季九匝十五(乙)銀青光祿大夫行鳳閣侍郎

兼檢挍相王府長史姚元之造

按唐書姚崇傳崇字元之始名元崇以與突厥叱

剌同名武后時以字行至開元世避帝號更以今

名宰相表自長安四年八月以前皆稱元崇九月

以後始改稱元之今據此記則元之以字行久矣

元之時爲同鳳閣鸞臺平章事而不入銜葢當時

猶未以平章爲正官也

李承嗣造像銘

銘橫廣二尺六寸高八寸五分十三行每行七字正書

維大周長安三季九匝十五(乙)隴西李承嗣爲　尊親

造阿弥陁像一鋪鐫鏤莊嚴郎(乙)成就威嚴相好爍然

圓滿所願資益慈顏永超塵網銘曰

錢本作法力

今本作西江

吴本法雨作法

雲

有善男子投心正覺是仰是瞻爰雕爰斲金容寶相雲

蔚霞駮一契三明長銷五濁

文云李承嗣爲尊親造阿彌陁像一鋪唐時造像皆

稱一軀惟此與岱嶽觀馬元貞所造元始天尊像作

鋪軀或作傴以此爲異　關中金石記

蕭元眘造像讚

石高九寸五分橫廣二尺八寸六分二十四行行九字正書

聞夫香風掃坐五百如來之出興寶花雨而六萬仙㞢

之供養豈若慈氏應現珎勒下生神力之所感通法界

之所安樂前揚州大都督府揚子縣令蘭陵蕭元眘學

菩薩行現宰官身留犢三江還鳧八水於是大宏佛事

深種善根奉爲七代先㞢爰及四生庶類敬造弥勒像

一鋪并二菩薩粤以大周長安三季九月十五(乙)雕鐫

就畢巍巍高妙霞生七寶之臺蕩蕩光明匝滿千輪之

座无邊功德況開方石之容无量莊嚴希埜恒沙之果

亶宣此義而爲讚云

巍巍梵仙光宅大千容開碧玉目淨青蓮歌陳相好銘

記因緣等雨法雨長滋福田

僧德感造像銘

造像高三尺三寸記刻龕外兩傍攜上共二行字數不等正書

撿校造七寶臺清禪寺主昌平縣開國公翻經僧德感
奉寫　圀敬造觀音像一軀伏願　皇基永固
壐壽遐長
　長安三秊九𠥱

杜夫人墓誌

石高廣俱二尺四寸三分二十四行行二十四字行書蓋題大周故杜夫𤯔之墓誌九字篆書

故司稼寺卿上柱圀□□□杜夫𤯔墓誌
夫𤯔杜氏京兆杜陵𤯔也□□□□〇望□降丹陵而毓
慶朱冠白馬御寘道而□□赫□□□之雄周列神羊
之任倚於方策□略言焉七代祖□□征西將軍武庫

靈姿智囊神用通其變□□地表□□而顯□麟□知
歸曾祖勳左監門將軍善寶唐□州□陽□□父嘉猷
唐務州參軍體道居貞含章挺秀瓊山□峙爰開抵鵠
之珎碧浪川蝸必亘採龍之寶夫𤯔姿靈婉淑□□貞
凝□舉□滎川流□問名爲不朽□杜氏之春秋秊則
□行見楊家之輪轂承筐景貺征南之緒龘克隆斷緯
沉機□□之□□斯在驚逝川兮龍劍□乘上𠥱兮鳳
臺□樹德從隣□□以之爲美欽刑轗饋□獄於是勝
殘委霜霰而無改冒雷□而不懼信可傳芳史管著象
甘泉者哉豈意拾翠𠀑津□舒泉而其□薦桃仙樹將

暮槿而同期嗚呼哀哉以長安三秊五𠥱廿八〇終於
幽州之官第春秋六十有三粤以長安三秊十𠥱十五
〇葬於雍州長安縣高陽之原有子朝議郎行幽州司
功參軍事履行以膝下之恩無逮□澤之戀空存纏永
慕於蘭□結深悲於蓼□茲夕何夕春非我春鬱鬱佳
城無復長安之□□□舞鶴□聞京兆之𠀑何修夜之
不晹而短哥之可作其□曰
則𠀑乖象就〇□輝在夏龍御居殷豕韋靈源濬出慶
緒□□禮樂攸往衣冠□歸其一鳳簫寥亮霜□皎潔頌
發春椒韻浮□□丹霞濯錦素□生□琴瑟不流松蘿

龍𠥱其二曰仁者壽彼蒼者𠀑無聞靜樹空想寒泉蕪城
閟景松架來煙未辯何〇誰論幾秊

按碑敘夫人杜氏七代祖征西將軍泐其名以文
義求之當即晉征南將軍預也碑或筆畫譌闕類
征西耳此下曾祖勳父嘉猷祖善寶無祖字亦俱
無傳可攷即宰相世系表亦不列其名前題故司
稼寺卿上柱國文中不敘其夫名號官位竟不知
何人也司稼寺即司農寺龍朔二年所改卿一人
從三品其子履行官幽州司功參軍夫人終于幽
州官第是其夫蚤卒就養于子之官舍也唐六典

錢本作石色

吳本而作之

錢本作無上 吳本作無生

司稼寺咸亨中復爲司農此碑仍題司稼則知其夫卒于咸亨以前矣

姚元景造像銘

銘高九寸七分橫廣二尺八寸七分共三十行每行八字正書

竊惟大雄利見宏濟無邊眞諦克明神通自在是以三千世界禪河注而不竭百億須弥甘露灑而恒滿歸依妙理無乃可乎朝散大夫行司農寺丞姚元景慈悲道長忍辱心遐悟朱紱之儻來泝紺池而利往發願上下平安爰於光宅寺法堂石柱造像一鋪尒其篆刻彰施儀形圓滿眞容湛匣坐青石而披蓮法柱承朩排紺霄而舞鶴雲(乙)開則金光炳然風塵晦冥玉色逾潔身不可垢道必常明宴坐經行善慶宏多矣俾我潘輿盡敬將法輪而恒轉姜被承歡曳朩衣而下拂崑丘燎火還披鷲嶺之雲寶劫成塵爾滌龍宮之水廼爲銘曰

法無口子神化昌流妙宇子爍容光弥億齡子慶未央

長安四季九匝十八(乙)書

按碑云朝散大夫行司農寺丞姚元景兩唐書無傳惟宰相世系表有其名卽崇之兄崇以字行曰元之表書元景官潭州刺史碑稱司農寺丞者或未爲潭州刺史時官也司農寺丞六人從六品上

文又云光宅寺法堂石柱造像一鋪長安志唐京城朱雀街西曰光宅坊横街之北光宅寺儀鳳二年望氣者言此坊有興氣勑令掘得石函函內有佛舍利骨萬餘粒遂立光宅寺武太后始置七寶臺因改寺額焉

百門陂碑

碑高五尺二寸五分廣三尺四寸二十九行行四十四字行書篆額百門陂碑四字今在輝縣

衛州共成縣百門陂碑銘并序

前成均進士隴西辛怡諫文

張元琮記

孫去煩書

昔者結而爲山嶽融而爲江海炎上作苦實表陽九之德潤下作鹹克明陰八之數上泄雨露純陽流沛之道也下疏川瀆凝陰潤物之理也是以雨露爲長物之本川瀆爲潤物之宗故稱之以靈長亦賴之以通濟則知水之爲德其大矣哉百門陂案水經出自汲郡共山下泉流百道故謂百門會同于淇合流于海魚鹽產利不可談悉爾乃口溫夏漁飛濡漱沫負羣巖以作固涵細溜而成廣酌而不竭挹之彌沖帶蘇門以霧杳望太行而煙接借如楚囿口夢盧峯太湖樊丘之隈小溪抱寒

而永注東海之外大壑瀠流而靡極亦有崌嶺四水陽
山二泉欽浦見美于郢歌遂池久通於汴邑斯並昭著
方冊備經綿世分派雖衆爲利不靡豈與夫導源迅激
積潤潛湧比魏代之龍号同漢官之鴈名或以尉升標
奇或以靡武爲稱仙公卧隱聞諸抱朴之篇林庚凝淸
出在林宗之論洎夫洗累蕩穢楊淸激濁所以顯乎義
也浴及羣生滜流萬祀所以昭乎仁也弱而難勝卽其
勇也變盈流謙卽其智也以此四德以利萬壬悠悠旣
湊滔滔不息加以背險絕面形勝奔瀉暴灑層波疊躍
或汲(乙)以收激忽因風以作濤其利也則商権猷澮咕

納疆場蓄爲乇雲泄爲行雨沐時稼以俱就喜乖穀之
屢登其淸也則湛若狐澌淨猶蟾魄可以洽洗耳之樂
與濯纓之歌皎鏡不限於冬春洞澈無隔於深淺其險
也則仰盼崇岫俯臨遐潭澗壑窈窕而助□葛蘿□沉
以增峻其神也則不行而至不疾而速惟慌惟忽若有
若無禎應克著休祥閒發無幽不顯有感必通祠堂滿
陰靈石周險每至靡律旣謝部陽肇開紫鶯嫣春紅萼
笑(乙)中祈者倏來忽往奠祭者煙交霧集綺羅縟野遠
增芳歲之色泉瀨吟吹闇合雲龢之音樂哉盛哉抑亦
曠古之異迹也縣令曹府君諱懷節仞宇峻邈德馨昭

宣軒軒霞容湛湛海量風明撫字之要肅絃歌之秩
虞君蒞俗巳朞三科勝令移風時兼六縣可謂愷悌君
子壬之父母者也丞齊顥德量沖遠器業通明抱信以
居忠養眞以凝粹光八顧之淸範韜七州之敏學主簿
程列剄毅有斷撝謙自牧尉王表霜雪其操芝蘭其芳
尉霍南金不受私謁閑於公政頃以西郊失候南畝思
澤未浹滂沲之潤尙勞雲漢之謠曹君恤壬疾苦傷時
稼穡躬率僚佐親祠廟壇叩頭流涕拜手啟祝曰懷節
濫司銅墨時屬炎陽思與幽冥實佇靈祐若商羊起儛
報以牲牢如川鷀不飛覆其芬橑於是罇俎具迴弦歌

三請下湘君於鱗屋水馬吹泉期太一於蛟館雲魚噴
浪俄而景旣昭發飛甘驟零寔符三□之請頗叶一旬
之驗或時獨雲鬱起密雨晦飛又以啓晴應時獲霽豈
不以至誠允切神道遙徵故得歲昇壬和風行草偃休
詠盈于道路美聲逸於都鄙雖復江陵滅焰緱氏祈(乙)
何以加也其廟有二古碑篆文磨滅不可復覩鄉望前
泗州徐城縣尉樂處機獲嘉公頁粗光古錄事隗允張
明張福等或易弈簪屣或優游耕鑿擊壤食太平之粟
長歌悅　文明之代僉以爲百門之利千肅無
易增修舊烈不亦可乎猶恐歲光忽變靈跡無紀式刊

翠𡪇將表鴻休廼作銘曰
陰口潤下德稱靈長旣成物而宏濟口發源乎濫觴涵
仁不測垂利無疆廣矣浩浩淏焉湯湯鄗鄗之野共山
之下爰出靈泉洗雾游煙禎應昭顯祠堂巋然神樂合
吹珎羞迾蹉分派逾廣飛湍靡極吐納隄防周流稼穡
序悲炎亢時乖播植幾勞雲漢之篇徒望湘濵之翼曹
君爲政樂不可支敬羞蘋藻式薦靈祇景貺潛發浮甘
遠洎允符東梧之請豈謝口現之異瑟賓在匜穀雨盈
旬酌彼行潦薦於神明稽首請止獲霽于辰乖長垦久
歲不留刊石紀銘表禎休口口口口凌千秋

口芝元長安四季九匣九 缺

碑陰

陰作兩截書上二十三行行十八字下十五行行九字至十一字不等正書

長安二季夏五匣州符下縣祈雨六匣一日公口祠令
口先祈社稷遍祈山川躬臨廟壇親自暴露其時西北
山頂有雲團圓而上雷起巖突電發墉蕃須臾之閒降
雨一境當共七司左廉謹郭敬里舌郭仙童賈口鄉望
焦德貞魏夷簡等父老光温古上詩賀公曰錦色陳川
后綵雨降桐鄉
又三季春四匣祈雨公至誠啓請如前是時雲從食門
山起俄而驟雨盈郊當共錄事隗宏允七司佐楊讜耿
格等里舌高𡷊裴李儼孫九兒坊舌郭貞郭口鄉望光
古賈祚等同祈
又四年春三匣時雨不晴農蠶有廢四匣七日共主簿
程列倉督張行璋佐郭敬李元里舌張機張纂張昱村
舌郭思敬乞晴應時獲霽得畢蠶麥始雨又臨夏雨多
至七匣七日共七司佐錄事隗允等乞晴十日當時雨
霽得如所願其日有瘦陶縣令尒朱昂寄䖏貝州臨淸
縣令簫裏輔
又秋八匣霖霖逾旬不得收刈邑老隗芝元王乖生請

公乞時冒雨而臨祠壇端笏啓請頃仰山河乞晴口姓
畢其收刈應時雨止共七司佐口守義張虔明廉思防
市史齊山里舌馬宏節
五匣十日前南岳齋郎趙不爲詩曰調弦敷廣惠濟物
被深仁
七匣廿三日文林郎王堅詩曰良宰多憂惻虔誠謁庶
神
文林郎王鉉詩曰雨似隨車至雲疑逐蓋飛
武壁縣尉成公簡詩曰隨軒感仁惠應日灑甘滋
成均進士李大寶賀晴詩曰陽耀求便灑陰霖請復晴

趙不爲喜晴詩曰晴暉疑兆夢甘液類隨車

丹青丞巫尤勗劉廷玉

鐫字庄新鄉縣高思禮

兩側

側厚七寸俱分三列書各六行行十四五字至二十字不等惟第二側下截三行行三字正書

鄉望等焦貞燕敏昭張温克魏師質懷州竹則市令孫

知仁倉督張行璋衛珪李仕瓚和思道張仁□尙□

丁節□□□□□□□□□□□智道傘太

□□□德吳安□耿機孫□藝劉文秀張欽哲高爾郭

雲副馬智瑜馮英素郭思敬鄭伏德卜舉

王仁德姚元覽王待昭楊思瓚張若士□□□守義

張處元王漢奴李□恪陳仁素廉思謹牛義昌吳宏遠

焦合惡張元眘廉思昉李元璋程元貞李元貞郭思古

齊元逸耿仁恪張元絢□悵生朱威里舌張知機張宏

慕張宏信周大明馬元節胡盆生曲敬賓趙思敬高延

斐曹嘉會楊文貞李智儼孫九兒張知昱隗宏景張思

忠郭仁本李元昉張令期李克一郭元敬王禮忠賈文

□馬允恭陸思福焦神言郭二朗郭宏福

鄉鄉望等張仁基郭感郭元琛曹師信孫師舉孫宏善

陳歸泰張仁胄孫遊藝□□□□□義雲趙元欽

巫仁方□□□李□□□□□功讚王振□□□

尙□□郭文爽□□感張八兒孫餘藝曹仁素李親仁

里舌郭仙童賈公瑾郭雲貞解思福李元隱申毛興焦

處安趙處基郭仁亮馬又兒樂魚兒周福佐史孫爽哲

張元昉馮智深馬仁靜

汴州寄庄唐思言

縣博士□智通史□毉博士殷思禮

孟惠□　温□□　曹二郎

百門陂者左傳僖十四年晉人又敗鄭師及范氏之師于百泉是也水經注云重門城有安陽陂次東又

得卓水陂次東有百門陂陂方五百步在共縣故城西太平寰宇記云共城縣百門陂在縣西北五里方五百步許百姓引之以灌稻田此米明白香絜異于他稻魏齊以來嘗以薦御陂南通漳水即其地也此碑引水經出自汲郡共山下泉流百通故謂百門會同于淇合流于海今本又無此語碑陰載祈雨晴有驗及諸人咏事詩句篆額曰百門陂碑中州金石記

右共城縣百門陂碑題云辛怡諫文張元琮記蓋辛製銘而張撰序與宗聖觀尉遲迥蘇許公諸碑同例魏書地形志共縣有柏門山柏門水柏與伯通又與

百通也碑爲縣令曹懷節禱雨有應而作熨升卽熨
斗漢隷斗作升行書蟬聯而上與升幾無别矣憶壬
中歲在都下見此碑於邵刑部闇谷所訪之三十年
未得項嚴公子子進購一本餉予爲之訢然而闇谷
已墓有宿草矣潛研堂金石文跋尾

按碑題曰衞州共城縣百門陂元和郡縣志衞州
屬河北道汲郡共城隷爲百門陂在縣西北五里
碑引水經注云百門陂出自汲郡共山下泉流百
道故謂百門太平寰宇記共山在共城縣北十里
闞駰十三州記云昔共伯復歸于國逍遥得意遊

共山之首沮洳山在縣西又据水經注淇水篇稱
淇水出河内隆慮縣西大號山山海經曰淇水出
沮洳山側頹波瀨注衝激横山山上合下開可減
六七十步巨石磥砢交積隍澗傾瀾漭盪勢同雷
轉激水散氛曖若霧合此數語雖述淇水之源大
致亦與百門陂相似也碑既述其地之勝又敍其
歷次祈禱晴雨之靈今河南通志載百門泉上有
威惠王祠禱雨有應殿色清輝金宣宗因改州曰
輝又衞源神廟在輝縣百泉之上肇建于隋稱靈
源公宋宣和間封威惠王似卽謂此碑之神也然

則碑所謂其廟有二古碑篆隷磨滅不可復視者
當卽自隋已來有之特所謂靈源公者碑無明文
志謂隋封語恐未確也碑紀縣令曹懷節祈雨事
起于長安二年通志名宦傳載曹懷節作貞觀初
任共城令則誤甚矣碑陰節取喜雨喜晴詩各一
二語附刻亦頌德政者擨格也

法門寺千佛碑

碑高四尺九寸廣二尺四寸五分刻千佛像陰及兩側刻涅槃經正書别無年月題記在扶風

涅槃經文不錄

碑面作千佛共二十五行行四十象有額額中作釋

迦坐象旁二大士侍立不詳何時所造其陰及兩側
書涅槃經内日月字作㫐𠥱疑是武后時製故附置
于此關中金石記

金剛經

摩崖高四尺二寸八分横廣八尺六寸共九十九行行四十八字正書在洛陽

經文不錄

碑字甚工中有而字疑武后時刻然寶刻類編有金
剛經云徐浩書在洛當卽此也以浩他碑證之字體
亦自相似黄叔璥中州金石攷云龍朔三年不知何
據中州金石記

按經文與世傳鳩摩羅什本不同盖元魏三藏菩提流支本也中多武后制字後爲心經知爲武后時刻

按經文與世傳鳩摩羅什本不同盖元魏三藏菩提流支本也中多武后制字後爲心經知爲武后時刻

金石萃編卷六十六

賜進士出身 誥授光祿大夫刑部右侍郎加七級王昶譔

唐二十六

陁羅尼經幢

石下截與後文皆斷缺此止就所存者計之橫廣三尺八寸高二尺五寸其行數字數無考正書

佛頂尊勝陁羅尼經 經呪序文俱不錄後俱仿此

按建幢序記姓氏年月俱泐無考今以經文中書體有天后所造字因冠於諸幢之首

系陽村經幢

幢高九尺六寸八面面廣八寸五分或至一尺七行八行不等每行七十八字正書在山東靈巖山

佛頂尊勝陁羅尼寶幢

維大唐開元九年歲次辛酉□□□□爲系陽村長者□□□□ 皇帝陛下四僧□□□代先亡法界蒼□□□□□□□□ 寶幢□□□□□□□□□授□□□□□□□□□登於彼岸□□□□□□□□□□系□□□□□□□□□□□□

比丘尼妙□比丘尼光□

比丘尼□□比丘尼□□比丘尼□□比丘尼□□

尼□□尼□□尼法□尼斑姐尼豊尙尼波

幢主馬□□妻□

比丘僧智斐□養　大幢主□成業妻□
幢主王□□妻□息□□　幢主□泰妻徐　幢主
□□□母王
施主許□□
比丘僧□金　幢主成亡考□□見存□□
幢主□□亡考□□□□□妻謝息□　幢主
□妻成孫男□賢　幢主王重□祖母亡考□□見
存□□
比丘僧□嚴供養　曹文度母□□□　幢
主□□□妻張　施主□思敬　施

主□□　施主宋□勤亡考□□亡妣王妻王□□
□
大幢主比丘僧□□　幢主□□□妻□　幢主羅
□□妻□　□□妻□　□布　幢主成□□　姜
崔　幢主尚□超　幢主□□□　施主鄧□□君
成　施主□□□
大幢主比丘僧□□　幢主□賨州□□□令□□
幢主馬心廉亡□□賓見存母

開元寺經幢

幢高七尺五寸八面每面廣八寸各七行行六十七字正書在隴州

佛說六門陁羅尼經
佛頂尊勝陁羅尼經
大唐開元十六年歲次戊辰十一月甲午朔八日乙
丑隴州汧源縣丞楊淡上爲　開元神武皇帝
下及法界蒼生夫人韓氏等敬造佛頂尊勝陁羅尼
石幢

文中有云諸佛剎土剎今又作剎唐釋元應衆經音義云剎字書無此字卽剎字略也剎音初乂作擦音察据此知刹剎□形皆剎之省寫而徐鉉篆剎字以爲說文新附陋矣此幢字畫精整爲唐時第一　關中金石記

按題名一行內敬造之敬字作敬不知何義附記于此

杜敏序銘幢

幢高六尺三寸餘八面每面廣九寸五分至一尺各九行行五十四字正書

佛頂尊勝陁羅尼經并銘
國子進士杜敏撰
孔子曰西方之人有聖者焉不言而自信不□而自理
豈非□□□也哉所言尊勝經□□□□而有攟□
之所念心口之所□必能左□□□□□□□莫□

梧□□□孝友□□□□十室忠信□□□□專諸
□□□□□□□□始至也□□□□□
元聖□□□□生豈惟□□色空□□魔妄而已爲
之銘曰
崇□者□□□□書寶□□自重□□□空□□
無□□□□□□□□□□□□□□
大唐開元廿七年歲次己卯七月辛卯朔十五日乙
巳佛弟子□□尉□□□張生□等建立尊勝
幢
□□□□□博前□□□□尉□□□□

□□張□□阿六□□邢□□衛□□王□□
十方□佛菩薩張七□□□□□□□□□
□□兌□羅□□□□□□□□□□禮張思
□□□□□立禮張□□□□□□□□□□
劉光張□

按此幢首有題唐朝將軍程上璧七字俗因呼爲將軍尊勝經幢但刻經文而無咒後有序銘杜敏所撰唐書選舉志開元五年始令鄉貢明經進士見訖國子監謁先師學官開講問義有司爲具食此進士隸於國子監之始也杜敏稱國子進士殆以此歟

吏部南曹幢

幢高六尺一寸共八面每面廣八寸第一面九行每行字數七十九八十不等行書其餘七面皆八行行六十六字正書在鄠縣艸堂寺

吏部南曹石幢頌并序

秘書省正字左光[illegible]撰序

醴泉縣丞尹廷祚撰頌

歸心者在乎信崇教者貴乎敬離情者在乎施故勇施則有慈能敬則知讓敦信則晤道大聖之善誘也如彼羣生之惠明也若此勤而行之則近矣何遠乎哉天官曹乩徵碎材選任庶職□□□□□□□也求而聚之

謂之會府銓以審其能曹以覈其實而後□□寔難其任所以置世人皆晧秀幹理者得之至於人吏殷奏考課繁積則分掌而决事矣有濮陽摯宗太原王彥昇廣平宋希朝扶風馬□□□□□□倩天水尹謙光等意珠獨照心鏡常明人貴其舊德順於□發自我淸淨之智也與同人朗徹之性也善起真念福生頣力相率以道相應以義將以爲善之於人也勸石之爲物也□善可常住石可不壞□□□□□□以成之建幢題經依教護法於交露精舍爲七寶□□每煙爐焚香汲罐

澡水果因心舉誠感通所以明空神持告天帝有請以大威力□宏誓願茲乃□之像教導之浮生也衆君子義以相□□□□□□□□府醴泉縣丞尹公才學特舉聲名早著作頌以美之其詞曰

昭昭象教懸大千兮藹藹吉人悟勝緣兮存質覩相周無□兮卽色知空□□□兮惟彼天官是司衡鏡□□□□□□正□□□□□無競發彼濤信歸於善性梵音宙秘重譯題經福惠生死罪除幽冥寶臺□揭鎮地□寧仰止遷善施于有形莫紀匪言莫堅匪石載□載□旣□釋近□□□遠□宏□□□□□□

□□

佛頂尊勝陁羅尼經并序

天寶元年九月建

彭城劉承恩專心句摩

按文云天官曹乩徵辟材選任庶職銓以審其能曹以覈其實所以置卅人皆時秀幹理者得之此蓋述吏部令史之事也乩借爲稽字唐書百官志武后光宅元年改吏部曰天官吏部有令史三十人幢記所列太原王彥昇廣平宋希朝天水尹謙光等似皆爲天官令史者也

興聖寺經幢

幢高二尺七寸八面每面廣六寸五分俱作兩截上刻佛像下咒第一面磨泐已盡其餘七面各五行行十二字至十五字不等正書在西安府

興聖寺尼決定等陁羅尼幢

前闕 南閻浮提震旦國娑訶世界大唐京兆府長安縣興聖寺尼決定春秋七十有七尼普義春秋七十有五卽已抽捨淨財敬造陁羅尼幢一所

佛頂尊勝陁羅尼咒

天寶五載九月十五日建立畢功

按此幢爲興聖寺二尼所建題云南閻浮提震旦國娑訶世界宛委餘編云佛稱中國爲閻浮提翻譯名義云震旦或云眞丹或云旃丹琳法師云東方屬震是日出之方樓炭經云葱河以東名爲震旦以日初出耀于東隅得名也又云娑婆訶或云娑訶此翻善說又云散去蓋總謂之東南中國世界也長安志唐京城朱雀街西第二街西從北第一太平坊次南通義坊西南隅興聖尼寺高祖龍潛舊宅武德元年以爲通義宮貞觀元年立爲寺此幢云是興聖寺尼所建當卽此寺也

司馬霜殘幢

幢上下皆缺八面每廣五寸各七行每行字數無攷正書在西安府

（上闕）□歲次丁亥十二月己巳朔廿八日建

吏部常選司馬霜篹文

（上闕）尊勝經咒伏願燈光照灼除黑暗之疑幢影參差滅

恒沙塑罪乾心稽首乃（下闕）

（上闕）破暗網兮樹燈光　願合家兮悅時康　千秋万歲

兮壽無疆

按歲次丁亥乃天寶六載也唐書百官志吏部司勳凡酬功之等見任前資常選曰上資司馬霜謂之吏部常選蓋上資也

開元寺經幢

幢八面高四尺八寸每面廣六寸六十四行每行五十五字正書在開元寺

天寶七載二月建造此幢□十一載十二月其幢遂向

□南傾倒衆共復修弁□□字列名如左（駱齊休題）

衛昇玉　楊小興　嚴□□　杜思順　趙季彦

趙□□　□　□□□　□□□　□□□

□□□　□□□　王從廣　□□□　□□□

趙秦璧　張□□　□□□　牛栖梧　成庭業

□　□　陳承暉　石金簡　駱□□　馮懷忠

陳思欽　董栖□　李萬碩　伏敬福　□　□

皇甫待進　綦毋銑　陳希□　陳曼光　韓崇光

郭　振　陳頴賓　姚令詵　賈　浚　韓日南

任万玉　宋　□　張必悲　吳　振　□□□

岐鳴鳳　馬□□　□□□　王敬臣　□□□

□□□　楊庭崗　曹明□　□□□　劉希覽

李庭暉　□□□　王天賊　李元忠　楊□□

孫元英　張　清　張　□　王嘉彦　王楚璋

傅　□　楊　舒　□□獻　□□□　常崇簡

高景賓　馮　□　孫□慶　武　芝　劉　□

孫良賓　朱楚璿　朱　利

院外施主□俊　崔　□　□□□　劉對敭　張

子希　趙嵩岳　□□□　楊嘉俊　路遊秦　楊

澄之　盧□□　薛　珣　高□仙　聶　晟　呂

□□　張栖華　李湛然　□□□　□□□　長

孫皎　張　詮

潘母趙五娘

張少悌書幢

碑八面高二尺六寸八分共廣二尺八寸三分二十四行字數二十五至二十八不等行書在西安府崇仁寺

佛頂尊勝陁羅尼神咒

集賢院待　制張少悌書
天寶七載五月十五日建
燈臺主中散大夫守內侍上柱國賜紫金魚袋太原
縣開國男王尙客
朝議郎行內侍省內謁者監員外置同正員判內僕
局上柱國姚承口
朝散大夫行內侍省內謁者監員外置同正員上柱
國李孝忠
朝請郎行內侍省掖庭局監作員外置同正員楊敬
順

寧遠將軍行左驍衛平陽郡冀城府右果毅都尉員
外置同正員直內侍省內僕局上柱國張如意
直宮果毅王待慶　部知什　孟　徹
駕士長上魏文崇　閻光嗣　楊廷崇　陳千口
扶車長上張景仙等六十八

余所收尊勝咒石幢凡八紙其一爲張少悌行書清圓秀逸蘇靈芝輩不及也在崇仁寺經堂前以木柵罩之一字不損其一正書無名方整森嚴全習信本而結法稍不如在牛頭寺其六紙或正書或行書都不作惡札然不無遜其腕力也石墨鐫華

尊勝陀羅尼石幢天下多有不具載此以少悌之名而存之金石文字記

西安府崇仁寺陀羅尼石幢唐天寶七載五月建張少悌書所題職名有駕出長上扶車長上按唐制兵部尙書選驍勇材藝可爲統領者拔其尤令宿衛目曰諸色長上有一日上兩日下者有五日上十日下者若長入長上取形軀六尺六寸以上者充之則每月隨仗下隸左右監門衛者也又有直長長上長孫温充尙儀直長李嗣福充監門直長李善充尙輦直長上周先孝充左羽林軍長上見于新書宰相世系

表外河渠署有長上漁師此云駕出扶車殆皆宿衛士矣曝書亭集

右幢小而方額作八佛像題云佛頂尊勝陁羅尼神咒天寶七載五月建集賢院待制張少悌行書後列燈臺主中散大夫守內侍上柱國賜紫金魚袋太原縣開國男王尙客及姚承慶李孝忠楊敬順張如意四人皆兼議郎朝散將軍其後則直官果毅駕士扶車王待慶等六十八人李唐晚季制于家奴天寶開元已兆之矣金石錄補

按崇仁寺在西安府城西五里陝西通志隋高祖

子秦孝王施宅建爲濟渡寺唐貞觀二十三年太
宗上賓高宗徙濟渡寺於安業坊之修善寺而以
其處爲靈寶寺盡度太宗嬪御爲尼以處之復徙
隣之道德寺於休祥坊之太原寺而以其處爲太
宗别廟至儀鳳二年二處併爲崇聖寺唐進士櫻
桃宴在崇聖寺佛牙閣即此明成化十三年改額
曰大崇仁寺俗呼爲金勝寺寺有石幢尊勝神咒
張少悌書張少悌兩唐書無傳金石錄但載王四
娘塔銘一碑爲張少悌行書而不及此碑則知金
石錄收碑亦未備也幢後題名結銜皆內官其官

品與階勳爵皆不一首云中散大夫守內侍上柱
國賜紫金魚袋太原縣開國男王尚客唐六典內
侍省置內侍二人今加至四人光宅元年改內侍
省爲司宮臺神龍元年復爲內侍中官之貴極于
此矣若有殊勳懋績則有拜大將軍者仍兼內侍
焉今王尚客之官不爲不貴然其階曰中散大夫
是正五品上也勳曰上柱國是視正二品也賜紫
金魚袋是從五品服也爵曰開國男是從五品上
也其不一如此次曰朝議郎行內侍省內謁者監
員外置同正員判內僕局上柱國姚承口朝議郎

是正六品上內謁者監是正六品下也員外置同
正員者在太宗定制七百三十員之外者也內僕
局掌中宮車乘之事有令有丞令正八品下丞正
九品下此但云判內僕局不知是令是丞要是六
品官而判八九品事者而其勳則視正二品之上
柱國又朝請郎行內侍省掖庭局監作員外置同
正員楊敬順朝請郎是正七品下掖庭局監作從
九品下掌監當雜作典諸工役是以七品階掌九
品事也又寧遠將軍行左驍衛平陽郡冀城府右
果毅都尉員外置同正員直內侍省內僕局上柱

國張如意寧遠將軍武階正五品下左右驍衛光
宅元年改曰左右武威此在天寶時仍作驍衛者
殆已復舊也衛有上將軍從二品大將軍正三品
將軍從三品此但云行左驍衛不知其何官也唐
書兵志載貞觀十年更號統軍爲折衝都尉別將
爲果毅都尉諸府總曰折衝府凡天下十道置府
六百三十四凡府置折衝都尉一人左右果毅都
尉各一人元和郡縣志晉州平陽郡禹貢冀州之
域武德三年爲總管府四年爲都督府貞觀六年
廢府復爲晉州此云平陽郡冀城府不知何年復

置府也觀張如意結銜正即六典所謂拜大將軍仍兼內侍者也魏文崇謂之駕士長上張景仙等謂之扶車長上曝書亭集誤識駕士爲駕出疑以爲皆碻衛士然六典載太子內坊有駕士六十人則非碻衛士矣又所引長上本六典兵部碻衛官長上之制令考六典云宮闈令掌侍奉宮闈凡宮人無官品者稱內給使若有官及經解免應叙選者得令長上其小給使學生五十人皆總其名籍以給其糧稟此幢所謂長上殆即指此似與碻衛官之長上別也扶車長上則六典及百官志俱無考

楊愼行書幢

幢高四尺四寸八面每面廣九寸五分各十行行四十五字正書在登封永泰寺庭東

尊勝陁羅尼經

宏農楊愼行書

大唐天寶九載歲次庚寅八月丁巳朔廿九日乙酉建

述曰施主清河張超幷妻彭城劉氏歸依三寶□□□□男離滿出家願依□此□□□□□□所以表愛子之□心荅 和上之慈造又願十代先亡同霑勝福四□□□□□□□□

在會善寺庭東題云佛頂尊勝陀羅尼經前有序文無書人姓名字多剝落其可識認者無幾大約持此咒除罪業破穢惡幢首兩言盡之矣 唐時重此經而刻必於幢不獨嵩寺爲然亦一時習尙也說嵩

幢在永泰寺殿庭中東西各一幢八角庭東幢與西小異刻陁羅尼經字頗漫漶又按金石刻考略永泰寺尊勝咒石幢在寺內庭東天寶九載立劉青藜謂西幢即嵩山隱士高岑書金石攷

石燈臺經咒幢

幢高二尺六寸八面每面廣五寸五分各五行行二十一字至二十五字不等正書

佛說施燈功德經

佛頂尊勝陁羅尼咒

上爲 皇帝下及蒼生敬造石燈臺一所其銘幷序

常聞妙覺空寂福潤四生 帝德無垠包含萬有僕恭念累稔無方奉荅乃攬諸□義可建以炬幢遇良匠運奇巧班輪豈能說其妙遂盤石開蓮彫星寫月神仙皷樂天梵飛香刻眞相具三乘寶身勒金偈說十種功德不日而就立乎此方乃爲頌曰

聖智深妙體用無量現之巨海湧於毫末隱之須弥滅

於芥藏行藏若是廣刹含識瞻仰圍遶名傳淨域寶燈
建兮有時刲石壞兮無虧表凡愚兮敬作惟聖者兮所
知

乾元二年歲次豕亥月建兎卯廿六日癸亥建

按此幢前刻佛說施燈功德經後刻佛頂尊勝陁羅尼咒而以頌附焉經言施燈能令衆生得無量光明所獲有十種功德故與尊勝咒合刻爲一幢末題歲次豕亥者乾元二年巳亥歲也月建兎卯者二月建丁卯也是月戊戌朔故廿六日爲癸亥

高岑書經幢

咒刻靈運禪師碑陰二十行行三十六字正書在登封永泰寺庭西

尊勝陁羅尼咒

嵩山隱士高岑書

刻於靈運禪師碑陰題爲佛頂尊勝陁羅尼咒觀世音菩薩說普賢行願金剛場三昧陁羅尼經摩訶般若波羅密眼咒法嵩山隱士高岑書無年月筆下似不經意而有風致 嵩說

僧志遠經幢

幢稜缺高六尺一寸僅存三面每面廣七寸五分各八行行五十六字年號及銘在下截字數無攷正書

上□□□以上元二年□月□□日男僧志遠□□慈

□□□□□□□□□□□□□爲銘曰

上闕□□□石□闕巍巍特立闕□□□闕□□□

闕宗□□□闕高名□□闕

男僧志遠闕

□□珪闕

二娘 □娘闕

撿挍人□闕

□□□□闕

□□□□闕

□□□□□闕

□□□ 男□□闕

女大娘 女六娘 □闕

二新婦 三新婦 女聟闕

女聟宋光賓 孫義闕

義□ 魏州闕

□希古闕 弟妻□闕

宣化寺殘幢

幢僅存下截高三尺一寸八面每面廣五寸三分各四行每行字數無攷行書在宣化寺

沙門覃素述 書

上闕之寶幢者粤若故尼大德諱元眞俗本姓李長安人

也□□下闕□改四分毗尼每至朔月長宵□□大悲之
秘旨洎永泰元年下闕□□自一居花宮□餘載精究□
□□□住持遐邇欽風士庶下闕□月十一日示滅於宣
化寺之精□□□六十二僧夏卅二卽下闕□寂早歲聯
師情深水乳結菩提　勝侶嗟存殁而俄乖弟子下闕曰
上闕□予燈不絕兮傳秘旨悲法舟兮沉逝水建茲幢兮
響芳美

彭城徐公□□字

按文云僧夏卅二謂出家四十二年也釋氏以夏
臘紀年不云臘卽云夏荊楚歲時紀云四月十五

日天下僧尼就禪剎掛搭謂之結夏李洞題維摩
上人詩云諸方遊幾臘五夏五峯銷

康玢書經幢

幢高六尺二分字二面廣七寸共十三行行六十餘字不等行書額篆書左行

佛頂尊勝陁羅尼幢銘

林野僧昔眞撰

布衣康玢書

粤惟尊勝者佛也陁羅尼者法也敬知佛法高妙最勝
最尊四生不測其源三天罔觀其相勝妙無極將喻佛
頂也如來爲善住天主所說滅七返之深殃朽骨蒙霑
息三塗之苦壽自我法王韜逝滅跡金河後有天竺一梵
僧佛陀波利是應眞菩薩傳教東來至永淳二年重屆
唐國聞奏　大帝天下流傳標幢相於長衢操銀
鈎於金偈拂塵影者滅罪恒砂況乎受持鐫題書寫大
矣哉衆法之王妙矣哉人天敬仰厥有信士黎城縣尉
曹公委佛法不思議焉遂刻記妙幢茲亡女之靈矣惟
亡尼惠寂稟承靜命童眞出家學戒□乂未嘗進具稟
靈梵網從政法生持誦維摩法華以爲遊神之苑也後
廣德二年十一月忽爲北狄侵淩南奔雲騎朱旗□電
玉劒如霜揮霍目前潛身無瑕惠寂因恐墜井殁焉臻

嘗收焚灰散諸寺嗚呼邑我法寶落我眼光痛割吾心
傷汝非命至大曆六年十月十四日招魂想念建幢於
縣西北堯山鄉遷座於六井古社壇之東左臨大路敬
崇畢矣其狀也玉柱楞層聳湧青蓮之上金鈴晃曜璨
垂化塔之傍內雕寶像之容外刻陁羅之咒平座鎮勢
雄之地峯珠輝大梵之天嗟乎逝川有舟夫何往而不
敏其詞曰
妙哉佛頂雄乎大聖夜竪明燈昏途寶鏡逝者乘兮靈
光所壽生兮淸淨入佛剎歸眞境贖玉質兮無形悲寶
幢兮有詠

大唐大曆六年歲次辛亥十月癸丑朔十四日丙寅
建
前潞州黎城縣尉曹秀臻爲亡女京修慈寺尼惠寂
及法界蒼生敬造
幢主臻妻馮翊雷氏
□臻兄秀同　弟秀成　男英□男多寶　男應奴
男曩子　孫女矜娘　孫女八八

按此幢爲修慈寺尼惠寂建也惠寂爲黎城縣尉曹秀臻之女廣德二年十一月寺遇狄奔惠寂墜井而死至大歷六三其父乃建幢以紀其事唐書

代宗紀廣德二年八月癸巳吐蕃寇邠州至十一月乙未吐蕃軍潰京師解嚴河西節度使楊志烈及僕固懷恩戰于靈州敗績云云幢所紀惠寂殉井卽此時也

□震經幢

幢高六尺五寸八面每面廣七寸作兩截書上咒共三十一行字甚剝蝕每行約十七八字下讚并人名共四十行行三十餘字行書

佛頂尊勝□□□□

佛頂尊勝陁羅尼石幢讚并序

開府儀同三司試秘書監使持節鳳州諸軍事兼鳳州刺史兼御史中丞充興鳳兩州都團練使同山南西道節度副使上柱國□□縣開國侯□震敬造并撰文及書

夫實相眞□□□色取導引羣品必假有爲故庶類歸心□修淨域非□於此中便爲正□□覩相生□□葢於萬分佛頂尊勝陁羅尼幢者濟□海□□□□慧□□震顧惟不□□□□邊□□□而有謀𨕖　元□之宏備遂因務□躬詣他山名工人斲貞石□報德建兹幢□□□之塵堅增崇於丘岳□區區□志庶毫末於□□才□色□翰懃垂□但以虔心願切不敢請於□

能輒握管以自陳明懇誠而力竭讚曰

探石建幢□旌　聖教湛然清淨洞□元妙香風扇□慧炬移昏有爲之路□善之源齋心刻鏤樹□□□綿連日影拯濟諸苦凡曰含靈求惟斯祚

都團練判官前試大理評事孫觀
都押衙兼先鋒將朝議□□□□□□□琦
押衙左金吾衛大將軍試太常卿齊國珎
押衙兼右二將左武衛翊府中郎將康□
押衙□□□□試鴻臚卿胡□
押衙守左金吾衛大將軍李進□

都虞候兼□□將□□鎮軍副使銀青光祿大夫試
太僕卿李忠諫
防禦將寶應功臣開府儀同□□試太常卿康□□
□
都遊弈將寶應功臣雲麾將軍守左□□□□將軍
上柱國蓋意
左虞候左金吾衛大將軍試太常卿權□□
右虞候左金吾□大將軍王朝□
河□鎮遏□四將開府儀同三司□鴻臚卿曹昇俊
右四將□□臚卿李景鶴

河□都遊□□□□
□二將副將□□衛大將軍試鴻臚卿董沔
□二將副將□武衛大將軍劉庭晃
左四副將左金吾衛大將軍試光祿卿鄭恒榮
□□副將左金吾衛大將軍權□□
□前先鋒□□左武□大將軍試太僕卿□□□□
□□□試太常卿李昇岳
唐□遊弈將試光祿卿□□
梁□遊弈將左武衛翊府□□將呂□
□□遊弈將試太常卿□惟新

威蕃堡□□金吾衛大將軍吳超
□□副將□金吾衛大將軍路懷□
朝散大夫行司馬□□□
試左金吾衛兵曹參軍攝錄事參軍史□
試司倉參軍竇□□
□□司□□軍李□
試左衛□□□□攝司法張□
攝卅□□□□□□
攝□錄事樊士白
□□□□□佺

朝散大夫試太子中□□□兩當縣令趙道明
□□□□縣丞□□□
前□通州禾□縣尉攝□□縣丞劉□景
□兩當縣尉魏元靜
前判官權廣進
都虞候判官史□褒
朝散大夫前兼別駕史處□
兩當遊弈將試鴻臚卿李庭
□前□管□光祿卿邊暉
總管□武衛大將軍□□璧

子將試殿中監□王斌
子將試光祿卿麴宗
虞候□太常卿□暉
試光祿卿康寧
左金吾衛大將軍王隱朝
左金吾衛大將軍宋承恩
試太常卿邢端
試太常卿李□
試太常卿任
試太常卿翟□

試少府監王嘉□
左金吾衛將軍□□暉
右司□率府率□光□
朔州尚德府折衝□懷□
左二將□□前□虔州長史李尚林
□二將判官左司□率府率蕭□
左□將判官少府少監□□
□四將判官□□□少府折衝□□
右四將判官□州□□府折衝□□□
□□虞候試太常卿□□□

左二將虞候□太僕卿□□
右四將虞候試太常卿□□進
左三將虞候朔州尚德府別□呂幹
右四將虞候□□□率府率陳孝
□四將虞候試太常卿郭朝
朝議郎行黃花縣令成子良
□□□明威將軍王□
□□官前宋州參軍程温良
□□官杜□
左武衛大將軍李秀

左武衛翊府左郎將吳章
左武衛翊府左郎將□□
權□開元寺上座□□州□𡈼寺僧神邈
寺主□□
都維那□眞
□□□□ □□□□□
銀青光祿大夫試太常卿賜紫金魚袋上柱國史大
海
大唐大曆十三年歲次戊午二月戊寅朔十八日乙
□建立

按此幢爲□震造及撰書泐其姓前題銜曰開府儀同三司從一品喈也曰試秘書監從三品官也曰使持節鳳州諸軍事兼鳳州刺史唐書地理志鳳州河地郡屬山南西道曰兼御史中丞正四品下此疑是由刺史還朝兼此官也曰充興鳳兩州都團練使同山南西道節度副使興州順政郡與鳳州同屬山南西道團練使之職以安民爲上考懲姦爲中考得情爲下考其官有使有副使判官推官巡推衙推各一人然未見有所謂都團練使也節度使之職以銷兵爲上考足食爲中考邊功

爲下考其官有使有副大使知節度事行軍司馬副使判官支使掌書記推官巡官衙推各一人又有同節度副使十人此即碑所謂同山南西道節度副使也文獻通考載唐時置節度者安西北庭河西朔方河東范陽平盧隴右劍南嶺南其後有淮南河南江東成德宣武鎮海義成淮寧彰義義武奉義忠武武寧永安天平河陽歸義戎昭義昌山南俱置節度使而山南亦只襄郢唐鄧有之是在山南東道此山南西道與鳳兩州之置節度而有副使不知始於何時史無考也幢讚後題名有

官位者七十五人其尋常官名無庸詳攷又都虞候虞候應爲十六衛所隷而六典唐制俱無考惟文獻通考載殿前司官有都指揮使副都指揮使都虞候使副都虞候掌殿前諸班直及步騎諸指揮之名籍及訓練之政事在宋前則爲唐制而未詳其始于何時據碑則大歷年間已有此制也餘如所謂押衙都押衙防城將都遊奕將左右二將四將子將諸名目稽之六典唐書文獻通考諸職官兵制皆無明文惟舊唐書職官志載秦王齊王府官之外又各置左右六護軍府其左一右一左

二右二左三右三護軍府各有別將十人六人不等（張琮碑所稱左三總管或亦同此）或者左二將右二將即左二護軍右二護軍府中之別將亦未可知然但爲左右六護軍則左右止於各三不應有左四右四將其非此護軍府將明矣押衙二字惟見於舊史憲文太子傳有金吾天子押衙之語說詳後碑子將二字見宋沈适詩云別分子將打衙頭然亦不解其何義也姑識以俟博考其曰寶應功臣史志亦無明文惟見於文獻通考引愧郯錄云階勳功臣檢校唐時析而爲四代宗以射生軍清難而有寶

應之稱德宗以涇軍煽逆而有定難之號後隨事而賜亦無定名故唐之有功者或叙階或賜勲或加以撿按或寵以名號云云據此則功臣之號所以寵有功而寶應之稱始見於代宗矣此幢建於代宗大歷十三年而有寶應功臣號者二八殆即射生軍清難功臣中之二八歟

元惟清書幢

幢高六尺九寸四分八面每面廣七寸五分作兩截書上截各七行行七十二字其記及人名並在下截正書

佛頂尊勝陁羅尼經

右内率府率員外置同正員元惟清書

唐貞元十八年五月景辰十七日壬申奉爲

國建立

廣平郡程元輔刻字

都勾當造幢文林郎試左武衛兵曹叅軍仍賜都騎

尉王忠信 此以下俱書在下層

同句當官元從陪戎副尉守左衛朔州尚德府折衝

都尉同正上柱國賜紫金魚袋□□□

元從陪戎副尉守左衛朔州尚德府折衝都尉同正

上柱國賜紫金魚袋鄭元信

施主侯朝貢 孫承晧 裴太淸 范□ 闕 孟

進昌

判官儒林郎守内侍省宮□局令員外置同正員劉

如江

判官元從興元元從朝議郎行内侍省内給事 員外

置同正員上柱國賜緋魚袋符昇朝

副使元從興元元從銀青光祿大夫行内侍省 内侍

員外置同正員兼内給事上柱國食邑五百戶 吳縣

開國子賜紫金魚袋朱如寶

時元和十三年二月廿七日奉

勑内園戶坊宜令移於割□□□□□安置 戶坊

約有五百餘家起三月一日准 勑移即□□ 内移

畢本戶坊佛堂三所共於此地置一所焉其佛堂五

月中旬竪立至六月中旬畢功功匠之徒不可 具載

也

專句當都知楊倫

判官掖庭局監作素和侹

判官内府局丞劉昌㞐

判官内府局丞郄承俊

前副使掖庭局丞賜緋魚袋呂義忠

副使內寺伯賜緋魚袋宋守義
使內給事賜紫金魚袋楊
院主比丘尼澄寂
院主沙門□□　同院僧義眞
施主官䢼進朝
□□□□□□

按此幢初建於貞元十八年題名者率內官而有元從陪戎副尉元從興元元從等銜唐書德宗紀興元元年二月甲子李懷光反丁卯如梁州五月戊戌復京師六月癸丑以梁州爲興元府七月壬午至自興元辛卯大赦賜百官將士階勳爵收京城者升八資貞元元年八月甲戌李懷光伏誅十一月癸卯大赦賜奉天興元扈從百官收京將士階勳爵又兵志云德宗幸梁還以神策兵有勞皆號興元元從奉天定難功臣恕死罪此幢所稱元從興元皆內侍省官則當時加號者不止於神策兵矣下刻元和十三年二月廿七日奉勅內園戸移子鄽下安置凡移者約五百餘家而置佛堂一所因記其歲月於前題之後此勅憲宗紀所不載長安志皇城內外亦不載內園之址無從詳攷此幢

所在不知是何地名是何寺院且不知移園戸時并此佛堂經幢移建他所抑或園戸自他所移來就此有幢之所而重立佛堂皆不可知後列銜名亦皆內官而院主施主並附於後

緱氏縣殘幢

幢已斷止存上半七面每面廣六寸各五行每行字數未考正書在緱氏縣壽聖寺

緱氏縣大游□□□
氏女
次男守□□
孫男□
次孫男□□　□□□
次男守能　妻趙氏　左氏　孫男用和
次孫男文□　□□氏　□□郎
次男守乂　妻馬氏　孫男繼德
一女□姑　時聖中

金石萃編卷一二六　唐二十六　三

僧惟新等經幢

幢高六尺八寸八面每面廣六寸五分各七行惟第八面六行行六十餘字至七十餘字不等行書

佛頂尊勝陁羅尼經
般若波羅蜜多心經
唐元和四年己丑歲八月癸酉朔三日乙亥弟子僧

惟新　彝貞　士孚　子滦　履冰　光瑨　從儉
旨牧等先修建造　子野　尼弟子義陽寺妙行
覺悟寺講四分舊疏教授律大德常政大師元和
十二年歲次丁酉二月辛卯朔一日於永興里廣福
寺遷化九日己亥法葬於此記
義陽寺大德智倫　覺悟寺法相　惟閏　三昧
元素　深義　妙仙　增一　龍花寺妙理

衛洵讚經幢

幢高七尺二寸八面每面廣六寸各七行行七十字至八十餘字不等讚四行刻在第八面下截正書

佛頂尊勝陁羅尼經

元和六年歲次辛卯二月景寅朔廿四日己丑奉為
國建立

佛頂尊勝陁羅尼經石幢讚并序
文林郎廬州廬江縣尉衛洵述

眞如至言大僊妙說一句一偈千袠萬緗殷勤破煩惱
之門曉了示慈悲之行尊勝陁羅尼經者光揭日月功
貫生靈□□□□與京得彼岸於斯為盛昔如來為諸
天說善住消七返之殃帝釋親啟德音波利傳乎秘密
粤有內侍省衆寮等悟佛知見信佛勝因虔是念於有
為眞我躬之無咎謂貝葉之速朽不足紀其言謂捲石

之至貞可以刻其字於是捨清俸鳩金錢徵良工琢貞
堅鑱丁丁以火發刃戛戛以氷裂以元和歲在單閼月
臨太蔟十有五日庚戌之所建也從此幢前香起石上
塵飛落輕衣以拂灾歷諸境而戢殺元功□□銘曰
大覺妙力　尊勝其強　增壽益齡　夷灾殄殃　六
趣之□　七返之□　聞我一言　熱得清凉　火為
蓮池　獄作天堂　迹言非謬　證自梵王

大中六年二月八日再立

按此幢上刻經文是元和六年二月所刻下刻讚
語亦元和六年文云元和歲在單閼太歲在卯曰
單閼正元和六年辛卯也文下云月臨太蔟則正
月之律是刻讚在先刻經在後矣考通鑑目錄辛
卯歲正月丙申朔十五日為庚戌與碑合末云大
中六年再立是距辛卯歲又四十二年矣

那羅延經幢

幢橫廣二尺五寸高一尺三寸五分三十二行每行十六字正書

佛頂尊勝陁羅尼咒
大唐元和八年癸巳之歲八月辛巳朔五日乙酉女
弟子那羅延建尊勝碑打本散施同願授持

唐刻此經甚多惟此為沙門不空所譯首云曩謨郎

今所云南無也或稱曩莫並同縛音无可反者春秋
左傳音義釋其縛舊音扶臥反扶臥與无可同也抳
音尼整反者如叹呢之呢二合呼爲納銘銘整聲相
同故也其作譏卽與揭同賀卽與呵同其稱娑婆呵
爲娑嚩賀攷古本無婆字此故以嚩爲婆此釋氏對
言之法亦不謬于古人音讀之正也　釋家書多于
字旁加口此咒誦之說也如嚩字之類道家書多于
字上加雨此符籙之說也如霛字之類見宋陳景元
上清大洞真經玉訣音義所謂出唐史崇一切經音
義者是也唐時有兩一切經音義僧元應所著者爲

釋書音義史崇所著者爲道書音義兩書引據多古
書雖爲二氏之學其于博雅猶不遜陸德明經典釋
文余每欲合而刊之以供同好也菩薩二字皆以艸
爰名本曰菩提薩埵華言之曰覺有情也其薩卽薛
字唐元應一切經音義云菩薩本作扶薛宋張有復
古編亦云薛別作薩非唐人書薩猶作立下主此碑
亦然自宋以後乃改從產形矣古無那字卽郍字也
說文云安定有朝郍縣令朝郍之郍亦作那今郍讀
如含反那讀諾何反居然分爲兩字此刻那羅字體
作那猶不失古人之意唐劉晏云字唯朋字不正葢

朋之古篆爲𦨶依形而書勢不能不稍存欹仄今人
則皆正書之矣如那字例得正書今人則反作欹仄
之形唐人去古未遠于本字之義猶可近求故能不
戾于古人若是關中金石記

按此幢專刻陁羅尼咒前題女弟子那羅延建尊
勝碑打本散施同願授持那羅不知是那姓抑是
郍羅複姓檢通志氏族畧諸複姓條不見有那羅
氏打本之打唐韻集韻俱都挺切訓擊也六書故
都假切正韻饕打字通音當作都那切又楊愼曰
尚書撻音入聲又轉上聲俗用打爲撻葢打與撻

皆是擊義今人言碑本有曰搨本集韻搨摹也唐
書百官志宏文館校書郎二人有搨書手筆匠三
人葢用紙墨磨摸古碑帖曰搨又曰拓本李山甫
詩一拓纖痕更不收註云大歷四年崇徽公主道
汾州以手掌拓石壁遂有手痕今靈石有公主手
痕碑聽謂撻可轉上聲音打則搨拓亦可轉上聲
音打也打本是中唐人語前此未見

涇陽縣經幢

幢八面高六尺六寸六分每面廣六寸四十五行每行約十字正書

佛頂尊勝陁羅尼咒

涇陽縣觀□□□像□□□□□於仙同鄉先代
和尚塔院先□□□□□尊勝陁羅尼幢一所
弟子僧義肅　義倫　義端等三人
長慶元年十月廿八日建造

湛大師經幢

幢高五尺一寸八面僅存四面廣各五寸共二十六行經每行七十字銘則四十七八字不等行書在終南山楩梓谷

佛頂尊勝陁羅尼經

故□□□□□□大德惠澄□□□幢銘

夫□□□□□□不能□□其光秦臺寶鏡萬像不能

增□其明道元體□□□□□著光自□□□有
大師俗姓員釋号湛□族本□□朝邑人也天□□生
地靈秀出體閑温□□養冲和童齓□□□□長學
道□□□依戒律聽聞四□□□秉□□□□歲於□
□□過薦福寺大德明觀和尚開三階之奥理示一性
之法王敷普□之□演收慈之本乃悟六入趣精□□
□□遂舍□□方就普利□□傳授無我無人食任精
麁一衣一納觀公謂曰吾久住皇州欲□汝法流外於
是大師隨侍□適蒲城誘迷降□□□□□□□餘
周復遷□□封送終□□畢□□蘊藉功著妙義□道
□□□□佛主□□□□□法界□□畯□□□聖
貞元十四載□□□寺舉充三學大德届于住持日往
月來廿三載內觀實想外傅經文□益□□至終南梗
梓崗側殂歸松柏之下備儀安厝建立寶幢門□慟楚
法侶悽然痛道樹傾摧法舟淪覆攀慕難及乃爲銘曰
善哉大士幼懷高□頓捨繁華猛登初地承師稟授一
周二紀善任他收惡當巳示衣惟一納食非重味戒律
內持威儀外備有無雙遣□智俱亡本體清淨大乘法
王言說現相如如我常羣迷導引苦海津梁三學教授
一燈傳光醍醐灌頂甘露溠腸緣□時遠亦歸圓寂祖

城終南神宜就涉門人攀戀法侶哀戚原野蕭蕭雲煙
□□刊石建銘千古遺跡
寶曆元年四月二日建　曹□□書
門人惟□　□□惟□　智　國珎　智藏
智滿　□榮　□□　亮楚　法成　靈演　員□
眞顯　勝緣　靈秀　□義　優曇　智□　賁眞
□□

鐵塔寺幢

幢高四尺二寸五分八面各廣六寸分刻陁羅尼咒二一四面面四行行三十字一四面面五行行三十五字左行正書內第五面剝落殆盡在廣州府光孝寺

千手千眼觀世音菩薩廣大圓滿無礙大悲心陁羅尼
神紗章句
寶曆二年歲次景午十二月一日法性寺住持大德
兼蒲澗寺大德僧欽造書欽造閬川人
同經略副使將□郎前守辰州都督府醫博□廬江
郡何宥則敬爲亡兄節度隨軍文林郎守康州司馬
宥卿造此大悲陁羅尼幢
按此是大悲心陁羅尼咒非尊勝陁羅尼經也說
見後題云同經畧副使前守辰州都督府醫博士
唐書兵志唐初兵之戍邊者大曰軍小曰守捉曰

城曰鎮而總之曰道諸道皆有經畧軍而道有大
將一人曰大總管已而更曰大都督又百官志都
督府有大中下三府各有都督一人醫學博士一
人大府從八品上中府下府正九品上此題辰州
都督府不知是大府抑中下府而經畧之有同副
使史亦未詳
徐智端刻幢
幢高六尺三寸五分八面每面廣六寸二分各五行行五十六字行書
佛頂尊勝陁羅尼咒
千手千眼觀世音菩薩廣大圓滿無礙大悲心陁羅尼
咒
大和三年七月十八日建
徐智端刻字
董府君經幢
幢高五尺七寸八面面廣六寸行書
佛頂尊勝陁羅尼經序
佛頂尊勝陁羅尼經
大和六年歲次壬子二月癸卯廿三日丙戌男瑾爲
父建立
建幢記序

夫老釋之教本乎利於人故廣其門而論於衆得其門
者尚鮮矣曰有故右神策軍襄樂防秋同正將兼押衙
銀青光祿大夫檢校太子詹事上柱國董府君　公諱
叙洞達至理敬崇佛書積善成家慶流于後有嗣子曰
瑾未冠從仕信義已立孝□□□　闕　瘵之際勵□度家
殯儀所須完□不貲卜筮叶吉窆于斯原卒哭之前建
事云畢　夫人夏侯氏漣泣喪次撫孤訴天緬　公之
平生非善不作思契神路唯福是先乃命工人斵貞石
峯勢屹立斯幢告成亦以爲至哀飾也故秉筆書事貽
乎□□□□　闕

維彼□人維善是親如影如響昭昭福因　公之歿代
星歲□改令子承家慶餘斯在　精魂悠悠莫知何求
緬濟神路斯幢乃修　□名狀壁□□閒飾熒熒光光
頂戴盧碧　松栢蒼蒼龍虵乱行貞石孤立直墳之陽
斯幢之妙幽明有□万古□□□□□

按此幢乃董府君叙卒後其夫人夏侯氏洎其子瑾痛府君之亡乃於葬後建此幢以記之文稱府君官右神策軍襄樂防秋同正將兼押衙唐書百官志十六衛有左右龍武左右神武左右神策號六軍又兵志載上元中以北衛軍使衛伯玉爲神策軍節度使鎮陝州初哥舒翰破吐蕃臨洮西之磨環川即其地置神策軍及伯玉屯陝時邊土陷蹙神策故地淪沒即詔伯玉所部兵號神策軍後以軍歸禁中永泰元年吐蕃復入冦魚朝恩又以神策軍屯苑中自是寖盛分爲左右廂遂爲天子禁軍此神策軍之原委也軍官之制史不甚備既有同正將則必尚有正將矣襄樂當是地名防秋見新史陸贄傳云西北邊歲調河南江淮兵謂之防秋押衙見舊史惠文太子傳朱融謂金吾將軍邢濟曰今城中草草闕外近冦憑陵若何濟曰我

金吾天子押衙死生隨之安能自脫云云然則董府君以右神策軍中官而出爲襄樂防秋同正將所謂兼押衙者乃防秋軍中之押衙想軍營亦有押衙之稱也然府君是環衛官而下文官階勳又云銀青光祿大夫撿校太子詹事上柱國似是武兼文職唐時有此制六典諸書未之詳也

僧无可書幢

幢高六尺二寸八面每面廣六寸各七行行七十四字正書在西安府百塔寺

佛頂尊勝陁羅尼經

白閣僧无可書

幢後銘

內供奉僧叡川文

於戲行年比丘尼願□　三階教大禪祖荼毗林畔

先大師荼毗所哀慟樹是明幢比丘叡川爲其銘　師

姓耿氏諱揔靜年五十四夏卅四大和五年正月廿六

日長安縣羣賢里直心寺□滅灰舍利闕是下□□分

律舊號大上研而達底拔臨壇法三階法甚苦習法華

等大乘經大小乘戒至是蚤夜無已願證以其　師嘗

來學先天寺余　先大師臨壇四分大師下悉熟行道

□□乞詞是豈宜□□□□

茫茫歸人前有何向明度總持口口之仗覺者先後師
光唯徒先歸本根福惟後敷不尔塔萬飄懿尔幢一石
資糧尔師聖地之力而佛昭格
大唐大和六年四月十日建
伯氏尼總寧　門人願證　循定　殷雅　元雅
啓元
凡石幢多書尊勝陀羅尼經余既有此癖遇必摩之
而擇其佳者錄之但其書法劉慎徽僧無可書者佳
餘無名姓然皆與此匹敵者也關中石幢無數或埋
或斷或移作他用深爲可恨石墨鐫華

大和六年四月立僧叡川撰文無可正書在西安府
百塔寺無可賈島從弟字法學柳公權關中金石記
按唐書韓愈傳又有賈島劉乂皆韓門弟子島字
浪仙范陽人初爲浮屠名無本來東都時洛陽令
禁僧午後不得出島爲詩自傷愈憐之云云是島
與無可從兄弟而同學於浮屠氏矣島以詩名無
可以書名皆爲儒門所稱誦如此續文獻通考云
無可賈島弟姚合李洞皆有詩贈之有詩集一卷
是無可又不獨有書名也文云長安縣羣賢里直
心寺陝西通志長安縣祠祀附古寺觀有羣賢坊
眞心尼寺隋宦者宋祥立當即謂此但直心眞心
互異

眞空寺經幢

幢高七尺一寸四分八面各寬七寸三面六行五面七行字數六十餘至百餘不等行書在終南山

一切如來白傘蓋大佛頂陀羅尼咒
大唐眞空寺奉爲　國及法界衆生敬修大佛頂隨羅
尼石幢紀
將仕郎試左金吾衛兵曹參軍張楧述兼書
維大雄宣妙有皷慈風闢靈理於虛空拔衆生於黑海
總持之力妙不可論故人天趍其域敬其誠貞其風固

迺本像者法者剎者幢者繼而修之嚴而飾之百千同
歸羣魔銷跡祥洽乎有無之際慶流乎恍忽之中宏之
在人抑無不應惟此幢設本乎當寺徿老寺主法号法
峻割淨財洗垢穢琢石於藍峯之頂寘機于青蓮之界
博孝形勝以選所安叶願契心竭立茲地則大悲之光
景魏乎可觀也速疾之法其可測歟若乃書幡空裏鐫
雕路隅治塵者于以福生休影者於焉罪滅兒能捨施
專精石幢可以延師之祿滋師之福美矣哉演自金口
以祐賢人門弟子等咸能誓志求慕龗風法子法孫慶
尒多福利佛言亦以益備典也鐫佛頂亦以敷國光也

是刋是琢於萬斯年時大和六年八月十八日紀

靈峻　明峻　門弟子士肅　宏雅　增雅

張難陁　造沙子施主王叔渡

都料常文鋭　都料李君郢

岐陽郡魯元楚刻字

僧法惠經幢

幢已斷僅存五尺八面每面廣六寸四分或四寸六分各七行字數無考行書在涇陽縣

佛頂尊勝陁羅尼經序

萬□菩薩真言

大唐大和七年歲次癸丑四月戊午朔廿八日乙酉

奉爲　國及法界建立尊勝陁羅尼幢一所伏願國

泰人安干戈休息七代先亡咸蒙吉慶乘兹功德永

離輪迴般若舟中常遊法海□□之者同霑斯福乃

述讚言□□□□□□下闕

□□□沙門法惠　弟子魏進朝　女弟子寶真如

男魏善祐　男武珎　女三娘子　四娘子

田伾等經幢

幢八面下截斷去八寸僅存高六尺九寸面各八寸八行廿面其五十六行行七十四字現存五十六其最後一面分兩截書皆九行上刻呂受撰序行五十五字下刻題名

佛頂尊勝陁羅尼經

義成軍節度押衙田伾等奉爲

尚書立尊勝陁羅尼幢序

鄉貢進士呂受撰

妙道□□□難智窮歸心是崇敢□□□心感而著事

因而生　有唐義成軍節度使撿挍禮部尚書兼

御史大夫西平公

我尚書性□□□繼　祖風　國重□□

詔委旄鉞自臨雄鎮事理教行而能習武不威韜

光匿耀政摸造化信叶大時以□□□□□□□□

□□□是以三州有和樂之化五載無造次之刑上下

咸安中外悅脫　天明總聽聞亦何□押衙田伾

等咸以□運契符　君臣際會職位皆重寄任匪輕持

盈若虛務惣無怠謙若居散恭如處閑內廻奉公外寬

從衆兹謂誠性自然風教被焉易獲其全斯所以分也

未□以報也遂僉議　佛經有尊勝陁羅尼者功德宏

廓道義幽靈而能普濟生靈博救品物陰影纔及莫大

罪銷飛塵略沾福履將至欲以命工刻石當道建幢冀

得惠風接吹白日迴照輕飄遠景長及百靈仰其　佛

功用荅　殊造所望　節幢等法幢同立比石齊堅仁

壽等並長承時偕慶天照誠感人願必從畢誠其陳果

遂其志凡曰慶幸無以過焉

大和八年六月廿九日建

節度押衙田伾　叚公武　輔宏　李仲容

李文舉　王宗本　衙前兵馬使樂瑛琦

張忠政　婁宗古　陳志寬　王擇交　高元郾

苗衡　討擊使蕭諷　孔幼誠

郭叔評　王愻　程殷卿　張叔清　同經略副使

元丕　劉惟湊　朱公佐

隨軍祗行周　衙前虞候張士政　曹元宰

張司元　同正將雎謙　成再榮

王宏慶　曾挩　程庾　王伉　靳君亮

劉進昌　成志雅　邢鎬　王再用　王端

楊懷直　姚從政　解忠言　散將張士雅

都勾當散兵馬使孟元深

同勾當隨　使將副將任仲舉　散將王季則

同官縣經幢

幢下闕高四尺九寸八面每面廣六寸五分各七行字數無考正書在同官縣

尊勝陁羅尼經

大唐大和八年歲次□□□□月京兆府同官縣下闕

金石萃編卷六十六終

金石萃編卷六十七

賜進士出身誥授光祿大夫刑部右侍郎加七級王昶譔

唐二十七

龍興寺經幢

幢高七尺一寸六分八面各廣一尺一寸六分內惟第四面十一行餘俱十行行五十五字正書額題佛頂尊勝陁羅尼□妙救危濟難之□幢十六字篆書今在杭州龍興寺

佛頂尊勝陁羅尼經序

佛頂尊勝陁羅尼經

開成二年正月一日建　建主鄭徹　同建造僧宗亮　同勾當造幢吳中則

處士胡季良書　都料匠吳興沈郁　弟咸刻字

奉爲國王太子輔相大臣州縣寀寮及多生父母十方施主法界有情重修此幢永充供養大中五年八月廿四日建　勾當僧可儀　大德僧幼則　老宿僧惟素　大德僧□道儀　供奉大德僧貞實　監寺大德僧艮滌　長講律大德僧懷志　僧常居法師洪彬　僧惠超　都維那僧志圓　寺主僧文乂　上座僧智常　同捨錢助緣人前衡州衡山縣令陳俅　前國子監明經姚繼文　前明經夏敦禮祝師益　陳謙　徐宏發　徐□　汪景復　湯

簡文　褚達　鄭絳　錢處實　沈文漸　朱德以上
俱在第八面後幅
客漸邪　□□　葛□　□□　舒三娘　□□
何十一娘　□□　陳簡　孫韶　楊璘　徐□
欣盛　□□　陳華　郭六□　朱豐　朱鵲　徐
鵠　張□　劉歡　□□　□□以上第一面下截
顧瑜　□□　許敬真　韓思齊　錢李榮　□華
姚通　沈□　王季超　梅榮　沈二娘　馬雲
沈暉　姚秀　茅宏簡　熊鈞　湯述　嚴景運
曹峯　俞行言　談欽　楊升以上第二面下截

張行簡　俞逢□　齊四娘　□□　顏忠悅　□
□　鄧文□　□□　虞公達　□□　黃元志
鄧□　嚴晧　張□　莫惟彥　□□　胡景元
周□　吳景□　陳□以上第三面下截第四面五面下截俱漫滅
□□　□□　□□　朱□　□□　□□　□□
高□　□□　魯□　□□　徐通　□□　楊
二娘　□□　王二□　□□　孫□　□□　□□
□□　□□　□□　□□　□□以上第六面下截
□□　□□　吳□　□□　朱迎　□□　孫簡
□□　□□九娘　□□　董□　□□　劉□

□□　□□　□□　□□　徐君直　□□　俞亮　□
□以上第七面下截
安及　□□　李從直　王宏簡　陳峯　薛□
□□　□□　丁仲綱　□□　歐陽彰　賈開
吳俊　璩叔珣　何琪　滕榮　夏十娘　周度
范安　馬千□　祝鈞　范世□以上第八面下截
梁乾化五年五月八日頭陁僧處道重修建內有舍
利五十四顆琉璃瓶盛
淳祐八年三月初八日□□衆人修
是幢久沒民間幸于明崇禎丙子年放光遂得與緣

檀越沈演方子將馮洪業王元建捨資沙門元神海
音復創于　大清順治乙未九月十三日千佛寺住
錫龍興□忠重修建

按龍興寺在杭州城北祥符橋杭州府志云梁大
同二年鮑侃捨宅名發心院唐貞觀中易名衆善
神龍元年改中興三年改龍興宋眞宗時賜額大
中祥符律寺幢題云開成二年正月一日建又云
大中五年八月廿四日建大中距開成僅十五年
不應有事于重修疑是前建未竣至是畢功也至
梁乾化五年則逾歲久遠當因傾圮重修矣此次

始以琉璃瓶盛舍利五十四顆是全幢拆修矣是年十一月始改元貞明故五月尚稱乾化五年是時杭州已爲吳越所有據十國春秋吳越世家直用天寶爲武肅紀號乾化五年爲吳越天寶八年然歐公五代史十國世家年譜序謂五代十國稱帝改元者七吳越荆楚常行中國年號然予聞於故老謂吳越亦嘗稱帝改元而求其事跡不可得獨得其封落星石爲寶石山制書稱寶正六年辛卯則知其嘗改元矣吳蘭庭五代史記纂誤補云謹按容齋四筆錢武肅之改元有天寶寶大寶正

三名歐陽但知其一耳今以此幢證之則錢氏雖建元而國人仍未行其號不然何以此幢不稱天寶而稱乾化耶幢爲處士胡季良書宣和書譜稱季良工行草字體温潤有秀穎之氣又金石錄載國子司業辛𥙿碑元和四年胡季良篆則不獨工行草書矣

元政經幢

幢巳三段合之高五尺九寸八面每面廣五寸各六行行六十九字行書

佛頂尊勝陁羅尼經

佛頂尊勝陁羅尼石幢讚并序

原夫覺尊千佛理勝萬法□於□□□中□□□□□□□□□□□□□□□□□悟八性之□□珠必遊於滄海修善可依於大乘□猶月光徐入極之昏佛惠破九幽之□闕下羅尼之謂□□乎梵闕下□□□□□者也□□宣於帝釋所謂三世如來之密迹百千諸佛之靡摳乃假佛心其爲濟拔闕下謹於　亡妻營內□以旌其善也乃命□□良工□□山之闕下是以善任天子親承佛旨憶念捴持捨宿業之塵昏超殊勝之妙果爰以建立仰希佛闕下□□□皆蒙利啓虔誠之意奉貞□之心用表發輝永□□□乃爲銘曰

上闕佛頂闕下覺闕下刻石傳經□□□□覓　俗事閭公惟賢奉聖蘭殿歸依無爲惠定闕下

開成五年三月三日爲亡父母建立石幢子一所長男元政　元則　元和　孫元行實　元行及　元行諫　元行放

杜城店殘幢

幢上下皆缺八面每面廣六寸各六行每行字數無攷正書

上闕敬思書

尊勝陁羅尼經

上闕□□並願同證菩提杜城店合村老宿等同會

昌元年辛闕下　　刻字李從暕

奚獎書經幢

幢字磨泐拓本長短不齊今計其長者高六尺八面每面八行行字不計行書今在紹興府蕺山書院

佛頂尊勝陁羅尼經并序

前昭義軍節度要藉試右闕下　河內闕下

大唐會昌闕下

都維那宣□　上座宏達　寺闕下

檀越主姚禹　□□章造　檀越主錢巽　姚寓

章造　都勾闕下　郢人應成　陳容　程曇闕下

僧文鑒等經幢

石下截不全今存者高四尺七寸八面各廣九寸每面呪三行行十五字行書下有小字皆助緣上座維那等姓名僅存四字二字不等今不錄

佛頂尊勝陁羅尼經

內有舍利二七粒

如來法身偈

奉爲　四恩三有及法界生靈敬造此幢咸願同登

覺路

唐會昌二年壬戌九月八日寺僧文鑒等同建

沙門契元書

同建幢前試右武衛長史陸榮

大匠吳郡陸永　司馬轞鐫

龍首鄉經幢

幢上下皆殘缺現存兩段計共高五尺六寸八面每面寬六寸或六行七行不等字數無考正書

佛頂尊勝陁羅尼經

□□義□□□□□□□龍首鄉輿臺里□村建立

會昌三年歲次癸亥八月丁巳朔七日以下二行磨泐不可辨

于惟則經幢

幢高六尺六寸八面每面廣八寸各七行行六十六字正書今在西安府學

京兆府興平縣縣東北隅陁羅尼幢記

處士王鉉撰

奉禮郎尚□□書

縣人于惟則奉爲

文武百辟當縣　宰寮及□界有情敬造

竊惟金人西□雷音絕唱於□筮至教□□□業空傳
於漢地雖法門繁□俱□□梁□□□□□其□陁羅
尼焉于公稱惟則本河南人也家贍溫恭人稱英亮忠
信先聞於□室深崇□志於三乘有悲□之心具利□
之行　王□之暇□□與懷將楨禎摸巽崇妙□□□
□□□□□有緣□德同心爲□□之利而居□□□

□□□□□□□□□□□乎存没逝者不□于厥願存之
豈爽以前心既屬道奉時通亦乃樹兹本意爰□□刻
寄言徵良匠以呈奇採元石而鑽鏤厥功既就乃卜□
縣城艮隅之立□足使霑塵□影□屣□舟瞰矚承風
永辭□□鉉實不斂輒□□□□申□□□述□歆雖
不足以成文□深心於能事矣
尚□□　王倫
大中二年巳巳歲正月丙辰朔一日建
□事□□□□□□差□□□等□□□李鍔□錄事
都曹等周寔輔　□□□師□□慶

梁　仙
吉倫輔
李艮　張懷　妻王氏　惟則先亡父母　惟則妻
左氏　長男敬郜

李朝成經幢

幢高六尺九寸八面每面廣六寸前六面各六行後二面各五行字數五十餘至八十餘不等行書在西安府

佛頂尊勝陁羅尼經
大中二年二月六日夫人　奉爲　國及文武百寮
師僧父母亡過先靈敬造幢立長安縣義楊鄉

唐故劒南西川監軍使冠軍大將軍行右監門衛將
軍員外置同正員上柱國成紀縣開國侯食邑一千
戸贈特進李朝成
故含光副使朝義大夫行内侍省内府局承員外置
同正員上柱國賜緋魚袋李文端　夫人扶風馬
氏　長子登仕郎行内侍省掖庭局宫教博士員外
置同正員上柱國公繹　次子公洒　幼曰公浩

按幢立于長安縣義楊鄉義楊當是義陽長安志云在縣西南二里李朝成結銜云劒南西川監軍使唐書兵志上元中以北衙軍使衞伯玉爲神策軍節度使鎮陝州中使魚朝恩爲觀軍容使監其軍此監軍之名所自始然幢立于大中二年距上元之設監軍又隔九十年豈其官不廢耶且劒南西川之置監軍使始於何年史亦無攷李文端結銜含光副使未詳朝義大夫當卽朝議内府局與其子公繹之官掖庭局同屬内侍省又宫教博士掌教習宫人書筭衆藝之官皆内官此幢後題李文端有夫人馬氏又有三子蓋是當時之内官皆娶妻而有嗣子也

梨園店經幢

幢高六尺一寸八面廣七寸四分或五寸及五寸三分各八行行六十二至六十五字不等行書在淳化縣

佛頂尊勝陁羅尼經序

維大唐大中五年辛未歲六月壬寅朔三月甲辰梨園店奉爲敬聖文思和武光孝皇帝及文武百官衆施主等建立尊勝寶幢一所

按文所稱皇帝乃宣宗也舊唐書宣宗紀大中二年春正月壬戌宰臣率文武百寮上徽號曰聖敬文思和武光孝皇帝此碑作敬聖未詳孰是

僧幼恭經幢

幢已三段合之計高七尺九寸八面每面廣六寸八分各七行行七十一字行書

佛頂尊勝陁羅尼經序

佛頂尊勝陁羅尼經

維大中六年歲次壬申正月壬寅朔廿四日辛卯奉爲　國建立尊勝石幢勾當修幢尼

寺主幼恭　都維那從謹　上座□才

按幢題正月壬寅朔廿四日辛卯據廿四日是辛卯則朔日是戊辰非壬寅也通鑑目錄載大中六年壬申歲四月丁酉朔則正月是戊辰朔唐書宣宗紀載是年正月戊辰以隴州防禦使薛逵云云戊辰下不言朔史文漏畧也又此幢揭本簽題鐵塔寺今按幢中無此寺名姑識之

馮錬經幢

幢高五尺七寸八面每面廣五寸三分各七行行七十餘字行書

佛說佛頂尊勝陁羅尼經

維大唐大中七年歲次癸酉二月乙卯朔十八日己卯爲已兄曾於廊下都句當文武百寮食官將仕郎守泗州司馬賜緋魚袋馮錬　弟馮叔傒

按幢題二月乙卯朔十八日己卯據十八日是己卯則朔日是壬戌非乙卯也通鑑目錄載是歲二月辛卯朔則二月是壬戌朔

大中殘幢

幢上下皆缺現存中段高二尺六寸三分八面每面廣六寸五分各六行字數無考行書

尊勝陁羅尼經

大中十四年九月廿三日建立

雙讚經幢

幢兩段合之高六尺七寸八面每面廣五寸八分各六行行七十餘字正書

佛頂尊勝陁羅尼經

尊勝幢讚

善哉如來　曠劫修行　□等並覺　無滅無生　愍

念罪苦　說尊勝經　舟航□溺　度脫有情　猶如
慧日　普照幽冥　今慈崇建　用報先靈
又讚
尊勝功德不思議　諸佛如來起大悲　風飄塵點丘
荒骨　幽魂必定證无爲
維咸通二年歲次辛巳正月丙子朔七日壬午
□□□穆奉爲　亡考建立願承此功德永離三途
諸佛會中受勝快樂

按幢題正月丙子朔七日壬午據通鑑目錄咸通
二年正月乙亥朔非丙子而由此逆推上年十一

月丙午朔十二月丙子朔閏十二月當是乙巳朔
則本年正月是乙亥朔矣舊唐書懿宗紀上年十
一月亦作丙午朔與通鑑合然幢云七日壬午則
朔日丙子又似不誤宜兩存之

劉氏經幢

幢高六尺三寸八面每面廣六寸各六行每行字數六十至六十餘不等行書在西安府

佛頂尊勝陁羅尼經
佛弟子彭城郡夫人劉氏爲　亡夫建造尊勝幢一所
願福資生界因覩斯善　贊曰
彭城郡夫人　母儀欽則　追緒亡靈　爰憑佛力　建

妙寶幢　□空搆曰　其□及身　万罪消釋　所願
艮因　莊嚴亡識　百千万祀　傳之貞石
大唐咸通二年辛巳歲八月廿五日建于萬年縣滻
川鄉鄭村之里也　長男從寔　次從安　從寓
女尼妙□

按幢題佛弟子彭城郡夫人劉氏爲亡夫造幢云
云而贊語乃自云彭城夫人母儀欽則此當是男
從寔等爲父造幢尊其母遂題劉氏爲亡夫之語
於前而贊詞則歸美于母也幢建於萬年縣滻川
鄉鄭村里長安志萬年縣不載此鄉里惟云滻水

在縣東北流四十里入渭又云長樂坡在縣東北
一十里即滻水之西岸十道志曰舊名滻坂此題
云滻川鄉疑即近長樂坡也

李君佐經幢

石高廣俱二尺二寸十八行行十九字至二十二字不等

佛頂尊勝陁羅尼呪
咸通七年二月十五日弟子李君佐建造

按此是方石一面與他幢不類無可附姑列于此

洪福寺經幢

幢已斷合之高六尺三寸七分八面面廣五寸三四分不等各六行行字數六十四五至七十

佛頂尊勝陁羅尼經 四五不等行書在西安府

維咸通十年歲次已丑二月□丑朔九日丁酉左勒

先鋒兵馬使王□人奉爲

□□父母七代先靈建此□□幢神生淨土福延後

嗣

按幢題二月□丑朔㓜一字以下文九日丁酉推

之是己丑也稽之通鑑亦與此合

臥龍寺幢

石横廣三尺九寸高一尺六寸共四十二行每行約二十字正書在咸寧縣東南臥龍寺

千手千眼觀世音菩薩廣大圓滿無礙大悲心陁羅尼

呪

無量壽如來根本陁羅尼

阿彌陁心眞言

咸通十二年辛卯歲□次孟春□□□

□侍教法比丘洪惟

弟子王元諗

聞人銖等殘幢

幢高六尺搨本六面各廣七寸每面七行行字不計行書今在紹興府蕺山書院

佛頂尊勝陁羅尼經

右尊勝經幢在紹興府戒珠寺即王右軍别業也今

移置蕺山書院按嘉泰會稽志載有咸通十二年聞

人銖等造幢即此跋 錢泳

瑯琊王氏墓銘經幢

幢高二尺二寸三分八面面廣三寸二面墓銘餘六面陁羅尼呪每面三行行十七字至二十二字不等正書在西安府金聖寺

唐

故瑯琊王氏夫人墓銘

夫人即故玉册官内供奉賜緋魚袋强瓊之妻公先歿

已十五年葬在醴泉本鄉也夫人年七十七有子四人

女二人乾符元年十二月廿三日忽染膏荒之疾終輦

賢里弟三子一女先 令幼男女共二塋葬禮以三年

二月廿四日卜于祁村男側

佛頂尊勝陁羅尼呪

夫人中官强瓊妻也瓊名見梁守謙功德頌後銘後

刻佛頂尊勝經 關中金石記

右瑯琊王夫人墓銘在西安府崇仁寺題云墓銘實

與佛頂尊勝陁羅尼同刻一幢非埋于窆中者瑯琊

字古書多作瑯邪此用唐人俗體夫人爲玉册官内

供奉强瓊之妻强氏見於史者唯宋强至及其子淵

明瓊任玉册官殆以鐫字供奉者歟文云忽染膏荒

之疾償菑爲旨也潛研堂金石文跋尾

李端符經幢

幢八面高六尺六寸五分每面廣一尺各九行行五十九字行書在無錫縣惠山寺

佛頂尊勝陁羅尼經并序

白鹿山人李端符捨書奉報四　恩三有永充供養

善衆　君子建　尊勝幢因書長句

巽亭沙門道朗

善往因來詣　法王七生業累獲銷亡還居忉利持章
句不逐天人戀色香波利一心膽　佛祖文殊再遣往
西方今朝　國士雲幢立口智巍巍天地長

大唐乾符三年歲次丙申十一月甲戌朔廿二日乙
未建

都維那僧宏益　上座僧令從　寺主僧行忠　老
宿桂諫　都料郁口

直歲僧智宗

吳郡陸承鼎鐫字

楊万歲經幢

幢高六尺三寸八面每面廣五寸六分各六行行七十一至七十六字不等行書在漢福寺

佛頂尊勝陁羅尼經

乾符三年十二月一日建立

內故　供奉應　制賜紫金魚袋宏農郡楊万歲

牛頭寺經幢

幢高六尺六寸四分八面每面廣六寸六分各五行行五十二字正書在牛頭寺

佛頂尊勝陁羅尼呪

聖千手千眼觀世音自在菩薩摩訶薩廣大圓滿无障
礙大悲心陁羅尼眞言

阿閦如來根本滅惡趣陁羅尼

淨口業眞言

地藏菩薩破地獄眞言

普賢菩薩滅罪眞言

解多生寃結眞言

文殊五髻眞言

吉祥眞言

佛頂尊勝大悲心及諸眞言讚

京左街永報寺沙門詞浩述并書

妙覺出興　廣宏利濟　敎演多途　開聾除翳　雅
其尊勝　三世佛心　能慈能惠　惟宻惟深　其力
口大　其功頗徵　塵沾影覆　盡獲超昇　今之建
量　斯有所爲　資先考霊　冥途永離　神棲浮刹
口口花口　三惡道閒　七覺路通　眞空永入

幻有長衼　豈勞歷劫　便獲無餘
乾符六年歲次己亥二月辛酉朔十二日壬申孤子
宋□□奉爲　□□□□□建立
中書省鐫玉册□□□□□□字
沙門歸肇書幢
幢高六尺八寸八面共廣四尺八寸首二面皆七行三四五面皆六行後面四行行七十三四五字不等正書
大興善□□□□□□本
孤子楊□等伏爲
先考尙書　先妣蘭陵夫人敬立斯幢永薦　冥福

謹記
大唐乾符六年八月一日東都天宮寺沙門歸肇書
畢

比邱宗肇經幢
幢止存上半高三尺八寸七分八面面廣九寸第一至第六面各九行行存三十八字書陀羅尼經第七八兩面各十行行存四十字書佛說阿弥陀經正書
佛頂尊勝陀羅尼經序
佛頂尊勝陀羅尼經
維大順□年二月八日比丘宗肇奉爲當院亡過先
師和尙十三下闕

佛說阿弥陀經
臥龍寺幢
幢殘缺存下半高三尺七寸八面各廣七寸每面十二行十三行不等行存八十餘字正書在咸寧縣臥龍寺
陁羅尼經
乾寧元年歲□□□□□□□日巳未女弟子陳氏
建立
大馬村經幢
幢不知幾面今僅搨其末一面高七尺二寸廣二尺三寸漫滅已甚行字俱無考僅存咒語數十字正書
尊勝陁羅尼呪

□□院□主僧□岳三聖院主僧□顯
□□院主僧□明□□院主僧□文
□□□□□□同□趙立助緣鹽醋
□□□□□□□□□助緣□食
□□□　□　□　塘西人李□
按幢無建立年月末下角有題名五行髣髴存字
如此其助緣鹽醋助緣□食字畫可辨大約是建
幢時所助之食物也然他碑無此式
涇陽縣經幢
幢高八尺九寸六分八面各廣七寸五分每面八行行一百十至一百三十餘字不等正書在涇陽縣

佛頂尊勝陁羅尼經

皇甫賓經幢

幢上殘闕僅存高五尺八寸七分八面廣八寸七分分作兩截書上截各九行每行約六十字下截各十行行十字或十一十二字不等經文正書記行書

佛頂尊勝陁羅尼經序

佛說千手千眼觀世音菩薩无礙大悲陁羅尼神呪

佛頂尊勝下闕

□□□隴西□□□

守眞□者繩繩用之□□□味禪悅者湯湯酌之而

難□皦潔氷淨光映涅槃之山□冷玉華源流功德

之水上以灑甘露下以泛慈航拔乎□老病死拯乎

胎卵濕化則是我沙門雄猛大師法王□□金輪帝

孫淨飯王子者也□其超三界騰九天畐大地於爪

甲納須彌於毛孔引衆生於彼岸飭駕三車照羣聾

於他方了開千眼於是闡無上道啓不二門□大雲

而羣山其滋霈法雨而□花皆潤般若根茂□□□

□□螻蟻菩提□□□□□□□於草木□□□□

□之衮其□□□□□□□□□京須開□□□□

□□□衆敷寶□□□□□□□□信誠龍女□□

□□□□□□八音雲王雨花馥芳□香□數里河

岳爲之震動□□於焉悚怛將謂□會同其宣說佛

頂尊勝陀羅尼呪者也俾其病者愈凶者吉懸者惠

虛者實乾□婆之步遇巳焚解脫之香□陁羅之乍

聞更入慈悲之□暨乎昆蟲啓蟄孟膢將飛一聆雅

音生乎天垂劄乎嚴□香華稽首歸信祈無量壽國

登不死福□夫何難哉日者信厚居□安定皇甫公

王諱賓少年□長劍壯歲追酒徒聲如震雷材可扛

鼎言談多逐日之氣叱咤有千星之力又有太原□

長者□□池水登耆闍山意□太清志在禪閫其成

□□□□之原善哉吾未之逌也□□□戰諸侯鳥

飛白屋□□□黔黎非罪而見戮㝵可□□□蓍

智慧劍剗煩惱緣□□□燈照無明室斷疑網而□

□洞解魔縛而覺路將開□□□而蓮花淨心持正

法而金石□體莫不內分忠孝之□外□□□之□

增□□□□□崩劫火□龍鳳字金玉文□□

五采文氤氳須達長□□□東西□□皆頂謁百

福千□□祐□想滄波竭□□海自□□□□□

相□□□□手拯羣生□□□□□□誠空餘

□□□長

上闕歲在作噩□□下闕

上闕□□皇甫賓下闕
前集賢□□
皇甫暉 劉景 趙諗 張顏 張□ □□□
張七娘 李廉 皇甫元賓 □□仙朝 張遊藝
邵婆 宋子瑶 張□ 張重珪 張重秀

西明寺經幢

幢八面上截已殘缺僅高三尺七寸五分每面廣七寸五分或七寸八分不等各八行字數無考其讚與人名分上下兩截刻行書在西安府

尊勝陁羅尼經

上闕□□□□□□建立 □□□□□□羅尼幢

缺□今敬造□□列坐之次敘訖□□□□缺□□□
□□上報 □□之恩下恊羣生缺 □□潛□□
□□廓清風雨□□□□缺 □□□□□讚曰
上闕□□□□□□天貞墜 庶靈趣□ □□
□缺□□□□ □□厥康 □玆億願 福
社無僵缺
缺□邑等□□□□□□□□□□□宏□都尉
張□□
社官□元諒 社録程贍 都勾當雜事□□ □
□□ 盧珎 社□焦季艮 李文政 吳維□

□□□□□□ 楊再□ □冂 袁興 韓仕倫 □
□□□□□ 茹在遷 老宿田宗古 □□ 李義
琳 □閏 嚴倩 田元深 劉□記 趙□□
劉文莅 張公甫 □元誠 杜省恭

按經文六面後二面有題名幢記書撰年月皆不可攷

香城寺經幢

幢八面刻今存五各高七尺六寸六分廣七寸字數不計正書在西安府

尊勝陁羅尼經

按末有清信男弟子張□美并眷屬梁氏造幢寫

經始末四行文已半泐不録香城寺咸寧縣志在城內錢局創自石晉思遠禪師則在唐時尚未有寺安得建幢幢記不詳年月又無香城寺明文或係他處移來姑附于此

涇陽縣經幢

幢高七尺五寸三分八面每面廣八寸或六寸二分書或七行或八行行七十三字七十四字不等正書末銘序行書在涇陽縣

佛頂尊勝陁羅尼經序

尊勝陁羅尼寶幢銘并□

京兆進士張鍊撰

窮乎化源微之宄彼眞理妙之本夫天宮寶幢持異
諸相所以樹善除惡開愚解迷葢帝釋之能崇敵修
羅克勝之筭也然則秦都綺甸神皐奧區有縣曰涇
之陽鄉曰仙之圃圃有店曰六渠史稱延韓數年之
命爲秦萬世之利卽此之謂矣矧此土惟沃壤俗阜
英奇別有諄諄耆年兼諸信士爲其殘兒尚梗頁
　　我國恩常以錢鏄之餘乎相勸勉豈不
能發大宏願上荅　　休明爰立寶幢永資
皇祚仗佛威力熾厥渠魁偉千載之傳芳傳我里之
盛事可不美矣曰然於是命工人琢奇石集衆妙飾

端儀俯長涇鎭逆旅寀鄭渠之發地蹲荊山以等雲
霞開於峭路之旁電緻於錦川之上震耀原隰草木
增輝列大乘經文現彼寶相備陁羅尼教□是虛無
暴慢者聞之肅恭往來者覩而愕眙軒騎讀過歷險
無驚樵夫誦行履危不懼猶是水中鱗甲遇影而生
天郊外零霧因風而蕩盡則知聖教慈力廣大莫量
若非正眞孰能幽贊利物而已亦不可以識識不可
以智知則善住天子迺能證歟於戲□□者多利□
者少曷此者幼殊能達之曰有衆善寺大德沙門齊
秀漢皇胄緒當　代名僧衆皆揖之邀其集事又高

行僧元朗以律傳聖敎文接儒流端居招提與秀同
舍雖不在位而能一心懿哉二公更著能事三年夏
四月鍊頂自薊門纔歸舊國因花宮問道遇元朗上
人或賦詩以相□或開經而了義旋則摻袂涉冬又
逢請著斯文素非述者銘曰
高皤金項屹亭亭堅立不動千竅寘妙祟實相載寶
經旁懸兎月挂鶉星蹲山帶原靜郊坰生天鱗甲自
花汀天長地久兮寒光轉青聖君壽福兮萬億千齡
按幢銘序云有縣曰涇之陽鄉曰仙之圃圃有店
曰六渠史稱延韓數年之命爲秦萬世之利云云

今攷長安志涇陽縣不見有仙圃鄉之名其曰六
渠稽之太平寰宇記有大白渠中白渠南白渠鄭
白二渠合之亦只五渠不知何者爲六渠也延韓
數年之命爲秦萬世之利卽指鄭國開渠事史記
鄭國鑿涇水自中山西邸瓠口爲渠陝西通志載
涇陽縣鄭國廟云韓使開渠瘕秦秦覺欲殺國奏
曰渠一成誠萬世利也遂赦之後因建廟於淇口
暇語與幢合則六渠仙圃其蹟約畧在鄭白二渠
之間矣葢涇水鄭白渠自古以爲利今數百年則
不然緣涇水濁濁而易汙故另引泉水以灌田詳

見王太岳涇渠志其畧云秦始皇帝元年作鄭國渠漢武帝太始二年作白渠晉武帝太元二年苻堅修鄭白渠唐高宗永徽二年修鄭白渠毀渠上碾磑自是歷後周宋元代有修築其後渠日淺利因以廢明憲宗成化元年作廣惠渠武宗正德十一年作通濟渠有明一代治渠最勤江河日下堰引日難隄防益勞決壞益速今昔之勢可以覩矣

本朝雍正五年修龍洞渠乾隆二年增治龍洞渠堤始斷涇水疏泉溉田益龍洞卽廣惠渠自雍正五年治渠渠中淤泥既去渠岸亦完至是益疏濬龍洞固其隄防俾水皆輸田利可數倍且泉性温冬不皺手甘澄宜稼歲又無耗竭永沐潤澤于無窮矣因附其說于此俾覽者知　本朝疏濬灌漑之功不得使鄭白專美于前云碑下文有殘兒梗負國恩及三年夏四月之語不知何時之三年而所稱殘兒亦不能確指其事衆善寺通志無考沙門齊秀云漢皇冑緒則俗姓劉矣僧元朗能詩亦無傳

法門寺經幢

幢高七尺四分七面每面廣七寸各七行行六十五字正書在法門寺

尊勝陀羅尼經

慈恩寺經幢

幢殘缺僅存高一尺七寸八面面廣六寸六行每行存十七八字不等正書在西安府

陀羅尼咒

開佛寺經幢

幢殘缺止存上截高二尺三寸八面面廣六寸三分各七行行存二十一字十八字不等行書在開佛寺

佛頂尊勝陀羅尼經

石鼓經幢

鼓已殘缺周圍現存高一丈八寸五分廣二尺八寸六十八行行存二十餘字行書在醴泉縣廣濟寺後

石鼓尊勝經

此以石爲鼓而遍刻之其文尊勝經咒也書遒健有法存者不能强半鼓下作石山山上作天王鬼神戴之斧鑿工甚奇在醴泉縣趙村廣濟寺後疑是唐初建寺時物寺僧不知護持鼓下爲溷側可慨也石墨鐫華

按以上十幢俱無年月附於唐末

又按佛頂尊勝陀羅尼經前有序經中有呪開元釋教錄雜呪總二十三首中有佛頂尊勝陀羅尼經一卷唐朝散郎杜行顗奉制譯出大周錄第一譯又佛頂尊勝陀羅尼經一卷唐罽賓沙門佛陀波利譯出大周錄第二譯又佛頂尊勝陀羅尼經

一卷或加呪字唐三藏義淨譯新編入錄第五譯
又有佛頂最勝陀羅尼經一卷唐中天竺三藏地
婆訶羅譯拾遺編入第二譯又最勝佛頂陁羅尼
淨業障經一卷唐中天竺三藏地婆訶羅於東都
再譯拾遺編入第四譯此五經皆同本異譯者蓋
同名佛頂陀羅尼經而有尊勝最勝之別且入於
雜呪而仍謂之經可知呪即依經而立者也今所
見諸幢皆刻尊勝無刻最勝者是尊勝經之行世
更盛于最勝矣法苑珠林有云如是不思議清淨
功德聚成就佛身是故如來於天人中最爲尊勝

此最勝尊勝之同義也翻譯名義集陀羅尼秦言
能持集種種善法能持令不散不失譬如好器盛
水水不漏散惡不善根心生能遮令不生若欲作
惡罪時持令不作是名陀羅尼肇翻總持謂持善
不失持惡不生又翻遮持輔行云體遮三惑性持
三智熏聞云遮二邊之惡持中道之善此從慧性
立名闡義云陀羅尼是梵語呪字是華言呪願也
此陀羅尼呪之義也林野僧昔眞曰尊勝者佛也
陀羅尼者法也敬知佛法高妙最勝最尊四生不
測其源三天罔觀其相勝妙無極將喻佛頂也此

則佛頂尊勝陀羅尼之總義也王氏圻續文獻通
考釋家總紀引白傳集曰壞罪集福淨一切惡者
莫尊於佛頂尊勝陀羅尼經凡三千二十言此尊
勝經之字數也攷今現行刻本藏經莫字函內第四册有
陀羅尼經三卷一是佛頂最勝陀羅尼經乃中天
竺三藏法師地婆訶羅所譯即開元錄中拾遺編
入第二譯者永淳元年五月宏福寺沙門彥悰爲
序序稱儀鳳四年正月五日朝散郎行鴻臚寺典
客令杜行顗與寧遠將軍度婆等奉詔譯進時有
廟諱國諱皆隱而避之上謂不須避諱奉詔以正

屬有故而寢焉無幾勑中天竺法師地婆訶羅於
東西二京太原宏福寺等傳譯法寶而杜每充其
選荏苒之間此君長逝余因請沙門道成等十八
屆天竺法師再詳幽趣臨文不諱云云此最勝經
之原委也一是佛頂尊勝陀羅尼經有二譯本各
一卷一爲朝散郎杜行顗譯者無序一爲罽賓沙
門佛陀波利所譯即開元錄中所謂出大周錄第
一譯第二譯者其佛陀波利譯本有永昌元年八
月定覺寺沙門志靜序今各幢中所刻經呪與序
皆用此本志靜序略云婆羅門僧佛陀波利儀鳳

元年從西國來到五臺山求見文殊師利見一老
人謂僧曰漢地衆生多造罪業出家之輩亦多犯
戒律唯有佛頂尊勝陀羅尼經能滅除惡業師可
却回西國取此經來流傳漢土僧迴還西國取經
至永淳二年迴至西京具以上事聞奏帝將其本
入內請日照三藏法師及勑司賓寺典客令杜行
顗等共譯此經勑施僧絹三十疋其經本禁在內
不出其僧悲泣請還流行帝遂留翻得之經還僧
梵本將向西明寺訪得解善梵語漢僧順貞奏其
翻譯今前後翻兩本並流行於世小小語有不同
至垂拱三年定覺寺主僧志靜在魏國東寺親見
日照三藏法師諮受神呪法師於是口宣梵旨經
二七日句句委授是足梵音一無差失仍更取舊
翻梵本勘校所有脫錯悉皆改定其呪初注云最
後別翻者是也其呪句稍異於杜令所翻者其新
呪改定不錯并注其音訖至永昌元年八月於大
敬愛寺見西明寺上座澄法師及翻經僧順貞見
在西明寺此經救拔幽顯最不可思議云云此尊
勝經之原委也据志靜序則是初譯經者爲杜行
顗後譯者爲順貞授受呪者爲日照與志靜也經

自永淳二年入中土聞奏大帝尚是高宗時事至
垂拱三年志靜受呪是天后時事其彥悰序則云
儀鳳四年正月杜行顗與度婆等譯進其時佛陀
波利尚未取經入中土也彥悰序與志靜不同者
如此若彥悰爲最勝經作序固應與尊勝不同然
兩經則又相同也且杜行顗所翻不知因何禁在
內不出當佛陀波利悲泣請還時因何不將譯本
付僧又令僧以梵本另自翻譯此疑不能明矣開
元錄以兩經皆出於大周錄則皆是天后時所發
出流行者終高宗之世未嘗出也天后以天授元
年改號爲周大周錄當即編於是時又在志靜受
呪之後三年經中有書寫安高幢及序有救拔幽
顯不可思議之語是以唐時尊勝經幢徧滿諸道
就昶所得六十餘種其中大率刻呪者多兼刻經
序者少而陀羅尼呪或兼及大悲呪及心經据開
元釋教錄摩訶般若波羅蜜多心經與十一面觀
世音神呪經同在陀羅尼集經十二卷中故可與
陀羅尼經並建亦可同謂之經幢也大悲心大陀羅尼神妙章句與尊勝又別爲一種蓋尊勝佛爲善住天子而說大悲心則觀世音對佛所說其中皆佛菩薩阿羅漢帝釋鬼神之名惟趙孟頫書此呪每句皆繪其像人始得見而知之故經翻而呪不翻釋家以

經爲顯教以陀羅尼爲密教則尊勝亦猶是也大悲心陀羅尼本以納蘭成德屬吳召謙所刻者最佳附記于此

諸幢刻經既無多間有存者取與大藏佛陀波利譯本互校小有字句不同卽呪中音切亦多小異葢五印度國地方數千里梵音各別恭讀

欽定同文韻統所列大藏經字母同異譜如天竺字母而外則有伽婆羅譯師利問經不空譯文殊問經金剛頂經竺曇摩羅察譯光讚般若經無羅叉譯放光般若經鳩摩羅什譯摩訶般若經元奘譯大般若經佛馱跋陀羅及實叉難陀地婆訶羅不空般若所譯華嚴經皆互有同異日讀經呪取音復有

二合三合四合之不同譯以華言方音流別葢字母繁多反切殊異遂至參差而不能一也錢塘潘侍御庭筠云近代僧家施食所誦尊勝呪出明永樂仁皇后夢感經僧袾宏云夢感僞經不可信茲編所錄以有天后新改字者定爲天后時刻列天后朝之末而以下諸幢亦卽倂合爲卷不復分年編次俾覽者得連類及之凡各幢之有人地官名可資考證者仍分析詳于各幢而總述其原委於卷末下及五代數幢則分綮各代不連及云

金石萃編卷六十七終